·经/济/科/学/译/丛·

Economics of Strategy
(Fifth Edition)

战略经济学

（第五版）

戴维·贝赞可（David Besanko）

戴维·德雷诺夫（David Dranove）

马克·尚利（Mark Shanley）　著

斯科特·谢弗（Scott Schaefer）

侯锦慎　徐晨　周尧 等 译

中国人民大学出版社

·北京·

《经济科学译丛》总序

　　中国是一个文明古国，有着几千年的辉煌历史。近百年来，中国由盛而衰，一度成为世界上最贫穷、落后的国家之一。1949年中国共产党领导的革命，把中国从饥饿、贫困、被欺侮、被奴役的境地中解放出来。1978年以来的改革开放，使中国真正走上了通向繁荣富强的道路。

　　中国改革开放的目标是建立一个有效的社会主义市场经济体制，加速发展经济，提高人民生活水平。但是，要完成这一历史使命绝非易事，我们不仅需要从自己的实践中总结教训，也要从别人的实践中获取经验，还要用理论来指导我们的改革。市场经济虽然对我们这个共和国来说是全新的，但市场经济的运行在发达国家已有几百年的历史，市场经济的理论亦在不断发展完善，并形成了一个现代经济学理论体系。虽然许多经济学名著出自西方学者之手，研究的是西方国家的经济问题，但他们归纳出来的许多经济学理论反映的是人类社会的普遍行为，这些理论是全人类的共同财富。要想迅速稳定地改革和发展我国的经济，我们必须学习和借鉴世界各国包括西方国家在内的先进经济学的理论与知识。

　　本着这一目的，我们组织翻译了这套经济学教科书系列。这套译丛的特点是：第一，全面系统。除了经济学、宏观经济学、微观经济学等基本原理之外，这套译丛还包括了产业组织理论、国际经济学、发展经济学、货币金融学、公共财政、劳动经济学、计量经济学等重要领域。第二，简明通俗。与经济学的经典名著不同，这套丛书都是国外大学通用的经济学教科书，大部分都已发行了几版或十几版。作者尽可能地用简明通俗的语言来阐述深奥的经济学原理，并附有案例与习题，对于初学者来说，更容易理解与掌握。

　　经济学是一门社会科学，许多基本原理的应用受各种不同的社会、政治或经济体制的影响，许多经济学理论是建立在一定的假设条件上的，假设条件不同，结论也就不一定成立。因此，正确理解掌握经济分析的方法而不是生搬硬套某些不同条件下产生的结论，才是我们学习当代经济学的正确方法。

本套译丛于1995年春由中国人民大学出版社发起筹备并成立了由许多经济学专家学者组织的编辑委员会。中国留美经济学会的许多学者参与了原著的推荐工作。中国人民大学出版社向所有原著的出版社购买了翻译版权。北京大学、中国人民大学、复旦大学以及中国社会科学院的许多专家教授参与了翻译工作。前任策划编辑梁晶女士为本套译丛的出版做出了重要贡献，在此表示衷心的感谢。在中国经济体制转轨的历史时期，我们把这套译丛献给读者，希望为中国经济的深入改革与发展做出贡献。

《经济科学译丛》编辑委员会

序 言

自从《战略经济学》第一版出版 15 年以来，商业领域已经发生了很多大事件。经济在稳定发展数年之后，出现了网络泡沫破灭和大衰退。各个经济体的各个经济领域的公司在经济繁荣时都获得了很高的利润，之后，由于能源成本高企和经济衰退，这些公司的利润都出现了比较大幅度的下滑。

这些年中，一些企业战略专家们急不可耐地提醒我们："企业的经营规则已经改变了。"[1] 在这里可以用法国的一句名言回应他们：改变得越多，保留得越多。让我们思考这几年中一些投资者和管理者的命运，他们紧跟过去十年某一时的狂热，却抛弃了历经检验的经济学原理。事实上，网络公司所销售的产品同其他公司出售的产品（宠物食品、玩具等）没有本质的差别，也必须面临完全竞争的挑战。在对企业兼并的一片赞扬声中，电影制片公司纷纷兼并成很大的娱乐公司，但是并没有克服纵向一体化的风险。银行不顾及经济学的基本理论，贷款给没有偿付能力的购房者，最终引发了经济危机。

这些灾难性的错误再次证明了我们一直所主张的观念：有一套商业规则，不仅经久不变，而且适用于经济的各个领域。战略管理需要以这些规则做支撑，而不应盲目地相信"当下的战略"。无视这些基本原则的管理者们将会面临很高的经营风险。

根据它们的性质，规则都是持久的，但它们并不能很好地被理解。想想看，波特关于竞争规则的经典著作《竞争战略》直到20世纪80年代才出版。波特的书清楚地诠释了经济推理如何作用于实战派的经理人，特别是有关处理企业外部环境的战略。追随波特的脚步，我们联合其他商学院的经济学家寻求一本教材，能够为战略分析提供更广、更深的经济基础。一开始我们感到很沮丧。大多数现有的战略管理类书籍都缺乏学科基础，很少有包含对战略必不可少的经济理论的分析，例如规模经济、经济学中的交易成本、寡头理论、进入、承诺、对创新的激励和代理。另外，大多数书籍针对的读者范围较广，而非诸如凯洛格等商学院的学子们。我们了解到并非只有我们尝试寻找适合教授商业战略的教材。的确，在许多商学院，核心战略课程的教材选择都是一个问题。

为了寻求将波特的贡献拓展到采用以经济学为基础的方法教授战略，我们考虑了可能的解决办法。一种可行性是利用微观经济学课本，例如罗伯特·平狄克（Robert Pindyck）和丹尼尔·鲁宾费尔德（Daniel Rubinfeld）的《微观经济学》（*Microeconomics*），这些教材提供了大量现实世界的范例来阐述经济学在实践中的重要性，但充其量只是传统微观经济学和战略管理理论的折中。

在我们的著作《战略经济学》第一版出版的前几年，出现了两本重要的著作：沙伦·奥斯特（Sharon Oster）的《现代竞争分析》，以其内容的广泛性著称，收罗了我们认为很重要的在战略管理学的课堂中讲授的主题；保罗·米尔格罗姆（Paul Milgrom）和约翰·罗伯茨（John Roberts）的《经济学、组织和管理》（*Economics，Organization and Management*），此书以它的深度著称，为理解涉及组织、激励和等级制的问题提供了深入的理论基础。我们写《战略经济学》的部分目的就是在接近米尔格罗姆和罗伯茨的分析水平上实现奥斯特的广度，为读者提供这两本书中出现的阐释案例。

本书的编排

这一版是《战略经济学》一书出版以来第一次对其做出比较大的调整。第一部分主要介绍了微观经济学的核心知识，以本书作者之见，这部分内容是战略知识的基石。这一部分的第1章介绍了需求、成本和博弈论等方面的知识，取代了之前版本的初级经济学知识。第2章包含规模经济方面的内容，这是竞争、市场进入、定位和可持续竞争等方面内容的基础。第3章介绍激励机制，这一章对于理解一体化和组织机构至关重要。第4章从历史的视角，探究经济学原理的重要性。

接下来几部分的内容变化没有那么大，与前一版的雷同。第二部分主要介绍公司边界的内容，介绍多样化知识的那一章做了很多调整。第三部分探究竞争，新增了行业结构方面的材料（基于约翰·萨顿对这一领域的研究）。

第四部分内容涵盖了战略定位和获取持续的竞争优势。第五部分将公司理论、组织设计理论和企业竞争理论联系起来了。

这一版一如既往地穿插了现实世界发生的案例，将经济模型应用于现实生活。案例发生在世界各地，时间跨度很长，从18世纪到现在。商业世界日新月异，待这一版上市时，一些内容可能就已经过时了。但我们希望，从这些案例中得到的启示不会改变。

我们认为，只要课程主要介绍行业或者企业经济学，无论是核心的战略课程还是企业经济学的课程，都可以以此书作为课本。在10周的战略课程中，凯洛格商学院一年级MBA学生主要安排了以下章节的内容：

第1章　微观经济学基本原理

第2章　规模经济与范围经济

第3章　代理和协同

第5章　企业的纵向边界

第12章　行业分析

第13章　竞争优势的战略定位

第14章　持续竞争优势

如果安排一学期的战略课程，我们可以再加上第8章（竞争者与竞争），第15章（竞争优势的起源：创新、演进和环境），和第16章（业绩评估和企业激励机制）。如果课程注重介绍组织，则可以把第8章和第15章换成第7章（多样化）、第16章（业绩评估和企业激励机制）和第17章（战略和结构）或者第18章（环境、权利和文化）。

我们在战略理论（第13~15章）之前安排了企业边界理论的章节（第5~7章），可能会有些突然，感觉不合常理。但是，实际上，教师们按照本书的章节安排讲课也没有妨碍。只要学生理解第1章的内容及第2章的规模和范围经济学，战略理论那部分内容就可以在企业章节之前讲授。

第9~11章介绍承诺、动态竞争和进入/退出等方面的知识，这些章节是本书中最具博弈理论性质的，对于经济理论功底弱的学生而言尤为吃力（尽管第1章介绍的博弈理论以及第8章的内容对于学生们理解这些章节的内容应该足够了）。由于凯洛格商学院的学习战略基础课程的学生没有学习经济学课程，我们将在竞争战略高级课程中讲授这些课程。因为第13章及其之后章节的内容与第9~11章的内容关联不大，第9~11章在讲授的时候可以跳过，不影响第13章之后内容的讲解。

主要介绍竞争战略和现代产业组织的战略或者管理经济学课程也可以使用这本书。对于一个季度的课程，我们推荐讲述以下章节：

第2章　规模经济与范围经济

第3章　代理和协同

第8章　竞争者与竞争

第9章　战略承诺

第10章　动态价格竞争

第11章　进入与退出

第 12 章　行业分析

第 13 章　竞争优势的战略定位

第 14 章　持续竞争优势

第 15 章　竞争优势的起源：创新、演进和环境

如果课程安排了一个学期，还可以添加第 7 章（多样化），添加高级课程的章节（关于竞争战略、行业组织和博弈论）。

附加资料

《讲师手册》＊

《讲师手册》提供了非常有价值的内容，它可以帮助读者理解本书中每一章的内容，包括章节内容列表、章节概论、章节的讲授方法、哈佛商学院案例研究中有关该章的补充内容、其他有关读物以及所有章后问题的答案。

幻灯展示

每章的幻灯片和讲义大纲都在相应的网站上提供，可以用计算机阅览或下载。

致　谢

在许多人的帮助下，这本书才得以出版。我们特别感谢威利出版公司的朱迪斯·约瑟夫，她为这本书的出版做了大量的工作，还要特别感谢詹妮弗·美尼斯为第五版的面世所做的工作。感谢威利出版公司的瓦莱丽·瓦尔加斯和英格奥协会的苏珊娜·英格奥，他们一直帮助这一系列版本的出版。

由于使用过这本书的教师们的建议，第五版的内容才得以改进。感谢我们的同事，他们指出了这本书的许多问题，并提出了改进的方法。非常感谢凯洛格商学院的院长伊曼瑞特斯·唐纳德·雅各布斯以及前副院长马特·萨特思维特，是他们主张开设竞争战略课程，并在本书第二版和第三版的创作中给予我们莫大的鼓励和支持。非常感谢现任院长帝派克·贾因，他不但支持我们第五版的创作出版，还在凯洛格商学院强调这本书的重要性（向凯洛格商学院的学生、校友和公司合作伙伴推荐这本书）。

我们也非常感谢以下朋友：谢勒尔·鲍尔（弗吉尼亚科技大学）、罗伯特·贝克（印第安纳大学伯明顿分校）、加里·博尔顿（宾夕法尼亚州立大学）、蒂姆·坎贝尔（南加利福尼亚大学）、卡廷·查特吉（宾夕法尼亚州立大学）、达瑞尔·克拉克（杨百翰大学）、赫门·达埃姆斯（比利时鲁汶天主

＊　中国人民大学出版社并未购买《讲师手册》的版权。——出版者注

教大学）、卡尔·伊诺莫托（新墨西哥州立大学）、达伦·菲尔森（克莱蒙研究大学）、特瑞·弗雷舍（丹佛市州立大学）、加里·福尼尔（佛罗里达州立大学）、马克·芬克（阿肯色州立大学小石城分校）、高蒂姆·高利桑卡兰（华盛顿大学）、查尔斯·格雷（亚拉巴马州大学）、瑞贝克·亨德森（麻省理工学院）、布鲁斯·加菲（印第安纳大学）、阿什·拉尔（新加坡南洋理工大学）、肯尼斯·马尼诺（圣地亚哥州立大学）、瑞克·米勒（德勤会计师事务所）、莫斯塔法·莫伊尼（俄克拉何马大学）、达尔文·奈尔（波士顿大学）、马丁·罗伯逊（英国杜伦大学）、约翰·塞勒斯（林肯纪念大学）、查尔斯·斯诺（宾夕法尼亚州立大学）、奥拉夫·索伦森（加州大学洛杉矶分校）、约翰·斯蒂芬斯（美联储董事）、约瑟菲娜·顿弗（计量经济学研究学会）、肯尼斯·扎普（大都会州立大学）、查尔斯·泽赫（维拉诺瓦大学）、班尼特·查诺（乔治敦大学）。他们为第五版的出版提供了大量建议。

凯洛格商学院的管理学硕士生为这本书具体章节的创作也提供了很大的帮助。对于他们的贡献，我们将在章末中提到，并表示感谢。最后，要感谢所有使用过这本书的凯洛格商学院的学生。他们认真地找出了书本中的排版错误和数据失误，并对书中的案例提出了自己的看法。无论以何种方式，第三版书中都留下了他们的印记。编写这本书的初衷是为凯洛格商学院提供一本具有挑战性和以理论为基础的战略学教材。如之前的版本一样，我们非常高兴地看到，他们对本书的编写产生了很大的影响。

贝赞可

德雷诺夫

尚利

谢弗

于埃文斯顿，伊利诺伊州

[注释]

[1] 用 Google 搜索"规则已经改变了"会出来上百条与商业相关的链接。很好奇如果它们不断变化的话怎么能成为规则。

威利出版公司要感谢纽约爱纳大学的玛丽·莱莎博士，她编写了《战略经济学》留学生版本。

目　录

导言：战略经济学基础 ……………………………………………… 1

为什么要研究战略 …………………………………………………… 1

为什么要利用经济学研究战略 ……………………………………… 2

对基本原理的需求 …………………………………………………… 3

那么问题是什么呢 ………………………………………………… 4

战略的框架 …………………………………………………………… 6

企业边界 ……………………………………………………………… 6

市场与竞争分析 ……………………………………………………… 6

战略定位及其动态 …………………………………………………… 7

内部组织 ……………………………………………………………… 7

第一部分　战略的经济学基础 ……………………………………… 9

第1章　微观经济学基本原理 …………………………………… 11

成本 …………………………………………………………………… 12

成本函数 ……………………………………………………………… 12

时间期限的重要性：短期成本函数与长期成本函数 …………… 18

沉没成本与可避免成本 ……………………………………………… 20

经济成本与收益 ……………………………………………………… 21

经济成本与会计成本 ································· 21

经济利润与会计利润 ································· 22

需求与收入 ································· 22

需求曲线 ································· 23

需求的价格弹性 ································· 24

总收益函数与边际收益函数 ································· 26

厂商理论：定价与产出决策 ································· 28

完全竞争 ································· 30

博弈论 ································· 34

矩阵形式的博弈与纳什均衡的概念 ································· 34

博弈树和完美子博弈 ································· 36

本章小结 ································· 38

思考题 ································· 38

第2章 规模经济与范围经济 ································· 41

规模经济和范围经济从何而来 ································· 42

规模经济的定义 ································· 42

范围经济的定义 ································· 43

规模经济的来源 ································· 45

固定成本的不可分割性与分摊 ································· 45

存货 ································· 52

立方—平方法则和生产的物理性质 ································· 53

规模经济与范围经济的具体来源 ································· 55

购买中的规模经济和范围经济 ································· 55

广告中的规模经济和范围经济 ································· 56

研发中的规模经济 ································· 58

互补性和战略协调性 ································· 59

规模不经济的来源 ································· 60

劳动力成本与企业规模 ································· 60

专门化资源过分分散 ································· 61

"冲突淘汰" ································· 61

激励机制与协同效应 ································· 62

学习曲线 ································· 63

学习曲线的概念 ································· 63

增加产量以获得成本优势 ································· 64

波士顿咨询集团的增长/市场份额矩阵 ································· 65

学习与组织 ································· 67

学习曲线与规模经济 ································· 68

本章小结 ································· 70

思考题 ································· 70

附录 利用回归分析预测成本曲线的图形 ································· 71

第3章　代理和协同 ···················· 75
　　代理问题从何而来 ···················· 75
　　协同问题从何而来 ···················· 80
　　解决代理问题 ······················ 82
　　　监督 ·························· 82
　　　业绩激励 ······················· 83
　　　官僚体制 ······················· 90
　　解决协同问题 ······················ 92
　　　集权化 ························· 92
　　　去集权化 ······················· 93
　　本章小结 ························· 94
　　思考题 ·························· 94

第4章　基本原理的力量：历史角度 ············ 97
　　1840 年的世界 ····················· 98
　　　1840 年的经营模式 ·················· 98
　　　1840 年的商业环境：缺乏现代基础设施的生活 ····· 99
　　1910 年的世界 ····················· 104
　　　1910 年的企业 ···················· 104
　　　1910 年的商业环境："现代"的基础设施 ········ 106
　　今天的世界 ······················· 110
　　　今天的企业 ····················· 110
　　　今天的基础设施 ···················· 111
　　三个不同世界：一致的原则、变化的环境和适应性战略 ··· 114
　　本章小结 ························· 114
　　思考题 ·························· 115

第二部分 | 企业边界 ···················· 119
第5章　企业的纵向边界 ················· 121
　　自制与外购 ······················· 122
　　　上游、下游 ····················· 123
　　　边界的确定 ····················· 125
　　　自制或外购的一些错误观点 ·············· 126
　　外购的理由 ······················· 130
　　　利用规模经济和学习经济 ··············· 130
　　　官僚效应：避免代理成本和影响成本 ·········· 132
　　自制的理由 ······················· 135
　　　契约的经济学基础 ·················· 135
　　　完备的与不完备的契约 ················ 135
　　　契约法的角色 ···················· 137
　　　纵向链条中生产流程的协调 ·············· 138

私有信息的泄露 ·· 140

交易费用 ··· 140

关系专用性资产 ·· 141

租金和准租 ··· 143

要挟问题 ··· 145

要挟问题和交易费用 ·· 146

概述：从关系专用性资产到交易费用 ·································· 148

双重边际化：最后一个考虑的因素 ···································· 149

自制与外购决策小结：自制与外购决策树 ······························ 149

本章小结 ··· 150

思考题 ··· 151

第6章　组织纵向边界：纵向一体化及其选择 155

技术效率与代理效率 ·· 156

经济化 ··· 156

技术效率与代理效率的权衡和纵向一体化 ····························· 156

现实世界的证据 ·· 159

纵向一体化和资产所有权 ··· 163

纵向兼并中的管理安排问题 ·· 166

纵向一体化的替代选择 ·· 167

渐进一体化：自制或外购 ··· 167

战略联盟和合资企业 ·· 169

合作关系 ··· 173

隐含契约和长期关系 ·· 176

本章小结 ··· 177

思考题 ··· 178

第7章　多样化经营 181

简要的历史回顾 ··· 182

为什么企业追求多样化经营 ·· 185

多样化经营的效率考量 ·· 185

多样化经营的潜在成本 ·· 191

多样化经营的经理层的原因 ·· 192

收购给经理带来的收益 ·· 193

公司治理的问题 ·· 194

公司控制权市场和公司治理中的新变革 ······························· 196

多样化经营企业的绩效 ··· 198

经营绩效的研究 ·· 199

价值研究和事件研究 ·· 199

多样化经营企业的长期业绩 ··· 203

多样化企业的成功经验 ·· 204

本章小结 ··· 204

思考题 ·· 206

第三部分 市场与竞争分析 ······························ 211

第8章　竞争者与竞争 ···································· 213

竞争者识别与市场界定 ·································· 214
识别竞争者所需的基本要素 ······················ 214
将竞争者识别付诸实施 ·························· 216
识别竞争者的经验法 ·························· 217
识别地域竞争者 ···························· 217
衡量市场结构 ·· 218
市场结构与竞争 ······································ 221
完全竞争 ·· 222
垄断 ·· 226
垄断竞争 ·· 227
寡头垄断 ·· 231
市场结构从何而来？ ································ 242
萨顿关于固有沉没成本的论述 ················ 243
市场结构与企业业绩的证据 ···················· 244
价格与集中度 ·································· 245
本章小结 ·· 245
思考题 ·· 246

第9章　战略承诺 ······································ 250

承诺的重要性 ·· 251
战略承诺与竞争 ······································ 257
战略互补与战略替代 ···························· 257
强硬承诺与温和承诺 ···························· 259
承诺战略的分类 ································ 263
灵活性与实物期权 ···································· 268
战略承诺分析的框架 ································ 271
本章小结 ·· 273
思考题 ·· 273

第10章　动态价格竞争 ································ 277

动态价格竞争 ·· 278
为什么古诺和伯川德模型不是动态的 ·········· 278
动态价格竞争：直观认识 ······················ 280
竞争者的反应和针锋相对的定价战略 ·········· 281
多家企业的针锋相对的定价战略 ·············· 283
无名氏定理 ···································· 286
协调 ·· 287
针锋相对的战略为何这样诱人 ·················· 288

误解 ·· 290

市场结构如何影响合作价格的持续性 ······················ 291

　市场集中度和合作价格的持续性 ······················ 291

　反应速度、察觉滞后和合作价格的持续性 ·············· 292

　企业非对称和合作价格的持续性 ······················ 295

　市场结构和合作价格的持续性：小结 ·················· 301

促进措施 ······································ 301

　价格领导 ···································· 302

　提前宣布价格变动 ······························ 302

　消费者最惠条款 ······························ 303

　统一运费定价法 ······························ 304

　促进措施与反托拉斯 ···························· 305

质量竞争 ······································ 305

　竞争市场中的质量选择 ·························· 306

　有市场影响力的卖家的质量选择 ···················· 308

本章小结 ······································ 311

思考题 ·· 312

第11章　进入与退出 ······························ 316

一些关于进入和退出的事实 ·························· 317

进入与退出决策：基本概念 ·························· 320

　进入壁垒 ···································· 320

　退出的障碍 ·································· 326

进入阻绝战略 ·································· 327

　限制定价 ···································· 328

　掠夺性定价 ·································· 333

　产能扩张 ···································· 336

　柔道经济与"瘦狗"战略 ························ 337

促进退出战略 ·································· 338

　消耗战 ······································ 339

阻绝进入行为的证据 ······························ 341

　进入阻止因素列表 ······························ 341

　阻绝进入的调查数据 ···························· 342

本章小结 ······································ 343

思考题 ·· 344

第12章　行业分析 ································ 347

五力分析运用 ·································· 348

　内部竞争 ···································· 349

　进入 ·· 351

　替代品与互补品 ······························ 351

　供应商的力量与购买者的力量 ······················ 352

      对付五种力量的战略 ·· 353

   合作竞争与价值网 353

   五力分析的应用：一些行业的分析 ··· 356

      芝加哥医院市场的过去与现在 356

      商用机身制造业 ·· 361

      职业体育运动行业 ·· 365

   本章小结 ·· 372

   思考题 ··· 373

   附录　五力分析模板 ·· 373

第四部分 战略定位及其动态 ·· 377

 第13章　竞争优势的战略定位 379

   竞争优势 ·· 382

      竞争优势的界定 ·· 382

      哪个因素对盈利能力更重要：市场还是企业？ ·························· 384

   竞争优势与价值创造：概念基础 ··· 385

      最大支付意愿和消费者剩余 386

      从最大支付意愿到消费者剩余 ··· 388

      创造价值 ·· 390

      创造价值和"双赢"的商业机遇 ··· 392

      价值创造与竞争优势 ·· 393

      价值创造分析 ··· 394

      价值创造与价值链 396

      价值创造、资源和能力 396

   战略定位：成本优势和利益优势 ··· 400

      一般性战略 400

      成本领先的战略逻辑 400

      收益领先的战略逻辑 ·· 403

      从成本与收益优势中获取利润：需求价格弹性的重要性 405

      成本优势与收益优势的比较 ··· 408

      徘徊其间 ·· 411

   战略定位：广泛覆盖战略与专一化战略 414

      行业市场细分 414

      广泛覆盖战略 ··· 416

      专一化战略 ·· 416

   本章小结 ·· 418

   思考题 ··· 420

   附录　成本驱动力、收益驱动力和附加值分析法 ·················· 421

      成本驱动力 ·· 421

      收益驱动力 ·· 424

　　　　附加值分析法 ··· 427
　　第14章　持续竞争优势 ··· 431
　　　　持续获得利润的难度 ··· 432
　　　　　完全竞争市场和垄断竞争市场中威胁利润可持续性的因素 ·········· 432
　　　　　所有市场结构下威胁持续盈利的因素 ·································· 434
　　　　　持续盈利的证据 ··· 435
　　　　持续竞争优势 ··· 437
　　　　　资源基础的企业理论 ·· 437
　　　　　隔离机制 ··· 441
　　　　　模仿障碍 ··· 443
　　　　　先行者优势 ·· 449
　　　　　先行者劣势 ·· 456
　　　　不完全模仿性与行业均衡 ·· 457
　　　　本章小结 ··· 459
　　　　思考题 ··· 460
　　第15章　竞争优势的起源：创新、演进和环境 ······························· 465
　　　　创造性破坏 ··· 467
　　　　　破坏性技术 ·· 468
　　　　　可持续性和创造性破坏 ·· 468
　　　　创新的激励 ··· 470
　　　　　沉没成本效应 ··· 471
　　　　　替换效应 ··· 472
　　　　　效率效应 ··· 472
　　　　创新与创意市场 ··· 473
　　　　　配置创新资本 ··· 475
　　　　创新竞争 ··· 475
　　　　　专利权竞赛 ·· 477
　　　　　技术选择 ··· 478
　　　　演化经济学与动态能力 ··· 480
　　　　环境 ··· 482
　　　　管理创新 ··· 485
　　　　本章小结 ··· 486
　　　　思考题 ··· 487
第五部分　内部组织 ·· 491
　　第16章　业绩评估与企业激励机制 ··· 493
　　　　绩效考核经济学 ··· 494
　　　　　风险规避与风险共担 ·· 494
　　　　　风险与激励 ·· 498
　　　　　无法反映所有期望行为的业绩评估标准 ······························· 504
　　　　选择业绩评估标准：管理成本间的权衡 ···························· 508

　　　　业绩与报酬挂钩的激励机制是否有效？ ……………………… 511
　　　企业的激励机制 ……………………………………………… 513
　　　　隐性激励契约 ………………………………………………… 513
　　　　团队激励机制 ………………………………………………… 520
　　　本章小结 ………………………………………………………… 525
　　　思考题 …………………………………………………………… 526
第17章　战略与结构 ……………………………………………… 532
　　　结构介绍 ………………………………………………………… 534
　　　　个人、团队与等级组织 …………………………………… 534
　　　　复杂的等级层次 …………………………………………… 535
　　　　组织结构的类型 …………………………………………… 537
　　　结构—环境匹配 ……………………………………………… 547
　　　　技术与任务的相互依赖性 ………………………………… 547
　　　　有效的信息处理 …………………………………………… 548
　　　结构跟从战略 ………………………………………………… 551
　　　　战略、结构和跨国公司 …………………………………… 554
　　　　结构、战略、知识和能力 ………………………………… 554
　　　　惯例和启发式的结构 ……………………………………… 556
　　　本章小结 ………………………………………………………… 557
　　　思考题 …………………………………………………………… 558
第18章　环境、权力和文化 …………………………………… 562
　　　企业行为的社会背景 ………………………………………… 562
　　　内部背景 ……………………………………………………… 563
　　　权力 …………………………………………………………… 564
　　　　权力的来源 ………………………………………………… 565
　　　　权力的结构观 ……………………………………………… 568
　　　　成功的组织需要强有力的管理者吗？ …………………… 569
　　　　把正式权力分配给个人的决策 …………………………… 571
　　　文化 …………………………………………………………… 572
　　　　文化与经营业绩 …………………………………………… 573
　　　外部背景、制度与战略 ……………………………………… 577
　　　　制度与规则 ………………………………………………… 578
　　　　企业间的资源依赖关系 …………………………………… 579
　　　　制度逻辑：信念、价值观和行为准则 …………………… 581
　　　本章小结 ………………………………………………………… 583
　　　思考题 …………………………………………………………… 585
译后记 …………………………………………………………… 589

导 言：战略经济学基础

为什么要研究战略

要回答这个问题，我们首先要了解何为战略。让我们先看一下战略领域中三大权威人物是如何定义战略的：

……决定了企业基本的长期目标（goal）和目的（objective），明确了实现目标所必需的一系列行动及资源配置。——艾尔弗雷德·钱德勒（Alfred Chandler）[1]

……目的、宗旨（purpose）或者目标的模式，以及实现这些目标的主要政策（policy）和计划（plan）。通过这种方式定义了公司正在从事的或应该从事的业务，以及它现在所属的或应当属于的企业类别。——肯尼思·安德鲁斯（Kenneth Andrews）[2]

……决定了一个企业经营活动的框架，为企业协调行动提供了指导方针，使企业可以应对并影响不断变化的环境。战略清楚明白地指出了企业所倾向的环境，以及它努力追求的组织类型。——伊丹敬之（Hiroyuki Itami）[3]

这些定义有许多相似之处。"长期目标"和"主要政策"这些词说明战略与企业组织所面临的"重大"决策有关系，这些决策最终会决定组织的成败。战略的定义强调"目的的模式"和"企业经营的框架"，这说明战略表现的是企业一贯性的行为，而这又意味着战略一旦确定，就不容易更改。最后，战略明确了"企业现在所从事的或应该从事的业务类别"，这个观点说明战略决策塑造了企业的竞争角色以及企业领导层对于如何在竞争环境中获得成功的总体理解。

简言之，战略是组织成功的基础，这就是为什么战略研究既是一项有利可图的，又是一项需要智力投入的活动。本书的主要目的（尽管不是唯一的）就是从经济学的角度对战略进行分析与研究。本书的中心主题是通过揭示大量经久不衰的、应用于不同战略情形的经济法则，使我们可以学到很多东西。这些法则的价值可以通过两种基本方式表现出来：第一，使我们能更好地理解企业如何参与竞争以及组织本身；第二，为我们建立一个更稳固的作出正确战略决策的基础。

为什么要利用经济学研究战略

我们可以从很多角度研究战略。我们可以从博弈论的角度研究战略，以找到面对竞争选择战略的逻辑思维；也可以从心理学的角度探究战略，主要着眼于研究决策者的行为和动机如何决定其组织的发展方向和业绩；还可以从组织理论、政治学或者人类学的角度研究战略。

从多学科角度探究企业战略涉及许许多多的内容，然而，战略知识的深度同广度一样重要。一个学科只有拥有深刻的知识才可以形成细致而强大的理论，从而产生许多战略。经济学的一个优势在于可以使分析者明白在分析过程中涉及的主要要素，这也是经济学广泛适用于个人和组织决策的原因。经济学模型必须认真地辨别以下要素：

决策制定者。谁是决策中积极的参与者？在目前情况下，谁的决策是"固定的"？

目标。决策制定者试图达到的目标是什么？他们是否追求收益最大化？有没有非经济因素的考虑？

选择。哪些是要考虑的行动？战略变量是什么？所作决策的时间跨度是多大？

选择与结果之间的关系。特定决策转化为特定结果的机制是什么？这种机制是否考虑了不确定性因素的影响，诸如偏好、技术或者其他决策制定者的选择？

虽然其他社会科学也常常涉及同样的问题，但在我们看来，经济学却有着与众不同之处——作为理论发展的一部分，它几乎总能对这些问题进行详尽的解释。这样做的好处在于，它能够把经济推理得出的结论与利于分析而做的假设清晰地联系起来。这就是加思·萨洛纳（Garth Saloner）所谓的

"审核跟踪"（audit trail），它使我们能够区别未经验证的猜想和有逻辑根据的命题。[4]在本书中我们不会详细介绍支持我们的命题的审核跟踪，因为这需要大量的篇幅，并且涉及高等数学的相关知识。不过我们还是会向读者说明我们提出每个命题时直觉上所依赖的知识。

从实质而言，经济模型是从个人和企业面对的复杂环境中抽象出来的。因此，将经济学观点运用于特定情形通常需要创造力与灵活的把握，同时还要清楚地识别出那些由于失误、历史、组织因素或政治因素等原因强加于企业的限制。经济学家也不能完全说明作出决策并使之转化为行动与结果的过程，但是对竞争性战略决策或组织内部性质转变的管理过程通常是一个企业成功的基础。我们在本书中强调经济学并非想降低这个过程的重要性，而是因为详细介绍这个过程确实超出了本书的研究范围。

对基本原理的需求

严肃的企业观察家们总是有极高的热情渴望了解企业盈利和在市场上取得成功的原因。他们常常不经过严谨考察就得出结论，认为企业成功的关键就是观察并模仿成功企业的行为。咨询师和流行的商业出版物开出的大量管理处方都在照搬业绩出色的企业和它们的管理者的行为。

这类分析的一个经典案例便是1982年托马斯·彼得斯（Thomas Peters）和罗伯特·沃特曼（Robert Waterman）所写的一本名为《追求卓越》（*In Search of Excellence*）的书。[5]他们对43家长期以来在盈利能力与业绩增长等方面表现出色的企业进行了研究。其研究结果显示：这些成功的企业有着共同的特点，例如"贴近顾客"、"坚守核心本业"和"偏好行动"。

弗雷德·魏斯玛（Fred Wiersema）所著的《新经济市场领袖》（*The New Market Leaders*）也是这类研究的一个例子。[6]在这本书中，魏斯玛考察了新经济下各行业领军企业的种种行为，并特别关注了网络、科技与电信行业中的企业。这些企业平均的年回报率是48％。在解释这些企业成功的原因时，魏斯玛的结论与彼得斯和沃特曼的相同，即新市场的领导者都贴近顾客，并且在细分市场上有比较强的能力。它们开发新产品，进行密集的广告宣传，将核心活动以外的活动外包出去，以便集中精力做好它们擅长的事情。

最后一个例子来自吉姆·柯林斯（Jim Collins）所著的《从优秀到卓越》（*Good to Great*）。[7]柯林斯对那些打破了优秀（高于中等水平的）业绩的长期模式、在长达15年的时间里保持了卓越业绩（累计股票回报率是市场同期平均值的3倍）的企业进行了研究。仅有11个企业能同时达到这两个苛刻的要求，其中包括沃尔格林（Walgreens）、富国银行（Wells Fargo）、菲利普·莫里斯（Philip Morris）和雅培制药（Abbott）等著名公司。柯林斯发现，有一些共同的特征能够解释这些企业的成功：这些企业的领导者都不张扬，而是勤恳地默默工作；这些企业的业绩变化从管理者的更替开始，使"适当"的人才各就其位；这些企业用技术来支持战略，而不是决定战略；这些企业中的管理者能"面对严峻事实"并且决定针对这样的事实该采取什么行动。

那么问题是什么呢

所有这些研究都评估了成功企业过去的业绩，这些研究利用目前取得成功的企业作为行动标准，这样做的前提假设是：其他效仿它们的行为的企业也能实现类似的成功。虽然我们不认为企业的成功是偶然的，但我们相信，很难通过学习某个成功企业的经验来使所有企业都实现成功。

首先，成功的原因通常并非一目了然，而是复杂多样的。没有什么比安然公司（Enron）的例子更能说明这一点了。安然曾经是新经济时期企业成功运作的一个典范，但是最终却被揭露是靠做假账体现盈利的企业。像这样的例子很多，虽然不是个个都如此恶劣，但却可以说明成功的原因是很复杂的。或许，某个企业的内部管理系统确实能很有效地激发产品创新，但企业外部不熟悉企业运作的人可能并不了解它的作用。其次，成功企业所处的行业与市场环境跟那些模仿者们所面临的环境也可能大不相同。成功还可能取决于许多特殊的因素，这些因素都很难识别，并且也无法效仿。

最后，试图仅仅通过考察成功企业的战略来理解成功会产生某种偏颇。使很多家企业取得成功的战略可能导致同样多的企业因此而遭受失败。并且，成功的企业可能会同时执行几种战略，而其中只有一些对它们的成功起到了作用。成功的企业可能拥有并知道如何拥有专用性资产，这些使得它们成功了，而模仿者却失败了。因此"鹦鹉学舌"的战略并不能保证成功。

为了进一步剖析这种潜在的偏见，我们可以想象一下，在事后我们很容易说成功企业成功的原因是人尽其才，或者开发客户钟爱的产品。成功企业的选择总是在事后看起来是正确的，但是，管理者不可能总能事先确定哪一个战略会奏效。比如，某企业投资于一项新技术，预期能够从中获利。如果企业确实盈利了，那么根据战略大师们的说法，这项投资的决策是正确的，该技术看似"对战略起了支持作用"。即使这样，继续使用已经选择的技术仍然是最优的选择，特别是在沉没成本不可恢复、没有备选技术的情况下。一些人会认为，如果由技术决定企业的战略，那么企业的处境将非常艰难。但是，真正的错误决定是选错了技术，而不是继续使用现有的技术。"模仿"地制定战略忽略了这些重要的细微差别。

管理者不能等到事后才来决定应该采用什么技术，应该雇用什么样的员工，或者应该培育哪类顾客。这就使管理工作面临着风险。我们的确认为研究企业的行为是有用的，然而，这种研究的价值在于帮助我们识别那些解释企业行为的普遍原则，而不是尝试总结出一个成功特征表，让它自动把我们引向成功。这样一张表根本就不存在。战略教科书可以介绍战略决策背后的普遍原则，但是，成功还是取决于各位管理者将原则运用于各个具体环境的能力。

为了更好地说明这一点，我们可以想象一下今天的商业观察家们在分析成功的战略决策时所面临的案例多样性的局面，他们可能要面对众多企业中各种各样的管理实践行为。我就以三家最具声望的成功企业，即特瑞克公司（Trek）、米纳斯吉拉斯公司（Usiminas）[8] 和沃尔玛（Wal-Mart）为例。它们的组织结构与公司战略都各不相同。特瑞克公司很少执行那些大型工业企业的传统职能，而是将其大部分的生产、分销和零售工作委托给独立的承包商来完成。它的成功很大程度上取决于成本低廉的自行车外包制造业务以及细致的品牌管理。米纳斯吉拉斯是一家传统的纵向一体化的钢铁企业，以出色的经营运作在制造业中声名远扬。它的这种优势，再加上成本低廉的巴西劳动力资源和丰富的能源供应，使其成为了世界上成本最低的钢铁制造商。沃尔玛与这两个企业有所不同，它是分销商和零售商。它的成功依靠的是各地店铺管理者积极主动的工作以及精湛的采购与存货管理技术，这使它的零售成本总能低于其竞争对手。

我们很难透彻地了解战略的这种多样性，特别是在大部分行业中，我们都能找到与同行业中的领头企业运用相同的战略和管理实践却绩效不佳的企业。有特瑞克公司，就会有罗利公司（Raleigh）；有米纳斯吉拉斯，就会有伯利恒钢铁公司（Bethlehem）；有沃尔玛的成功，但是也有凯马特（Kmart）的失败。如果你认为这种管理实践的多样性令人困惑，那么我们可以设想一下，如果将 1910 年甚至是 1960 年的那些管理者们带到今天，他们会有什么样的反应呢？机构庞大的企业主宰企业界的时期早在 20 世纪 70 年代就已结束了。通用汽车公司（General Motors）在 20 世纪 70 年代曾因石油短缺与日本汽车的入侵而遭受了很多批评，但从 20 世纪 20 年代到 60 年代，它的组织结构与战略都一直是制造业的典范。1901 年年初，美国钢铁公司（United States Steel）（即现在的 USX 公司）便成为了世界第一家年销售额超过 10 亿美元的企业，但是现在，其相对规模大幅度下降，并且不得不依靠销售石油来保持其作为美国最大的 25 家工业企业之一的地位。像这样曾经令人羡慕，而现在却为生存苦苦挣扎的例子数不胜数。

管理实践的这种演变与令人困惑的多样性可以通过两种方式来解释。第一种观点认为，制定成功的战略太过复杂，以至从本质而言成功就是一种运气。第二种观点认为，企业之所以成功，其原因在于企业的管理者所选择的战略最有利于他们抓住当时的潜在获利机会，或者最有利于他们适应变化的环境。我们倾向于第二种解释。毫无疑问，运气的好坏会对企业的成功有一定影响，但我们相信企业的成功绝非偶然。在我们看来，如果按照市场经济与战略行动的一贯原则对战略决策进行分析，我们就能更好地理解企业成功与失败的原因。并且我们相信，当管理者试着将这些原理应用到他们所面对的变化的环境与机会时，其竞争成功的概率就会上升。虽然这些原理没能对企业成功的原因给出独特的解释，但这并不妨碍它们成为系统考察战略的基础。

战略的框架

在开篇讨论什么是战略的时候，我们断言战略涉及企业所面临的"重大"问题。但它的具体含义是什么呢？这些"重大"问题又是什么呢？或者说，为了制定和实施一个成功的战略，企业需要关注哪些方面呢？我们认为，为了成功地制定和实施一个战略，企业必须面对四大类问题：

● 企业边界（boundaries of the firm）。企业应该做些什么？它的规模应该有多大？它应该开展哪些业务？

● 市场与竞争分析（market and competitive analysis）。企业所处的竞争市场的性质是什么？在这些市场中，企业间的竞争关系是什么样的？

● 战略定位及其动态（position and dynamics）。企业如何在竞争中定位？竞争优势的基础是什么？企业应该如何随着时间的推移不断调整自身的竞争优势？

● 内部组织（internal organization）。企业应该如何安排它的内部结构与系统？

企业边界

企业边界定义了企业在做些什么。边界可以向三个不同的方向延伸：横向、纵向和整体。企业的横向边界（horizontal boundaries）指企业为多少产品市场提供服务，或者它的规模有多大。企业的纵向边界（vertical boundaries）指企业自身所从事的活动及企业从其他专业性公司购买的活动的范围。企业的整体边界（corporate boundaries）指企业参与竞争的一系列独特的业务。这三个边界都在不同时期的有关战略的文献中受到了不同程度的关注。20 世纪 60 年代，波士顿咨询公司（the Boston Consulting Group）对学习曲线与市场增长的重视突出了企业的横向边界。正式规划模型所用的增长—市场份额矩阵（growth-share matrices）等规划工具强调了企业的整体边界。最近，网络组织（network organization）与虚拟企业（virtual corporation）等概念则突出了企业的纵向边界。我们对此的观点是：所有的边界都是重要的，并且通过经济学的视角能够卓有成效地对它们进行分析。

市场与竞争分析

为了制定并实施成功的战略，企业就必须了解它参与竞争的市场的性质。正如迈克尔·波特（Michael Porter）在其经典著作《竞争战略》（*Com-*

petitive Strategy）中所指出的，各行业的绩效都不是一种机遇或者偶然。[9] 例如，在制药行业中，甚至一家普通的企业也能有很强的盈利能力，而航空业的顶尖企业即使是在最佳时期也只能获得较低的利润。这些都是有原因的。在试图了解为什么某一行业的企业实施某种战略，或者为某个行业制定竞争战略时，我们都不能够忽视产业结构的性质。

战略定位及其动态

战略定位及其动态是对企业竞争方式及竞争基础的简短概括。定位是一个静态的概念。在某一特定时点，企业是否会以低成本作为竞争的基础？或者企业能否因在某些重要方面具有差异性而索取高价？正如我们之前所讨论的，定位也涉及与企业的成本优势或差别优势有关的资源和能力。动态指的是企业如何积累资源和能力，以及如何随着时间的推移进行自我调整，以适应环境的变化。基本上，动态必然会涉及经济学家约瑟夫·熊彼特（Joseph Schumpeter）所强调的过程。他认为，尽管从本质上说"追求利润的冲动"是暂时性的，但它却能激发企业和企业家们创建新的竞争优势的基础，这些新的竞争优势重新定义了各产业，并且瓦解了企业已经获得的优势。

内部组织

假设企业已经确定了自身所要经营的业务，并明确了所处竞争市场的性质，那么它就可以考虑它的竞争基础与竞争方式了，但是它还需要作一些内部安排，为战略的实施做准备。组织需要明确开发资源以及获取信息的渠道。另外，它还需要考虑如何将员工个人目标与企业整体目标结合在一起。企业如何进行内部安排——例如，它的组织结构是什么样的，组织在多大程度上依靠正式的激励系统来抑制非正式的影响等等——体现了组织将要进行的一系列重要的战略决策。

本书的具体内容安排如下：第一部分介绍基本经济学原理，这些内容对理解战略的方方面面非常重要，其中一个知识点尤其重要，那就是规模经济学原理，该知识点对学习企业边界的内容不可或缺；第二部分阐述企业边界的有关内容；第三部分介绍行业结构和市场分析知识；第四部分介绍市场定位及其动态；第五部分介绍内部组织。

上面这些内容对处于任何境况的各行业管理者都很有用，能改善业绩，使管理者受益。通过制定满足环境需要的竞争战略，管理者通常可以很快地改善业绩。即使是最最成功的公司，这些知识也可以使它们的管理者受益。管理者都应该知道，社会环境无时无刻不在发生着变化，行业环境也是这样。今天适用的符合行业环境的战略未来可能就会不再适用，与未来的竞争环境格格不入。有时，影响企业发展的社会环境变化发生得非常缓慢，如同1950 年之后美国城市郊区缓慢扩展一样。有时，环境瞬时就发生了变化，譬如，20 世纪 90 年代通信、信息处理和网络科技等领域迅速发展。对企业冲击很大的重要事件可能一夜之间就发生了，改变了企业的环境，譬如，1989年后东欧国家和苏联公司私有化，2007 年能源价格开始飙升。学习本书知识的管理者可以更加容易地使其公司的战略适应日新月异的环境的需要，而不必只是靠好的运气。

【注释】

［1］Chandler, A., *Strategy and Structure: Chapters in the History of the American Industrial Enterprise*, Cambridge, MA, MIT Press, 1962, p. 13.

［2］Andrews, K., *The Concept of Corporate Strategy*, Homewood, IL, Irwin, 1971.

［3］Itami, H., *Mobilizing Invisible Assets*, Cambridge, MA, Harvard University Press, 1987.

［4］Saloner, G., "Modeling, Game Theory, and Strategic Management," *Strategic Management Journal*, 12, Winter 1991, pp. 119 - 136.

［5］Peters, T. J. and R. H. Waterman, *In Search of Excellence*, New York, Harper and Row, 1982.

［6］Wiersema, F., *The New Market Leaders*, New York, Free Press, 2001.

［7］Collins, J. C., *Good to Great*, New York, Harper Business, 2001.

［8］米纳斯吉拉斯全称为 Usinas Siderurgicas de Minas Gerais。

［9］Porter, M., *Competitive Strategy*, New York, Free Press, 1980.

第一部分

战略的经济学基础

第 1 章　微观经济学基本原理

1931 年，百事可乐公司（Pepsi-Cola）的处境令人绝望。[1]这已经是它在 12 年内第二次陷入破产的境地了，按照特拉华州法院的说法，当时的百事公司纯粹就是一个"空壳公司"。时任百事公司总裁的查尔斯·G·古思（Charles G. Guth）甚至曾想过要把百事公司卖给它的竞争对手可口可乐公司（Coca-Cola），但是可口可乐公司却丝毫没有收购这个看起来前途黯然的公司的意愿。当时，百事可乐公司与可口可乐公司都销售 6 盎司装的可乐。为了节约成本，古思购买了大量 12 盎司的可回收的啤酒瓶。最初，12 盎司装百事可乐的售价为 10 美分，是 6 盎司装的可乐的两倍。但是，这个战略没能提高百事可乐的销量。后来，古思想：为什么不将 12 盎司装的可乐与 6 盎司装的可乐以相同的价格出售呢？在大萧条时期，这是一个聪明的市场战略。百事公司的销售量飙升。到了 1934 年，百事公司就摆脱了破产的困境。到 1936 年，它的利润上升到 210 万美元；到了 1938 年，利润就达到了 420 万美元。古思通过降低价格与可口可乐竞争的决策挽救了百事公司。

这个例子说明了一个很重要的道理：显然，1931 年，百事公司的主要目标是获取利润，从而能够继续生存下来。但是确定目标并不意味着目标就一定会实现。古思不能靠简单地命令他的下属来增加企业的利润。像其他企业一样，百事公司的管理者也不能直接控制它的利润、市场份额或其他任何取得市场成功的标志。但百事公司的管理者能控制营销、生产和其他可以决定企业竞争地位与最终盈利能力的管理决策。

20世纪30年代百事可乐的成功发展可以以一些重要的经济理论来理解。最基本的一个经济学理论是需求定律：在其他条件不变的情况下，价格越低，需求量越大，顾客的消费量越大。销售商品数量增加能否转化为更高的收入取决于需求量和价格之间的关系强度，由需求价格弹性来衡量。只要可口可乐对百事降价没有反应，我们可以认为百事可乐的需求量相对于价格具有弹性，或者，用经济学术语称为价格具有弹性。如果需求具有价格弹性，降低价格可以转化为更大的销售量以及更高的收入。可口可乐相应的降价是否会带来好处取决于竞争者的规模和价格竞争的盈利水平之间的关系。因为市场非常大，可口可乐不用推出降价活动来应对百事的降价行为，不降低产品价格比降低产品价格获得的利润更高。[2]此外，百事更高的收入能否转化为利润取决于边际成本和边际收入之间的关系。百事降价之后利润迅速攀升，表明降价之后边际收入远大于边际成本。

这一章阐述企业战略的微观经济学原理。阐释百事可乐成功降价销售的许多因素将随后在本章阐释。理解本章的概念和知识对所有学生而言将会"创造公平的竞争环境"，即使没有经济学背景的学生也可以掌握本书的大部分内容。本章主要包括以下五个方面的内容：（1）成本；（2）需求、价格和收入；（3）利润最大化条件下的价格和产出；（4）完全竞争市场理论；（5）博弈论[3]。

成　本

企业的利润等于收入减去成本。我们从等式的成本这一侧开始论述经济学的基础知识。在这里，我们将讨论四个具体的概念：成本函数，经济成本和会计成本，长期成本和短期成本，沉没成本。

成本函数

总成本函数

管理者最熟悉表1—1与表1—2所列出的成本形式，这两个表分别是一个假想的生产商2008年的损益表和生产成本核算表。[4]表中所提供的信息基本上都是回顾性的，它们告诉管理者在过去一年发生了什么。但是假设管理者希望了解降价是否能增加利润，比如像百事可乐公司那样，那该怎么办呢？降价可能带来刺激性销售的增加，所以企业需要了解如果它在上一年的基础上扩大生产，总成本将如何变化。

表 1—1	损益表：2008 年		单位：万美元
（1）销售收入			3 560
（2）产品销售成本			
产品生产成本		1 374	
加：产成品存货 12/31/07		330	
减：产成品存货 12/31/08		295	
			1 409
（3）毛利：（1）－（2）			2 151
（4）销售和一般管理费用			854
（5）营业收入：（3）－（4）			1 297
利息费用			121
税前净收益			1 176
所得税			410
净收益			766

表 1—2	产品生产成本核算表：2008 年		单位：万美元
原材料：			
原材料采购		870	
加：原材料库存 12/31/07		140	
减：原材料库存 12/31/08		120	
（1）直接材料			890
（2）直接人工			230
制造费用			
间接人工		70	
供热、照明和动力		40	
维修与维护费用		20	
折旧		110	
保险费		5	
物业税		8	
其他生产费用		14	
（3）总制造费用			267
总生产成本：（1）＋（2）＋（3）			1 387
加：在产品存货 12/31/07			210
减：在产品存货 12/31/08			223
产品生产成本			1 374

这就是总成本函数可以告诉你的信息。它表示出了一个企业的总成本（以 TC 表示）和在一个给定的时期内的总产量（以 Q 表示）之间的关系。图1—1是总成本函数曲线。对于企业生产的任一产量水平，图形中都有一个与之相对应的总成本。为什么产量与总成本之间会存在一一对应的关系呢？一个企业现在可能每年生产 100 个单位的产品，总成本为 500 万美元。但是如果它能够使生产更加简单有效，从而降低生产成本，那么生产 100 个单位产品的成本可能仅为 450 万美元。为了避免这种歧义，我们将总成本函数定义为一种效率关系。它代表公司在当前的技术能力下以最有效的方式生产时，总成本与总产量之间的关系。当然，公司并不总能以它理论上可能达到的效率进行生产。大量有关全面质量管理和流程再造方面的文献证明了管理者对改善效率的关注。这就是为什么我们要强调总成本函数反映了公司当前的生产能力。如果公司能够以最高的效率进行生产，那么总成本函数就一定是向上倾斜的。增产的唯一方法就是投入更多的生产要素（如劳动力、机器和原材料），而这又将使总成本上升。[5]

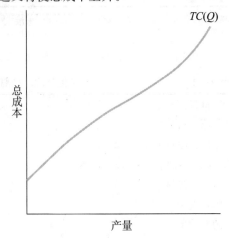

图1—1　总成本函数

总成本函数 TC(Q) 表示了公司在产量水平 Q 上发生的总成本。总成本函数是一种效率关系，表明企业在一定的技术能力、生产要素（如劳动力与资本）价格等情况下，生产某个水平的产出可能发生的最低总成本。

固定成本与可变成本

利用会计报表表1—1和表1—2的信息，我们可以确定某一特定水平的年产量的总成本。为了绘制更完整的总成本函数曲线，我们要区分出固定成本与可变成本。可变成本，如直接人工和销售人员的佣金，会随着产量的增加而增加；固定成本，如一般管理费用和物业税，在产量增加时仍然保持不变。

当讨论固定成本与可变成本时，我们需要强调三点。第一，固定成本与可变成本之间的界限常常不太明确。有些成本，如维修费用、广告促销费用，可能既有固定因素也有变动因素。还有些成本可能是半固定的：在一定产量范围内是固定成本，在其他的产量范围内则是可变成本。[6]例如，啤酒经销商使用一辆卡车每周最多可以运送 5 000 桶啤酒。但是当需要运送 5 000～10 000桶啤酒时，就需要两辆卡车。需要运送 10 000～15 000 桶啤酒时，就要三辆卡车，依此类推。卡车的成本在（0，5 000）、（5 000，10 000）、（10 000，15 000）的各个区间内是固定的（还可以依此类推），但是在这些区间之间却是可变的。

第二，当我们说一项成本是固定成本时，我们的意思是这个成本相对于企业的产量来说是不变的，但是并不意味着它不受企业的经营或可能作出的决策的影响。例如，对于一个电力公司来说，将用户与当地高压输电网相连接的电线费用主要取决于电网的用户数，而不取决于发电的总度数。其他固定成本，如促销和广告活动的支出，会由于管理者的决策而增减。[7] 第三，成本是固定的还是变动的取决于产出决策所针对的期间的长短。例如，假设一个航空公司打算实行为期一周的机票降价。但是它已经雇用了工作人员，确定了飞行计划，购买了飞机。在这一周内，这些决策都不能再改变。对于这样一个特定的决策，航空公司应该认为它的大部分成本都是固定的。相反，如果航空公司考虑实行为期一年的机票降价，希望能相应地增加机票销售，那么它可以改变飞行计划，可以租用或购买飞机，也可以再雇用新的工作人员。在这种情况下，航空公司就应该把大部分费用视为可变成本。公司是否可以自由改变其实物资产或运营的其他因素，对公司的成本结构与决策的性质有重要意义。在下面讨论长期成本和短期成本的区别时，我们将详细说明这个问题。

平均成本函数与边际成本函数

与总成本函数相关的另外两个成本函数是平均成本函数 $AC(Q)$ 和边际成本函数 $MC(Q)$。平均成本函数指公司的平均成本或者每一单位产品的成本是如何随着产量的变化而变化的。它可以用以下公式表示：

$$AC(Q) = TC(Q)/Q$$

如果总成本直接与产量成一定比例——例如总成本函数可以用公式 $TC(Q) = 5Q$ 或者 $TC(Q) = 37\ 000Q$ 来表示，或者更一般地，用 $TC(Q) = cQ$（这里的 c 是一个常数）来表示，那么平均成本就将是一个常数。这是因为：

$$AC(Q) = cQ/Q = c$$

但是，通常平均成本是随着产量的变化而变化的。如图 1—2 所示，当产量上升时，平均成本可能上升、下降或者不变。当平均成本随产量上升而下降时，就存在着规模经济（economies of scale）；当平均成本随产量上升而上升时，就存在规模不经济（diseconomies of scale）；当平均成本相对产出保持不变时，我们称之为规模报酬不变（constant returns to scale）。一个生产过程可能在一定产量范围内表现为规模经济，而在另一产量范围内表现为规模不经济。图 1—3 描绘了一个具有规模经济、规模不经济、规模报酬不变性质的平均成本函数。产量水平 Q' 是规模经济发挥全部作用时的最小产出水平，因而被称为最小有效规模（minimum efficient scale）。最小有效规模与规模经济的概念对于理解企业规模与范围以及产业结构是非常重要的。第2章的全部内容都将分析规模经济这一问题。

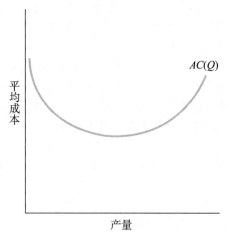

图1—2 平均成本函数

平均成本函数 $AC(Q)$ 表示对于任一产出水平 Q，平均的或每单位产品的成本。在不同产出水平上，平均成本不一定相等。

边际成本指相对于产量而言，总成本的变化率。边际成本也可被认为是每多生产1单位产品新增加的成本。如果原产量为 Q，产量变动为 ΔQ，而且每一产出水平下的总成本已知，那么边际成本就由如下公式计算：

$$MC(Q) = \frac{TC(Q + \Delta Q) - TC(Q)}{\Delta Q}$$

例如，设当 $Q=100$ 单位时，$TC=40$ 万美元，当 $Q=150$ 单位时，$TC=50$ 万美元。$\Delta Q=50$，$MC=(50-40)/50=0.2$ 万美元。因而，在产量从100增加到150个单位的过程中，总成本以每单位产品0.2万美元的速度增加。

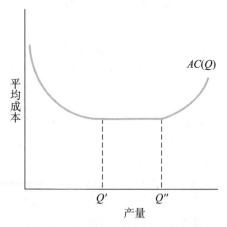

图1—3 规模经济与最小有效规模

该平均成本函数在产量达到 Q' 之前为规模经济。当产量在 Q' 与 Q'' 之间时为规模报酬不变。当产量超过 Q'' 时为规模不经济。规模经济发挥全部作用的最小产出水平 Q'，称为最小有效规模。

边际成本通常与总产量有关。图1—4描绘了某个特定的总成本函数的边际成本函数。在产量水平较低时，如Q'，增加1单位的产量对总成本的影响不大，表现为边际成本较低；在产量水平较高时，如Q''，增加1单位的产量量会导致总成本大幅增加，表现为边际成本较高。

企业通常用平均成本来预测某一产量变化的边际成本。但是，平均成本和边际成本是不同的。只有当总成本与产量成比例变化，即$TC(Q)=cQ$时例外。在这种情况下：

$$MC(Q)=\frac{c(Q+\Delta Q)-cQ}{\Delta Q}=c$$

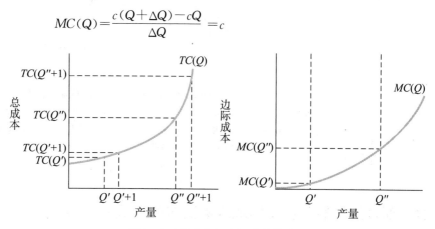

图1—4　总成本与边际成本的关系

右图为边际成本函数$MC(Q)$曲线，是由左边的总成本函数$TC(Q)$曲线推导出来的。在产量为Q'时，每增加1单位产量，成本变化为$TC(Q'+1)-TC(Q')$，这等于产量为Q'时的边际成本$MC(Q')$。因为产量改变不大，所以边际成本很小（即从横轴到边际成本曲线之间的距离很短）。在产量为Q''时，每增加1单位产量，成本变化为$TC(Q''+1)-TC(Q'')$，这等于产量为Q''时的边际成本。该成本变化大于在Q'时的成本变化，所以$MC(Q'')>MC(Q')$。因为随着Q的增大，总成本函数曲线也变得更陡，所以边际成本曲线必然随产量增加而上升。

此时，边际成本等于平均成本。这个结果反映了边际成本与平均成本之间更一般的关系（如图1—5所示）。

● 当平均成本是产量的递减函数时，边际成本小于平均成本。

● 当平均成本不随产量增减而变化时——因为它是常数（与产量无关），或者处于最低的点——边际成本等于平均成本。

● 当平均成本是产量的递增函数时，边际成本大于平均成本。

这些关系是按照平均成本函数与边际成本函数的数学性质得到的，但它们也是符合直觉的。如果一组数（如成本、成绩或者其他）的平均值随着一个新数的加入而增加，那么唯一的原因是新加入的数值——边际值——大于平均值。相反，如果平均值下降，那么一定是由于边际值小于平均值。

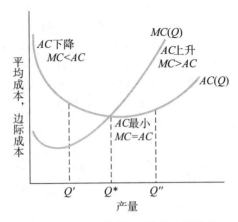

图 1—5 边际成本与平均成本的关系

当平均成本下降时（如产量为 Q' 时），$AC > MC$，即平均成本曲线在边际成本曲线上方。当平均成本上升时（如产量为 Q'' 时），$AC < MC$，即平均成本曲线在边际成本曲线下方。当平均成本处于最小值时，$AC = MC$，两条曲线相交。

时间期限的重要性：短期成本函数与长期成本函数

我们在讨论固定成本与可变成本时强调了时间的重要性。在这一节中，我们将进一步研究这一点，并且了解它的应用。

图 1—6 是一个企业以三种规模，即小型规模、中型规模和大型规模进行生产的情况。一旦企业选定在某个特定规模下生产，那么它就只能通过改变厂房、设备的规模以外的其他投入的数量（如雇用更多的工人以增加班次）来改变产量。企业不能对生产设备的规模进行调整的情况称为短期。对于任何一种生产规模，都存在一个短期平均成本函数（以 SAC 表示）。这些平均成本函数包括了全部相关可变投入（如劳动力、材料）的年度成本，也包括工厂本身的固定成本（通常按年计算）。

如果企业建造厂房前就知道它计划要生产多少产品，那么为使成本最小化，它将会选择能够达到期望产量并且使短期平均成本最低的生产规模。例如，对产量 Q_1 来说，最理想的生产规模就是小型的；对于 Q_2 来说，中型规模最佳；而对于 Q_3 来说，大型规模则是上选。图 1—6 说明了对于较大的产量来说，规模较大的工厂最好；而对于中等产量，中等规模的工厂最佳；而当产量较小时，小型规模最理想。例如，当产量为 Q_1 时，从大型工厂转为小型工厂所带来的平均成本降低为 $SAC_L(Q_1) - SAC_S(Q_1)$。这个成本的节约不仅仅来自工厂固定成本的减少，也是由于可以使工厂运营的其他部分更有效地配合工厂的规模。当大型工厂的产量为 Q_1 时，它可能需要更多的员工保证原料流在大型复杂的设备内稳定地流动。而小型工厂的规模可能使原料流简单有效，从而节省了劳动力。

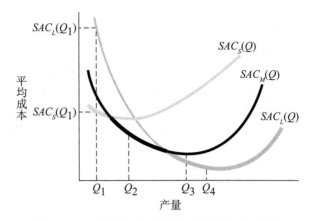

图1—6　短期平均成本函数与长期平均成本函数

曲线 $SAC_S(Q)$、$SAC_M(Q)$ 和 $SAC_L(Q)$ 分别为小型、中型和大型工厂的短期平均成本曲线。对任一产出水平，最佳工厂规模是平均成本最低时的规模。例如，在产量为 Q_1 时，小型工厂最佳；而在产量为 Q_2 时，中型工厂最佳；当产量为 Q_3 时，大型工厂最佳。长期平均成本曲线是短期平均成本曲线的下包络线，在图中以三段粗线组成的线段表示。该曲线表示当企业可以自由地将工厂调节到最佳规模时，在任一产出水平下能够实现的最低平均成本。

长期平均成本函数（在图 1—6 中用粗线表示）是短期平均成本函数的下包络线（lower envelope）。它表示，当企业能将工厂调整到最佳规模时，在任一产出水平下能实现的最低平均成本。这就是企业在确定了生产规模前所面对的平均成本函数曲线。

在这个例子中，长期成本函数曲线表现出了规模经济。在较大的工厂规模下运营，企业能够降低平均成本。由此就得出了一个看上去似乎简单，但是却非常有意义的论点：为了实现更低的平均成本，企业不仅必须建一个大工厂，并且必须达到充分的产出，使大工厂确实成为最佳规模。如果企业建立了一个大工厂，但是产量仅仅达到比如说 Q_1 的水平，那么就会带来灾难性的结果。因为该企业不得不承担设备闲置的昂贵费用。如果我们看到一个公司处于这种状况，我们可能会草率地认为，生产过程中的规模经济非常有限或根本不存在。但这是不正确的：规模经济是存在的，但是企业却没能销售足够的产品来实现规模经济。

把短期平均成本表示成平均固定成本（AFC）和平均可变成本（AVC）之和通常是很有意义的：

$$SAC(Q) = AFC(Q) + AVC(Q)$$

平均固定成本是用每一单位产量表示的固定成本（即企业不随产量变化的年度成本及费用，如保险和物业税等）。平均可变成本是用每一单位产量表示的可变成本（例如劳动力与原材料成本）。例如，假设企业的工厂每年的成本为 900 万美元，其他年固定费用总额为 100 万美元，并且假设企业的可变成本与产量变化的关系为 $4Q^2$，那么我们就能推出：

$$AFC(Q) = \frac{1\ 000}{Q}$$

$$AVC(Q) = 4Q$$

$$SAC(Q) = \frac{1\,000}{Q} + 4Q$$

请注意，当产量增加时，平均固定成本降低，这会导致 SAC 变小。平均固定成本降低是由于总固定成本可以在更多的产品间进行分摊。这种降低（在本例中）被平均可变成本随产量的增加而增加抵消了，并最终使 SAC 变大。因此，这两个互相抵消的力量的净效果就导致了 SAC 曲线呈 U 形，如图 1—6 所示。

沉没成本与可避免成本

当评估一个决策的成本时，管理者应该只考虑那些决策实际上能够影响到的成本。有一些成本，不论决策的内容是什么，它都会发生，因而是不可避免的，这样的成本称为沉没成本。与其相对的是可避免成本（avoidable cost），这些成本会因为某些决定而能够避免。当衡量一个决策的成本时，决策者应该忽略沉没成本，而只考虑可避免成本。

为了说明沉没成本的概念，我们可以举激光打印机的邮购商为例。这些邮购商通常会向生产商购买大量的激光打印机，以便满足紧急订单。但是渐渐地，邮购商积压了大量存货，其中包括一些制造商不再生产也不再回购的产品。对这个问题的自然反应就是通过降价来清理这些已终止生产的产品，以此来减少库存。但是公司的管理者并不愿意这么做，他们认为即使是在销售的最佳时期，产品的毛利也只能补偿他们的管理费用。如果降低价格，他们连成本都收不回来。

这个观点显然是错误的。因为购买激光打印机的成本相对于定价这个决策来说是一个沉没成本。不论邮购商是否降价，都不能避免这些成本。如果认为不能以低于平均成本的价格出售产品，那么邮购商最终要遭受更大的损失。相反，他们需要接受这样的事实：即以前的决策（与这些决策相联系的沉没成本）已无法取消，现在应该努力将损失最小化。

我们需要强调的一点是，某项成本是否为沉没成本取决于所作的决策或选择。在上面给出的例子中，相对于定价决策来说，终止生产的打印机的成本就是沉没成本。但是在打印机被订购之前，它们的成本还不是沉没成本。如果邮购商决定不订购，它们就可以避免购买与贮存成本。

同学们常常将沉没成本与固定成本混淆。这两个概念是不同的。具体来说，某些固定成本不一定是沉没成本。例如，无论是拉 1 节还是拉 20 节车厢，从芝加哥到克利夫兰的铁路运输服务都需要一个火车头和一组工作人员。因此，火车头的成本就是固定成本，但不一定是沉没成本：如果铁路公司放弃了从芝加哥到克利夫兰的线路，就可以将火车头出售给其他的铁路企业，或者是把它调度到其他线路上。

沉没成本对研究战略具有重大意义，特别是在分析企业间的竞争、进入与退出某个市场的决策及采用新技术等问题时，它显得尤为重要。例如，沉没成本的概念有助于解释一家已建成的美国钢铁企业为什么不愿意投资于某项新技术，如连铸技术（continuous casting），而日本的一家刚成立的新企业却打算投资于这项新技术。这项新技术的固定成本较高，可变的经营成本较低。对于已建成的美国企业来说，其旧技术的固定成本即是沉没成本。只有当新技术带来的经营成本的节约超过了新技术的固定成本时，美国企业才可能采用该项新技术。而日本的新企业一切都是从头开始，采用新技术则可避免旧技术的固定成本。因此，当新技术的经营成本节约超过了新旧技术的固定成本之差时，该企业就可能采用新技术。所以，如果美国企业要采用新技术，它就比日本企业要求新技术带来更多的成本节约。我们将在接下来的章节中继续讨论沉没成本。

经济成本与收益

经济成本与会计成本

表 1—1 与表 1—2 反映了会计概念上的成本。这个概念以权责发生制（accrual accounting principle）为基础，权责发生制强调的是历史成本。会计报表——特别是损益表与资产负债表，是为公司外部的审计人员，比如债权人与权益投资者服务的。因而会计数据必须是客观的和可核实的，历史成本的原理正符合这种要求。

但是，会计报表中反映的成本对公司内部决策却并不太适用。业务决策要求衡量的是经济成本，它是以机会成本这个概念为基础的。这个概念表示在某一特定活动中使用的资源的经济成本，是放弃的、将那些资源用于其他用途时所能创造的最大价值。经济成本可能会与表 1—1 与表 1—2 中的历史成本不一致。例如，假设企业所购买的原材料价格低于目前的市场价格。那么，在表 1—2 中所反映的产品生产成本是否就是企业使用这些资源的经济成本呢？答案是否定的。当企业利用它们制造产成品时，它就放弃了以市场价格将这些原材料售出的机会。企业生产活动的经济成本反映了这种放弃的机会的价值。

从更广的范围来讲，如果企业是用股东提供的资金购买资源（如厂房、设备和土地等），为吸引这些资金，企业就必须向股东提供投资回报，这些回报至少要等于股东将他们的资金投资于其他风险相同的活动时所获得的回报。我们可以举例说明。假设在 2009 年年初，某企业的资产为 1 亿美元。投资者如果让这些资金继续留在企业，就会失去将这 1 亿美元投资于一个有8% 的回报率的活动的机会。另外，假设由于磨损和厂房设备迅速过时，2009 年，资产的价值贬值了 1%。那么该企业资产在 2005 年的年度成本就是：（0.08＋0.01）×1亿美元＝900万美元。这就是经济成本，但是却不会反映在企业的损益表里。

在研究战略的时候，我们感兴趣的是，当企业面对特定的机遇与约束的时候，它们为什么会制定那样的决策，以及如何区分好的与差的决策。在企业行为的正规理论中，我们强调的是经济成本而不是历史会计成本。但是这并不是说会计成本在研究经营战略时是没有作用的。事实上恰恰相反，在评估企业过去的业绩时，在将行业中的一家企业与另一家企业进行比较时，或者在评价企业的资金实力时，会计报表与会计比率分析所提供的信息将是十分有用的。但是，当企业必须从多个竞争性的方案中选择一个时，机会成本的概念就成为作出最佳经济决策的最好的基础。一个企业如果总是背离机会成本，那么它将失去获取更高利润的机会。最终，它将会被那些能更好地抓住提高利润机会的企业赶出该行业，或者由于股价下跌，没有人愿意为它投资，从而陷入资金窘迫的境地。在整本书中，当我们谈到成本函数或者是讨论成本时，我们都要牢记，成本包括所有相关的机会成本。

经济利润与会计利润

我们已经区分了经济成本与会计成本，现在我们将区分经济利润与会计利润：

- 会计利润＝销售收入－会计成本
- 经济利润＝销售收入－经济成本
  ＝会计利润－（经济成本－会计成本）

为了说明这两个概念的区别，我们以一家由所有者自己经营的小型软件开发企业为例。2008年，企业的收入为100万美元，发生的费用和劳动力支出为85万美元。如果这个所有者不自己经营企业，而是为微软工作，他最多可以挣20万美元。那么该软件企业的会计利润为100万美元－85万美元＝15万美元。减去所有者的机会成本后的经济利润为100万美元－85万美元－20万美元＝－5万美元。这就意味着该所有者经营这家企业的收入比他在外面工作所能得到的最高收入少了5万美元。软件业务使该所有者损失了5万美元，因为他经营这家软件企业的所得比他原本可能拥有的财富少了5万美元。

需求与收入

利润的第二个组成部分就是销售收入，它与企业的定价决策紧密相关。为理解企业的销售收入与它的定价决策的关系，我们首先研究需求曲线和需求的价格弹性这两个概念。

需求曲线

需求函数描述了企业能销售的产品数量与所有影响销售数量的变量之间的关系。这些变量包括产品价格、相关产品价格、消费者收入与偏好、产品质量、广告、促销和许多其他通常被认为构成企业营销组合（marketing mix）的因素。因为存在这么多因素，因此很难在图上描绘需求函数。

我们最感兴趣的是需求量与价格之间的关系。为了集中讨论这种关系，我们可以假设影响需求数量的所有其他变量都保持固定不变，考虑需求量将如何随着价格的改变而改变。这样我们就可以在图上显示这个简单关系。图1—7描绘的就是一个需求曲线。我们可以预期需求曲线是向下倾斜的：价格越低，需求量就越高；价格越高，需求量就越低。这个反向关系就叫做需求法则。

如果高价意味着显赫的声望或者能提高产品的形象，那么需求法则就失效了。如果一家销售上等威士忌或者水晶石的企业采取降价策略，那么就有可能削弱企业的声望价值，因而其销售量会下降而不是上升。如果消费者无法客观地估计产品的潜在性能，并且用价格来推断产品的内在质量，那么也同样会发生需求法则失效的现象。低价可能意味着质量差，会使销量下降而不是增加。声望和信号效应（signaling effects）都能够导致需求曲线在某个价格范围内向上倾斜。即便如此，经济学与营销的无数研究和个人经验都证实，需求法则是适用于绝大多数产品的。

如图1—7所示，需求曲线通常以横轴代表数量、纵轴表示价格。这可能看起来很奇怪，因为我们认为是价格决定了需求量，而不是需求量决定价格。但是，这种表示法强调了对需求曲线的另外一种有用的解释：需求曲线

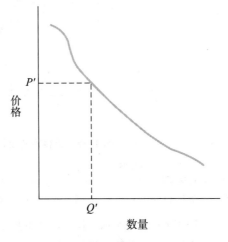

图1—7　需求曲线

需求曲线表明了在不同价格水平上，消费者将购买的产品数量。例如，在价格 P' 上，顾客会购买 Q' 单位产品。我们知道购买数量与价格之间是反向关系，所以该曲线是向下倾斜的。

不仅告诉我们在任一给定价格下消费者的购买数量，并且还告诉我们，对于一定数量的供给，市场愿意承担的最高价格。因而，在图1—7中，如果企业决定销售 Q' 单位的产品（这可能是在满负荷下公司能生产的产量），需求曲线就可以告诉我们企业的最高定价只能为 P'。

需求的价格弹性

假设一个企业正在考虑涨价。企业知道根据需求法则，价格上升将导致销售量下降。如果销售量的损失不是特别大，那么这还是可以接受的。如果销售量下降不大，那么涨价后企业的销售收入实际上也许会增加。但是，如果销售量大降，销售收入就可能下降，并且企业境况就可能因此恶化。

图1—8表明当需求曲线分别为 D_A 和 D_B 时，公司定价决策的意义。假设企业目前定价为 P_0，销售量为 Q_0，企业考虑将价格上调至 P_1。如果企业的需求曲线为 D_A，那么价格上升仅仅导致销售量的小幅下降。在这种情况下，需求量对价格变动的反应不敏感。我们就可以推测出价格上升能增加销售收入，因为涨价带来的销售收入的增加抵消了销售量减少所引起的销售收入的减少。相反，如果企业的需求曲线为 D_B，价格上升将引起销售量的急剧下降，这时，需求量对价格很敏感。我们可以预期价格上升将会导致销售收入下降。

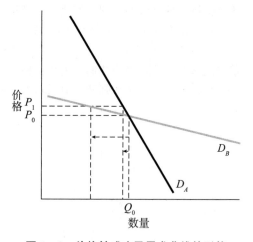

图 1—8　价格敏感度及需求曲线的形状

当需求曲线为 D_A 时，价格从 P_0 变化到 P_1 对需求量的影响很小。但是当需求曲线为 D_B 时，在价格变动幅度相同的情况下，需求量将急剧下降。当需求曲线为 D_A 时，我们就可以推测价格上升将增加销售收入，而当需求曲线为 D_B 时，价格上升将减少销售收入。

正如以上分析所示，需求曲线的形状对企业定价战略的成功与否将会有很大的影响。需求的价格弹性概括了这种影响，它衡量了需求量对价格的敏感程度。价格弹性通常用 η 表示，它表示当价格变动1％时，销量变动的百分比。让我们以0代表最初的状态，1代表价格变化后的状态，那么弹性公式就是：

$$\eta = -\frac{\Delta Q / Q_0}{\Delta P / P_0}$$

其中，$\Delta P = P_1 - P_0$ 表示价格变动，$\Delta Q = Q_1 - Q_0$ 是价格的变化所导致的需求量的变动。[8] 为了说明这个公式，我们可以假设价格最初为 5 美元，相应的需求量为 1 000 件产品。如果价格上升到 5.75 美元，那么需求量将下降到 800 件产品，由此可得出：

$$\eta = -\frac{\dfrac{800 - 1\,000}{1\,000}}{\dfrac{5.75 - 5}{5}} = -\frac{-0.20}{0.15} = 1.33$$

因此，价格在 5.00～5.75 美元之间时，价格每变动 1%，需求量将变动 1.33%。价格弹性 η 可能大于 1，也可能小于 1。

● 如果 η 小于 1，我们就说需求缺乏弹性，即如图 1—8 中价格变动，需求量沿着需求曲线 D_A 变动的情况。

● 如果 η 大于 1，我们就说需求富有弹性，即如图 1—8 中价格变动，需求量沿着需求曲线 D_B 变动的情况。

给定需求的价格弹性的估计值，一个管理者就可以把价格变动百分比和弹性估计值相乘，计算出价格变动预计将引起的需求量的变动率。为了说明这一点，可以假设管理者认为 $\eta = 0.75$。如果他考虑将价格上涨 3%，那么他就可以预测，价格上升导致了需求量将下降 $(3 \times 0.75)\% = 2.25\%$。[9]

价格弹性可以使用统计方法来进行估计，经济学家与营销人员已经对许多产品的价格弹性作过估计。但是在大部分实际情况中，管理者都没办法用统计方法估计出精确的价格弹性值。因此，管理者不得不依靠他对产品与市场的了解来推断产品的价格敏感度。会使公司产品的需求对价格更敏感的因素包括：

● 产品与竞争产品相比差异不大，并且购买者对竞争产品的价格和特征很了解。航空服务就是一个很好的例子，它们所提供的服务大同小异，并且顾客可以很容易地了解某一特定市场上的价格范围。

● 购买者在产品上的支出占其总支出的比重较大。在这种情况下，以低价买到一个质量相当的产品，就可以大大节约支出，所以顾客就更倾向于在少量购买时多跑几家商店，多比较一下。冰箱与洗衣机就是这类价格敏感的产品，因为顾客在购买前愿意仔细比较。

● 购买者购买该产品是为了生产一种对价格敏感的最终产品。在这种情况下，如果购买者试图把投入品价格的微小变动转嫁给顾客，那么顾客对最终产品的需求将急剧下降，因此购买者对投入品的价格也会非常敏感。例如，个人电脑制造商可能对材料与部件的价格变动很敏感，因为顾客对个人电脑的需求的价格弹性很高。

能降低需求对价格的敏感度的因素有：

● 很难对替代产品进行比较。这可能是因为产品较复杂，性能指标较多；或顾客有关替代产品的经验较少或者没有任何经验，购买替代品具有风险；或者逛商店进行比较的成本很高。采取门到门销售的产品，如雅芳（Avon）化妆品，一般来说缺乏价格弹性，因为在销售时，大部分顾客缺乏替代品价格的完全信息。

● 因为税收减免或保险，购买者仅需支付产品价格的一部分。医疗卫生业就是一个很好的例子。

● 顾客转换到替代品的转换成本很高。如果使用某个产品需要某种经专业训练的技能，并且这些技能在不同产品间不能完全转换，则转换成本就会增加。例如，顾客熟练使用某个文字处理软件的专门技能与可得到的替代品的兼容性越差，转换成本将会越高，而消费者对升级的价格敏感度将会越低。

● 与顾客已使用的产品具有互补性的产品。例如，有复印机的人可能对上色剂的价格不太敏感，因为上色剂是使用复印机必不可少的。

品牌弹性与行业弹性

同学们常常犯的一个错误是，仅仅因为对某一产品的需求缺乏弹性就假设对这类产品的需求都缺乏弹性。学生常常错误地认为，只要产品需求不具有弹性，产品的每位卖者也都是不具有价格弹性。以汽油为例，许多研究材料表明，汽油不具有价格弹性，弹性系数在 0.10～0.20 之间。也就是说，如果所有加油站都涨价，需求量也只是受到很小的影响，但是，如果只有一个加油站的价格上涨了，那么它的汽油销售量将大幅下降，因为顾客可以到其他加油站加油。因而，虽然产品在整个行业层面是不具有弹性的，但在品牌层面却是有价格弹性的。

企业应该使用行业弹性还是品牌弹性来评估价格变化的影响程度呢？答案取决于该企业对其竞争对手反应的预测。如果企业估计竞争对手会立即采取相应的价格变动作为回应，那么选择行业弹性比较合适。相反，如果企业预测竞争对手不会作出相应的价格变动行为（或者在很长一段时间后才会作出调整），那么企业就应该选择品牌弹性。例如，百事可乐的降价策略之所以成功，是由于可口可乐公司没有采取相应的降价措施。假如可口可乐也降价，百事可乐的战略结果就将会是另外一种情形。对竞争对手的可能反应作出推断是一个非常有意思的问题，我们将在第 10 章再次涉及这个问题。

总收益函数与边际收益函数

企业的总收益函数由 $TR(Q)$ 表示，它表明企业的销售收入怎样随销售量变动。回顾一下我们对需求曲线的定义，其中我们将企业能定的最高价格

记为 $P(Q)$，此时的销售量记为 Q，那么我们就可以把总收益表示成：

$$TR(Q) = P(Q)Q$$

正如企业关心产量变化对其成本的影响一样，企业也关注产量的变化是如何影响收益的。企业的边际收益 $MR(Q)$ 类似于边际成本，表示额外销售的 ΔQ 单位产品所导致的总收益的变化，用公式表示为：

$$MR(Q) = \frac{TR(Q+\Delta Q) - TR(Q)}{\Delta Q}$$

从公式可以看出，似乎随着企业销售量的增加，其总收益将上升，从而 MR 总是正值。但是，由于需求曲线是向下倾斜的，这一点就不一定是正确的了。因为为了销售更多产品，企业就需要降低价格。所以当它以低价销售额外的产品获得收入时，它就失去了以高价销售所有产品的收入。例如，以每张 11 美元的价格，一个唱片零售店每天可以销售 110 张唱片，如果价格降为 9 美元，就能售出 120 张。虽然以 9 美元的价格，它每天可以多卖 10 张光盘，多收入 90 美元，但是它牺牲了把 110 张光盘每张多卖 2 美元的 220 美元。在这个例子中，边际收益为（−130 美元）/10，即 −13 美元；在把价格从 11 美元下调至 9 美元的过程中，每多卖出 1 张唱片，销售收入就会下降 13 美元。

一般来说，边际收益是正值还是负值取决于需求的价格弹性。边际收益的公式为（在这里推导并不重要）：

$$MR(Q) = P\left(1 - \frac{1}{\eta}\right)$$

例如，如果 $\eta = 0.75$，当前的价格 $P = 15$ 美元，那么边际收益 $MR = 15 \times (1 - 1/0.75) = -5$ 美元。更一般地说：

● 当需求富有价格弹性，即 $\eta > 1$ 时，可以推出 $MR > 0$。在这种情况下，价格下降将引起销售量的上升，从而增加总销售收入。

● 当需求缺乏价格弹性，即 $\eta < 1$ 时，可以推出 $MR < 0$。在这种情况下，价格下降将导致销售量的下降，从而减少总销售收入。

注意，这个公式意味着 $MR < P$。这使我们的讨论变得更有意义。价格 P 是企业每出售一件额外产品所获得的额外收入，但在计算出售额外产品引起的总收入变化时，应将本来以高价出售现改为低价的收入损失考虑在内。

图 1—9 描绘了需求函数曲线及相应的边际收益函数曲线。由于 $MR < P$，除数量为 0 时外，边际收益曲线总是处于需求曲线下方。对大多数需求曲线来说，边际收益曲线总是向下倾斜，并且在某一点处从正值变为负值（如图 1—9 中 Q' 点所示）。

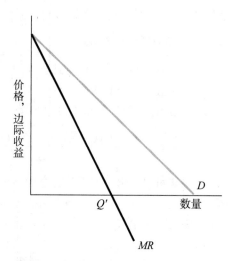

图1—9 边际收益曲线与需求曲线

MR 表示对应于需求曲线 *D* 的边际收益曲线。因为 *MR*＜*P*，除数量为 0 时以外，边际收益曲线总是在需求曲线下方。销售数量大于 *Q*′ 时，边际收益为负。

厂商理论：定价与产出决策

本书的第二部分研究的是市场的结构与行业内的竞争。为了能给下面的分析打好基础，我们需要了解一下厂商理论，即研究厂商怎样作出价格和数量决策的理论。该理论不仅具有解释作用，并且具有实际应用性，它说明了市场上的价格是如何制定的，同时也为管理者提供了制定定价决策的工具。

厂商理论假设厂商的最终目标是获取尽可能多的利润，因而该理论适用于那些期望获取最大化利润的管理者们。有些分析家认为并非所有的管理者都追求利润最大化，所以厂商理论对于描述实际的企业行为用处不大。关于利润最大化这个描述性的假设是否合理的分析，已经超过了我们这部分要研究的范畴。我们只需要说出一个有力的、"进化"的论据来支持利润最大化假设就足够了：从长期来看，如果企业的管理者不努力实现与行业经济和自身资源相一致的最大化利润，那么企业将会破产，或者管理者将被能更好地为所有者利益服务的人所取代。

在理想的状态下，厂商对于它销售的任何数量的产品，都希望可以把价格定得尽可能高。然而，正如我们所看到的，厂商的需求曲线限制了价格的最高点。因此，当厂商在决定所销售的产品数量时，必须同时根据需求曲线制定价格。

那么最优产出是如何确定的呢？此时，边际收益与边际成本的概念就显得很有用了。回想一下前面所学的就会知道，边际就是"变化率"（单位产出的成本或收入的变化），ΔQ 单位的产量变化导致的收入、成本和利润变化分别为（在这里，当 ΔQ 为正值时，表示产出的增加；当它为负值时，表示产出的减少）：

$$总收入变化 = MR \times \Delta Q$$
$$总成本变化 = MC \times \Delta Q$$
$$总利润变化 = (MR - MC) \times \Delta Q$$

企业无疑想增加利润，其方法为：

● 如果 $MR > MC$，厂商可通过卖更多产品（$\Delta Q > 0$）增加利润，为此应降价。

● 如果 $MR < MC$，厂商可通过少卖产品（$\Delta Q < 0$）增加利润，因此应涨价。

● 如果 $MR = MC$，多卖少卖都不能使厂商增加利润。因此这时的产出和价格一定在最佳水平上。

图 1—10 表示厂商的产出与价格处于最优水平时的情况。曲线 D 是厂商的需求曲线，MR 是边际收益曲线，MC 是边际成本曲线。当 $MR = MC$ 时，即 MR 与 MC 曲线相交时，所对应的产量就是最佳产量，即图中的产量 Q^*。最佳价格是需求曲线上对应的价格 P^*。

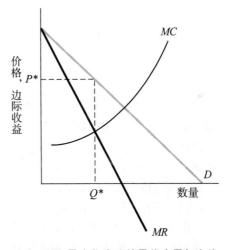

图 1—10　利润最大化企业的最优产量与定价

企业的最优产量是 Q^*，此时 $MR = MC$。最优价格 P^* 是企业要销售 Q^* 单位产品时的定价。它是根据需求曲线确定的。

运用这些原则的另外一种方法也许与管理学联系得更紧密，就是把 MR 用需求价格弹性表示出来。那么，条件 $MR = MC$ 就可以写成：

$$P\left(1 - \frac{1}{\eta}\right) = MC$$

让我们首先假设，厂商的总可变成本与产量近似成正比，因此 $MC = c$，这里的 c 是厂商的平均可变成本。每多出售 1 单位的贡献毛利率（percentage contribution margin, PCM）是单位利润与单位收益之比，即 $PCM = (P - c)/$

P。用代数法直接表示为：

当 $\eta > 1/PCM$ 时，$MR-MC>0$

当 $\eta < 1/PCM$ 时，$MR-MC<0$

这就意味着：

● 当需求价格弹性大于厂商将出售的额外产品的贡献毛利率的倒数时，厂商应降价。

● 当需求价格弹性小于厂商由于提价未出售的产品的贡献毛利率的倒数时，厂商应提价。

甚至当管理者不知道企业的需求曲线或者边际成本函数时，他们仍可以用这些原则作出定价决策。管理者只需要推测出弹性或者边际贡献的大小即可。[10]我们可以举一个例子来进一步说明这一点。假设 $P=10$ 美元，$c=5$ 美元，所以 $PCM=0.50$。那么如果需求价格弹性 $\eta > 1/0.5 = 2$，厂商就可以通过降价来增加利润。假设 $P=10$ 美元，并且 $c=8$ 美元，所以 $PCM=0.2$。如果 $\eta > 5$，企业就应该降低价格。正如这个例子所说明的，厂商的 PCM 越低（因为它的边际成本高），它的需求价格弹性就越高，它就必须采用降价战略来增加利润。

完全竞争

厂商理论的特例是完全竞争理论。该理论强调市场力量是如何影响和限制厂商行为的，以及它如何影响厂商决定利润率的决策。该理论涉及完全竞争的环境：在一个行业中有许多企业生产完全相同的产品（所以顾客仅根据价格对各厂商的产品进行选择），厂商可以自由进出市场。虽然这与任何真实市场都有些出入，但它的确与某些行业非常近似，如炼铝或铜矿行业，许多厂商生产几乎同质的产品。

由于在一个完全竞争的行业中，厂商生产同质的产品，所以厂商的定价必须相同。某个单独的厂商是无法控制市场价格的，它必须把市场价格作为一个给定的前提条件。如果哪家厂商的定价高于市场价格，这肯定是一种愚蠢的行为，因为它将无法销售出任何产品。定价低于市场价格也是愚蠢的行为，因为企业无谓地牺牲了收入。如图 1—11 所示，对于处于完全竞争环境的企业来说，虽然行业的需求曲线向下倾斜，但企业需求曲线在市场价格上是完全水平的。换句话说，完全竞争下的厂商的需求价格弹性无穷大，而行业需求价格弹性是有限的。

给定任一市场价格，每个厂商都要对产量作出决策。根据厂商理论，厂商的产量应该使边际收入等于边际成本。如果厂商的需求曲线是水平的，那么每多销售 1 单位产品所增加的销售收入就等于市场价格。因此，厂商的边际收益等于市场价格。最优产出，如图 1—11 所示，就是边际成本等于市场价格的那一点。如果我们画出最优产出随市场价格变动的轨迹，就能得到一条与厂商边际成本完全相符的曲线，即厂商供给曲线。它表示在不同的市场价格下，处于完全竞争下的厂商愿意提供的产品数量。所以，我们看到，完全竞争厂商的供给曲线和边际成本曲线是一致的。

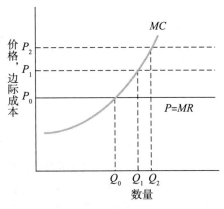

图1—11　完全竞争厂商的需求与供给曲线

完全竞争厂商把市场价格作为给定因素。因而在不同的市场价格下，其需求曲线是一条水平线。这条水平曲线也代表了企业的边际收益曲线 MR。厂商的最优产出为边际收益与边际成本相交时的数量。当市场价格为 P_0，其最优产量为 Q_0。如果市场价格改变，那么企业的最优产量也会随之改变。在价格 P_1 上，最优产量为 Q_1；当价格为 P_2 时，其最优产量为 Q_2。厂商的供给曲线反映了市场价格与厂商最优产出的关系。该曲线与厂商的边际成本曲线是相同的。

如果我们把行业中所有生产者的供给曲线相加，就会得到行业供给曲线，如图1—12中的 SS 曲线所示。该图表示某行业中有1 000家行动完全一致的厂商，在任一价格下，行业供给就是单个厂商供给的1 000倍。给定行业供给曲线，我们就可以知道市场价格是如何确定的。市场想要达到均衡，市场价格就必须是该行业需求和供给相等时的价格。图1—13描绘了这种情况，P^* 表示市场出清时的价格。如果市场价格高于 P^*，则供给大于需求。超额供给将对市场价格施加向下的压力。如果市场价格低于 P^*，则供给小于需求。超额需求将对市场价格施加向上的压力。当且仅当供给等于需求，价格为 P^* 时，才不存在改变价格的压力。

如果其他厂商不能进入该行业，则图1—13给出的就会是一个最终的状况。但是在一个完全竞争的行业里，企业的进出是自由的。因此，图1—13所示的状态是不稳定的，因为该行业中的厂商能够获得利润（每个厂商供给的数量为 q^* 时，价格大于平均成本）。这就将吸引其他厂商进入该行业。图1—14表示了因此而发生的调整。随着更多厂商的进入，供给曲线 SS 向右移动到 SS' 的位置。此时，供给量超过需求量，出现了降价的压力。价格会持续下降，直到没有超额供给为止。这时，市场价格正好等于典型厂商的平均成本。我们已经看到，为使产出最优，厂商将在市场价格等于边际成本的产量上进行生产。因此，在图1—14中，厂商以最小有效规模进行生产（前文曾说过，这是对应于平均成本曲线最低点处的产量），均衡市场价格 P^{**}

等于平均成本的最低水平。

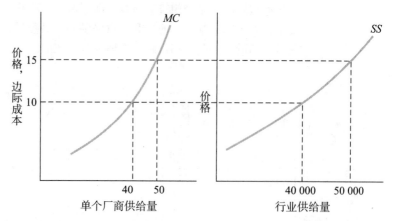

图1—12　完全竞争环境下厂商供给曲线与行业供给曲线

左边是单个厂商的供给曲线。右边是行业的供给曲线 SS。该曲线描绘的是一个有1 000个相同企业的行业。因而，在任一价格下，行业供给量是单个厂商供给量的1 000倍。

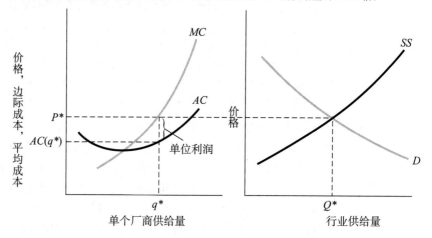

图1—13　在新厂商进入之前的完全竞争行业

当价格为 P^* 时，每个厂商的最优供给量为 q^*。并且，总需求量等于行业中所有企业的供给量之和 Q^*。然而，每个厂商获取的利润为正值，因为在 q^* 处，价格 P^* 大于平均成本 $AC(q^*)$，这就导致了销售的每单位产品都能获利。因此，会有新企业希望进入该行业。

现在假设市场需求突然下降，如图1—15所示。市场需求曲线从经济 D_0 移动到 D_1。最开始，市场价格将下降到 P'，厂商收益不足以弥补它们的成本。行业出现衰退，一些企业开始退出该行业。随着企业的退出，行业供给曲线将向左移动，价格也开始上升。一旦行业萧条完全展开，行业供给曲线将移动到 SS_1 的位置，而市场价格将又一次达到 P^{**}。此时，厂商再次实现最优产出，利润为零。因此，不论对行业产品的需求处于什么水平，该行业厂商最终都将以 P^{**} 的价格供给产品。[11]

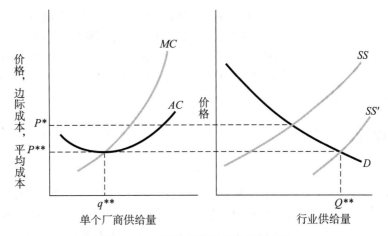

图1—14 完全竞争行业的长期均衡

在价格为 P^* 时，新厂商被吸引进入该行业。当它们进入后，行业供给曲线向右移动，从 SS 移动到 SS'，导致市场价格下降。当行业内盈利与在行业外盈利一样多时，就不再有新厂商进入。因而每个厂商的经济利润为零，即价格等于平均成本。当市场价格等于边际成本和平均成本时，厂商的产量达到最优，经济利润为零。此时的价格为 P^{**}，产量为 q^{**}，厂商处于平均成本函数的最低点。

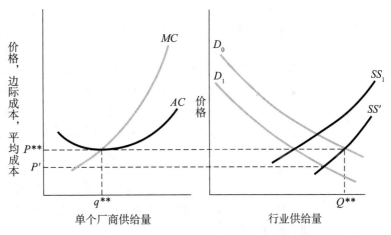

图1—15 需求减少对长期完全竞争均衡的影响

当需求减少时，需求曲线就从 D_0 移动到 D_1，价格降到 P'。由于比在其他行业中获利少，厂商开始逐渐离开该行业。因此，供给曲线就会向左移动，从 SS' 移至 SS_1。当价格又一次回到 P^{**} 时，该行业的萎缩停止。

该理论的一个关键含义在于企业的自由进出使获利机会不复存在。这有时使研究管理学的学生们感到很困惑，因为这似乎意味着完全竞争行业的厂商净利润为零。但是要记住经济成本与会计成本之间的区别，经济成本反映的是所有者提供给企业的资金的机会成本。利润为零是指经济利润为零，而不是会计利润为零。经济利润为零仅仅意味着投资者的投资回报与他们的次优投资机会的回报相同。

企业自由进出将使经济利润消失，这是经济学中最强有力的规律之一，对战略有深远的影响。如果企业制造的产品极易被模仿，使用的生产技能和资源极易获得，那么它们就会面临完全竞争理论所强调的市场力量的威胁。为获得竞争优势，厂商必须寻求可以保护自己产品不被仿制和阻碍其他厂商进入的市场定位。企业如何能做到这一点，将是本书第13、14和15章要研究的主题。

博弈论

完全竞争厂商要面对许多竞争者，但在作出产出决策时，它却不会考虑其竞争对手可能的反应。这是因为任何单个企业的决策对市场价格的影响几乎可以忽略不计。一个完全竞争企业在制定战略时的主要挑战是预测本行业产品的未来价格如何变化，并根据这个价格趋势来确定利润最大化战略。

然而，在许多战略情形中，参与者很少。例如，四家生产商——凯洛格（Kellogg）、通用磨坊（General Mills）、波斯特（Post，由 Kraft Foods 所有）和桂格燕麦（Quaker Oats，由 Pepsico 所有）占了即食早餐麦片市场90%以上的份额。在商用飞机机身制造行业中，仅有两家制造商：波音（Boeing）与空中客车（Airbus）。在这些参与者较少的情形中，制定战略决策（如定价、新设备的投资等等）的关键内容则是预测竞争对手的可能反应。

在战略分析中考虑对手的反应的一个方法就是，确定它们各种可能行动或者反应的概率，然后选择可以使你的期望利润值最大化的决策。但是这种方法有一个关键的缺陷，即你如何确定竞争对手的各种可能反应的概率呢？从竞争对手的角度看，你所估计的各种反应的概率可能是很愚蠢的。如果真是这样，你的"决策分析"的质量将会大打折扣。

另外一个更加"明察秋毫"的方法是，从竞争对手的角度出发，考虑什么才是它们所关心的利益，然后根据这种估计来选择能使自己利益最大化的决策。但是，竞争对手的最佳选择常常取决于它们对你的行动的预期，而你又要依赖于它们对你的估计来对它们进行估计。如何在这种循环决策中作出明智的分析呢？

博弈论恰恰在这种情形下最能显示其价值。它是经济学的一个分支，研究的是当所有的决策者都是理性的，并且每一个人都试图预测竞争对手的可能行动与反应时，如何制定最优决策。第二部分关于行业分析和竞争战略的大部分材料都吸收了博弈论的基本思想。在这一部分中，我们介绍一些基本的概念，包括博弈矩阵（games in matrix）和博弈树（game tree）以及纳什均衡（Nash equilibrium）和完美子博弈（subgame perfection）。

矩阵形式的博弈与纳什均衡的概念

介绍博弈论基本内容的最简单方法就是举例。假设一个行业有 2 个厂商：α与β，它们生产同质的产品。在新年伊始，每个厂商都需要考虑是否要提高生产能力。我们假设每个厂商目前都是满负荷生产，因此在考虑是否扩大生产时必须进行仔细的权衡。虽然厂商可能获得更大的市场份额，但是它也会对市场价格造成压力。每个厂商选择的结果都反映在表1—3中。第一项是α公司的年经济利润，第二项是β公司的年经济利润。

表1—3		α公司与β公司间的产能博弈	单位：万美元
		β	
		不扩大产能	扩大产能
α	不扩大产能	1 800, 1 800	1 500, 2 000
	扩大产能	2 000, 1 500	1 600, 1 600

α公司的利润在前，β公司的利润在后。

每个企业都会同时并且独立地制定它们的扩大产能决策。为了判断如表1—3所示的决策的可能结果，博弈论者使用了纳什均衡的概念。在纳什均衡下，每个决策者在其他决策者战略已定时，会尽可能地采取对自己有利的决策。在这个扩大产能的案例中，纳什均衡就是一对战略（pair of strategies）（一个是α的战略，一个是β的战略），它满足：

● 给定β的战略，α的战略能使其利润最大化。
● 给定α的战略，β的战略能使其利润最大化。

在扩大产能的博弈中，纳什均衡就是（扩大，扩大），即每个公司都扩大产能。因为如果α扩大产能，则β的最佳战略就是扩大产能（将获得1 600万美元的利润，而不是1 500万美元）。同样如果β扩大产能，α的最佳战略也是扩大产能。

在这个例子中，纳什均衡是相当容易的，因为无论对方作出什么决策，每个公司都是在扩大产能时获得最大化的利润。在这种情形下，我们称扩大产能为占优战略（dominant strategy）。当一个决策者具有占优战略时，则（从纳什均衡的定义来看）该战略也是该决策者的纳什均衡战略。但是，并不会总存在占优战略，在许多博弈中并不存在占优战略（如表1—4中的决策）。

为什么纳什均衡代表了博弈的可行结果呢？也许它最具吸引力的一个特点就是它能自动聚焦。如果每个决策者都预期另一决策者将选择他的纳什均衡战略，那么实际上双方就都会选择他们的纳什均衡战略。在纳什均衡下，预期等于结果——期望行为与实际行为相同。这在非纳什均衡结果中是不成立的，如表1—4中的博弈所示。假设α（也许是愚蠢地）预期β不会扩大产能，因此自己也不扩大产能，来防止行业价格的下降。与α的预期相反，β——追求自身利益的最大化——将会扩大自己的产能，从而使α的境况比预期的更差。

表 1—4		α 与 β 产量变更后的博弈		单位：万美元
		β		
		不扩大产能	小规模扩大产能	大规模扩大产能
α	不扩大产能	1 800, 1 800	1 500, 2 000	900, 1 800
	小规模扩大产能	2 000, 1 500	1 600, 1 600	800, 1 200
	大规模扩大产能	1 800, 900	1 200, 800	0, 0

α 的利润在前，β 的利润在后。

"扩大产能"博弈说明了纳什均衡的一个值得注意的方面。纳什均衡并不一定能使参与者总利润最大化。α 和 β 如果都不扩大产能，总的利润更高。然而，对自我利益的理性追求将导致每一方都选择了最终对集体利益不利的行动。

这种集体利益与个人利益之间的冲突被称为"囚徒困境"（prisoners' dilemma）。因为追求私利，每一方都把他不考虑的成本强加于对方，于是囚徒困境就发生了。在"扩大产能"博弈中，α 额外的生产能力损害了 β 的利益，因为它的做法将使市场价格下跌。我们将在第 8 章与第 10 章中看到，囚徒困境是寡头垄断行业中均衡定价和产量决策的典型特征。

博弈树和完美子博弈

矩阵形式特别适用于博弈双方同时行动的情况。然而，在许多情况下，决策的制定是有顺序的，而不是同时的。这时用博弈树通常比用博弈矩阵显得更方便。

为了说明这种情况，让我们修改一下"扩大产能"的博弈，允许企业在以下三种方案中进行选择：不扩大产能、小规模扩大产能、大规模扩大产能。作为对照，我们先看一下如果两个厂商同时作出决策时会怎么样，这由表 1—4 中 3×3 的矩阵表示。我们请读者自己去证明这个博弈的纳什均衡是（小规模扩大产能，小规模扩大产能）。

现在假设 α 为了领先于 β，提前一年作出产能决策，因此，到 β 作决策时，它已经观察到了 α 的选择，并且必须作出相应的调整。[12] 在图 1—16 的决策树中，我们可以动态地描述该决策的制定过程。

在分析博弈树时，我们可以得到完美子博弈纳什均衡（SPNE）。在 SPNE 中，每一个参与者在博弈的每一个阶段都选择可能的最佳行动，并且相信另一方同样也会这么做。

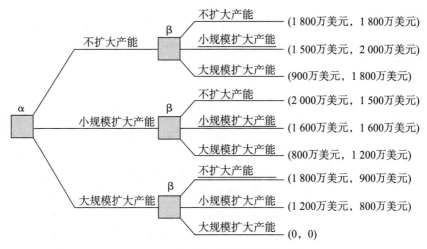

图1—16 扩大产能博弈的序列决策树

α有三种选择：不扩大产能、小规模扩大产能和大规模扩大产能。给定了α的选择以后，β也必须从不扩大产能、小规模扩大产能和大规模扩大产能三个方案中作出选择。无论α选择哪个方案，β都将作出能使其利润最大化的决策（这些选择都加了下划线）。给定β的预期选择，α的最佳选择是大规模扩大产能。

为推导出SPNE，我们将使用所谓的逆向查找方法（fold-back method）：我们从树的最末端开始，找出在每个节点（以正方形来表示）上企业的最优决策。在这个例子中，对于α可能采取的三个可能决策：不扩大产能、小规模扩大产能和大规模扩大产能，我们必须找到β相应的最优决策（β的最优选择用加下划线的方式表示）：

● 如果α选择"不扩大产能"，则β的最优选择就是"小规模扩大产能"。

● 如果α选择"小规模扩大产能"，则β的最优选择就是"小规模扩大产能"。

● 如果α选择"大规模扩大产能"，则β的最优选择就是"不扩大产能"。

请注意，序贯行动博弈（sequential-move game）的结果与同时行动博弈（simultaneous-move game）的结果的差别是很明显的。实际上，如果α与β同时作出产能决策，则α的战略（大规模扩大产能）将是占优战略。为什么当α可以先行决定时，它的行为差别会如此之大呢？因为在序贯行动博弈中，厂商的决策是通过时间联系在一起的：β可以看到α做了什么，因此α可以预测到在自己的各种选择下β的理性反应。在序贯行动博弈中，α的产能选择具有了承诺价值（commitment value），这就使得α可以把β逼入困境。通过大规模扩大产能，α使β作出的最佳反应必然是最有利于α的结果。相反，在同时行动博弈中，β观察不到α的决策，因此产能决策对α不再具有承诺价值。由于这个原因，α选择的大规模扩大产能方案不像在序贯行动博弈中那样具有强迫性。有关承诺的内容，我们将在第9章中讨论。

本章小结

- 总成本函数表明在一定时期内企业总成本和总产出的经济关系。
- 企业总成本由可变成本和固定成本构成，可变成本随产品生产数量的变化而变化。
- 平均成本等于总成本除以总产出。边际成本是增加 1 单位产品所增加的成本。当平均成本等于边际成本时，平均成本最小化。
- 沉没成本是指无论企业是否生产都无法收回的成本。
- 经济利润和经济成本取决于次优选择中企业所实现的利润和成本。
- 需求曲线描述了在其他条件都相同的情况下买方在不同价格下所愿意购买的数量。大多数需求曲线是向下倾斜的。需求价格弹性是指在其他条件相同的情况下，价格变化 1% 需求变化的百分比。
- 需求曲线向下的企业必须降低价格才能增加收入。企业的边际收入是指企业增加销售 1 单位产品所增加的收入。
- 当边际成本等于边际收入时，企业的利润最大化。
- 在完全竞争市场中，许多企业销售相同的产品。没有任何一个企业可以影响产品的价格。
- 在完全竞争市场中，供给曲线的供给量是每一个企业边际收入的总和，表示在某一价格水平上企业愿意生产的产品总量。市场需求曲线表示在某一价格水平上消费者所愿意购买的总量。
- 当市场处于竞争均衡状态时，市场价格和需求量在供给曲线和需求曲线的交汇处。
- 当市场处于均衡状态时，企业一直生产，直到边际成本等于边际收入的产量。长期而言，企业进入使得价格等于最小平均成本。
- 博弈理论模型清楚地阐述了一个企业的决策如何影响其竞争对手的决策。在知道竞争对手决策的情况下，每个企业都会做出最优决策。
- 矩阵形式用以分析企业同时作出决策的博弈情况。树形更适合用以分析企业顺次决策时的博弈情况。

思考题

1. 沉没成本、边际成本、固定成本和可变成本之间有什么区别？
2. 随着平均成本曲线的上升，边际成本曲线会位于平均成本曲线的上方吗？为什么？
3. 为什么通常情况下长期平均成本曲线位于短期平均成本曲线的下方？

4. 经济利润和会计利润的区别是什么？为什么管理者应该主要关注经济利润的波动？为什么管理者常常关注会计利润？

5. 吉芬商品不符合需求定律：在其他条件相同的情况下，吉芬商品的需求量随价格的上升而增加（其他条件相同的假设排除了消费者以商品价格判断商品质量或者知名度的情况）。经济学家在研究吉芬商品时通常会研究在出现饥荒时大米、土豆等主食价格的变化，为什么主食在这种情况下会成为吉芬商品？

6. 疗养院护理和心脏手术的需求弹性系数都是负数，为什么我们预期疗养院护理的需求价格弹性系数比心脏手术的需求价格弹性系数更小？

7. 为什么边际收入小于总收入？

8. 为什么价格弹性影响企业产品的出售最优价格？

9. 在完全竞争市场中，为什么长期价格趋向于最小平均成本？

10. 囚徒困境一定是纳什均衡吗？为什么纳什均衡一定是囚徒困境？

11. 在树形分析中，博弈均衡产出取决于哪个企业最先决策吗？

【注释】

[1] 该例子来自 Richard Tedlow, *New and Improved: The Story of Mass Marketing in America*, New York, Basic Book, 1990。在这本书中，他描述了美国软饮料行业的历史。

[2] 我们将在第 8 章讨论这种关系。

[3] 本章的第 3、4、5 节是最具有"技术性"的内容。如果教师不准备讨论第 8～11 章的内容，那么可跳过这部分内容。

[4] 本节第一部分基本遵照多夫曼（Dorfman, R.）的《价格与市场（第二版）》（*Prices and Markets*, 2nd ed., Englewood Cliffs, NJ, Prentice-Hall, 1972）第 42～45 页关于成本函数的论述。

[5] 同学们有时会混淆总成本和平均成本（即生产每单位产品的成本），并且会注意到实际上许多公司的"成本"似乎随产出增加而下降。正如我们将要看到的，平均成本可能确实随产出增加而下降，而总成本总是随产出增加而增加的。

[6] "半固定"这个词与托马斯·内格尔（Thomas Nagle）在《定价战略与技巧》（*The Strategy and Tactics of Pricing*, Englewood Cliffs, NJ, Prentice-Hall, 1987）中使用的词一致。

[7] 有些作者称这类成本为计划成本（programmed costs），参见 Rados, D. L., *Pushing the Numbers in Marketing: A Real-World Guide to Essential Financial Analysis*, Westport, CT, Quorum Books, 1992。

[8] 公式前面经常加一个负号，把负数变为正数（因为 ΔQ 和 ΔP 的符号相反）。

[9] 注意，某个产品价格的需求弹性并非在所有价格水平上都相同。这意味着在某一个价格水平上估计的弹性，比如说，在价格为 10 美元时估计的弹性，在预测价格上涨到 11 美元的影响时，可能还可以用；但是在预测价格上涨到 50 美元的影响时，可能就不够准确了，因为这个价格与估计价格需求弹性时所用的价格相差太远了。这是由于在计算这个百分比时要除以一个基数。如果价格太高，以至需求量接近于 0，那么需求量绝对量极小的增加，都将导致百分比很大的变化。

[10] 在使用这个公式时，要符合前面提到的使用弹性的约束条件。思考一下

"逐渐递增"的价格变化的影响比思考剧烈的价格变化的影响更有意义。

［11］这个结果服从下面的限定条件。如果某些关键的输入要素稀缺,新厂商的进入会抬高这些输入要素的价格,厂商的平均成本函数和边际成本函数就会向上移动,在长期市场价格就会在更高的水平上稳定下来。发生这种情况的行业叫做"成本递增行业",我们在这本书里重点讨论的是"成本不变行业"。

［12］为了使这个例子尽可能简单,我们假设决策只有两个阶段:α 首先作出决策,然后 β 作出反应。我们不考虑 α 对 β 的产能决策作出反应的可能性。

第 2 章 规模经济与范围经济

在微观经济学中，对于企业战略而言，范围经济和规模经济是最基本的概念，而且两者联系密切。通过规模经济，一些企业可以获得竞争优势，以低于竞争对手的成本进行生产。范围经济是决定市场结构和市场进入的关键要素。甚至企业的内部组织结构也要受到规模经济的影响。

通过企业边界，我们可以知晓其生产产品或服务的数量和质量，而规模经济是企业边界的一个重要决定因素。企业边界因行业的不同而不同，同样，规模经济也是因行业的不同而出现差异。在一些行业中，譬如微处理器和飞机设计，规模经济效应巨大，市场被几个大公司主导。而在另一些行业中，譬如服装设计和管理咨询，规模经济效应就没有那么大，小企业是市场的常态。还有一些行业，譬如啤酒酿造和电脑软件，既有大企业（安海斯和微软），又有小企业（譬如波士顿啤酒公司和暴雪娱乐）充斥着一些规模效应较小的细分领域。

理解规模经济和范围经济形成的因素对于制定竞争战略至关重要，这一章将分析研究这些因素，并提供一些相关的方法。

规模经济和范围经济从何而来

从理论上说，当存在规模经济和范围经济时，"企业越大越好"。为了便于鉴别和衡量，我们将对规模经济和范围经济进行更精确的定义。

规模经济的定义

在某项产品或服务的生产过程中，如果在某个产量范围内，平均成本（即单位产出成本）随着产量的增加而下降，那么就说在这个产量范围内存在规模经济。如果随着产量增加，平均成本（AC）下降，边际成本（MC）（也就是生产最后一单位产品的成本）肯定低于总平均成本。[1] 如果平均成本增加，那么边际成本一定大于总平均成本，则我们说生产表现出规模不经济。

平均成本曲线描述的就是平均成本和产量之间的关系。经济学家们常常将平均成本曲线描绘成 U 形（如图 2—1 所示），所以当产量水平比较低时，平均成本随产量增加而下降，而在产量水平比较高时，平均成本随产量增加而上升。各个要素相结合可能使企业的成本曲线呈 U 形。由于随着产量的增加，固定成本分摊到更多的产品上，所以企业的平均成本在开始时呈下降趋势。固定成本对产量不敏感，不论总产量是多少，都必须支付固定成本。这种对产量不敏感的成本包括制造费用，例如保险费、维修费和物业税等。随着产量增加，这些成本在更多产量间进行均摊，因而使平均成本趋于下降。如果企业遭遇产能限制，或者官僚主义和代理问题，那么可能最终导致平均成本上升。我们将在本章对这些问题展开大量的讨论。官僚主义和代理问题将在第 3 章中进行阐述。

如果平均成本曲线是呈 U 形的，那么相对于中等规模公司来说，小公司和大公司都会产生更高的成本。事实上，规模很大的企业很少会比小企业占据显著的成本优势。著名的计量经济学家约翰·约翰斯顿（John Johnston）曾经考察过很多行业的生产成本，他发现，相应的成本曲线更接近于 L 形而不是 U 形。图 2—2 表示的就是 L 形的成本曲线。在平均成本曲线呈 L 形时，平均成本呈下降趋势，直到生产量达到最小有效规模（MES）为止。当平均成本曲线为 L 形时，所有生产量等于或大于最小有效规模的企业都具有大致相同的平均成本。

短期平均成本曲线有时呈 U 形，这是因为生产扩张的企业在产量越来越大时受到制约而使成本攀升。但是，长期而言，企业可以通过新建厂房设备来扩大产能。如果厂房设备有效运转，企业就可以在扩大产能的同时而不使平均成本上升。这样就形成了 L 形曲线。譬如，水泥厂可以在一个新地点新建工厂，DVD生产企业可以新添碟片压缩设备。我们还将在本章之后的内容中阐述短期成本和长期成本的一些区别。

单位：美元

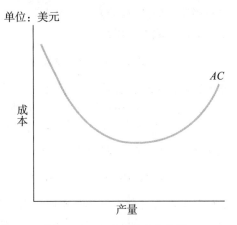

图 2—1　U 形平均成本曲线

最初平均成本呈下降趋势，因为固定成本可以分摊到更多的产品上。当产量的增加超过了产能限制以后，平均成本逐渐上升。

单位：美元

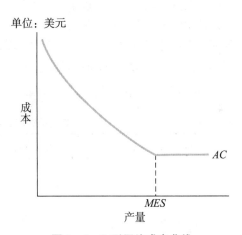

图 2—2　L 形平均成本曲线

当生产能力不受限制时，平均成本不会像 U 形成本曲线那样最终呈上升趋势。从成本的角度来看，产量等于或者大于最小有效规模时是有效率的。

范围经济的定义

规模经济和范围经济是互相联系的两个概念，并且有时这两个术语也可以互换。如果随着生产的某种产品或服务的数量的增加，企业能实现单位成本的节约，则存在规模经济。如果随着生产的产品或服务的种类的增加，企业能实现成本节约，则存在范围经济。规模经济通常是用平均成本函数的下降来定义的，而范围经济通常是根据由一个企业生产一系列产品或服务的总成本与由两个或者更多个企业来生产这些产品或服务的成本的比较来定义的。

由于很难从图表上来说明范围经济，所以我们介绍一个简单的数学公式进行说明。假定 $TC(Q_x, Q_y)$ 表示一个企业生产 Q_x 单位 X 产品和 Q_y 单位 Y 产品的总成本。那么如果

$$TC(Q_x, Q_y) < TC(Q_x, 0) + TC(0, Q_y)$$

则该企业就实现了范围经济。该公式的含义就是：由一个企业同时生产 X 和 Y 产品比由一个企业生产 X 产品、另外一个企业生产 Y 产品的成本更低。还可以对该定义进行另外一种解释。我们发现，如果企业生产的两类产品的数量均为 0，则总成本为 0，即 $TC(0, 0) = 0$。那么，上面的公式可以表示为：

$$TC(Q_x, Q_y) - TC(0, Q_y) < TC(Q_x, 0)$$

也就是说，与完全不生产时相比，当企业生产 Q_y 单位（$Q_y > 0$）的 Y 产品时，再生产 Q_x 单位 X 产品所导致的成本增加更少。

表 2—1 说明了范围经济的成本含义，这个表给出了一个假想的生产便笺纸（产品 X）和胶带（产品 Y）的生产商的生产成本。为了生产胶带，企业必须花费 1 亿美元来改进生产化工黏合剂的工序，这个工序可以将黏合剂涂到玻璃纸上，生产并包装胶带。这种初始设置成本（setup cost）一旦发生，每卷胶带的生产成本就为 0.2 美元。因此，我们可以得出 $TC(0, Q_y) = 100\ 000\ 000 + 0.2Q_y$。例如，如果 $Q_y = 6$ 亿卷，则总成本为 2.2 亿美元。

表 2—1	便笺纸和胶带的成本	
Q_x（亿令）	Q_y（亿卷）	$TC(Q_x, Q_y)$（万美元）
1	0	5 500
0	6	22 000
1	6	24 500
2	0	6 000
0	12	34 000
2	12	37 000

现在我们假设企业已经投资开发了生产胶带的技术，并且大部分技术都可以应用于生产相关产品，如便笺纸。鉴于已经为胶带生产先期投资了初始设置成本，因此可以假定生产便笺纸还需要额外投资 2 000 万美元，再假设生产每令便笺纸的生产成本为 0.05 美元。那么 $TC(Q_x, Q_y) = 120\ 000\ 000 + 0.05Q_x + 0.02Q_y$。例如，当 $Q_y = 6$ 亿卷且 $Q_x = 1$ 亿令时，总成本为 2.45 亿美元。企业增加便笺纸的生产的成本仅为 2.45 亿美元－2.20 亿美元＝2 500 万美元。

相反，假设企业没有生产胶带，用于开发化工黏合剂生产技术的先期投

资将不得不用于开发生产便笺纸的专门技术。如果对该项技术的投资为5 000万美元，且每令便笺纸的成本为0.05美元，那么$TC(Q_x, 0)=50\,000\,000+0.05Q_x$。因而，当$Q_x=1$亿令时，总成本为5 500万美元。这个数字是胶带生产商在生产线中增加便笺纸需要增加的成本的两倍多。

这个例子说明了利用范围经济的经济逻辑。该逻辑一般被称为"以核心竞争力为杠杆"（leveraging core competences）、"生产能力的竞争"（competing on capabilities）或者"调动无形资产"（mobilizing invisible assets）。[2]在这个例子中，通过生产便笺纸进行多样化经营，对于胶带生产商来说比对于生产不相关产品，如生产熟食的企业要好。

在整个生产过程中，从原材料获取与利用到产品分销和零售，可能在任何一点都会存在规模经济和范围经济。虽然企业管理者常常用范围经济和规模经济为扩张行为与兼并辩护，但是实际上却并不总是存在范围经济和规模经济。在某些情况下，企业规模越大，可能越糟。因而，识别出规模经济的具体来源是很重要的，并且如果可能的话，要衡量它们的大小。因而本章的其余部分将会介绍如何识别与衡量规模经济和范围经济。

规模经济的来源

规模经济和范围经济的来源主要有4个方面：
1. 固定成本的不可分割性与分摊。
2. 可变投入的生产效率的提高（主要与生产的专业化有关）。
3. 存货。
4. 与工程原理有关的立方—平方法则（cube-square rule）。
下面我们将逐一详细介绍。

固定成本的不可分割性与分摊

规模经济最常见的来源就是固定成本可以在更多的产量之间进行分摊。在生产过程中，不可分割的成本就是固定成本。不可分割性意味着即使产量非常低，投入的成本也无法减少到某个最小规模以下。

人们曾经认为，网上商店，诸如豆荚公司（Peapot）和网上货车公司（Webvan）等，拥有无限增长的潜力，但是，疯狂赞扬这些公司的人忽略了固定成本不可分割性所带来的挑战。网上货车公司曾将芝加哥仓库中的商品送往芝加哥附近的各个郊区。为了将商品运往郊区，例如高地公园（Highland Park），公司就需要配备卡车、司机和燃料。无论商品是被送往一个还是十个仓储站，公司花在这些投入品上的金额都不会受到影响。网上货车公司在高地公园（或者是伊利诺伊的其他社区）的业务交易量并不大，因而其派出的卡车几乎常常空车运载。所以网上货车公司无法获得足够的收入来弥补固定成本。豆荚公司现在面临相同的难题，但为数不少的业务在芝加哥市中心的人口密集区生存下来了。

成本的不可分割性引出了固定成本的概念，从而形成了几种不同层次的规模经济和范围经济：产品层次、单一工厂层次以及多工厂层次（multiplant level）。我们将在以下部分讨论各个层次的规模经济与固定成本之间的关系。

固定成本在产品间的分摊带来的规模经济

生产某种产品常常需要固定成本的投入。这些固定成本可能包括专有设备，例如，生产用于飞机机身制造的铸模的成本，以及研发成本，又如开发一种新药需要花费5亿美元甚至更多。固定成本可能包括培训成本，如实施全面质量管理之前通常要对员工进行一周的培训。固定成本还可能包括建立生产流程所必需的成本，例如，在印刷教科书之前，编写该书的时间和费用。

即便是一个简单的生产程序，可能也需要投入大量的固定成本。铝罐生产可能仅仅涉及几道工序。如首先将铝板切割成一定的规格，卷成圆形，然后冲压成我们所熟悉的圆筒形，最后将一个能打开的盖子焊接在罐顶。虽然这些工序很简单，但是建设一条这样简单的生产线所花费的成本大约为5 000万美元。如果占用的资金的机会成本为10%，那么每年的固定成本就大约为500万美元。[3]

随着铝罐产量的上升，铝罐的平均固定成本将会下降。为了说明这一点，我们可以假设一个全自动铝罐厂的最大生产能力为每年5亿个，即大约占美国铝罐总产量的1%。经营这个以最大产能进行生产的工厂，每年的平均固定成本是将总产量（5亿）除以每年的总固定成本（500万美元）。得出的结果也就是每个铝罐的平均固定成本——1美分。另一方面，如果工厂仅利用了25%的产能，即每年生产1.25亿个铝罐，则平均固定成本为4美分。这样，和完全开工的工厂相比，产能利用不足的工厂每个铝罐的固定成本要高3美分。在一个价格竞争激烈的行业，例如铝罐生产行业，这么大的成本差异就能决定了企业的盈利或亏损。

可选技术间的均衡带来的规模经济

假设一个企业正考虑进入铝罐生产行业，但是它推测它的年铝罐销售量不可能超过1.25亿个。那么这是否意味着该企业必须面对3美分的成本劣势，并最终走向破产呢？事实上这取决于备选的生产技术的性质和计划产量。如果我们前面提到过的全自动技术能与产能相协调，那么就可能使企业最大限度地节约成本。但是如果产出水平比较低，全自动技术就并非上选，可能有另一种备选技术，虽然运行成本比较高，但是初始投资比较低。如果企业选择了这种"半自动化"的技术，那么即使每年只生产1.25亿个铝罐，也会保持相当低的平均成本。

假设建立一个半自动化工厂的固定成本为1 250万美元，相当于每年

125 万美元。与全自动化工厂相比，该工厂的缺点就是每生产 1 个铝罐，劳动力成本就会增加 1 美分。为了便于分析，我们假设全自动工厂的劳动力成本为 0。表 2—2 根据该假设列出了两个工厂的成本对比。

表 2—2	铝罐的生产成本	
	每年生产 5 亿个铝罐	每年生产 1.25 亿个铝罐
全自动化	平均固定成本＝0.01 美元	平均固定成本＝0.04 美元
	平均人工成本＝0 美元	平均人工成本＝0 美元
	平均材料成本＝0.03 美元	平均材料成本＝0.03 美元
	平均总成本＝0.04 美元	平均总成本＝0.07 美元
半自动化	平均固定成本＝0.002 5 美元	平均固定成本＝0.01 美元
	平均人工成本＝0.01 美元	平均人工成本＝0.01 美元
	平均材料成本＝0.03 美元	平均材料成本＝0.03 美元
	平均总成本＝0.042 5 美元	平均总成本＝0.05 美元

表 2—2 说明，虽然全自动化技术在产量高时有更低的平均总成本，但是在产量低时则花费更多。这可以通过图 2—3 形象地表示出来，图 2—3 分别描述了采用全自动化和半自动化技术的平均成本曲线。SAC_1 为采用全自动化技术的工厂的平均成本曲线，而 SAC_2 为采用半自动化技术的工厂的平均成本曲线。当产量高于 3.75 亿个时，全自动化技术的平均总成本较低。而低于该产量时，半自动化技术的平均总成本更低。

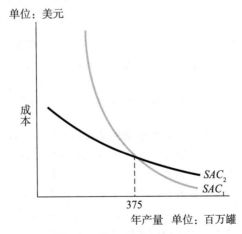

图 2—3　铝罐的平均成本曲线

SAC_1 代表高固定成本/低可变成本的技术，SAC_2 代表低固定成本/高可变成本的技术。在产出水平比较低时，后者的成本低于前者；当产出水平比较高时，前者的成本低于后者。

铝罐生产的例子说明了两种规模经济的差异：一种是在给定的生产技术

水平下提高产能利用率所产生的规模经济，一种是企业选择了另一种生产技术从而导致了规模经济。产能利用率的提高所导致的平均成本下降是短期的规模经济，因为它是在工厂规模不变时产生的。由于采用了固定成本较高但可变成本较低的技术导致的平均成本下降是长期的规模经济。在新建一座工厂的时候，企业可以选择最能够满足它的生产需要的生产方式。如果预计产量较低，就要避免以固定成本比较高的方式来生产；如果预计产量较高，就要避免以产能成本（capacity cost）较高的方式来生产。

图2—4描述了短期规模经济和长期规模经济之间的区别（我们在引言中已经对此进行了详细讨论）。SAC_1 和 SAC_2 是从图2—3中复制过来的成本曲线，分别表示全自动化与半自动化工厂的短期平均成本曲线。两条曲线都向下倾斜，因为随着每个工厂产量的增加，固定成本可以分摊到越来越多的单位产品中去。如果我们描出每条曲线成本较低的部分，就可以得到长期平均成本曲线。长期平均成本曲线总是不高于每条短期平均成本曲线。这反映了企业必须选择更符合其预期产量的技术的灵活性。

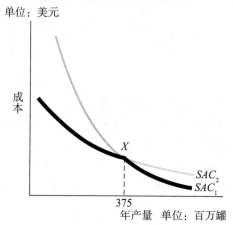

图2—4　长期与短期平均成本

在长期，企业既要选择产量也要选择生产技术。计划产量高于 X 点的企业会选择 SAC_1 代表的技术。计划产量低于 X 点的企业会选择 SAC_2 代表的技术。两个成本曲线的包络线表示在每个产出水平上最低的可能成本，被称为长期平均成本曲线。

资本密集型企业的成本具有更高的不可分割性

如果固定资本成本在总成本中占的比重较大，我们就说该生产是资本密集型（capital intensive）的。大部分生产资本，例如厂房和装配线等，都是不可分割。因此，如果生产是资本密集型的，产品的平均总成本中就包含了大量的固定成本。此时，通过提高现有生产设备的利用率，常常就能以少量的额外支出使产量增加，从而使平均成本下降。相反，减产并不能使总成本大幅下降，反而会导致平均成本上升。如果大部分生产成本来自原材料或劳动力成本，我们就说该生产是原材料密集型（materials intensive）或劳动密集型（labor intensive）的。在这样的生产过程中，生产的平均总成本主要取决于每单位产品所耗费的材料和劳动力的数量。由于材料和劳动力是可分的，它们通常会随着产量变化大致成比例地变化，因而平均成本就不会随着产量变化。因此，如果某种产品的生产是资本密集型的，则这种产品的生产规模经济更显著；如果某种产品的生产是原材料或劳动密集型的，则生产的规模经济则更可能不太显著。

"劳动密集型技术没有规模效应"是一句非常有用的规律，但是也不应该千篇一律。处方药生产商通过大量销售人员将药物推向市场，推销给专科医生。然而，医药代表每次外出销售都会带来大量的差旅费用，这就是医药企业更可能扩展治疗某一类别病（譬如癌症或者心血管病）的药品而不是多种类病痛药物的原因。[4]

案例 2—1

航空业中的中心辐射型网络和范围经济

在有些行业中，产品和服务会在几个市场间往来运动。这些行业构成了多工厂范围经济的主要案例，其中包括航空业、铁路业和电信业。在这些行业中，分销活动是以中心辐射型（hub-and-spoke）的网络结构来进行的。在航空业的中心辐射型网络中，航空公司将乘客从各个"轮辐"城市运送到"轴心"城市，然后乘客从那里转机，从轴心城市飞往目的地。例如，一位旅客乘坐美国航空公司（United Airlines）的飞机从奥马哈到波士顿，那么他要从奥马哈飞到芝加哥，然后转机，再从芝加哥飞往波士顿。

根据前面的内容，如果一家公司生产许多种产品的成本低于生产少数产品，就存在范围经济。从经济学的角度说，在航空业，把起点和终点不同的航班（例如，从奥马哈到波士顿，从芝加哥到波士顿）看做不同的产品是比较合理的。根据这种产品区分方式，如果一个航空公司提供的不同起点和终点的航班越多，其平均成本越低的话，就说该公司存在范围经济。

为了理解中心辐射型网络结构是如何产生范围经济的，我们首先有必要解释一下密度经济（economies of density）。密度经济基本上就是给定航线的规模经济，也就是说，随着某条航线上的运输量的增加，这条航线的平均成本相应下降。（在航空业中，运输量用营收客运里程数（revenue-passenger miles，RPM）来衡量，也就是这条航线的乘客数乘以里程数；平均成本是指每营收客运里程的成本。）密度经济的发生是由于特定航班的固定成本（比如飞行成本、机组成员成本、燃料成本、飞行器维护成本）的分摊和飞行器规模的经济利用。在航空业中，运输量敏感型成本（如食品、票务处理成本等）与特定航班固定成本相比是很小的。因而，随着运输量的增加，航空公司在给定类型的飞行器上的乘坐率增加（用航空业的行话来说就是承载率（load factor）——乘客与可乘坐的座位的比例——增加）。同时因为航空公司的总成本的增加很少，其每营收客运里程的成本会随着特定航班固定成本在更大的运输量之间分摊而减少。特定航线的运输量增加得越多，用大型客机（例如有300个座位的波音767）代替小型客机（例如有150个座位的波音737）就越划算。这种代替的关键在于，在飞行同样的距离和同样的承载率下，300 个座位的飞机的成本比 150 个座位的飞机的成本的两倍要低。这是因为，一架飞机上的座位和乘客增加一倍，飞机大小、机组人员和燃料成本并不需要增加一倍，并且根据立方—平方法则（后面我们将会讨论该法则），制造 300 个座位的飞行器的成本比制造 150 个座位的飞行器的成本的两倍要低。

密度经济和中心辐射型网络的交互作用产生了范围经济。为了了解这个过程，我们假设某条航线，比如说从奥马哈到波士顿，每天的运输量适中。某个只开辟了这一条航线的航空公司会采用小型客机，而且承载率可能相当低。但是我们再考察该航线上的美国航空公司，美国航空公司每天都有从奥马哈到芝加哥的航班，它搭载的不仅是想从印第安纳波利斯到芝加哥的乘客，还有从印第安纳波利斯到芝加哥所能够抵达的网络中的其他城市包括波士顿的乘客。通过把奥马哈和芝加哥之间的往返航班作为较大的中心辐射型网络的一部分，那么与仅在奥马哈和芝加哥之间往返的航空公司相比，美国航空公司就可以采用较大的机型，并获得较高的承载率。美国航空公司可以利用密度经济，在这条航线上实现更低的每营收客运里程成本。此外，由于这条航线上有从芝加哥到网络中其他城市的乘客，因此该航空公司到网络中其他城市的承载率也会在某种程度上有所增长，从而也会降低其他航线的每营收客运里程成本。这正是范围经济的意义所在。

当更多乘客选择搭乘航班，而且更小、更先进的喷气式飞机投入市场时，在先前的各辐射城市间进行有效的直达飞行便成为了可能。比如，百慕大航空公司在劳德代尔堡与长滩间有直达航线（先前需要在其他城市转机）。这种趋势削弱了之前中心辐射型网络所享有的经济优势。

"市场规模限制了劳动分工"

规模经济和专业化的概念有着密切的联系。为了变得更加专业，个人或企业常常需要进行大量投资。但是，除非有足够的需求，否则他们不会进行这样的投资。因为如果需求不足，他们将无法收回投资成本，从而他们也便不愿专业化。这就是亚当·斯密的著名观点"市场规模限制了劳动分工"的基本逻辑。（亚当·斯密是"自由放任经济学之父"。出版于 1776 年的《国富论》（Wealth of Nations）是其最具代表性的著作。）劳动分工（division of labor）指生产活动的专业化。例如一位财务分析家的专长是对新建生物技术企业的分析，如前所述，这通常需要前期投资——分析人士必须对生物技术产业做大量的研究以使其有能力竞争客源。而市场规模（extent of the market）指的是对特定活动的需求数量。在上面的例子中，市场规模指对新建生物技术企业的财务建议的需求。虽然斯密主要指的是个人的专业化，但是他的观点也可以很好地应用到企业的专业化中去。

根据亚当·斯密的理论，只有某一细分市场足够大时，企业才会进入这一专业领域。20 世纪 80 年代，医药生物初创企业前景看好，从而出现了许多专业研究这一领域的专业分析师。亚当·斯密的理论还告诉我们，相较于小市场，较大市场更能够容纳更多的细分专业企业。譬如，小城镇一般只有一些出售各类宠物的宠物店，而在大城市中，人们更可能发现各类宠物店、宠物狗美容店、精品水族馆和珍禽异鸟专卖店等等。

案例 2—2

医疗市场中的劳动分工

斯密的理论的一个有趣的应用是医疗服务的专业化。医生可以分为普通医生和专科医生。二者的区别在于他们所接受的训练数量和掌握的技能不同。以外科为例，要成为一个普通医生，医学院的毕业生要做3~4年的外科住院实习医生，然后才有资格做各种外科手术。因为普通外科医生的训练内容很广，所以他们可以比较好地进行各类外科手术，但是不一定精湛、娴熟。

胸外科医生所接受的训练及掌握的技巧和普通医生是不同的。他们的专长在于胸部区域，也就是颈部和腹部之间的这个区域。要成为一名胸外科医生，医学院的毕业生必须要完成普通外科实习，然后还要经过2年的胸外科实习。图2—5描绘了由普通外科医生和胸外科医生进行胸外科手术的平均"成本"曲线。我们将这里的"成本"加了引号，因为它表示治疗的所有成本，如果外科手术成功的话，这个成本就会降低。（成功的外科手术通常并发症更少、住院时间更短、恢复期也更短。）平均成本曲线是向下倾斜的，这反映了初始培训费用的分摊。胸外科医生的成本曲线刚开始比普通外科医生高很多，因为他们在时间上的投入更多。但是胸外科医生的成本曲线会逐渐降低到普通外科医生以下，因为他们做胸外科手术的效果比大部分普通外科医生好。

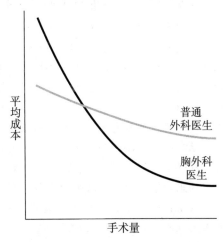

图 2—5 普通外科医生与胸外科医生的成本曲线

普通外科医生的培训成本低于胸外科医生，但是在实施胸外科手术方面的效果通常也较差。因而，当手术的数量较少时，普通外科医生的平均成本曲线在胸外科医生的平均成本曲线之下（这反映了普通外科医生的平均固定成本较低）。但是当手术的数量较多时，普通外科医生的平均成本曲线将在胸外科医生的平均成本曲线之上（这说明普通外科医生的平均可变成本较高）。

根据斯密的理论，当胸外科手术的市场需求很低时，市场将不会支持外科医生的专业化，而是由普通外科医生实施胸外科手术，这些医生同时还负责其他类型的手术。我们可以看一下图2—6，这张图把需求曲线叠加在成本曲线上。当需求水平较低时，例如在 D_1，市场可以支持普通外科医生。普通外科医生对胸外科手术的收费高于 P_2，他就可以在弥补平均成本之外获取利润。当需求为 D_1 时，市场不支持胸外科医生的存在。因为市场愿意支付的价格不足以弥补胸外科医生的成本。

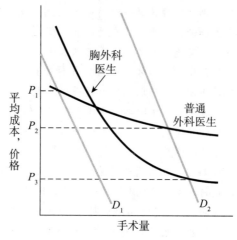

图2—6　胸外科手术的成本与需求

在需求较低（D_1）时，普通外科医生的收费也许能覆盖平均成本，而胸外科医生却不能。当需求较高（D_2）时，胸外科医生能比普通外科医生提供更低的有效价格（对于消费者来说，有效价格包括了与无效（ineffective）外科手术相关的成本）。

当需求增加到 D_2 时，市场就可以支持胸外科医生存在了。胸外科医生的收费高于 P_3，他就能弥补平均成本。并且，当价格介于 P_2 和 P_3 之间时，胸外科医生能获得利润，但是普通外科医生却不能。因而，当需求达到较高的水平时，胸外科医生会把普通外科医生从胸外科手术的市场中赶出去。同样的逻辑可以应用于其他专业化的外科和医疗服务。因而，在较大的市场中，我们能看到各类专科医生，而很少或几乎没有普通医生。

兰德公司（RAND Corporation）的研究人员为医疗市场的这种劳动分工格局提供了证据。[5]他们发现，普通医生大量分布在较小的城镇里，在较大的市场里却很少能得到较好的发展，那里有各种专科医生。詹姆斯·鲍姆加德纳（James Baumgardner）还发现，与大城市的医生相比，在小城镇从业的医生能治疗的疾病更为广泛。[6]

存　货

当企业储备存货时，就可能产生规模经济。这里说的存货可以包括"传统"的存货，例如汽车维修店的零件，也可以包括非传统的存货，例如超级市场里的食品杂货售货员。企业储备存货是为了把缺货（stock-out）（也就是没有存货）的可能性降到最低。缺货会导致丧失销售机会，也会使那些希望获得更可靠的供应源的潜在顾客另觅他处。对于制造商来说，某一种零件缺货可能会导致整个生产流程延误。当然，储备货物是需要成本的，这包括在生产存货的过程中产生的费用的利息，以及在等待使用或销售过程中，由于时尚变化或技术过时而发生的存货贬值风险。

存货成本提高了已经售出的商品的平均成本。例如，为了把预期缺货限制在可接受的范围之内，假设一个企业需要持有的存货等于销售量的 10%。这将使已售出产品的平均成本上升 10%。（在销售季节期末，如果公司能够把存货以原始成本的某个比例的价格售出，成本上升的幅度会小一些。）在某些行业，存货成本至关重要，例如像沃尔玛和塔吉特（Target）这样的大型百货公司，主要依靠存货管理能力来战胜竞争对手。

一般地，存货成本是与存货—销量比成正比的。因为业务量比较大的公司通常能以较小的存货销售比例来实现和小公司相同的缺货水平，所以持有存货能够带来规模经济。这就降低了已售商品的平均成本。要完全证明这个结论需要应用到排队论（queuing theory）中的大量复杂知识，这远远超出了本书的讨论范围，因此我们仅通过一个直观的例子来说明。

假设两家规模相同的医院都储备有血液代用品，其保质期为一个月。预计每个医院每个月会使用 20 升血液代用品。但是为了将缺货率保持在 5% 以内，每个医院都储备了 50 升血液代用品。如果每升血液代用品的成本为 100 美元，那么每个医院实际使用的每升血液代用品的期望平均成本就是 250 美元。假设两家医院共享存货（如果它们合并的话就可以实现），当其中一家缺货时，就可以从另一家获得血液代用品。这就意味着，如果两家医院都保持当前 50 升的存货，它们的缺货率将远远低于 5%。因此，它们可以以较低的存货从而也就是较低的存货持有成本保持理想的 5% 的缺货率。威廉·林克（William Lynk）以这种方法评估了医院共享供应品和医疗设备的潜在经济利益。[7] 在某些部门，这种潜在的节约可高达 10%。

立方—平方法则和生产的物理性质

生产过程的物理性质也能产生规模经济。一个著名的例子就是工程师们所熟知的立方—平方法则。[8] 根据该法则，当我们把容器（例如一个水箱或一根导管）的容积增加一定比例（例如扩大 2 倍）时，表面积的增加小于这个比例（即小于 2 倍）。

那么立方—平方法则与规模经济有什么关系呢？在许多生产过程中，生产能力和生产容器的"体积"成比例，而在各个产能下，生产的总成本与容器的表面积成比例。这就意味着，随着生产能力的提高，由于表面积与体积之比下降，在某个产能下生产的平均成本也将下降。更一般地说，生产的物理性质使厂商常常可以在不相应地增加成本的情况下提高产能。

石油管道是该法则的明显例子。运输成本是石油与管道之间摩擦力的一个增函数。摩擦力随着管道表面积的增加而增加，所以运输成本也与管道表面积成比例。而通过管道的石油数量取决于管道的容量。[9]因而，随着运输量的增加，管道的平均成本逐渐下降。由于立方—平方法则或相关性质产生规模经济的过程还有仓储（建造仓库的成本主要取决于它的表面积）和啤酒酿造（酿酒容器的体积决定了产出）等。

案例 2—3

大型超市

"大型超市"是指出售杂货、家庭用品、五金商品等的一家大型商店，通常店面面积大约相当于两个半棒球场，面积大约 200 000 平方米。

20 世纪 60 年代，欧洲大陆首先引入了这样的大型超市——一家法国公司家乐福。自此，这样的模式扩展到整个欧洲以及世界的其他地方，譬如北美、南美和亚洲。事实上，这样的大型超市最早出现在俄罗斯莫斯科郊区，距欧尚超市（法国企业在俄罗斯建立的第一家大型超市）大约 10 公里。

大多数大型超市刚开始只是杂货店，后来渐渐地增加产品类别，包括非食品家庭用品（包括但不仅限于汽车和园艺用品）。事实上，巨人超市（Giant Hypermarket）在马来西亚和其他东南亚国家运营着 100 多家大型超市，刚开始时只是邓氏家族开的一家在吉隆坡郊区的杂货店。美国沃尔玛在其超市中销售金融产品、提供金融服务，也销售保健用品和服务，根据沃尔玛网站，其销售的产品达到百万种。

这样的大型超市的一大优势是利用规模效应以低价提供优质产品；另一个优势是为顾客提供便利，在一个商店里可以购买到所有需要的产品（"一站式服务"）。然而，鉴于大型超市所需要的面积很大，其主要分布在城市郊区。如果公共交通不是很便捷，停车场和内部安排（在日本，这样的大型超市通常有娱乐街）也是吸引顾客的一大优势。因而，东欧国家大型超市的成功离不开不断增加的家庭用车，这一点也不令人吃惊。在中国和印度等国家，大型超市的成功一般与当地的基础设施建设息息相关。

大型超市也带来了一些负面影响，尤其是对小零售商店和社区便利店的冲击很大。因此，政府受到民众的压力对大型超市进行管制。早在 1973 年，法国就通过了相关的法律（Loi Royer）以保护小零售商户的利益，这些小零售商无法以低价同大型超市进行竞争。由于腐败和没有透明度，人们也不知晓这条法令最终是否发挥了作用。

然而，大型超市的前景如何呢？在经济危机之前，国际商业观察组织（Business Monitor International）[10]的研究员预计，2011 年大型超市的销售相较于 2006 年增长了 25%。中国零售市场的扩大使国内国际超市迅速增长，其中包括家乐福，其已经是世界第二大零售商（仅次于沃尔玛）。同样的情况也发生在印度，但是研究员也普遍质疑，大城市郊区超市的成功能否在其他地方复制？

世界经济的衰退导致消费者支出下降，特别是在不必要的商品方面。许多大型市场的商品销售重点重新回到了价格弹性不大的食品销售。政府干预也把重点放在了保护城市中心零售商店上。2009 年，法国萨科齐政府考虑通过法令激励市区零售业的发展。一些国家也出现了回归传统零售的模式现象。全球经济的萎缩限制了大超市的发展，它们缺乏必要的资金在新地点建设新超市、升级现有的设备，使其中的设备现代化。

大超市基本模式的毛利率较低，而销售额巨大。消费者支出在全球范围内降低，可能使这样的模式不能持续，因为大超市设施的固定成本很大。大超市开始采取相应的措施，建设自身的生产线，把消费者定位扩展到消费者全体，抓住发展"绿色"商品和追求"绿色"生产过程的机遇，应对全球经济衰退的挑战。

规模经济与范围经济的具体来源

我们之前所讨论的规模经济的来源主要与生产过程有关。这一节，我们将讨论三种与生产以外的领域相关的规模经济与范围经济的具体来源：

1. 购买中的规模经济和范围经济。
2. 广告中的规模经济和范围经济。
3. 研发中的规模经济和范围经济。

购买中的规模经济和范围经济

大多数人都有大批量购买的经历。不论我们是成加仑地购买牛奶，还是买 6 个一包的汽水，随着购买量的增加，单位产品的价格都会下降。大型企业通过大批量购买也可以从其供货商处获得折扣，从而与其较小的对手相比拥有成本优势。

并没有规定说大批量的买家就应当获得批量折扣，供应商可以不在乎它的 X 单位产品是销售给一个购买者还是 X 个不同的购买者。供应商之所以介意是因为三个可能的原因：

1. 销售给一个客户能够节省成本。如果每次销售都需要一些固定成本，例如签约成本、生产启动成本或产品交付成本，那么批量销售无疑能够节省成本。

2. 批量购买者可能对价格更加敏感，因为他能从较低的价格中得到更多的利益。例如，与某个购买一台电脑打印机用作个人使用的购买者相比，为一所大学购买几百台电脑打印机的人更有可能因为微小的价格差异转向价格略低的供应商。

3. 供应商可能担心，如果没有与大购买商进行交易，代价高昂的经营可能终止，甚至在极端的情况下，企业有可能破产。供应商可能会给大购买商提供折扣，以确保稳定的业务量。

　　小公司可以采取措施避免上面情况的发生，抵消购买商品的劣势。比如，中小公司可以形成购买联盟，大批量购买，以获得折扣。10 000 多家五金商店因为结成艾斯实价购买联盟（Ace and True Value purchasing groups）而在市场中生存下来，尽管家得宝（Depot）和劳易斯（Lowes）持续降价。由于不能获得批发价的优惠，小型邮购药店不经常储备药品，但是连锁药店在储备药品时并不顾及能否获得批发价优惠。因而，邮购药店的定价相较于连锁药店更具有优势。

广告中的规模经济和范围经济

　　一个产品分摊到每位消费者身上的广告成本可以用以下公式来表达：

$$\frac{发送信息的成本}{接收信息的潜在顾客数} \cdot \frac{信息传播带来的实际顾客数}{接收信息的潜在顾客数}$$

　　大企业花费在每个顾客上的广告成本较低，这可能是由于它们向每个潜在顾客发送信息的成本（第一项）较低，也可能是由于它们的广告到达率（第二项）比较高。

向每个潜在顾客发送信息的成本

　　大企业向每个潜在顾客发送广告的成本通常较低。这是由于发布广告需要投入一些重要的固定成本，包括广告的制作成本和与广播电视公司谈判的成本。如果一个全国性广告与地区性广告的制作成本和谈判成本大体相同，那么全国性广告分摊到每个潜在顾客的平均广告成本更低，因为这些固定成本可以在更多的潜在顾客中分摊。

　　为了说明这一点，我们假设安海斯-布希公司（Anheuser-Busch）在《今日美国》（USA Today）上刊登广告，且每销售 1 000 份报纸，它需要向甘耐特公司（Gannett）（《今日美国》的出版商）支付 10 美元的费用。由于《今日美国》的日发行量为 200 万份左右，那么这个广告对于安海斯-布希公司的直接成本就是 10×(2 000 000/1 000)，即 20 000 美元。同一天，俄亥俄州辛辛那提的一个本地啤酒厂 Hudepohl 在《辛辛那提讯报》（Cincinnati Enquirer）（一家地方性报纸）上刊登了广告，费用也是每销售 1 000 份报纸 10 美元。《辛辛那提讯报》的日发行量大约为 25 万份，所以 Hudepohl 的直接成本就是 10×(250 000/1 000)，即 2 500 美元。最后假设两家公司制作广告的成本都是 4 000 美元。

　　现在，我们可以看看安海斯-布希公司和 Hudepohl 分摊到每个潜在顾客的广告成本：

　　● 安海斯-布希公司的每个潜在顾客的广告成本＝(20 000＋4 000)/2 000 000＝0.012 美元，即每千名潜在顾客 12 美元。

● Hudepohl 每个潜在顾客的广告成本＝（2 500＋4 000）/250 000＝0.026 美元，即每千名潜在顾客 26 美元。

这个例子可以说明开展全国性和地区性广告活动时，每个潜在顾客所承担的成本的大致差异。

这个例子所表示的基本逻辑关系说明了为什么全国性的企业，如麦当劳，具有广告成本优势，而地区性的公司，例如 Fluky's（芝加哥的一家热狗连锁餐馆），却没有这种优势。

广告到达率和主体品牌

即使两个公司都是全国性的大企业，较大的公司仍然享有优势。假设温迪公司（Wendy's）和麦当劳同时在相互竞争的电视网络中发布广告，广告的受众人数相等，发布成本也一样。两个广告具有同样的说服力，麦当劳的广告使 20 000 名受众希望光顾麦当劳，温迪的广告也说服了 20 000 名受众打算光顾温迪。尽管这些都相似，但是麦当劳每个有效信息的成本却低得多。因为在美国，麦当劳店的数量大约是温迪店的三倍。20 000 名希望光顾麦当劳的受众几乎都可以在附近找到一家麦当劳店，但是 20 000 名希望去温迪店的受众中却有大部分不能在附近找到一家温迪店。结果他们可能去其他地方的温迪店，或者放弃在温迪店消费。

如果一家企业在一个品牌名称下提供的产品种类很多，那么广告的作用可能更大。例如，三星（Samsung）宽屏幕电视的广告可能会鼓励顾客考虑购买三星的其他产品，比如 DVD 播放机。这就是品牌保护伞（umbrella branding）的效应。如果一种产品的广告信息能激发顾客联想到同一品牌的其他产品，从而降低了每个有效形象的广告成本，品牌保护伞就发挥了作用。当三星为宽屏幕电视机做广告时，消费者可能会联想到三星拥有尖端的技术，从而联想到它生产的其他高技术产品也不错。

品牌保护伞也会带来一些风险。有些集团企业还是没能建立起全面的品牌标志，比阿特丽斯公司（Beatrice）就是一个这样的例子。20 世纪 80 年代，比阿特丽斯试图为一系列产品建立起统一的品牌标志，包括 Levelor 百叶窗、Danskin 运动服和 Butterball 火鸡产品，但是最终以失败告终。有时，企业更倾向于保持不同的品牌标志——我们看到了丰田（Toyota）公司是怎样推出雷克萨斯（Lexus）的品牌，以避免它们生产的价格较低的车型在大众市场上的声誉对其豪华车型造成影响。一些品牌并不想共享同一个标志。在 20 世纪 70 年代，英国的百代集团（EMI）推出了新的 CT 扫描医疗诊断设备。当 EMI 的音乐部门与朋克的先驱"性手枪"乐队（the Sex Pistols）签约时，潜在的购买者大吃一惊。母公司迅速背弃了"性手枪"（尽管主唱约翰尼·罗顿（Johnny Rotten）曾为此事件写了一首名为 EMI 的歌曲）。虽然最后公司保证了 CT 扫描器的销售没有遭受损失，但是在音乐市场却损失惨重。之后许多年，公司都没能与任何有影响的"新浪潮"（new wave）音乐人签约。

研发中的规模经济

制造商通常必须在研发方面进行大量投资以开发新产品，或者改进现有的产品或生产流程。在许多行业中，有不少公司的研发费用都超过总销售收入的 5%，比如英特尔、微软、葛兰素（Glaxo）和通用电气。研发具有明显的不可分割性。工程设计和科学研究的性质意味着，一个研发项目和研发部门必须具备一定的最小可行规模。例如，塔夫斯大学（Tufts University）的研究人员精心测量了美国市场中新医药产品的开发成本。[11]他们发现，20 世纪 80 年代，每种新处方药的研发成本大约为 2 亿美元；现在这个数字大约为 4 亿美元。这也意味着，随着销售量的变化，处方药的平均固定成本的浮动范围很大。

案例 2—4

制药业合并浪潮

从 20 世纪 90 年代开始，制药公司面临着前所未有的战略挑战。美国管理式医疗（managed care）的发展以及其他国家政府卫生保健预算的缩减，迫使制造商降低了很多商品的价格。传统的研究渠道开始枯竭，而生物技术的出现保证了药品开发的新途径和随之而来的竞争新源头。为应对这些压力，制药业经历了一轮非常大的合并浪潮，合并与收购活动的总价值超过了 5 000 亿美元。结果，10 家最大企业的合并市场份额从 20% 增长到了 50%。在几乎任何衡量标准下，我们可以看到葛兰素 2000 年对史克必成（SmithKline Beecham）的收购和辉瑞（Pfizer）2003 年对法玛西亚（Pharmacia）的收购属于商业历史上的最大规模。

行业分析指出了合并的三个潜在的基本原因。一种具有讥讽性的观点认为那些苦苦挣扎的制药企业的主管购买更成功的竞争对手的研究渠道仅仅是为了保住他们自己的饭碗。我们将在第 6 章讨论合并的管理层原因。

另一个潜在的原因是为了更有效地利用销售人员。许多制药公司在销售上花的钱比它们在研发上花的钱还要多。尽管制药业"直面消费者"的广告宣传最近已经得到了大量的关注，制药商还是花更多的钱在传统的医疗期刊，尤其是"推销"这样的广告形式上。推销是指销售人员走访医生和医院时详细描述新型药物的优点并展示药效与副作用方面的数据。推销员把他们大量的时间耗费在路上，这为规模经济创造了明显的机会。一个可以向心脏病专家提供多种心血管药物的推销员能获得较高的销售—出行时间比。如果一个人就可以做到，为什么要两名来自不同公司的推销员走访同一位心脏专家呢？

也许对合并浪潮的最通俗的解释就是要利用研发中的规模经济。正如我们所讨论的那样，对于较大的企业是否更具创新性或者在创新上成本更低这一问题存在相互抵触的理论。理论上的考量在制药业的研发方面尤其适用，而那些指望通过研发上的规模经济来实现更大的研究成果的人可能站不住脚。

帕特里夏·丹增（Patricia Danzon）、安德鲁·爱泼斯坦（Andrew Epstein）和西恩·尼科尔森（Sean Nicholson）最近的研究检验了一些这类潜在的规模经济。[12]通过观察200家制药公司1988—2000年间的财务和销售数据，他们发现收购者倾向于持有更长期的药品证券投资组合，这在一定程度上支持了对收购的讥讽式解释。与之相反，被收购者平均地更可能持有较短期的证券投资组合。合并后的联合销售看来略低于合并前的销售水平，这反映了收购者较弱的证券投资组合。提及规模经济，他们发现合并后两年，雇员的数量下降了6％。这一发现与销售上的规模经济一致。研发支出在合并后并未发生改变。由于研发支出与新产品上市之间有很长的时滞，判断研发效率是否提高还为时过早。

研发也具有范围经济。从一项研究中获得的灵感可能有助于其他项目的研究，研发的这种外溢效应（spillovers）会带来范围经济。与研究项目组合单一的企业相比，具有多样化研究组合的企业在确定创意的应用方向上可能会具有优势。丽贝卡·亨德森（Rebecca Henderson）和伊恩·科伯恩（Iain Cockburn）利用详细的研发资料证明了制药企业具有很大的外溢效应。[13]他们用研发中每一美元投入所产生的专利数来衡量生产效率，发现对于有17个研究项目的普通企业来说，增加2个研究项目能使现有项目的生产效率提高4.5％。大公司受益于外溢效应，而中小公司创新的动力更大。此外，中小企业采取各种方法解决研发问题，而大公司可能会更加激进地完成小的研发目标。经过科学判断，两类方法都可以很快地产生有益的成果。我们将在第14章进一步探讨这些内容。可以说，经济理论和实证证据都无法确定大公司是否比中小公司更有创造力。

互补性和战略协调性

经济学家一般用范围经济的概念来描述提供一系列互补产品和服务的企业所具有的协同效用。保罗·米尔格罗姆和约翰·罗伯茨不谋而合地用"互补性"（complementarities）这个词来描述组织活动中的协同效用。[14]例如，西南航空公司（Southwest Airlines）致力于成为所有航空公司中周转最快的公司，从着陆到起飞一般仅需60分钟。为了实现这一目标，西南航空公司采取了几种互补性的措施。它取消了飞机上的餐饮服务；它还仅采用一种机型（波音737），因此简化了行李处理、加油和保养程序；此外，它也不在拥挤的机场着陆。每一项措施都能够消除潜在的瓶颈，从而使其他的措施更有效。

在有关战略的文献中，互补性的概念通常被称为战略协调性。哈佛商学院的迈克尔·波特教授极力主张，对于追求长期竞争优势的企业来说，各流程之间的战略协调性非常重要。通过战略协调性，企业战略的"整体"就会超过组织流程的各个"部分之和"。并且，其他企业也很难模仿这样的战略。那些希望有一系列完全不同的流程的公司不能一次只模仿一部分，而只能一次性地把所有的措施都照搬过去。例如，联合航空公司（United Airlines）也可以只采用单一类型的机型，或者停止飞机上的餐饮服务，但是除非它把中转中心从拥挤的芝加哥搬到其他地方，否则它就不可能达到西南航空公司的运作效率。

规模不经济的来源

尽管规模经济和范围经济有许多潜在来源，但令人惊讶的是，任何行业中都没有完全主导生产的巨型公司。反垄断法可能对企业的发展有一定的限制。但是，更主要的原因可能是，企业明白规模经济也有一个极限，当企业超过一定规模时，越大可能并不意味着越好，而是越糟糕。引起规模不经济的原因很多，我们在这一节将讨论其中的某些原因。

劳动力成本与企业规模

企业越大，通常要支付的工资就越高。即使根据工作任期等决定生产率的关键因素进行调整以后，结论也是如此。这种工资差异普遍存在于所有制造与服务行业中。即使把其他决定工资的因素考虑进去，比如工作经验和工作类型，10％或者更高的工资差距也是非常普遍的现象。

造成工资差距的一个原因是大企业比小企业更可能成立工会，在从事相同工作的情况下，加入工会组织的工人的工资通常更高。另外一个原因可能是，与大企业相比，在小企业工作的工人更享受他们的工作。这就迫使大企业利用补偿性工资差别（compensating differential）来吸引工人。最后一个原因是，大企业可能需要从距离更远的地方招聘工人，因而需要利用补偿性工资差别来弥补员工的交通成本。一些经济学家推断，工资溢价反映了工人的质量中有一部分难以测量，例如资本密集型生产过程中工人的技能与经验。根据这个观点，规模本身并不是妨碍大公司的因素。相反，大公司只把奖金付给拥有独特、高价值技能的工人。

下面两个因素能够发挥作用，并有利于大公司。第一，大公司职工流动性较小。招募与培训新员工要花费数千美元，所以，较少的人员流动可以抵消因工资上涨带来的成本。第二，大公司对非常称职、十分上进的人才更具吸引力，他们渴望在大公司里得到晋升。

专门化资源过分分散

　　许多有才能的人认为，在一个地方取得成功，就可以在其他地方进行复制。有时，这只是妄自尊大的想法。例如，美国地产大亨唐纳德·特朗普（Donald Trump）认为借助他的名声，即使不需要亲自过问，也可以保证大西洋镇赌场的成功。（事实上，特朗普酒店＆赌场度假胜地公司于2004年11月申请破产。）有些人失败，是因为他们把成功复制到一个新的领域时缺乏必要的技能，比如，篮球巨星乔丹在赛场上的英勇表现并没有使他成为一个成功的俱乐部总经理。还有一些人使自己的精力过于分散，有许多这样的故事：厨师成为店主，接二连三地开了许多分店，但不料所有饭店的表现都在下滑。如果专业人士成功的关键在于他只在一个活动上耗费了大量时间，那么他花费时间同时在几个活动上面，整体表现就难以尽如人意。

　　相同的教训和启示也适用于资本投入，比如，电脑、工具、模型或者生产线。若对于一个公司，专业化的投入是一种优势，公司在不投入更多资本的情况下扩大经营，扩张就有可能使投入负担过重。

"冲突淘汰"

　　随着营销、会计、咨询和法律等领域的专业服务企业的不断发展壮大，企业有必要考虑规模不经济的另外一种来源——冲突淘汰（conflicting out）。当一个潜在客户要和一个专业服务公司从事一项新业务时，它可能会关心该企业是否和它的某个或者多个竞争对手有业务往来；潜在客户可能担心专业服务公司内部会出现利益冲突；敏感的竞争信息可能被泄露；专业服务公司可能不会完全考虑到潜在客户的利益。出于种种担忧，该客户很可能会转向其他服务公司。这家专业服务公司就因冲突被淘汰了。

　　显然，随着专业服务公司的自我发展和兼并活动，这种冲突淘汰的可能性也增加了，也就限制了任何专业服务公司能够实现的市场份额。例如，1995年营销公司佳德公司（Chiat/Day）被奥姆尼康集团（Omnicom）兼并后就丢掉了可口可乐这个客户。因为奥姆尼康集团旗下的BBD&O公司是百事公司主要的广告代理商。（奥姆尼康集团是一家命运多舛的公司，它成立于盛世长城广告公司（Saatchi and Saatchi）欲图成为世界最大的营销公司时。它的失败有一部分是类似可口可乐这样的冲突淘汰造成的。）

激励机制与协同效应

第 5 章将介绍几类激励机制，这些机制使得企业很难扩展其纵向边界。当企业扩展横向边界时，也会出现相同的问题。在大公司中，员工的工资很难与其创造的利润相匹配。相较于小企业，大公司更难监督职工的行为、更难建立与员工顺畅交流的机制，因而更难提高员工的工作效率。

案例 2—5

巴西的酒精生产

公司规模扩大，成本降低，就会实现规模经济。而在许多情况中，更多的产出也会产生更多的废物，增加处理成本。但是，在一些行业中，大公司可以通过变废为宝降低成本。比如，加利福尼亚雪松木制品公司（California Cedar Products Company）。这家公司生产铅笔，产生锯末等废物，以锯末混合一些其他原料，制成替代木材的木制品，用以制造壁橱或者燃木炉子。这家公司现在把锯末制成的"耐火"（Duraframe）木材销往全世界（美洲、欧洲、亚洲和非洲等地区）。

公司变废为宝的另一种方法是再次把废物变成生产产品的投入原料，减少原料购买。巴西之所以成为世界上最有效率的酒精生产国家是因为其高效利用生产过程中产生的废物。

巴西是世界上最大的酒精生产国家，与美国共同占世界份额的 70%。美国生产酒精的原料主要是玉米，而巴西的生产原料是甘蔗，巴西也是世界上最大的甘蔗种植国，这意味着，主要生产原料容易获取，而不用进口。蔗糖和酒精生产也可以共用基础设施，可以降低单位固定成本（巴西合并报告两个行业的就业人数，所以劳动生产率很难判断）。酒精生产厂通常就近建在甘蔗地附近，也具有成本优势。

简言之，酒精生产过程是压碎甘蔗（原材料）、发酵榨取的汁液，之后蒸馏出酒精。液体的糖分就决定了最终可以生产多少酒精，因而巴西投入很多资源研究农业技术，提高甘蔗的生产力。甘蔗在被压出液体之后产生废物，也就是甘蔗渣。如加利福尼亚雪松木制品公司一样，巴西酒精生产企业也变废为宝，把甘蔗渣用于制造其他产品，譬如纸张或者建筑材料。

巴西酒精生产企业还可以通过甘蔗渣发电减少生产成本。事实上，它们的电量不仅可以自给（用于甘蔗的挤压和蒸馏过程中的加热），还可以卖给周边地区。据路透社报道，巴西的酒精生产产生的电量是其使用电量的八倍多，而美国只有两倍多。[15]

在 2009 年 6 月，两位生物燃料的研究人员克里夫·布兰得利（Cliff Bradley）和鲍勃·科恩斯（Bob Kearns）表示，他们发现了一种可以使巴西和美国的酒精生产增加的一种酶。这种酶可以分解废渣（在美国指的是玉米杆、玉米穗轴和其他玉米的废物）中的木质材料，这样可以榨取更多的用于制作酒精的汁液。

据路透社报道，巴西酒精产出下一年将增长一倍多，因为巴西在这一行业投入巨大，甘蔗生产产量也将创纪录。[16]然而，许多投资资金都来自国外。为了扩大生产，巴西酒精生产公司背负了巨大的债务，而面对全球信贷紧缩的大背景，许多公司将不得不关门停产。据路透社报道，巴西"蔗糖和酒精行业的一颗明珠"Santelisa Vale 公司[17]被法国粮食巨头路易达夫收购，鉴于目前的大背景，更多这样的收购将会发生。

学习曲线

医学院的学生们常常在"一观察、二实践、三教导"这一原则的激励下学习。根据这个原则，在培养技术熟练的医师的过程中，经验具有重要作用。在许多专业领域中，经验都是能力的一个重要的决定性因素，并且在过去30年里，战略家们也发现了经验对公司的重要性。经验的重要性可以通过学习曲线的理念来表述。

学习曲线的概念

规模经济指在给定时间点上生产更多产品所带来的优势。而学习曲线（learning curve）（也叫经验曲线）指积累的经验和技能所带来的优势。我们很容易找到工人或企业学习的例子。例如，随着经验的增加，工人通常可以提高完成特定任务的绩效，制造企业能逐渐了解适当的设计误差是多少，零售商会逐渐了解社区居民的偏好，会计公司会逐渐了解客户存货管理的特点。学习带来的好处表现为成本降低，质量以及定价和营销措施更有效。

学习收益的大小通常用斜率（slope）这个术语来表示。某个特定生产过程的斜率的计算方法是：考察当累计产出量增加一倍时，平均成本下降了多少。在这里，我们采用的是累计产量，而不是某个特定时段内的产量，这样我们就可以来区分学习效果和其他规模效应，这一点是很重要的。正如图2—7所示，假设企业的累计产量为 Q_x，生产的平均成本为 AC_1；又假设当企业的累计产量增加到 $2Q_x$ 时，平均成本为 AC_2。因此，斜率为 AC_2/AC_1。

很多产品的斜率都是估计的。斜率的中间值大约为0.80，这意味着，对于一家典型的企业来说，当累计产量翻一番时，单位生产成本大约下降20%。但是，在不同的企业和行业之间，学习曲线的斜率有很大不同，所以任何一个企业在某一特定生产过程中的实际斜率一般介于0.70~0.90之间，有时可能低至0.60，或者高至1.0（即不存在学习效应）。我们要注意，虽然一个行业的斜率可能是0.75，但是这并不意味着每当产量翻一番，成本就

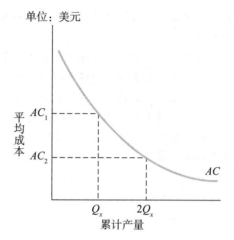

单位：美元

平均成本

AC_1

AC_2

AC

Q_x　　$2Q_x$

累计产量

图 2—7　学习曲线

　　当存在学习效应时，随着累计产量的增加，平均成本会下降。在该图中，当累计产量从 Q_x 增加到 $2Q_x$ 时，批量生产的平均成本从 AC_1 下降到 AC_2。

会下降25％。估计的斜率通常代表一定产量范围内的平均值，并不说明无论学习的经济效益是否得到完全利用，斜率值都相等。

　　大多学习曲线的研究都把重点放在了学习效应对成本的影响，而没有关注其对产品质量的影响。案例2—6叙述了一项最新的关于医药行业学习效应的研究，医药行业的从业人员的经验可能事关病人的生死。

增加产量以获得成本优势

　　有些企业为了实施"学习曲线"战略，会把产量提高到最佳产量以上，即边际成本大于边际收益的产量。但是这种战略也可能是合理的，因为学习会有效地降低当前产量的边际成本。为了了解其中的原因，我们可以考虑下面的例子。

　　假设有一个DRAM（动态随机存取存储器）芯片制造企业，其累计产量为1万个。每增产1个芯片的成本为2.50美元。企业管理者认为，一旦它的累计产量达到2万个，单位生产成本将下降到2.00美元，并且没有进一步的学习收益。这个企业已经有一份要生产20万个芯片的订单，这时又出乎意料地接到了一份投标要约，需要立即提供1万个芯片。那么企业愿意接受这份订单的最低价格是多少？

　　假设完成新订单不会拖延企业的其他业务，那么企业就必须将新买主愿意支付的价格与增加芯片生产的边际成本进行比较。如果企业短视地忽视了学习效应，那么只有当价格超过每个芯片2.50美元时，它才会接受新订单。这无疑是错误的，因为实际上的边际成本不是2.50美元。

　　为了计算出实际边际成本，芯片制造商必须考虑累积的经验将如何影响未来的成本。在收到新订单前，芯片制造商已经计划生产20万个芯片。最开始生产的 1 万个芯片的成本是每个 2.50 美元，而剩下的 19 万个芯片的成本应该为每个 2.00 美元，因而生产 20 万个芯片的总成本为 40.50 万美元。而新订单使芯片制造商在生产原有订单的 20 万个芯片之前，就能够完全实现学习经济。一旦企业完成了新订单的生产任务，再生产 20 万个芯片的成本就仅仅为 40 万美元了。

通过完成新订单，DRAM 制造商减少了 5 000 美元的未来生产成本。实际上，完成这个订单增加的成本仅为 2 万美元（当前 2.5 万美元的成本减去 5 000 美元的未来成本节约），因此实际的边际成本为每个芯片 2.00 美元。只要这批订单的价格高于这个金额，企业就应该愿意接受，即使当价格介于每个芯片 2.00～2.50 美元之间时不足以弥补当前的生产成本，也应该接受。

追求学习曲线战略的企业尽管在长期会繁荣发展，但是在短期内可能会产生负的会计利润。由于这个原因，根据短期利润奖励经理人会使他们不愿意开发学习曲线的收益。正是因为这个原因，美国电子企业在 20 世纪五六十年代不愿意开发学习曲线，最终不得不把市场拱手让给了亚洲企业。解决这个问题的一种方法就是在评估利润与损失时，直接将学习曲线的收益考虑进去。

波士顿咨询集团的增长/市场份额矩阵

波士顿咨询集团（Boston Consulting Group, BCG）于 20 世纪 70 年代推出了增长/市场份额矩阵（growth/share matrix），它对企业战略产生了重大影响。这个矩阵是它成功推行的学习曲线战略的副产品。图 2—8 描绘的就是典型的 BCG 矩阵。这个矩阵使企业可以从两个方面区分它们的生产线：产品所在的市场的增长；与较弱的竞争对手相比，产品的相对市场份额。产品线可以分为 4 种类型：明星（rising star）指在增长的市场中具有相对较高市场份额的产品；现金牛（cash cow）指在一个稳定或者逐步下降的市场中占有相对较高市场份额的产品；问题儿童（problem child）指在增长的市场中具有相对较低市场份额的产品；狗（dog）指在一个稳定或者逐步下降的市场中占有相对较低市场份额的产品。

波士顿公司成功管理产品组合的战略的理论依据是学习曲线和产品生命周期（product life cycle）理论。[18] 波士顿公司发现，在许多市场中，学习曲线都给企业带来了明显的成本优势；它们还感觉到大部分产品都有一个特有的生命周期（如图 2—9 所示）。根据这个产品生命周期模型，在产品的引入期，产品需求很低；然后产品会进入一个需求快速增长的时期；随后，对产品的需求主要来自替代性消费（replacement sales），而不是新消费者的购买，需求的增长就变得稳定，产品进入成熟阶段；最后，随着更好的替代产品逐渐出现，产品需求开始下降。

		相对市场份额	
		高	低
相对市场增长	高	明星	问题儿童
	低	现金牛	狗

图 2—8　BCG 增长/市场份额矩阵

增长/市场份额矩阵根据产品的增长潜力和相对市场份额将它们分为 4 类。有些战略家建议，企业应该用从"现金牛"产品获得的利润来培养"问题儿童"产品和"明星"产品。随着后者沿学习曲线下移，它们就会成为下一个投资周期中的"现金牛"。

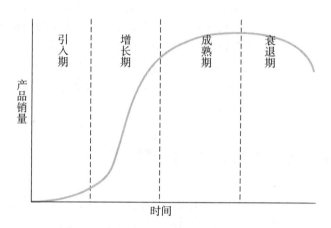

图 2—9　产品生命周期

产品生命周期理论认为，产品的需求会经历 4 个阶段。当产品刚刚引入时，销量与增长都很低。然后，产品需求迅速增长，但是销量保持稳定，行业进入成熟阶段。最后，随着更优良的产品或技术的出现，需求开始下降。很难预测每个阶段从何时开始。

波士顿公司认为，客户应该在产品生产周期的早期增加生产，以便实现学习经济。企业可以用从"现金牛"产品中获得的利润为"问题儿童"产品和"明星"产品的增产提供资金。学习经济将巩固"明星"产品的优势，同时使一些"问题儿童"产品更具有竞争力。随着市场的成熟和对现有产品需求的下降，这些"明星"产品和"问题儿童"产品也会成为新的"现金牛"产品，支持新兴市场的学习战略。

波士顿公司对学习曲线的战略重要性的认识值得赞许，许多企业正是利用了增长/市场份额矩阵才兴旺发展的。但是在使用波士顿模型时，必须考虑它的基本原理。正如我们已经介绍过的，学习曲线并不是无处不在的，也并不是在任何场合都一样的。同时，我们在产品生命周期结束以后比在计划过程中更容易识别出产品生命周期。人们曾预测包括尼龙、专门的文字处理器在内的大量产品会有巨大的增长潜力，实际上却并非如此。在这些产品上大量投资以获得学习优势的公司结果都以失败告终。我们的结论是：在应用学习曲线战略之前，必须认真地研究具体产品的学习曲线和市场。最后，让企业发挥"银行家"的作用，用留存收益（retained earnings）为新的业务提供资金的做法是值得质疑的。风险资本家的出现使拥有潜在的明星产品的独立企业不需要成为联合企业的一部分，就可以获得融资。但是，企业有时候不能说服顾虑重重的外部资本市场为优秀的项目提供资金。这时，内部拥有自由资金的企业就占据了优势。在第6章，我们将讨论多样化问题，那时会对这个问题进行更详细的阐述。

学习与组织

不同企业和产品的学习曲线的斜率有很大差异，这表明不同组织和不同的生产流程所产生的学习效应大小不同。虽然很少对学习效应的决定因素进行系统性的研究，但是有些常识可以帮助我们判断，在哪些情形中学习效应可能会比较重要。

学习效应取决于个人。某些复杂的任务，比如统计软件的设计和生产，常常为人们提供了自学或向同事学习的好机会。通过鼓励信息共享、建立包容新思想的工作规则和减少人员流动，企业可以为新思想的吸收和利用提供便利条件。拉尼尔·本卡德（Lanier Benkard）就认为，洛克希德公司（Lockheed）的劳动力政策阻碍了这个飞机制造商从 L - 1011 三星（TriStar）飞机的生产中充分挖掘学习效应的机会。[19]洛克希德公司的工会契约要求公司提拔有经验的一线工人进入管理层，同时晋升更底层的工人。这就导致了多米诺骨牌效应，当一个工人被提拔到管理层时，就会有 10 个工人的工作发生变动。结果，刚刚晋升上来的工人不得不重新学习那些高层同事已经掌握的技能。据本卡德估计，这个政策及其他相关政策导致洛克希德公司每年的劳动生产率降低了高达 40%～50%。

虽然制定工作规则和减少人员流动有利于知识的保留，但是也可能阻碍员工的创造性。而且，有时候特定工人的学习效应太复杂，很难在整个企业传播。许多专业服务就是很好的例子，如果一个人了解了如何将职能领域的技能与关于特定客户或市场的专门、详细的知识结合起来，他就具有了一种无法轻易转让给其他人的优势。很明显，经理人的一项重要技能就是在稳定性和变动性之间找到一个恰当的平衡点，从而使学习效应最大化。

管理人也应该分清特定于某一企业的学习效应和特定于一类任务的学习效应。如果学习效应特定于任务而不是企业，那么员工将利用其才能不断地更换工作，以求不断地使自己的工资增长。而如果学习效应特定于企业，员工增长的知识与企业紧密相连，员工的效率提高了，但是企业可以不用提高他们的工资。管理者应该更多地支持特定于企业的学习行为，应该以自己的判断分清学习效应是特定于企业还是特定于任务。

学习曲线与规模经济

学习经济与规模经济不同。规模经济指在某一个特定的时点上，如果经济活动的规模比较大，那么就能以较低的单位成本完成这个经济活动。学习经济指由于经验随着时间不断积累所导致的单位成本的下降。即便学习经济很小，规模经济也可能很大。这种情况很可能存在于简单的资本密集型生产中，如双层铝罐的制造。同样，当规模经济很小时，学习经济也可能很大。这种情况很可能出现在复杂的劳动密集型生产中，例如反垄断法的运用。

图 2—10 描述了一个企业如何在不存在规模经济的情况下实现学习经济。左图是一个典型的学习曲线，平均成本随着经验的积累不断下降。右图表示的是处于不同经验水平的两条平均成本曲线。这两条成本曲线是完全水平的，说明不存在规模经济。假设企业在某一年年初的累计产量为 Q_1。根据学习曲线，这时的平均成本为 AC_1。由于规模报酬不变，因此不管现在的产出是多少，平均成本都是固定的。到第二年年初，企业的累计产量为 Q_2。企业在前一年获得的经验使它可以改进生产技术。因此，它的平均成本会沿着学习曲线向下移动，第二年的平均生产成本为 AC_2。

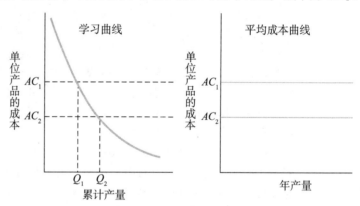

图 2—10 不存在规模经济时的学习经济

要实现学习经济不一定要存在规模经济。图中描述的生产流程规模报酬不变，这从水平的平均成本曲线可以看出来（右图）。但是正如学习曲线所示，随着多年的经验积累，平均生产成本不断下降（用学习曲线来表示）。

如果经理人不能正确区分规模经济和学习经济，就可能对市场盈利能力作出错误判断。例如，如果一个大企业由于存在规模经济而具有较低的平均成本，那么产量缩减将导致单位成本上升。但如果较低的单位成本是学习效应的结果，减少产量就不一定会导致单位成本上升。还可以举个例子，如果一个企业的成本优势来源于资本密集型生产和由此产生的规模经济，那么与那些由于一项复杂的劳动密集型生产流程的学习效应而获得成本优势的竞争者相比，它就可以更少考虑员工流动问题。

案例 2—6

医药行业"干中学"

通常情况下，在研究学习曲线时，只关注成本，也就是，随着企业经验的积累，其生产成本也会下降。然而学习效应也表现在其他方面，尤其是在医药行业，其从业人员的学习效应攸关病人生命。

长久以来，研究人员认为，某一类病人的数量越多，这类病人的治疗效果也越好。这一数量/效果关系被人们好奇地称为1月/6月现象。大量材料表明，医学院附属医院病人的死亡率在1月和6月初都会攀升到一个高点。有人认为，新年前夕的狂欢或许能解释1月死亡率攀升的现象，但是这样的观点不能解释6月死亡率攀高的现象。真正的原因是，医学院附属医院通常在这两个时间段进行专科轮换，某一类病人可能被没有这类病经验的医生治疗。很多研究已经指出了这一问题。

然而，数量/效果现象也适用于已有经验的医生。在20世纪70年代，这被视为学习曲线的例证。但是，我们也可以这样解释：水平越高的医生接受的病例就越多。如果是这样，那么就是疗效的改善促进病人数量的增长，而不是数量的增长促进医疗效果的改善。对病人而言，他们可以直接去看高水平的医生即可，无须顾及上面谈到的类似鸡生蛋还是蛋生鸡争论的问题，但是，相关政府部门必须关注这个问题。政策决定者往往支持限制某领域专家的数量，因为进入者越多，学习效应就越低。

当然，我们可以使用统计方法来辨别上面提到的因果关系。通常情况下，这里使用统计方法工具变量回归，在使用此统计方法之前，需要明确条件：只影响因果的一方。在此，事件只影响数量，而不是结果。之后，我们就可以使用此统计方法评估更多的数量导致更好的治疗效果。

在最新的研究中，苏布马尼安·拉玛纳瑞雅南（Subramanianiam Ramanarayanan）使用工具变量回归的方法研究了学习曲线。[20]他研究的医学领域是心脏手术。对于心脏手术医生而言，实施这类手术的死亡率在2%～10%之间。他选取外科医生这一事件作为研究的工具，当一位外科医生退休时，其他外科医生的病例数量将每年增加20多个，以退休为工具变量，只影响数量，而不影响结果。他发现，当一位医生的同事退休之后，这位医生的病人越多，他的治疗效果也就越好。每增加一例外科手术约使病人死亡率降低0.14%，病人都可以得到这样的好处。他的发现证明，外科医生要想提高自己的水平必须保持高数量的诊治次数。

本章小结

● 如果每单位产出的平均成本随着产量增加而下降，则称该生产流程存在规模经济。如果由一家企业来提供两种不同的产品或服务，比由两家独立的企业提供等量产品或服务的总成本要低，则称该生产流程存在范围经济。

● 规模经济和范围经济的一个重要来源就是不可分割的固定成本的分摊。固定成本不随产出的变化而变化。

● 一般来说，资本密集型生产流程比劳动密集型或原材料密集型生产流程更可能表现出规模经济和范围经济。

● 在某些行业中，例如食品零售业，企业可能会投入资金创造出以前不存在的规模经济，例如创建和巩固品牌形象。

● 存货管理中存在规模经济，所以与小规模生产相比，大规模生产所需要的存货产出比例更低。

● 被称为立方—平方法则的物理特性给一些生产过程，例如仓储活动带来了规模经济，这些生产流程的成本与生产"容器"的几何容积有关。

● 规模经济通常与营销费用、研发费用和采购费用有关。大规模营销活动传播每条信息的成本通常低于小规模营销活动。虽然规模大可能不利于创新，但是研发风险能够分摊在较大的产量上。通过组建采购集团，小企业也可以获得与大企业相同的采购折扣。

● 有时候，大规模可能导致低效率。原因可能在于更高的人工成本、官僚主义或者专门化资源的稀释。

● 个人和企业通常可以通过经验的积累来改善生产流程。这就是学习过程。在存在重大学习收益的生产流程中，如果企业能够积累和保持通过经验获取的知识，它就能在市场中占据成本和质量优势。

●（附录）可以通过回归分析来比较不同规模和经验的企业的成本与产量，也可以用回归分析来识别规模经济和学习曲线。

思考题

1. 某企业生产两种产品，X 和 Y。在现有技术水平下该企业的生产成本如下所示，其中 $C(i, j)$ 表示生产 i 单位 X 产品和 j 单位 Y 产品的成本：

$$C(0,50)=100 \quad C(5,0)=150$$

$$C(0,100)=210 \quad C(10,0)=320$$
$$C(5,50)=240 \quad C(10,100)=500$$

该生产过程是否具有规模经济？是否具有范围经济？

2. 规模经济常常与固定成本的分摊有关，例如制造企业建设厂房的成本。但是，固定成本的分摊对与营销、研发和采购相关的规模经济同样重要。请解释原因。

3. 规模经济和学习经济有什么区别？

4. 如果一个企业想进入一个市场，就必须投资 1 亿美元建设生产工厂（即根据成本分摊原则，每年 1 000 万美元）。这样的工厂每年能生产 1 亿磅谷类食品。如果该企业满负荷生产，那么该工厂的平均固定成本是多少？美国早餐谷类食品制造商每年大约销售 30 亿磅谷类食品。如果该谷类制造商的产品占该市场份额的 2%，它的平均固定成本是多少？如果所占的市场份额只有 1%，则它的成本损失是多少？

5. 从历史角度来看，产品市场主要是由大企业占主导地位，而服务市场则由小企业占主导地位。近年来，这种情况似乎在某种程度上发生了变化。那么是什么因素导致了这种变化呢？

6. 百思买（Best Buy）最近重新对它们的商店进行了设计。装修后，需要付款的顾客可以站成一列，等待到空闲的收款柜台付款，而不是分别在不同收款柜台前排队等候。这种做法和存货的规模经济有什么关系？（提示：这里的存货就相当于收款柜台。）

7. 请解释为什么 ATM 的出现加强了银行实力。（注意，ATM 的一个重要的特点是：在银行 A 开设账户的顾客如果使用银行 B 的 ATM，要支付较高的成本。）

8. 过去几年里，美国和欧洲的城市建立了大型的超级市场，在一家店里就可以买到杂货、日用品、五金用品和其他商品。超级市场可能具有哪些规模经济？又会有哪些潜在的规模不经济呢？

9. 假设你希望将一个企业的学习经验量化。其中一种可能的办法是，测算企业生存期间的累计产量。该方法具有哪些优点和缺点？能否提供一种更好的测算方法？

10. 20 世纪 80 年代，加利福尼亚州北部硅谷的企业高层员工频繁跳槽。你认为这样的人事变动对单个企业的学习效应有什么影响？对整个行业的学习效应又会有什么影响？

附录　利用回归分析预测成本曲线的图形

假设已知三家链锯制造厂的成本和产量数据如下：

工厂	年产量（把）	平均成本（美元）
1	10 000	50
2	20 000	47
3	30 000	45

我们可以看出，平均成本随着产量的增加而明显下降。从上表自然可以得出以下结论：在链锯生产中存在规模经济。我们甚至可以估计出规模经济的大小——看上去，每年生产 30 000 把链锯的工厂的平均成本比每年生产 10 000 把链锯的工厂低 5 美元。那么，人们可能就会建议工厂 1 和工厂 2 的管理者扩大生产（可能建立更大的工厂），以便降低它们的平均成本。

但是我们能这样确定该例子中规模经济的大小吗？毕竟，三个工厂的成本差异可能与规模经济没有什么关系。例如，工厂 3 成本低可能是由于它建在劳动力成本很低的区域。如果是这样的话，那么工厂 3 的成本优势可能就与规模经济没有什么关系，并且其他工厂扩大产量也将一无所获。为了说明成本/产量关系确实反映了规模经济，我们还需要作出其他一些解释。

这就是成本函数回归分析的潜在思想。回归分析是一种统计方法，可用来预测一个或多个影响因素如何影响我们所关注的一些变量。以成本函数为例，其中我们所关心的变量就是平均成本，而影响因素可能包括产量、工资率和其他投入的价格。

为进一步说明，我们将成本函数设为产量的二次函数：

$$AC = \beta_0 + \beta_1 Q + \beta_2 Q^2 + \beta_3 w + \text{干扰因素}$$

式中，Q 表示产量（每年标准规模链锯的产量），w 表示当地工资率，而干扰因素指影响成本水平的所有其他因素，这些因素具有不可测量性，并且分析中也没有明确指出。

我们对成本函数作如下解释：在任何特定工厂中，平均成本等于工厂产量函数、工资率函数和干扰因素之和。我们假定 β_3 是正数，因为高工资会导致高成本。假定 β_1 为负数，这意味着：随着产量提高，平均成本下降。同时我们假定 β_2 为正数，并且数值很小。因而，在产量水平较高时，由于 $\beta_2 Q^2$ 的正数效应抵消或者弥补了 $\beta_1 Q$ 的负数效应，平均成本可能持平甚至上升。β_1 为负意味着存在规模经济，β_2 为正则意味着存在规模不经济，两者的共同作用导致平均成本函数呈 U 形或者抛物线形状。

最后，干扰因素代表除规模与工资率之外的成本变量。如果我们知道这些变量的来源，就可以直接将它们添加到成本函数中。否则，我们的成本函数将不会很准确。回归分析使成本函数与实际的成本/产量数据相匹配。换句话说，回归分析法提供了参数 β_1、β_2、β_3 的估算值，并根据对其余干扰因素的估计值，推断回归分析值是否精确。

有很多著作都是有关成本函数的估算的。成本函数的测算方法已经应用于各种行业和部门中，包括航空业、通信业、电子设备行业、货车运输业、铁路和医院。[21]这些研究大部分都采用函数形式来估算平均成本函数，这要比我们这里所讨论的简单二次方程式复杂得多。但是，即便如此，其基本思路与我们在这里所讨论的还是一样的。不过，那些研究可以用来推导最小效率范围。

估计学习曲线

回归分析法还可以用于估算学习曲线。采用以下方程式就可以很方便地估计学习曲线：

$$\log AC = a + \varepsilon \log E + \gamma \log X_1 + \cdots + \gamma_N \log X_n + 干扰因素$$

式中，"log"表示自然对数，E 表示累计产量，$X_1, \cdots, X_N$表示除了累计产量之外，其他影响平均成本的因素（例如，规模、生产能力利用、生产要素的价格等等）。干扰因素表示无法进行测算的影响因素，因而无法被包括到分析中。等式中的其他影响因素可以用来区分成本降低是由于学习经济，还是由于规模经济，或者其他成本影响因素的有利状况所导致的。参量 ε 表示累计经验每变化 1%，平均成本变化的百分率。γ_1表示成本影响因素 X_1每变化 1%，平均成本变化的百分比。上面的等式中运用了对数，所以估计系数就是弹性值。

【注释】

[1] 如果不理解这一点，我们可以看下面的例子。假设生产 5 辆自行车的总成本是 500 美元，则平均成本为 100 美元。如果生产第 6 辆自行车的边际成本为 70 美元，则 6 辆自行车的总成本为 570 美元，平均成本为 95 美元。如果第 6 辆自行车的边际成本是 130 美元，则总成本为 630 美元，边际成本是 105 美元。在这个例子中（并且是一个通常规则），当 $MC < AC$ 时，AC 随产量增加而下降，而当 $MC > AC$ 时，AC 随产量增加而上升。

[2] Prahalad, C. K. and G. Hamel, "The Core Competence of the Corporation," *Harvard Business Review*, May-June 1990, pp. 79‑91；Stalk, G., P. Evans, and L. Shulman, "Competing on Capabilities: The New Rules of Corporate Strategy," *Harvard Business Review*, March-April 1992, pp. 57‑69；Itami, H., *Mobilizing Indivisible Assets*, Cambridge, MA, Harvard University Press, 1987.

[3] 机会成本是如果把同样金额的资金投入其他风险类似的项目，投资者可以获得的最佳收益。在这个例子中，为了简化讨论，我们假设生产线不产生折旧，因此可以一直使用下去。请参见引言中的详细讨论。

[4] Levine, A., "Licensing and Scale Economies in the Biotechnology Pharmaceutical Industry," Mimeo, Stanford University, 2008.

[5] Newhouse, J. et al., "Does the Geographic Distribution of Physicians Reflect Market Failure?" *Bell Journal of Economics* 13 (2), 1982, pp. 493‑505.

［6］ Baumgardner, J., "What Is a Specialist Anyway?" Mimeo, Duke University, 1991.

［7］ Lynk, W., "The Creation of Economic Efficiency in Hospital Mergers," *Journal of Health Economics*, 14 (6), 1995, pp. 507 - 530.

［8］ 这个名字来自这样一个事实：立方体的体积与边长的立方成正比，而表面积与边长的平方成正比。

［9］ "Eastern Europe: Hypermarket sector to boom—study", September 1, 2008. 引用网址：http://www. just-food . com/article. aspx? id＝103625。

［10］ 参见 Cockenboo, L., "Production Functions and Cost Functions: A Case Study," in Mansfield, E. (ed.), *Managerial Economics and Operations Research*, 5th ed., New York: Norton, 1987。

［11］ DiMasi, J. et al., "Cost of Innovation in the Pharmaceutical Industry," *Journal of Health Economics* 10 (2), 1991, pp. 107 - 142.

［12］ Danzon, P., A. Epstein, and S. Nicholson, 2004, "Mergers and Acquisitions in the Pharmaceutical and Biotech Industry," NBER working paper 10536.

［13］ Henderson, R. and I. Cockburn, "Scale, Scope, and Spillovers: Determinants of Research Productivity in the Pharmaceutical Industry," *RAND Journal of Economics*, 27 (1), 1996. pp. 32 - 59.

［14］ Milgrom, P. and J. Roberts, "The Economics of Modern Manufacturing: Technology, Strategy, and Organization," *American Economic Review*, 80 (6), 1990, pp. 511 - 528.

［15］ "FACTBOX-Leverage to reshape Brazil ethanol sector" reported by Reese Ewing and edited by Jim Marshall, Reuters, Mon June 01 21:01:08 UTC Accessed June 22, 2009. 网址：http://www. reuters. com/article/email/idUSN0116376120090601。

［16］ Ibid.

［17］ Ibid.

［18］ 产品生命周期模型可以从有关市场营销的文献中找到渊源。例如，参见 Levitt, T., "Exploit the Product Life Cycle," *Harvard Business Review*, November-December 1965, pp. 81 - 94。

［19］ Benkard, C. L., "Learning and Forgetting: The Dynamics of Aircraft Production," Mimeo, New Haven, CT, Yale University, 1998.

［20］ Ramanarayanan, S., 2008, "Does Practice Make Perfect? An Empirical Analysis of Learning-by-Doing in Cardiac Surgery," Mimeo, UCLA.

［21］ 关于成本函数估计的部分研究及这方面的参考文献，参见 John Panzar, "Determinants of Firm and Industry Structure," in Schmalensee, R. and R. D. Willig (eds.), *Handbook of Industrial Organization*, Amsterdam, North Holland, 1989, pp. 3 - 59。

第 3 章　代理和协同

如第 1 章所述，在 19 世纪 40 年代，家族和个人企业是美国市场中的主要企业。[1]由于基础设施和科技的飞速发展，规模经济和范围经济效应已经使企业的规模变得很大。虽然市场中不乏家族企业，但是今天的商业版图由雇佣成百上千人的企业主导。

但是，企业规模的扩大也产生了一系列问题。一个企业在雇用工人时，一定想着激励员工提高效率，增长业绩。此外，企业一定还想着如何协调员工工作与自身行为的关系，以获得最好的业绩。

在这一章中，我们讨论激励问题（经济学家称之为代理问题）和协同问题。首先，本章阐述这两个问题的起因，然后探讨如何解决这些问题，并给出相关案例。虽然企业千方百计地降低代理成本和协同成本，但是这些问题仍然困扰着大部分组织（即使是最成功的企业）。这些组织问题仍是规模不经济的重要因素，为企业实现规模经济和范围经济（已在第 2 章阐述）增添了许多困难。

代理问题从何而来

一方（代理方）受雇于另一方（委托方），代理方的代理行为影响委托方的收益时，就会发生代理关系，或者称之为委托代理关系。[2]比如，首席执行官（CEO）和股东之间的关系就是代理关系。首席执行官的工作职责通常包括：制定公司战略规划，雇用部门主管，管理公司运营。如果首席执行官管理和规划得当，公司的股价攀升，股东也会分到更多的股利。如果首席执行官管理得不好，那么股东的回报也不会很好。因而，首席执行官的行为和决策直接影响股东的收益。

委托代理关系在许多地方都适用。由于公司员工的行为和决策会影响公司所有者的利益，公司的全体员工都可被视为代理人。委托代理关系不仅仅存在于公司内部（如上面谈到的首席执行官和股东之间的关系），也存在于公司之间，甚至存在于商业之外的其他领域。2005年，面对因抗炎症药物万络而受到的起诉，默克公司雇用休斯-哈伯德-里德律师事务所应诉，这个律师事务所的律师的行为和决策直接影响着应诉的成败，那么，在这里，默克公司与这个律师事务所的关系就是代理关系。通用汽车等汽车生产企业需要德尔福和利尔等上游公司提供原材料生产汽车零部件，这些上游企业最终会影响通用汽车的成本和质量，进而影响通用汽车股东的收益。我们也可以把某些政治关系视为代理关系。在2008年的选举中，美国公民"雇用"奥巴马为国家总统，奥巴马政府关于税收、国防开支、外交政策和社会保障政策等方面的行为和决策都影响着美国公民的福祉。因而，可以看出，美国公民是委托人，而奥巴马总统是代理人。

代理问题（或者称之为委托代理问题或者代理冲突）非常常见。代理问题需要以下两个条件：（1）代理方和委托方的目标不同；（2）代理方的决策和行为隐蔽，不易察觉或监督（即信息不对称）。本章将依次讨论这两个条件。

在代理关系中，委托人的目标通常是代理行为收益和代理人支出的差额最大化。如果没有一些机制保证代理方和委托方的利益一致，那么代理方可能根本不关心委托方的收益。他们反而更关心自身从代理关系中获得的利益与代理行为产生的成本之间的差额最大化。代理人获得的收益可以表现为很多形式，包括获得的工资、奖金和股票激励等直接收益和间接收入，也包括职业发展机会。如果工作任务困难繁重或者收益存在较大的不确定性，那么代理人认为获得的价值会减少。

法律学者阿道夫·伯利（Adolf Berle）和经济学家加德纳·米恩斯（Gardiner Means）是最早研究首席执行官/股东目标不同的学者。[3]根据1932年两位学者的著作，他们认为，"所有权和控制权分离"是大公司的一个重要特征。在他们看来，控制权和所有权分离的程度取决于两者目标相悖的程度。他们写道，公司所有者的目标是希望在风险合理的条件下获得最大的利润。而管理人的目标则难以分辨：管理人可能希望自身财富最大化，采取使自己财富最大化的企业战略，即使这样的战略不符合股东的利益。管理人也可能不愿意冒对自己很大的风险，拒绝采取更大风险的企业战略，即使股东视更大风险是合理的风险；管理人还可能希望换另一个更好的工作，追求企业短期业绩，即使长期发展更符合股东的利益。此外，管理人还可能不愿花很多的时间和精力在工作上面（毕竟，一连几周每周80个小时的战略策划工作不是件容易活）。

案例 3—1

代理双方目标不同：雅虎和英国水果种植农场

代理双方目标不一致可以表现为很多形式，委托人应该不断地思考代理人会在哪些方面与自己的目标不一致。下面举两个这方面的例子。

2008 年 2 月 1 日，互联网门户公司雅虎收到了软件巨头微软公司的要约收购。企业收购指的是企业或者个人（在本案例中指的是微软公司）购买目标企业（在本案例中指的是雅虎）的全部股份进而控制目标企业。在 2008 年 5 月，经过与雅虎协商，微软首席执行官史蒂夫·鲍尔默提出了每股 33 美元的收购价。但是，雅虎首席执行官杨致远认为其股价至少值 37 美元。到 2008 年 12 月，雅虎公司仍然没有被微软收购。

杨致远拒绝收购的原因可以从以下三个方面分析：

首先，杨致远可能确实认为雅虎股票价值不止每股 33 美元那么少。雅虎若作为独立公司可以为股东产生超过每股 33 美元的净现值，那么接受微软收购价明显不符合股东的利益。然而，当时在微软提出收购之前，雅虎股价只有 19 美元，因而，股票市场中的股票持有人认为雅虎的价值远低于微软收购价。

第二种可能的解释是杨致远在代表股东的利益，尝试使微软提高收购价格。如果微软愿意以每股 40 美元的价格收购，这样看来，杨致远在讨价还价。若最后微软愿意以更高的价格收购，股东将因而受益。

第三种可能的解释就是杨致远可能与其他股东的偏好不同。股东一般而言并不关心雅虎是不是一个独立的公司还是被别的公司收购，他们只是希望自己的投资收益最大化。然而，杨致远是这家公司的创始人，他在 1994 年与斯坦福大学工程系毕业生戴夫·费罗（Dave Filo）创建了这家公司，或许更加希望自己创立的公司不落入他人之手。假设他持有 5 000 万股雅虎股票并且相信股票只值 30 美元，但还是拒绝微软的收购，那么他就是因为自己的偏好而不愿出售公司。如此，杨致远拒绝收购的机会成本只是 3 美元 × 5 000 万＝1.5 亿美元，因此他的偏好可能与股东不一致，此时就产生了代理问题。一些股东对此非常不满，2008 年 8 月，超过三分之一的股东投票决定解除杨致远的公司董事，他于 2008 年 11 月被解除 CEO 的职位。[4]

关于研究代理双方目标不一致的另一案例是经济学家奥丽埃纳·班迪耶拉（Oriana Bangiera）、伊万·巴冉卡（Iwan Barankay）和伊姆兰·拉苏尔（Imran Rasul）的一个现场试验。[5]班迪耶拉及其同事与农场主一同尝试提高工人的工作效率。农场工人的工资是按量计酬，即每摘一个水果（或者每摘一英镑重的水果）给一定的薪酬。通过统计方法分析，研究人员发现，工人的效率取决于农场的工人管理员。如果管理员与工人存在"一定的社会关系"（由来自的国家、生活的区域和在此农场工作时间等标准衡量），那么这部分工人的效率是最高的。（这个农场的工人来自东欧八个不同的国家，都是夏季农忙时节来此打工。）

如何解释这个奇怪的现象呢？班迪耶拉及其同事认为，管理员的社会关系使其产生了偏好。也就是说，管理员喜欢与自己有社会关系的工人，把他们安排在最容易采摘的地方，让他们赚更多的钱，但是，管理员的这个偏好与农场主的利益明显不一致。委托方（农场主）并不关心哪些工人赚得更多，而希望所有生产工人的效率最大化，但是管理员却非常在意。有趣的是，当管理员的工资与工人采摘量挂钩之后，管理员偏好的现象消失了，总生产效率也提高了，这表明，偏好并不是管理员最有效的管理方法。

代理双方目标不同的其他案例数不胜数。诉讼当事人希望律师在法庭上为自己争取一个有利的诉讼结果，律师可能会从帮助诉讼当事人中获得满足感，但是也可能更愿意花时间打理更受人关注或者更有利可图的案子，或者更希望花时间休闲娱乐而不顾及诉讼当事人的案子。汽车生产企业希望上游企业降低成本、提高质量，但是上游企业可能认为降低成本和提高质量的活动耗费大量时间、成本代价很高，就更愿意把研发投入到其他毛利率更高的产品上面。总统在第一任期内可能会更看重是否再次当选，就会实行有利于竞选赞助人和摇摆州的政策，即使这些政策对于全国而言并不是最优的政策。

代理双方目标的不同这个条件并不能直接导致代理问题。第二个必要的条件就是行为或者信息隐蔽（信息不对称）。如果关于代理方决策或者行为的信息容易观察到，那么代理方就可以容易地制定使代理双方利益一致的代理合同，这样，代理双方目标不一致的问题就可以克服了。

本书引述前面提到的首席执行官/股东的代理关系来说明这一点。假设首席执行官和股东的目标不同：股东的目标是股利和股价的长期增长，而首席执行官的目标是想要更好的其他公司的首席执行官职位。在此假设下，首席执行官更希望以牺牲长期增长为代价提高短期业绩，这样做的一个方法就是削减研发支出。根据美国会计准则，研发支出直接费用化，因此，削减研发费用就可以直接增加净利润，但是对于企业的长期发展不利。如果股东发现了这个问题并掌握了首席执行官决策的全部信息，就可以采用净现值的会计准则加以阻止。如果股东可以无成本地获取关于投资活动的信息，则可以很容易地发现首席执行官的投资决策是否适当，如果发现投资活动不合理，就可以解雇首席执行官。但是，现实中，股东获得的关于投资活动潜在收益的信息很有限，因此，代理关系的一个重要特点就是信息不对称。

案例 3—2

隐蔽行为和隐蔽信息：制衣工厂的火灾保险

外来移民艾萨克·哈里斯（Isaac Harris）和马克斯·布兰克（Max Blanck）是两位企业家。[6]19 世纪 90 年代末 20 世纪初，他们经营着数家制衣工厂，工厂主要生产女式服装，坐落在纽约下东区。如同现在一样，时装业也是充满风险的行业。在销售之前，制衣厂必须提前生产，需求数量的错误估计和顾客风尚潮流的变化会使工厂大量积压不能销售出去的存货，尤其是在春季和秋季，因为夏季和冬季这两个时装季快要到了。

1902 年 4 月 5 日早晨 5 点左右，哈里斯和布兰克的企业之一内衣三角公司突然发生了火灾，所幸发生在早上，工人还没有上班，没有造成人员伤亡。然而，公司的制衣机械和积压的存货都被大火烧毁了。哈里斯和布兰克为他们开办的工厂投了火灾保险，损失得到了补偿。保险公司付款之后，内衣三角公司又重新运营，为将要到来的夏季时装季做准备。1902 年 11 月 1 日早晨 5 点左右，内衣三角公司又爆发了火灾，消防员赶到时，仓库中的存货已经被烧完了。保险公司又支付了补偿款。1907 年 4 月的一个早晨，哈里克和布兰克的另一家工厂也发生了火灾。1910 年 4 月，火灾又再次光临了这家工厂。他们也同样得到了保险公司的补偿款。

虽然没有确凿证据证明是哈里克和布兰克故意纵火，但是也不免让人怀疑他们存在纵火的动机：每一次火灾都发生在时装季即将结束的时候，也正好是存货积压最多的时候；火灾发生在早上，工人这时还没有上班，没有造成人员伤亡。此外，除了哈里克和布兰克的工厂之外，还有其他工厂在积压最严重的时候发生火灾。戴维·冯·朱尔 (David von Drehle) 在其著述《三角公司：那场改变美国的火灾》(*Triangle: the Fire That Changed America*) 中引述了《克里尔杂志》(*Collier*) 1932 年的一篇文章，这篇文章写道：当巴黎时尚设计师放弃皮毛作为制衣布料时，纽约这边的皮衣工厂突然间就起了大火。内衣三角工厂的故事以悲剧结束，1911 年 3 月 25 日，工人快要下班时，工厂突发火灾，造成 146 名工人死亡。事实上，火灾保险合同产生了代理关系。一旦保险合同签订，受保方的防护措施直接影响着保险公司的收益。我们可以假设受保公司防护周密，移走了易燃原料，保障火灾警报和消防水龙带可以使用；但是我们也可以这样假设，受保公司可能点一根火柴，在 4 月份的早晨将积压的衣服付之一炬。这些情况都影响着火灾发生的可能性，进而影响保险公司的利益，因而代理方（受保公司）的行为和决策影响委托方（保险公司）的收益。保险公司把类似第二种情况的隐蔽行为称为道德困境，用很多方法（包括把保险金与火灾探测器数量关联，一种行为激励的形式）来解决这样的问题。

保险双方的关系也受到隐蔽信息的影响。收入年金是一种保险，以防在退休之后出现没有储蓄的情况。退休老人在退休之前预付一定保险金给保险公司，保险公司承诺在老人退休之后每月返还一定数量的资金。保险公司的收益情况取决于退休老人的预期寿命。当然，在保险合同签署的时候，保险公司不知晓受保人的寿命。然而，保险公司发现，购买收入年金保险的顾客的寿命比一般人的寿命要长。这表明，受保人掌握着保险公司没有发现的信息（如个人财富和风险因素等），而这些信息是决定保险公司回报的重要因素。保险公司谨慎地把上面出现的问题考虑在收入年金保险定价之中。[7]

隐蔽行为也能产生代理问题。比如，2004 年发生的芝加哥"租用卡车"丑闻。[8] 2003 年末，一位《芝加哥太阳报》(*Chicago Sun-Times*) 的记者注意到，下水道市政工地旁边停靠着数辆大型自卸卡车。这位记者发现，这几辆车是市政工程项目租用的卡车，私人承包商以每小时 40 多美元的价格，提供卡车和司机用于市政工程建设。但是，最终的结果却是，租用的卡车只在市政工地干一点活，甚至有的压根一点活都不干，司机也只是坐在卡车里待满 8 个小时之后就回家了。记者跟踪一辆租用卡车转了一圈，发现这辆卡车到麦当劳和杂货店旁装了一点东西。联邦检方在后来的调查中揭露，市政府官员涉嫌以此项目向其好友、关联人和竞选赞助人输送资金。这个案例就是隐蔽行为所引发的代理问题。市纳税人（受托方）不能轻易发现，他们所缴纳的税收是否被妥善地支出。代理方（即市政府官员）以此隐蔽行为输出资金。

本书也举了一个代理双方目标不同但没有产生代理问题的案例：摇滚音乐季组织方雇用乐队演出。组织方的收益取决于有多少乐队粉丝愿意付钱来看演出。为了增加粉丝数量，乐队希望在音乐季开始的头天晚上到酒吧做一个小型演出。若乐队粉丝选择在酒吧观看演出而不愿到音乐季观看演出，音乐季组织方的收益就会下降。代理双方的目标不同：组织方的收益取决于参加音乐季粉丝的数量，而乐队的收益取决于酒吧和音乐季演出中粉丝的总数量。与上面提到的卡车丑闻不同，乐队的行为不隐蔽，委托方可以轻易地发现乐队的这个行为。因而，为了阻止乐队酒吧演出的行为，组织方通常在双方合同中严禁乐队在音乐季演出举办前后的一段时间里到酒吧演出。

在许多情况下，潜在的代理冲突可以用上述的方法消除，但是，隐蔽行为和隐蔽信息导致代理问题的现象仍然非常普遍。下面将探讨削减代理问题负面效应的方法。

协同问题从何而来

当一方的行为是否最优化取决于另一方的行为或者掌握的信息时，就可能出现协同问题。出现协同问题时，各方行动的协调就显得很重要。

诺贝尔经济学奖得主弗里德里希·哈耶克（Friedrich Hayek）在他的经典论文《社会中知识的用途》（the Use of Knowledge in Society）中指出，公开传播的信息对于解决协同问题非常重要。[9] 以原材料锡为例，他认为，任何社会中锡的供给都是有限的。但是，锡的用途却又很多，譬如，锡罐被广泛地用于食品贮藏；锡还被用于与铜和白镴制成合金；锡盐被用于生产照明面板和汽车挡风玻璃的涂层；锡还是焊接常用的材料，用于焊接管道或者电路的结合处；氟化亚锡（锡和氟的合成分子）可以用于制作牙膏。

锡的价值最大化需要使用各方都进行协调。为了有效地使用锡，我们必须评估锡在各个用途中的价值，继而把锡分配到实现价值最大的用途。但是，完成这个任务并非易事。锡罐制造企业可能知晓锡对于其消费者的价值，但是却不知道对于牙膏消费者锡的价值是多少。汽车挡风玻璃制造企业或许明白锡是挡风玻璃制作过程中不可或缺的一部分还是可以被其他材料替代，但是一般不知道锡作为焊接材料的价值。没有人掌握全部信息来分辨哪一个用途是最优用途，但是必须收集各方的信息来制定最优计划。使用各方协调各自的行动，以实现这个计划。

哈耶克认为，市场和价格在解决协同问题中的作用很大。为了了解市场如何解决协同问题，我们来看一下出现铝箔代替锡箔制作罐子时的情况。在铝箔代替锡箔之前，锡箔被广泛地用于食物贮藏，因而制作锡箔就是最好的用途之一。但是，在同铝箔相比较时，我们发现锡箔会改变食物的原味。在20世纪早期和中期，铝箔取代了锡箔的市场份额。在市场效率的驱动下，锡转而用于次优用途。价格也会传递这样的信息：金属箔制造商停止采购锡，锡的价格下降，使锡可以用于其他的用途，新增的使用方购买锡，使锡得到了重新分配。

除了价格之外，协同还有其他的方法。比如，在建设新房时，总承包商通常雇用分包商来完成具体的框架构造、管道铺设、吊挂墙板和刷漆等工作。建新房需要这些具体任务的周密协调：框架构造必须在管道和电路铺设之前，而在管道铺设之前需要吊挂墙板，之后才能刷漆。中间任何一个环节的迟延都会增加相当大的成本，有效地工作不允许有迟延，构架一旦完成，管道工就需要准备好开始，因而，管道工人和框架构造人员必须相互协调好。总承包商的一个重要工作就是协调各个工种的工作。

协同问题也会出现在内部组织。比如，工商管理课程的核心课程设置。金融学和营销管理学课程的教授各自的教学时间都是有限的，并且都想最优地安排他们的时间，两门课的教授应该各自独立没有交流地教学吗？两门课能共用案例研究吗？可以参考彼此的教学资料吗？两门课的教授可以在一块儿商量如何把金融学原理用于营销管理教学吗？如果可以，可以共用哪些案例？共用多少案例？

金融学教授和营销管理学教授各自可能都没有回答上述问题的全部信息。金融学教授或许知道哪些案例既与金融学又与营销管理学相关，但是不知道这些案例是不是符合营销管理的教学目标。营销管理学教授可能知道在哪些金融学的基础上可以讲授哪些营销管理内容，但是不知道金融学教授会不会事前就讲授这些金融学的内容。软件研发领域更需要协同。微软公司最新上市的操作系统 Microsoft Vista 在 2007 年上市发售，据说这个操作系统历时五年，包含约 5 000 万行代码，数千个工程师参与程序研发，写各部分代码的软件工程师之间的协同就显得十分重要。

案例 3—3

来自和流入印度的外包业务

外包业务的迅速增长是近来国际贸易发展的一个显著趋势。由于运输成本的降低，在过去 40 年中，发达国家的制造业一直向发展中国家转移，而近些年，服务业也开始转移，比如电话中心、编程，甚至 X 光片解读。服务业转移的一个重要原因是信息科技数据处理成本的驱动。

据经济学家艾伦·布林德（Alan Blinder）介绍，2006年全年美国因外包流失的就业岗位近100万个，当然，这对于美国而言也不算什么，按照美国正常的创造就业岗位的速度，每周可以产生约50万的就业岗位，但是随着外包业务的发展，问题可能更加严重。印度是世界上重要的IT业务承包国家，拥有很强的竞争优势：会说英语的劳动力，有世界上顶尖的理工院校，编程人员的工资只相当于硅谷的五分之一。

但是，对印度在外包业务领域的介绍还没有结束。随着印度接受的外包业务越来越多，有一定技术能力的工人开始出现短缺的状况。简言之，对这部分工人的需求大于供给，工资攀升。结果，印度公司也开始向其他国家外包业务，特别是中国和南非。

塔塔咨询是印度最大的软件开发公司之一，也开始于2003年在墨西哥开展业务，还在巴西、智利、阿根廷和乌拉圭开设了办事处，向这些国家外包了软件开发业务，产生了数千个工作岗位。到2009年，塔塔咨询已经在克雷塔罗州建立了第三个在墨西哥的研发中心。塔塔咨询拉丁美洲—西班牙—葡萄牙地区总裁加百利·罗兹曼（Gabiel Rozman）解释，他们"看到印度的工资一再上涨，人手也没那么多"，所以"来拉丁美洲等地方寻找机会，这里的专业人士很多，而且成本不高"。[10]

在墨西哥及其他南美洲国家，如塔塔咨询这样的公司可以以合理的成本获得受过良好教育、技术熟练的人才。但是，这些国家只具备这些优势。关于IT外包的研究表明，IT工作效率取决于沟通和协同。在印度的公司发现，与顾客在同一时区的工作人员提供服务的速度很快。其次，IT公司越来越多地担忧使服务中断的政治动乱，因此，相对安定的国家如墨西哥越来越受到它们的青睐。

价格和市场不是解决内部组织的协同问题的好方法。如果价格可以解决内部组织各个人员的协同问题，公司也就没有必要在内部设立这个部门。比如，不能以价格协调工商管理课程教授们的教学或者电脑编程人员。下面将介绍如何解决协同问题。

解决代理问题

这一节内容将解答如何解决代理问题。公司解决代理问题有各种方法，将在第16和17章详细探讨。在这一节中，主要概述三个方法：监督、业绩激励和官僚体制。

监　督

消除隐蔽行为问题和隐蔽信息问题的一个方法是增加监督员工的人员或

者设备，收集员工用以决策的信息。

关于监督的案例到处可见。公司董事会的一个重要职责就是监督公司首席执行官。公司的董事们一般曾经担任过或者现在就是其他公司的高管。鉴于不同公司高管的职责类似，董事们懂得如何监督首席执行官。董事们定期见面，与员工、上游企业和客户谈话，检阅报表、报告和投资资料，并就并购等重大问题进行投票。在前文中提到，默克公司雇佣休斯-哈伯德-里德律师事务所应诉，默克公司与这个律师事务所的关系是代理关系，同时还雇佣了律师休斯·弗雷泽（Hughes Rebitzer）作为公司法律总顾问，弗雷泽的一个重要工作是监督休斯-哈伯德-里德律师事务所的行为和决策，以保证这个律师事务所的行为符合默克公司的利益。

监督事实上也影响了雇员的行为。经济学家丹尼尔·尼根（Daniel Nagin）、詹姆斯·瑞贝泽（James Rebitzer）、赛斯·桑德斯（Seth Sanders）和洛威尔·泰勒（Lowel Taylor）的现场试验说明了这一点。[11]尼根对一个电话中心进行研究。电话中心的员工给潜在的捐赠人打电话，劝说他们捐助一家非营利机构。每一次电话通完之后，员工记下捐赠人是否同意捐赠，员工记下的成功的次数决定了他们的工资。这样就会出现隐蔽行为的问题：即使失败了，员工可能也记下成功获得捐赠。由于公司很难判断捐赠是哪一位员工的成果，也就很难真正地实现员工工资与其争取的捐赠相挂钩。"审查"（电话中心的管理人员给捐赠人打电话，确认是否真的发生了捐赠行为）发现，一些员工的确做了假。尼根的团队抽查了员工的记录，但是并不告知在什么时候抽查他们，但会告知他们的记录是否出现了问题。研究人员还发现，这样的监督增加了员工记录的真实性。

监督虽然可以帮助工作有效地抑制代理问题，但是仍有一些局限性。首先，监督本身一定的缺陷。即使大多数董事会成员有丰富的商业经验，但是他们可能不愿意一年花几十天的时间在公司监督上面。鉴于大公司的复杂性，董事会成员很难掌握高管决策的全部相关信息。其次，雇用管理人员需耗费成本。公司需要付给董事会成员很高的工资（通常每年超过 250 000 美元）。同样，大公司的法律总顾问的薪酬每年可以达到 100 万美元。即使电话中心管理人员的工资也是一项相当大的成本。最后，雇用监督人员实际上又引入了一层代理关系。董事会成员的监督大大缓和了股东和高管之间的代理冲突，但是，同时也增加了董事会成员和股东之间的代理关系，这样的代理关系同样可能存在代理问题。

业绩激励

业绩激励也是解决代理问题的一个行之有效的方法。根据前文中提到的代理关系的定义，代理方受雇于委托方而作出行为决策，代理方的行为决策影响委托方的收益。如果代理方和委托方的利益不同，就可能产生代理问题。业绩激励使委托方和代理方的利益更加一致，从而消除代理问题。业绩激励是指委托方把自己的收益与给委托方的薪酬挂钩，委托方的业绩好，代理方的薪酬就越多，但是，如果委托方的业绩非常差，代理方的薪酬也就非常低。

业绩激励的案例随处可见。诺德斯特姆（Nordstrom）、波道夫（Bergdorf）等百货公司的销售人员的薪酬大部分是提成，即从他们的销售额中提取一定的比例奖励给销售员。卡夫（Kraft）、宝洁（Procter & Gamble）等快速消费品公司的品牌经理的年终奖金与他们各自品牌的业绩挂钩。通常，公司会奖励高管一定的股票或者股票期权，这样就使得高管的财富和股东的回报紧紧地捆绑在了一起。

当然，公司也可以以非货币方法来奖励员工。有些公司会奖励"月度优秀员工"公司门前的停车位。只要员工认为门前的停车位非常重要而且公司以此来奖励员工，这也算得上一种激励的手段。21世纪房地产公司每年评比"最佳代理人奖"，奖励给完成业绩目标的员工一次到旅游胜地的免费旅行，也可能奖励给员工"身份地位"。里根户外广告公司是美国西部的一家广告面板公司，为客户提供广告服务。这个公司用总部门前的广告面板播放"月度优秀员工"的画面。如果员工认为这样的奖励可以带来价值，这也算得上一种业绩激励的方法。

为了理解业绩激励的来龙去脉，我们首先建立一个简单的经济模型，考察一个员工如何对这种激励做出反应。假定公司雇用一名员工来销售产品，员工的努力程度以 e 来表示，努力程度每增加一个单位，销售收入就增加100美元。为了便于理解，我们把努力程度用"努力工作的时间表示"。但是，虽然雇主可以很轻易地观察到雇员工作的时间，但却无法观察到雇员是否在努力工作。

销售员努力工作可以直接增加公司的收益。假定如果没有激励措施，雇员很可能不去努力地工作。也就是说，在没有激励的情况下，员工付出一定的努力工作，如果有激励，他才会更加努力地工作（比如，随访客户、对顾客需求进行更多的研究等）。

我们假定员工付出努力程度 e 的成本可以以货币形式来表示，沿着图3—1中递增凸曲线的轨迹变动，努力成本 $c(e)$ 函数为：

$$c(e)=\begin{cases} 0, & e\leqslant 40 \\ \dfrac{1}{2}(e-40)^2, & e>40 \end{cases}$$

对该函数的解释如下：只有当员工获得的价值至少等于 $c(e_1)-c(e_0)$ 时，员工才愿意将努力程度从 e_0 增加到 e_1。曲线上的直线部分（努力水平在 $0\sim40$ 之间）是指该员工在没有激励的情况下所愿意付出的努力水平。但是，努力水平超过40个单位之后，只有当员工获得激励时，才愿意付出更多的努力。

为了说明这里的委托方和代理方之间的目标分歧，假定员工已经投入了40个单位的努力，且正在考虑是否要增加1个单位的努力，增加的这1个单

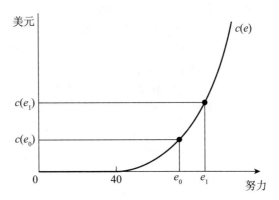

图 3—1　努力函数的凸成本曲线

在没有激励的情况下，员工愿意付出 40 个单位的努力，只有当员工激励至少等于 $c(e_1)-c(e_0)$ 时，员工才愿意将努力程度从 e_0 增加到 e_1；随着努力程度的增加，努力的边际成本也增加了。

位的努力将会给公司带来 100 美元的利润，如果激励是 $c(4_1)-c(4_2)=0.5$ 美元，那么该员工就愿意增加这 1 个单位的努力。因而，该员工增加 1 个单位的努力程度，双方共获得 99.5 美元的净收益。但是，100 美元的收益由公司获得，而 0.5 美元的成本由该员工承担。如果公司可以观察到努力程度，那么通过一个完备的合同即可实现这部分净收益，合约规定：如果员工的努力程度是 41 个单位而不是 40 个单位，那么他将获得 0.5 美元的奖励。

然而，如前所述，在很多情况下，公司并不能准确地观察到员工的努力程度，所以不可以在合同中直接将努力程度和奖励水平挂钩。接下来提出两个不涉及具体努力程度的激励方案。第一个方案就是以市场情况定基本工资，比如说市场中一般一个销售员的工资是每周 1 000 美元。第二个方案是在 1 000 美元工资的基础上，再增加销售收入 10% 的提成。也就是说，员工的薪酬除了基本工资之外还有 10% 的收入提成。

由于企业的目标是设计一个使其利润最大化的薪酬方案，因而我们继续比较两个薪酬方案各自的利润。首先，我们应考虑在两个薪酬方案中员工的努力程度会呈现怎样的不同，努力程度决定了企业的收益。该员工在选择努力水平时是从自身的利益出发，而不是从企业的利益出发，因而员工的目标是获得的激励要大于努力成本，对他而言，两者之差越大越好。如果企业只提供基本工资，雇员努力的净收益就是 $1\,000-c(e_1)$，但是，该员工不愿意付出超过 40 单位的努力水平。企业的收益是该员工带来的业绩与他的薪酬之差，该员工 40 单位的努力水平带来 4 000 美元的业绩，而基本工资是 1 000 美元，那么企业的净利润就是 3 000 美元。

然而，如果采用基本工资加收入提成的方案，该员工的薪酬就是 1 000 美元加上收入 10% 的提成，那么，可以算出该员工的薪酬：

$$1\,000+0.10\times100e-c(e)$$

该员工会一直增加自己的努力程度，直到努力的边际成本等于边际收益。给定图 3—1 中所给出的关于员工努力程度的假设，我们可以算出员工薪酬最大时的努力水平。正如图 3—2 所示，员工努力的边际收益是 100 美元的 10％，即 10 美元，员工每增加 1 个单位的努力，他的薪酬就可以增加 10 美元，而努力的边际成本就是努力曲线的效率。该曲线凸起的部分表示，随着员工不断地增加努力程度，其成本也变得越来越高。员工薪酬最大化的努力水平是 $e=50$。[12]

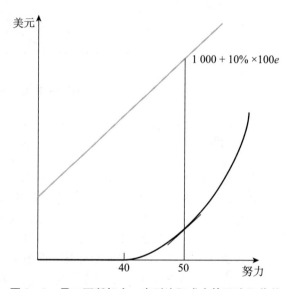

图 3—2　员工不断努力，直到边际成本等于边际收益

员工每增加 1 个单位的努力，他的薪酬就可以增加 10 美元。随着员工不断地增加努力程度，其成本也变得越来越高，直到等于 10 美元（即直线和曲线相切的切点）。员工薪酬最大化的努力水平是 $e=50$。

与第一种薪酬方案相比较，员工耗费 10 单位的努力水平，销售额达到 5 000 美元，员工得到 10％的提成，即 500 美元，再加上基本工资 1 000 美元，员工薪酬是 1 500 美元。与第一种薪酬方案中的企业净利润相比较，在这里，员工的工资越高，其产生的业绩也就越好，当销售额达到 5 000 美元时，企业的净利润是 3 500 美元。企业支付给员工的增加的薪酬少于因此带来的净利润。

因而，只要稍微对薪酬方案进行修正，企业就可能实现更高的利润。第二种薪酬方案相较于第一种薪酬方案有两方面的影响：（1）员工的工资增加了 500 美元；（2）员工增加了 10 个单位的努力。如果员工每增加 1 个单位的努力可以获得 50 美元的激励，他们就会增加 10 个单位的努力水平，这样也改善了员工的收入状况。

假定企业每周的基本工资是 900 美元，再加上 10％的提成，那么员工的薪酬水平就是：

$$900+0.10\times100e-c(e)$$

如图 3—3 所示，员工又一次在成本与收益之间进行权衡，努力的边际收益仍然是 10 美元，与图 3—2 相比，收益曲线向右移动，但是斜率保持不变，努力的边际成本仍然由曲线的斜率决定。同样，员工耗费 50 个单位的努力时，其薪酬实现最大化。企业获得的收益是 5 000 美元，支付的工资为 1 400 美元，获得的利润是 3 600 美元。其中有一点非常重要，我们需要注意：尽管薪酬下降了，但是相比于只拿基本工资，员工仍然会喜欢这样的薪酬安排。仅仅只拿基本工资只有 1 000 美元，而在这里有提成的情况下，薪酬提高了 400 美元。只要薪酬提高 50 美元，该员工就愿意增加自己的努力水平。显而易见，该员工更喜欢有提成的薪酬方案，不喜欢只拿基本工资的薪酬安排。

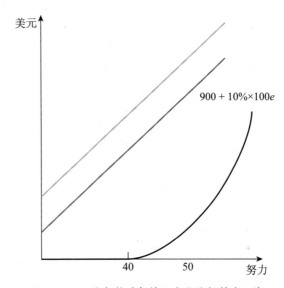

图 3—3　不改变激励条件下企业降低基本工资

　　假定企业每周基本工资是 900 美元，员工根据收益—成本关系选择努力程度。由于努力水平的边际收益和边际成本没有变化，该员工的努力水平也会保持不变。

　　企业可以将员工的基本工资减少到多少呢？企业是否可以将基本工资降到 500 美元，保持总薪酬 1 000 美元，从而实现利润 4 000 美元呢？当然不可以。企业可以支付的最低基本工资是 550 美元，在这一水平上，工人还可能接受。对于该员工而言，接受 1 000 美元而无须增加努力程度，与接受 550 美元基本工资外加 10 个单位的努力水平是一样的。

　　根据这个案例，我们可以得出以下几个重要的结论：

　　1. 薪酬与业绩关系曲线的斜率，而不是薪酬水平，决定了激励。由于员工行为受到边际成本和边际收益的影响，改变基本工资水平，很难影响员工的努力程度。如图 3—2 与图 3—3 所示，即使提高雇员的基本工资（从 900 美元提高到 1 000 美元），也不会改变员工对其努力水平的决策。虽然基本工资有了一定幅度的提高，但是这种变化不影响该员工的努力程度，这是因为努力水平的边际成本和边际收益没有发生变化。

　　2. 与仅提供基本工资的薪酬方案相比，采取基本工资加提成的方案，企业可以获得更高的利润，但是，如果进一步提高提成，那么企业的利润将会更高。事实上，提成是100％时，企业的利润最高。这是因为，当实现价值最大化的努力水平（即，该努力水平可以使努力所创造的总价值与总成本之间的差额最大化）时，使得努力的边际总收益等于边际总成本。员工会选择自己的努力水平，使得边际总收益等于边际总成本，而当提成是100％时，边际总收益等于边际总成本。这意味着，员工可以获得自己创造的所有价值，因此也会做出使总价值最大化的决策。企业可以降低基本工资，甚至可以使基本工资是负数（即，员工向公司交一定的资金），来获得收益。如同前面讨论的例子，如果提成是100％，员工会把自己的努力水平增加到140个单位，收入达14 000美元。由于该销售额全部以提成的形式给了员工，企业就可以预先要求员工缴纳8 000美元，这样，员工的总薪酬（工资加提成）仍然为1 000美元。[13] 提成100％以及员工预交资金都可以在代理合同中规定，这也将在案例3—4中讨论。

3. 业绩激励也有利于解决隐蔽信息问题。假定员工可以获得某个客户对于产品的需求量的信息，而企业不能获取这样的信息。很明显，企业希望在更有可能购买产品的客户身上花更多时间，而不愿把时间浪费在不会购买产品的客户身上。如果仅仅领取基本工资，员工可能在处理上面两类客户上没有进行区分的动力；但是，如果将薪酬与销售量挂钩，员工自然会利用自己的信息扩大销售量。

案例 3—4

业绩激励：在赞比亚的实验研究

赞比亚共和国位于非洲大陆南部，紧邻刚果民主共和国、坦桑尼亚、博茨瓦纳、纳米比亚和安哥拉等国。同周边发展中国家一样，赞比亚面临很多问题，其中一个最大的挑战是医疗保障。20世纪90年代，许多发展中国家都进行了医疗改革，采取把权力下放的医疗体制改革。

在这一时期的改革中，赞比亚政府制定政策，把医疗费用的10％留给当地医疗机构，作为奖金分发给员工。政府希望这个政策可以鼓励更多人从事医疗工作，并且补偿这个领域较低的薪酬。但是，这部分奖金因为少而没有起到应有的激励作用。

2005年，赞比亚中央医疗委员会批准一项业绩激励实验研究。该项研究由Initiatives Inc. 组织进行，由瑞贝卡·福斯（Rebecca Furth）主管，由美国国际开发署通过质量保障项目提供资金支持。质量保障项目主要服务于发展中国家，可以获得美国国际开发署及与其合作的非营利组织的帮助。该项目提供质量保障、医疗人员发展等方面的技术支持，帮助研究应对医疗保障复杂变化的可行、廉价的方案。[14]

在研究报告中，福斯指出，在发展中国家，这个项目的最大挑战是需要建立有效的业绩激励管理体系，如果没有有效的业绩激励管理体系，激励机制将不会发挥作用。如果员工认为他们的业绩有很大的不确定性或者存在不公平的行为，他们就不会感受到业绩激励的好处。

在赞比亚进行的业绩激励实验研究的基础仍然是现有的业绩管理体系，即已建立的管理结构。研究在同一个省份的两个地区已经进行了一年，主要比较以下两个激励方案：在一个地方实行原有的激励方案（医疗费用10％的提成），而在另一个地方实行新的非货币奖励（奖品）的手段。两个地方的奖励都发给团队，而不是单个个人，分发的方法由团队决定。通过与员工的谈话，研究人员评判两种激励方案的效果。

根据福斯的报告，两个地方的激励方案产生了迥然不同的效果。采用奖品奖励的员工感到了很大的鼓励，当地管理人员也表示，这在管理员工方面起到了很大的作用。在现金激励的地方，员工表示很沮丧，并质疑这个激励方案[15]，激励的效果没有显现。

但是，我们应该关注一点：两个地方的范围大小不同，可能会影响领导力的强度，进而影响实验结果。据福斯的报告，研究的发现表明，领导力和业绩管理体系等是业绩激励机制发挥作用的必要条件。此外，研究还发现，员工不负责记录自己的业绩时，业绩激励的效果更好。[16]

然而，最有趣的一个发现是如奖品这般小的奖励可以发挥这么大的激励作用。福斯表示，"奖品激励的效果并不逊于现金激励的效果，并且不易引发冲突、质疑和沮丧等情绪"。[17]因而，研究人员建议，继续试验奖品激励，观察员工熟悉、适应之后会出现什么样的结果。

当然，同监督一样，业绩激励的方法也存在很多缺陷。上面讨论业绩激励的模型做了很多假设，把复杂的情况简单化了。而如果去掉这些假设前提，问题就没有那么简单了。第16章将进一步介绍这方面的内容，这里只简单概括以下几点：

第一，模型假设，影响员工销售收入的变量只有一个，即努力程度。但是，在现实生活中，收入的影响因素多种多样，当然也不是由员工能够决定的。2008年，油价攀升，专业销售越野车的汽车销售员的工资下降；而专业销售混合动力汽车的汽车销售员的薪酬上升。油价由世界市场决定，不由销售员掌控。若收入随着油价波动而变化，并且销售员的薪酬与收入挂钩，那么销售员的薪酬就会受到油价波动的影响。人们不希望自己的薪酬因为随机因素而波动很大，并且厌恶风险，这就为业绩激励方案的设计增加了很多困难。业绩激励的薪酬设计只有补偿了波动的风险，厌恶风险的员工才会接受这份工作，也就是说，业绩激励薪酬的制定要把相关的风险因素考虑在内。

其次，模型假设，员工的唯一工作就是产生销售收入。但是，在现实生活中，员工的工作一般不止这一项，还包括其他工作任务，因而平衡任务之间的业绩激励就显得十分重要。多任务的显示使得业绩激励更加复杂化，比如，销售员在销售产品的同时，还需要做多项售后服务。销售收入容易评估，但是售后服务的质量则很难评估。如果业绩激励方案着重激励销售而不顾售后服务，销售员就可能把所有的精力都放在销售任务上，而对售后服务不管不顾。

最后，模型假设，员工独立工作，没有团队合作。但是，在现实生活中，有效的运营往往需要团队的协作。比如，印度最大越野汽车生产商马亨德拉汽车公司（Mahindr &Mahindra）的天蝎越野车（Scorpio SUV）的设计。这个越野车采用整合设计与制作方案，120名研发人员被分成19个小团队。在像这样的情况下，将委托人的收益完全与任何一名代理人的行为相匹配是不可能做到的。所以，这为业绩激励方案的设计带来了困难。

官僚体制

第三个解决代理问题的方案是限制员工的行为。为了说明这一类方法，此处引用了伊尔·拉金（Ian Larkin）在一家大型软件公司所做的一项研究。[18]软件销售员的薪酬很大一部分是提成：销售收入越高，他们的薪酬也就越高。上面讨论的业绩激励的几个缺陷在这个案例中不是很明显：销售收入受随机因素的影响较小，销售人员的工作任务也仅限于软件销售，不要求团队协作。

有提成的业绩激励有效地使公司和销售人员的利益达成一致，但是，仍然存在一个问题：对于折扣的大小，双方的利益相悖。在与顾客的谈判中，销售人员在公司的应许下可以为顾客打折，这有利于销售人员根据具体信息调整价格、完成销售任务，向更喜欢本公司软件产品的顾客要高一点的价格，以折扣把喜欢竞争对手软件产品的顾客争取过来。但是，如果折扣较大，就会损害公司的定价策略。假设一个销售员给了顾客40％的折扣，那么其他的销售员就难以以更高的价格卖给其他客户。这个销售员的行为（较大折扣）使她自己受益，获得较高的提成。但是，如果较大折扣的消息在市场中传播，并让其他潜在顾客获得，这个行为就会损害公司（委托方）的整体收益。

为了解决这个问题，公司为员工制定了一套规则：20％之下的折扣，销售员可以自行决定，无须请示上级；20％～30％之间的折扣，销售人员必须得到当地经理的批准，当地经理否决的申请占到总申请量的10％；30％～40％之间的折扣，就需要区域经理的批准，大约申请的25％会被否决。折扣越高，需要申请的请示上级级别就越高。折扣在60％以上，就必须得到公司首席执行官的批准。

对员工自由行为的严格限制常常被指责为官僚体制。本来当场可以以40％的折扣成交的销售员想到必须向上级申请批示，心情应该十分沮丧。所以，人们常常批评，烦琐的程序、文书工作和等级等限制因素使员工的工作效率无法提高。但是，如果烦琐的程序和文书工作不存在，问题更加难以解决。也就是说，删除了这些管理体制，代理问题会更难解决，公司的盈利可能会下降。

高盛的公司风险管理

高盛是美国最大的投行，在管理公司风险方面常常面临着协同问题。如大部分投行一样，高盛的盈利模式也在近几年发生了改变。除了通过提供投资咨询和投资银行服务获取盈利之外，高盛还通过投资自有资金进行盈利。也就是，如果高盛的交易员观察到了投机机会，公司会冒风险投资，以获得投资收益。其投资触角已拓展至全球各个角落。比如，高盛旗下公司结构化产品交易集团买卖按揭贷款支持证券，而同时高盛资产管理部也在提供与按揭贷款支持证券相关的服务，为大的对冲基金设计模型进行交易。

公司的交易部门之间基本上是独立运营，在投资组合的构建方面，十分谨慎。这为整个公司整体风险的评估带来了很大的困难。为了观察潜在的问题，我们假定两个交易部门都认为石油价格会下跌，而两个部门又都在石油上面持有空单。这就意味着，整个公司在石油上面临着极大的风险。如果石油价格未来上涨，那么两个部门都会遭受很大的损失，石油价格的大幅上升有可能威胁公司的存亡。高盛的挑战在于协调交易员之间的行为，管控公司整体风险，并且又允许各个交易员有自由的空间，实施有利可图的投资策略。

为了解决这个问题，高盛组织了一个 30 人的风险管理委员会，包括各个部门的主管和公司高层，每周定期会面，评判公司整体风险。具体做法是：审查投资组合的风险价值（value at risk）。如果投资回报概率分布在 95% 之内，公司的最大亏损额是"95% 的风险价值"。

在 2006 年和 2007 年，我们可以看到管控整体风险和允许各交易员追求投资机会之间矛盾的激化。在次债危机之后，正当其他银行遭受很大损失的时候，高盛却在 2007 年第三季度报告了 29 亿美元的利润。

据《华尔街日报》报道，高盛结构化产品交易集团的两位交易员迈克尔·史文森（Michael Swenson）和乔希·伯恩鲍姆（Josh Birnbaum）在2006 年认为，次债市场将会出现麻烦。[19] 首席财务官戴维·维尼亚（David Viniar）认为，公司的风险过分集中在结构化证券的投资上，而结构化证券与按揭贷款证券市场紧密相关。所以，他敦促两位交易员想出对冲这个风险的办法。最后，两位交易员得到许可，开始买入违约掉期（当按揭贷款违约率上升时，这种证券的价格上涨）。

这两个交易员的头寸不断加大，引起了风险管理委员会的注意。由于违约掉期市场的波动很大，所以整个投资组合的风险价值变得很高。虽然两人的投资策略盈利颇丰，但是同时公司也承担了很大的风险。2007 年 2 月，交易员不得不砍掉半数仓位。随着次贷市场每况愈下，两位交易员再次得到许可，可以增加仓位。据内部人士的消息，公司风险管理委员会内部成员之间争论不断升级，一些人主张继续加仓，而另一些人鉴于公司风险水平主张减仓。一位观察人士说道："在我看来，当市场崩溃时，交易员与公司之间的关于公司风险的争论就没有停止过。"

最终，迈克尔·史文森和乔希·伯恩鲍姆的交易行为力挽狂澜，使高盛免于重大损失。2007 年第三季度，结构化产品交易集团盈利 10 多亿美元，而其他投行挣扎在崩溃的边缘。另外一些投资机构也做了很大的交易，但是带来了灾难性的后果。2006 年，布莱恩·亨特（Brian Hunter）在天然气头寸上损失了 60 亿美元，直接导致了对冲基金不凋花基金（Amaranth Advisors）的失败。

解决协同问题

回忆前面关于协同的论述，当一方的行为是否最优化取决于另一方的行为或者掌握的信息时，就可能出现协同问题。任何解决协同问题的方案都无法回避以下这两个问题。[20]第一，公司的内部信息如何交流？如果一个员工的最优化行为取决于其他员工的所行所知，那么两者必须有一些交流信息的方法。第二，谁有权做最后的决定？是每个个人独立决策，还是有一个中央集权机构做最终决策？这些关于信息和权利的问题表明，公司的结构是解决协同问题的重要因素。本书第 17 章将详尽地介绍公司的组织结构，本节概述两个解决协同问题的方法：集权化和去集权化，并且讨论各自的成本和收益。

集权化

这种方法通过收走决策权由一个中央权力组织进行决策来解决协同问题。众所周知，军队就是一个极为集权的组织。军队通常有严格的等级区别，不服从命令的士兵会受到严厉的惩罚。这是因为，在军事行动中，协调各自的行为非常重要。美国内战期间（1861—1865 年），任何分队在阵地上过快推进都可能使战争失败。如果一个分队过快推进，就会在战线上突出出来（军事术语是"凸出处"），三面受敌。若各个部队之间协同推进，形成一条直线，会提高战胜的概率。因而，各个分队必须放弃自己的想法，无论这样的想法对自己而言多么好，都要与其他部队同时推进。当然，一个人向所有人下达指令，才能使各部分紧密协同。

但是，集权决策有两方面的缺陷，这两个缺陷在葛底斯堡、宾夕法尼亚等关键战役（发生在 1863 年 6 月）中都表露无遗。[21]联军将军丹·希克斯（Dan Sickles）接到命令，带领军队到达军队的最左翼，把军队部署在墓园山脊的山坡上，希克斯担心此处为洼地，易受南方军队炮击，向军队的司令乔治·米德将军（George Meade）请示，希望推进到 1 英里外的高地。米德没有应许，不希望希克斯的军队突出在战线上，三面受敌。希克斯认为这个决断是错误的，于是离开部队，亲自到米德帐下请示，让米德亲自到那里勘察一下地形，米德太过忙碌，于是派遣了一个副官跟随去看地形。这个副官很快就同意了希克斯的建议，准许他的请求，但是，不能擅自行动，必须接到米德的命令之后才能向前推进。急不可耐的希克斯等了一个小时，还没有收到命令，便擅自命令部队向前推进。很快，他的部队就遭到了南方部队的袭击。这个很小的调动极大地改变了战场的形势。至今，军事历史学家仍然在争论，希克斯部队的行动是否导致了战争的失利。

不管争论的结果如何，这一段历史表明集权化的方式有两方面的缺陷：第一，交流问题的出现使得中央机构难以洞察各自部分的具体信息。在这个案例中，米德将军没有及时了解到希克斯部队的具体位置，因而没有把这个信息考虑在战争计划之内。虽然自1863年以来，通信技术发生了很大的进步，但是至今仍然存在信息交流的困难。第二，中央组织受限于能力的不足，没有正确地分析信息。联邦军队的主要命令主要由米德一人决定，但是战士的发展情况远远超出了他的掌控，面对大量的信息，米德一人的处理能力有限。虽然技术的发展缓解了这个问题，但是电脑仍然无法取代人脑。

去集权化

在去集权化的组织中，决策权力分散化。根据收到的信息和计划，每个部分通过交流进行协同。比如，规划MBA课程通常是以分散化的形式决定的。从理论上而言，这些决策也可以通过集权化的组织作出。院长通过分析各个教师提交的关于教学主题和案例的信息，安排每一门课的具体内容，然后让各个老师据此施教。但是，与上面军队的案例类似，院长对于每一门课理解的深度或许没有办法和金融学或者营销管理学教授媲美，所以，院长可能无法根据具体内容的重要性安排讲课内容，也可能在课程准备中没有非常好的想法。而通过分散化的方式，各个教师决定其授课内容，也会与其他老师共同探讨一些内容的讲解，这样教师就可以自由地发挥自己专业知识的长处。

分散决策的方法也存在缺陷，可能导致协同的机会。营销管理学教授提议讲解一个案例，如果与金融学教授一起讲，教学效果会更好。但是，这个案例会增加金融学教授的备课时间，并且也可能不是理想的素材。如果金融学教授不关心营销管理学的教学质量，那么就失去了这个协同的机会。

当然，在现实生活中，大部分组织都会同时采取这两种方式，一些决策由集权机构作出，一些决策则分散作出。比如，商学院在课程安排方面采取分散化方法，但是，在人力资源方面，例如升迁或者留人等，商学院则采取采取了集权的方法。在设计一个产品的过程中，甚至同时可以牵涉到这两种方法。为了设计Vista操作系统，微软公司把工作分为几个模块，每个模块由一个小组负责完成。模块必须满足一定的技术标准，之间才能无缝衔接；而各个小组内部又在如何设计其模块方面有很大的空间。在这里，模块之间的衔接是用集权的方法办到的，而各自的内部设计又是分散决策的。

不管公司采用什么样的组织方法，我们都不能忽视以下两点。第一，协同可能是不完善的，有自己的缺陷。在集权结构中，鉴于信息交流不畅和信息处理能力受限，信息的利用不能实现最优化；在分散结构中，具体各部分信息可能会被充分利用，但是各部分之间可能会不充分协调。第二，组织的规模越大，协同问题就越严重。员工越多，信息就越分散，各自之间的行为就越难协调。组织问题（代理问题和协同问题）为公司实现规模和范围经济带来了巨大的挑战。

本章小结

● 规模经济和范围经济使公司规模扩大；代理问题和协同问题等组织问题是规模不经济的重要来源。

● 代理问题发生的条件：（1）代理方和委托方的目标不同；（2）代理方的决策和行为隐蔽，不易察觉或监督（即信息不对称）；（3）代理方影响委托方的收益。

● 一方的行为是否最优化取决于另一方的行为或者掌握的信息时，就可能出现协同问题。

● 直接监督是解决代理问题的一个方法。监督通常是不完善的、有成本；同时，监督人员又增加了一层代理关系。

● 业绩激励（当委托方的收益比较好时，代理方的薪酬就比较高）使委托方利益和代理方利益一致。但是，业绩激励也有一些缺陷：风险因素难以考量，多任务激励问题，团队合作问题。

● 公司也可以通过限制员工的行为来解决代理问题。大家一般认为，官僚体制是提高生产效率的大敌，但是，没有官僚体制，代理问题就会泛滥。

● 通过公司的组织结构调整，可以解决协同问题。公司组织结构牵涉到谁做决策和信息如何在公司内部传播的问题。

● 协同问题可以通过集权化方式解决，但是这种方式存在信息交流不畅和信息处理能力受限等问题。

● 分散化决策通常可以更好地利用具体的信息，但是会导致协同缺失的问题。

思考题

1. 根据自己的生活经验，分别给出三个关于隐蔽信息和隐蔽行为的例子。

2. 在美国，过失侵权案律师的胜诉费用大约是薪资的30%。其他类型案件的胜诉费用按小时计算。从委托方（即客户）的角度，分析这两类付费方式的优劣。

3. 首席执行官"薪酬业绩敏感度"是指公司股东财富变化 1 000 美元时首席执行官财富变化的数量。美国首席执行官"薪酬业绩敏感度"的波动很大，一般在 3～5 美元之间最为常见。如果首席执行官"薪酬业绩敏感度"是 10 美元，公司激励的效果是强还是弱？为什么？

4. 20 世纪 90 年代，加利福尼亚南部硅谷的优秀雇员跳槽频繁，这里公司的收入也以很高的速度增加。混乱的就业市场对于公司业绩激励效果有什么影响？

5. 2008 年，美国发生金融危机，政府不得不救助遭受严重次贷投资损失的投行和保险公司。把美国财政部视为委托方，把投行视为代理方，如何设计拯救方案以确保投行慎重投资？

6. 根据自己的生活经验，给出三个协同失败的例子。如果协同各方更加紧密地协调，那么将会产生什么样的效果？

7. 全球定位系统由数颗人造卫星构成，可以在任何地方确定便携定位装置的位置。每颗卫星不断地发出微波信号，报告地点和时间。这些微波信号由地面定位装置接收，确定具体的方位。美国国防部研发了这个全球定位系统，现在仍然通过美国空军第 50 航天连队管理着这个系统的运作。如何使用全球定位系统解决军事行动中的协同问题？

8. 假定有一个博弈：每位玩家的策略对应一个颜色的卡片：红色和蓝色，两个玩家同时选择卡片，颜色相同则各获得 1 美元，不同则没有钱。

● 以矩形方法分析此博弈。

● 识别出纳什均衡（提示：不止一个）。

● 这样的博弈通常被描述为"协同博弈"。为什么？

9. 诺德斯特姆（Nordstrom and Macy's）等连锁百货公司在采购时面临着相互冲突的方法。如果集中采购，那么公司可以获得很大的折扣，但是，实现此规模经济就要求各个分店都销售相同的商品，这样就难以满足具体每个消费者的需求。这些公司如何解决这个协同问题、实现规模经济？

10. 即时通讯和电子邮件等通讯技术的发展使得管理人员接受下级指令、收集下级的信息都更加方便。所以，伴随着这些科技的使用，公司一定可以增加集权化吗？你是否同意？

11. 政客常常批判政府浪费和官僚主义。根据本章的阐述，与营利机构相比，为什么政府采用官僚体制更有效率？

【注释】

[1] Chandler Jr., Afred, *the Invisible Hand：The Managerial Revolution in American Business*, Cambridge, Mass., Belknap Press, 1977.

[2] 委托代理关系一直经济学家研究的一个课题。比如，Jensen, M., and W. Meckling, "The Theory of Firm：Managerial Behavior, Agency Costs and Ownership Structure," *Bell Journal of Economics*, 4, 1979, pp. 4 - 29。

[3] Berle, A., and G. Means, *The Modern Corporation and Private Property*, New York, Macmillan, 1932.

[4] "Shareholders Disgusted with Yahoo! Board," *Forbes*，August 6，2008，http：//www. foebes. com/technology/2008/08/06/yahoo-yang-governance-tech-cx-wt-0806yahoo. html.

[5] Bandiera，O. ，I. Barankay，and I. Rasul，"Social Connections and Incentives in the Workplace：Evidence from Personnel Data," London School of Economics，working paper，2008.

[6] 此案例摘自 von Drehle，D. ，*Triangle：the Fire That Changed America*，New York，Grove Press，2003。

[7] Clements，J. ，"One Way to Convert Modest Savings into Steady Income After Retirement," *Wall Street Journal*，April 5，2006，P. C1.

[8] Novak，T. ，and S. Warmbir，"Clout on Wheels：Paid to Do Nothing," *Chicago Sun-Times*，January 23，2004，p. 1.

[9] Hayek，F. ，"the Use of Knowledge in Society," *American Economic Review*，35，1945. pp. 519－530.

[10] 引自 Ashling O'Connor，"Indian Wage Spiral Forces TCS to Outsource in Mexico，" *Times*，June 7，2007。于2009 年6 月23 日在网上获取，网址为：http：//buniness. timesonline. co. uk/tol/business/industry-sectors/suppot-services/article1896086. ece。

[11] Nagin，D. ，J. Rebitzer，S. Sanders，and L. Taylor，"Monitoring，Motivation and Management：Opportunistic Behavior in a Field Experiment，" *American Economic Review*，92，2003，pp. 850－870.

[12] 为了推出这个结论，我们将公式对 e 求导，使得求导后公式等于 0。于是可以得出 $10=e-40$，即 $e=50$。

[13] 这里，我们用员工提成（14 000 美元）减去努力成本（$1/2×(100^2)$）＝5 000美元），等于 9 000 美元。因而，即使员工必须向公司支付 8 000 美元以得到这份工作对员工来说，这份工作与市场中的其他工作相比也没有什么区别。

[14] 此案例来自 Rebecca Furth，"Zambia Pilot Study of Performance-based Incentives，" Operation Research Results。发布机构：美国国际开发署下属的质量保障项目。可从下面的网址获得：http：//www. qaproject. org/news/PDFs/ZambiaPerformancePilotStudyIncentives. pdf。

[15] Ibid.

[16] Ibid.

[17] Ibid.

[18] Larkin，I. ，"The Costs of High-Powered Incentive Systems：Gaming Behavior in Enterprise Software Sales," *Harvard Business School*，Working Paper.

[19] Kelly，K. ，"How Goldman Won Big on Mortgage Meltdown," *Wall Street Journal*，December 14，2007.

[20] 引自关于公司内部协同的经典阐述：March，J. ，and H. Simon，*Organizations*，New York，Wiley，1958。或者参见 Alonso，R. ，W. Dessein and N. Matouschack，"When Does Coordination Require Centralization?" *American Economic Review*，98，2008，pp. 145－179。

[21] 参见 Keneally，T. ，*American Scoundrel：The Life of the Notorious Civil War General Dan Sickels*，New York，Doubleday，2002。

第 4 章 基本原理的力量：历史角度

本书阐述企业战略决策的经济学基本原理。前面几章已经介绍了经济学的一些基本内容：定价定律、博弈理论的基本概念和规模经济。这些经济学原理历经检验，只是使用它们的方法或领域有所不同，因为环境在不断地发生变化。即使商业环境日新月异，管理人员仍需要依据经济学原理，指引自己做出战略抉择。

为了说明经济学原理经久不衰的作用，我们从以下三个时间段进行解释：1840 年、1910 年和现在。本书特意选出这三个时间段，是因为它们都象征着商业世界变化的里程碑。尽管在 1840 年之前基础设施有了一定的发展，但是通信和交通仍旧十分不便，企业只能在当地的小市场中运营。1840—1910 年，伴随着基础设施和生产技术的变革，国家大市场和国际市场开始慢慢形成，大公司如英国石油公司、美国钢铁公司和德国拜尔化学公司开始崭露头角。然而，即使是世界上管理最好、规模最大的公司也受到协同问题和控制问题（如何及时获取充足的信息以管理大规模业务、应对商业环境的变化）方面的困扰。自 1910 年以来，特别是最近 30 年，通信、数据处理和网络化的发展使公司的管理发生了革命性的变化，比如控制运营的能力，与供应商、顾客、竞争对手和其他利益相关者沟通的能力。

虽然商业环境基本上每个方面都发生了根本性变化，但是商业决策的基本原理并没有改变。当以规模经济等经济学原理解释不断变化的环境时，三个阶段的商业行为都合情合理。

1840 年的世界

1840 年的经营模式

如今的商人可能不太熟悉 1840 年以前他们的同行们[1]的企业管理方式。约翰·伯罗斯（John Burrows）的经历就颇具代表性。[2]伯罗斯是艾奥瓦州的一位贸易商，他从附近农场主那里买来土豆，洗干净之后包装好。他听说土豆在新奥尔良可以卖到 1 蒲式耳 2 美元的高价，就用平底船装了一船的土豆沿着伊利诺伊河（Illinois River）顺流而下。在路上，有人出 1 蒲式耳 50 美分的价格买他的土豆，但他拒绝了，因为他希望能在新奥尔良卖个更好的价钱。在南下的途中，不断有别的土豆贸易商抱着同样的希望加入与他同行的队伍中。新奥尔良的土豆市场很快就饱和了，供需状况决定了土豆的价格急剧下跌。伯罗斯经过 6 个星期的跋涉，最后却不得不把土豆以 1 蒲式耳 8 美分的价格全部卖给了一艘百慕大船的船长。从现代的角度来看，这样的商业行为不合情理。但是，在 1840 年，基于当时落后的基础设施和科学技术，伯罗斯的商业行为就可以理解了。

伯罗斯是一个贸易商（merchant），也就是所谓的代理商（factor）。美国的农场主将自己的产品都卖给像伯罗斯这样的贸易商，这些贸易商再把这些货物运到新奥尔良或纽约这类大市场寻找买主。有些买主是经营蔬菜店的当地贸易商，不过大多数买主都是代理人（agent），代表着外埠贸易商，其中包括一些欧洲贸易商。代理商和代理人彼此一般不直接打交道，而是要依靠经纪人（broker）的帮助，经纪人就是代理商与代理人之间的交易撮合者（matchmaker）。经纪人拥有关于市场状况的特殊知识（而单个代理商和代理人都缺乏这方面的知识），包括代理商和代理人的名字、供应量以及需求量的大小。

销售是以非正式的方式进行的。交易频率相对来说都不太高，潜在交易伙伴的特点总在变化中，并且交易双方往往很难及时了解有关同类产品的销量以及价格的详细信息。由于买主和卖主之间存在着地理距离，问题就显得更突出。结果，代理商和代理人都找以前曾经打过交道的经纪人帮忙。交易双方一般不会提前在契约里详细说明交易条件，而是由经纪人决定一个在当时的情况下最接近供需平衡的价格。1840 年的大多数交易都是这样达成的。美国企业界如今已经不流行这种由经纪人介入的交易方式了，不过它还在房地产等行业以各种各样的形式存在。经纪人在现代商业中的一个重要例子就是证券交易中的做市商（market maker）。纽约证券交易所（New York Stock Exchange）的做市商将彼此陌生的交易双方的买卖订单进行匹配，让原本难以完成的交易得以顺利进行。

纽约证券交易所中的股票交易几乎可以瞬间实现，所以一个交易的双方都可以比较合理地确定本次交易的价格。约翰·伯罗斯的经历却告诉我们，1840年的情况不是这样的。代理商和代理人都面临着巨大的价格风险，也就是说，当交易实际发生时，他们接受的交易价格可能与他们开始开展业务时（例如约翰·伯罗斯开始顺流而下时）的预期价格有天壤之别。随着产出地和最终目的地之间的距离的拉远，这种风险显然也会增加。因此，到美国来做生意的欧洲贸易商所承担的风险比伯罗斯面临的风险还要大。

对价格、买主和卖主以及相关的风险缺乏必要的认识，会对商业的性质造成极大的影响。农场主面临的风险最大，他们依靠伯罗斯这样的代理商来分担一部分风险，因为代理商可以在一年中的不同时期出售不同的农产品，并在进入市场以后的不同时期出售某种产品。我们可以推测，伯罗斯比大多数农场主更愿意承担风险，这就是他为什么会选择当代理商而不是农场主的原因。当代理商进入市场之后，就要靠经纪人替他寻找买主，因为这不是他自己能轻易完成的事。

除了一些例外，如纺织、钟表制造和火炮等行业，1840年的"公司"都特别小，比如土豆行业中的个体或家庭作坊。这样的商业环境与现代形成了鲜明的对比，现在，雇用100名员工的公司也算不上大公司，所有者（股东）、管理者和雇员的组织结构清晰、分工明确。鉴于市场局限于当地以及价格的不确定性，在1840年，商人不愿依凭自己有限的资源扩大规模。由于同样的原因，金融机构也不愿借款给企业用以扩大规模，导致金融业发展的落后。通信和交通发展落后，企业因而无法大规模跨区域完成对原材料的收购和对产品的分配，即使这样看来更有利于生产过程的协调。那时，许多小规模、当地企业在生产和分配过程中相互协调，当时的市场环境也使其他的模式不太可能存在。

1840年的商业环境：缺乏现代基础设施的生活

1840年时家族经营式小型企业占据了主导地位是当时的基础设施所导致的直接结果。基础设施是指能为企业的生产和分销活动提供便利的资产，这是企业本身很难具备的，包括运输、通信和融资。基础设施还包括基础研究，这些研究使企业能够发现更先进的生产技术。由于政府影响着企业经营的环境（如通过电信管制），并且经常直接提供基础设施投资（如州际高速公路），所以政府对国家的基础设施有重要的影响。在基础设施建设领域，私有企业可得到的收益很小，因而不愿承担基础设施建设带来的成本。

落后的交通、通信和金融业构成了当时的商业环境，当时的商人不得不应对这样的境况。本书这一部分以及随后的内容将介绍美国这样的商业环境，而欧洲也面临着相同的问题，并且政治因素的影响在欧洲也很大。

交通 由于蒸汽能源的运用，在19世纪前半叶，交通运输业经历了一次大变革。虽然罗马人曾经试图用各种轨道来完善路基，但是直到蒸汽机车和钢铁轨道投入使用，铁路才开始为商业带来价值。到 1840 年，铁路开始取代马和马车，成为原材料和消费产品的运输工具。但是，在美国，铁路的发展却很缓慢。到了 1836 年，美国一年铺设的铁路仅有 175 英里。[3] 在 1850 年时，美国的铁路系统仍然很分散，无法促进全国性市场的形成。阿巴拉契亚山脉（Appalachian Mountains）以西的铁路线很少，且多数铁轨间的轨距都不相等，列车的行车计划彼此不相协调。直到 1870 年，美国才通过铁路建成了贯穿全国的运输基础设施。

虽然水路也有许多不尽如人意之处，但在铁路建成之前，制造商们主要还是利用水路进行商品的长途运输。例如，虽然早在 1813 年，新式蒸汽船就已定期在美国主要的河流和北美五大湖（the Great Lakes）之间穿梭往来，但是直到 1825 年伊利运河（Erie Canal）的开通才真正使东部主要城市和五大湖连接起来。并且直到 19 世纪 40 年代，蒸汽船才能够在芝加哥卸载货物。从纽约到芝加哥的水路不仅漫长而且危险，特别是在天气恶劣的时候。可用的水路有限，并且运河的开辟与维护费用高昂。然而，虽然有着种种限制，伊利运河的开通仍对经济增长起到了令人惊叹的促进作用。例如，1830—1840 年间，伊利诺伊州的人口增长了 2 倍，从 15.7 万人增加到了 47.6 万人。[4]

虽然运河和铁路刺激了经济的增长，但是在 1840 年，它们仍然处于发展的初级阶段。当时占据海洋运输主导地位的仍是风帆船只，诸如蒸汽机和螺旋桨之类的发明创新对于这种运输模式而言还是全新的。白星航线（the White Star Line）、著名的英国蒸汽船公司以及泰坦尼克（Titanic）的最终所有者都在这一时期出现（1845 年）。

通信 1840 年，邮递是长距离通信的主要方式。至 1828 年，美国邮政成为世界上最大的邮政企业，即使如此，到 1840 年，邮递信件货物物品仍然全靠牛拉马驮。随着美国领土向西部开拓，美国邮政难以满足通信需求。直到 1869 年铁路邮政公司建立，铁路才慢慢成为邮递的主要工具，但是仍然不能和现在的通信设施及其相关的即时通讯相提并论。

通过邮政进行商业往来不仅成本高昂，并且也存在很大程度的不可预测性。例如，在 19 世纪 40 年代，总部设在康涅狄格州的沃特伯里的 Scovill 公司要想把一份邮件寄到纽约市需要 1 天的时间，到费城则要 2 天，这还是在天气状况好的情况下。如果天气不佳，很可能要花上 1 周的时间。从沃特伯里到纽约，一封仅有一页纸的信件需要支付邮资 12.5 美分，而到费城则要 18.5 美分。从当时的信件看，许多信件都没有邮戳，这表明由于当时邮费高昂，Scovill 的所有者和代理商们宁愿选择亲自递送邮件。私人投递服务的增加使邮政业的竞争不断加剧，为此美国邮政总局曾在 1845 年和 1851 年两次大幅降低邮费，商业信件量因而猛增。[5]

现代通信手段的第一种形式是电报，它要在服务点之间架设电缆。1844 年，在美国国会资助的一个项目中，塞缪尔·莫尔斯（Samuel Morse）通过电报将巴尔的摩和华盛顿连接了起来。虽然莫尔斯创建的企业很快就被证明是无利可图的，但是其他电报线却迅速延长。到 1848 年，电报线就已经将纽约和芝加哥、新奥尔良连接了起来。截至 1853 年，美国的电报线已有总计 23 000 英里。19 世纪 60 年代，跨大西洋电缆将美国和欧洲连接起来了，这些电缆及之后又铺设的电缆仍然是重要的基础设施。经过一段爆炸性的增长之后，该行业合并重组，形成了一个占主导地位的公司——西部联盟电报公司（Western Union）。

即便具备了现代通信能力，企业也并不是总使用它们。因为在最初阶段，现代化通信能力的潜在价值还不明显，并且采用新技术的启动成本也很高。企业最初利用电报是因为它能够将远距离的代理商们连接起来，一起讨论诸如定价之类的问题。虽然使用电报的成本很高，但是对于传递时效性很强的重要信息来说，这样的成本也是划算的。铁路采用电报也是基于类似的原因，但是它将电报用于制定时刻表却经历了很长一段时间。1851 年，纽约—伊利铁路局（New York and Erie Railroad）才继英国铁路局之后，在美国第一个采用了电报技术。[6]但是，在当时，几乎每条铁路线旁都有一条电报线，事实证明，它是协调铁路时刻表和实际运行的不可缺少的组成部分。一些现代的电信企业，如斯普林特（Sprint），见证了这些筹备工作的开端。

金融　个人极少有能力自行创建并经营一个复杂的企业。金融市场将资金的提供者和使用者联系在了一起。它们使购买者和出售者的现金流变得更加平稳，减少了价格波动带来的风险。然而在 19 世纪上半叶，金融市场相比现在要不发达得多。当时，大部分企业都采取合伙制，其所有者发现很难获得长期贷款。此外，股票交易量很小，交易范围也不广，这影响了股票的价值，并且提高了权益资本的成本。投资者很难保护自己免受大额资金项目所带来的风险。

当时，私人银行的主要角色是提供贷款。1820 年，美国有 300 多家银行，到了 1837 年，增加到 788 家。虽然在整个 19 世纪都持续存在着很大的投机和通货膨胀风险，但银行通过提供短期贷款，使购买者和出售者的现金流变得更加平稳，为交易提供了可靠的便利条件。当时，繁荣与萧条交替出现，并且伴有周期性的大萧条，例如 1837 年的恐慌岁月。

然而，许多小企业很难获得贷款，即使能够获得贷款，常常也要以非正式的私人关系作为担保。政府或者私人财团（由数个私人企业组成以便为一个特定的项目提供资金）为一些大项目，比如伊利运河，提供资金。1840 年以后项目资本的规模不断扩大，政府资助、大规模公债或者由投资银行提供的权益资本等筹资形式日益取代了私人或者小型投资团体筹资作为运营资金的主要来源。

1840 年，市场中还没有降低价格波动风险的体制机制。这需要期货市场的形成。通过期货市场，商人可以购买期权，即约定在未来某一天以一定价格交割多少商品的契约。期货市场既需要鉴别交割商品的品相，又需要保证能够抵御即时价格和交割价格之间的价差风险。世界上第一个期货市场是 1858 年成立的芝加哥交易所，对农产品市场有着很大的影响，这在案例4—1 中已有提及。但是，如果没有电报，也不会有芝加哥交易所的建立，这也说明了各个类别的基础设施也相互影响。

案例 4—1

芝加哥的兴起

19 世纪初，芝加哥发展成一个主要的商业中心，虽然它是一座城市而不是一个企业，但它也足以说明我们所讨论的核心理念。在 19 世纪 40 年代，美国中西部的许多新兴城市如辛辛那提、托莱多、皮奥里亚、圣路易斯和芝加哥，为成为地区商业中心而相互竞争，其激烈程度就像公司在市场中的竞争一样。竞争的成功最终需要的条件与决定企业的横向和纵向边界的条件一样。基础设施和技术上的重大变革使芝加哥的商业组织蓬勃发展，从而使芝加哥具备了雄厚的资金实力，竞争力远远超过了其他城市。例如，到 1860 年，几乎所有中西部种植的谷物的交易都是在芝加哥商品交易所完成的。同样，芝加哥的两个肉类加工企业——阿穆尔（Armour）和斯威夫特（Swift）也成为该行业的主导企业。

芝加哥之所以能够繁荣，是因为它与商业中心城市发展的行业不重合。芝加哥的企业是应用新科技的第一批企业，以降低成本和风险。阿穆尔、斯威夫特和麦考密克（McCormick）等公司是芝加哥的龙头企业，这些企业的发展需要大量资金投资于铁路、冷库、谷物运送机和期货市场等。芝加哥是东西海岸铁路和水路的中转站，而只有芝加哥具备这样的地理优势，交通基础设施的建设保证了可以大量产出，实现规模经济。因此，在 19 世纪中期，芝加哥就崛起了，现在仍是中西部城市的领头羊。

在世界的另一端，同样的区位因素使孟买成为了世界上最繁华的城市之一。和芝加哥的发展相同，交通基础设施的建设至关重要。

孟买区位优越，拥有天然的深水港（一些人认为孟买（Bombay）的名字就是优良港湾的意思，但是也有很多人不这样认为，颇有争议）。但是，这个城市原来是一个群岛，18 世纪 70 年代，大规模工程把各个岛屿连在了一起，铁路延伸到印度的其他地区，之后货物就源源不断地来往于这个城市。

19 世纪 60 年代，孟买受益于美国内战，成为了世界上一个著名的棉花贸易中心。1869 年苏伊士运河的凿通更提升了孟买的区位优势，使其成为阿拉伯海的一个中枢海港。

1996 年，孟买更改了城市名字，今天的孟买是印度最大的城市，是印度的金融和娱乐中心，孟买股票交易所和印度国家股票交易所都设在孟买，印度中央银行也同样在孟买。孟买还是印度出版、电视和电影中心，拥有 5 个世界 500 强企业，并且还有繁荣发展的 IT 产业。

生产技术　生产技术指科学或者技术知识在生产过程中的应用。企业常将资源投向内部创新、刺激市场对新产品的需求等方面。这些活动都有助于促进技术的发展。但是，在任何固定的时点，任何单个企业或者企业集团改变生产技术整体水平的能力都是有限的，经营活动的扩张不可避免地要受当前技术状况的制约。在 1840 年这种技术的制约是很严重的。

1840 年的技术相当不发达。大多数工厂所用的生产技术与 18 世纪的大同小异。即使是当时最先进的企业也无力大量生产标准化的商品——直到 1910 年，标准化才成为普遍的生产方式。虽然在 1820 年纺织厂已初步实现了机械化，钟表和轻武器制造业也普遍实施了标准化生产，但是使用可替换零件的"美国制造系统"却才刚刚开始被采用。直到 19 世纪 70 年代，企业还主要以内部契约的方式运营，它们把设备出租给工头，然后由他来雇用工人，制造产品。即使那些用可替换零件制造更加标准化的产品的工厂也只能进行小规模生产，并且很少使用非生物能源资源。而大规模生产和非生物能源的利用能够提高生产效率，并要求建立新型的企业组织。虽然在 19 世纪 60 年代，西联国际汇款公司和宾夕法尼亚州铁路公司（Pennsylvania Railroad）等大企业正在实现规模经济，但是许多随着美国工业革命兴起的规模密集型行业直到 19 世纪晚期或者 20 世纪初期才开始进行大规模的生产，如钢铁、石油、化工或者汽车行业等。

政府 用以解释伊利运河（Erie Canal）公共工程的经济学原理与用以解释囚徒困境的经济学原理相同。如果每个人都承担相应的成本，整个经济都会受益，但是没有一个个人或者企业愿意独立完成这样的公共工程。在这样的情况下，就需要政府介入，提供使每个人都受益的公共产品。除了这样的基础设施建设，在 1840 年之前，美国政府并没有太多地干预经济。内战期间，林肯政府为联合太平洋铁路公司（Union Pacific）和与之竞争的中央太平洋铁路公司（Central Pacific）提供资金，建设了横贯大陆的铁路线。这样的成就可与另一个基础设施政府工程——互联网的建设相媲美。

19 世纪末，美国政府开始越来越积极地干预经济。第一个主要的政府商业监管机构是州际商业委员会，设于 1887 年，主要监管铁路行业。1890 年，美国通过了《谢尔曼反托拉斯法》（Sherman Antitrust Act）。另一个相对不为人所知的关于政府干预的例子发生在 1884 年，美国政府在华盛顿举办本初子午线大会，这直接促使世界各地采取标准的时间体系，譬如，全球分 24 个时区，确定本初子午线位于英国的格林威治，还确定了国际日期变更线的位置。此时间体系之所以十分必要，是因为其满足了因全世界市场拓展而在交通、通信和履约等方面相互协调的需要。现在，政府常常放宽反垄断法，允许公司能够满足或者制定技术标准。

小结

由于缺乏现代化的基础设施，1840 年的经济活动受到了制约。当时，企业规模较小，且缺乏正规的组织管理。技术的落后使生产无法超越传统的本地市场的层次。但即使有了精湛的技术，交通基础设施的限制以及很难获得及时、准确的信息等原因，也使 1840 年的商人们在扩大投资以增加批量生产和分销能力时面临很大的风险。当时没有职业经理人，企业所有者自己经营企业。必须有市场需求的增长和技术的进步才能出现迅速、大批量的生产及分销活动。这就要求商业基础设施的发展。但是，这又会改变当时的商业经营环境，并极大地扩大企业的经营规模，提高管理质量。

1910 年的世界

1910 年的企业

1840—1910 年，企业发生了很大的变化。相较于 1840 年，1910 年的商业行为和组织方式与现代的企业更加相似。这段时间的商业变化并不是因为新形成的管理理论，而是因为技术和基础设施的发展。商业变化的一个重要的层面就是大规模生产技术的出现，比如，贝西默钢铁的生产过程，可持续生产的槽炉用于大规模生产许多产品，如平板玻璃。这些新技术的使用大大降低了成本。并且，只有在大规模生产的情况下，才可以承受固定成本很大的新技术设备。换言之，公司在大规模生产的情况下，才可以节约单位成本，并且大量产品的流通由以下基础设施的建设来保障：铁路用于运输原料和产品，电话电报用于交流、控制和协调，银行业和会计标准用于提供投资资本帮助企业购买设备、扩大生产。与小企业相比较，大企业依凭生产力和规模经济更能以较低的价格服务于更多的消费者。

案例 4—2

建设国家基础设施：中国和美国

2009 年 1 月，中国政府通过了一项最大的财政开支预案，用以建设基础设施。这一大笔开支（估计有数百亿美元）的大背景是全球经济危机，政府希望借此刺激中国宏观经济的发展。但是，同时，中国政府也希望这将有利于中国经济的长期发展。

人们一直认为，改善交通设施对于经济的发展至关重要。据《纽约时报》的一篇文章，这个开支计划"有望使中国的现代化由沿海向内地扩展"，"使中国的国际竞争力更上一层楼"。[7]

政府开支计划包括建设长短途客车和货车。首要的一个项目是以 880 亿美元建设城际铁路线，这既可以减少私家车的使用，也可以减少中国对进口石油的依赖和对空气的污染。其他几笔重大的开支是以 176 亿美元建设穿越西北沙漠的客运铁路，以 220 亿美元建设中西部铁路货运运输网，以 240 亿美元建设从北京通往广州的客运高铁。但是，中国每个地方都会受到"村村通、市市通"工程的影响。这会"使中国的面貌焕然一新，拥有世界级的基础设施，可以便宜、快捷、可靠地长距离运输货物和乘客"。[8]世界银行中国协调员约翰·斯格尔斯（John Scales）认为，这些工程可以与美国 20 世纪铁路网络的扩展相媲美。

1863—1869 年，美国建成了横跨大陆的铁路线，连接了美国的东西海岸。铁路的建设大大降低了从东岸人口聚集区到加利福尼亚运送货物和乘客、传播信息的成本和时间。铁路线完工之前，到加利福尼亚，无论是陆路还是海陆，都要花费几个月的时间和数千美元，路途中还充满了危险。铁路线完工之后，从纽约到旧金山只要 7 天便可，路途中相对更加安全，费用也不到 100 美元。1869 年之前，邮寄到纽约的邮件每盎司按美元定价，而之后不久就开始按美分计价了，成本下降了很多。

铁路促进了美国的发展繁荣，也促进了股票市场和全国性商品市场的形成，同时也为 20 世纪初零售业的发展提供了重要基础。与中国政府在 2009 年的做法相同，美国政府以大量资金和土地补贴铁路建设公司，并且帮助融资。就像现在对待互联网一样，投资者、管理者、政府官员和其他人对铁路的看法充满了不确定性，不知如何挖掘铁路的商业和变革的潜力，从铁路的运营中盈利。19 世纪 70 年代，铁路的建设充满了重复建造、政治和商业丑闻，全国性的经济萧条更是雪上加霜。许多铁路公司倒闭破产，落入投机者的手中。直到 19 世纪 90 年代，铁路建设才趋于理性，无盈利的铁路被关停，剩下的铁路被升级、标准化，这样更能实现铁路网络运营的规模经济，形成了一个有效率的、盈利的主要交通工具，直到汽车的产生和发展。

生产线和产量的增加改变了制造商与其供应商和销售商之间的关系。制造型企业越来越多地选择纵向一体化（vertically integrate），也就是说，它们选择自己生产原材料和/或分销产成品，而不再依靠独立的供应商、代理商或代理人来完成这些任务。我们将在第 5 章中详细讨论进行纵向一体化的成本和收益，但是简单说来，1910 年的制造企业发现，纵向一体化是一种非常理想的做法，因为大批量生产使这些制造企业更容易受到相互分离的供应链和销售链的影响。

在 1910 年之后的几年中，许多大企业，如杜邦、通用汽车和美铝公司（Alcoa）都通过生产更加多样的产品实现了水平扩张。一些拥有更新型部门的企业，如通用电气（General Electric），没有别的选择，只能接受范围生产。这些企业发现，规模的扩大和多产品经营的复杂性要求企业进行进一步重组，设置半自治的部门。在这些企业中，每个业务部门都有在自己业务范围内制定主要的经营决策的权力，并且有一个独立的公司管理部门来决定会对整个公司产生影响的事宜。例如，通用汽车公司的各业务部门有权对每个汽车系列进行经营决策，而企业的管理部门则控制企业财务、研发以及新车型的开发等。这种企业组织形式被称为事业部制（multidivisional）或 M 型企业（M-form）。直到 20 世纪 60 年代，这种组织形式一直都是最大的工业企业的典型特征。

与大规模生产的扩张相联系的还有随之而来的大规模分销企业的数量增长，其涉及的部门有诸如杂货店、服装店、药店和一般性销售机构。尽管连锁店的历史可以追溯到 19 世纪中叶，但其在数量上和市场份额上的迅速扩张还是发生在第一次世界大战之后。1920—1930 年期间，美国最大的 20 家连锁店的数量几乎翻了两番（大约达到了 37 000 家）。同一时期，A&P 食品店，如 J. C. 彭尼（J. C. Penny），数量增至原来的两倍，而沃尔格林的药店数量增至原来的 20 倍。截至 1929 年，全国最大的三家连锁零售商（A&P、克罗格（Kroger）和西夫韦（Safeway））占据的市场份额接近40％。

越来越多的企业实行了纵向一体化或横向一体化，这导致了行业中企业数量的减少，并且增加了企业通过共谋来抵制竞争、提高利润的可能性。在烟草、钢铁、铝和石油等行业中，通过合并和非正式的联合来限制竞争的情况非常普遍。由于这种阻碍竞争的活动遭到了大部分竞争者、销售者、供应商、购买者和公众的反抗，最终导致了政府的干预。大约在 1910 年期间，美国政府采取了反垄断措施，拆分了那些全国性垄断的企业。当时的案例主要涉及美国标准石油公司（1911）、美国烟草公司（American Tobacco）（1911）、杜邦公司（1912）、国际收割机公司（International Harvester）（1918）和伊士曼-柯达公司（Eastman Kodak）（1920）等。

一体化的企业会雇用更多的人来完成生产和分销方面更复杂、更紧密相关的任务。它们同样需要运用系统化的方法来管理员工，使他们的工作和任务标准化，监督工人是否遵守管理条例，评估员工的业务，对员工进行测评及培训，并履行与人事管理相关的其他职能。在一类新型专家，即管理咨询师的影响下，这些方法在大企业内得到了广泛的运用。其中，可能最著名的就是由弗雷德里克·W·泰勒（Frederick W. Taylor）所提出的科学管理（scientific management）。科学管理的实质是通过对时间—动作（time-and-motion）进行研究，找出执行各项任务的最有效的方法，然后利用激励、奖励和惩罚等方式使员工采用这些工作方法。[9]

随着企业规模变得越来越大，商业的功能性领域，包括采购、销售、分配和融资，也变得越来越重要。如果所有者和管理者是同一个人，就不能独自承担这些任务，因而，现在企业的核心部门都由专业管理人掌管，以保证生产的顺利进行、产品进入市场。企业等级分明的管理制度让市场这只无形的手代替了管理者这只有形的手。[10]

企业性质的变化和管理层的管理产生了问题和矛盾。用以促进协同、提高效率的内部控制的增长，很容易就可以把企业变成一个臃肿的官僚机构。新增的雇员抵制提高效率对他们行为的控制，不愿意顺从工作习惯的标准化，这就使得工会异常强大，相关的冲突也不断增加。

1910 年的商业环境："现代"的基础设施

到了 1910 年，新的商业基础设施已经大量涌现，交通和通信领域尤其如此。这些发展使企业有了快速可靠的货物运输方式，以及远距离的、快速准确的通信手段，从而促进了全国性市场的形成。

生产技术　在 1840—1910 年间，技术水平的飞速提高促进了大规模生产的发展。人们开始普遍了解大规模生产是在 1913 年以后，这一年福特公司开始生产 T 型汽车。大规模生产过程使很多产品以低成本批量生产成为现实，如钢铁、铝、汽车和化工产品等（这里仅仅列举出了一小部分）。这些产品的质量比用小规模定制方式生产的产品要高得多。在生产技术进步的同时，管理新型企业的方法也得到了长足发展。新的管理等级制度导致了文件制作（打字机）、复制（复写纸、影印）、分析（加法机、穿孔卡制表机）和组织（垂直报告系统）等方面的创新，使经理人能够协调日益增加的交易量。这类产品的出现刺激了 IBM、宝威（Burroughs）和雷明顿·兰德（Remington Rand）等公司的成长。

运输　要进行大规模生产销售，制造商就需要确保足够的流通量。在最初的发展阶段过后，铁路得到了进一步巩固和合理化发展，这为确保流通量提供了保证。到 1910 年，铁路成为客货运输的主要方式。铁路旅行变得更快、更安全、更可靠。在像太平洋联合铁路的爱德华·H·哈里曼（Edward H. Harriman）这样的经理人的领导下，铁路变得更高效，甚至是可以盈利的。制造商可以从更远的地方获取原材料，并能够将产品运送给远在几百甚至是几千英里外的顾客。小制造商把产品销售给新型的、可以进行大规模分销的经销商，如西尔斯（Sears），后者可以通过铁路以低廉的成本将大量的各种产品派送到分散在不同地域的各个顾客手中。汽车也逐渐发展成为一种基本的交通方式。但是直到第二次世界大战之后，州际高速公路广泛发展起来，公路运输才取代了铁路运输。

通信　1840 年两个重要的通信工具——邮政和电报在 1910 年仍然发挥着重要的作用，已经成为大型公司管理和通信的重要工具。在这一时期，电话的重要性也正日益凸显。管理者给供应商和销售商打几个电话，就可以立即知道进行大规模生产是否可行、产品是否有市场等。

美国电话电报公司（AT&T）的成长说明了大企业的发展对市场与技术环境的依赖。1876 年电话刚刚发明的时候，它的技术潜力还不明确，因此盈利能力也不明确，因为电话的一些基本设备，如我们所知的交换机在当时还没有被发明出来。专利权的纠纷也同样使电话所面临的市场环境具有不确定性，结果出现了提供本地电话服务的竞争。到了 19 世纪 80 年代，专利权的争端得以解决，新技术使得企业合并成为可能。1883 年，AT&T 在西奥多·韦尔（Theodore Vail）的领导下实施了把地区性电话公司并购到全国性通信系统的战略。由此产生的电话网络极大地降低了大量顾客相互联络的成本，并且使电话迅速代替电报成为人们通信手段的首选。[11]电话对这一时期企业的组织形式还具有特殊意义。例如，如果没有电话将各总部和各办公区域的人员连接起来，很难想象高层办公楼会发展得那么快。[12]

金融　1910 年，大公司的股票可以在证券市场上进行公开交易。从 19 世纪 60 年代开始，大投资银行承销了大部分股票，这对于大企业的融资来说是至关重要的。在这一时期，信用信息（信贷局）的系统化和信用流通、分期付款融资形式的出现以及通信基础设施的不断完善，都进一步推进了金融基础设施的发展。在这一时期，企业所有者、管理者和投资者都逐渐认识到，业务范围的不断扩大要求找到一种新的方法来记录公司活动，报告它的经营成果。新的会计方法发展起来了，强制上市公司提交财务报告也成为一项法律。新兴的大型企业开发这些技术是为了解决由于经营规模和范围扩大而引发的记账问题。例如，为使成本会计更能满足自身经营效率管理方面的要求，铁路公司对它进行了许多大的创新。新兴的大规模零售企业，如西尔斯，提出了存货周转率等许多新的会计概念，把利润和销售量的波动联系起来，而像杜邦这样的大型工业企业则率先引入了成本会计的说法。

案例 4—3

钢铁行业的演变

革新给美国钢铁业所带来的影响远胜于其他行业。在 20 世纪前半叶，钢铁行业的兴盛提出了横向和纵向一体化的要求。传统上的主要领导企业，如美国钢铁公司、伯利恒钢铁公司和共和钢铁公司（Republic Steel），大量生产很多系列的钢铁产品，并且控制着生产过程中所有关键的环节，从矿石的开采到成品钢的生产，再到营销及销售。但是在 20 世纪 50 年代早期，市场需求和技术的变化改变了这个行业。

市场需求的最大改变主要是由经济的转变所引发的。在 20 世纪 50 年代，生产器械、汽车和电脑等所用的薄钢板与钢条等"轻型产品"变得日益重要，而对建造铁路和轮船的铁轨与钢板等"重型产品"的需求减少。但是大的钢铁生产商，特别是美国钢铁公司主要生产的是"重型产品"。大部分钢铁制造商的产能很难满足对"轻型产品"的新需求。这些因素为国外的钢铁生产商渗透到美国市场创造了机会。

最显著的技术进步体现在氧气顶吹转炉（basic oxygen furnace）炼钢法、连铸技术、用电弧炉（electric arc furnace）加工废金属等方面。奥地利的一家企业——林兹-多纳维兹（Linz-Donawitz）于 1950 年实现了氧气顶吹转炉炼钢法的商业化，该技术取代了平炉炼钢法（open-hearth process），是将铁转化为生钢的最快的方式。连铸技术是德国人发明的，由美国的一家小公司——罗恩沃克电子公司（Roanoke Electric）于 20 世纪 60 年代早期进行了完善，这使钢铁制造商避免了昂贵的铸造模过程，不用将熔化的钢水铸成钢锭，再把它们重新加热进行轧压和抛光。电弧炉在第二次世界大战前就出现了，但是在 1960 年前很少使用。然而，由于废弃汽车的金属废料的用途越来越多，这种状况得到了改变。到 1970 年，电弧炉已经成为生产非熔合钢铁的一种可靠方法。

这些技术进步对钢铁产业产生了两个方面深远的影响。首先，在战后的日本和德国，以及后来的巴西和韩国，新建的钢铁公司都迅速地采用氧气顶吹转炉技术和连铸技术。相反，在美国，由于已有的一体化钢铁厂无法收回在旧技术上的投资，其中既包括实物也包括专门技能，因此这些企业不愿意采用新技术。到 1988 年，93％的日本钢铁公司以及 88％的韩国钢铁公司均已采用了连铸技术，而美国仅有 60％的钢铁企业采用了该技术，并且其中有一半是在 20 世纪 80 年代才进行这种变革。[13] 这就使得国外的钢铁制造商对美国大型一体化制造商构成了竞争威胁。

其次，新技术促进了小钢铁厂的兴起，这些小型非一体化的生产商将金属废料转变为成品钢。成功的小钢铁厂有努科（Nucor）、查普拉（Chapparal）和北星公司（North Star）等，它们的成功就在于采用了这种新型的钢铁生产方法。小钢厂已经消除了大型制造商在钢条、型材和线材等产品系列方面的优势。并且由于努科公司在薄板锻造（thin-slab casting）方面取得的突破，小轧钢厂也许还会获得热轧钢板和冷轧钢板生产的规模优势。虽然大型一体化生产商并未消失，但是它们的重要性已明显下降。

会计的发展也主要围绕着公共会计的概念，即公开披露公司运营的详细资料，以保证投资者不受管理者的欺骗，以及资本能够保全。例如，在 1844—1900 年间，英格兰相关法律要求企业在股东大会上提交一份"完整且公正"的资产负债表、来自利润的股息分配报告、公司资本金的保全状况，并且所有上市公司均要进行强制的统一审计。美国对此也有类似的要求。例如，19 世纪 60 年代，铁路部门雇用的会计师就超过了政府的会计人员。美国第一个独立的会计公司于 1883 年在纽约成立，美国公共会计师协会（American Association of Public Accountants）也在 1886 年成立。

政府　在这一时期，政府对企业运作环境的管制有所加强，包括公司法律和治理、反垄断、伤残保险、工人安全保障以及因工死亡的工人家属的保险等方面（对证券市场和劳动关系的完全管制直到 20 世纪 30 年代才开始实行）。管制的加强不仅影响了企业处理与竞争者和员工之间事宜的方式，还影响到了企业的管理方式，因为政府要求管理者收集有关企业经营状况的详细信息——而他们以前从未这么做过——这些信息对于职业经理人十分有用。在 20 世纪前半叶，几乎所有的工业国家都普及了中学义务教育，从而培养出了能够满足官僚化的大型企业的特殊需要的劳动力。

最后，通过持续的基础设施投资、不断的军事和船只建造支出，政府成为了产业中重要的消费者和参与者。这些不同的角色内含着大量潜在的矛盾，它们在新经济领域下并不总是相互协调的。

小结

1910 年，商业基础设施使企业可以有效地扩张市场、生产线和产量。19 世纪后半叶，美国股本总额的增长速度超过国民生产总值的增长速度，这一点也不奇怪，因为商人们投资于新技术。新技术使得大规模标准化生产成为可能，同时铁路系统的发展使得产成品可以安全可靠地运往全国各地的市场。电报使大企业可以监督并控制分散在各地的供应商、代理商和分销商。期货市场、资本市场、保险公司、投资银行和其他金融机构的发展使 1840 年无法实现的大规模业务得以完成。据估计，到 1910 年，包括运输、通信和金融机构在内的"交易处理部门"占了美国经济的 1/3 左右。[14] 为了通过大规模生产和销售实现成本节约，许多企业进行了重组，采取了横向一体化或纵向一体化的组织方式。在这个时期，一个新的职业经理人阶层逐渐发展起来，并且为企业制定关键决策。在某些领域以前没有哪个所有者和企业家能够应付自如，而现在这些经理人成了这些领域的专家，他们的技能成为企业竞争优势的一大来源，帮助企业实现了进一步的扩张。

今天的世界

今天的企业

自 1910 年以来，特别是在最近的 30 年里，企业的经营方式已经出现了重大变化。在不可预测的、快速变化的环境中，从一个政治、经济稳定的时期演化而来的商业惯例已不再被认为是理所当然适用的了。全球化给那些过去一直只习惯于与国内的竞争对手竞争的企业带来了机遇和挑战。计算机化的生产过程使面向特定细分市场的小公司能够为顾客提供"量身定做"的产品，并且享受以前只有具有规模经济的大企业才能享受的低成本。这导致占据经济中主导地位的大型企业较之于收购与兼并越来越偏好战略联盟和合资企业的形式。

商业环境最显著的变化或许莫过于纵向一体化大型公司的衰落，亚当·斯密的劳动分工理论（见第 2 章）可以解释这一现象。在一个小的市场中，企业必须承担垂直链条中各个环节的工作，因为小市场不足以养活会计、营销、分配等方面的专业人员。这方面的专业人员随着市场的扩大而出现，企业内部也就无须这方面的工作。

在 20 世纪，企业的横向边界在扩张之后也开始缩减。一些企业早在 1890 年就开始推行业务的多样化，二战后，公司多样化步伐加快，杜邦公司和通用食品公司等并没有因为业务的多样化而使得其运营能力和技术发展受到阻碍。国际电话电报公司和德事隆公司（Textron）等公司收购与业务不相关的企业，实现运营的多样化。高级管理层代表控股公司管理下属企业，把大多战略运营决策交给下属各个企业。20 世纪 60 年代，多样化很流行，但是大集团的业绩却令投资者十分失望。兼并和收购的流行被"去集团化"的趋势所取代，企业更专注于核心市场，提升各个下属企业之间的协同。

虽然集团化的趋势减弱，但是企业之家仍然在加强彼此的联系。现在，除了兼并和收购之外，企业通常通过战略合作和合资企业的方式实现多样化。数据处理、电子通信、网络连接等技术的发展为战略合作和合资企业的多样化经营提供了便利，并且，相较于兼并和收购，战略合作和合资企业会更少地受反垄断机构的审查。

企业也以全新的目光审视纵向一体化的内部结构和组织模式。在 20 世纪 60 年代之前，大多数多样化公司采用通用汽车的模式，即 M 型模式。但是，随着企业进入新业务，实现多样化经营，它们开始削减管理层级，减少公司雇员。一些公司，如道康宁、美国石油和高盛等，以传统的多部门结构很难协调不同消费群体和市场区域的业务，于是采取了复杂的矩阵组织结构，共同使用重叠的管理层级。其他公司，如贝纳通、耐克和哈雷等，简化内部结构，控制产品设计和品牌形象，把其他相关工作外包给其他专业公司，比如，把产品制造、分配、零售等外包给其他公司。

今天的基础设施

今天的商业基础设施以通信设施、运输设备和计算机技术为标志，它们能确保全球范围内广泛的活动协调运行。而这又会加强地区市场的相互依赖性，并增大了基础设施失灵的代价。2001年9月11日纽约和华盛顿遭受恐怖分子袭击后，相互依赖的基础设施遭到了严重的破坏。袭击同时使世界经济两大关键的基础设施部门——金融市场和航空运输——瘫痪。此外，袭击也给其他部门，例如保险业和休闲观光业带来了巨大的压力，致使世界经济都受到了影响。

交通 汽车和航空运输改变了交通的基础设施。全国性高速公路系统促进了机动车辆数量的增长，同时也使汽车业成为一个大产业。在货物运输中，州际货车运输成为铁路运输的竞争对手。快速可靠的航空客货运输也极大地改变了商业的性质。航空、铁路和地面运输之间的关系变得更加协调。由于托运人对载量大、高效、可靠的长途商品运输的需求日益增加，以及更尖端的通信和数据处理技术的发展，使商品可以通过集装箱经由水路、铁路、公路进行运输。航空客货运输的普及使企业和城市减少了对铁路与水路的依赖。20世纪下半叶，亚特兰大承接了19世纪下半叶芝加哥的辉煌，尽管它的铁路和水路相对不太便利。

通信 20世纪迎来了大众传播媒介（mass communication media）的发展，其中最引人瞩目的是广播和电视的出现，最初以电话、电报系统为主导的通信基础设施现在由于数据信息处理和网络化技术的进步而得到了进一步的发展。大众传媒的发展使商业可以通过广告、商标、公关和市场研究等途径来创造更高的价值。虽然基础的广播、电信和计算机技术的发展始于第二次世界大战之前，但是很多观察家仍然认为，直到1950年，这些领域才发展成为对20世纪下半叶经济起支撑作用的基础设施，并为21世纪的经济打下了良好的基础。观察家们努力地试图刻画这一新的基础设施，最近的一种观点源自托马斯·弗里德曼（Thomas Friedman）对结合了全球化、技术变迁和后"9·11"世界政治的"平坦"世界的探讨。[15] 特别是电信技术的发展，如传真机及调制解调器的出现，使同步传输和远程接收大量复杂的信息成为了可能，从而为大范围的产品与服务开拓了全球性的市场。这些技术和不断改进的数据信息处理技术一起，极大地提高了工人的生产效率，并且使以纸张作为协调与控制基础的传统一体化企业显得有些过时了。尽管人们还不能推断互联网最终将以何种方式改变企业的经营形式，但互联网的出现增加了公司间通过契约、联盟和合资等方式进行合作的可能性。

金融 1929 年金融危机及其之后 30 年代的大萧条直接产生了现代的金融服务基础设施，把银行商业服务和投资业务分离，提升央行在经济中的作用，加强对证券市场的监管，建成了稳定的金融服务业，为公司提供股票和债券融资服务，为公司融通不能通过自身留存利润满足的资金需求。

20 世纪 70 年代和 80 年代，去监管化改变了金融业在经济中所扮演的角色，自 1980 年以来，资本市场开始越来越关注评估公司的业绩。大型投资基金的出现使得兼并和收购更加频繁，数额特别巨大。近些年，风险投资家和投资银行可以使有好创意的公司迅速成长壮大，尽管 2008 年的危机对新创企业造成了很大的冲击。

生产技术 计算机化、互联网以及其他一些创新活动增加了生产技术的复杂性，尽管这种复杂性也受到了经济复杂性的影响。生产技术的革新，例如计算机辅助设计与制造（CAD/CAM）的发展，改变了传统的价格与质量相权衡的理念，使以低成本生产高质量的特制产品成为可能。然而，21 世纪的管理者们在采用新技术时，也面临着两难选择：要么根据新信息、新生产技术重新制定战略，对企业进行重组；要么运用这些新技术来对传统的生产与组织模式进行渐进性的改革。这些就是在关于公司"再造"的争议背后所隐藏的一些问题。

政府 在 20 世纪的前 50 年中，由于两次世界大战和大萧条的影响，政府对经济的干预很强。自 20 世纪 60 年代以来，政府放松了对一些行业的一贯干预，但是也加强了对另一些行业的监管。自 20 世纪 70 年代以来，贝尔系统的放开，航空业、卡车制造业、金融业和医疗行业等的管制放松对经济发展的影响很大。北美自由贸易协定、欧盟等地区自贸区的建立对企业在越来越全球化的市场中的竞争方式产生了极大的影响。20 世纪 60 年代和 70 年代，政府对工厂安全、歧视和环境的监管很普遍。

政府还在军事发展和公共工程等方面开支很大。政府通过资助研发极大地影响了经济基础结构。整个 20 世纪，美国反垄断政策鼓励企业通过研发而不是通过兼并和收购的方式增强内生动力。自第二次世界大战以来，美国政府通过与著名大学和私有公司合作建立了强大的基础研究体系，还鼓励研发项目的商业化和研发技术的传播扩散。实际上，现在的互联网就源于美国国防部和国家科学基金的资助和研发，这也是政府在基础研究方面发挥了重要作用的例证。

小结

发达国家的消费需求前所未有的强劲和国际贸易的全球化使公司的市场规模很大。这就使得专业公司实现规模经济成为可能，这样的规模经济曾经在垂直化经营的企业中不能实现。交通和通信的迅猛发展使企业之间的生意往来更为便捷。因而，现代的企业专注于更小的行业领域。金融业的变化为企业规模的扩大提供了必要的资金，同时，也为企业进入市场、挑战现有企业市场优势提供了便利。

新兴市场的基础设施

尽管容易获取变革基础设施的科学技术，许多新兴国家仍然没有满足经济发展需要的基础设施。国家之间的交通状况不尽相同。比如，中非国家基本上没有高速公路，铁路自殖民时代以来每况愈下。东南亚国家基本上都拥有超现代的铁路系统和海港，但是，城市交通堵塞的状况令人惨不忍睹。

发展中国家通常还缺少其他类别的基础设施。当地的企业和个人很难接触到互联网，更不用提高速综合业务数据网和宽带了。这些地方也缺少健全的金融服务业，不能提供必要的资本和监督管理，企业只好小额借贷，不能获得扩大规模的融资。许多发展中国家的政府也损害了经济的发展。比如，企业不愿在中非和东非国家投资，因为这些国家缺少合同法，政府裙带关系和腐败滋生，内战不断。

案例 4—4

中国的股份制改革

中国现代股份制改革过程始于 1992 年，在这一年，邓小平同志发表讲话，鼓励私有企业和市场经济发展。到 20 世纪 90 年代中期，大多数地方政府开始对小型国营企业实施股份制，而一些城市政府走得更远，基本上对所有的国有企业和地方企业都实行了股份制。1995 年，中央政府决定保留 500～1 000 家大型国企，将一些相对小的国企卖掉，主要是通过管理层收购的形式实现。这个过程被称为改制，也就是结构重造。到 90 年代末，87 000 家国有企业中的一半都经过了改制，或者正在准备卖掉。

管理层通过改制过程收购企业，如果企业的业绩很好，那么管理层就可以获得很高的利润。改制给了管理层很大的控制权，可以雇用和解雇员工，决定如何分配员工的工作，同时管理层也获得了对研发和投资的控制权。

改制的一大特点是管理层收购。收购的价格由独立的会计公司决定。按照法律，会计人员可以通过产生利润和市场价值来评估资产价格。但是，由于当时的中国资本市场很不发达，没有市场价值供参考，所以会计人员基本上按照当时企业产生的利润来评估企业的价值。

冯露（Feng Susan Lu）和戴维·德兰诺夫（David Dranove）发现，估值过程实际上对管理层而言是反向激励。[16] 如果管理层在改制之前通过减员、蓄意错过市场机会等措施减少利润，他们就可以人为地压低收购价格。一旦完成收购，他们再恢复先前的工作，使利润回到改制之前的水平，甚至高于改制前的利润。冯露和戴维·德兰诺夫研究了改制前后的盈利变化，还研究了没有改制企业的盈利情况，在私有化的前一年，企业的利润出现了下降的情况，改制后，就迅速恢复到了原来的盈利。

三个不同世界：一致的原则、变化的环境和适应性战略

1840 年的企业专注于一两项业务。而 1910 年，垂直化企业集团风起云涌，许多大公司把触角延伸到了纵向一体化的各个环节。现代的公司又开始减少业务范围。研究企业的一些专家写到这里时，开始批评早期管理者的行为。实际上，这样的批评是不合理的。本书描述的三个时间段的企业行为大为不同，目的是说明：恒定不变的经济学原理适用于不断变化的商业环境，这才是成功的企业战略。企业战略是企业应环境而变的行为。伯罗斯当时所做的决策是对的。美国钢铁在当时的情况下完成一体化经营也绝对是正确的商业决策。在现在的商业环境中，企业收缩业务、更加专注的企业行为也是合乎情理的。

仅经济基础和市场情况并不能决定企业的战略。在我们讨论的三个时间段中，企业进行了无数次的实验性行为，有成功，也有失败。但是，经济基础和市场情况限制了企业的经营行为和战略决策。随着市场环境的变化，最优的企业战略也在变化，铁路、电报和电话的出现当然会扰乱这个世界生产要素的分配、代理人和经纪人的生活。现在，随着互联网和电脑的普及，企业缩减了垂直化经营。

由于环境的变化，人们可能会认为没有一个企业战略能够持久。随着市场环境的变化和基础设施的不断完善，人们学习到的任何知识都注定会变得过时。如果人们希望寻找在任何条件下都能适用的秘方，那么的确没有一个企业战略能够持久。我们可以从本章所进行的研究中得出的最重要的结论就是：声称在任何市场环境或任何基础设施条件下都适用的秘诀（例如"放弃任何市场份额排不到第一或第二位的业务"）最终注定是要失败的。但是，原理不同于"秘方"。因为原理是可以广泛应用于各种环境的经济和行为关系。由于原理是稳定的，围绕原理研究战略可以使我们理解为什么某些战略、经营实践、组织形式在某些经营环境中适用而在另一些环境中不适用。

接下来的几章将阐述企业边界、行业结构、企业竞争和行业内企业战略定位等方面的经济学原理。通过学习这些经济学知识，管理学的学生应该可以理解为什么企业以这样或者那样的方式组织和运营。我们相信，通过应用这方面的知识，管理者可以更加成功地使企业战略适应它们的竞争环境。

本章小结

● 从历史的视角来看，虽然自 1840 年以来，企业的性质发生了很大的改变，但是成功的企业在它们的经营活动中一直都应用着一致的原理。

● 1840 年，通信与交通基础设施薄弱。这种情况加大了企业在大市场中经营的风险，降低了进行大规模生产的可能性。1840 年，家庭式经营的小企业占据主导地位，这些企业依靠专业人员和那些能够撮合买卖双方的做市商销售产品。

● 1910 年，运输与通信的改进使大规模的全国性市场的形成成为可能。

● 1910 年，生产技术的创新大大降低了大规模生产的单位生产成本。大规模分销企业伴随着大规模生产的增长而发展。

● 1910 年，投资于新技术的商人必须确保足够的流通量，从而维持较高的产出水平。由此引发了制造型企业兼并原材料供应、销售或分销企业来实现纵向一体化的浪潮。

● 制造型企业还增加了产品系列，设立了新部门，实施了 M 型组织结构。

● 这些庞大的等级制企业需要一个职业经理人阶层。与 1840 年时的经理人不一样，1910 年的职业经理人通常没有或者仅有很小一部分他们所经营的企业的所有权。

● 通信手段与交通状况的不断改进促进了现代全球市场的形成。新技术削弱了大规模生产和纵向一体化的优势，促进了市场专业化分工的发展。

● 在许多行业中，小型生产商比大型等级制企业更能满足顾客不断变化的需求。在另外一些行业中，市场专家们利用计算机、传真机和调制解调器来协调过去要求一个一体化企业完成的所有活动。

● 有限的基础设施阻碍了许多发展中国家的经济发展。在发达经济社会中，企业间相互依赖的程度日益加剧，使企业对自身正常经营范围之外的全球性事件更加敏感。

思考题

1. 为什么基础设施对经济发展至关重要？

2. 什么叫流通量？流通量是现代企业成功的必要条件吗？

3. 在过去的 50 年中，美国形成了几个行业集中的城市：俄亥俄州亚克朗市——轮胎；佐治亚州梅肯市——毛毯；加利福尼亚州森尼维尔市——电脑芯片；佛罗里达州奥兰多市——旅游。为什么会出现这些行业中心？鉴于现在技术的发展，它们的未来怎么样？

4. 与历史上的任何一个时期相比，如今，我们有了更广泛的技术可用于建设现代化的基础设施。你认为这种情况会使发展中国家更容易创造出能够与发达国家相匹敌的现代经济吗？

5. 发展中国家的两个特征是：缺乏有力的契约法规以及有限的交通网络。这些因素是如何影响发展中国家企业的横向与纵向边界的？

6. 如果美国强有力的反垄断法在 1900 年颁布，那么美国的工业发展将会有什么不同？

7. 在过去的半个世纪里，许多美国城市形成了非常强烈的行业气息，如亚克朗的轮胎、梅肯的毛毯、森尼维尔的电脑芯片和奥兰多的旅游业等。这些核心行业是如何形成的？鉴于技术的革新，这些城市在未来将会如何发展？

8. 随着职业经理人的出现，人们开始怀疑他们是否能够诚实地本着职业道德的原则来代表股东处置大企业的资产。自从一个世纪前管理阶层出现以来，这种怀疑就一直存在，并且至今也没有多大改变。新的有关适当的政府管制的法律，如《萨班斯-奥克斯利法案》，陆续出台。为什么这种怀疑会持续这么长时间呢？

9. 随着互联网数字化的发展，经济的哪些方面发生了变化？哪些没有？

10. 在政府管制对经济增长是否有大的正面或负面影响这个问题上存在着巨大分歧。请比较政府干预某些特殊行业可能对这些行业产生正面或是负面影响的方式。

11. 一些企业似乎可以永生（一个极端例子见 www.hbc.com）。然而，在一些行业，即便是效率最高的企业生命也可能很短（如景观美化公司、泰国餐厅）。企业的规模固然与其寿命相关，可是还有别的因素起作用吗？规模是如何帮助大型企业又是如何危害小型企业的呢？规模以外的其他因素如何有助于企业长寿呢？

12. 在"婴儿潮"一代逐渐老龄化，代际间跨度加大，服务业趋势化以及其他宏观形势下，你预期 30 年或者更多年以后，商业环境和管理工作将发生怎样的变化呢？

【注释】

[1] 在这里我们使用"businessmen"这个词，因为在 1840 年，即便有妇女从商，人数也非常少。并且，这种情况到 1910 年基本没有改变。

[2] 该案例选自 William Cronon's excellent history of the city of Chicago, *Nature's Metropolis*, New York, Norton, 1991。

[3] Cochran, T. C. and W. Miller, *The Age of Enterprise: A Social History of Industrial America*, New York, Harper & Row, 1961, p. 45.

[4] Cochran and Miller, *The Age of Enterprise*, p. 42.

[5] Yates, J., *Control Through Communication: The Rise of System in American Management*, Baltimore, MD, Johns Hopkins University Press, 1989, pp. 160 - 161.

[6] Yates, J., *Control Through Communication*, pp. 22 - 23.

[7] "China's Route Forward," by Keith Bradsher, *The New York Times*, January 22, 2009. 可从下面的网址获取：on June 23, 2009. http://www.nytimes.com/2009/02/23/business/worldbusiness/23yuan.html? _r=1&hp.。

[8] Ibid.

[9] Kanigel, R., *The One Best Way: Frederick Window Taylor and the Enigma of Efficiency*, New York, Viking, 1997.

[10] Chandler, A. D., *Scale and Scope: The Dynamics of Industrial Capital-*

ism，Cambridge，MA，Belknap，1990.

[11] 关于细节，请参见 Garnet，R. W.，*The Telephone Enterprise：The Evolution of the Bell System's Horizontal Structure，1876—1909*，Baltimore，MD，Johns Hopkins University Press，1985。也可参见 Smith，G. D.，*The Anatomy of a Business Strategy：Bell，Western Electric，and the Origins of the American Telephone Industry*，Baltimore，MD，Johns Hopkins University Press，1985。

[12] John，R. R.，"Recasting the Information Infrastructure for the Industrial Age," in Chandler，A. D. Jr.，and J. W. Cortada（eds.），*A Nation Transformed by Information：How Information Has Shaped the United States from Colonial Times to the President*，Oxford University Press，2000，pp. 55 - 105.

[13] Adams，W.，and H.，Mueller，"The Steel Industry," in W. Adams（ed.），*The Structure of American Industry*，8th ed.，New York，Macmillan，1988，p. 90.

[14] Wallis，J. J.，and D. C. North，"Measuring the Transaction Sector in the American Economy，1870 - 1970," in Engerman，S. L.，and R，E.，Callman（eds.），*Long-Term Factors in American Economic Growth*，Chicago，University of Chicago Press，1986，pp. 96 - 161.

[15] Friedman，T. L.，*The World is Flat：A Brief History of the Twenty-First Century*，New York，Farrar，Straus，& Giroux，2005.

[16] Lu，F. Susan and D. Dranove，2008，*The Gaizhi Privatization Process in China*，Northwestern University，unpublished mimeo.

第二部分

企业边界

第 5 章　企业的纵向边界

2000 年年初，互联网服务提供商——美国在线（AOL）收购娱乐业巨头——时代华纳公司的消息震惊了整个商业界。AOL 的总裁斯蒂芬·凯斯曾夸口说，在同一个屋檐下的两家公司将会实现协同效应。一年后，美国在线时代华纳希望通过推出名为"流行夏娃"（Eden's Crush）的少女组合来拓展这种协同效应。[1]华纳音乐发行了"流行夏娃"的首张专辑 *Popstars*，华纳兄弟电视网（WB Network）播出一档记录了该组合的选拔和排练过程的节目，AOL 则予以大力宣传。不过，这张专辑并未获得成功，销量没有达到金唱片水平（50 万张）。与此相反的是另一个名为"欧城男孩"（O-Town）的少年组合，他们与"流行夏娃"几乎同时发行了首张专辑，但这个组合的运作是由好几家独立公司共同完成的。BMG 发行他们的首张同名专辑，迪士尼免费播出纪录片，他们的 MTV 名声大振。这种看似分散的战略收到了成效——他们的首张专辑销量达到白金水平，超过 150 万张。

任何产品或服务，从流行音乐唱片的发行到癌症的治疗，通常都会涉及许多活动。从原材料的获取开始到产成品的分配和销售为止的过程称为纵向链条（vertical chain）。商业战略的一个中心问题就是如何组织纵向链条。是由一家企业完成所有活动比较好呢，如美国在线时代华纳的尝试，还是依赖市场中的几家独立企业共同完成更好呢？有许多成功实行纵向一体化企业的例子，例如斯科特纸业公司（Scott Paper），它全程负责伐木取材，碾磨材料，制造纸制品，并将产品销售到市场上。其他一些著名厂商，例如耐克、却都是非纵向一体化的企业：它们仅亲自完成纵向链条中的少数任务，而将大多数职能外包给独立的承包商。惠普公司（Hewlett-Packard）的前首席执行官约翰·扬（John Young）曾这样形容自身的外包行为："过去，我们一直亲自打造产品所需的所有金属铁片，塑造每一个塑料零件。但现在，我们再也不做这些事了，因为有人会为我们做。"[2]企业的纵向边界指厂商独立完成的，而不是从市场中其他独立厂商那里购买来的活动。在第 5 章和第 6 章中，我们将讨论企业对其纵向边界的选择，以及这些边界对生产效率的影响。

自制与外购

　　一家企业需要决定是自己生产，还是从其他独立企业购买某些活动，这一过程被称为自制或外购（make-or-buy）决策。"自制"表示该企业自己完成所有活动。"外购"表示该企业打算依赖某个独立企业来完成某些活动——可能是以契约的形式。虽然这听起来也许有些古怪，但当一家企业收购了某家投入品供应商时，企业就变成了"自制"投入品，因为这个步骤是在企业内部完成的。对一家制造商来说，典型的自制或外购决策包括决定是否自行寻找原材料来源，是否自行完成运输服务，或者是否自行经营零售网点。当然，一家原材料供应商也许会与下游企业一体化，就如美铝公司，它从 20 世纪 20 年代开始生产铝箔。批发商和零售商也可能会与上游企业一体化，就如家庭影院频道（Home Box Office），它已经开始自己编制节目了。

　　自制和外购是纵向一体化连续谱中的两极。图 5—1 中提供了一些中间选择。在略靠近"自制"一侧，一体化企业可以进行公司部分分离或完全拥有子公司。在略靠近"外购"一侧，销售商可能会与某家厂商签订一份长期契约，将其几年内的利益与厂商捆绑在一起。介于合营与战略联盟之间，两家或更多家企业建立一个依靠双方母体资源的非独立的实体。为了解释与一体化决策相关的、重要的、需要权衡的经济决策，我们将讨论重点放在"自制"和"外购"这两种极端的选择上。我们将在第 6 章中讨论中间解决方案，它分担了自制和外购的许多利益和成本。

公开市场交易	长期契约	战略联盟和合营企业	母公司/子公司关系	活动在企业内部完成
一体化程度较低		→ → →	一体化程度较高	

图 5—1　自制或外购连续谱

企业在自制或外购连续谱上不同的生产组织方式。

上游、下游

一般而言，在一个经济体系中，商品沿纵向链条"移动"——从原材料和零部件到生产，再经过运送和零售。经济学家认为，处于纵向链条前面步骤的是生产过程的上游，处于后面步骤的则是生产过程的下游，这有些像木材从上游的森林漂流到下游的加工厂。因此，播放体育娱乐节目的有线体育台 ESPN 便是国家橄榄球联盟的下游（一个内容"制造者"），但却是康卡斯特（Comcast）和其他有线电视运营商的上游（内容"推销者"）。

图 5—2 描绘了家具企业生产和销售的纵向链条。该纵向链条包括从原材料（例如木材）到最终成品的过程中，直接与材料加工、处理相关的一切活动。加工过程包括获取原材料、加工产品和组装。处理过程包括所有与之相关的运输和仓储。当我们谈论一个生产过程的上游或下游活动时，我们通常指的是这些加工和处理活动。

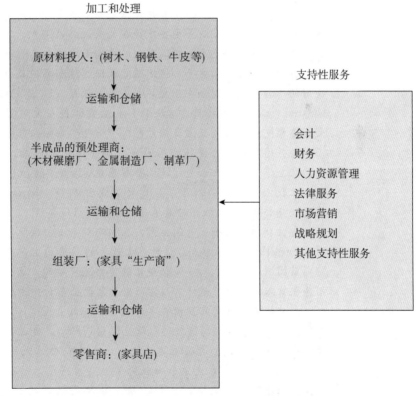

图 5—2　家具生产的纵向链条

制作家具所需的原材料沿着纵向链条的每一环节进行加工和处理。专业的支持性活动出现在链条的各个环节中。

案例 5—1

从全球视角看纵向一体化兼并

约翰·哈格尔三世（John Hagel Ⅲ）和马克·辛格（Marc Singer）认为，传统的医药公司由三块核心业务组成。[3]这三块核心业务分别是产品创新、基础业务以及客户关系。

传统的"大药企"已不再是产品创新的中坚力量。数十年前，大型医药公司使用反复实践这样的不经济的方法来筛选新药。然而，人类基因组编序划时代的完成改变了这样的方法，基因成为人们研究的对象，在医药研制的过程中更加有针对性、更加节省成本。虽然基因技术可以加快新药的研制过程，但是也增加了环节，也就增加了医药研制的复杂性。相较于大公司，小的生物医药公司可以更快地跟进并适应新技术。千年制药（Millennium Pharmaceuticals）、赛莱拉（Celera）、因赛特基因（Incyte Genomics）和人类基因组科学公司（Human Genome Sciences）等都属于这一类发展很好的小医药公司。

医药基础业务主要包括制造、管理大量生产医药的设备、反复的日常运营，比如医药生产和通信。客户关系业务主要负责寻找客户，并与之建立稳定的联系。客户关系业务主要掌握在大医药公司手中，在生产和销售经验方面，新创医药公司无法与它们匹敌。约翰·哈格尔三世和马克·辛格认为还可以再加上一块核心业务，就是监管认证，这需要医药公司与监管机构保持良好的工作关系，例如美国食品和药品管理局（U. S. Food and Drug Administration）这类政府机构。这块业务也主要掌握在大型医药公司手中，尽管大量临床实验已经被监管机构外包给"承包研究组织"。

兼并通常可以为医药公司带来纵向一体化的好处，提供很好的发展机会。从全球医药行业来看，这主要看兼并能否使其扩大一个或者多个核心业务。让我们来看一个例子：2007 年，麦兰制药（Mylan Laboratories Inc.）收购默克公司（Merck）的通用药（非专利药）部门。

麦兰制药也是一家美国公司，在收购竞争中击败了以色列的梯瓦医药公司（Teva Pharmaceuticals）（世界上最大的通用药生产厂家）和冰岛的阿特维斯集团（Actavis），以 67 亿美元的价格完成收购，这个价格相当于默克通用药年收入的三倍。是什么因素使麦兰医药公司付出这样高的价格呢？

麦兰的首席执行官罗伯特·考利（Robert J. Coury）表示，这两个公司互补性很强。据考利所言，通过默克通用药部门，麦兰可以在世界其他重要市场获得领先地位，这次收购将使公司成为一个强大的纵向一体多样化公司。[4]通过这次收购，麦兰公司获得了一些卖得很好的通用药，并且可以通过纵向一体化减少成本，控制了默克矩阵实验医药集团（Merck's Matrix Laboratories Ltd.），统筹研发和制造部门，增加医药生产。[5]但是，有趣的是，2008 年 12 月，默克宣布重返通用药领域，建立了一个新的公司"生物医药风险投资公司"（BioVenture），用于研发生物科技药物的替代药。

纵向链条还涉及许多专业的支持性活动，例如会计、财务、人力资源管理和战略规划。我们将这些服务放在图 5—2 的纵向链条之外，目的在于表明它们支持链条中的每个步骤。正如我们在第 1 章中所讲述的，20 世纪早期，大型的层级制企业已经开始通过这些支持性活动来协调纵向链条中的生产流动。有时，这些支持性活动甚至成为综合型企业价值的主要来源。典型的例子包括通用电气的战略规划活动、百事的市场活动和沃尔玛的销售活动，在某些产业中，例如运动鞋产业，营销这样的支持性活动对于主要的厂商来说就像生命的"血液"一样重要。

许多企业通过自己从事加工、处理和支持性活动获得了成功，而另一些企业则从市场中的专业化公司（或者我们将这些专业化公司称为市场企业（market firms））那里购买这些活动。市场企业专门从事特定活动，有许多市场企业都成为了它们所在领域的公认领导者。如李奥贝纳（Leo Burnett）广告公司，它为世界著名的消费品公司创造了"老虎东尼"（Tony the Tiger）和其他知名的商标图案；联合包裹服务公司（United Parcel Service），它专门为制造商和零售商的客户运送产品；以及专为企业提供生产、运输和仓储等软件解决方案的美国电子咨询有限公司（EDS）。借助这些企业的服务，制造商们无须亲自上阵，便可获得优良的营销计划、快捷的低成本运输，以及有关薪金、销售额和存货的准确报告。

不过，利用市场获得服务的做法并不总是充满吸引力。任何企业的关键性任务便是通过哪些产品自制、哪些外购来"确定其边界"。

边界的确定

不管企业在纵向链条中处于哪个环节，它都需要界定自己的边界。为了制定相关的自制或外购决策，企业必须比较自制和外购的成本与收益。表 5—1 总结了外购的关键收益和成本，本章接下来的部分将会对此进行详细讨论。

表 5—1	外购的收益和成本

收益

- 市场企业可以实现规模经济。而企业的内部部门由于只满足自身需求，可能无法实现规模经济。
- 市场企业受到市场规则的约束，为了生存，它必须高效，具有创新精神。而企业整体的成功可能掩盖了内部部门效率的低下和创新精神的缺乏。

成本

- 如果从某家独立的市场企业购买某项服务，而不是由企业内部自行提供，就有可能会损害纵向链条中生产流程的协调性。
- 当某项服务由独立市场企业提供时，私有信息有可能被泄露。
- 可能产生与独立市场企业的交易费用，而如果由企业内部完成，这些成本是能够避免的。

自制或外购的一些错误观点

在详细讨论自制或外购决策的主要决定性因素之前，我们必须了解五种常见的错误观点：

1. 如果某种资源是一家企业竞争优势的来源，企业应该自己创造这种资源，而不是采用外购的方式。

2. 企业应该外购而不是自制某种资源，这是为了避免生产成本。（人们经常这样表述这个谬论："通过将某种活动外包，我们会消除该活动的成本，因此增加收益。"）

3. 企业应该自制而不是外购，这是为了避免向独立企业支付一笔利润。（人们经常这样表述这个谬论："我们的企业应该与上游一体化，以便将我们的供应商的利润赚回来。"）

4. 企业应该自制而不是外购，因为纵向一体化生产商能够避免在需求高峰或供给有限时以较高的成本进行生产投入。（人们经常这样表述这个谬论："借助纵向一体化，我们'按原价'进行生产投入，因此使我们自己避开了原材料高价格的风险。"）

5. 企业应该自制以便建立一条营销渠道。这样做以牺牲对手为代价，赢得市场份额。这种主张在一些情况下是有价值的，当它意义不大时，在许多其他情况下，是用来为收购辩护的。

尽管许多人支持第一种观点，但我们还是可以很容易地将其驳倒。对企业来说，如果从市场上获得某种资源比内部生产该种资源更廉价，那么这家企业应该选择前者。如果企业认为这种资源是其竞争优势的来源之一，然而这种资源很容易从市场购买到，那么该企业应该重新考虑它的观点是否正确。

第二个观点也很容易被驳倒。我们可以看看纵向链条中的一个环节，例如，产成品从制造商配送到零售商的过程。制造商可以自己配送产品，也可以交给一家独立的运输商进行商品的配送。如果制造商使用独立的运输商配送，它就不必购买卡车、雇用司机以及进行其他投入，相反，独立的运输商要购买卡车、雇用司机，因此会向制造商收取费用以补偿相关支出。选择外购而不是自制，不会消除这些相关行为的费用。不过，自制或外购决策可能会影响开展相关活动的效率，这是本章的中心论点。

第三个论点隐含了两个破绽。第一个破绽源于我们在引言中讨论过的会计利润和经济利润的差别。会计利润是收入和支出的简单差额。相比而言，经济利润是投资于某项活动的会计利润与将同一笔资金用于其他活动所产生的会计利润之间的差额。一般来讲，会计利润大于经济利润。因为经济利润指的是不同投资决策的相对可获利性，所以在制定行为决策时，它比会计利润更有用。即使上游供应商将获得会计利润，但这并不意味着它将获得经济利润，也不意味着下游制造企业能够通过自行提供该活动增加自身的经济利润。

即使上游供应商将获得正的经济利润，第三个论点也存在问题。下游制造商可能认为，它可以以低于过高的外购价格的成本自制某种生产要素。然而，在这么做之前，制造商应该先问自己这样一个问题："如果原料供应商获利颇丰，那么为什么其他企业不进入市场，最终引起价格的下降呢?"对这个问题的回答往往会使制造商抛弃纵向一体化的选择。制造商可能很难获得生产某种原材料所需的专业技术，或者只有现有供应商的规模才大到足以发挥规模经济的优势。在这些情况下，制造商会发现，与自行生产相比，向供应商支付高的价格的成本更低。

为了解释第四个谬论所产生的微妙问题，我们要先给出一个木屋制造商的例子，假设它叫拉斯迪克之家（Rustic Homes）。拉斯迪克之家出售小木屋，这些小木屋由经过特殊加工的木材组装而成。这种木材的市场价格每年都会波动，因此，拉斯迪克之家的经理们正计划与上游产业——木材种植和加工企业——进行一体化。对于纵向一体化来说，这个原因虽然诱人，但却很荒谬。

为了解释个中缘由，我们假定拉斯迪克之家以每个1万美元的价格出售其木屋。除了木材的加工成本以外，组装每间小木屋还需花费4 000美元的人工成本。拉斯迪克之家有一张第二年订购100间小木屋的订单。其经理层考虑了获得所需原材料的两种选择：

1. 在公开市场上购买木材。拉斯迪克之家的经理们认为，修建一所小木屋所需木材的价格可能高达7 000美元，可能为5 000美元，也可能为3 000美元。

2. 通过购买林地和木材厂实现后向一体化。为了给购买融资，拉斯迪克之家得到了一笔贷款，每年要偿还35万美元（或者是每间小木屋3 500美元）。此外，采伐木材并加工成一所小木屋所需的成本是1 500美元。这样，木材的实际成本是每间小木屋5 000美元。

表5—2给出了在不同选择下，拉斯迪克之家的年收入。在选择纵向一体化条件下，拉斯迪克之家获得有保证的10万美元的年利润。在不实行一体化时，拉斯迪克之家的净收入不确定：可能是30万美元，可能是10万美元，或者可能是-10万美元。这种不确定收入的期望值是10万美元。[6]

表5—2	拉斯迪克小木屋			单位：美元
	纵向一体化	不实行一体化，当木材价格是		
		3 000	5 000	7 000
收入	1 000 000	1 000 000	1 000 000	1 000 000
产品销售成本				
木材	150 000	300 000	500 000	700 000
装配	400 000	400 000	400 000	400 000
合计	550 000	700 000	900 000	1 100 000
利息支出	350 000			
利润	100 000	300 000	100 000	(100 000)

员工技巧：自己培养还是"直接购买"？

2001 年，奥多比系统公司（Adobe System）首席执行官布鲁斯·奇岑（Bruce Chizen）变革了公司的战略。公司打算不再把主要精力放在图像处理软件（Photoshop）等消费者产品上面，而是专注于销售供公司客户量身定做的 pdf 软件。但是，战略的改变意味着也要改变销售人员的销售技能。2001 年之前，公司的主要销售队伍是把图像处理软件推销给图画设计师们，而随着新战略的确定，销售队伍已不再主要是在画桌旁费尽口舌，而是在公司客户的会议室中谈生意，销售方式发生了变化。然而，新的销售技能怎样形成呢？公司应该培养现有员工、使他们掌握新技能，还是应该"购买销售队伍"、直接聘用拥有新技术的新人？

公司在考虑培训时都会遇到这样的"是购买还是自己培养"的问题，本章的内容主要讲述的就是这个问题。范围经济可以为公司在市场中带来很大的好处。许多与教育相关的成本都是固定成本，比如即使再增加一个学生，学校的成本也不会增加。会计公司从原则上讲可以通过内部培训培养注册会计师，由于培训导致成本增加，这会导致效率低下。公司还可以直接雇用大学毕业生，就会更加有效率。

如果范围经济不能带来很大的好处，公司可能就会采取内部培养的办法，比如，麦肯锡（McKinnsey）咨询公司提供的"迷你 MBA 课程"。麦肯锡公司通常以这个课程培养有很强分析技能的员工（通常是理工科的硕士或者博士），因为他们缺少工作中直接使用的业务知识。虽然大部分顶尖 MBA 课程既提供商业知识的学习机会又提供分析技能的训练，但是麦肯锡的"迷你 MBA 课程"只专注于商业知识方面的培训。彼特·阿提亚（Peter Attia）是麦肯锡招进来的一个普通新员工。之前，他接受的是医学培训，但是当他发现不适合他时，即放弃了医学方面的学习。他认为，"迷你 MBA 课程"是"一个训练营，可以学到以前不知晓的商业知识"。[7] 由于这个课程比会计等课程更加专业，所以与外部教育相比，内部培训并不会产生很大的不经济成本。

直接雇用新人还有以下几方面的优点。第一，教育可以使各类需求不同的公司都招到合适的员工。假定存在两家公司，都需要招聘程序员。一个公司的编程非常复杂，而另一家公司的编程没有那么复杂。如果编程任务艰巨，那么软件公司就愿意付高工资，招到学习拔尖的程序员。第二家公司的编程不复杂，所以也就不愿付那么高的工资。假定各个公司到市场上招聘雇员的标准是每个学生的学分绩。第一家公司就会想招聘学分绩 4.0 的学生，而第二家公司可能只招一个学分绩 3.5 的就够了。如果公司都采取自我培养的方式，雇用没有编程背景的学生，然后培训，那么第一家公司就很难确定是否招到了一个适合的程序员。

第二，学生在接受教育时通常积累了有价值的人脉关系。比如，一家投资银行雇佣了凯洛格商学院的 MBA，那么实际上也就同这个学生的同学建立了关系网。这些学生有可能未来都会成为商业领袖，投资银行会因此受益。如果投资银行自己内部培养，就难以获得这样的网络效应。

诺贝尔经济学奖得主加里·贝克（Gary Becker）曾经指出，决定投资于员工技能训练的最好方法是一个复杂的过程，因为不像实物资本，人力成本与人不可分离。[8]员工的一些技能（贝克称之为"通用技能"）可以适用于其所在的公司，也适用于其他的公司。其所在的公司培训了这些技能、付出了成本，雇员一旦掌握了这些技能，公司就必须提高其薪水。虽然员工可能因技能提高而增加生产效率，但是公司并没有获益，因为培训技能耗费了成本。提供"通用技能"培训（例如麦肯锡的"迷你 MBA 课程"）的公司需要考虑到如何在竞争激烈的劳务市场中获得好处。

因此，公司不愿意花费成本在员工的通用技能培训上，而员工也不愿意投资于具体公司的技能（这些技能只对一个公司适用，而对其他公司没用），他们担心在掌握这些技能之后不能获得奖励。比如，奥多比系统公司的销售人员担心，在自己掌握了销售 pdf 软件的技能之后，公司不给他们相应的奖励，而对其他公司而言，销售 pdf 软件的技能没有实际的意义。员工投资于具体公司技能时会遇到"要挟问题"，这将在后面的内容中阐述。

即使纵向一体化和非一体化所获得的预期利润相同，但纵向一体化的选择仍然具有诱惑力，因为它消除了拉斯迪克之家收入的波动风险。下面这个理由尤其吸引人：拉斯迪克之家的管理层担心，当木材价格很高（为 7 000 美元）时，它会因为没有足够的现金来弥补损失而破产。如果拉斯迪克之家的经理正为这种未知结果而担忧，那么根据上述理由，它应该实行纵向一体化，以消除无法偿付的风险。

然而，拉斯迪克之家不必非得通过纵向一体化来消除收入风险。它可以通过与木材供应商签订长期（即期货）合约来平抑价格波动。这种做法被称为套期保值（hedging），那些产品原料价格易波动的企业总是采用这种方法。例如，人造黄油的一种关键原料是大豆油（其成本占到全部生产资料成本的80%），人造黄油生产商，例如纳贝斯克公司（Nabisco）（其产品有 Blue Bonnet 和 Fleischmann's）和联合利华公司（Unilever）（其产品有 Shedd's）就通过套期保值的做法来抵消价格波动，其方法就是购买大豆油期货。即使拉斯迪克之家不能套期保值，实行纵向一体化的理由仍然是有问题的。毕竟，如果拉斯迪克之家能获得资金购买林地，反过来它也能够获得资金来应对因天气导致的木材价格的短期波动（例如，也许可以找愿意贷款给它购买林地和木材厂的银行设立授信额度）。

并购纵向的合伙企业以阻碍供货渠道可能提供了一条增加利润的简单途径：一家上游企业并购了一家下游垄断供应商，从而拒绝向其竞争对手供货（或者设立一个非常高的价格）。这种战略有许多限制因素。首先，它触犯了反垄断法，法律中禁止许多形式的纵向竞争阻碍。其次，上游企业必须小心谨慎，以免因并购耗费太大；毕竟，下游企业已经具有了垄断势力，大致上可以控制在一个相对高的价格。最后，并购者必须考虑到竞争者开辟新的销售渠道的难度。纵向阻碍战略显然不是万能的。

经济学家已经讨论了一些特殊例子，在这些例子中，阻碍战略可能成功。有一个例子说明一家上游垄断供应商在向下游企业供货时无法保持一个高价格。这种情况是这样发生的：当它以一个高价格向一家下游企业出售后，它发现通过以较低的价格向对价格更为敏感的其他买家供货时可以提高其利润。结果，所有的买家，包括第一家，以后都不会随意接受垄断供给价格。通过前向一体化，供应商可以完全地限制投入品和产出品的供给，从而增加其利润。另一个例子发生在一家上游企业将几家下游企业"包罗"（也就是并购）起来构建一个网络。当网络增长时，剩下的企业可能就会接受较低的价格，而不是想一起被网络遗漏。

外购的理由

企业利用市场（或者说"外购"）主要是因为市场企业通常更有效率，市场企业拥有两种不同的效率：它们利用规模经济和学习曲线，而且它们消除了官僚制。

利用规模经济和学习经济

依常规，人们会认为企业应该将精力集中在它们最擅长的业务上，将其余的事交给独立的外包合作商去做。这种想法的逻辑思路是：与一体化的企业相比，市场企业能够以更高的效率完成大多数活动。原因在于：第一，市场企业也许会掌握一些专有信息或专利，这使得它们能以较低的成本进行生产；第二，市场企业也许能够集合许多企业的需求，从而受益于规模经济；第三，在为多家企业进行生产的过程中，市场企业能够积累自己的经验，从而获得学习经济。

第一个论点无须更多解释，而后两个观点则更为微妙。回顾第 2 章，我们知道，当存在规模经济或学习经济时，与规模较大、经验丰富的对手们相比，生产水平低下或缺乏生产经验的企业可能会在成本上处于严重的劣势。市场企业能够集合多家潜在买主的需求，而一个纵向一体化企业的生产一般只能满足自己的需求。因而，与使用这些原材料的下游企业相比，市场企业通常可以实现更大规模的生产，从而降低了单位成本。

为了解释这一点，我们以汽车生产为例。一家汽车生产商需要许多上游企业的生产资料：钢铁、轮胎、自动防锁死刹车系统（ABS）、立体声音响、电脑设备等等。像克莱斯勒这样的生产商，既可以与上游企业一体化，由自己生产像自动防锁死刹车系统这样的部件，也可以向独立的供应商，如卢卡斯伟利达公司（Lucas Varity）或罗博特博世公司（Robert Bosch）购买。

图 5—3 描述了自动防锁死刹车系统的平均成本函数。根据该图，自动防锁死刹车系统生产的平均成本曲线呈 L 形，这表明存在规模经济。在这个例子中，生产自动防锁死刹车系统的最小有效规模——平均成本最小时的最低产出水平——是产出水平 A^*，相应的平均成本是 C^*。

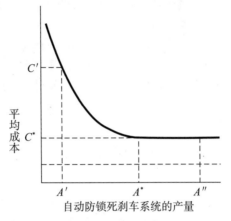

图 5—3   生产成本和自制或外购决策

企业需要产量 A^* 的汽车，以实现最小有效规模，并达到平均成本 C^*。一家只需要 A' 数量的汽车就可满足自身需求的企业的平均成本为 C'，远大于 C^*。一家产量大于 A^*——例如为 A''——的企业，成本等于 C^*，不会处于不利的竞争地位。

假定克莱斯勒希望售出数量为 A'' 的带自动防锁死刹车系统的汽车，其中 $A''>A^*$。因此，克莱斯勒期望能够满足自己的需求，售出足够数量的汽车以达到自动防锁死刹车系统生产的最小有效规模。图 5—3 描绘了这一点，其中产出为 A'' 时的平均成本大约等于 C^*。从成本角度来看，求助于市场企业对克莱斯勒来说没有好处。

现在假定克莱斯勒期望售出数量为 A' 的带自动防锁死刹车系统的汽车，其中 $A'<A^*$。在这种情况下，克莱斯勒无法通过仅满足自身需求的生产实现最小有效规模。由图 5—3 可知，C'——与产出 A' 相应的平均成本，大于最小平均成本 C^*。克莱斯勒可能尝试将自动防锁死刹车系统的产量增至 A^*，这样就能实现规模经济。不过，它也许会生产比汽车数量多的自动防锁死刹车系统；那样它将不得不说服其他汽车生产商购买一些它的刹车系统。看起来并不是这样，对手们也许害怕出现下列问题：克莱斯勒在需求达到高峰时将停止供货，或者克莱斯勒也许会获得关于它们的计划生产水平的至关重要的信息。尽管有这些顾虑，竞争对手们有时也互相购买生产资料。例如，台湾企业捷安特（Giant）既为自己的自行车生产车架，也为特瑞克这样的竞争对手生产车架。

相反，克莱斯勒能够从卢卡斯伟利达公司这样的独立生产商那里购得自动防锁死刹车系统。借助克莱斯勒的购买量，卢卡斯伟利达公司将会达到图 5—3 中的产量 A'。因为汽车生产商的数量超过刹车生产商，所以卢卡斯伟利达公司还可能向其他汽车生产商出售它的自动防锁死刹车系统。这使得

它的产量超过 A'，从而实现规模经济。

卢卡斯伟利达生产刹车可能是更有效率的，但只有当卢卡斯伟利达将一部分成本节余转嫁给克莱斯勒时，克莱斯勒才能获利。在什么样的情况下，卢卡斯伟利达公司会将成本节余转嫁给它的那位下游买家呢？回顾第 1 章的内容可知：如果市场存在竞争，则市场中产品的价格将接近于平均成本。如果自动防锁死刹车系统市场只有 4 个主要竞争者，其性质很可能介于完全竞争和垄断之间。卢卡斯伟利达公司的售价也许会高于 C^*，但不能超过 C'。如果它的价格高于 C'，克莱斯勒就可能以更低的成本自行生产自动防锁死刹车系统。如果市场的情况的确如此，供需双方协商出一个介于 C^* 和 C' 之间的价位，这样卢卡斯伟利达公司可以获得正收益，同时克莱斯勒也享受到一些利用高效市场供应商所带来的好处。

官僚效应：避免代理成本和影响成本

分析人士经常说大型企业会遭受"官僚"制度。这个笼统的词汇涵盖了大量与代理成本和影响成本相关的具体问题。

代理成本

第 3 章已经阐述了管理人和员工如何做出提高企业盈利的决策。前面所讲的内容提到，管理人和员工可能会出现"消极懈怠"的现象，蓄意地使行为和决策不符合公司的利益。代理成本是指代理人"消极懈怠"所产生的成本，需以行政手段来遏制这种情况。代理成本会降低公司盈利，因为员工或者管理人为自己利益而产生的行为和决策并不一定符合公司的利益。

产生代理成本的原因可能很简单，例如人员过多、当使用普通邮件就可以达到目的时却使用特快专递等等。代理成本在一个大型的纵向一体化企业的各内部部门中，或许因不能引起高层管理者的注意从而搁置未决。其中的一个原因就是，大多数大型企业有一般性管理费用或联合成本，这些成本由各部门分摊。这使得高层管理者很难衡量单个部门对企业整体盈利的贡献。第二个原因是，大型企业内部各部门担当了成本中心（cost center）的角色。成本中心独立从事企业的某种活动而且不为企业创造外部收入。医院的洗衣服务中心或银行的数据处理部门就是成本中心的例子。成本中心通常感受不到竞争的压力，因为它们的产品有指定的"客户"。并且，通常也很难对成本中心的效率进行评估，因为一般没有市场检验手段来判断它们的绩效。市场竞争的缺乏以及评估部门绩效的难度，使得高级管理层很难知道相对于可实现的最佳部门绩效，某个内部部门的绩效到底如何。因而，这会放纵部门经理进行那些不利于企业利益的行为。

即便管理层认识到代理成本的存在，它也可能宁可忽视代理成本也不消除它。许多企业不愿因解雇接近退休年龄的工人而引发工人的怨恨情绪，虽然这些工人缺乏生产能力。这样看起来，与市场企业相比，纵向一体化企业的内在优势就是远离竞争、高级管理层没有了控制代理成本的压力。著名经济学家弗雷德里克·冯·哈耶克（Frederick von Hayek）指出："对于一个效率低下的经理来说，很容易就丧失了盈利能力的根源——差异化。"[9]

案例 5—3

索尼公司把各部门连接起来[10]

索尼是世界上最受认可的品牌名称之一。索尼公司一直是家用电子设备市场中的佼佼者，它纵向并购了"软件"（音乐与电影），于 1988 年成功收购了哥伦比亚/哥伦比亚广播电台唱片公司（Columbia/CBS Records），并重新命名为索尼家庭娱乐公司（Sony Home Entertainment）。

20 世纪 90 年代末期，索尼公司与其他硬件制造商联手发布 DVD 技术，其软件与硬件部门的合作推动了公司的发展。当其他动画工作室还在观望的时候，索尼家庭影院公司已经依托哥伦比亚巨大的动画数据库发布了几部影片。21 世纪早期，索尼采取了相同的战略，支持发展高分辨率的超级 CD 音频格式，这一次索尼公司依托哥伦比亚唱片库发布了几百首古典与爵士音乐。

索尼公司的软件与硬件部门的合作并不是一直一帆风顺的。1998 年，索尼公司考虑通过其软件与硬件部门通力合作开发数字音乐技术，从合作刚开始，就出现了争论，争论的焦点是基准规范问题。索尼的个人电脑公司与随身听公司各自都有自己要推广的技术，而家庭影院公司因为担忧会纵容非法下载而反对一切合作，害怕这样会损害其软件的销售。索尼公司最终允许各个部门采取自己的方法，个人电脑部门与随身听部门各发布了相互竞争的产品，而家庭娱乐公司发布了没有与其他硬件部门整合的音乐门户。

与此同时，苹果公司发布了 iPod。iPod 实现了软件与硬件的无缝对接，很快成为 21 世纪新技术的标志。作为回应，索尼公司于 2003 年初推出连接项目（Connect Project），索尼美国公司的两位高管霍华德·斯特林格（Howard Stringe）和菲利普·怀泽（Philip Wiser）主管这个项目。但遗憾的是，怀泽和斯特林格不控制硬件、编程或者索尼家庭娱乐公司。硬件设计师质疑连接项目，因为他们担心索尼家庭娱乐公司反对或阻止整个项目的进程。但事实上，还有更多的实际问题。

斯特林格与怀泽两人意识到，索尼下载与播放数字音乐的软件同苹果公司的 iPod 相比相形见绌，但索尼的软件部门仍然不做任何改进。他们希望连接项目，效仿 iPod 的方式，以随身听设计为基础，以 MP3 格式把音乐储存在硬盘上。但是随身听部门的人员却选择了拥有专利的 Atrac 格式，储存在迷你光盘（一种小型 CD，在日本很受欢迎）上。最终，随身听部门作出妥协，使用硬盘储存，但没有采用 MP3 格式，此前，随身听的负责人抱怨："任何人都可以制作硬盘驱动，因而不感兴趣。"这种缺乏兴趣的行为直接体现在了最终产品的质量上面。索尼数字随身听的评论者表达了对 Atrac 格式的不满，并批评了对用户不友好的界面。更糟糕的是，个人电脑部门没有与连接项目协调，就发布了自己部门的数字音乐播放器。

2004 年 11 月，索尼公司撤销连接项目，设立了连接项目 2.0（Connect 2.0），这是索尼公司内部的一个新部门，拥有自己的软件与硬件团队。新部门借用圣何塞市的软件团队修改用户界面，并且在受到一段时间的阻挠之后，从随身听部门挖来了一个闪存设计团队，索尼个人电脑部门甚至从市场上撤下了其发布的数字音乐播放器。2005 年 5 月，索尼公司在日本发布了新版 MP3 播放器，紧接着，在 2005 年夏季，在北美与欧洲发布。由于功能较少、影响使用的故障不断出现，Connect 2.0 最终与 Connect 的命运一样，都失败了。2006 年，索尼公司把 Connect 改为 SonicStage，这是一款老式家庭产品，用以管理可以插在电脑上的随身设备。但是，这已经太晚了，于事无补，索尼公司最终在 2008 年关停了 Connect 音乐商店。

影响成本

当业务是在组织内部进行时，还会产生另一类成本，保罗·米尔格罗姆和约翰·罗伯茨称之为影响成本（influence costs）。[11] 米尔格罗姆和罗伯茨考察了企业通过"内部资本市场"将财务和人力资源在组织内部各部门之间进行分配的过程。如果内部资本稀缺，那么当资源分配到某个部门或分支机构时，其他部门几乎就没有什么资源可分配了。自然地，经理人会试图影响这一分配。影响成本不仅包括影响活动的直接成本（例如，为了推翻一个不利于他的部门决策，部门经理向核心管理层游说所耗费的时间），还包括由于影响活动所造成的错误决策的成本（例如，由于某个效率低下的部门经理知道如何为获得稀缺资源而进行游说，而使得某些资源分配不当）。由于代理成本的存在，一家大型的纵向一体化企业可能会倾向于产生影响成本，而这种成本是较小的独立企业能够避免的。

通用汽车（GM）内部的供应关系很好地诠释了影响活动对纵向一体化企业的危害。我们假设 GM 新产品的一位项目经理不满意该内部供应商的报价——价格太高，并且以前这个供应商曾发生过质量和交货方面的问题。当这位经理刚刚确定了另外一家外部的投标人时，这位内部供应商就跑到企业总部抱怨，这项零部件业务给其造成的损失会导致已经供应给 GM 的其他类似零部件成本的上升。为什么？因为这会损失这位内部供应商的规模经济，造成它的生产能力过剩。

对于 GM 这种进行批量生产的企业，总部通常都很关注有关规模经济和生产能力方面的问题。于是，总部就找项目经理谈话。同时，这个内部供应商则郑重承诺，未来会更加努力地降低成本，同时提高质量和交货的可靠性，于是他就拿到了这笔生意。从原则上讲，内部市场应该可以保证内部供应部门的诚实性，但通过这种方法，上述作用就被逐渐淡化了。这个过程解释了为什么 GM 在拥有世界上最高生产量的同时，它的许多零部件供应部门的成本也是世界上最高的。[12]

自制的理由

与外购相关的三种主要成本包括：纵向链条中各环节间的不协调所造成的成本，贸易伙伴不愿意收集和分享有价值的信息所造成的成本，以及交易费用。这些问题中的每一个都可归结为制定和执行契约所导致的成本。因此，我们将从研究契约的局限性入手来探讨这些原因。

契约的经济学基础

契约确定了交换条件。契约可以采用标准的形式，如飞机票背面的"协议条款"，或者印在公司订单背面的采购条款；或者，它也可能是相当冗长、复杂的，为的是达成某笔特定交易，因而对条款进行了精心设计。例如，20世纪 60 年代帝国大厦的销售契约，经由 100 多位律师精心打造，契约内容超过了 400 页。[13]

为了更好地理解契约在自制或外购决策中所扮演的重要角色，我们有必要探讨一下企业使用契约的原因。契约的价值不仅体现在契约上罗列了契约一方期望另一方履行的责任和义务，也体现在契约中详细列出的当一方不履行责任时的补救措施。如果有必要，受损方就可以诉诸法院要求强制执行契约。这表明了订立契约的另一个原因——企业不完全相信它们的贸易伙伴。否则，在契约中就没有必要详细说明当企业未能尽最大努力履行其责任时的惩罚措施。

因此，契约保证了各签约方在交易中不会受到机会主义行为的损害。不过，契约并非在所有环境中都同样有效。它们保护选择使用市场方式的签约双方的能力依赖于：（1）契约的"完备性"；（2）现有的契约法。我们依次讨论这两个因素。

完备的与不完备的契约

完备的契约可以消除机会主义行为。完备的契约规定了当事人的责任和权利，以及所有在交易中可预见到的意外情况。当交易展开时，完备的契约可以约束当事人完成特定的行为。在交易过程中，任意一方都不能利用对方地位上的弱点。

完备契约的要求是非常严格的。契约的当事人必须可以预测所有相关的意外事件，并且对每个意外事件共同制订一系列交易各方必须采取的行动计划。各方还必须能规定契约满意履行的组成部分，并且这种履行情况必须是能够衡量的。最后，契约必须是可执行的。这意味着，外部当事人——例如法官或仲裁人——必须能够评判发生了哪种意外事件，并且能够确定当事人是否采取了应对这种意外情况所需的措施。例如，某份契约规定了某种产品的价格由销售者的生产成本决定，这样的契约就是不可执行的，除非存在独立的审计机制能够核实这些成本。

事实上，我们可以想到，现实中的契约合同都不是完美的：它们不能囊括所有可能发生的权利、义务和行为。不完备的合同一般都包含没有定论或者模糊性的内容。比如，库克公司和戴尔托纳公司之间的诉讼案。[14] 1971年，土地开发商戴尔托纳公司卖给库克公司一块位于佛罗里达州马克海岸的土地，这时土地基本上被水淹没，到1980年，戴尔托纳公司把水抽干、填上土，土地产权完成移交。但是，在20世纪70年代，联邦政府对湿地的政策发生了变化，土地开发商很难从美国陆军工程部队（the Army Corps of Engineers）那里获得湿地开发填埋的准许。1976年，戴尔托纳公司没有获得准许，于是便放弃了申请。两个公司的合同中并没有规定在这种情况下该怎么处理，没有规定这种情况下双方的权利和义务，因此，这个合同是不完备的。由于合同中没有描述这样的事情，对于戴尔托纳不移交填埋好的土地是不是违反了合同也就不能明确。结果，两家公司就开始了长达九年的漫长诉讼（库克公司获胜）。

妨碍完备契约签订的因素有三个：

1. 有限理性（bounded rationality）
2. 详细确定或衡量契约履行情况的困难
3. 不对称信息

我们将对此逐一进行讨论。

有限理性

有限理性指在处理信息、应对复杂情形和寻求理性目标时，个人能力的局限性。有限理性的当事人无法推测或列举交易过程中可能出现的所有意外事件，结果导致他们无法签署完备协议。在上述库克与戴尔托纳公司的案例中，戴尔托纳公司在有限理性的基础上提出辩护。它争辩在签订契约的时候，无迹象表明美国陆军工程军团的管理规定会发生改变，也就是说，这基本上是无法预测的。法院认为，原则上这是有效的辩护，但是保留意见认为美国陆军工程部队在这之前在政策上就已开始变得强硬了。这个证据表明戴尔托纳应该可以在契约中包含该风险。

详细确定或衡量契约履行情况的困难

如果契约规定的履行是复杂、精细的，那么即使是最有才华的语言大师也无法清楚地表述每位当事人的权利和责任。所以，契约中的语言常常是模糊不清并且是开放性的，所以人们可能很难清楚地了解契约的履行到底包括哪些内容。例如，新车出租契约中的标准条款使得公司可以因为"过度的磨损和破坏"而向租户收取额外费用。但是，契约没有明确规定"磨损和破坏"与"过度"的含义。如果归还的汽车比展示窗中的状况差，一些租赁公司就凭借这项条款向某些租户收费。

一个相关问题是，履行的程度可能是模糊不清的，或是难以衡量的。例如，在飞机机体制造商和发动机供应商之间的关系中，飞机推动力是双方关注的主要方面。但是人们不能准确地测量推动力，并且每个发动机供应商采用的测量方法也不同。约翰·纽豪斯（John Newhouse）在《花哨的比赛》（*The Sporty Game*）中写道，波音公司的工程师"当谈到哈特福德（Hartford）磅推力［普拉特惠特尼公司］、辛辛那提磅推力［通用电气］和德比（Derby）磅推力［劳斯莱斯公司］时，表现出一脸的无奈。"[15]

不对称信息

即使当事人可以预见到意外事件，并且可以详细指出并衡量相关履行的程度，契约仍然可能是不完备的，这是因为当事人不能获得同等的契约信息。如果一方知道另一方不知道的信息，那么信息就是不对称的（asymmetric），信息灵通方就可能歪曲或误传该信息。例如，假定一份契约规定，如果制造商严把质量关以保证产品的耐久性，它将会得到一笔奖金。因为制造商负责产品质量控制，所以只有它能够证明是否执行了合理的质量控制评估措施。即使它没有这么做，制造商也会宣称它采取了必要的步骤来保证产品的耐久性。由于买家明白制造商的私心，所以买家也会对这些声明提出异议。为了强化该契约的执行，法院将不得不收集有关证据（例如独立审计或双方的证词）来判断双方是否履行了契约。但如果生产的产品很复杂或独一无二，那么仅凭借以上证据很可能就不足以得出结论，法院将很难寻找到依据来解决纠纷。在这种情况下，双方也许就无法签订有关"质量控制"的契约。

契约法的角色

内容完善的契约法使得交易在契约不完备时也有可能顺利进行。在美国，契约法在普通法和《统一商法典》（Uniform Commercial Code，UCC）中均有体现，它管理和调整除路易斯安那州以外各州的契约。契约法指定了适用于各类交易的一系列"标准"条款，使得在每次交易时，当事人不必再指定这些条款。但是，契约法不能成为完备契约的完美替代品，这主要是由于两个原因。第一，契约法条款的措辞含义非常广（"合理的时间"、"合理的价格"），在运用于特定交易时会产生不同的解释。对于复杂的或新颖的交易，相关法规也许不够明晰。应该如何运用特定条款的不确定性，使得相对于理想环境下的完备契约来说，某些交易具有较高的交易费用？

第二，诉讼是一种"使契约完备"的高成本的方法。20 世纪 70 年代中期发生了一起生动的案例，当时威斯汀豪斯公司（Westinghouse）拒绝履行一个 7 000 万磅铀的销售契约，并引用"商业上的不可行性"为自己辩护。[16] 该项条款规定，如果"契约的制定是假设不出现意外事件，而意外事件的出现使得契约履行成为不可行"（UCC 2－504），那么法律允许销售者可以不履行销售契约的义务。在 20 世纪 70 年代早期，威斯汀豪斯同意以每磅 10 美元的价格向一个发电厂出售铀。在签署契约后不久，铀的价格大幅上涨，到 1975 年达到每磅 26 美元。威斯汀豪斯公司认为，价格上涨是不可预见事件（阿拉伯国家的石油禁运和随后的石油价格上涨）的结果，如果继续按照原价格交货，它将会遭受严重的财务损失——按该项契约，损失将超过 10 亿美元。随后的违约诉讼历时 3 年才得以解决。最终，大部分问题都是在庭外解决的，但是发电厂获得的赔偿小于它们本来根据初始契约所能获得的铀的价值。

另外，诉讼还可能弱化或破坏商务关系。如斯图尔特·麦考利（Stewart Macauley）所写的那样："一场未履行契约诉讼也许解决了一个特殊纠纷，但这样的行动经常导致'离异'，结束双方的商务'婚姻'，这是由于契约诉讼至少昭示不良信誉将受到惩罚。"[17] 长期保持的商业关系由于违约诉讼而终止，特别是当事人多年来在关系上的投资使得双方相互依赖时，诉讼的代价将是非常大的。对于双方而言，建立对双方同样有利的新关系也许很难，甚至是不可能的。

学到这里，我们应该明白，合约并不能完全确保是对方履行合同中的义务。如果这样的无效率导致的成本太大，公司应该选择在内部制造，而不是外购。下面将阐述合同无效率导致成本很大的情况：当纵向一体化链条中协同非常重要时；当公司之间必须共享重要信息时；当公司必须做出重大投资决策时。

纵向链条中生产流程的协调

独立企业间的契约通常对于确保生产的协调性至关重要。为了保证生产的协调性，参与者在制定决策时必须部分地顾及合作者的决策。企业间协同合作，就能够确保生产各环节的密切配合，如：

● 时机配合。电影的发行要与广告宣传相互呼应。

● 尺寸配合。汽车顶窗的大小必须与顶篷的开孔严丝合缝。

● 颜色配合。贝纳通（Benetton）春季服装的上衣要与下装相匹配。

● 顺序配合。医疗计划的各项步骤的顺序必须合理。

没有良好的协调，就会产生瓶颈问题。一家供应商未能按时交付零件，可能导致另一家工厂停工。在当地市场的形象宣传的失败可能会破坏一个品牌的形象，降低其销售量。

企业经常依赖于契约来保证协调。契约可以详细规定交货日期、设计偏差或其他履行指标。如果一家供应商未能达到具体的指标，它就要为此付出代价。反过来，如果它的业绩超出了预期，则它将会获得奖励。例如，如果建筑企业提前完工，通常会得到奖励。企业也可能依靠商业协调者（merchant coordinators）——专门从事供应商、制造商和零售商的联结工作的独立企业——来确保纵向链条的协调。

有关契约和中间人的条款比比皆是，不过在一些情况下，契约和中间人提供的保护仍然不够。保罗·米尔格罗姆和约翰·罗伯茨解释道，对于具有设计属性（design attributes）的过程来说，协调尤为重要，因为协调可以保证各个相关的需求以一种精确的方式相互联系，否则将会损失大部分经济价值。[18]表5—3列出了一些属于设计属性及不属于设计属性的行为。在该表前一部分所列的情况中，小错误都会导致大代价，而在后一部分却不尽然。例如，关键零件交付方面的略微延误会导致整个工厂的瘫痪，而工程完工方面的略微延误，虽然会造成麻烦，但还不至于导致危机的出现。

表5—3	设计属性的例子
属于设计属性	不属于设计属性
生产流程启动所必需的零件的及时交货	及时完工
MBA课程的编排	夏令营中体育活动的排序
汽车顶篷玻璃与顶篷开孔的严合程度	自行车手把罩与手把的配合
在小偏差范围内运动衫整体色彩的搭配	在小偏差范围内运动衫整体尺寸的搭配

由于合约的不完备性，企业不能完全依靠合约确保设计属性的充分协调。无论是有意还是无意，上游企业都有可能不采取必要的措施，保证适当的协调。若不协调最终导致巨大的代价，下游企业即使诉诸法律，索取赔偿，也无法弥补其全部经济损失。因此，面对这样一种可能，下游公司希望使所有关键活动内部化，依靠行政命令控制，以实现适当的协调。

企业将设计属性用于组织内部的例子很多。贝纳通公司就自己进行织物的染色工作，因为如果颜色稍微搭配不当，就可能会破坏整件产品。尽管大型制药公司在开发过程中享受到了规模经济和学习收益带来的好处，但许多生物技术企业仍试图将创新与发现融入制度化的过程中。Caremark公司向患有艾滋病、癌症等疾病的患者提供家庭静脉注射治疗，它还自己制作应用软件，因而将对手赶到了新药物治疗的领域中。硅材料芯片制造商既生产配线，又生产半导体晶片，以确保精确的装配。在每一个例子中，关键设计属性中的小错误都会导致灾难性的代价。

私有信息的泄露

企业的私有信息（private information）是其他企业不知道的信息。私有信息通常会为企业带来市场优势。它可能与生产技术、产品设计和消费者信息有关。当企业借助市场来获得供给或销售产品时，它们就要面对失去对有价值私有信息的控制的风险。施乐（Xerox）复印机公司负责技术和市场开发的副董事长在谈到依靠外部的日本供应商时曾说："这不是一个与淳朴的博弈者进行的游戏。它要求进行仔细的研究。如果与日本合作方的关系搞不好，你就可能失去技术和业务。"[19]

定义明确、保障健全的专利会使研发驱动型企业能够外包下游经营活动，而不致损失主要的竞争优势，这些下游活动包括从制造到营销。但是专利并不安全，公司一直担心分享看似被专利保护的关键信息，这种担心使得制药行业中企业之间划分了清晰的界限。由于担心失去对公司科技的控制权，独立的研发公司，例如羽翼未丰的生物科技公司，常常不愿把它们的发现以许可证的形式提供给大公司。特别是有这样一种担心：为说服大型制药公司购买许可证，小公司不得不泄露一些技术秘密，如果泄露太多，大公司会一走了之，没有了购买许可证的必要。所以，尽管大公司拥有规模优势与经验优势，小公司也宁愿通过药物审查过程的方法制造自己的产品。

公司发现，保护与员工分享的关键信息非常困难。传说可口可乐的秘方只有两位主管知晓，而且每人只知道一半。（事实上，一些少数可口可乐高管知道整个秘方。）专业服务公司十分警惕地保护着公司内部关于研究与数据的重要信息，甚至客户名单也要求新员工签署非竞争条款。这些条款的内容包括员工离开公司后，在几年内，不得与公司进行竞争。在非竞争条款的保护下，公司才可以泄露重要的竞争信息。实际上，许多公司发现非竞争性条款实行起来相当困难，使得信息保护并不是十分有效。

交易费用

交易费用的概念首先是由罗纳德·科斯（Ronald Coase）在他的著名文章《企业的性质》（The Nature of the Firm）中提出的。[20] 科斯提出以下问题：既然经济理论强调了竞争性市场机制的效率，那么为什么许多经济活动仍然发生在价格体系之外呢（也就是说，一些厂商以组织内部的集中指导取代了市场交易）？科斯的结论是：通过市场进行外购产生的某些成本能够通过使用企业消除，这些成本被称为交易费用。

交易费用包括谈判、制定和执行契约的时间与费用。交易费用产生于交易的一方或多方存在机会主义行为的时候（即为追求个人收益而牺牲了整体的利益）。因此，交易费用还包括机会主义行为产生的不利后果，以及试图阻止机会主义行为的成本。

契约法可以减少不完备契约下可能出现的机会主义行为，但却不可能消除它。因此，不完备契约将不可避免地带来一些交易费用。为了更准确地解释这些交易费用的性质以及它们如何误导了经济决策，本节先讲述交易费用经济学的三个重要的理论概念：关系专用性资产、准租（quasi-rents）和要挟问题（holdup problem）。接下来分别定义这些概念，并解释其重要性。

关系专用性资产

关系专用性资产指支持某项特定交易的投资。关系专用性资产通常对某项特定交易的效率起着重要的作用。不过，如果将某项关系专用性资产用于另一项交易中，那么必定会牺牲一定程度的生产率，或在调整该资产以适应新交易的过程中需要支付成本。当某项交易涉及了关系专用性资产时，交易各方就不可能在不付出成本代价的条件下更换其交易伙伴。这是因为原交易中涉及的资产必须经过重新配置才可以在新关系中显示出价值，否则就要在新关系中重新投入这笔投资。这意味着，对关系专用性资产的投资在一定程度上把交易各方锁定在了合作关系中。

资产专用性的类型
资产专用性至少有四种类型：
1. 地点的专用性。
2. 物质资产的专用性。
3. 专项资产。
4. 人力资产的专用性。

地点的专用性　地点的专用性是指位置相互靠近的资产可以实现运输或库存成本的节约，或者是获得加工效率上的优势。传统的钢铁加工就是一个很好的地点专用性的例子。冲天炉、炼钢炉、铸造车间和轧钢车间的位置相互靠近，节约了燃料成本。在加工链条中，生铁、钢水和半成品钢在转移到下一个工序前，不必再重新加热。

物质资产的专用性　物质资产的专用性指资产的物理和工艺特性专门适用于某个特定交易。例如，玻璃容器的生产要求所使用的模具必须适用于特殊容器形状和玻璃制造设备。物质资产的专用性阻止了玻璃容器的客户转换供货商。

专项资产　专项资产指专门为满足某一特定采购者的需要而进行的工厂和设备投资。如果没有这位特定采购者的业务承诺，这种投资就不会盈利。国营的英国联合港口公司（Associated British Ports）经常投资于专有设备，以服务于进出口商的特殊需要。比如，一个设施或许设计有装袋设备，以容纳建筑材料，而另一些设施或许装配了混凝土搅拌设备，以处理海成骨料（沙子与碎石）。英国联合港口公司一般要求客户订立长期合约，之后才进行高达数百万美元的投资。

人力资产的专用性　人力资产的专用性是指，一个工人或一组工人所获得的技能、专有技术和信息在某个特定的交易关系中具有较大的价值；而在该交易关系以外，价值就会减小。人力资产的专用性不仅包括有形技能，例如公司专门的电脑操作系统的专业知识；也包括无形资产，例如每个组织都有不成文的"惯例"和"标准操作程序"。已经熟练掌握一个组织惯例的经理，在另外一个具有完全不同惯例的组织中的效率就有可能下降。如果医院研发出了新的治疗方案，对护士和其他专业人员的培训也将为医院所特有，但从另一方面而言，护工和护士的培训可以照搬到其他医院。

根本性转变

随着交易的展开，创建关系专用性资产的需要将使交易关系发生转变。在作出关系专用性投资之前，当事人可能有许多可供选择的交易伙伴，例如，一位买家也许能够在众多可能的卖家中作出选择。这使竞价得以展开。但在关系专用性资产变成沉没成本之后，那些交易当事人就只有少数（如果还有的话）可供选择的商业伙伴，竞价也就不复存在，取而代之的是交易双方通过讨价还价来决定交换的条件。简而言之，一旦当事人在关系专用性资产上进行了投资，它们相互之间的关系就从"大量"的投标状态转变为"小量"的讨价还价状态。奥利弗·威廉姆森（Oliver Williamson）将这种转变称为"根本性转变"。[21]

案例 5—4

美国汽车产业的根本性转变[22]

现实生产中一个根本性转变的例子就发生在美国汽车装配厂及其零件供应商之间。装配厂通常通过竞价寻求外部供应商。装配厂就短期（通常为一年）的供货契约进行招标。契约中要明确价格、质量（例如，每千个零件中次品不得超过两个）以及一份交货时间表。在缔约之前，有许多潜在的竞标者。不过，一旦签订了契约，双方的专用性投资就会将装配厂和零件供应商捆绑在一起，形成相互依赖的关系。为了生产某些零件，装配厂必须投资购买特殊的生产工具。供应商还必须投资于能满足装配厂零件具体要求的设备。因为资产专用性的存在，供应商和装配厂都明白，供应商的投标不仅仅是为了一年的契约，而是为了一个长期的业务关系。

在这种情况下，根本性转变就会使装配厂和供应商的关系变得紧张。因为供应商通常希望与装配厂保持长期关系，所以有时它们会以低于成本的报价来赢得契约，这个战略被称为"买进"。供应商根据以往的经验知道，它可以与装配厂重新谈判，宣称不可预测事件（例如，主要原材料的质量比预期的差）提高了成本。因为在这个阶段，装配厂更换供应商的成本巨大，所以它可能会勉强同意供应商提出的要求。而另一方面，装配厂的采购经理则要承受保持低成本的巨大压力。在竞争性报价阶段，装配厂通常会同好几家潜在的供应商讨论生产图纸。所以，虽然零件投产后，装配厂更换供应商的成本巨大，但它还是可能这么做。装配厂会通过威胁要更换供应商来保持零件的低价格。因为供应商的投资专用于它与装配厂的关系，所以供货契约的终止会给它造成重大损失。这样供应商就不能小视这些威胁。结果是，一旦出现根本性转变，装配厂和供应商的关系通常会变为彼此不信任或不合作。供应商们不愿同装配厂共享有关它们生产操作或生产成本的信息，因为它们担心装配厂会利用这些信息在以后的谈判中压低合同价格。正如沃马克（Womack）、琼斯（Jones）和鲁斯（Roos）所描述的那样，供应商的态度是"我工厂里发生什么是我自己的事情"。[23]这大大阻碍了装配厂和供应商一起努力，提高生产效率和开发新生产技术的能力。

租金和准租

根本性转变会对买家和卖家之间讨价还价的经济性产生严重影响，这种后果又会影响公平市场交换的成本。为了便于讨论这些成本，下面我们先来定义和解释两个概念：租金和准租。

由于租金和准租很难定义，所以我们假设一个交易案例，通过其中的数字对上述概念加以了解。假定你的公司打算建一个工厂，为福特的金牛豹（Taurus）汽车生产茶杯固定架。这个工厂每年能生产 100 万个固定架，每个固定架的平均可变成本为 C 美元。你向银行申请抵押贷款，为工厂建设筹措资金，这笔贷款需要每年归还 I 美元。这样，I 美元的还贷费用代表你投资于这家工厂的年成本。注意，这是不可避免的成本，因为即使不做福特公司的这单生意，你也要偿还抵押贷款。[24]因此你生产 100 万个茶杯固定架的总成本是每年 $I + 1\,000\,000C$ 美元。

你将按要求设计和修建这家工厂，为福特金牛豹生产茶杯固定架。你期望福特公司会以让你有利可图的价格（下面会更详细地讨论）购买你的固定架。但如果你将工厂建起来了，但福特公司却不准备购买你生产的茶杯固定架，此时你还有一个应急选择：你可以向中间商出售这些固定架，它们对这些固定架进行适当的改装，再出售给其他汽车制造商。你预期能从这些中间商那里得到的"市场价格"是 P_m。如果将茶杯固定架出售给中间商，你将获得 $1\,000\,000P_m$ 美元的总收入。

假定 $P_m > C$，那么市场价格可以弥补你的可变成本，但投资的年成本 I 超过 $1\,000\,000(P_m - C)$，就是说 $I > 1\,000\,000(P_m - C)$。因此对你来说，如果你没能如愿地向福特出售茶杯固定架，那么修建工厂就没有意义。从这个角度来说，你的投资有一部分专用于你和福特建立的关系。具体地说，差值 $I - 1\,000\,000(P_m - C)$ 代表你公司的关系专用性投资（relationship-specific investment，RSI）：

● RSI 等于在你的公司不同福特做生意的情况下，你不能收回的投资数额。

● 例如，如果 $I=8\,500\,000$，$C=3$，$P_m=4$，那么 RSI 是 $8\,500\,000-1\,000\,000\times(4-3)=7\,500\,000$。如果你不同福特做生意，而是向中间商出售产品，那么你将损失 $8\,500\,000$ 美元投资中的 $7\,500\,000$ 美元。

案例 5—5

流动的发电厂

你如何同那些不愿进行高度地点专用性投资的商业伙伴打交道呢？这是许多发展中国家在说服外国企业建造电厂时所面临的一个问题。电厂通常是高度专用性资产。一旦某企业在发展中国家建造了电厂，相关的投资就会经历"根本性转变"，成为地点专用性资产。如果购买服务的政府在付款问题上违约，制造商就很难收回它的投资。（企业可以给其他国家的消费者供电，但违约的政府可以轻易地对此予以阻止。）即使制造商仍然拥有电厂，但对违约的担心也早把它们吓跑了。其结果是，电力的短缺阻碍了发展中国家的经济增长。

这个问题的解决办法很有创造性。那就是建造商已经消除了电厂的地点资产的专用性！它们是通过将电厂建在漂浮的船上来实现这一目标的。自20世纪30年代以来，美国海军战舰一直使用涡轮发电机为公用事业提供紧急电源。在甲板驳船上安装发电机的现象最早出现在通用电气公司，二战期间，这家公司为美国军队生产发电驳船。自那时起，发电驳船一直都这样使用至今。由于最近的创新，涡轮发电机的体积变小、可靠性加强，使得在一些小驳船上安装涡轮发电机成为可能。这样的发电驳船在一些发展中国家十分受欢迎，因为这些国家缺少建造发电设备的基础条件，但是油气或者地热能丰富，可以为发电驳船提供燃料。一些发电驳船载有核反应堆，所需的燃料很少。

20世纪90年代期间，发电驳船成为一种受发展中国家欢迎的发电方式。雷神公司（Raytheon）、威斯汀豪斯、史密斯联合电力公司（Smith Cogeneration）和 Amfel 公司等为孟加拉国、加纳、海地、肯尼亚和马来西亚等国家提供流动发电厂，也为中介公司电力驳船公司（Power Generation Corporation）提供流动发电厂。甚至一些发达国家也在使用发电驳船。比如，爱迪生联合电力公司就在布鲁克林郭瓦纳斯运河的一处驳船上安装了涡轮发电机。

发电驳船一般停泊在港口，连接岸上的变压器，把电输送到当地的客户那里。如果买家违约，发电驳船的制造公司或者中介公司就会把驳船拖走，卖给另一家有需求的顾客。流动发电厂也可以在外地组装，然后拖到使用的国家，这有利于降低成本，因为发电驳船制造公司就无须把自己的员工派到遥远的其他国家去组装发电驳船。流动驳船在美国制造的另一个优势是：《美国海商法1936年修正案》规定，在美国制造船舶将会享受很大的融资优惠，即使不在美国登记。流动驳船符合法律规定的条件，因而可以享受到很大的融资优惠。

现在我们可以解释租金和准租了。首先，我们解释租金。假定在你获得贷款来修建工厂生产茶杯固定架之前，福特公司同意每年以每个 P^* 美元的价格购买 100 万个茶杯固定架，其中 $P^* > P_m$。这样，你的公司预期可以从福特那里获得总收入 1 000 000 P^*。假定 1 000 000($P^* - C$) $> I$，考虑到福特将支付的价格，你应该建造该工厂，那么：

- 你获得的租金是 1 000 000($P^* - C$) $- I$。

- 换句话说：假定所有事情都按计划进行，你获得的租金仅仅是你开办工厂时期望获得的利润。[25]

接下来我们解释准租。假定在工厂建起来后，你与福特的生意就终止了。你仍可以向中间商出售这些茶杯固定架。你应该这么做吗？答案是肯定的。即使向中间商出售商品不足以弥补你的投资成本 I，你也应该这么做，因为一旦你建起了工厂，成本 I 就是不可避免的——记住，你仍然必须偿还你的贷款。因此，I 是沉没成本，不影响决策的制定。你应该同中间商做生意，因为 1 000 000($P_m - C$) > 0，也就是说，向中间商出售产品可以补偿你的可变成本。

- 你的准租是这两项的差：你向福特出售产品所获得的利润和你作出次优选择——向中间商出售产品——所获得的利润。也就是说，准租是 1 000 000($P^* - C$) $- I - [1 000 000(P_m - C) - I] = 1 000 000(P^* - P_m)$。

- 换句话说，你的准租是额外利润，等于当交易按计划进行时你所获得的利润减去当你不得不转向次优选择（在我们的例子中，是向中间商出售产品）时所获得的利润。

租金概念为什么重要，似乎不用多说。你的企业——事实上是任何企业——肯定是在预期能获得正的租金后，才会投资于某项资产。但为什么准租的概念也很重要呢？因为准租能够告诉我们要挟问题可能产生的重要影响。在存在关系专用性资产时，就会出现要挟问题。

要挟问题

如果一项资产不具有关系专用性，那么企业无论将该资产用于最佳选择还是次优选择，其从中获取的收益都是相同的。这样，相关的准租将是零。但当一家企业投资于关系专用性资产时，准租将是正值——从最佳选择获得的收益总是大于从次优选择获得的收益。如果准租很大，那么当企业不得不将资产用于次优选择时，企业就会遭受很大的损失。这就会导致这种可能性的发生：契约关系中的一方利用另一方由于关系专用性资产而产生的弱点，要挟这笔大额准租。[26]

- 交易一方会试图通过对交易条件进行重新谈判来要挟另一方。当契约不完备（因此允许违约发生）或者交易合作方在交易中能获得准租时，要挟方就可以从要挟中获利。

为了看清这是如何发生的，我们再回到福特和你的茶杯固定架工厂这个例子中来。福特公司可能会这样推理：你已经把钱投在工厂上了。即使福特"允诺"你每个茶杯固定架价格为 P^*，它也知道你会接受任何高于 P_m 的价格，并仍把产品卖给它。这样，福特可能会违约，给你一个处于 P^* 和 P_m 之间的价格；如果你接受这样的重新谈判，福特就会使其利润得以提高。

福特能够侥幸成功吗？毕竟，难道福特没有同你签订契约吗？好吧，如果契约不完备（因此契约的规定可能是模糊的），福特就可能以这种或那种方式宣称，环境已改变了，违约是合理的。例如，它可能宣称，制造金牛豹牌汽车的成本提高了，这迫使它放弃原车型，除非供应商——例如你自己——同意就契约进行重新谈判。或者它可能宣称，你的茶杯固定架的质量没有达到契约中承诺的要求，必须以更低的价格来补偿质量的缺陷。除非你想控告它违约，与它对簿公堂（这个举动本身代价很高），否则你最好接受福特重新改动的要约，这比不接受要好得多。

如果你不想以违反契约为由到法庭状告福特汽车公司（诉讼行为本身成本很高），你最好接受修改后的报价，而不是提出拒绝。通过违反最初契约，福特"对你进行了要挟"，并将你的一些准租转变为它自己的。为了具体说明这一点，假定 $P^* = 12$ 美元/个，$P_m = 4$ 美元/个，$C = 3$ 美元/个，$I = 8\,500\,000$ 美元。

● 在初始期望价格水平 12 美元/个上，你的租金是 $(12-3) \times 1\,000\,000 - 8\,500\,000 = 500\,000$ 美元/年。

● 你的准租是 $(12-4) \times 1\,000\,000 = 8\,000\,000$ 美元/年。

● 如果福特对契约条款进行重新谈判，将价格降至 8 美元/个，那么每年它将增加 400 万美元的利润，将你一半的准租转变为它自己的。

注意，在要挟发生后，你现在所获利润为 $(8-3) \times 1\,000\,000 - 8\,500\,000 = -3\,500\,000$ 美元。你因此蒙受了损失！这告诉我们，如果你预测到要挟的发生，而不是相信福特的一面之词，你一开始就不会投资建厂。这种情况尤其成问题，因为你的租金小但准租大。当福特要挟你，并从你那里抽走一部分准租时，你的投资最终将得不偿失。这个例子诠释了我们为什么要讨论要挟问题。如果你担心被要挟，起初你可能就不情愿对关系专用性资产进行投资。

要挟问题和交易费用

要挟问题以四种方式提高了公平市场交换的交易费用。它可能导致：

1. 难度更大的契约谈判和更频繁的重新谈判。
2. 为改善事后讨价还价的地位进行投资。
3. 不信任。
4. 减少对关系专用性资产的投资。

契约谈判和重新谈判

要挟问题提高了市场交易费用的最明显的方式是增加了契约谈判的难度和再谈判的频率。当双方估计到有要挟的可能性时,最初的契约谈判可能是既费时又费钱的,因为双方都试图保护自己以后不受要挟。但如果关系过于复杂,拟定完备契约以保护双方利益的能力就会受到限制。当情况发生预料之外的变化时,某一方要挟其商业伙伴的企图可能会导致频繁的再谈判。这也增加了进行交易的直接成本。此外,更频繁的再谈判会伴随着更频繁的延误、交易被破坏、因生产成本的提高而阻碍向客户交货等情况。

案例 5—6

养鸡博弈:肉鸡行业的专用性和投资不足

托米斯拉夫·福克纳 (Tomislav Vukina) 和 Porametr Leegomonchai 最近对饲养专有关系资产投资进行了研究。[27] 顾名思义,肉鸡主要用于生产鸡肉。不像生蛋鸡,肉鸡生长迅速,很快成熟。整个过程就是要把鸡仔养成宰杀的成年肉鸡。

美国的肉鸡养殖业高度集中化。大型肉鸡加工企业(被称为"加工企业")与各个农户(被称为"养殖户")订立合约,让他们养殖肉鸡。加工企业和养殖户的合约通常的对象一般是一茬鸡的养殖,规定加工企业为养殖户提供鸡仔、饲料、医药和一些劳工。而养殖户的义务是提供鸡舍(一种高科技鸡笼)、劳务和管理。加工企业一开始把鸡仔交给养殖户,养殖户把鸡养大之后,再交还给加工企业宰杀。

加工企业为什么选择外购而不自己养殖呢?对于肉鸡而言,生物安全性导致了很大的规模不经济。把太多鸡放在一块儿养殖会增大流行性疾病爆发的可能性。因此,为了应对这样的风险,加工企业把鸡分给各个养殖户养殖(很明智地不把鸡蛋放在一个笼子里)。但是,养殖户必须离加工企业很近,因为成年肉鸡经不起长距离运输的颠簸。

为了成功地养殖,养殖户必须做出很大的投资。容纳 25 000 只鸡的鸡舍的成本高达 25 万美元,也不可轻易用作其他养殖,比如火鸡的养殖。养殖户还必须具备专业的技能,比如卫生安全知识,除此之外,还要付给管理人员薪水。没有形成纵向一体化,再加上巨大的专用性投资,可能会形成加工企业要挟养殖户的局面,因而养殖户可能会尽可能减少投资。

通过考察养殖户的投资数额如何随专用性程度变化,托米斯拉夫·福克纳和 Porametr Leegomonchai 检验了上面的结论是否正确。他们发现,养殖户的鸡舍数量和当地加工企业的数量成正相关。在研究中,对鸡舍的投资是可变的,而鸡舍投资的减少通常意味着全部投资的减少(包括技能培训、雇用劳工的投资)。他们还发现,如果养殖户的投资很有专用性,那么他们对鸡舍很少进行升级改造。因而,专用性和投资不足两者之间是关联的。

为改善事后讨价还价的地位进行投资

由于存在出现要挟的可能，这会引起当事人为了改善他们缔约后讨价还价的地位而进行投资。这种投资可以采取多种形式。例如，制造商为了对付某关键投入品供应商的契约要挟，它可以取得主要投入品的备用生产设备。为了降低单一供应商的要挟风险，厂商也可以寻求投入品的第二货源。例如，20世纪80年代早期，英特尔的客户（包括IBM）强烈要求它提供8088和80286微处理器的第二货源。尽管掌握备用设备以及第二货源能降低要挟的可能性，但它们并非毫无代价。按原料供应商的生产设备仿制的备用设备可能很长时间闲置，这产生了高成本的多余产能。

不信任

一个更不容易察觉但确实存在的要挟成本是不信任，它可能出现于交易关系各方。缺乏信任会以两种方式提高交易费用。其一，它提高了契约谈判的直接成本，因为各方坚持应在契约中加入更正式的防范条款。其二，不信任阻碍了旨在提高生产效率和改进质量的信息或主意的共享。行业专家将这一点作为生产成本高和零件质量不尽如人意的原因。

减少投资

最后，也许是最糟糕的，要挟的可能性可能会减弱交易方在专用性资产投资方面的积极性。投资不足可能以几种方式出现。企业可能缩小对关系专用性资产的投资规模。例如，某家铝制品生产商可能兴建一家小型精炼铝厂，而不是大型的。或者企业可能用通用资产来取代专用资产。例如，某家铝制品生产商可能兴建一家能处理多种不同等级铝土矿的精炼铝厂，而不是只能处理一种的。

关系专用性资产投资不足会产生一些问题，因为关系专用性投资通常能使企业获得某种效率，这种效率是它们利用通用投资所无法获得的。例如，比起只处理一种特殊类型铝土矿的精炼厂，一家处理多种等级铝土矿的精炼铝厂通常经营成本更高。当要挟问题导致关系专用性投资不足时，结果可能是更低的生产率和更高的生产成本。

概述：从关系专用性资产到交易费用

因为本节形成的观点既复杂又微妙，因此我们扼要说明论证的主线：
- 关系专用性资产是投资于某一特定交易的资产。重新分配关系专用性资产会降低它的生产率或提高成本。
- 关系专用性资产会产生准租。当双方按计划运用了关系专用性资产并且交易如期进行，关系专用性资产可用于最佳选择时，企业通过关系专用性资产获得的准租等于企业获得的超额利润。

● 当交易一方能获得准租时，它可能会受到交易伙伴的要挟。这种现象发生时，交易伙伴会将一部分准租转变为自己的利润。如果契约非常不完备，以至于难以证明一方违约，此时要挟就会特别具有诱惑力。

● 潜在的要挟提高了市场交易的成本，方式有：使契约谈判趋于紧张的局面，促使交易当事人投资于"防范性措施"以改善契约后讨价还价的地位，引发不信任以及导致对关系专用性资产投资的减少。

双重边际化：最后一个考虑的因素

当拥有市场力量的一个公司纵向合并另一个拥有市场力量的公司时，还需要考虑一个因素：双重边际化。当上游公司利用市场力量设定的价格超过其边际成本时，便出现了双重边际化。下游公司购买高售价的进货，然后利用市场力量抬高本公司产品的价格。事实上，售价被抬高，两倍于上游公司的边际成本。这会导致最终产品的价格被抬高（比双方利润最大化的价格还要高）。合并上游公司之后，下游公司可以根据真实的生产边际成本设定价格，从而避免因为高价的进货而人为抬高市场成本。这将降低零售价格，并且提高合并后公司的利润。

自制与外购决策小结：自制与外购决策树

自制与外购决策涉及一体化过程中几种利益和成本的平衡计算。管理者可能很容易在这种复杂的平衡中迷失方向。图5—4给出了一系列问题，以引导管理者纵览决策过程。管理者首先必须估计市场是否提供了对纵向一体化的任何可替代的选择。如果没有，企业就必须在自制与外购之间进行选择，要么自己承担这项任务，要么通过建立合营企业或战略联盟获取准独立供应商的支持。如果市场确实提供了对纵向一体化的可替代的选择，那么管理者必须判断市场关系是否会受到信息、协调或要挟问题的制约。如果不存在这些问题，那么企业应该利用市场。但如果存在这些问题，那么经理人最终必须判断，通过契约（支持利用市场）或内部管理（支持一体化），这些问题能否得以消除。

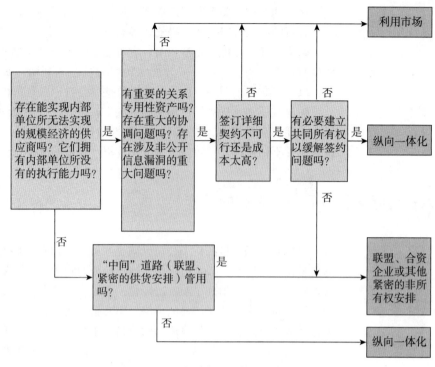

图 5—4　框架总结：问题树

经理人在制定自制或外购决策前必须回答一系列问题。

本章小结

● 任何产品和服务通常都是通过纵向链条上的一系列活动产生的。生产活动贯穿于从上游原料供应商到下游制造商、经销商和零售商的整个过程。

● 纵向链条包括与加工和分配投入品及产出品直接相关的加工和处理活动，以及专业的支持性活动，例如会计和规划。

● 对于任何厂商来说，一个基本问题就是确定纵向链条中哪些步骤应该自己完成，哪些又应该交给市场中的独立厂商去做。这被称为"自制或外购"问题。

● 一个关于自制或外购争论的谬论是，厂商应该外购以避免产生相关成本。实际上，厂商进行外购也无法避免这些成本的产生，因此也会相应地支付费用。

● 第二个谬论是厂商应该自制，而不是外购，从而为它们自己保留那些由独立厂商挣得的利润。这些利润通常代表了吸引投资所必需的回报，这对于"自制"厂商的要求和独立厂商的要求是相同的。

● 第三种谬论是，纵向一体化的厂商能够以成本价自行生产投入品，因此比那些必须以市场价购买原料的非一体化厂商有优势。这个论点忽视了纵向一体化厂商的一种暗含的机会成本：在使用这些投入品生产最终产出品时，它放弃了把这些投入品在公开市场上对外销售的机会。

● 自制或外购问题的解决取决于哪个决策可以使生产的效率最大化。这是通过评估使用市场进行外购的成本和收益来确定的。

● 市场厂商通常能实现投入品生产的规模经济，而选择自己生产原料的厂商做不到这一点。

● 市场厂商还具有其他优势。纵向一体化厂商内的某个部门可能由于复杂的监督和报酬体系而抑制了效率。而独立厂商必须在市场竞争中生存下来，这一点激发了生产效率和创新。

● 纵向一体化厂商可能试图仿效市场激励，但是许多厂商都会遇到有关激励（代理成本）和为资源而进行内部游说（影响成本）等问题。

● 使用市场外购的厂商常常会遇到协调问题。对于具有设计属性的投入品来说，协调尤其是个不容忽视的问题，要求厂商精心地融合不同部件之间的差异。

● 如果存在泄露有价值的非公开信息的风险，厂商可能就不愿利用市场进行外购。

● 利用市场厂商可能会产生交易费用。

思考题

1. 描述电脑游戏制作的纵向链条。

2. 一家铅笔制造商计划与上游的菜油生产企业实行一体化。菜油是生产形成橡皮的橡胶状材料（硫化油膏）的关键要素。菜油在国际商品市场上销售，它的价格随着供需情况的变化而波动。支持纵向一体化的观点认为："铅笔生产对利用程度非常敏感。（也就是说，相对于不完全开工的工厂来说，完全开工的工厂可以生产出单位成本更低的铅笔。）拥有自己的菜油供给来源，可以使得我们不受菜油短期供需失调的影响，也就使得我们具有比竞争对手更大的竞争优势。"解释为什么这个观点是错误的。

3. 马梯达罐装厂商（Matilda Bottlers）签订了一份终身契约，因此拥有了 Big Gator 产品在澳大利亚的几个州的独家经销权。Big Gator 产品在这些州占据了 7％的市场份额，同其全国份额相近。马梯达通过独家经销的垄断权，以比其他澳大利亚经销商出价低得多的价格购买 Big Gator 的产品。这能成为 Big Gator 公司收购马梯达罐装厂商的充分理由吗？

4. 下列各种情况中，为什么企业有可能从纵向一体化中受益？

（a）在铁路终点站设置一个谷物升降机。

（b）某产品制造商享有全国性品牌声望，但在地区市场上，它通过经销商安排广告宣传和促销活动。

（c）一家生物技术企业开发出一种新产品，并交由另外一家已建立的医药公司来生产、检验和销售。

5. 考虑下面几对情况。在每对情况中，哪一种情形更可能受到协调问题的影响？

（a）由一家园艺公司负责维护某个家庭拥有的草坪；由一家园艺公司负责维护一个足球场的草坪。

（b）设计一个装工具的工具箱；设计一个安装微型硅芯片电线的晶片。

6. 大学一般倾向于高度一体化：许多系都属于同一组织。在技术上，并不存在阻碍大学通过契约将各个独立的系联结在一起的因素，这就类似于网络型的组织将各个独立的业务部门联系起来。你认为大学为什么不是以这种方式组织的呢？

7. 为什么信息不对称会导致无效率行动？

8. 某些契约，如市政当局与公路建筑公司签订的契约，内容涉及面广，且条款清楚地描述了每个细枝末节。另外一些契约，如咨询公司和它们的客户签订的契约，则篇幅很短，并且对于责任部分的描述非常模糊。什么因素可能导致这种在契约篇幅和细节方面的差别呢？

9. "如果企业的治理职能无法保护专用性资产，那么企业仍有可能展开公平交易。"试评论这一观点。

10. 假定阿诺德·施瓦辛格（简称 AS）预付贝赞可、德雷诺夫、尚利和谢弗（简称 BDS²）500 万美元写一个电影剧本，片名为《不完备契约》，这是一本极受欢迎的商业战略课本的电影版。契约中规定了特殊的剧本要求，例如由 AS 扮演一个坚强、沉默寡言的企业战略家，有着超人的分析能力。BDS² 花费了约 10 万美元的时间成本，为前"终结者"（即 AS）量身定做了一个剧本。当他们把剧本交给 AS 时，AS 声称这个剧本未能达到契约的要求，没有几场激情的爱情戏，并试图重新谈判。考虑到"激情"这个词的定义具有模糊性，所以 BDS² 被迫同意了 AS 的要求。

（a）BDS² 的租金是什么？

（b）他们的准租是什么？你必须依据什么假设来计算这个准租？

（c）BDS² 有可能要挟 AS 吗？为什么？

11. 许多现代的美国行业似乎存在下列模式：

（a）小企业比大企业更可能将原材料的生产外包。

（b）"标准的"原材料（例如一种简单的、可以由几家电子产品制造商共同使用的晶体管）的生产比"特制的"原材料（例如为满足某个制造商的特殊要求而设计的电路板）的生产更可能实行外包。

什么因素可以解释这些模式？

【注释】

[1] 本例的信息摘自 Orwall, B. and M. Peers, "The Message of Media Mergers: So Far, They Haven't Been Hits," *Wall Street Journal*, May 10, 2002, p. A1。

[2] 摘自 *Chicago Tribune*, February 21, 1993, section 1, p. 15。

[3] Hagel, John and Marc Singer, "Unbundling the Corporation," *The McKinsey*

Quarterly，3，2000，148 - 61.

　　[4] 引自 Daniel Jacobs，"Mylan Buy's Merck Unit for ＄6.7B，" *International Business Times*，May 14，2007。可从下面的网址获取：July 10，29 at http：// www. ibtimes. com/aritcles/20070514/merck-mylan-generic-drugs-acquisition. htm。

　　[5] Ibid.

　　[6] 将事件发生的概率乘以与之相关的效用并求和，就得到效用的期望值。在本例中，期望值是（1/3）×（－100 000）＋（1/3）×100 000＋（1/3）×300 000＝ 100 000。

　　[7] "Best Firms to Work for：Mckinsey and Company，" *Consulting Magazine*，September 28，2007.

　　[8] Becker，G.，*Human Capital：A Theoretical and Empirical Analysis*，*with Special Reference to Education*，Chicago，University of Chicago Press，1964.

　　[9] Von Hayek，F.，"The Use of Knowledge in Society，" *American Economic Review*，35，September 1945，pp. 519 - 530.

　　[10] 关于本例子更多的信息，参见 Dvorak，P.，"Out of Tune：At Sony，Rivalries Were Encouraged；Then Came iPod，" *Wall Street Journal*，June 29，2005，p. A1。

　　[11] Milgrom，P. and J. Roberts，"Bargaining Costs，Influence Costs，and the Organization of Economic Activity，" in Alt，J. and Shepsle，K.（eds.），*Perspectives on Positive Political Economy*，Cambridge，Cambridge University Press，1990.

　　[12] Womack，J.，D. Jones，and D. Roos，*The Machine that Changed the World：The Story of Lean Production*，New York，HarperCollins，1990，p. 143.

　　[13] Macauley，S.，"Non-Contractual Relations in Business：A Preliminary Study，" *American Sociological Review*，28，1963，pp. 55 - 67.

　　[14] *Cook* v. *Deltona Corp.*，735 F2d 1552（1985）United States Court of Appeals，Eleventh Circuit.

　　[15] Newhouse，J.，*The Sporty Game*，New York，Knopf，1982，pp. 53 - 54.

　　[16] Joskow，P.，"Commercial Impossibility，the Uranium Market，and the Westinghouse Case，" *Journal of Legal Studies*，6，1977，pp. 119 - 176.

　　[17] Macauley，S.，"Non-contractual Relations in Business."

　　[18] Milgrom，P. and J. Roberts，*Economics*，*Organization and Management*，Englewood Cliffs，Nj，Prentice-Hall，1992.

　　[19] Zachary，G. Pascal，"Getting Help：High Tech Firms Find It's Good to Line Up Outside Contractors... As Fear of Losing Expertise Fades，Many Now Make Only Part of a Product... Corporate Alliances Increase，" *Wall Street Journal*，July 29，1992，pp. A1，A5.

　　[20] Coase，R.，"The Nature of the Firm，" *Economica*，4，1937，pp. 386 - 405.

　　[21] Chapter 2 of Williamson，O.，*The Economics Institutions of Capitalism*，New York，Free Press，1985.

　　[22] 该讨论摘自 Chapter 6 of Womack，J.，D. Jones，and D. Roos，*The Machine that Changed the World：The Story of Lean Production*。

　　[23] Womack，Jones，and Roos，*The Machine that Changed the World*，p. 144.

　　[24] 特别是当我们假设在没有违约或宣布"破产"的情况下，一旦建了这家工

厂，在任何情况下你都得偿还抵押贷款。为了证明这个假设的合理性，设想你的公司在其他地区进行了许多获利颇丰的商业活动，获得了足够的现金，在任何情况下都足以支付建工厂的贷款费用。这样，不论这家工厂经营得多惨淡，在法律上，你都必须偿还贷款。

[25] 租金与经济学中所讲的经济利润的概念相同，我们经常交换使用这些术语。将它与企业财务上的一个重要概念联系起来：当一项投资获得的租金为正时，也就是获得的净现值为正。净现值的概念见经济学基础知识。

[26] "要挟问题"最初源自 Victor Goldberg， "Regulation and Administered Contracts," *Bell Journal of Economics*，7，Autumn 1976，pp. 426 - 448。

[27] Vukina, T. , and P. Leegomonchai, "Oligopsony Power, Asset Specificity, and Hold-Up: Evidence from the Broider Industry," *American Journal of Agricultural Economics*，88，2006，pp. 589 - 605.

第 6 章　组织纵向边界：纵向一体化及其选择

在第5章中，我们曾指出组织纵向链条是企业的一个选择。企业可以通过公平市场交易来组织交换，也可以在内部来组织交换，即纵向一体化。尽管我们讨论了影响市场交换效率和纵向一体化效率的相关因素，如规模经济、激励、协调、非公开信息的泄露和市场交换的交易费用，但我们还没有系统地研究在特定环境中，这些因素是如何相互制衡的。我们必须对其进行研究，这非常有助于我们了解不同行业间纵向一体化的差异（例如，铝业厂商要比锡业厂商的纵向一体化程度高），以及同一行业中的不同企业间纵向一体化的差异（例如，通用汽车的纵向一体化程度高于福特）。此外，同一企业的不同业务间也存在这种差异（例如，美国企业倾向于外包运输服务，其外包程度远高于库存或存货管理）。

在本章第1节，我们将衡量纵向一体化的优势，并把它作为行业、企业和交易特性的一个功能。然后，我们将讨论在特定行业中的纵向一体化，如汽车、航空和电力行业。本章还将研究除第5章中讨论过的因素之外，是否还存在其他影响企业进行纵向一体化决策的因素。我们将特别关注关系专用性资产的所有权是如何影响纵向一体化决策的。最后，我们还将探讨除了签订公平市场契约和实行纵向一体化方式之外，其他组织市场交换的方式。

技术效率与代理效率

经济化

按与技术效率或代理效率的相关程度，可以对依靠市场所取得的成本和收益进行分类。经济学对技术效率有下面几个解释。其中，一个狭义的解释是，它表示在给定投入组合下，企业尽其可能进行生产的程度。一个广义的解释，也就是本章所使用的解释是，技术效率显示了企业是否在采用成本最低的生产过程。例如，如果某种特殊产品需要专业的工程技术才能实现高效率的生产，但企业的投资无法实现这种专业的技术，那么该企业就无法得到最高的技术效率。不过，企业通过从市场企业那里购买这种自己无法制造的产品，或投资自主研发生产技术，就能获得技术效率。

代理效率是指，在什么程度上组织纵向链条中的商品和服务交换，可以将我们在第 3 章中讨论过的协调、代理和交易费用降至最低。如果交换不能降低这些成本，那么企业就没有获得完全的代理效率。考虑到交换过程提高了生产成本（例如，受到要挟问题威胁而造成关系专用性投资减少、生产成本增加），我们将把上述现象归类为代理非效率而不是技术非效率。

自制或外购决策的解决方案通常涉及代理效率和技术效率的矛盾。例如，某家电脑制造商通过市场获取存储芯片，从而利用了专业芯片制造商的优势，它可能因此而提高了技术效率。但这样的安排可能会降低代理效率，因为企业必须在契约中详尽地制定履行说明和报酬。生产中合理的纵向一体化组织必须在技术效率和代理效率间寻找一个均衡。奥利弗·威廉姆森使用"经济化"（economizing）来描述这个均衡过程。[1]

威廉姆森认为，最优的纵向一体化组织可以减少技术非效率和代理非效率的总和。也就是说，纵向链条中进行交换的各方可以通过精心安排交易过程，使生产成本和交易费用总和最小化。在某种程度上，利用市场有利于使生产成本最小化，而纵向一体化则最有利于使交易费用最小化，因此我们就不可避免地要在两种成本之间进行权衡。即使是组织结构最佳的企业也无法克服权衡的影响，其结果会表现为高生产成本、官僚主义、交换中断和诉讼等。

技术效率与代理效率的权衡和纵向一体化

图 6—1 提供了一个有利于考察代理效率和技术效率相互作用的方法。[2]图中描绘的是交换的商品量固定在某一特定水平上的情况。纵轴表示内部组织的成本与市场交易成本间的成本差异。正值表示内部组织成本大于市场交

易的成本。横轴表示资产的专用性，以 k 表示。k 值越高，资产专用性程度越高。

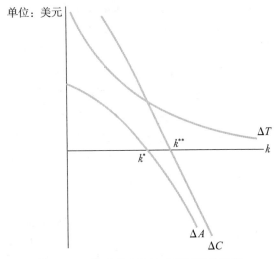

图6—1 代理效率和技术效率间的平衡

　　曲线 ΔT 表示纵向一体化时的最低生产成本与公平市场交换时的最低生产成本之差；也就是说，它反映了技术效率的差异。曲线 ΔA 表示纵向一体化生产的交易费用与公平市场交换的交易费用之差（这个差异包括由于激励水平低或要挟问题导致的投资不足，而使得生产成本高于最低水平）。换句话说，这条曲线反映了代理效率的差异。曲线 ΔC 是 ΔT 和 ΔA 在纵轴上的加总，表示纵向一体化和市场交换的整体成本差异。

　　曲线 ΔT 表示技术效率差异，代表企业通过纵向一体化自行生产和通过公平市场交易获得的成本之间的差异。这里我们排除了两种不同的组织方式由于在控制成本的激励方式或降低成本的工艺改造等方面存在差异而造成的生产成本的增加。ΔT 在任何水平的资产专用性下都为正值，这是因为外部供应商可以积累其他买家的需求，并且能够比那些自己生产原材料的企业更好地利用规模经济和范围经济来降低生产成本。成本差异随资产特性的下降而下降，这是因为资产专用性越高，意味着投入品的专用性越强，从而外部供应商的销路越少。所以，资产专用性越高，外部供应商的规模经济和范围经济的优势越弱。

　　曲线 ΔA 反映了代理效率的差异，它衡量企业通过内部生产获得和通过公平交易从外部购买所产生的交换成本的差异。当产品购自外部供应商时，这些成本包括交换谈判的直接成本、签订和执行契约的成本、与要挟和对关系专用性资产投资不足（我们在第5章讨论过）相关的成本。除此以外，还包括第3章中讨论过的协调失败和私有信息泄露的成本。若产品是自行生产的，这些成本同样包括第5章讨论的代理成本和影响成本。简而言之，ΔA 曲线反映了两种交易组织模式的代理效率差。

　　ΔA 曲线为正表示资产专用性水平低（位于 $(k，k^*)$），为负则表示资产专用性水平高。当资产专用性水平较低时，要挟就不是一个重要的问题。由于不存在重大的要挟问题，市场交换可能比纵向一体化更具有代理效率，因为正如第 5 章讨论过的，独立企业常常比纵向一体化企业的各分支机构有更强烈的创新和控制成本的意愿。随着资产专用性的增强，市场交换的交易费用也上升，当超过了临界水平 k^* 时，这些成本继续增加，以至纵向一体化比市场交换更具代理效率。

曲线 ΔC 是 ΔA 和 ΔT 在纵轴上的加总。它表示纵向一体化下的生产成本和交换成本与市场交换下的生产成本和交换成本之差。若该曲线为正值，那么公平市场交换优于纵向一体化；若为负值，则使用市场的交易费用多于生产成本的节约，纵向一体化更优。如图 6—1 所示，当资产专用性足够低时（位于 (k, k^{**})），市场交换更优。当资产专用性大于 k^{**} 时，纵向一体化是组织交易的优选模式。

随着生产中的规模经济的缩小，纵向一体化会变得更有吸引力。为了阐述此问题，让我们回忆一下，ΔT 曲线的高度反映了独立制造商通过向其他企业出售产品来达到规模经济的能力。规模经济越弱，则 ΔT 和 ΔC 越向下方偏移，这将导致纵向一体化优于公平市场契约的程度更大。在极限处，随着规模经济的消失，ΔT 曲线与横轴重合，此时纵向一体化和市场采购的选择完全取决于代理效率，即 ΔA 曲线。

图 6—2 描绘了随着交易规模的增加，市场契约和纵向一体化之间的选择的变化。这时会有两种效应。第一，纵向一体化企业由于产量更高，从而能够更加充分地利用规模经济的优势，这就降低了内部组织在生产成本方面的劣势，即 ΔT 曲线向下偏移。第二，交易规模的增加突出了能够降低生产成本的组织模型的优势。也就是说，ΔA 曲线通过点 k^* 后将顺时针旋转。这两种变化将使曲线 ΔC 与横轴的交叉点向左移动，从 k^{**} 到 k^{***}。（实线为转移后的曲线，虚线为原曲线。）这就扩大了使纵向一体化成为更优的组织模式的范围。此外，当交易规模扩大时，对于任何给定水平的资产专用性，纵向一体化更可能是组织交易的优选模式。

图 6—1 和图 6—2 给出了有关纵向一体化吸引力的三个重要结论：

（1）规模经济和范围经济（scale and scope economies）：我们知道如果外部市场专家能够更好地利用规模和范围经济，企业在纵向一体化中的获益就将减小。如同我们在第 2 章中讨论的，规模经济和范围经济的一个关键来源是"不可分割的"、前期的"启动"成本，例如对实物资本和生产技术的投资。从这一点来看，如果投入品的生产涉及大量的前期启动成本，并且投入品的外部供给市场很广阔，那么纵向一体化要劣于市场交换，企业更应该依靠外部的市场专家来获得投入品。特别是对于资本密集型的或是通过获取经验和专有技术，生产商能以更低的成本生产的常规产品或服务，情况更是如此。

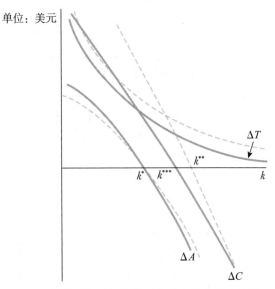

图 6—2　规模增加对权衡代理效率和技术效率的影响

随着交易规模的增加，企业对投入品的需求增大，纵向一体化使企业能更好地利用生产中的规模经济和范围经济。所以，相对于市场企业，它的生产成本的劣势也将降低，即 ΔT 曲线将向下偏移。（虚线表示原交易规模时的曲线；实线表示当交易规模增大后的曲线。）同时，扩大的规模更表明了最低交换成本的组织模式的优势。这样，ΔA 曲线通过点 k^* 后将顺时针旋转。所以，曲线 ΔC 与横轴的交点向左移动，从 k^{**} 到 k^{***}，这就增加了纵向一体化在组织交易中的优势。

（2）产品市场的规模及其增长（product market share and scope）：企业产品市场的活动规模越大，纵向一体化就可使企业获得更多的利益。这是因为如果企业生产的产品增加，它对投入品的需求也会增加，企业自身生产投入品也就更可能像外部市场专家一样，利用规模和范围经济的优势。这暗示着产品市场占有率较高的企业比占有率较低的企业更可能从纵向一体化中获益。它也暗示着如果企业拥有多条生产线，则企业可以从纵向一体化产品零件生产中获得更多利益，从而也就能够达到显著的市场规模。但是，如果企业是为追求"时尚"或"新潮"而进行小规模零件生产纵向一体化，其获益则较低。

（3）资产专用性（asset specificity）：如果投入品的生产涉及关系专用性资产的投资，企业则能从纵向一体化中更多地获益。如果资产专用性非常高，即使在原材料的生产表现出强规模经济特征或企业产品市场规模小的情况下，纵向一体化也将比公平市场交换更加有利可图。

现实世界的证据

有证据表明，许多现实中的企业行为是符合上述这些准则的。我们首先看一看商业历史。第 4 章讨论的等级制企业的演变显然符合产品市场规模和资产专用性效应。现代企业成长的关键性一步是制造商实行营销和分销的前向一体化。1875—1900 年之间，技术突破使得制造业中出现了前所未有的规模经济。这一点连同运输和通信方面的进步引发的市场规模的扩大，导致了资本密集型行业，例如钢铁、医药、食品加工和轻机械行业中企业规模的显著增大。

随着这些企业的成长，它们也就开始了纵向一体化的进程。1875 年前，大多数制造商依靠独立的商业中介机构来分销产品。因为一家中介机构能集合许多制造商的需求，因此它能以比任何单个制造商都低的单位成本销售和运输产品。不过，在销售和运输领域中，仍存在制约规模经济和范围经济的因素。由于资本密集型行业中的制造商规模的壮大，独立的批发和营销机构丧失了许多基于规模经济和范围经济的成本优势。在这种情况下，制造商实行营销和分销前向一体化，这样的结果与企业规模假设相一致。正如资产专用性假设所预测的那样，前向一体化最可能出现在需要投入专门性人力资本的产品（例如乔治·伊士曼（George Eastman）公司的照相机和胶片营销）或是专门性设备和设施（例如，古斯塔夫斯·斯威夫特（Gustavus Swift）公司的冷藏库和厢式货车）的生产型企业。对于那些制造商规模较小（例如家具和纺织产业）和/或营销与分销不需要专用性资产的产业（例如糖果业）而言，制造商会继续依靠独立的商业中介机构运输和销售它们的产品。

另外，各种行业纵向一体化的统计结果也与我们以前学到的理论相符。下面我们来看几个战略研究的例子。

汽车行业　在一项经常被引用的经典研究中，柯克·蒙特维德（Kirk Monteverde）和戴维·蒂斯（David Teece）分析了通用汽车和福特在零部件的纵向一体化与市场采购之间所作出的选择。[3]蒙特维德和蒂斯对设计工程师们作了调查，确定了在 133 种不同零部件的设计中，工程学知识所起的重要作用。工程学知识的作用越大，可能涉及的人力资产专用性就越大。因此蒙特维德和蒂斯认为，对于涉及较多工程学知识投入的零件，汽车制造商会倾向于自制；而对于涉及相对较少工程学知识投入的零件，汽车制造商则倾向于外购。他们的数据分析结果肯定了他们的假设。他们还发现，在资产专用性相同的情况下，通用汽车公司的零件纵向一体化程度要高于福特公司。这一点也与企业规模假设相一致。

航天业　斯科特·马斯滕（Scott Masten）对某大型航天系统中的近2 000 个零件的自制或外购决策进行了研究。[4]他请采购经理给零件的设计专用性评级，即零件在该公司的专用程度和在其他航天公司或其他行业的公司中易于使用的程度。晶体管或电阻正是非专用性产品的一个例子；有特殊规格的电路板则是具有高度设计专用性零件的例子。马斯滕的发现与资产专用性假设相一致。他发现，产品的设计专用性越高，企业通过纵向一体化进行自制的可能性越大。此外，他还研究了零件复杂性，即零件的相关性能参数的数量和评估达到优良性能的难易程度对决策的影响。他发现，越复杂的零件越可能由企业进行内部生产。当采购的零件越复杂或越不易衡量其性能时，契约也就越难加以拟定。因而，公平市场交易中的各方会发现，契约很难保障他们的利益，如理论所述，马斯滕发现，零部件的制作越复杂，越可能被公司内部化生产。

电力行业 保罗·乔斯克（Paul Joskow）对电力行业与煤炭采掘业的后向一体化程度进行了研究。[5]燃煤发电厂有时会坐落于煤矿附近，这是为了最大限度地减少运煤成本，提高发电营运效率。传统上，坑口电厂的锅炉设计会恰好与特定煤矿出产的煤的特性相匹配。这家电厂还可以投资于铁路和运输，这样就为煤厂提供了现场的能源需求，从而提高了煤厂的产能。这样，电厂和煤矿之间的关系就融入了地点与实物资产的专用性。乔斯克发现，坑口电厂比其他企业实行纵向一体化的可能性要大很多。乔斯克还发现，那些没有实行纵向一体化的煤炭供应商，要依赖于包含大量防止要挟的安全措施的长期供应契约来保护它们的利益，它们很少同煤矿签订短期的开放式契约。

电子零件业 埃琳·安德森（Erin Anderson）和戴维·施米特伦（David Schmittlein）研究了电子零件制造商和产品代销机构之间的纵向一体化。[6]制造商的产品代销机构为制造商销售产品。这些代销机构除了为多家制造商做代理并挣取佣金外，其职能与企业的销售部门相似。安德森和施米特伦调查了16家主要电子零件制造商的区域销售经理，从而确定了某一区域中的某种产品的销售对独立销售人员和代销机构的依赖程度。这项调查衡量了为执行销售功能而投入的专用性资产的数量，以及对推销员业绩进行评估的难度。资产专用性的评估因素包括：销售人员应该用于了解公司产品的时间长度；销售该产品需要额外培训的程度；推销员和客户之间的私人关系的重要性。安德森和施米特伦发现，销售中需要投入的专用性资产越多，企业就越倾向于依赖自己的销售队伍而非代销机构进行销售。他们还发现，越是长期性的专用性资产投入，制造商越倾向于使用内部的销售队伍进行销售，这一结果也与企业规模假说一致。最后，他们还发现，当销售业绩越难衡量时，制造商越会倾向于依赖内部的销售队伍而非代销机构。这与下述观点相符合：如果交易环境不利于契约保障（如因为很难制定履约条款），为该交易签订公平市场契约的成本就会相对较高。

案例 6—1

山区天堂的纵向一体化

战略专家们经常说企业应该"忠于它们的思想"，只采取那些它们最了解的行动。但是资产的特异性常常要求企业在其核心能力之外采取行动。一个世纪以前，在一个偏僻、寒冷、崎岖而美丽的地带发生了一个很好的例子。

班夫镇/加拿大落基山脉路易斯湖地区的确是世界自然奇观之一。这里有白雪覆盖的山峰、开满鲜花的山谷、冰原和冰川形成的清澈碧蓝的湖泊。很多游客都认为路易斯湖是世界上最风景如画的地方，而班夫附近的山脉有一些世界上最好的滑雪场。

每年，成千上万的游客从世界各地来这个地方旅游。很多游客有幸住在路易斯湖城堡和班夫温泉酒店。这两个度假村坐落的位置相隔不到一小时，总共有1 270个床位。它们经常在世界上最好的度假村名单上榜上有名，并且实至名归。度假村不仅提供壮观的自然景色，同时也有一些舒适的餐厅、温泉设施、马场、散步通道和完美旅行需要的其他一些东西。一个流行的度假计划包括在每个度假村待上三天。从班夫1英里高的发球台期盼能打出300多码远的球，这对打高尔夫球的人来说特别有吸引力。

直到19世纪末，只有少数勇敢的探险家和自然学家知道班夫/路易斯湖地区。弓河流经此地，路易斯湖的冰川水汇入其中，在汇入萨斯喀彻温河（最终汇入哈德逊湾）之前，要途经卡尔加里，行程400英里。在19世纪80年代，由于处在卡尔加里和温哥华之间横跨大陆的铁路的一段上（仅仅是加拿大落基山脉东部），弓河谷被认为是加拿大太平洋（CP）铁路最完美的位置。1883年，CP铁路的工人在硫黄山脚下，靠近弓河和喷雾河交汇的地方发现了温泉。自那以后不久，加拿大成立了班夫国家公园（该国第一个），包括了温泉及其周边地区。今天，班夫国家公园扩展到2 564平方英里，覆盖了所有的班夫地区和路易斯湖。

CP铁路线一完工，这个地区就对游客开放了。然而，很少有游客前来，因为这里没有可以住的地方。太平洋铁路的总经理威廉·凡·霍讷产生了一个得益于哲学的新颖的想法。"如果我们不能出口风景，那么我们就进口游客。"他下令在铁路线及其附近建设班夫温泉酒店，也有其他一些度假村，包括路易斯城堡。由于CP铁路控制了这个地区的通路，只能自己建造这些酒店而没有别的选择。当铁路线控制了唯一的通道方式时，很少有其他人愿意冒险做这么大的投资。

凡·霍讷的愿景刚实现，火车和度假村就填满了这个地区。整个20世纪中叶，CP公司继续在落基山脉建立新度假村，同时将它的旗舰度假村推广到班夫和路易斯湖地区。1962年，横贯加拿大的高速公路开通了，给游客进入加拿大落基山地区提供了新的机会。（路易斯湖周围地区没有足够的空间来支持额外的建设。）随着1988年奥运会带来了卡尔加里的蓬勃发展（这里的机场开始有更多的航班），这个地区的旅游业飞涨。今天，班夫镇有7 500名常住居民以及几十个汽车旅馆、酒店和度假村。

在形成自身运营豪华酒店专门技术的驱使下，加拿大太平洋公司已经成为全球领先的酒店经营商。作为现在的常设附属机构（按照战略专家的意见），加拿大太平洋酒店在1988年兼并了CN酒店，1999年兼并了费尔蒙特连锁饭店。今天，班夫温泉酒店和路易斯湖城堡都在费尔蒙特名下运营。

案例6—2

瞬时破灭：阿勒格尼健康教育研究基金公司的破产

20世纪90年代，健康医疗领域掀起了纵向一体化兼并的浪潮。比如，加利福尼亚州的阿勒格尼健康教育研究基金公司（The Allegheny Health Education and Research Foundation）整合纵向一体化的各个链条，把医院、医生诊所、家庭医疗服务、制药厂、医疗保险和诊断设备等都纳入了公司整体之中。90年代末，许多领域不顾经济基本面，形成或者进入纵向一体化。

短时间内，阿勒格尼健康教育研究基金公司就站到了一体化浪潮的前沿。90年代初，阿勒格尼健康教育研究基金公司开始在费城大量收购医院、雇用职业医生。从多方面来看，阿勒格尼健康教育研究基金公司的行为（美国许多医院都是这么做的）并没有过人之处，但是它的兼并行为比其他医院要快得多，同时在这个过程中也背负了巨额债务。在经济教条"越大越好"的指引下，医药行业基本上没有人（但是一些经济学家不同意）反对这样的一体化兼并动作。阿勒格尼健康教育研究基金公司甚至涉足医疗保险领域，除了疯狂的纵向兼并，这是另一个灾难性的动作。阿勒格尼健康教育研究基金公司的首席执行官谢里夫·阿布德拉科（Sherif Abdelhak）由于大规模纵向一体化决策而被广泛赞扬，在当时，他看起来比其他任何人都风光无限。

但是，公司越大并不一定就越好。由于没有有效地整合内部医疗资源，阿勒格尼健康教育研究基金公司没有实现规模经济。出现这种情况的原因本应当可以预料到：说服一个医生到另一家医院坐诊的困难可想而知（这个问题困扰着美国整个国家的每一座医院。由于实行纵向一体化策略，阿勒格尼健康教育研究基金公司的这个问题更加严重。为了获得职业医生，阿勒格尼健康教育研究基金公司比其他公司支付更高的薪水。一旦这些医生上班之后，就开始懒散，减少工作时间，甚至懒得去增加坐诊次数（有研究表明，职业医生的工作效率下降了10％左右）。在医疗保险市场中，阿勒格尼健康教育研究基金公司是一个没有经验的新手，允许私有保险公司签发保单，却由自己完全承担医保成本。结果，保险公司在签发保单的时候越来越松懈，阿勒格尼健康教育研究基金公司承担的风险也越来越大。阿勒格尼健康教育研究基金公司在医疗保险的业绩也很差，利润为−10％，甚至更加不好。

1997年，阿勒格尼健康教育研究基金公司申请破产。瞬间，阿勒格尼健康教育研究基金公司从一个行业宠儿变成了身负15亿美元重债的破产公司，成为美国金额最大的一宗破产案。到2000年，纵向一体化的浪潮结束。医院慢慢减少执业医生，并从医疗保险中撤出来。医疗保健领域重又回到了上升的轨道，但是这次医疗的变革以医疗信息科技和疾病管理体系为核心，这两者都具有很大的资产专有性，需要协同效应。

纵向一体化和资产所有权

上一节的基本论点是：技术效率和代理效率的相互影响决定了纵向一体化与公平市场契约各有利弊。但是，桑福德·格罗斯曼，奥利弗·哈特和约翰·穆尔（Sanford Grossman, Oliver Hart, and John Moore, GHM）提出了一个不同的比较纵向一体化与市场交换的理论。[7]他们的理论强调了资产所有权和控制权的重要性，并认为，自制或外购决策的解决方案决定了资产所有权。一项资产的所有者可能会授权另一方使用资产，但尽管契约中没有明确说明，所有者仍然保留对资产的全部控制权，这些权利被称为剩余控制权。当所有权发生转移时，剩余控制权也发生转移。

为了阐述剩余控制权的概念，我们来考察百事可乐和它的罐装厂之间的关系。百事可乐和两类罐装厂打交道：独立的罐装厂和归公司所有的罐装厂。独立的罐装厂拥有罐装操作的实际资产和区域特许经营权。百事可乐没有直接权力决定独立罐装厂如何进行操作。例如，如果某独立罐装厂拒绝贮存特定的货物或者拒绝参加像"挑战百事"这样的全国性促销活动，百事可乐只能试着劝说它予以合作。不过，假定百事收购了一家独立罐装厂，除非合同中另外声明，拥有罐装资产使用权和罐装厂所在区域活动最终决策权的是百事可乐。如果罐装厂子公司的管理层拒绝参加全国范围的广告活动，百事可乐可以启用其他更合作的管理团队来取代他们。

如果契约是完备的（也就是说，如果它详细规定了每种意外情况下的每一步行动），也就无所谓谁拥有这些资产。契约会清楚说明什么时刻应该采取什么行动，以及各方当事人将如何获得补偿。换句话说，在完备契约的情况下，自制或外购决策的解决方案没有任何意义。在完备契约下，百事可乐和其罐装厂一直都知道如何解决它们之间在促销活动方面的分歧。如果百事可乐拥有罐装厂也无所谓，因为每一个决策的执行都会在合同中写明。像第5章中讨论的一样，事实上，现实中的所有契约都是不完备的。

GHM 理论以不完备契约作为研究起点，分析了所有权对契约各方当事人投资于关系专用性资产意愿的影响。该理论考察的是两个单位相互交易的情形。为了简单起见，我们假设在纵向产业链条中，单位 1 处于上游，单位 2 处于下游。为了开展这项交易，双方必须联合实施一系列运作决策。该理论假定，双方不能拟定一份预先详细说明这些运作决策的契约。相反，一旦交易开始，它们必然对之进行讨价还价。

我们可想象三种完成这项交易的可能方式：

1. 非一体化：两个单位都是独立企业，每一家都控制着自己的资产。

2. 前向一体化：单位 1 拥有单位 2 的资产（也就是说，单位 1 通过购买单位 2 的资产控制权，实现前向一体化，合并单位 2 的业务）。

3. 后向一体化：单位 2 拥有单位 1 的资产（也就是说，单位 2 通过购买单位 1 的资产控制权，实现向后一体化，合并单位 1 的业务）。

GHM 理论认为，一体化形式会影响契约各方在关系专用性资产上的投资动力。一般说来，当交易双方无法对运作决策达成契约时，控制另一方资产的当事人就会在谈判中处于更有利的地位，它也就能从这项交易中获得更多利益，因此这也增强了它对关系专用性资产投资的意愿。该理论意味着，如果当一方对关系专用性资产的投资所产生的影响大于另一方的投资影响时，那么纵向一体化就是有吸引力的模式；而当两个单位的投资同样重要时，非一体化才是最佳安排。

保险业中销售队伍的纵向一体化

在保险业中，一些保险产品（例如终身保险）通常是由内部销售队伍来销售的，而另一些保险产品（例如火险和灾害保险）主要通过独立代理商来销售。GHM 理论有助于我们理解这个模式。依赖独立代理商还是内部销售人员本质上是保险公司在非一体化销售还是一体化销售之间作出的选择。这个选择决定了保险销售过程中一项非常重要的资产——客户名单的所有权。在非一体化情况下，代理商控制了这项关键资产；而在前向一体化情况下，它是由保险公司控制的。

如果代理商拥有客户名单，它们就拥有了与客户接触的渠道；未经代理商同意，保险公司不可能招揽到客户。保险公司的代理商的一个关键作用就是发现长期可靠的客户，并引荐给保险公司，这些客户将来可能会续保。为了吸引代理商从事该活动，佣金的安排必须是"有后劲的"的，例如，续保佣金应当超过服务和托管客户的成本。不过，当保险公司拥有客户名单时，这个佣金结构就会成为公司要挟代理商的激励。它可以通过威胁减少续保的可能性（例如，提高保费或增加保险的限制范围）而达到这个目的，除非代理商同意减少续保佣金。由于会有面对要挟问题的可能性，代理商很可能减少它们在找寻客户和销售保险方面的投资。相反，若代理商拥有客户名单，保险公司要挟的可能性就要小得多。如果保险公司确实提高了保费或扩大了保险的限制范围，代理商就会建议客户转换保险公司。这样保险公司降低代理商续保费用的威胁也就大打折扣，在找寻老客户方面的投资不足也不会是什么问题了。有些环境中，要挟问题可能会以另一种方式出现。假设保险公司在推广新产品时需要代理商的客户名单。代理商则可能会威胁说不向客户提供新产品，以此来要挟保险公司向代理商支付更高的佣金。这种要挟的可能性会导致保险公司在开发新产品方面投资不足。相反，如果保险公司拥有客户名单，这种要挟就不可能出现，保险公司投资开发新产品的意愿也会强烈得多。

上述分析表明，不同所有权结构之间的权衡类似于前面所讨论的。按照 GHM 理论，在内部销售队伍和独立代理商之间作出的选择，应该依照在发展长期客户时，使用代理商与保险公司亲自找寻客户之间投资的相对重要性。由于保险产品具有不同的特性，如，购买终身险的投保者要比火灾保险或意外伤害保险的购买者更不易转换保险公司。这样，保险代理商找寻终身险老客户方面努力的重要性就不如火灾保险和意外伤害保险方面重要。那么，对终身险业务来说，"后劲型的"佣金结构就不是特别重要的因素；当保险公司掌握了客户名单时，就会降低契约要挟的可能性。GHM 理论意味着，终身险一般由保险公司内部销售队伍来进行销售。这与行业实际情况相一致：大多数提供终身险的公司有自己的销售队伍。相反，像定期人寿保险或弱体保险这样的业务，代理商的推销和找寻老客户的努力则相对更重要。事实也是如此，许多保险公司都依靠掌握客户名单的独立代理商来销售这些产品。

通过强调资产所有权的重要性，GHM 理论指出了纵向一体化的一个重要含义，并且提出纵向一体化水平取决于一方或另一方当事人对专用性资产的控制程度。这有助于我们理解现实中一些纵向一体化和公平市场契约的安排。例如，通用和福特汽车公司通常在即使有独立企业生产车体零件和组件的情况下，也坚持拥有自己的专用工具和模具。这种情形对需要专用实物资产而不需要大量专业工程学知识和操作技能的组件——例如散热器和启动装置——尤其如此。[8]同样，在玻璃瓶行业中，大买家经常会保留对专用模具的所有权，即使是在有独立制造商生产广口罐子和瓶子的情况下。GHM 理论指出了纵向一体化的另一种形式，它不同于独立供应商进行生产并拥有实物资产的情况。

纵向兼并中的管理安排问题

我们在讨论自制/外购抉择的内容时没有指出一个前提条件：决策者加入相同的组织之后，就不会出现合同不完备导致的无效率。是否会出现这样的情况取决于兼并后的公司的管理安排制度。如果我们说合同分配了公司之间的决策权和控制权，那么管理安排则分配了公司内部的决策权和管理权。如果不能很好地处理这个问题，兼并后的公司就得不到整合带来的好处。

在两个公司兼并之前，我们也不知道，公司将会形成什么样的管理安排制度。一方面，收购公司可以把很大的决策权分配给部门管理人员，给予他们在自己负责的各部分充分的自治权。另一方面，收购公司的管理人员可以把被收购公司的决策权全部收回。在两者之间，有很多管理安排的方式可供选择。公司兼并后形成的管理安排模式不一定合适，也就不一定可以消除合同无效率的问题。

上一节讨论过的 GHM 理论提出了一个判断管理安排有效性的标准。在其描述的情形中，被收购企业的经理和员工的专用人力资本对于兼并的成功有重要意义。收购方可以得到物质资产的支配权，但绝不会得到所有人力资本的支配权——无论为谁工作，都是由每个员工自己决定工作的努力程度。那么兼并后，收购方企业的盈利能力就会受到影响。如果管理安排没有给予被收购方的经理与他们对专用资产控制权相应的决策权，那么兼并后企业就会面临缺乏效率的风险。

这表明，一个活动的决策权应该给予对该活动业绩影响最大的管理人员。比如，兼并公司的成功取决于管理人员的专有知识，例如对当地市场主要关系的了解，那么就应该把决策权交给这些管理人员。如果成功取决于两个公司之间资产的协同效应，比如解决供给商和购买方的协同问题，那么决策权就应该集中。

当然，管理安排不一定一直都是最优的。通常，管理模式形成的过程会产生"路径依赖"。也就是说，过去的环境可能会排斥未来的管理安排模式。

比如，如果兼并之后公司治理出现了混乱，公司就有必要推行协调收购公司和被收购公司的管理制度。这样的考量也同样适用于纵向一体化兼并。乍一看，一体化兼并之后的公司都是以一个整体公司的形式出现在市场中。刚开始，部门管理人员可能不习惯于自己作决策，仍然继续依赖同母公司的联系。这就使得分公司分拆之后的关系不是市场交易的关系，而是一种长期的非正式联系，使得分公司处在一个独立公司和整体公司之间的位置，就是一种既独立但又联系的状态。

企业在发展过程中所表现出的路径依赖的本质会影响企业向下游采购者销售产品的能力，进而影响纵向关系。我们在第5章中曾提出，因为市场专家可以通过向多家下游采购者销售产品来达到规模经济，而这是选择自制的企业无法实现的，因而在投入品生产方面，市场专家可能比企业自制更为有效。通常来说，当企业为内部使用而生产产品时，一般它们不会向其他企业出售剩余产品，因为这是一种既分散精力又缺乏必需技能的行为。但是如果企业通过收购而非自行建立这种自我供应的生产能力时，情况就不同了。被收购的企业知道如何向多个买家推销产品，这种经销能力可能会是母公司通过兼并获得的一种资源。在这样的情况下，将为内部使用而生产的产品用于对外销售既不会分散精力，也不是企业没有充分资源时所从事的行为。不过企业向其他用户出售产品的机会可能会受竞争环境的限制。

纵向一体化的替代选择

在自制和外购之间存在着很多种决策。本节将介绍三种组织变化的方法。(1) 渐进一体化，在这种一体化中，企业既自制又购买某种生产资料；(2) 战略联盟和合资企业；(3) 采购商和供应商之间紧密的半正式关系，通常基于长期的隐含契约，这是由诚实、合作和信任的声誉得来的。

渐进一体化：自制或外购

渐进一体化是纵向一体化和市场交换的混合。制造商可以自己生产一定数量的生产资料，再从独立企业那里购买不足的部分。它也可以通过内部的销售队伍销售一些产品，再依靠独立的生产商或代理商来销售剩下的部分。渐进一体化的例子很多，如百视达影像（Blockbuster Video）和温迪之家等，它们都拥有自己的零售店，但同时还授予其他人特许经营权；可口可乐和百事虽然都拥有自己的罐装子公司，但在一些市场也依靠其他独立的罐装公司来生产和分销它们的软饮料；通用汽车也是这样，它有自己的市场研究部门，但还是会从其他独立的企业那里购买市场研究报告。

渐进一体化会产生几种收益。其一，它扩展了企业的投入和/或产出渠道，而不需要消耗大量的资本。这有助于成长中的企业，例如羽翼未丰的零售连锁店。其二，企业可以利用内部渠道的成本和盈利能力的信息，来帮助其与独立的外部渠道的所有者进行谈判。企业还可以利用进一步走向市场的压力，激励内部渠道的绩效，同时也可以利用自制的威胁来约束外部渠道。其三，通过威胁外包，公司可以激励内部渠道的发展；而通过威胁内部化，公司可以激励外部渠道的发展。最后，公司可以通过提升内部投入品的供应能力，保护自己不受外部供应商的要挟。

石油精炼商就为我们提供了一个渐进一体化的经典案例。大型的精炼厂，例如埃克森美孚（Exxon Mobil）和壳牌（Shell），都积极参与原油的勘测和生产。因为它们的精炼能力是内部原油生产能力的两倍，所以它们从公平市场中大量收购原油。这迫使它们的内部生产部门必须同独立的生产商进行竞争。

如果说渐进一体化同时获得了自制或外购的好处，它也可能同时具备了二者的弊端。由于必须分配生产量，所以内部和外部渠道可能都无法有效地实现足够的规模经济。分配生产量还会导致协调问题，因为两个生产单位必须在产品规格和交货时间上达成共识。此外，这还可能恶化企业的监控问题。企业不仅必须加倍努力以签订契约和监督生产，并且还不能保证两个生产单位都能够有效地进行生产。例如，企业可能会误把低效的内部供应者的绩效作为标准，来衡量外部供应商。最后，经理们也许会保留而不是停止那些效率低下的、曾对企业至关重要的内部生产能力。这方面的一个例子是那些大电影制片厂，它们无不保留了过剩的内部生产能力。

案例6—4

临床医学实验研究的渐进化整合[9]

案例5—1叙述了医药行业去纵向一体化的过程。皮埃尔·阿祖莱（Pierre Azoulay）和瑞贝卡·亨德森（Rebecca Henderson）发现，大医药公司至少会把医药研发的一些部分渐进一体化。在医药产业纵向一体化的链条中，临床试验既耗费时间，又花费巨大。无论对医药生产企业而言还是对外部合同研究组织而言，大型双盲实验可能会持续数年时间，成本可能超过1亿美元。为了成功，医药生产企业必须有效地管理临床试验。

在研究了20世纪90年代末的数据之后，皮埃尔·阿祖莱和瑞贝卡·亨德森报告，医药公司大约会将29％的临床研究外包出去。但是有些年份，一些公司一点儿也不外包，而另一些公司则把所有的临床研究都外包出去。综合皮埃尔·阿祖莱以前的研究，他们利用纵向一体化理论为这种现象提供了一个令人着迷的解释。他们发现，医药公司通常会把"数据密集型项目"外包出去，而把"知识密集型项目"留在公司内部。这意味着，医药公司必须同其研究专家紧密合作，提出研究计划，这样的周密协同必须在公司内部进行，以使潜在的副作用最小化。医药企业一旦知道了如何开展实验，就可以

"外购"医药研究机构的研发"路径"工作。

皮埃尔·阿祖莱和瑞贝卡·亨德森提醒道："在任何项目中，管理病人注册问题、严重的不良反应、临床研究机构关系等都不是'路径工作'"。医药公司必须严密监督外包的研究工作："临床试验监督工作必须做得彻头彻尾，把大量不相关的信息结合起来……监督部门不仅仅要像'数豆子'那样进行统计分析，监督者还必须察觉问题、提出疑问，发现临床试验机构的无效率问题。"事实上，外包的实验一点儿也算不上路径工作，这就为一体化提供了理由。

皮埃尔·阿祖莱和瑞贝卡·亨德森发现，监督工作对实验研究的成功至关重要。此外，监督工作最好由医药公司亲自进行，这样做的原因其实也是外购和自制决策的基本问题。简言之，同外部研究机构签订的合同很难保证有效的监督。监督是一个复杂、难以实时观察的过程，医药生产企业的风险大大超过了执行合同时外部研究机构所受的惩罚。

医药生产企业不得不承担有效的监督，因为它们有这样的动力，并且可以和研制医药的研究人员进行交流。但是，医药企业仍然不能拥有完全的研究信息、了解实时的风险，仍需要自己同步进行一些实验。一连串实验可能导致不良反应，医药企业不仅通过自己的实验可以发现问题，还可以通过外部研究机构的实验发现其他的一些问题。

现在，外部研究机构在临床试验方面的比例越来越高。但是，皮埃尔·阿祖莱和瑞贝卡·亨德森的研究表明，外部研究机构没有成为临床试验研究市场的主体。医药企业仍要延续把外部研究一体化的传统，来确保纵向一体化的高效率。

战略联盟和合资企业

从19世纪70年代以来，更多的企业采用战略联盟作为在不必牺牲独立性的情况下，共同组织复杂商业交易的方法。为了说明联盟的普遍性，表6—1列举了1973—2001年间在战略联盟方面最活跃的制药和生物工程公司。所有的企业都参与过超过100次的联盟！

表6—1   1973—2001年在战略联盟方面最活跃的制药和生物工程公司

制药公司	联盟次数
葛兰素史克公司	373
法玛西亚*	370
辉瑞制药	287
诺华公司	230

续前表

制药公司	联盟次数
埃兰公司	228
生物工程公司	
Applera 公司	214
凯龙公司	172
基因泰克公司	124
Genzyme 公司	122
希雷公司	119

＊法玛西亚于 2003 年被辉瑞制药收购。

资料来源：Baker, G., R. Gibbons, and K. Murphy, 2002, "Relational Contracts in Strategic Alliances," Unpublished Working Paper.

在战略联盟中，两个以上企业就某个项目达成合作意向，或对信息和生产资源进行共享。企业可以依靠合同来说明资产投资的特殊责任和利润的分配，但在关于合作努力的细节上却没有太大作用。例如，在制药/生物工程联盟中，如果产品上市，合同可以规定利润分配的细节，但是可能会很少提及每个合伙人需要的技术投入。

结盟的合伙人经常要进行复杂的市场活动。一些企业在很多不同的市场上有联盟合伙人，而在其他一些市场上却保持完全的一体化。联盟可以是横向的，指同一行业中的两家企业的合作，例如联合技术公司和戴姆勒-奔驰在发动机研发活动中的合作。联盟也可以是纵向的，例如英特尔和甲骨文为英特尔 64 位安腾芯片开发软件的合作。联盟双方可能是既不属于同一行业，在纵向产业链上也不相关的企业，例如美国玩具反斗城有限公司（Toys "R" Us）和日本的麦当劳合资在日本建造玩具反斗城有限公司玩具商店，其中每家玩具店都有一家麦当劳餐厅。

合资企业是战略联盟的一种特殊形式，它是由两家或多家企业合并而成的、一家双方同时控股的新的独立组织。新组织的经营和管理人员可能来自一家或多家母公司，或者也可能是独立定员的。比如，索尼公司和三星公司设立的合资企业 S－LCD，生产电视机 LCD 面板；西麦斯公司（Cemex）和瑞迪米克斯公司（Ready Mix）共用水泥生产和分配系统；空客公司和中国的一些企业设立合资企业，在天津负责飞机的最后组装。

战略联盟和合资企业介于公平市场交易和完全纵向一体化之间。就如同在公平市场交易中一样，结成联盟的各方保持独立。不过，典型的战略联盟比公平市场交易涉及更广泛的合作、协调和信息共享。大前研一（Kenichi Ohmae）将战略联盟比作婚姻："也许没有正式的契约……如果有的话，也很少有严格的约束性条款。它是一种松散的、不断演变的关系。"[10] 像婚姻一样，联盟的参与者依靠信任和互惠准则——而不是契约——来处理它们的关系，通过协商——而不是诉讼——来解决纠纷。

什么样的商业交易应该通过联盟的形式来进行呢？通过联盟进行的交易大多是这样的：根据第 5 章的分析框架，在这些交易中，企业不得不既需要自制又需要外购产品。具体而言，采取联盟形式的交易会具备下列特征：

1. 这种交易的签约过程存在复杂的障碍。例如，交易各方知道当关系明朗时，它们将面对一系列复杂的活动。但是由于各种不确定性因素和双方的有限理性，交易各方又无法在契约中详细说明面对这些情况将采取何种措施。

2. 这种交易具有复杂性，且无惯例可循。标准的商业和契约法不能轻易地弥补不完全契约的缺陷。

3. 这种交易需要契约双方为关系专用性资产进行投资，这样，交易双方就被绑定在了一起。

4. 对任何一方来说，自己掌握所有活动必需的专业技能的成本都非常高。这可能是因为不可分性（即使在小的经营范围内开发这些能力也要取得大量的信息、投入大量的资金用于前期培训），以及经验曲线的存在（已具备的技能越多，掌握更多技能所需的成本越低）。这些考量使得单个企业很难在组织内部完成这些工作。

5. 交易所需的市场机会要么转瞬即逝，要么就无法在现有的基础上确定机会是否会持续下去。这使得对于独立企业来说，并购或签署一份长期契约是不切实际的。

6. 交易或市场机会出现于受契约或类似的规章限制的环境中，这种环境独一无二的特性需要一个能够在这样的环境中建立起各种关系的当地伙伴。例如，中国政府在规范外国投资方面的力度强大，几乎要求所有在中国的投资都采取与中方建立合资企业的形式。

案例 6—5

玩具反斗城公司进军日本

20 世纪 80 年代，美国玩具领军企业玩具反斗城公司迫切地想进入日本市场。[11] 根据日本的《大型商店零售法》的规定，玩具反斗城公司必须获得日本国际贸易和产业部的批准。该法律为有政治影响力的小商人提供了保护，甚至如超市经营商大荣株式会社（Daiei）这样的公司都难以在日本开设大型的零售商店。因此，玩具反斗城公司决定选取一个打入日本市场的美国公司来作为自己的战略伙伴，这个公司就是快餐公司麦当劳。

玩具反斗城公司与麦当劳结成战略联盟，用以通过受政治影响很深的市场准入。将麦当劳打造成为日本最大快餐品牌的麦当劳日本分公司总裁藤田丹（Den Fujita）有广泛的政治关系，他理解玩具反斗城公司所面对的窘境。他对日本的地产业了如指掌，他曾经这样说过："你随便说一个城市，我就可以说出它的邮局、火车站所处的位置。"1990 年，玩具反斗城公司与麦当劳结成战略联盟，其中麦当劳日本分公司占有玩具反斗城公司日本分公司20％的股份。联盟条约还规定，每 11 家玩具反斗城公司的商店中必须至少要有 9 家麦当劳餐馆。

这笔市场交易是战略联盟典型的案例，不仅仅因为这笔交易牵涉到双方的一部分业务，还因为它包含所有典型的自制和外购决策的要素。玩具反斗城公司需要麦当劳在政治、选址等方面的专业知识，以及进入日本市场所需的商业关系网。对于玩具反斗城公司来说，仅凭一己之力来获得这些知识的成本是极为昂贵的，甚至是不可能的。这些考量使得玩具反斗城公司选择从市场上外购而不是自制这些有关政治和选址方面的服务。

由于与玩具反斗城公司在日本成功地创办了合资企业（通过拥有合资企业20%的所有权，并在玩具反斗城公司分店设立麦当劳餐厅），麦当劳在讨价还价的过程中就有了强烈的动力。比如，麦当劳日本分公司估计，设在玩具反斗城公司商店内的麦当劳餐厅的顾客量是单独设立的麦当劳餐厅的三倍多。这次合营的潜在收益使麦当劳日本子公司产生了为玩具反斗城公司的利益而努力工作的强烈意愿。这次合营使玩具反斗城公司获得了所需的政治和选址方面的服务，而不必进行高成本的投资独自来做。这次联盟避免了令人头疼的激励问题，如果玩具反斗城公司依赖传统的契约来获得所需的服务，就免不了遇到这样的问题。

现在，玩具反斗城公司在日本三个主要的岛上分布着150多家商店和两个物流分配中心。玩具反斗城公司在日本的业务还在扩展，但是速度已经慢了下来，在过去的五年中只增加了不到10家商店。

尽管战略联盟结合了自制和外购决策的最佳特性，但它们同时也可能具有两种决策的弊端。例如，正如传统的市场交易可能引发由私有信息的泄露带来的风险一样，通过合营而联系起来的独立企业也会面临失去对专有信息的控制权的风险。实际上，合营中信息泄露的风险比传统市场交易中的更大，因为一般为了使合营更具吸引力，双方常常不得不交换相当多的自有信息（复杂、含混的交易不利于签订综合、全面的契约）。

此外，尽管联盟的松散、不断演变的管理结构有助于各方当事人适应不可预见的情况，但它却不利于企业双方当事人之间的协调。与"企业内部"交易不同，在合营过程中，通常不存在制定决策或迅速解决矛盾的正规机制。这会表现为延误决策时机、缺乏重点等，以及早已被大家熟知的IBM与苹果在20世纪90年代早期的合营中所遇到的种种问题。当时，IBM和苹果公司希望通过合营致力于新操作系统、多媒体软件语言和PowerPC的开发。实际上，到1994年，同苹果在PowerPC操作系统上的漫长谈判已使IBM的高级管理层倍感受挫。最终他们得出这样的结论：与其与苹果合营，还不如收购苹果公司，这样对IBM更有利。

最后，正如代理成本可能出现于那些不受市场规则约束的企业部门中一样，联盟也可能会受代理成本和影响成本的影响。联盟中的代理成本是由于联盟的成果由两家或更多企业分享而产生的。这可能导致"搭便车"问题的出现。因为联盟双方都不能获得单方努力所产生的全部收益，因而联盟中的任何一方都可能在监督联盟行动方面表现得不够积极。频繁从事联盟行动的企业可能会较少出现"搭便车"的倾向，以免它们获得"搭便车"的名声，阻碍它们寻找未来的合作伙伴。影响成本的产生则是由于联盟中缺乏正规的体制和管理系统，这就会在某种程度上鼓励员工从事影响性活动，例如游说、为了增加薪水或提高地位而进行争执等。

合作关系

在过去几年中，北美和欧洲的大公司越来越专注于公司的核心经营活动，把其他活动外包给垂直产业链里专业化的贸易伙伴。这些公司正在学习东亚大公司的做法，对东亚的大公司而言，垂直分工几十年来一直是商业运营的正常方式。[12] 日本和韩国的公司不是通过公平契约组成垂直产业链，而是依赖于上下游企业长期以来形成错综复杂的非正式关系。我们接下来将考察两种密切相关的关系类型：分包商网络和企业集团。

分包商网络

许多日本制造商广泛运用独立分包商网络，并同它们保持着长期密切的关系。与美国和欧洲企业与它们的分包商之间的关系不同，在日本，这些关系一般涉及较高水平的制造商和分包商之间的合作，并且赋予分包商一系列更复杂的责任。西口年宏（Toshihiro Nishiguchi）研究了日本和英国的电子产业分包，并指出了它们间的一些差异。[13] 在英国，电子制造商一般依赖分包商来开展专业的、范围很小的特定工作。它们之间的关系是通过对价格和履行予以约定的契约进行调节的，持续期通常很难超过少数几个明确界定的交易。分包商很少致力于为特定买者的需求服务，某个特定分包商的客户群通常大于同等规模的日本分包商的客户群。相比较而言，日本电子制造商和供应商之间的关系可以持续几十年。通常，日本分销商一般比英国的同行们承担更复杂、更广泛的任务。例如，就一种零件来说，分包商可能不仅参与生产，并且还参与设计和样品检验。此外，分包商一般认为自己的作用不仅是完成买家的订单，而且是将它们的经营和买家的运作紧密相连，例如使装配线与买家的产品相匹配，开发有特殊用途的、能更有效地按照买家的详细要求进行生产的机器，或者同客户紧密合作以提高生产效率。西口年宏的结论是：日本的电子制造商和分包商的关系比英国的相应关系涉及更多的资产专用性。

> **案例 6—6**

企业间关系网：日本企业集团的没落

当提到"企业集团"一词时，我们不免会联想到日本这个国家。实际上，企业集团这样的企业组织不仅仅存在于日本，中国香港和韩国也有类似的企业组织。除了亚洲，其他地方也有企业集团这样的组织吗？关于欧洲是否存在这样的组织（有些人称之为"超大企业集团"）、德国银行（Deutsche Bank）［还有德利银行（Dresdner Bank）、安联集团（Allianz）］是不是组织的核心，人们的看法莫衷一是。银行在这样的企业集团组织中处于核心地位吗？虽然德国法律允许银行的触角广泛、允许银行监督其他企业，但是这并不能成为德国存在这样的企业集团组织、德国银行是组织核心的理由。

20世纪90年代对日本而言是"迷失的十年"。在此期间，日本企业集团中，银行的影响力在减弱。甚至日本最大银行的财务报表都充斥着坏账，坏账规模如此之大，一些银行不得不同其他银行合并。除此之外，日本企业集团银行在公司间收购的过程中也渐渐失去了主导权。它们很难再给企业提供资金，反而，企业集团之外的企业拥有这样的资金实力。毋庸置疑，资金是企业运营的血液，在2008年金融危机期间表现得尤其如此。

一些学者指出，金融危机后，日本企业要参与全球竞争，企业集团的没落反而对日本是一件好事。在2009年5月凯萨科豪中心（Kaiza Koho）的一个座谈会中，莫丽莎·席琳（Melissa Schilling）（纽约大学斯登商学院的管理学教授）指出，企业集团对日本企业的创新影响复杂。[14]她表示，在企业网络之中，企业可能会受益于"信息流动性"，合作伙伴之间的信息很容易、很快速地在内部传播，对信息的理解也可以很透彻。她还说道："这使得它们更加可能接收到信息，它们也可以更加容易地理解、解析、收集、使用这些信息。"

但是，也有不利的一面。企业集团内部抱团，可能会排斥企业集团外的企业。莫丽莎·席琳说道："从我们的研究可知，如果企业集团内企业只同内部企业进行交流、合作，创新就会走下坡路，因为企业集团内的信息雷同……缺乏创新的新血液，也就产生不了新创意和新产品。"[15]

此外，小的新创企业更有创新的活力，日本企业集团体系可能会压制企业的创新精神。小企业或许是企业集团大企业的供应商，但是却很难找到资金。然而，随着企业集团内企业之间的关联越来越弱，这些企业反而在同其他国内和国外企业的竞争中更有活力。随着企业集团内部企业之间的商业往来变少，它们更愿意在企业集团之外寻找合作的机会。

毋庸置疑，参与全球竞争的日本企业必须赶上其他发达国家企业在中国、印度等新兴国家的扩展速度。在这个过程中，它们应该尝试各种不同的扩展业务的方法。宋静燊（Song Jingsheng）（杜克大学富科商学院全球运营管理学教授）指出，在中国的日本汽车生产企业通常会与其"精选的零部件供应商"集聚在相同的地域。[16]宋静燊还指出，这样的现象表明这些汽车企业急切地想保证生产质量，也表明日本企业的管理方式想适应中国的具体环境。她说："提升当地的管理人员有助于打开同雇员和其他供应商的交流渠道。"[17]因此，日本的管理团队不得不重新考量集聚网络的意义。

企业集团

20世纪60年代以来，企业战略家就一直对日本的企业集团莫衷一是，有的赞成，有的则持批评态度。企业集团与上文中的分包商网络有许多共同点，但企业集团的机构体制联系设计更为正式，如图6—3所示。根据由银行业格局、企业董事会成员以及如高管午餐俱乐部这样的组织形成的社会关系的数据，分析者归纳了日本的六个企业集团：三菱、住友、第一劝业银行、三井、扶桑汽车以及三和银行。这六大企业集团每个都有超过 80 名成员，并有一个中心银行协调促进成员间的关系，企业集团的成员企业几乎遍布全部重要行业，如钢铁工业、人寿保险业以及化学工业。人们一般认为，企业集团内部企业在将来的商业往来中会首先选择内部企业作为生意伙伴。上面描述的企业集团形式是日本企业在 1970—1990 年间业绩表现超过美国企业的一个重要原因。一些评论者批评指出，企业集团聚集内部银行与商业伙伴的企业力量，削弱了外部企业的竞争力。如今，分析者称企业集团的力量实际上在下滑，原因在于贸易壁垒的开放，因此企业集团的企业不再可以攫取超额利润。

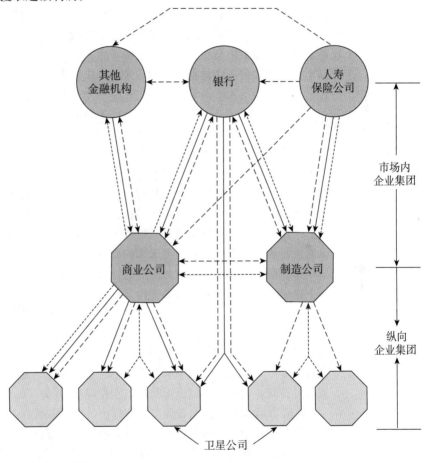

- ---→ 持有股权
- ——→ 贷款
- -----→ 贸易（供应品、最终产品、银行贷款、人寿保险单）

图 6—3　日本企业集团的债务、股份和商业联系

长虚线表示一个典型企业集团中的持股情况，实线表示贷款，短虚线表示企业集团内部的交换模式。

资料来源：Gerlach, M. L. and J. Lincoln, "The Organization of Business Networks in the United States and Japan," in Nigria, N. and R. G Eccles (eds.), *Networks and Organizations: Structure, Form, and Action*, Boston, Harvard Business School Press, p. 494.

森喜朗三和（Yoshior Miwa）与马克·拉姆塞耶（Mark Ramseyer）的最新研究质疑企业集团是否有存在的必要。[18]他们认同属于企业集团的企业高管参加同一个午餐俱乐部，而且在商业活动中也常常碰面。但是，内部企业关系只是很普通的关系。企业从中心银行借取大批款项，但与从其他外部银行借取的数额相比相差不大。这两位研究者一致认为，企业集团的利润如今也很一般，但经过再次探究数据，他们发现企业集团的利润一直都是这样。根据这些数据以及其他数据，他们表示，企业集团结构（被奉为纵向一体化组织的典范）能够使内部企业关联紧密并获取高额利润的认识是错误的，这个谬误一直存在了40多年，没有被澄清。这些企业不仅与外部企业商业往来广泛，而且它们的业绩也并不比被排斥在企业集团外的公司好。

西方企业的联系一般不会像日本企业集团那样紧密，部分原因在于法律禁止互相安插董事会成员，并且还牵涉到其他反垄断问题。但西方企业认识到了使企业集团成功的隐性合约和长期合作关系的重要性。

隐含契约和长期关系

隐含契约是处于商业关系中的各方当事人未明示的一种默契。企业集团成员间存在的这种默契就是隐含契约。但隐含契约一般不受法院的强制施行的约束，因此隐含契约各方必须依赖其他机制来使默契可行。使隐含契约可行的一个有力的约束机制就是，如果一方为了自己的利益违反隐含契约，那么它的行为可能会导致它损失未来的业务。[19]

为了解释损失未来业务的危险为什么会具有那么大的威力，我们可以看一下纵向产业链条中从事日常例行交易的两家企业。它们的长期关系使得它们能通过制定正式的计划和对产品质量的监管协调彼此的行动，因此两家企业都获得了巨额利润。具体而言，假定上游企业向下游企业出售原材料，每年赚得利润100万美元；下游企业购入原材料，然后向消费者出售成品，也赚得100万美元的利润。每家企业都还有一个备选的商业伙伴，但如果双方被迫另选商业伙伴，它们每年就都只能获得90万美元的利润。

尽管看起来每家企业好像都没有理由另选商业伙伴，但实际上这种关系有其潜在的复杂性。两家企业都有可能通过少履行计划和监管义务——这是保持双方关系成功的因素，以牺牲对方的利益来增加自己的利润。具体来说，假定上游企业估计，如果违反对下游企业的隐含承诺，它的年利润就能增加至120万美元。不过，如果它这么做，且下游企业知道它违反了承诺，双方关系就会终止。那么，这两家企业都将被迫同另外的商业伙伴发展业务关系。

上游企业通过无限期保持其遵守隐含契约的信誉会获得多少利益呢？在一年中，它与下游企业进行交易，要比与另外一家商业伙伴进行交易多赚10万美元。如果企业贴现率为5%，无限期保持其遵守隐含契约的信誉的净现值将是200万美元。[20]这远远超过了通过违反契约而获得的20万美元利润的短期（即一年）增长。实际上，为了使违反契约是值得的，贴现率将必须是50％！这大大阻碍了另选商业伙伴的行为，有助于维持隐含契约。

托马斯·帕雷（Thomas Palay）对铁路运输契约的研究阐明了长期关系在维持合作行为方面的力量。[21] 在他的讨论中，有这样一家铁路公司：为了给一家大型汽车制造商运输特种汽车车型，它购买了专门设计的可自动装载的有轨运输车。不过，在该铁路公司作了这项投资后不久，汽车制造商改变了汽车的设计，使得自动运输车被废弃了。汽车制造商向铁路公司支付了100多万美元，作为对前述投资的未分摊部分的补偿，虽然契约没要求这么做。汽车制造商运输部门的主管指出，维持长期关系的重要性是这项举动的基础。"我们应该使它们保持健康、正常、可行和愉悦，从而当我们需要的时候，保证我们能够获得所需的设备。"

本章小结

● 依赖市场与依赖内部组织相比孰优孰劣，可根据技术效率和代理效率的权衡来说明。如果企业正在采用成本最低的生产技术，就会形成技术效率。代理效率指公平市场交换的交易成本和协调成本，或内部组织的代理成本和影响成本，而导致企业的生产或/和管理成本提高的程度。

● 当组织内部活动的成本低于组织公平市场交换的成本时，纵向一体化优于公平市场交换。这个成本差将反映在两种不同组织模式的技术效率差和代理效率差上。

● 纵向一体化在下列情况下更具吸引力：（a）相对企业自身生产而言，外部专业市场专家达到规模经济或范围经济的能力有限；（b）企业的产品市场规模较大；（c）涉及生产的资产关系专用性程度较高。

● 纵向一体化改变了资产所有权和控制权的模式，从而改变了纵向关系中各方之间的讨价还价能力。这反过来又影响了各方对关系专用性资产投资的积极性。在达到交换的完全效率时，如果存在关系专用性资产重要性的强烈不对称，并且由一方控制这些资产的使用权非常重要时，纵向一体化是很有吸引力的。

● 纵向一体化和公平市场交换不是组织交换的全部途径。一家企业可能寻求渐进一体化，在这种一体化中，它自己供应一部分所需的原材料，余下部分的获得依赖市场交换。

● 企业可能建立战略联盟或合资企业。尽管交易各方在这些组织模式下保持法律上的独立，但比起两家独立企业的公平交换来说，它们一般需要更加紧密的合作和协调。

● 在长久持续的网络中，企业还可能以合作关系捆绑在一起，例如日本的企业集团。最后，长期的公平市场关系能使企业产生对合作行为的强烈意愿，从而能从纵向一体化中受益（例如避免交易费用、治理灵活），而不会产生不利之处（例如弱化创新意愿）。

思考题

1. 为什么图6—1中的技术效率线在 x 轴上方？为什么代理效率线通过 x 轴？

2. 解释为什么看起来下列模式在许多行业存在：

（a）小企业比大企业更可能将原材料生产外包；

（b）标准半成品（例如一些电子制造商可能采用的晶体管）比特制半成品（例如为满足个别制造商的特殊要求而设计的电路板）更可能被外包。

3. 用格罗斯曼、哈特和穆尔的观点解释，如果股票经纪人被解雇后，在另一家经纪行找到工作，为什么他们仍被允许保留客户名单（也就是说，继续同客户联系和开展业务）？

4. 分析家通常将战略联盟和合资企业排列在一个闭联集中，该闭联集以"利用市场"开始，以"完全一体化"结束。你是否同意这种说法？

5. 日本的企业集团体系同传统的战略联盟和合资企业有什么共同之处？有什么差别？

6. 下面一段话摘自一个现实中的战略计划（为了保护公司利益，文摘中未署真实的公司名和产品名）：

> 埃柯姆公司的主要原材料PVC板，在美国主要由三家企业生产。埃柯姆是一家小型消费品制造商，它正在与一家企业实行后向一体化。该企业的持续增长保证了埃柯姆的未来需求。

假设该家企业如预测的那样发展，试提供一个情景，以说服埃柯姆管理层重新考虑他们所作出的依靠独家供应商的决策。对于你所发现的风险，你如何建议埃柯姆减小这样的风险？你的建议有不足之处吗？

7. 谢弗电子（Shaefer Electronics）是一家中等规模的（1993年销售额大约是1 800万美元）、为石油行业提供电子产品的制造商。它制造两种主要产品——电容器和集成电路。电容器是标准化产品。集成电路相对复杂一些，它们必须严格按照不同客户的具体要求制作；它们根据订单来设计和制作，并且需要安装调试，有时还需要售后服务。谢弗公司的年销售额如下表所示。

谢弗的年销售额						单位：万美元
	1990	1995	1999	2000	2001	2002	2003
电容器	556.8	648.8	713.1	705.2	704.3	736.0	810.9
集成电路	67.8	167.9	465.1	624.5	736.3	858.9	950.8
总和	624.6	816.7	1 178.2	1 329.7	1 440.6	1 594.9	1 761.7

谢弗完全依赖遍布全美的制造商代表（MRs）来销售其产品。MRs 是独立承包商，它们销售谢弗的产品以换取销售佣金。这家公司的代理商的代理并非排他性的——它们还代理一些相关但不构成竞争的其他产品，例如电路断路器、小开关或半导体。通常客户在购买集成电路或电容器时，也会购买这些相关产品。MRs 在本地市场有很长的销售经历，与采购控制系统的企业工程师们保持着密切的关系，对他们的需求了解颇深。在其运营的市场，MRs 建立了自己的客户名单和电话回访安排。它们承担销售中出现的全部费用。

MRs 一旦接到了包括谢弗产品的订单，就由谢弗负责所需的任何安装和售后服务。

谢弗最近雇用了两家不同的市场顾问，研究其销售队伍战略。它们的报告结论如下。请评论每个结论的合理性。

（a）"谢弗应该继续通过 MRs 来销售产品。不论是依靠 MRs 还是内部销售队伍，它都必须支付酬金。依靠 MRs，它将避免支付使用自己的销售队伍所产生的可变的销售费用（例如销售人员的差旅费用）。因此，在这种情况下，谢弗的销售费用会比建立并依靠一支具有相同规模、能力和专业知识的销售队伍低。"

（b）"在谢弗准备专门生产电容器的初级阶段，通过 MRs 销售产品是合理的。但是，根据现在的产品组合，如果它打算重新制定销售队伍战略，它不会希望走现在的道路。但考虑到它已经拥有的，谢弗应该极为谨慎地对待变革销售队伍的问题。"

【注释】

［1］有关此概念的全面解释以及发展简史，参见 Williamson, O., "Strategizing, Economizing and Economics Organization," *Strategic Management Journal*, 12, Winter 1991, pp. 75 - 94。

［2］本图摘自 Oliver Williamson, *The Economic Institutions of Capitalism*, New York, Free Press, 1985, Chap. 4。

［3］Monteverde, K. and D. Teece, "Supplier Switching Costs and Vertical Integration in the Automobile Industry," *Bell Journal of Economics*, 13, Spring 1982, pp. 206 - 213.

［4］Masten, S., "The Organization of Production: Evidence from the Aerospace Industry," *Journal of Law and Economics*, 27, October 1984, pp. 403 - 417.

［5］Joskow, P., "Vertical Integration and Long-Term Contracts: The Case of Coal-Burning Electric Generating Plants," *Journal of Law, Economics, and Organization*, 33, Fall 1985, pp. 32 - 80.

［6］Anderson, E. and D. C. Schmittlein, "Integration of the Sales Force: An Empirical Examination," *RAND Journal of Economics*, 15, Autumn 1984, pp. 385 - 395.

［7］Grossman, S. and O. Hart, "The Costs and Benefits of Ownership: A Theory of Vertical and Lateral Integration," *Journal of Political Economy*, 94, 1986, pp. 619 - 719; Hart, O. and J. Moore, "Property Rights and the Nature of the

Firm," *Journal of Political Economy*, 98, 1990, pp. 1119 - 1158.

[8] 参见 Masten, S., J. W. Meehan, and E. A. Snyder, "Vertical Integration in the U. S. Auto Industry: A Note on the Influence of Transactions Specific Assets," *Journal of Economic Behavior and Organization*, 12, 1989, pp. 265 - 273。

[9] Azoulay, P., and R. Henderson, 2001, "Related Contracts and Tapered Integration: Evidence from Drug Development," Unpublished working paper.

[10] Ohmae, K., "The Global Logic of Strategic Alliances," *Harvard Business Review*, March-April 1989, pp. 143 - 154.

[11] 麦当劳日本分公司是麦当劳和藤田公司 (Fujita & Company)。

[12] 参见 Clark, R., *The Japanese Company*, New Haven, CT, Yale University Press, 1979; Nishiguchi, T., *Strategic Industrial Sourcing: The Japanese Advantage*, New York, Oxford University Press, 1994。

[13] Nishiguchi, T., *Strategic Industrial Sourcing: The Japanese Advantage*, New York, Oxford University Press, 1994.

[14] 引自 Takashi Kitazume, "Japan Inc. Must Adapt to Survive Post-Crisis Global Competition: Emerging Markets Can Provide the Growth, but Can Developed Economies Meet Their Needs?", *Japan Times*, June 17, 2009。可从下面的网址获取: http://www.americanchronicle.com/articles/yb/131773483。

[15] Ibid.

[16] Ibid.

[17] Ibid.

[18] Miwa, Y. and J. M. Ramseyer, 2002, "The Fable of the Keiretsu," *Journal of Economics and Management Strategy*, 11 (2), 169 - 224.

[19] 未来利润流可以激励厂商保持现有的关系，该观点参见 Benjamin Klein and Keith Leffler, "The Role of Market Forces in Assuring Contractual Performance," *Journal of Political Economy*, 89, 1981, pp. 625 - 641。

[20] 如果贴现率为 i，X 美元每年的无穷分子按现在的美元算值 X/i。关于现值的更完整的讨论见经济学初级教材。

[21] Palay, T., "Comparative Institutional Economics: The Governance of Rail Freight Contracting," *Journal of Legal Studies*, 13, 1984, pp. 265 - 287.

第 7 章 多样化经营

许多知名企业都实行多样化经营，它们生产市场所需的多种产品。例如，飞利浦公司（Philips）是家用电器的多样化生产商，而沃尔玛的多样化既体现在产品系列上，又体现在其当地商店所提供的服务上。借助其业务领域的多样化，上述及其他公司都希望能降低成本，并通过扩大规模经济和范围经济来提高市场效率。

大约自 1950 年开始，许多大型企业跨越了特定经营领域的边界。认真阅读过第 2 章的读者也许会想：多样化经营怎么产生范围经济呢？例如同时生产医疗设备和流行音乐的百代公司（EMI）。在分析这些多样化经营的公司（有时也称为联合企业）时，通常很难详细确定该企业具体属于哪一个行业，其关键资源是什么，以及管理层向各个业务团队提供的服务是什么。

本章考察公司的多样化经营。我们首先讨论美国公司多样化经营的历史，然后将注意力转向分析企业多样化经营的原因。通过讨论多样化经营可能如何影响企业所有者，我们来了解其潜在收益和潜在成本。我们发现，上市公司的所有者很少参与有关多样化经营的决策，而是由经理们（大多数是首席执行官）来作出这些决定。所以多样化经营决策可能反映了这些经理的偏好，而非股东们的选择。我们将讨论企业经理们为何这样偏爱多样化经营，即使是在股东并不能从中受益的情况下。最后，我们还将评估多样化经营企业的绩效。在这方面，有充分的证据显示：成功的多样化经营能带来范围经济。而出于某些原因不能实行多样化经营的企业，通常在成功实现规模经济方面稍逊一筹。

简要的历史回顾

我们从讨论、研究美国过去120年的企业多样化经营模式开始。我们首先讨论企业多样化经营的历史，然后再谈谈多样化经营中的兼并和收购步伐。

为了衡量在特定时点上企业的多样化经营程度，理查德·鲁姆特（Richard Rumelt）提出了"相关性"概念。他用分享相关的技术特性、产品特性或销售渠道的产品的市场活动对公司收入的贡献来衡量相关性。鲁姆特集中关注企业的三个特征：（1）公司最大的业务收入占总收入的比例；（2）最大相关集团的收入占总收入的比例；（3）来自纵向一体化生产过程的阶段性收入占总收入的比例。[1]

接着，鲁姆特根据其经营活动的相关性把企业分为了四类。其中，"单一业务"指那些95%以上的年收入来自单一业务或业务链的企业。这样的企业的例子有口香糖行业的箭牌口香糖（W. R. Wrigley）、钻石业的戴比尔斯（DeBeers）以及机动车辆行业的戴姆勒-克勒斯勒。"主导业务"企业的70%～95%的年收入来自主营业务，这类公司有食品业的雀巢和出版业的论坛公司（《芝加哥论坛》和《洛杉矶时代周刊》的出版商）。"相关业务"企业是指主营业务收入占总收入的比例低于70%，同时还有其他的业务与主营业务相关的企业。这类公司有雅培公司（Abbott Laboratories）、布洛克税务公司（H&R block）和博士伦公司（Bausch & Lomb）。最后是"非相关业务"企业，它们的主营业务收入占总收入的比例低于70%，且几乎没有相关业务。印度的塔塔子孙公司（Tata Sons）以及美国的3M公司和通用电气就是这样的企业。它们也称为联合企业。

鲁姆特还对二战后美国企业中的多样化经营趋势进行了研究。在1949年，70%的大企业是单一业务或主导业务型企业。到了1969年，这些企业中只有35%还保持原有的经营模式。相比之下，非相关业务企业的比例从1949年的3.4%增长至1969年的19.4%。

许多学者继续了鲁姆特的研究。他们发现，二战后多样化经营的趋势似乎发生了反转。例如，杰拉尔德·戴维斯（Gerald Davis）、克里斯蒂娜·迪克曼（Kristina Dieckman）和凯瑟琳·廷斯利（Catherine Tinsley）提出了称为"熵"（Entropy）的多样化经营的衡量工具。[2]如果公司所有的销售额都来自某一个四位SIC分类的行业，则熵等于零；公司的收入来自越多的业务领域，则熵越大。对于《财富》500强中的企业而言，熵的平均数值从1980年的1.00下降至1990年的0.67；也就是说，这些企业多样化经营的程度有所降低。（若一家企业的业务涉及20个不同经营行业，每一个行业占总销售额的 5％，则熵为 3，我们以此作为基准。）同样，罗伯特·康蒙特（Robert Comment）和格雷格·贾雷尔（Gregg Jarrell）指出，单一业务型美国企业从 1978 年的 36.2％增至 1989 年的 63.9％。[3]1997 年子部门报告规则的变化使得比较康蒙特和贾雷尔的数据与当前的数据变得困难；然而，到了 2006 年，超过 50％的美国公共企业在单一业务部门下运作。

虽然企业多样化经营的方式多种多样——从在组织内部开辟新业务到与其他公司建立合资企业——但多样化经营的最简便的方式仍然是兼并和收购。兼并活动看似一浪接着一浪，一段高潮过后，又经历一段低潮，在低潮期间兼并的案例几乎是凤毛麟角。在过去的 120 年中，美国共出现过五次这样的兼并浪潮。[4]

第一次兼并浪潮发生在 1883 年世界性的经济大萧条之后，那次经济萧条使得许多资本密集型的公司出现了过剩的生产能力。这次浪潮结束于 20 世纪初期，它席卷了美国制造业大约 1/6 的企业。此时出现的一些兼并企业，例如标准石油公司和美国钢铁公司，在其所处行业中占据垄断地位。第二次规模较小的兼并浪潮出现于 20 世纪早期。那时，反垄断法，例如《谢尔曼法》和《联邦贸易委员会法》，反对以获取垄断权而非提高效率为目的而进行的兼并。结果，在许多行业中，合并企业的市场占有率不足 50％，类似于寡头垄断市场而不是完全垄断市场。其他公司进行的合并大多数为纵向的，而不是横向的一体化。这一时期，通用汽车的诞生和成长则是两种类型的一体化共同作用的结果。

案例 7—1

从美国铝罐公司到普赖姆利卡的多样化转变

美国的商业历史中随处可见企业进行自身再投资的例子，有一些公司甚至不止一次这样做。当经理们面对变化的技术和市场环境时，他们通常要重新关注他们的业务定位，或者是转移到受环境影响较小的领域，或者是进入新领域，以获得新的组织能力，从而使他们能够在变化的环境中更好地完成任务。[5]

美国铝罐公司（American Can）是当代商业企业调整和重新定位其业务领域的一个有趣的例子。多年来，美国铝罐公司一直为许多食品与饮料公司制造听罐和其他金属容器。按照鲁姆特的分类，它属于单一业务企业。不过，20 世纪五六十年代，听罐行业的利润越来越低。这有以下几个原因：首先，听罐的生产技术很简单，从而使美国铝罐公司有许多竞争同行；其次，铝生产商的前向一体化和食品公司的后向一体化侵蚀了美国铝罐公司的部分市场，并限制了公司的提价能力；最后，塑料容器的出现威胁着听罐的销售，因为塑料容器能够用于听罐所不能的方面。

在 20 世纪 50 年代早期，美国铝罐公司转向了与听罐制造不相关的业务，包括纸产品和印刷业。1977 年，该公司收购了皮克韦科国际公司（Pickwick International）（一家录音带经销商）和它的零售子公司——音乐地带公司（Musicland）。1978 年，它又收购了直接邮寄商芬格哈特公司（Fingerhut）。到 1980 年，美国铝罐公司已是一家非相关业务型企业了。

1980 年，美国铝罐公司开始重新定位它的全部业务组合。其第一步行动是收购联合麦迪逊公司（Associated Madison）——一家人寿保险公司。在 80 年代，美国铝罐公司还相继收购了好几家金融服务公司，包括巴克莱银行（Barclays Bank）和美邦公司（Smith Barney）。1986 年，美国铝罐公司卖掉了它的听罐业务，随后又相继出售了其他业务。1987 年，美国铝罐公司更名为普赖姆利卡公司（Primerica），这标志着该公司已转型成了一家大的金融服务公司，其重组也达到了顶峰。1993 年，普赖姆利卡公司兼并了旅行者公司（Travelers），以利用该公司良好的声誉和商标保护伞。几年后，公司的重组再次达到顶峰：1997 年，它以 92 亿美元收购了所罗门公司（Salomon）——迄今为止第二大证券经纪公司收购案；1998 年又与花旗集团合并。

美国铝罐公司并不是唯一的一家从一个行业转到另一个行业的公司。德事隆公司在 1923 年还是一家小纺织品纱线公司，20 世纪五六十年代，慢慢退出纺织业，到 2008 年，公司的大部分收入来自塞斯纳飞机公司和贝尔直升机公司。国际收割机（International Harvest）曾是一家农业机械公司，20 世纪三四十年代，向卡车和建筑机械分散化经营，20 世纪 80 年代，一度面临破产。后来，该公司把农业机械业务（以及"国际收割机"公司名的使用权）卖给了塔尼克公司（Tenneco），把建筑机械业务卖给了德雷赛工业公司（Dresser Industries）。之后，该公司改名为指路星公司（Navistar），成为了世界上大中型卡车产业的领军企业。

前两次兼并浪潮出现的原因很容易理解。相同市场中的企业进行合并，以减少竞争和实现规模经济。制造业巨头的出现使得企业的自制和外购决策倾向于纵向一体化，正如我们在第 1 章中所解释的那样。因此，以鲁姆特的"相关性"概念来衡量，这两次兼并浪潮没有导致企业多样化经营程度的提高。

20 世纪 30 年代的经济大萧条以及美国参与二战都抑制了美国的兼并活动，这种状况直到 50 年代才有所转变。新的反垄断法，特别是著名的《塞勒-凯弗韦尔法》（Celler-Kefauver Act），进一步抑制了横向和纵向的兼并行为。到了 50 年代后期和 60 年代早期，经理们意识到，多样化合并是合法的，尽管横向和纵向兼并可能会遇到来自反垄断官员的阻挠。

到 1960 年，兼并活动的步伐再次加快。与以往的兼并浪潮不同，第三次浪潮表现为非关联多样化经营程度的增强和在多样化的市场中进行多种产品销售的联合企业的出现。60 年代的兼并活动孵化了诸如美国铝罐公司——该公司不但销售铝罐、服装，并且还提供金融服务，以及 ITT 公司——该公司的业务组合包括人寿保险、汽车租赁、旅馆和自动售货机——等等企业。

产生了许多联合企业的第三次兼并浪潮与 80 年代出现的第四次浪潮之间几乎没有间隔。然而 80 年代的兼并浪潮与以往显著不同。一些现金充裕的企业不愿在本行业中进行固定投资，而转向试图通过收购来壮大自身的队伍。菲利普·莫里斯公司就是一个很好的例子，利用烟草行业中获得的大量现金流，它于 1978 年收购了七喜（7－UP），1985 年收购了通用食品（General Foods），1988 年又收购了卡夫。80 年代的兼并浪潮伴随着一种新型兼并方式的出现，即"杠杆收购"。这种收购形式是指一家公司不是被其他企业收购，而通常是由一些私人投资者借助现有管理层的帮助而进行的。这些交易的显著特点是借助高额贷款作为融资的手段。通常，通过出售被收购的企业的一部分来偿还部分贷款，被出售的部分通常是与企业核心业务无关的业务。

第五次兼并浪潮始于 20 世纪中期，尽管 2001 年和 2002 年有所减弱，但是一直持续到 2007 年。在这次兼并浪潮中，著名的公司合并有：埃克森和美孚公司，宝洁和吉列公司，甲骨文和仁科公司（Oracle-PeopleSoft）。在这次浪潮中，我们可以看到私募股权的崛起。私募股权参与兼并，类似于 20 世纪 80 年代的杠杆收购，投资者收购之后参与公司的经营管理。私募股权杠杠收购的案例包括：2007 年，黑石集团收购希尔顿酒店；2006 年，阿波罗管理（Apollo Management）和得克萨斯太平洋（Texas Pacific Group）公司收购哈拉娱乐公司（Harrah Entertainment）。

为什么企业追求多样化经营

企业选择多样化经营可能是由于以下两个原因：第一，多样化经营可以提高企业的效率，从而使企业所有者受益；第二，如果企业所有者没有直接参与是否实行多样化经营的决策，那么多样化经营决策可能反映的就是企业经理的偏好。

在本节中，我们将探讨这两种可能。首先，我们讨论多样化经营如何影响企业效率，进而影响企业所有者的收益。我们先讨论多样化经营既可能提高效率也可能降低效率的方式。然后，我们再来讨论企业经理是如何从企业多样化经营中受益的，而股东为什么无法阻止不能创造任何价值的多样化经营决策，以及哪些力量限制了多样化经营企业的能力。

多样化经营的效率考量

我们将从讨论企业多样化经营对公司股东的收益和成本的影响开始。首先我们列出每一种潜在收益，并探讨在多大程度上，多样化经营模式可以使这种潜在收益成为现实。然后我们再描述一些与多样化经营相关的潜在成本。

规模经济和范围经济
我们在第 2 章中曾指出，多样化经营的一个动机可能是实现规模经济和范围经济。我们可以从托马斯·布拉什（Thomas Brush）的一个研究观点出发，来了解多样化经营支持规模经济和范围经济的合理性。[6]布拉什对356家制造业企业的兼并事件进行了纵向分析。他得出的结论是：如果兼并与协同效应相关，那么兼并后企业的市场份额将有所增加。布拉什试图分析在企业有可能扩大市场份额时，是否会增加兼并的可能性。事实证明情况果真如此，并且企业希望从兼并中获得实质性的收益。此外，他还考察了这些期望的实现程度。事实上，兼并后市场份额的变化正好解释了企业对兼并的种种期望。

如果企业进行多样化经营是为了追求范围经济，那么我们就可以预测，大型企业的做法应该是向小群体的消费者提供更多的相关产品。丹尼尔·内桑森（Daniel Nathanson）和詹姆斯·卡萨诺（James Cassano）所进行的历史分析表明，这种情况的发生只是偶然。[7]内桑森和卡萨诺对20世纪70年代以来的180多家美国企业按照产品多样化和市场多样化程度进行了分类。一些企业，如施利特茨公司（Schlitz）、梅塔格公司（Maytag）和奇尼斯公司（Zenith），它们在两个方面都没有实现多样化，而只是利用普通技术在较狭小的市场中追求规模经济和范围经济。不过，至少也有许多企业在这两个方面都实现了高度的多样化。诸如联合卡拜德公司（Union Carbide）、艾里斯-卡莫斯公司（Allis-Chalmers）和高夫韦斯特公司（Gulf and Western），它们生产多种产品，但是这些产品所需技术的近似程度很低，并且它们消费者的共同点也很少。因此，看起来，通过技术或消费群的共享来实现范围经济并不能解释我们观察到的多样化模式。

不过，范围经济可以有其他来源。伊迪斯·彭罗斯（Edith Penrose）——企业资源观的奠基人——认为，如果将公司未充分利用的组织资源投入新领域中，同样可以实现范围经济。[8]在某一特定时间段，企业拥有的资源在当前市场中不能充分发挥其效用，然而这样的资源在其他产品市场也许就能够得到充分有效的利用，并产生范围经济。C. K. 普拉哈拉德和理查德·贝蒂斯（Richard Bettis）认为，多样化经营公司的经理们相信，通过把自己宝贵的管理经验用在名义上不相关的业务上，也能实现范围经济。他们把这称为"杰出的通用管理理念"。该观点所指的通用管理能力包括"经理人的经营理念以及对技术、产品开发、分销、广告和人力资源管理等关键资源的分配"。[9]

当经理人在某些特殊领域，如信息系统或金融领域中，掌握了一些专业技能，并且各个看似无关的业务领域也需要依赖这些技能取得成功时，这个观点特别适用。不过，这个观点存在几个误区。有些经理人具备了某种技能，但却把它用在了并不需要这些技能的多样化领域中。例如，有人就曾怀疑，迈克尔·艾斯纳（Michael Eisner）为迪士尼动画片制定市场规划的能力在用于迪士尼子公司ABC的网络电视规划时是否同样有效。同样，这个观点的另一个误区是，经理人自认为他们拥有了高超的通用管理技能，可以应付各种多样化经营。由于缺乏对特定业务的多样化经营的详细了解，人们不知道在实行多样化经营时，经理人通用的管理经验是否会如杰出的通用管理理念那样适用于新的业务领域，或者经理人是否真的具有高超的通用管理能力。由于业务之间缺少明显的关系，所以很难验证内桑森和卡萨诺的观点，即认为范围经济来自杰出的、通用的管理理念。

节省交易成本

如果多样化经营是通过兼并或收购实现的，就会涉及交易成本问题，交易成本的形成与我们在第5、6章中讨论的纵向一体化有关。兼并或收购只是企业合并的法律基础。如果所有权在法律上变更之后，所涉及的公司能够实现经济化，那么为什么它们不在所有权变更之前就这样做呢？戴维·蒂斯就曾质疑，为什么不能通过协调几个独立的企业来实现范围经济呢？也就是说，为什么所有业务必须被纳入同一个企业中才能实现经济化呢？[10]

案例 7—2

追求协同作用：宝洁公司收购吉列

一个战略性多样化经营的例子是吉列公司于 2005 年 10 月被宝洁公司收购。尽管两家公司都属于快速消费品行业，但这次收购还是代表了一个多样化的经营战略，因为两家公司很少有相同的品牌。宝洁公司的老牌实力在于女性个人用品，而吉列公司则擅长男性个人用品，这次兼并是 2005 年最大的一次兼并。在本章前面曾提到，为了实现规模经济和范围经济，业务必须与产品或者市场相关。宝洁公司与吉列公司的兼并符合这两个原则。

宝洁公司于 1837 年成立于辛辛那提市，在快速消费品行业处于全球领先地位。它的主要品牌有佳洁士牙膏、帮宝适尿布、汰渍洗衣粉和心相印卫生纸。在 1878 年，偶然发明了能在水上漂浮的条皂之后，公司迅速成长。这个产品被命名为"象牙肥皂"，并标记"99 和 44/100 纯度"，这是首批直接面向消费者而不走批发商的个人用品。宝洁公司被誉为已经发明了最现代的品牌管理机制。到 2004 年，公司已经创立了超过 300 个品牌，其中 16 个品牌单品销售额超过 10 亿美元。全球的总销售额远超过 510 亿美元，大约一半的销售额来自美国之外。这个公司也是一个非常活跃的广告商，并在 2002 年和 2003 年的全球广告支出中排名第一。

1901 年成立于波士顿的吉列公司，市场定位在安全剃须刀，这是由公司的创始人金·C·吉列（King C. Gillette）发明的。基于这个早先的创新，公司在刮脸技术方面一直是领军者。它在 1916 年发明了第一款女士专用剃刀，在 1963 年发明了第一款不锈钢刀片，在 1971 年发明了第一款双面刀片剃须刀。然而在公司成长为全球第一的刮脸产品供应商时，它的规模却比收购商小了很多。公司 2004 年的销售额仅仅刚过 100 亿美元，并且总销售额中的一半以上来自一组 5 个 10 亿美元的自有品牌——欧乐 B（Oral B）、锋速 3（Mach 3）、博朗（Braun）、吉列（Gillette）和金霸王电池（Duracell）。

考虑到两家公司的协同作用，分别关注两家公司的产品和客户是很有启发性的。正如之前提到的，宝洁公司被誉为拥有先进的品牌管理，有一系列应对无品牌竞争者的控制品牌产品质量和价格贴水的措施。尽管宝洁汰渍洗衣粉和吉列锋速 3 的生产上没有明显的技术协同作用，但是这些产品确实具有共享知名消费品牌的特性。如果宝洁公司拥有管理品牌产品的独特管理措施，那么收购吉列将会使宝洁的管理措施推广到更多的产品上，进而提高效益。

这两家公司当然也有很多共同的消费者。大型的零售商，例如沃尔玛和塔吉特，构成了快速消费品企业的一个巨大的、有成长性的销售份额。在 2004 年，宝洁公司超过 18% 的销售额来自沃尔玛。为了维护这个重要关系，宝洁公司派遣了 250 名员工到"沃尔玛团队"，并且将他们部署到靠近沃尔玛总部的阿肯色州。吉列也分配其最重要的资源来维护与沃尔玛的关系，那么新合并的公司将可能会减少在这方面的支出。事实上，合并后的公司计划裁员大概 6 000 名员工——大概占公司总员工的 4%——并且预计每年减少 10 亿美元的支出。然而，一些学者想知道这笔交易是否真的会增加合并后公司的市场实力。宝洁公司和吉列公司确实在一些市场上针锋相对。例如，宝洁公司的 Old Spice 香水和吉列公司的 Right Guard 除臭剂就是直接竞争对手。因此，这次兼并至少在某些市场上提供了减少价格竞争的可能性。这将提高兼并企业的收益，但是会导致更高的消费支出。另外一个对这次交易的有力解释是像沃尔玛这样的大型购买商的重要性增加。如果相对小一点的生产商，规模可以允许大型零售商降低价格，那么，生产商的一个符合逻辑的回应就是增加它们的规模。如果宝洁公司广泛的生产线能允许它在沃尔玛采用更高的价格（例如，通过威胁限定受欢迎品牌的供应，例如汰渍，除非沃尔玛为锋速 3 提供一个更高的价格），那么这笔交易将又会为宝洁带来更高的收益，但是对消费者没有好处。

之后的收购表明，兼并吉列只是宝洁男士剃须产品国际化迈出的第一步。2009 年 6 月，宝洁收购了迈阿密一家高端剃须产品公司 The Art of Shaving，这家公司成立于 2009 年 6 月，除了拥有国际产品分售体系，还有 26 家专营店，这又使宝洁进入了零售市场的另一个不同的领域。据宝洁男士护理用品分部的主管凯里·瓦尼斯（Kelly Vanesse）介绍，宝洁兼并这个公司的一大目标就是拓宽这个品牌的国际市场。[11]

不久，宝洁又兼并了一家公司。6 月 16 日，宝洁宣布收购瑟雅公司（Zirh）。瑟雅公司是一个男士护肤品牌，建立于 1995 年，通过自有网站和高端商品店销售各类男士护肤和剃须用品。瑟雅有两点非常好的特色：只做男士用品，使用"天然"原料。据《品牌周刊》（*Brandweek*）报道，依托瑟雅品牌，宝洁公司希望消费者购买更加昂贵的物品，而不让消费者购买更加便宜的商品。[12]此外，宝洁公司还宣布，瑟雅的创始人、现任总裁布莱恩·罗宾逊（Brian Robinson）留任，继续掌管这个品牌。分析人士认为，罗宾逊的国际运作的经验对宝洁来说非常重要。

蒂斯认为，当交易成本使得独立企业间的协调变得复杂时，多样化经营可能是一种有效的选择。回顾第 5、6 章的内容，当生产过程涉及专用性资产，例如人力资本、组织程序或其他形式的所有权知识时，独立企业间的关系很可能产生交易成本。若缺乏专用性资产，交易成本就不会成为问题。这种情况下，市场协调可能产生更好的激励和灵活性。

许多关于是实行多样化经营还是作为独立的企业经营的决策都遵循交易成本最小化的原则。考虑一下高等教育的组织模式。大学就代表各个独立学院和科系的"兼并者"；从理论上讲，每一个学院和科系都在地理位置上相邻，但又各自独立经营。尽管大学生们要在很多个学部上课，但各学部相邻，并靠近公共宿舍、图书馆、操场和其他设施，这就产生了范围经济。这些设施坐落于相邻的地点意味着，任何部门的任何投资在一定程度上都是专用性资产。换句话说，某项部门投资的价值依赖于其他部门的行为。例如，即使西北大学经济学系招聘了几位曾受过嘉奖的教师，但如果学校无法吸引高质量的学生，那么这些老师在课堂上的价值也就不能完全实现。如果其他院系的教学质量不高，或拒绝支持旨在提高教学水平的措施，如为图书馆、计算机实验室和学生宿舍融资，那么也可能发生上述情况。西北大学各院系的公共"所有权"使得有关聘用、晋升及专用化投资的政策相互统一。

将大学教育"多样化"的组织模式与许多职业培训学校，如法律或医学专科学校的组织模式相比，这些职业培训学校的关注面更窄，只提供单一领域的培训。对职业培训课程感兴趣的学生通常不要求学习其他领域的课程，因此也就没必要提供给他们。职业培训学校能实现它们对工厂和劳动力投资的全部收益，它们不必担心共享相同生源的其他学校的要挟。考虑到职业培训学校不存在交易成本，其中许多学校仍保持独立性也就不足为奇了。

内部资本市场

合并不相关的业务也使企业可以利用"内部资本市场"。假设一个资金充裕的企业和一个资金匮乏的企业合并成一个独立的新企业，则通过交叉补贴，来自资金充裕企业的收益可被用来为资金匮乏企业的有利的投资机会提供资金。这一战略能提高总价值，但只有允许资金匮乏的企业进行盈利性投资时才能获取利润，否则无利可图。考虑到现代金融市场的复杂性，思考一下哪些摩擦可能影响这些市场是很有意义的。企业不能通过获得外部资源来投资盈利项目，这种说法合理吗？

如杰里米·斯坦（Jeremy Stein）所说，这个问题的答案是肯定的。[13]企业从外部融资的成本很高。第一，金融市场中的交易可能受不完全信息的影响。当公司股票被高估时，企业就有明显的发行新股的意愿；而如果在估测新投资的风险后发现贷款条件非常诱人，企业则愿意举借新债。考虑到这种信息上的劣势，资本提供者将不愿意购买股票或放贷。第二，企业现有的债务可能使企业很难获得新贷款，特别是当新债等级低于现有债务的时候。新投资的任何收益必须有一部分用于返还现有的债券持有人，这限制了新的贷款人愿意提供的资金数额。第三，监控资源动向的外部投资人，作为债券和股票的持有人，必须确信经理人所采取的行动符合他们的利益。

如果外部融资成本高，那么一定有一些盈利性项目不能通过外部资源进行融资。注意，与前面两种对多样化经营的解释不同，这个原则并不要求两家企业在任一方面相关，不需要共享生产技术、客户群或组织资源。实际上，唯一的要求是一家企业有充足的资金而缺少投资机会，而另一家则有投资机会但缺少资金。因此，内部资本市场逻辑也许能为完全不相关活动中的多样化经营提供最好的、基于效率的解释。

股东投资组合多样化

这个多样化经营原则从考察个体股东从多样化投资组合中获得的收益开始。通过购买大量公司的小额股份，投资者能降低由于任一单个企业破产而导致重大损失的概率，并使它们远离风险。对于一家广泛多样化经营的公司，其任何一项业务的收益可能只占总收益很小的比例。因此，一个希望避免价值大幅波动的股东就可以选择投资于单个多样化经营的企业，从而获得投资组合多样化的收益。

不过，请注意，大多数股东可以使自己的投资组合多样化，而很少需要企业经理们代表他们这样做。例如，菲利普·莫里斯的股东们可以轻松地通过购买卡夫食品公司的股份来分散投资，而不需要通过菲利普·莫里斯收购卡夫食品公司来实现这一目的。许多股东可能不喜欢以这种特殊的方式实现多样化投资，因为收购卡夫可能会损害他们的利益（收购没有带来效率的提高）。

有些人可能会争辩，公司的多样化经营也许会比股东多样化投资的范围更广，也更经济。不过，这点值得怀疑，特别是考虑到今天的个人投资者能轻易地购买到共同基金。因此，只有当投资者因某种缘故不能自己使投资组合多样化时，这个多样化的原则才有意义。如果企业的大股东自己不能充分使其投资多样化，也可能会出现上述情况。[14]

鉴别价值被低估的企业

最后，如果一家企业的经理能鉴别出在股票市场上价值被低估了的其他企业，并将其兼并，那么股东们就能从这种多样化经营中获益。例如，假设企业 B 的股票当前成交价格为每股 80 美元，但企业 A 的经理认为 B 的股票实际价值应为每股 100 美元。若企业 A 能以每股 80 美元收购企业 B，则企业 A 就能够从收购企业 B 中每股获利 20 美元，即使这次兼并对提高效率并没有任何好处。

人们有许多理由对这种企业多样化经营的合理性提出质疑，特别是在被收购企业的业务与收购企业不相关的情况下。第一，这个观点认为，目标企业（即要被收购的企业）的市场价值不正确，并且没有其他投资者认识到这个事实。考虑到投机者、基金经理和其他投资者总在市场中穿梭以搜寻价值被低估的股票，看起来难以相信，一个将其注意力大量集中于经营他自己企业的首席执行官（CEO）能轻易鉴别出被上述市场参与者错过的估价错误，除非目标企业与该企业的业务密切相关。

第二，宣布兼并提议会引来注意，这常常导致其他潜在收购者出价收购目标企业。价格战很正常，它们会减少收购企业希望通过兼并获得的利益。考虑威瑞森公司（Verizon）2005年2月出价67.5亿美元收购美国微波通信公司（MCI）。一个与其竞争的电信公司——奎斯特公司（Qwest）迅速参与竞标，且报价更高。在一场旷日持久的斗争和多次反复的讨价还价之后，威瑞森公司以85亿美元的价格收购MCI。可能MCI只值67.5亿美元，这样威瑞森公司多支付的17.5亿美元也就大大减少了其从这笔交易中所获得的利润。

第三，也许是最令人头疼的一种兼并后果，即在拍卖和类似的销售活动中，成功的竞标者倾向于受到"福兮祸所伏"的折磨。假设一组收购企业就一个目标企业竞标。每个投标者也许对目标企业都有一个估价，当价格高于其估价时，它将从竞标中退出。对目标企业的价值评估最乐观的企业将赢得该竞标。赢家是否支付了一个足够低的价格以至能从收购中获利呢？考虑到所有其他竞标者对目标企业的估价都低于最终的购买价格，有可能赢家的支付过高了。如马克斯·巴泽曼（Max Bazerman）和威廉·萨缪尔森（William Samuelson）在他们的《我赢了拍卖，但并不想要这战利品》（I Won the Auction but Don't Want the Prize）一文中指出的，除非该多样化经营企业比其他竞标对手更了解标的公司，否则它将可能为"赢得"竞标付出了太多。[15]

多样化经营的潜在成本

扩张企业的经营范围对股东来说是一项高成本的行为。第一，在一个企业中融合两种业务可能会导致大量的影响成本。在一家多样化经营的企业中，企业管理层需要对每个部门进行评估以确定资源的分配方向。这种评估通常在企业制定战略规划和资本预算的过程中进行。评估过程的成功取决于从各部门主管获得的信息的质量，以及企业管理层对信息进行客观评价而不让个人感情影响决策的能力。这些决策受到内部游说影响的程度有多深，资源分配的效率就会有多低。

玛格丽特·迈耶（Margaret Meyer）、保罗·米尔格罗姆和约翰·罗伯茨认为，影响成本可以解释为什么一些企业选择出售不盈利的部门，出售的方式是首次公开发行（IPO），或向现有股东发行该部门的股票。[16]迈耶、米尔格罗姆和罗伯茨指出，如果一个大公司内有一个苦苦支撑的分支部门，该部门的经理也许会通过游说来获取那些最好是用于成长型部门的资源。这将产生游说的直接成本和资源分配不当的潜在成本。他们认为，如果将这个无利可图的部门分离成一个独立的实体，让它通过市场途径来竞争资源，这种情况下的企业总价值可能最高。

第二，多样化经营企业的管理层必须使用高成本的管理系统，在部门利润的基础上对部门经理进行奖励，并将薪水和晋升与其业务个体的目标挂钩以进行管理。当然，这里假定企业管理层有合理的动机代表股东工作。资本市场同样也为经理们以股东利益行事提供了动机（例如，对高回报予以奖励，低回报予以惩罚）。它们不需要高成本的内部控制体系。

第三，最近有证据表明，内部资本市场实际上也许运转得不是太好。石油经营产生了大量资金，因此欧文·拉蒙特（Owen Lamont）怀疑，拥有非石油子公司的石油公司可能会进行交叉补贴。[17]为了对实践进行检验，当石油价格在20世纪80年代中期大幅下跌时，他研究了石油公司对非石油子公司的投资的变化。

假定：首先，经理在任何情况下都只投资于有利可图的项目；其次，非石油子公司的盈利项目的数量不受石油价格的影响，石油公司对非石油子公司的投资应该完全不受石油价格下跌的影响。在仔细去除了那些人们可能认为投资会受石油价格影响的子公司后，拉蒙特发现，在石油价格下跌后，石油公司对非石油子公司的投资大量减少。这意味着：要么是石油公司在石油价格下跌前对它们的非石油子公司的投资太多，要么是在石油价格下跌后它们对非石油子公司的投资太少。拉蒙特不能断定到底是这两种可能性中的哪一个。不过，他的证据表明，内部资本市场并非服务于为资金不足的企业的盈利性投资项目提供便利这一既定目标。

为什么会发生这种情况？正如我们将在下一节中讨论的那样，如果经理们热衷于企业的成长，即使这种成长是无利可图的，他们也可能在企业资金充裕时进行过度投资（也就是说，投资于盈利性项目和一些非盈利项目）。这就能解释，在石油价格下跌前，石油公司可能对非石油子公司进行了过度投资。另外，石油公司对非石油子公司的投资不足，可能是由于石油价格下跌后，部分石油子公司经理们的影响活动增加的结果。为了限制这些执行官们为其所在部门进行游说，高层管理者也许会选择采用一种社会主义式的投资方式，即削减对所有部门的投资。

多样化经营的经理层的原因

我们已讨论过企业多样化经营是如何影响企业所有者感受到的收益和成本的。如果是股东对企业多样化经营制定决策，那么我们的讨论就可到此告一段落。从理论上说，当多样化经营使股东的收益超过成本时，企业就应该实行多样化经营。那么我们就来检验经验证据是否支持这个论点。

然而，如第3章所述，所有权和控制权相分离是现代大公司的一个重要特征。以及经理们是否会进行不对股东们产生净利润的多样化经营收购，是很重要的。这里，我们描述经理们如何从收购行动中获益，为什么公司治理中的问题使得股东难以制止这种行动，以及什么样的机制可以制约经理们按照股东的利益行动。

收购给经理带来的收益

对于为什么企业经理可能从收购中获益，即使股东并不会从中获利，我们给出三条潜在的原因。其一，如迈克尔·詹森（Michael Jensen）所认为的，经理们也许只是喜欢驾驭大企业。

> 企业规模的扩大提高了社会知名度、公众声望和高级执行官的行政权力。这样的 CEO 是罕见的：他希望人们记得，他曾管理过一家与他就职时相比，所在国家更少、工厂更少、产品更少的企业。[18]

也许，有人会认为这个观点不正确；毕竟，难道股东们就不希望他们的企业增长扩大并繁荣兴盛吗？他们当然希望。但重要的是，扩大规模可能是盈利的，也可能是非盈利的。只有在企业规模的扩大会带来利润增加的时候，股东才会希望这样做。詹森的观点是，经理们看重的是企业规模的扩大，而不管盈利还是不盈利。

为了更好地理解对增长的偏好是如何使一个经理进行不符合股东利益的兼并活动的，可以考虑这样一个 CEO：他从自身利益出发评价扩大规模的价值，现正忙于一场潜在收购的谈判。假定这个 CEO 认为目标企业价值 10 亿美元，如果该 CEO 同意支付 11 亿美元来进行收购，他这样做是使企业受益还是受损？事实是，该 CEO 为了收购而使得股东损失了 1 亿美元。然而，CEO 只拥有该公司股份的一小部分。如果他拥有该公司 1％ 的股份，这笔交易会使他的个人股票持有损失 100 万美元。然而，如果该 CEO 能从管理一个更大规模的企业中获得更多的个人财富（超过 100 万美元），他也许就会乐于进行这场收购，即使该收购并无益于股东。这里的关键问题是：如果CEO 们只拥有公司股份的一小部分，他们进行不良收购的个人利益（来自知名度或声望）就可能大于个人成本（来自其股份的价值损失）。

尽管很难准确衡量诸如社会知名度和公众声望这些抽象的概念，但研究者们已经确定了几种 CEO 们从收购中获益的方式。例如，克里斯·埃弗里（Chris Avery）、朱迪·希瓦利埃（Judy Chevalier）和斯科特·谢弗（Scott Schaefer）发现，进行收购的 CEO 们很有可能被任命为另一家企业的董事会成员。[19]如果 CEO 们看重这一点，他们也许希望实现收购以获得任命。

其二，其他一些理论家认为，经理们可能为了提高他们的薪金而寻求非关联的收购。罗伯特·赖克（Robert Reich）这样写道：

> 当专业经理人为了收购完全不相关的业务而使公司陷入重重债务时，他们易于被个人薪金水平与新的扩大后的企业所产生的业务量挂钩这一事实激励。[20]

关于这一点的论据混合在一起。尽管规模更大的企业的执行官会获得更高的薪水，但这一事实本身并不意味着某个执行官能简单地通过扩大企业规模来提高其薪金。[21]埃弗里和同事们并没有发现进行收购的 CEO 和那些自然成长的企业的 CEO 之间在薪水增加方面有任何区别。相反，理查德·T·布利斯（Richard T. Bliss）和理查德·J·罗森（Richard J. Rosen）发现，进行收购的银行业的 CEO 的薪金确实获得了很大的提高。[22]

其三，雅克夫·阿米哈德（Yakov Amihud）和巴鲁克·列夫（Baruch Lev）则认为，经理们是为了使他们自己规避风险而进行非关联收购。[23]他们发现，股东们不可能替换最高管理层，除非相对于整体经济发展而言，企业的经营业绩很差。为了降低他们丢掉饭碗的风险，经理们必须降低经营不善的风险。实现这一目标的一种途径是非关联收购。简单的统计数据告诉我们，高度多样化经营企业的经营状况很可能是对整体经济状况的反映，因此不大可能导致股东解雇经理人。为了支持他们的观点，阿米哈德和列夫证明了由经理控制的企业比由所有者控制的企业更热衷于集团收购。尽管这些收购降低了高层管理者失业的风险，但它们可能无益于股东，而股东通过管理他们的投资组合（例如，购买共同基金）可轻易降低自己的金融风险。

2000 年，美国在线收购时代华纳是受当时的 CEO 斯蒂芬·凯斯规避风险的意图的驱动。作为拥有 AOL 公司近 1% 股份——当时资本价值超过 10 亿美元——的所有者，凯斯面临重大的 AOL 特有的风险。通过收购时代华纳，他将资产扩展至互联网、广播和印刷媒体行业，从而减少了对技术部门盛衰的风险暴露。[24]尽管凯斯和他在时代华纳的搭档杰拉尔德·莱文（Gerald Levin）强调电视和互联网渠道的合并将产生许多协同效应，合并后最初几年得到的几乎仅限于大量的相互促进的努力。例如，AOL 向订购者播放时代华纳的影片《指环王》（*The Lord of the Rings*）的预告，而时代华纳则向版本升级到新软件版本的 AOL 的订购者提供观赏影片的首次公映的机会。[25]即使这样的相互促进努力确实创造了价值，但两家企业显然也没有必要仅为了实现这些价值而进行兼并。

公司治理的问题

管理层实行多样化经营的这些动机源于公司治理（corporate governance），也就是说，股东们控制企业和经理人的机制存在一些缺陷。如果股东们能：（1）确定哪些收购会带来利润的增加，而哪些则不能；（2）指导管理层只能进行那些将提高股东财富的收购，则管理层驱动收购的可能性就将消失。

然而，在实践中，两个条件都不具备。首先，股东不可能轻易确定哪些收购将提高利润，而哪些则不能。一般而言，股东既无专业知识也无信息来作出这样的判断。其次，即使股东不同意经理的决策，他们也会发现，很难改变那些决策。形式上董事会有监督经理人的职责，以保证经理人采取的行动有利于增加股东们的财富。然而，许多作者，包括本杰明·赫梅林（Benjamin Hermalin）和迈克尔·韦斯贝克（Michael Weisbach），都认为，CEO 们在新董事的选择上具有很大的控制权。[26]一名在董事会中拥有大量支持者的 CEO 没有理由担心他的决定会受到详尽的审查。尽管股东通过行使选择董事的权利可以在形式上控制董事会，但很少有现任董事被投票赶下台的情况。此外，大企业的大多数股东都只拥有该公司极少部分的股票。这样，如果任何一个股东打算花大量的时间和精力监督管理层，这名股东最多只能获得收益成果的一小部分。

有充足的证据表明，多样化经营收购受管理层动机的驱使，至少部分是由于为公司管理问题提供了便利。如同我们简单讨论的，大量研究已发现，当宣布收购时，收购企业的股票价格一般趋向于下跌；如果收购有益于收购企业的股东，人们会预期相反的情况。

案例 7—3

经营多样化的管理动机：泰科国际有限公司的奇特案例

近几年最引人注目的商业兴衰事件之一就是泰科国际有限公司（Tyco International），一个混合企业。1960 年，泰科集团作为政府出资的研究实验室成立，并从一开始就显示出收购的意愿。公司在 1964 年上市，到 1968 年完成了 16 次收购。公司 CEO 约翰·福特（John Fort）偏好于企业的战略并购成长模式，在他的领导下，公司在 1982—1992 年间迅速增长。

在 1992 年中期，新泽西州纽瓦克市某警探的儿子丹尼斯·科兹洛夫斯基（Dennis Kozlowski）被任命为 CEO。带着前所未有的热情，科兹洛夫斯基延续前任的收购手段。他雇用了一个内部并购专家团队，寻找商业世界里的潜在目标。泰科寻找有强大管理团队的可靠公司，而且并购必须是有利的，并且对泰科的收入有迅速积极的影响。20 世纪 90 年代，在科兹洛夫斯基的带领下，公司逐渐完成了数百次收购，并且公司的市值在 1992—2001 年间增长了五十多倍。在 2001 年中期，公司价值超过了通用汽车和福特汽车的总和。公司的六个部门——电子、卫生保健、消防安全系统、泰科电信、CIT 金融集团、流体控制——独立运行，而总部管理采取极度放任的方式，并用与工资增长挂钩的强有力的刺激来激励分部门的经理们。

公司在科兹洛夫斯基的领导下达到鼎盛时期是在 2001 年 5 月 28 日，《商业周刊》的采访报道中声称他为"最能干的 CEO"，并称赞他的战略兼并成长模式。尽管企业成功了，仍然有一些学者质疑泰科战略的合理性。虽然公司六大混合业务内部分别进行兼并会直接产生规模经济和范围经济是毋庸置疑的，但是交叉业务部门创造价值的来源并不清楚。泰科为商业建筑提供自动喷水灭火系统的部门怎么能从同一公司下的泰科卫生保健部门获益呢？更简洁地说，为什么要用一个公司代替六个呢？

正如一句古老的格言所讲："它们越大，就越难跌倒。"科兹洛夫斯基在 2002 年却摔得很惨。在那年 6 月份，他因为销售逃税被纽约州起诉。在这个消息传出之前，科兹洛夫斯基刚被公司解雇。同年 9 月，这位"最能干的 CEO"情况变得更糟了。科兹洛夫斯基和泰科前 CEO 马克·斯沃茨（Mark Swartz）因一项州内欺诈指控和国内诉讼被美国证券交易委员会（SEC）起诉。这两个人被指控担任董事会董事期间通过其他方式洗劫了公司大约 6 亿美元。据检察官称，科兹洛夫斯基和斯沃茨用公司的钱过奢华的生活，并将这些支出通过秘密分红和坏账的方式瞒过股东与董事。科兹洛夫斯基最出名的举动是曾拿公司100万美元为他妻子在意大利撒丁岛举行的40岁生日宴会付账，宴会上有古罗马角斗士表演、奢华的冰雕和流行音乐家吉米·巴菲特的现场演出。2005年，科兹洛夫斯基和斯沃茨因欺诈指控被定罪，分别送往州监狱服刑8年半和25年。

如何处理泰科的财产这个难题就落在了新任首席执行官艾德·布林（Ed Breen）的身上。布林是一位经验丰富的经理人，曾经担任过摩托罗拉的总裁。如果公司设立的复杂结构只是为了方便管理层偷取公司财产，那么这个公司就应该设立一个更加简单的组织结构。但是，从另一方面讲，如果公司的动机是增加跨部门协同和共用内部资本市场，那么就应该仍然是一个整体的公司。

布林一开始就解雇了公司整个董事会的董事，以及科兹洛夫斯基的50名级别最高的经理人。不久，他又卖掉了一些资产，包括塑料和黏合剂业务以及海底电缆资产。即使这样，到2006年1月，泰科公司仍然是一个多样化经营的集团企业。之后，泰科宣布其分为三个上市公司。2007年7月，业务分离完成，成立了三个新的公司：柯惠医疗（Covidien Ltd.），医疗器械板块；泰科电子（Tyco Electronics），电子设备板块；泰科国际（Tyco International），防火安全防护设备板块。就产品和市场而言，这三家经营着分散的业务，各自专注于一个板块。从这一点看来，布林不想泰科成为一个整体的集团企业。

公司控制权市场和公司治理中的新变革

如果多样化经营部分是受管理层目的驱动的，那么有什么力量能使经理关注所有者的目标呢？亨利·曼纳（Henry Manne）提出，"公司控制权市场"是对经理们行动的一个重要约束。[27]

曼纳的论点如下：进行不符合股东利益的收购活动的经理人将发现，其企业股票价格下跌的原因有两个。第一，如果某个经理为一次多样化经营收购支付过多，他的企业会失去与多支付的金额数量相同的价值。第二，如果股票市场预期该企业未来会为其他收购支付过多，该企业的股票价格当天会因对这些事情的预期而下跌。这种企业股票的实际价格与潜在价格间的差额给其他实体（可以是个人、另一家企业，或是一家专业投资银行）提供试图接管的机会。潜在的收购者能简单地通过在市场上购买该企业的股票而实现对它的控制。当拥有足够多的股份时，潜在收购者能投票选出自己的董事会成员，并任命新的、为提高股东财富而工作的经理。这名收购者通过以实际价格购买股票，然后加诸变化以使股票价值回归到潜在价值而获利。注意，甚至在并没有真正出现接管时，"公司控制权市场"也能约束经理们。如果一名在任经理担心若企业被接管，他会失业，那么他可能会努力工作以保持其企业股票价格位于或接近潜在价值，以防止被接管。

迈克尔·詹森认为，曼纳的推理是 20 世纪 80 年代杠杆收购交易（以下简称杠杆兼并，LBO）浪潮的基石。詹森认为，那个时期美国许多行业中的企业都拥有闲置的现金流，即现金流超过了盈利的投资机会的需求。经理们选择用这些闲置的现金进行投资，通过进行无利可图的收购或过度扩展核心业务，以扩大他们所控制的企业帝国的规模。考虑到这些投资无利可图，詹森得出结论：如果闲置的现金流以股利的方式派发给股东，那么他们得到的本来可以更多。在杠杆兼并中，企业"突袭者"借入企业未来闲置的现金流，并用这些借款购买企业的股份。这样一个交易帮助企业以两种方式来实现它的潜在价值。第一，由于流通的股份数量大量减少，企业管理层获得较大比例的企业股份成为可能。这增强了管理层进行增加股东财富的投资行为的动机。第二，由于企业必须用未来闲置现金流偿还债务，管理层就不能再随意利用这些资金进行投资。管理层必须向债权人支付这些资金，否则要冒违约的风险。这限制了经理在未来进行收购和扩展核心业务的能力。

杠杆兼并浪潮的批评者对这些交易对股东之外的其他团体，如员工、供应商和债权人造成的影响提出了质疑。例如，安德烈·施莱弗（Andrei Shleifer）和劳伦斯·萨默斯（Lawrence Summers）就曾预测过杠杆兼并对长期经济效率的影响。[28] 他们认为，当取得的财富是以准租的形式从目标公司中有关系专用性投资的利益相关者手中得到时，财富的再分配可能会对经济效率产生负面影响。回忆第 3 章曾谈到的内容，即在作出关系专用性投资后，个人期望得到超过投资金额的准租。这些准租也许会表现为比在别处多赚得的薪金、晋升的机会或诸如使用公司汽车这种额外的补助。不过，一旦投资付诸实施了，只有当准租是正数时，他才会继续投资。企业可以为关系专用性投资提供便利。与市场相比，企业的一个优势是，企业的劳资双方可以依靠隐含的而不是明确的契约在企业内部解决他们之间的争端。实际上，这正是由于企业内不能够签订充分而完备的契约所导致的。

例如，假设公司的老员工已经拥有了某些对他们公司来说很宝贵的资产，例如如何操作企业的专用设备，或者对公司管理规章更确切的理解和遵守。由于其他企业有自己的专用设备和管理规章，所以这些资源并不适于在劳动市场上出售。在公司的员工发现寻找新的工作更有价值之前，新的企业所有者可能会打破长期存在的工作保障，并且大幅度减少工资。尽管受再分配驱动的接管行动可能短期内有益于收购者，但可能会对企业带来长期的负面影响。在短期内，收购者将从再分配中获利。但就长期而言，像其他同该企业打交道的团体一样，员工们会认识到企业过去的行为，他们不可能在将来投资于企业的专用性资产，除非他们因承担未来再分配的风险而得到充分的补偿。施莱弗和萨默斯指出，杠杆兼并的危害不一定局限于企业正在进行的杠杆兼并中；如果任何企业的员工怀疑他们的企业最终可能成为杠杆兼并的目标，他们可能就不愿意作关系专用性投资。这可能损害整个经济的长期增长速度。

研究者们发现，尽管在杠杆兼并中会引起某种财富的再分配，但它也会带来效率方面的大量收益。斯蒂芬·卡普兰（Steven Kaplan）和杰里米·斯坦认为，杠杆兼并会带来显著的业绩提高。[29] 在 20 世纪 80 年代早期，杠杆兼并的企业获得了巨大的利润，不大可能对其债务违约。虽然几年后违约的情况变得越来越普遍，但这并不是因为缺乏效率改进，相反却是因为杠杆兼并中收购者的相互竞争导致了沉重的债务负担。依据卡普兰和本特·霍姆斯特龙（Bengt Holmstrom）的看法，"违约的原因不是因为利润没有增长，而是由于增长量不足以支付巨额债务"[30]。即使是那些无法偿还债务的企业，它们交易的净效应也是盈利的。其他一些作者曾专门问道："突袭者"是否瞄准了那些以前进行过多样化经营收购的企业？在一篇题为《劣投标者成为好的目标？》（Do Bad Bidders Make Good Targets?）的文章中，马克·米切尔（Mark Mitchell）和肯尼思·莱恩（Kenneth Lehn）指出，企业收购者通过收购和分拆先前实施过无利可图的多样化经营战略的企业而获利。[31]

杠杆兼并浪潮在 1990 年左右突然结束。霍姆斯特龙和卡普兰将这归因于 20 世纪 80 年代中期以来公司治理实践的变化。他们指出，企业提高了 CEO 的所有权利益（许多情况下是显著的），并引入新的业绩衡量方法迫使经理们考虑资本成本（例如经济增加值）。同时，诸如养老基金的大股东在经理监督问题上开始发挥更积极的作用。考虑到施莱弗和萨默斯的论据，研究者们作出的总结是：曼纳假设的"公司控制权市场"是一种成本相当高的、激励经理为股东利益工作的方法。公司治理实践的这些新变化也许既有助于约束经理们的行动，又不会导致降低效率的财富再分配或债务问题上的高成本违约的发生。如果这些公司治理的变化意在限制非关联多样化经营，它们看起来起作用了——20 世纪 90 年代的兼并浪潮几乎不包含非关联多样化经营活动的案例。

多样化经营企业的绩效

尽管我们讨论了为什么多样化经营可能会盈利，许多学者和实践者仍然对多样化经营战略具有增值能力表示怀疑。迈克尔·古尔德（Michael Goold）和凯斯琳·卢克斯（Kathleen Luchs）在对 40 多年的多样化经营模式进行回顾时，对这些怀疑作了最好的总结：

> 最后，只有当企业管理层能够以某种方式增加财富时，企业进行多样化经营才是值得的。对公司战略的检验标准必须是，它们的业务组合比在其他的所有权形式下更有价值。[32]

在对多样化经营公司的绩效进行研究时，学者们采用了各种原理和不同的研究方法，但他们一致发现，虽然多样化经营在达到一定程度时是有效率的，但多样化经营企业的绩效收益来源却不清楚，以分散化经营提高效率并不是一件容易的事情。人们发现，不关联的或者整体集团化的分散化常常伴随着很差的业绩。但是，这并不意味着，集团企业的业绩都是很差的，一些这样的企业取得了成功。我们也可以找到成功分散化经营的企业集团的案例，比如通用电气。

本节中，我们评论了导致古尔德和卢克斯以及其他人对多样化经营的价值产生质疑的一些发现。这部分研究结果总体表明，多样化经营（特别是非关联多样化经营）并不适于作为一种产生价值的方式。我们简述通用电气成功的案例，思考通用电气管理层支持集团组织形式的理由。

经营绩效的研究

许多研究者研究过如何就经营绩效——以会计利润或生产率为尺度——将多样化经营企业与非多样化经营企业进行比较。他们发现，绩效和企业多样化经营之间的关系并不明晰。决定利润的因素，更可能是行业的盈利性加上企业如何对新旧业务进行整合，而非多样化经营本身。[33]尽管在多样化经营和绩效的衡量以及用以评估绩效变化的时间框架上存在方法论差别，但这些研究结果没有差别。

此类研究的一些例子可能是有用的。理查德·鲁姆特发现，在多样化经营和企业绩效间存在一些系统性关联。适度多样化经营企业有更高的资本生产率。不过，非关联多样化经营水平由适度调整到高度的企业，其生产率相应由中等降到低下。最近几年，辛西娅·蒙哥马利（Cynthia Montgomery）依据不同的多样化经营衡量方法，再一次肯定了鲁姆特的结论。[34]诺埃尔·卡彭（Noel Capon）和他的同事们发现，那些将多样化经营限制在有限市场的企业比那些在广泛的市场进行多样化经营的企业运作得更好，他们假定这是因为它们了解专门市场的需求。[35]莱斯利·帕利克（Leslie Palich）、劳拉·卡迪纳尔（Laura Cardinal）和切特·米勒（Chet Miller）在根据过去30年的55个研究写成的合集中确认了这个结论。[36]他们总结道，寻求关联多样化经营的企业胜过那些选择有限战略或广泛战略的企业。最后，安托瓦尼特·肖尔（Antoinette Schoar）收集了工厂生产率的详细信息，并发现了多样化经营将导致破坏性的"新玩具"效应。[37]一场收购后，新收购的企业实现了平均生产率3％的增长。不过，这种提高是以损害企业的其他工厂为代价的。原有工厂的生产率平均下降了2％。由于原有工厂数量比新工厂多得多，这种下降意味着效率的整体下降。

价值研究和事件研究

两种研究流都以来自企业股票价格的证据为依据，评估多样化经营是否成功。第一类研究被称为价值研究，它将多样化经营企业与非多样化经营企业的股票市价进行比较。第二类研究是事件研究，它考察多样化经营收购的宣布对企业股票市价的影响。

价值研究表明，多样化经营企业的股票市价低于那些非多样化经营对手的股票市价。一般而言，这些研究是通过比较多样化经营和非多样化经营企业的股票市价与资产（或销售额）之间的关系进行的。假设一家联合企业的收入一半来自汽车销售，另一半来自电视机销售。通过考察一家非多样化汽车经营企业的股票市价和资产账面价值，研究者可以估算出一家汽车企业每一美元资产的市场价格。一家非多样化电视机经营企业可以提供对每一美元电视机制造资产的市场价格的估算。这些数字可被用来预测该联合企业的每一半业务的价值。所得出的这个预测价值可以与该联合企业的实际市场价值作比较。这个领域的两项开创性研究分别是由拉里·兰（Larry Lang）和勒内·斯塔尔茨（Rene Stulz），以及菲利普·伯杰（Philip Berger）和伊莱·奥菲克（Eli Ofek）作出的，他们都发现，与非多样化经营对手相比，多样化经营企业的股票价格偏低。[38]这种影响的程度很大：多样化经营企业的股票价格相对低约15%之多。

尽管上述有力的证据清楚地指出，所谓的"多样化经营折扣"的说法的确存在，但为什么存在还不很清楚。是不是因为两家业务非关联企业的合并以一些方式降低了价值呢？或者是因为选择进行非关联业务合并的企业往往是那些甚至在合并前就具有较低市场价值的企业呢？最近的一些证据表明，多样化经营折扣至少部分是由于第二个原因造成的；也就是说，那些选择进行合并的企业，看起来是那些甚至在合并前，股票价格就已经大打折扣了的企业。约翰·格雷厄姆（John Graham）、迈克尔·莱蒙（Michael Lemmon）和杰克·沃尔夫（Jack Wolf）发现，许多多样化经营收购的目标企业的股票在这些企业被收购前就已经折价销售。[39]同样，乔斯·坎帕（Jose Campa）和西米·凯迪亚（Simi Kedia）也发现，收购者的股票市价在进行非关联多样化经营前也已经大打折扣。[40]另一方面，伯杰和奥菲克随后进行的研究表明，股票市价折扣非常大的多样化经营企业被接管的可能性很高。[41]这一发现与下面的推断是一致的，即多样化经营的确会降低企业价值，而公司控制市场则可以削弱这种影响。

事件研究考察的是股票市场对宣布多样化经营事件的反应。这类研究假设，股票市场的股价能够有效地体现企业的最新信息。在这一假定下，任一时点上的一家企业的股票市价都是对企业未来利润流的最好的预测。因此，任何一个事件带来的企业市价的变动就反映了股票市场参与者认为该事件将影响企业的未来利润。

有关多样化经营收购的事件研究有两个关键发现。第一，如前面提到的，平均而言，收购的回报是负值。这就强有力地证明了，进行多样化经营收购的企业的股东们的确没有从这些收购中受益。大量研究者长时间以来的研究结果都重复得出了这一结论。例如兰德尔·默克（Randall Morck）、安德烈·施莱弗和罗伯特·维什尼（Robert Vishny）发现，当企业多样化经营或者企业的经理们在之前的收购中表现不好时，股东竞价的回报更低。[42]威尔伯·卢埃林（Wilbur Lewellen）、克劳迪奥·洛德雷尔（Claudio Loderer）和阿伦·罗森菲尔德（Ahron Rosenfeld）发现，CEO持有较少部分企业股权的时候，对兼并企业价值的负面影响更容易发生。[43]

第二，当收购的消息被宣布时，目标企业的股价倾向于上升。收购者通常支付的收购价格高于目标企业被收购前的股票市场价值，这意味着收购企业股东的财富部分转移到了目标企业的股东那里。然而，特别有趣的是，研究发现，就平均而言，目标企业市场价值的增加大于收购企业市场价值的减少。[44]这两个发现可能与下面的推断最相一致，即多样化经营收购确实以某种方式产生了价值，但过度自信或"福兮祸所伏"使得收购企业的经理支付得过多了。[45]

案例 7—4

在新市场中寻找协同作用：eBay 的兼并狂潮

eBay，作为网上竞拍行业的世界领军者，它的经验阐明了当技术和市场环境迅速变化时，确定潜在协同兼并目标的困难性。正如我们在第 14 章将讨论的，网上竞拍市场以很强的网络外部性为特征。购买者偏好登录拥有最多卖家的网站，反之亦然。1995 年成立后，这家公司打败了早期其他几家竞争企业（例如雅虎），迅速成长并统治了这种网络商业形式。eBay 于 1998 年上市，是为数不多的几家研发出可靠的商业模式的网络公司，在 2000 年和 2001 年网络公司股价暴跌之时适时生存了下来。事实上，eBay 的市场地位如此强势，以至它不仅能生存下来，还能完成一系列的兼并行为。尽管 eBay 的兼并有的成功了，有的则没有。

eBay 的第一次重要兼并是在 1999 年 5 月针对一家网络信用卡支付服务公司——票点公司（Billpoint）。通过允许个人利用信用卡在网上支付购买商品，这项服务降低了顾客在网上买卖的成本，因而也增加了 eBay 竞拍服务的收入。通过限制当事人放弃任何一种服务的动机，竞拍网站和支付服务系统的共同拥有者就可以降低交易成本。尽管票点公司与富国银行和 Visa 这样的金融机构合作，eBay 却根本不能抵消 8 600 万美元的投资。eBay 公司在将票点公司整合到竞拍网站的路上走得很迟缓，并且将公开测试推迟到 1999 年第四季度。这件事的推迟使得新崛起的网上支付系统 PayPal 获得了市场的认可。eBay 有用过 PayPal 经验的交易商发现没有理由再去使用票点公司的支付系统，因此，eBay 的内部服务系统也没再启用。然而，PayPal 成长迅速，最终在 2002 年以 15 亿美元的价格被 eBay 收购。之后不久 eBay 就关闭了票点公司。在 1999 年，eBay 也以 2.6 亿美元的价格购买过一个全球性的评估和拍卖行——巴特菲尔德（Butterfield）。巴特菲尔德专攻认证、评估和高端项目，例如珠宝、艺术和家具。这样，看起来 eBay 正在探索网上竞拍和传统模式之间协同作用的可能性。然而，谨慎的艺术收藏者并不愿意在网上购买大额商品，因此，这次整合失败了。eBay 在 2002 年将巴特菲尔德卖给了离线拍卖行的竞争对手伯罕斯（Bonhams），据报道，成交价格比原先购买的价格打了很大的折扣。

从积极的一面看，eBay 购买非美国本地的网络拍卖行取得了很好的效果。公司在几年中已经完成了数个这样的投资项目，包括2001年收购韩国的网络拍卖公司和南美洲的梅尔卡多自由报社（Mercado Libre）以及2004年收购印度Baazee公司。这些交易杠杆的网络外部性构成了eBay商业模型的基础。如果一国的买家将价值交易给另外一国的卖家，那么eBay的兼并策略就方便了这种跨境交易并且同时增加了两个国家企业服务的价值。在最近的网络竞拍软件开发方面，这种交易可能也会让eBay获得规模经济。

2005年9月，eBay宣布了迄今为止最大的兼并交易。公司同意购买英国网络电话公司Skype，Skype是一家英国网络电话公司，收购价格为大约25亿美元。eBay的管理层认为，这起收购有利于eBay上买卖客户之间的沟通。eBay也希望利用自己的市场占有为Skype增加用户。但是，质疑这起收购的分析人士认为，即使Skype发展迅速，但是25亿美元的标价也未免太高了。也有人怀疑，为什么必须通过收购才能实现互惠呢？为什么不通过让eBay用户在Skype注册而收取一定的费用呢？收购可以收到比这更好的效果吗？如同之前票点公司的情况一样，这起收购越来越不被人看好。2007年10月，eBay宣布收购价减少9亿美元。行业分析人士指出，人们所期望的协同效应并没有实现。

回顾eBay的兼并历史，看起来这家公司一直致力于不断寻找协同效应，但是却不确定哪次行动能最好地补充它现有的业务。理解行动如何能与开发新技术和新市场结合到一起的困难绝不是互联网时代特有的。eBay的经验并不异于另外一个同样杰出的依靠利用新技术成长起来的公司——福特汽车公司。在20世纪初，亨利·福特发明流水线和大批量生产之后，公司通过纵向一体化从事了一次价格高昂并最终失败了的多样化经营战略。到1927年，公司自己生产钢铁、玻璃和塑料，一直到公司内部的交易明显不会在市场变化上有所改善的时候才剥离了这些业务。

基于这些主要发现，其他寻求多样化经营差异性的事件研究将重点放在了收购企业和目标企业间的不同财富分配上。哈伯·辛格（Harbir Singh）和辛西娅·蒙哥马利发现，当目标企业与收购企业的业务具有关联性时，收购企业从中获得的回报将大于收购非关联业务的企业。[46]确实，非关联收购的收益看起来在竞标时就已消殆尽了。安朱·塞思（Anju Seth）对1962—1979年间的102笔收购的股价异常收益进行了研究，希望从中发现收购是否存在协同效应，以及关联收购和非关联收购的回报是否不同。她发现，兼并可以产生协同效应，但协同效应与兼并产生的收益之间的联系并不明确。[47]借助于对兼并与收益间关联性更精确的衡量工具，洛伊丝·谢尔顿（Lois Shelton）也得出了相似的结论。[48]在一项最广泛的多样化经营的股票价格研究中，萨扬·查特吉（Sayan Chatterjee）和伯格·沃纳菲尔特（Birger Wernerfelt）发现，与使用非专用性资产（如现金）的企业相比，拥有高度专用性资产的企业参与多样化经营战略时，会从兼并中获得更多的收益。[49]

多样化经营企业的长期业绩

还有一种研究长时期地跟踪兼并企业，并对在不同兼并浪潮中发生的成功的兼并事件进行比较。这些研究者们一般认为，评估多样化经营结果的时间跨度比研究中一般采用的要长。他们宣称，多样化经营企业的长期业绩很糟糕。

戴维·雷文斯克拉夫特（David Ravenscraft）和 F. M. 谢勒（F. M. Scherer）研究了 1950—1977 年间的近 6 000 次兼并和收购。他们发现，无论是从股票价格的变化还是从账面结果来衡量，企业兼并后的业绩都很差。并且，兼并规模越大，回报越可能为负。[50]迈克尔·波特对 33 家主要多样化经营企业的经营组合进行了分析，他发现，在 1950 年，这些被兼并企业中有1/3 被拍卖了，而到了 1986 年，这一比例达到了 1/2。[51]一半以上的进入新行业的收购行为最终以拍卖告终。因为拍卖通常是由于不佳的经营业绩所致，所以这也表明了兼并政策的失败。同样不佳的结果也体现在合资企业和战略联盟中。

安德烈·施莱弗和罗伯特·维什尼总结并比较了 20 世纪 60 年代和 80年代的兼并浪潮。[52]他们得出的结论是：以更多关联业务的收购和公司的重新定位为特征的 80 年代的收购浪潮，可以看做对 20 世纪 60 年代混合兼并的一个全面纠正。这意味着，在 20 世纪 60 年代的混合兼并中，资本市场对兼并绩效的评估是不完善的。这也突出了政府的反托拉斯政策对兼并活动的重要影响。因为 20 世纪 80 年代的兼并浪潮期间，政府对反托拉斯的放松，使得在 60 年代不可能进行的纵向和横向兼并成为了可能。

康斯坦丁诺斯·马其德（Constantinos Markides）在一项相关研究中考察了 20 世纪 80 年代的兼并活动，同时也辨别了过分多样化经营的企业。[53]那些能够重新定位的公司获得了大量正面收益，这与施莱弗和维什尼的以下结论是一致的：20 世纪 80 年代的兼并浪潮纠正了 20 世纪 60 年代兼并活动中的错误，并且那些过分多样化经营的公司也开始重新定位。罗伯特·霍斯金森（Robert Hoskisson）和迈克尔·希特（Michael Hitt）再次引用了这种观点，并且认为，为了达到一个有利可图的多样化经营水平，多样化经营的企业需要缩小它们的业务范围。[54]

总而言之，关于多样化经营企业业绩的三类不同研究最终得到了总体相似的结论。多样化经营能产生价值，尽管相对于非多样化经营企业，其收益来源并不清楚。在多样化经营的企业中，衡量业务组合的多样性的简单指标和公司整体的业绩之间并没有明确的联系。但是，根据一套核心资源进行多样化并把新旧业务整合起来的公司，其业绩要好于那些没能将其各业务单元进行内部整合的公司的业绩。这是与下面公认的想法是一致的：相对于合资经营、订立契约、建立战略联盟或其他的治理机制而言，防御性的多样化经营能够把范围经济和交易成本的条件相结合，从而使公司能够有效地组合多样化的业务。

多样化企业的成功经验

很多证据表明，多样化的集团企业的业绩一般会比单一企业的业绩差。尽管如此，仍有一些集团企业取得了长久的成功，其中一个最主要的企业是通用电气。通用电气是一家真正多样化的集团企业，六块业务分别属于完全不同的商业领域，具体是：基础实施，包括商业飞机引擎及其他重型生产设备；商业金融，包括房地产、商业贷款、租赁等；消费金融，向全球顾客发售信用卡和消费信贷；医疗保健，优势在于拍图、诊断；NBC环球，运营广播、有线电视、电影电视剧制片厂；工业，制作通用电气品牌的家用电器。

近几十年，就投资者回报而言，基本上没有一个美国企业比得上通用电气。1980—2005年，股票每年平均回报率达17%。1990—2005年间，除了一年之外，其他各年都实现了盈利，大多数年份都是两位数的利润增长率。1975—2005年，股利平均每年增长12%。尽管如此，一些分析人士仍旧质疑集团企业的组织方式，即使是通用电气这样的公司。飞机引擎、电冰箱、信用卡和《今天》这样的电视节目有什么协同效应？

通用电气首席执行官杰夫·伊梅尔特（Jeff Immelt）在2005年年报《致股东的一封信》中对这样的批评进行了直接的回应。他认为，通用电气的模式可以使其实现以下三个主要的目标：第一，公司"可以持续拥有一个多样领先业务的组合，相互补充，度过经济周期"；第二，通用电气各部门"拥有共同的发展目标，促进增长，使顾客满意，提高利润率"；第三，公司可以形成"包容、民主、促进执行力的共同文化"。

伊梅尔特的论述与本章所讨论的关于集团企业价值来源的内容相契合。第一个目标（公司"可以持续拥有一个多样领先业务的组合，相互补充，度过经济周期"）表明要拥有一个可以发挥作用的内部资本市场。的确，伊梅尔特2007年致股东的一封信中强调了公司的规模和范围如何允许企业在2008年全球经济危机的背景下仍然实现了投资的较快增长。他的第二个和第三个目标同普拉哈拉德（Prahalad）和贝蒂斯（Bettis）提出的"通用管理理念"相契合。或许，通用电气的"核心竞争力"就是共同的提高生产率的发展理念，以及对提高员工技术素质的投资。如果是这样的话，那么即使各个业务板块没有联系，多样化集团企业也能实现经济效益。

本章小结

● 如果一家企业为多种市场生产产品，那么它就属于多样化经营企业。大多数大型的知名企业在某种程度上都进行多样化经营。进行广泛多样化经营的企业（联合企业）的业务组合超越了传统的范围经济的范畴。在这些公司中，通常很难识别它们的核心技能。

● 企业能够通过多种方式进行多样化经营，从内部增长到战略联盟再到合资经营以及通过兼并和收购的形式来实现正式的合并。兼并和收购一直是多样化经营的主要形式，尽管有一些替代形式——例如联盟和合资企业——在 20 世纪八九十年代越来越普遍。

● 人们很难衡量企业多样化经营的程度。大多数方法考虑企业组合的业务相似性，这是以技术或市场关联性为依据的。也就是说，根据所出售的产品和所服务的消费人群来判断业务的相似程度。

● 20 世纪 50—80 年代，美国企业多样化经营的趋势愈演愈烈，而后逐渐消退。这些变化发生在两次主要的兼并浪潮过程中：第一次是在 20 世纪 60 年代，该次浪潮强调混合增长；第二次发生在 80 年代，强调密切相关的兼并活动和广泛多样化公司的重新定位。

● 范围经济是实行多样化经营的主要理由。范围经济可以建立在市场和技术因素上，也可以建立在因杰出的通用管理理念而产生的管理协同效应上。财务协同效应，如降低风险或增加举债能力等，构成了一个相关的理由，即强调公司管理层作为银行家和作为业务单位的财务顾问的角色。

● 交易成本经济化是多样化经营的另外一个重要理由。这是因为，除了考虑获得的收益外，多样化经营必须考虑某一特定多样化模式的交易成本。例如，共同所有权只有在交易成本问题使诸如战略联盟等非正式合并变得不可行的时候才是适当的。

● 企业实施多样化经营也许是为了利用一个内部资本市场。一家现金充裕的企业与一家现金匮乏的企业合并，这使得后者可以在不举借外债的情况下获得融资。如果资本市场存在摩擦，这一战略可以创造价值。事实表明，内部资本市场不一定总能有效运转。

● 多样化经营同样反映了企业经理，而不是其所有者的偏好。如果公司治理中存在的问题使得股东们无法阻止低价的收购，那么经理们也许会实行多样化经营，以满足他们对扩大企业规模、增加薪水或降低自身风险的偏好。

● 公司控制权市场限制了经理人实行无利可图的多样化经营的能力。如果一家企业股票的实际价格远低于潜在价格，收购者可以通过接管该企业并推动其价值增长来获利。这个推理可以解释 20 世纪 80 年代出现的杠杆收购浪潮。最近几年，公司治理实践发生了变化，CEO 的利益与股东们的利益越来越接近。

● 对多样化经营企业的业绩的研究显示了相同的结果。通常，有效的多样化经营得益于以相关技术或市场为基础所产生的规模经济。但从整体来讲，许多进行广泛多样化经营的企业业绩不佳。因此，80 年代许多混合公司重新定位它们的业务组合。当兼并能够增加股东价值的时候，这些价值绝大部分属于收购公司的股东所有。从长期来看，活跃的多样化经营者剥离了它们收购的大多数业务。

思考题

1. 企业实施多样化经营的主要原因是为了实现范围经济。试对这一观点进行评论。

2. 关联性是公司控制市场的必要成功因素吗？

3. 向新市场和新地域的市场进行扩张，这是多样化经营吗？它与多样化经营的区别在哪里？

4. 下面是一段引自 GE 医疗系统集团网站上的话："在收购中增长——激励 GE 医疗系统集团的革新精神正是这样一种信念：伟大的理念可能来自任何人、任何地方和任何时间。不仅可能来自公司内部，并且也可能来自公司外部……这个信念支撑我们创造了收购数量的纪录。"在什么条件下，"在收购中增长"战略能为股东创造价值？

5. 随着专职于公司收购活动的企业的增加（例如伯克希尔·哈撒韦（Berkshire Hathaway，KKR）），看起来一个非常活跃的公司控制权市场似乎已经形成。随着这些专门化公司的数量扩张，公司控制权市场的观点是否仍然可以充分证明收购的合理性？当公司控制权市场的竞争加剧时，你认为关联性多样化经营是会越来越重要，还是相反？

6. 在迅速增长的经济体中——例如印度和韩国——那里的混合企业要比美国和西欧国家普遍得多。运用国际资本市场的理论，解释为什么这样的组织形式更适合金融市场相对不发达的国家？

7. 制药公司是多样化经营的公司。它们针对不同的治疗用途销售产品，并且还参与一系列纵向的经济活动，范围从研发到销售市场。许多制药公司会拿出销售收入中的一部分固定比例投入到研发中。你认为这个简单的经验法则是一个好办法吗？

8. 从去年开始，德雷诺夫教授的儿子一直用父亲的铁铲为邻居铲雪，并且每小时获得 5 美元的报酬。他希望省下钱买一辆自行车。邻居决定购置一台吹雪机，这使得小男孩挣得比以前少了，小男孩非常失望。（他知道爸爸一个子儿都不会给他！）这个情景与施莱弗和萨默斯所描述的有何不同？邻居的行为导致了效率损失吗？

9. 假如你考察了一家多样化经营企业的一次收购活动，其交易结果是工厂倒闭、员工失业、被收购公司员工的补偿金减少。你认为该收购是以创造财富还是以财富的再分配为特征呢？

10. 你该如何解释一家多样化经营企业的各项业务在相互独立的情况下会更出色？

【注释】

[1] 对鲁姆特的工作所进行的讨论是根据下面的材料进行的：Rumelt, R., *Strategy, Structure, and Economic Performance*, Boston, Division of Research, Harvard Business School, 1974。在鲁姆特研究的基础上所进行的研究，参见 Galbraith, J. R. and R. K. Kazanjian, *Strategy Implementation*, 2nd, ed., St. Paul, MN: West Publishing, 1986。

[2] Davis, G. F., K. A. Dieckman, and C. H. Tinsley, "The Decline and Fall of the Conglomerate Firm in the 1980s: The De-Institutionalization of an Organizational Form," *American Sociological Review*, 59, August 1994, pp. 547 – 570.

[3] Comment, R. and G. Jarrell, "Corporate Focus, Stock Returns and the Market for Corporate Control," *Journal of Financial Economics*, 37, 1995, pp. 67 – 88.

[4] 关于这几次浪潮的评论，参见 Fligstein, N., *The Transformation of Corporate Control*, Cambridge, MA, Harvard University Press, 1990。

[5] Best, M., *The New Competition: Institutions of Industrial Restructuring*, Cambridge, MA, Harvard University Press, 1990, chap. 1.

[6] Brush, T. H., "Predicted Change in Operational Synergy and Post-Acquisition Performance of Acquired Businesses," *Strategic Management Journal*, 17, 1996, pp. 1 – 24.

[7] Nathanson, D. and J. Cassano, "Organization, Diversity, and Performance," *The Wharton Magazine*, Summer 1982, pp. 19 – 26.

[8] Penrose, E., *The Theory of the Growth of the Firm*, 3rd ed., Oxford, Oxford University Press, 1995.

[9] Prahalad, C. K. and R. A. Bettis, "The Dominant Logic: A New Linkage Between Diversity and Performance," *Strategic Management Journal*, 7, 1986, pp. 485 – 501.

[10] Teece, D., "Toward an Economic Theory of the Multiproduct Firm," *Journal of Economic Behavior and Organization*, 3, 1982, pp. 39 – 63.

[11] "P&G resumesacquisition trail, buying men's grooming company," by Simon Pitman, cosmeticdesign. com, June 4, 2009. 可从下面的网址获取：June 19, 2009 at http://www. a cosmeticdesign/financial/P-G-resumes-acquisition-trail-buying-men-s-grooming-company。

[12] "P&G Acquires Male-Grooming Brand Zirh," by Elaine Wong, Brand Week, June 16, 2009. 网址：http://www. brandweeek. com/bw/content-display/news-and-features/packaged-goods/e3 Ic888e7d772653725adc4a737bc0fa911? imw=y。

[13] Stein, J., "Agency, Information and Corporate Investment," in Constantinides, G., M. Harris, and R. Stulz (eds.), *Handbook of the Economics of Finance*, North-Holland, Amsterdam, 2003.

[14] 有关这种可能性的讨论，参见 Shleifer, A. and R. W. Vishny, "Large Shareholders and Corporate Control," *Journal of Political Economy*, 1986, pp. 461 – 468。

[15] Bazerman, M. and W. Samuelson, "I Won the Auction but Don't Want the Prize," *Journal of Conflict Resolution*, 1983, pp. 618 – 634.

[16] Meyer, M., P. Milgrom, and J. Roberts, "Organizational Prospects, Influence Costs and Ownership," *Journal of Economics and Management Strategy*, 1,

1992, pp. 9 - 35.

[17] 参见 Lamont, O., "Cash Flow and Investment: Evidence from Internal Capital Markets," *Journal of Finance*, 52, 1977, pp. 83 - 109。

[18] Jensen, M. C., "The Eclipse of the Public Corporation," *Harvard Business Review*, September-October 1989, pp. 61 - 74.

[19] Avery, C., J. C. Chevalier, and S. Schaefer, "Why Do Managers Undertake Acquisitions? An Analysis of Internal and External Rewards for Acquisitiveness," *Journal of Law, Economics & Organization*, 14, 1998, pp. 24 - 43.

[20] Reich, R., *The Next American Frontier*, New York, Times Books, 1983.

[21] 请参见，例如，Sherwin Rosen, "Contracts and the Market for Executives," in L. Werin, and H. Wijkander (eds.), *Contract Economics*, Cambridge, MA, Blackwell, 1992, and Kevin J. Murphy, "Executive Compensation," in O. Ashenfelter, and D. Card (eds.), *The Handbook of Labor Economics*, Vol. 3, Amsterdam, North-Holland, 2000。

[22] Bliss, R. and R. Rosen, "CEO Compensation and Bank Mergers," *Journal of Financial Economics*, 61, 2001, pp. 107 - 138.

[23] Amihud, Y. and B. Lew, "Risk Reduction as a Managerial Motive for Conglomerate Mergers," *Bell Journal of Economics*, 12, 1981, pp. 605 - 617.

[24] 这里多样化的动机有点复杂，因为凯斯既是 AOL 的大股东，又是公司的 CEO。降低管理风险和代表股东实行多样化的混合也许是这笔交易的动机。如果凯斯尝试通过其他方式多样化其投资——可能是出售 AOL 的股份，市场本来会推测凯斯获取了有关企业未来前景的不利信息。注意，与凯斯不同，本来其他股东如果想自己直接投资于时代华纳，他们肯定能这么做；现在，合并的结果使他们没有从风险降低中受益。

[25] 请参见 "Who's Afraid of AOL Time Warner?" *The Economist*, January 24, 2002。

[26] Hermalin, B. E. and M. S. Weisbach, "Endogenously Chosen Boards of Directors and Their Monitoring of the CEO," *American Economic Review*, 88, 1998, pp. 96 - 118.

[27] Manne, H., "Mergers and the Market for Corporate Control," *Journal of Political Economy*, 73, 1965, pp. 110 - 120.

[28] Shleifer, A. and H. Summers, "Breach of Trust in Hostile Takeovers," in Auerbach, A. J. (ed.), *Corporate Takeovers: Causes and Consequences*, Chicago, University of Chicago Press, 1988, pp. 33 - 68.

[29] 参见 Kaplan, S., "The Effect of Management Buyouts on Operations and Value," *Journal of Financial Economics*, 24, 1989, pp. 217 - 254; Kaplan, S. and J. Stein, "The Evolution of Buyout Pricing and Financial Structure in the 1980s," *Quarterly Journal of Economics*, 108, 1993, pp. 313 - 358。

[30] Holmstrom, B. and S. Kaplan, "Corporate Governance and Merger Activity in the U. S.: Making Sense of the 1980s and 1990s," *Journal of Economic Perspectives*, Spring 2001, pp. 121 - 144.

[31] Mitchell, M. and K. Lehn, "Do Bad Bidders Make Good Targets?" *Journal of Political Economy*, 98, 1990, pp. 372 - 392.

[32] Goold, M. and K. Luchs, "Why Diversify? Four Decades of Management

Thinking," *Academy of Management Executive*, 7, 1993, pp. 7 - 25.

［33］关于这一点的经典研究是 Christensen, H. K. and C. A. Montgomery, "Corporate Economic Performance: Diversification Strategy Versus Market Struture," *Strategic Management Journal*, 2, 1981, pp. 327 - 343。另外还请参见 Bettis, R. A., "Performance Differences in Related and Unrelated Diversifiers," *Strategic Management Journal*, 2, 1981, pp. 379 - 383。

［34］Montgomery, C. A., "The Measurement of Firm Diversification: Some New Empirical Evidence," *Academy of Management Journal*, 25, 1982, pp. 299 - 307.

［35］Capon, N., J. M. Hulbert, J. U. Farley, and L. E. Martin, "Corporate Diversity and Economic Performance: The Impact of Market Specialization," *Strategic Management Journal*, 9, 1988, pp. 61 - 74.

［36］Palich, L., L. Cardinal, and C. Miller, "Curvilinearity in the Diversification Performance Linkage: An Examination of over Three Decades of Research," *Strategic Management Journal*, 21, 2000, pp. 155 - 174.

［37］Schoar, A., "Effects of Corporate Diversification on Productivity," *Journal of Finance*, 57, 2002, pp. 2379 - 2493.

［38］参见 Lang, L. H. P. and R. Stulz, "Tobin's q, Corporate Diversification and Firm Performance," *Journal of Political Economy*, 102, 1994, pp. 1248 - 1280，以及 Berger, P. and E. Ofek, "Diversification's Effect on Firm Value," *Journal of Financial Economics*, 37, 1995, pp. 39 - 65。

［39］Graham, J. R., M. Lemmon, and J. Wolf, "Does Corporate Diversification Destroy Value?" *Journal of Finance*, 57, 2002, pp. 695 - 720.

［40］Campa, J. M. and S. Kedia, "Explaining the Diversification Discount," *Journal of Finance*, 57, 2002, pp. 1731 - 1762.

［41］Berger, P. and E. Ofek, "Diversification's Effect on Firm Value," *Journal of Financial Economics*, 37, 1995, pp. 39 - 65.

［42］Morck, R., A. Shleifer, and R. Vishny, "Do Managerial Objectives Drive Bad Acquisitions?" *Journal of Finance*, 45, 1990, pp. 31 - 48.

［43］Lewellen, W., C. Loderer, and A. Rosenfeld, "Merger Decisions and Executive Stock Ownership in Acquiring Firms," *Journal of Accounting and Economics*, 7, 1985, pp. 209 - 231. 同样可参见 Jensen, M. and R. Ruback, "The Market for Corporate Control: The Scientific Evidence," *Journal of Financial Economics*, 11, 1983, pp. 5 - 50；以及 Denis, D. J., D. K. Denis, and A. Sarin, "Agency Problems, Equity Ownership, and Corporate Diversification," *Journal of Finance*, 52, 1997, pp. 135 - 160. Jeremy Stein（参见注释［13］）提供了最近这方面文献的摘要。

［44］参见，例如，Chevalier, J., "What Do We Know about Cross-Subsidization? Evidence from the Investment Policies of Merging Firms," *Advances in Economic Analysis and Policy*, 4, 2004。

［45］理查德·罗尔认为，经理的"自大"可能驱动收购行为，参见"The Hubris Hypothesis of Corporate Takeovers," *Journal of Business*, 59, 1986, pp. 197 - 216。将这个观点与肖尔的新玩具效应结合起来看，可能经理们正确判断了他们在收购来的工厂里创造价值的能力，但因为某种原因忽视了因减少在现有设施中

提高生产率的努力而产生的机会成本。

[46] Singh, H. and C. A. Montgomery, "Corporate Acquisitions and Economic Performance," *Strategic Management Journal*, 8, 1987, pp. 377 – 386.

[47] Seth, A., "Sources of Value Creation in Acquisitions: An Empirical Investigation," *Strategic Management Journal*, 8, 1990, pp. 431 – 446.

[48] Shelton, L. M., "Strategic Business Fits and Corporate Acquisition: Empirical Evidence," *Strategic Management Journal*, 9, 1988, pp. 278 – 287.

[49] Chatterjee, S. and B. Wernerfelt, "The Link Between Resources and Type of Diversification," *Strategic Management Journal*, 12, 1991, pp. 33 – 48.

[50] Ravenscraft, D. J. and F. M. Scherer, *Mergers, Sell-offs, and Economic Efficiency*, Washington, DC, Brookings Institution, 1987.

[51] Porter, M. E., "From Competitive Advantage to Corporate Strategy," *Harvard Business Review*, May-June 1987, pp. 43 – 59.

[52] Shleifer, A. and R. W. Vishny, "Takeover in the '60s and the '80s: Evidence and Implications," *Strategic Management Journal*, 12, Special Issue, 1991, pp. 51 – 60.

[53] Markides, C. C., "Consequences of Corporate Refocusing: Ex Ante Evidence," *Academy of Management Journal*, 35, 1992, pp. 398 – 412.

[54] Hoskisson, R. E. and M. A. Hitt, *Downscoping: How to Tame the Diversified Firm*, New York, Oxford University Press, 1994.

第三部分

市场与
竞争分析

第 8 章　竞争者与竞争

在过去的 20 年内，美国国内航空业经历了一场兴衰沉浮。20 世纪 90 年代初一场经济轻微衰退开始，航班出现了空座。航空公司认识到填补空座所产生的边际成本微不足道，并且一些航空公司已经开始降低价格，希望能够减少空座率。下跌的价格产生了巨大的损失，使整个行业遭遇了财务重创。1992 年，航空业的总损失超过了 40 亿美元。20 世纪 90 年代中期，经济的复苏带动了民航业的发展。由于航空公司达到或接近全负荷运载能力，所以它们提高了所有档次的票价。如果一个航空公司出现了空座，它就可以运用电脑化的定价方法有选择地在短期内降低价格，而不是全部降低价格。20 世纪 90 年代后期损失得到了弥补，1999 年行业的总利润达到了 40 亿美元。随着 2000 年后，特别是 2001 年的经济疲软，航空公司不得不再一次力争填补空座，并且尽量不以打折的方式出售机票。然而，"9·11"恐怖袭击使许多大航空公司的偿付能力受到了威胁，并且不得不依靠政府的补给才能勉强维持运营。2005 年前后，随着经济的好转以及主要航线的市场限制，美国航空业又恢复了盈利。但是，到 2009 年左右，更多的企业进入、经济萧条以及油价攀升使得航空业陷入困境。航空业再次开始出现企业间的并购（比如 Delter 和西北航空（Northwest）之间的并购），国内运载能力大幅削减。随着机票价格的飙升，整个航空业充满了发展的不确定性。

上面叙述的关于美国航空业发展的内容说明了在高度集中的市场中不同

企业间的博弈。主要的航空公司既知晓不能大幅为机票打折，也知晓空座的不经济与新进入企业的威胁。这些企业实行了成功的战略（包括减少某些航线的航班），但是经过数十年的尝试，它们的发展也不能挣脱基本竞争经济学的束缚。

本书的第 8~12 章将讨论竞争。本章介绍了竞争分析的基本概念。本章第 1 节讨论竞争者识别与市场界定。第 2 节考察企业竞争的四种不同方法：完全竞争、垄断、垄断竞争和寡头垄断。第 9~11 章介绍一些前沿概念，包括承诺对竞争、竞争的动态和准入的影响。第 12 章探讨如何利用这些章节中的知识来评估特定市场中的竞争。

竞争者识别与市场界定

大多数经理都能很容易地识别他们的竞争对手。竞争对手是指那些战略选择可以直接影响别人的企业。例如，如果奔驰（Mercedes）降低双门跑车的价格，那么宝马（BMW）就将要考虑相应的价格回应——奔驰双门跑车和宝马双门跑车是直接竞争对手。当一家企业的战略选择仅通过第三家企业的战略选择来影响另外一家企业的绩效时，企业间仍然是直接竞争对手。[1] 例如，奔驰降低旅行车的价格，那么沃尔沃（Volvo）可能也会这么做。这将可能导致吉普（Jeep）改变大切诺基的价格——奔驰旅行车和吉普大切诺基就是直接竞争对手。

尽管经理们很熟悉这些策略，但建立系统化识别竞争者的方法还是很有必要的。这些方法可以使经理们识别界定其所在竞争市场和快速粗略分析可能会错过的竞争特征。我们需要牢记的重要的一点是：企业既要在投入品市场中竞争，又需要在产出品市场中竞争；在这两个市场中，竞争对手和竞争性质可能非常不同。比如，位于波兰鲁达-斯拉斯卡的哈勒姆巴（Halemba）国有煤矿在当地的劳动力市场中基本上没有竞争，但是却面临着许多产出品竞争对手的竞争。

识别竞争者所需的基本要素

反托拉斯机构，例如美国司法部（Department of Justice，DOJ）主要负责抵制反竞争行为，审查兼并企业是否会垄断市场以及现存的垄断者是否会滥用权力。为了作出判断，美国司法部运用一个简单的概念指引来识别出能限制有害活动的潜在竞争者。根据美国司法部的做法，如果企业间的兼并能导致细微但重大的、非暂时性的价格上涨，那么就可以识别出市场中的所有竞争者。这就是著名的 SSNIP（假定垄断者测试）标准。"细微"通常是指"多于 5%"，"非暂时性的"通常是指"至少一年"。

为了更好地了解 SSNIP，我们假设宝马汽车公司（BMW）想要和奥迪汽车公司（Audi）合并。欧盟委员会或许会拒绝批准两个汽车公司合并的申请，缘由是：在欧洲汽车市场中，主要有宝马、奥迪和奔驰这三个汽车公司，如果宝马与奥迪合并，市场将更加集中，会妨碍竞争。宝马汽车公司或许会这样回应：它们还与其他许多汽车制造商存在着竞争。根据 SSNIP 标准，如果这两个公司合并之后可以通过将价格提高 5％获益，那么欧洲委员会的裁决就是正确的。这也表明，宝马、奥迪和奔驰这三个汽车公司是主要的竞争者，鲜有外来竞争者。如果这两个公司合并之后不敢提高价格以防失去市场份额，那么欧洲市场并不限于宝马、奥迪和奔驰这三个汽车公司的竞争，还有外来竞争者。

案例 8—1

执行 SSNIP 标准：医院市场范围的确定

20 世纪 90 年代，美国医院市场出现了并购潮，结果，许多城市的医疗市场只由一到两家医院控制。反垄断法应该阻止这样的并购行为，因为这会导致垄断的发生。许多分析人士对医院并购行为的发生纷纷表示质疑。实际上，联邦贸易委员会（FTC）在 20 世纪 90 年代曾经试图阻止医院的并购，但是失败了。早期案例失败的决定性因素是市场范围的确定。

艾奥瓦州迪比克市的莫西医疗中心（Mercy Health Center）和芬利医院（Finley Hospital）合并就是我们所要讨论的一个案例。事实上，迪比克市只有这两家医院，这两家医院的合并不可避免地将形成一个垄断的市场。联邦贸易委员会反对这个合并，但是，这两家医院认为，它们在更广的范围内与数几十里外的医院进行竞争，并且提出证据证明：许多迪比克市的居民都驱车到市外的医院就医。最终，医院使法院相信，它们在合并之后仍然面临着很大的竞争。法院最后批准了两家医院的合并。

这样的判决和研究医院定价数据的经济学家的观点相悖。他们认为，这样的合并会导致迪比克市的医疗价格大幅上涨。如果价格上涨，那么法院的判决就是错误的。如果真的存在竞争，那么价格不可能上涨。西北大学的科里·卡普斯（Cory Capps）及其同事以 SSNIP 标准为基础提出了一个鉴定市场范围的新方法[2]：不同医院之间展开竞争以成为现有医院体系的一部分，医院通过这个体系把医疗服务提供给当地的病人；如果当地市场范围内的医院合并，它们就可以保持提高价格，因为当地的病人不可能都会去外地的医院就医。科里·卡普斯及其同事还制作了一个模型，并用这个模型检验法院判决依据的更广泛的市场范围能否通过，结果没有通过模型的经验。

依照上述理论，联邦贸易委员会对相似的医院合并案例进行了反方辩诉。以芝加哥市北部是一个市场为由，联邦贸易委员会成功阻止了当地的医院并购，后来又成功阻止了弗吉尼亚州北部的医院并购。由于 SSNIP 标准，美国医院市场成为了一个竞争的市场，进而医疗费用可能也随之降低。

将竞争者识别付诸实施

SSNIP 标准是合理的，但是它却经常不太实用。奥迪绝对不会为了识别竞争者而和宝马、奔驰合并。即便如此，SSNIP 标准还是给出了识别竞争者所需证据的类型。特别是，我们可以从 SSNIP 标准中了解到当一方提高价格会导致它的许多顾客将业务转向另一方时，这两个企业就形成了直接竞争的关系。这就是替代经济概念的本质。

一般情况下，当两个产品 X 与 Y 互为替代品时，如果 X 产品的价格上升，而 Y 保持不变，那么 X 的销量就会下降，而 Y 的销量则上升。当要识别竞争者时，大部分经理人或许会提及替代品。例如，奔驰的经理人可能认为宝马、奥迪、沃尔沃、雷克萨斯和讴歌是他的竞争者。而事实上，当雷克萨斯和讴歌于 20 世纪 80 年代以低价进军市场时，它们的确从奔驰的手中夺走了相当大的市场份额。当奔驰与其他欧洲豪华车制造商在 20 世纪 90 年代初降低价格后，它们又从雷克萨斯和讴歌拉手中重新夺回了市场份额。

从一个直观的角度，当满足以下三个条件时，产品就具有替代关系：

1. 它们具有相同的或者类似的产品性能特征。

2. 它们具有相同的或者类似的使用场合。

3. 它们在同一个地域市场中销售。

产品性能特征是指它可以为顾客所提供的服务。列举产品性能特征通常能够确认产品是否互为替代品，即使这具有主观性。奔驰与沃尔沃的私家轿车就具有以下相同的产品性能特征：

● 配备 5 个舒适的座位的能力。

● 高"外形魅力"与高品牌声誉。

● 高可靠性。

● 强劲的发动机和可靠的方向盘与刹车系统。

● 大量特色配置，例如皮座和压缩唱片播放机。

基于以上罗列的内容，我们可以认为这两种产品属于同一市场。同时，我们可以将吉普车从该市场中排除出去。

产品的使用场合是指产品在何时、何地以及如何使用。橙汁与可乐都可以解渴，但是因为橙汁主要在早餐时饮用，所以它们属于不同的市场。

如果产品是处于不同的地域市场的，那么即便它们有相似的特征和使用场合，它们也不是替代品。一般来讲，两种产品处于不同的地域市场，如果：(a) 它们在不同地域销售；(b) 运输商品的成本高昂；(c) 对于顾客来说，长途跋涉去购买该商品的成本高昂。例如，墨西哥城的一个调配、销售水泥的公司与沃萨卡市的一个类似的公司就在不同的地域销售产品。水泥的长途运输成本在它的价格中占有很大的比例，对沃萨卡的水泥销售商来说，将其产品运输到墨西哥城销售是不合算的，即使墨西哥的水泥价格更高。

识别竞争者的经验法

虽然识别竞争者的直观方法对于进行商业决策通常足够了，但是直观方法过于主观。如果可能，将直观方法与数据结合将是有益的。正如引言部分所指出的那样，产品间的替代程度是由需求的交叉价格弹性来衡量的。如果有两种商品 X 与 Y，那么，交叉价格弹性就是当商品 X 价格每变化 1% 时，商品 Y 需求量的变化百分比。从形式上讲，如果 η_{yx} 表示商品 Y 相对于商品 X 的需求的交叉价格弹性，Q_y 代表商品 Y 的销售数量，P_x 代表商品 X 的价格，那么，

$$\eta_{yx} = (\Delta Q_y / Q_y) / (\Delta P_x / P_x)$$

当 η_{yx} 为正数时，就意味着当商品 X 价格上升时，顾客将增加对 Y 的购买。这样，商品 X 与 Y 就互为替代品。借助于日益普及的扫描定价数据，产品生产者越来越有可能会直接测算需求的交叉价格弹性。

我们还可以运用其他定量方法来识别竞争对手。其中一种方法就是考察不同企业的价格如何随着时间的推移而变化，因为相近竞争者的价格将会高度相关。另一种方法是当现有的销售商将价格提高时，获取关于单个顾客购买类型的数据来预测他们会转向何处购买。最后一种方法就是根据美国调查局的界定，识别同一标准行业分类（SIC）内的竞争企业。SIC 编码依靠 7 位数字区分产品与服务，每一个数字代表不同的分类细致程度。例如，在两位数分类 35（工业与商务机械和电脑设备）内有 4 位数分类 3523（农业机械与设备）和 3534（电梯与阶梯式自动电梯）。在 3534 分类内有汽车升降机、服务升降架等 6 位产品类别。当使用 SIC 编码来识别竞争者时，需要特别谨慎。虽然有相同 SIC 编码的产品可能常常被归类为竞争产品，但事实并不总是如此。例如，2834 类别包括了所有的医药产品，但并不是可以相互替代的所有药品。相反地，一些 4 位数类别包含的内容太狭窄了。如 4 位数类别中的杂货铺（5339）、百货公司（5311）和一般商品店（5399），它们可能彼此间是互相竞争的关系。

识别地域竞争者

政府的普查为识别地域竞争者开了一个好头。市、县、州的界限恰当地为竞争范围的划定提供了第一步。但是这种地域上的边界也仅仅是第一步。例如，在芝加哥，一家杂货铺不可能与其他的杂货铺都存在相互竞争的关系。由于同样的原因，在伊利诺伊州的库克县格伦科镇的杂货店一定会与临近的金湖县海兰帕克镇的杂货店竞争。

与其依靠临时的市场边界，还不如依靠直接考察跨地域的商品与服务流

来识别竞争者。为了解释该方法，我们可以看看旧金山日落区的一家运动品商店——海湾城市运动品店——是如何来识别竞争者的。海湾城市运动品店可能假定在日落区的其他运动品店都是竞争者，而这仅仅是猜测，可能是错误的。

海湾城市运动品店可以通过对其顾客进行调查来获知顾客还在何处购买产品。这无疑可以发现一些竞争者，但是也可能会漏掉一些。为了识别出所有的竞争者，海湾城市运动品店询问客户住在什么地方。这样商店就能确定可以吸引大部分顾客的临近地区，这有时被称作集水面积（catchment area）。如果大部分顾客住在日落区，那么海湾城市运动品店就一定要把日落区其他的运动品店列入竞争者的行列。但是，正如所见到的那样，假设一些当地的居民在日落区以外的运动品店消费，为了确定这些竞争者，海湾城市运动店就应该对日落区的居民（不仅是它自己的客户）进行第二次调查，来找出他们消费运动品的地方。

这是一个流量分析的例子——检测顾客行动模式的数据。尽管流量分析对识别地域竞争者是一个好的出发点，但是它并不简单。我们可能得出的结论是：当前很少有顾客会到日落区以外的地方采购，但是这并不意味着如果日落区的商品价格提高，他们不会到该地区以外的地方采购。或者情况可能是，许多顾客现在去日落区以外的地方购买，他们这样做仅仅是因为特殊的原因——可能他们是热心的曲棍球爱好者，而日落区的商店并不销售曲棍球用具。如果排除这些特殊的商品，日落村以外的商店最终可能就不是竞争者了。

衡量市场结构

市场通常被描述为是集中的（只存在少量的买方）和非集中的。正如我们所看到的，这样的特征描述常常能够对市场可能的竞争本质有一个快速和合理的精确评估。依靠对市场结构（market structure）的衡量，这样的特征描述就可以得到支持。

市场结构指的是一个市场中企业数量与规模的分布情况。对市场结构的常见判断方法是 N 企业集中度比率（N-firm concentration ratio）。这种方法就是计算市场中的 N 个最大企业的市场份额的和。例如，软饮料行业的 4 个企业的市场集中度大约是 0.90，这就意味着 4 个最大的软饮料制造商合并的市场份额大约是 90％。在计算市场份额时，人们常常使用销售收入，尽管市场集中度比率也可以以其他计量方式，如生产能力为基础。表 8—1 给出了 2002 年部分美国行业的 4 企业的市场集中度与 20 企业的市场集中度。

表 8—1   2002 年美国部分行业的集中度统计

NAICS 代码	行业	公司数目	4 企业集中度	20 企业集中度
44311	器械、电视和其他电子产品	33 847	53	65
44312	电脑与软件产品	10 133	51	65
44711	便利加油站	92 979	11	29
45121	书店与新闻报纸经销商	12 751	62	70
45122	磁带、光盘和唱片业	6 894	58	76
45311	花卉	22 753	2	4
48111	航空客运业	1 301	34	73
48412	长途普通货物运输	37 446	13	35
49311	普通仓储	8 194	11	25
49312	冷冻仓储	1 255	36	62
51211	电影录像制作	11 106	51	73
51213	电影录像放映	5 268	40	75
51511	电台广播	6 897	43	65
51512	电视广播	1 959	51	76
51521	有线及其他付费节目	714	63	91
52211	商业银行	81 076	30	56
52393	投资咨询	14 617	25	43
52411	直接人寿、健康和医疗保险公司	13 004	14	45
52593	房地产信托投资	2 729	21	53
61141	商业和文案学校	488	14	44
72111	旅店（赌场酒店除外）与汽车旅馆	46 163	22	36
72112	赌场酒店	283	44	76
72121	房车公园和康乐营	7 334	5	11
72211	全面服务的餐厅	195 492	9	16

资料来源：*2002 Economic Census*，Various Industry Series Reports，Washington，DC，U. S. Census Bureau.

    N 企业集中度比率的一个问题在于，它不会随着市场中最大企业的规模变化而改变。例如，如果最大的企业以牺牲第二大企业为代价获得 10% 的份额，那么 4 企业集中度价值不变。为了避免这种问题的出现，另一个常常使用的度量市场结构的指标是赫芬达尔指数（Herfindahl index）。[3] 赫芬达尔指数等于市场所有企业市场份额的平方和。也就是说，假设 S_i 代表企业 i 的市场份额，那么赫芬达尔指数 $= \sum_i (S_i)^2$。因而，在一个仅有两个企业的市场中，每一方占有 50％ 的市场份额，那么赫芬达尔指数就等于 $(0.5)^2 +$ $(0.5)^2 = 0.5$。在一个拥有 N 个相同规模企业的市场中，赫芬达尔指数就是 $1/N$。由于这个性质，赫芬达尔指数的倒数指的就是规模等价的企业数。因而，一个赫芬达尔指数为 0.125 的市场上就有 8 个规模相同的企业。当计算赫芬达尔指数时，只需要将注意力放在市场份额为 0.1 或者更大的企业上，因为更小企业的份额平方值太小了，以至对赫芬达尔指数的影响可以忽略不计。

赫芬达尔指数比 N 企业集中度比率包含了更多的信息。如果正如经济理论所指出的那样，最大企业的相对规模是决定企业行为和业绩的一个重要因素，那么赫芬达尔指数就可以包含更多的信息。

案例 8—2

确定可口可乐公司的市场范围

可口可乐公司是世界上最大的饮料公司，其巨大的规模阻碍了其进一步发展。可口可乐公司在美国和其他国家的市场占有份额几近相同，非常高。

该公司因其生产的碳酸饮料而著称，其生产的饮料包括：标志性的可口可乐（类别各式各样：减肥的、不含咖啡因的等等）、芬达（刚开始时是橘子汁味道的，后来各种味道的都有）、雪碧（柠檬味软饮料）。该公司拥有 3 000 多种饮料，可以说，其公司的产品组成了一个"饮料的产品组合"，包含非碳酸饮料：水果汁、茶、咖啡和矿泉水等等。产品行销 2 000 多个国家和地区。[4]

20 世纪 70 年代，可口可乐开始进入中国市场。到 2008 年，该公司产品已经占有了很大的市场份额。在中国政府的批准下，可口可乐公司在中国成立了合资企业，产品已经扩展到迎合消费者品位的各式各样的饮料，包括以茶和果汁为基础的碳酸和非碳酸饮料。这些饮料的推向市场对可口可乐公司的发展至关重要，因为中国的消费者（特别是年轻的消费群体）越来越青睐更加健康的饮品。

2008 年 9 月，可口可乐公司宣布有意收购中国最大的果蔬汁生产企业汇源果汁。如果成功收购，可口可乐的中国市场份额将增加一倍。当时，汇源果汁的市场份额是 10.3％，而可口可乐的市场份额是 9.7％。[5] 这起收购涉及的规模（如果成功收购，将成为可口可乐公司最大的一起并购，也是外国公司收购过的最大的中国公司）和金额巨大（24 亿美元，还没有包括其他的在中国的投资承诺），也是对中国反垄断法的第一次考验。2008 年 8 月，中国刚刚通过《反垄断法》。

根据审批流程，可口可乐公司需要向有关政府部门先行申请批准收购。2009 年 3 月 18 日，中国商务部没有通过可口可乐公司的申请。官方给出的原因主要顾及此起收购对市场的影响。商务部的决定发布在了其网站上，主要阐述了这起收购将导致"市场集中"并由此导致"反竞争"的结果。商务部表示，可口可乐将会通过收购汇源果汁获取市场主导地位，进而提高产品售价。

但是，并不是所有的观察人士都是这么考量市场范围的。据《商业周刊》的一篇文章，反垄断的理由没有想象得那样可以站得住脚。汇源果汁的销售额在下滑，产品的市场份额也每况愈下。按碳酸饮料的市场份额考量，可口可乐的市场份额只排第二，不敌台湾饮料生产企业统一集团（Uni-President）。香港联昌国际证券公司（CIMB-GK）食品饮料研究员戴蕾妮（Renee Tai）总结如下："只从反垄断法来看，并不知道（政府）如何确定市场范围。"[6]

这样的政府决策对可口可乐公司而言并不是新鲜事。1986年，可口可乐（当时美国最大的饮料销售企业）希望收购第四大饮料销售企业胡椒博士饮料公司（Dr Pepper），联邦贸易委员会就以极大削弱市场为由阻止可口可乐公司的收购行为。

市场结构与竞争

市场结构会对企业的行为与财务状况产生深远的影响。企业可能面临一个连续的定价范围，从完全竞争的极端到垄断的极端。经济学家已经在这个连续范围内增加了两个额外的类别，即垄断竞争与寡头垄断。这些分类在表8—2中已经简要表示出来了。并且在每个竞争类别里，都有一般相关的赫芬达尔指数的对应范围。但是，这些范围仅仅是建议性的。例如，根据表8—2，如果在一个市场中仅有两个竞争者，它们将不会进行竞争。但在一些例子中，当价格接近边际成本时，一个仅有两个企业的市场可能存在激烈的价格竞争。此外，在一些有半打或者更多竞争者的市场中，价格竞争几乎不存在。因而，根据企业的竞争互动的周围环境来推断价格竞争强度非常重要，而不是全部依靠赫芬达尔指数或者是其他度量集中程度的方法。

表8—2	四种市场结构及其价格竞争强度	
竞争属性	赫芬达尔指数范围	价格竞争强度
完全竞争	通常低于0.2	激烈
垄断竞争	通常低于0.2	可能激烈或者低，取决于产品的差异
寡头垄断	0.2～0.6	可能激烈或者低，取决于企业内的竞争
垄断	0.6或者更高	通常很低，除非有进入威胁

接下来关于竞争条件的讨论强调了一些对经理人来说很直观的问题。我们会简要讨论完全竞争和垄断（更多的详细讨论可以参看本书第1章，或者是微观经济学教材）。我们将会对垄断竞争与寡头垄断进行较大篇幅的探讨。

因为寡头垄断的理论特别丰富，所以我们将在第 9～11 章中详细论述。

完全竞争

在完全竞争市场上，存在许多同质产品的销售者与具备完全信息的消费者，他们不费吹灰之力就可找到最佳价格。在这些条件下，存在一个由所有卖者和买者的相互作用决定的单一价格，但它又在他们中任何人的控制之外。这就意味着即便一个企业的定价比市场价格只高出一分钱，那么它也将卖不出去任何产品，并且如果它的定价比市场价格只低一分钱，那么它将不必要地牺牲了收益。（换句话说，企业面临着无穷大的需求弹性。）那么，企业唯一要考虑的决策就是生产并销售多少产品。

回顾第 1 章的内容，我们提到，当产量使得边际收益等于边际成本时，企业实现了利润最大化。此外我们还知道，边际贡献率（PCM）等于（$P-MC$）$/P$，这里 $P=$价格，且 $MC=$边际成本。那么利润最大化的条件可以写成 $PCM=1/\eta$。[7] 在完全竞争中，$\eta=\infty$，所以最优的 PCM 就等于零。

许多市场接近于完全竞争市场，包括许多金属与农业产品市场。正如模型所示，这些市场的价格竞争非常激烈。销售者制定几乎相同的价格，并且通常价格趋于边际成本。其他许多市场，包括大部分的生活消费品和专业服务市场，并不符合完全竞争市场的条件。即便如此，这些市场中的一些也存在激烈的价格竞争。第 10 章将对一些市场中的价格被压低到边际成本的原因进行严密的论述。下面，我们提供一些简略的解释。

当满足以下两个或者三个条件时，市场条件将趋向于拉低价格：

1. 市场存在许多销售者。
2. 在消费者心目中，产品是同质的。
3. 存在过剩的生产能力。

下面，我们将讨论每一个条件分别怎样施加强大的压力以降低价格。

众多销售者

一个航空公司的高层经理人曾经说过："航空业被行业里最无'说话'权利的竞争对手所领导。"[8] 他是结合两个竞争者的一轮降价活动而得出这个论断的。他的意思可能是：如果航空公司停止为提高市场占有率而进行无益的降价活动，那么它们将能够增加利润。这可能对航空公司有利，但会损害消费者，美国司法部（DOJ）和联邦贸易委员会（FTC）以及相关部门，坚决执行反托拉斯法以阻止合谋定价。为了加强这些法律的实施，反托拉斯权力部门很少关注销售者密集的市场。经验与经济理论告诉它们，存在很多销售者的市场很少会出现将价格提高到远远高于成本并能够持续一段时期的情况。这种观点是正确的，其理由有以下几点。

第一，当存在许多销售者时，可能会出现各种各样的价格优惠。即使行业的边际贡献率很高，也会有一些个别的销售者愿意在成本下降的情况下降低价格。在民航业，一家低成本的航空公司，如西南航空公司常常采取低价措施和高成本的竞争对手，如达美航空公司和联合航空公司在一些航空线路上进行直接竞争。

第二，价格的提高将导致顾客购买量的减少，所以一些销售者将不得不减少产量来维持高价。在众多销售者中，很难就谁应削减产量达成一致意见。这一点可从碳酸钾与氮行业卡特尔的历史性成功对比来说明。[9]碳酸钾卡特尔存在于第二次世界大战之前，它们实行高度的集中，在限制产量与保持高价方面取得了成功。相比之下，世界氮卡特尔由美国、欧洲和南美洲的许多国家组成，在试图将价格提高到竞争价格之上时就不那么成功了。[10]

第三，即便销售者表示愿意减产，其中一些企业也会试图通过降低价格与增加产量来"欺骗"其他企业。企业中最可能降低价格的是那些市场份额小的企业，当市场相对不集中时，这种企业很多。一个小企业可能把大企业间共谋的讨价还价行为看成是一个提高市场份额的好机会。随着市场份额的增加，可能带来学习收益和规模经济，这些将提高企业的长期竞争地位。所以，小企业也可能会甘愿冒风险，即认定大型的竞争企业不会觉察到它的降价行为。即便大企业觉察到了，大企业可能也不愿意以进一步降价作为报复，因为它们在价格战中会比小企业损失更多（从绝对量来说）。[11]

同质产品

当企业降低价格时，它期望能够提高销量。销售量的增加可能来自三个不同的方面：

1. 增加现有消费者的购买量。
2. 激发本没有购买计划的消费者的购买欲望。
3. 利用低价来吸引竞争厂家的顾客。

对于许多采取降价策略的企业来说，吸引原本属于竞争对手的顾客是销售收入的最大来源。在线零售经纪人是一个很好的范例。像美国贸易公司这样的在线零售经纪人压低传统零售经纪人的价格时，多数由此产生的业务来自传统零售经纪人，而不是来自以前未曾在市场上投资的新的交易人（尽管在即日平仓交易狂热的时代可能会有很多）。在线零售经纪人随后接二连三的降价意图是争夺业务，而不是从现有的顾客中增加新业务。

当产品是同质的，即各销售商的产品并无特性差别时，顾客就会倾向于从一个销售商转向另一个。并且，如果产品具有同质性，顾客忠诚度通常就会降低，因为任何卖主的产品都能满足他们的需求。而这也就加剧了价格的竞争，因为价格越低，企业期望获得的销售量越大。

有些产品是有同质性的，例如黄金和分级小麦。所有的在线经销服务提供完全一样的产品——类似瞬间买卖公开交易的股票——因而它们是完全同质的。一些产品，如DVD播放机，也仅有一些细小的差别，许多（但并不是全部）消费者将会转而购买那些低价的品牌。另一些产品，如医疗服务，却有很大的差别，大多数消费者不愿仅仅为了贪图低价就转换其服务提供商。

过剩生产能力

为了理解生产能力在定价问题中所处的地位，我们可以回忆一下在第1章中学习过的平均成本与边际成本之间的区别。在固定成本相对较高的生产过程中，当产出水平很高时，边际成本可能低于平均成本。只有当产量接近于生产能力时，平均成本才会开始急剧上升，边际成本开始超过平均成本。

表8—3所列的数字实例表明了过剩生产能力对企业定价动机的意义。该表描绘了一个柴油机制造商所面临的情况。比如美国迪尔公司（Deere & Company），它的工厂具有年产50 000台引擎的生产能力。假设由于经济衰退，迪尔公司接到的来年订单仅为10 000台发动机。但是，迪尔相信可以从其竞争对手——耐维斯达公司（Navistar）手中抢过来一位主要客户，从而使它的来年订单数再增加10 000台。为了能做到这一点，迪尔公司向该顾客提供的发动机的价格为每台300美元。[12]迪尔公司是否应该提供这样的价格呢？

表8—3		生产能力的利用与成本		
年产量 （台）	总可变成本 （万美元/年）	总固定成本 （万美元/年）	总成本 （万美元/年）	平均成本 （美元/台）
10 000	100	1 200	1 300	1 300
20 000	200	1 200	1 400	700
30 000	300	1 200	1 500	500
40 000	400	1 200	1 600	400
50 000	800	1 200	2 000	400

即使这个价格远低于每台发动机700美元的平均成本，但迪尔公司可以凭借这个价格争抢耐维斯达公司的生意，并因此而受益。为了弄明白这一点，注意，迪尔公司的收益增加了300万美元，而总成本只增加了100万美元。因为销售额能弥补固定成本，所以按每件300美元的价格销售更多的发动机还是有益的。当然，耐维斯达公司也许不会让迪尔公司抢走它的生意，所以结果可能是引发一场价格战而使该订单的价格低于300美元。但是只要该订单的售价高于100美元的平均可变成本，那么迪尔公司接该订单就好于不接。

从长期来看，像这样的竞争可能使价格低于平均成本。企业可能选择退出该行业而不是长期遭受经济损失。但是如果企业的生产能力具有行业特性，也就是说，该企业的生产能力只能用于生产该行业的产品，那么企业就不得不留在其所处的行业中，直到厂房达到了其使用寿命或是需求增加。如果需求没有增加，售价低于平均成本，那么该行业将遭受一段持续性的生产能力过剩期。

俄罗斯天然气工业股份公司

俄罗斯天然气工业股份公司（Gazprom）是世界上最大的天然气生产企业。根据该公司的官方网站（www.gazprom.com），俄罗斯天然气工业股份公司的宗旨是："向俄罗斯消费者有效、均衡地提供天然气，有保障地执行天然气出口合约。"其战略是："通过进入新市场、多样化核心业务、保障可靠的天然气供应，获得行业领先地位。"俄罗斯天然气工业股份公司的宗旨和战略的背后是公司拥有的巨大的天然气储备。

俄罗斯天然气工业股份公司的前身是苏联天然气部（Soviet Gas Ministry）。现在，俄罗斯政府仍然控股这家公司，股份刚刚超过 50%。

可以施加经济力量的企业经常被视为垄断企业，俄罗斯天然气工业股份公司也不例外。但是，同时这家公司还有很强的政治力量。甚至，有传言说，现任总统普京及其裙带人物（包括他的继任者梅德韦杰夫，有人说其是普京一手提拔的）持有俄罗斯天然气工业股份公司的大量股份，而梅德韦杰夫曾经担任过俄罗斯天然气工业股份公司的总裁。据《每日清算报》（The Daily Reckoning）报道，《莫斯科时报》（the Moscow Times）2007 年 11 月刊载的一篇文章表示，普京持有俄罗斯天然气工业股份公司的股份多达 4.5%，当时价值 130 亿美元。这篇文章还指出，俄罗斯天然气工业股份公司可以称得上是"世界上政治影响力最大的公司"[13]。

俄罗斯国家杜马轻易地就通过了法案给予俄罗斯天然气工业股份公司天然气出口的垄断权利，这体现出了这家公司的政治力量。通过的法案包含了一条法律条款规定：天然气输送必须使用俄罗斯天然气工业股份公司的管道。该管道于 2006 年 6 月归该公司所有。当然，这个法案由总统普京签署通过。

在俄罗斯同乌克兰就天然气价格争执不下时，俄罗斯天然气工业股份公司就暴露出了其巨大的政治力量。据欧洲政策研究中心的一篇文章，俄罗斯天然气工业股份公司"蓄意使用垄断地位"，中断对乌克兰和摩尔多瓦的天然气供应，这也是向欧盟成员国表明，俄罗斯"不顾任何国际法框架"，以能源原料进行要挟。[14]

这篇文章详述了俄罗斯天然气工业股份公司如何为了获取垄断地位而违背欧洲国家的政治经济行为规则。俄罗斯天然气工业股份公司的五个违规行为如下：（1）俄罗斯天然气工业股份公司要求提价，1 月 1 日中断天然气供应；（2）俄罗斯天然气工业股份公司阻止乌克兰同土库曼斯坦直接谈判，禁止土库曼斯坦使用其天然气管道，除非先把天然气卖给它；（3）拒绝提供天然气管道违背了欧盟的竞争和内部市场原则，原则上来说，欧盟的法律裁判权适用于同欧盟国家的国际贸易；（4）俄罗斯天然气工业股份公司拒绝提供天然气输送管道的行为表明，俄罗斯政府没有管制垄断市场，使得该公司的垄断力量没有约束；（5）乌克兰和俄罗斯天然气工业股份公司成立俄乌能源公司（RosUrenergo）作为两国天然气贸易的中间人，俄乌能源公司对天然气提供这样重要的经济战略事件是不透明、模糊的机构。欧洲政策研究中心指出，俄罗斯政府有两种选择：要么建立多边市场体系、通过法律管制垄断行为，要么不这样做，刺激天然气消费国家多元化其天然气供应，创造竞争条件。[15]

俄罗斯天然气工业股份公司希望拓宽市场影响范围，既希望增加在其他国家探矿的市场，又希望增加对其他市场的天然气供应。2009 年 6 月，俄罗斯天然气工业股份公司表示，其已经计划提供相当于美国市场 5％～10％的天然气。但是，这家公司的行为不免引发数十年来天然气进口国的担忧：俄罗斯天然气工业股份公司或许会要求提高天然气价格，如果提价要求得不到满足就会以断供天然气相要挟。但是，具有讽刺意味的是，即使在冷战时期，俄罗斯天然气工业股份公司的前身苏联天然气部也没有过以断供天然气相要挟的行为。

垄　断

著名的反托拉斯经济学家弗兰克·费希尔（Frank Fisher）将垄断力量描述为"能够不受限制地进行活动的能力"，诸如提高价格或者降低质量。[16]约束来自相互竞争的企业。如果一个企业不具备垄断力量，那么当它提价或者降低质量时，它的顾客将会转向其竞争对手。当企业在其产出品市场中仅仅面临很少的或甚至不存在竞争对手时，它就成为了卖方垄断者（monopolist）。如果存在竞争，但这样的竞争来自边缘企业——这些小企业所占据的市场份额相加不到全部市场份额的 30％～40％，就不会威胁、损害到垄断者所占据的市场份额。

当企业在其中一个投入品市场上仅仅面临很小的或没有竞争时，它就成为了买方垄断者（monopsonist）。对卖方垄断与买方垄断的分析是紧密相关的。分析卖方垄断的关注点在于企业提高产出品价格的能力，而分析买方垄断的关注点在于它们降低投入品价格的能力。这一章中我们将讨论卖方垄断的问题，但所有这些问题都对买方垄断者一样重要。

当卖方垄断者面临需求量下滑时，这意味着如果它提高价格，就会导致销量的减少。拥有垄断力量与拥有对需求的束缚是不同的。即便是卖方垄断者也会失去顾客。因为如果一个卖方垄断者能够提高价格而又不失去顾客，那么对利润最大化的追求将驱使它进一步提高价格，直到它失去一些顾客为止！一些顾客也许会转向边缘企业，一些可能将同时停止购买此产品。将一个卖方垄断者与其他销售商区别开来的标准不在于垄断者会造成需求的下降，而在于垄断者可以不用考虑其他企业的反应而制定价格。这个标准与我们将在下面介绍的寡头垄断是相反的，因为虽然寡头垄断面临的需求也是向下倾斜的，但是它必须留意竞争对手对它的战略所作出的反应。

垄断者的定价依据是：最后一个单位产品的边际收益等于最后一个单位产品的边际成本。例如，假设一个垄断企业面临的需求等于 $P=100-Q$，并且产品边际成本不变，恒为每单位 10。以此为基础，注意在竞争的市场中，价格将等于边际成本 10，并且总产量将为 90。这样就能直接算出垄断者的最优价格与产量。

垄断者的总收益等于价格乘以数量，或者是 $100Q-Q^2$。相应的边际收益为 $100-2Q$（如果要进一步了解边际收益，参见本书第 1 章）。因而，当 $Q=45$ 时，边际收益就等于边际成本。相应地，当收益最大化的价格 $P=55$ 美元时，利润（总收益减去总成本）等于 2 025 美元。可以看到，垄断价格是远高于边际成本的，并且它的产量也远低于竞争水平。

这样的分析表明，垄断企业获得的利润需要以减少消费者数量为代价。政府通常通过税收或者严厉的反竞争法管制垄断行为。经济学家哈罗德·德姆塞茨（Harold Demsetz）警告说，大多数垄断企业之所以形成垄断，是因为它们发现了更有效的生产技术或者创造了满足消费者需要的新产品。[17] 即使是垄断价格，这些创新对消费者的好处仍是非常大的（比如说，急需的新处方药、微软的电脑操作系统或苹果公司的 iPod）。哈罗德解释说，限制垄断利润的行为可能不利于创新行为，从长期而言，反而会损害消费者的利益。

数家企业一致行动、类似一个垄断企业形成的企业组织被称为卡特尔。大多发达国家禁止企业组成卡特尔组织的行为，但是，在国际上却存在着一些卡特尔组织。石油输出国组织（The Organization of Petroleum Exporting Countries，OPEC）或许是最有名的卡特尔组织，尽管这个组织的石油产量不足世界石油产量的 30%，在过去的 20 年中，基本上无法直接控制油价的涨跌。其他国际商品行业，比如铜、锌、茶、咖啡以及可可等，都试图组成卡特尔组织。一些行业的卡特尔组织，比如铝土矿和铀，在短时间内取得过成功，而另一些卡特尔组织，比如戴比尔斯钻石卡特尔（DeBeers），长期以来都很成功。但是，一般而言，大多国际卡特尔组织不可能决定某一类产品价格很长时间。

垄断竞争

垄断竞争的术语是由爱德华·张伯伦（Edward Chamberlin）于 1933 年提出的，这一术语对于理解定价很重要，它描述了具有以下两个主要特点的市场[18]：

1. 市场中有许多卖者。每一个卖者都理性地假设它的行动将不会极大地影响到其他卖者。例如，芝加哥有许多女性服饰零售商（在芝加哥黄页上列出的这些商家高达三页之多）。如果其中任何一个卖者降低价格，其他商家不一定会对此作出回应。这是因为零售商太多，无法对其——进行追踪。即便一些商家注意到了销售量的小幅下降，它们可能也不会仅仅为了一个竞争者就调低它们的价格。

2. 每个卖者销售不同的产品。如果产品 A 与产品 B 价格相同，且在该价格上，一些顾客喜欢购买产品 A，一些顾客则更喜欢购买产品 B，那么这两种产品就存在差异。产品差异化的概念是指顾客之所以在不同的竞争产品之间进行选择，主要是受价格以外的其他因素的影响。与完全竞争下的行为不同（在该条件下，产品是同质的），差异化的产品使销售商可以在不失去顾客的情况下提高价格。

经济学家们定义了垂直差异与水平差异的区别。当一个产品与竞争产品相比存在明显的优势或者劣势时，该产品就具有垂直差异。家庭清洁剂生产商，如高露洁棕榄公司（Colgate-Palmolive）的 Ajax 品牌，当提高产品的清洁效率时（如高露洁棕榄公司改变了 Ajax 的配方，等量的水所需的清洁剂更少），其产品就具有了垂直差异。虽然某些顾客对改进后产品价格的增长幅度提出了异议，但是对于整个顾客群来说，他们认为产品的性能提高了。当只有一些顾客愿意选择某种产品而不是其竞争产品时（假定它们的价格相同），那么该产品与竞争产品之间就存在水平差异。当高露洁棕榄公司给它的 Ajax 增添了柠檬香味后，那么它的产品就与其他产品之间产生了水平差异，因为这样使得它的清洁剂对喜欢柠檬味的顾客更有吸引力，但是也可能对喜欢松香味的顾客来说更没有吸引力。

产生产品水平差异的一个原因是地域因素，因为消费者可能喜欢方便到达的商店。产品的水平差异使得企业能在不损失许多顾客的情况下提高价格，这些顾客宁愿多支付一些，也不愿意多走一段路。为了说明这一点，可以看图 8—1，该图显示了一个基于地域差异的产品市场。图中所显示的是莱恩斯维尔镇，直街是该镇的唯一道路（在图中用直线表示），其确切长度为 10 英里。在直街的两头各有一个光碟出租店。百事达光碟店（Blockbuster video）在镇的左边（图中用 L 表示），好莱坞光碟店（Hollywood video）在右边（图中用 R 表示）。两家商店出租的光碟完全相同。在莱恩斯维尔镇共有 100 名光碟租赁者，他们的家等距离地分布在直街沿线。因而，50 名顾客离百事达光碟店更近一些，而另 50 名顾客则更靠近好莱坞光碟店。

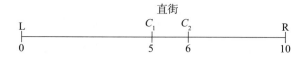

图 8—1　莱恩斯维尔镇的光碟出租店

如果商店 L 与商店 R 的要价都是每张光盘 3 美元，那么所有住在 C_1 左边的顾客将到商店 L 租赁，而所有住在 C_1 右边的顾客将到商店 R 租赁。如果商店 L 将价格降低为 2 美元，那么住在 C_1 右边的一些顾客将会走一段额外的路程到商店 L 租赁。如果旅行成本为每英里 0.50 美元，那么住在 C_1 与 C_2 间的所有顾客将会走一段额外距离去 L 店，以节省 1 美元的租金。

当顾客决定去哪一家商店时，他们将两个因素考虑在内：每个店的要价和到每个店的交通成本，包括直接成本，如汽油，以及间接成本，如到商店所花费的时间。可以假设对于所有的顾客，1 英里的路费为 50 美分。给定了该信息，我们就可以推算出随着商店价格变动，顾客从一个商店转向另外一个商店购买的程度。

　　假设两家商店每张光盘都收取 3 美元的租金。在这种情况下，任何一方都有 50 个顾客。现在假设百事达光碟店将价格从每张光盘 3 美元下降到 2 美元，而好莱坞光碟店却保持在 3 美元。这样的价格差异将如何影响二者的收入呢？为回答该问题，我们需要确定在直街的哪一个位置上，顾客对从百事达光碟店或者好莱坞光碟店租赁是无所谓的。因为路费很高，所以住在该位置左边的所有顾客将会光顾百事达光碟店，而住在右边的将会光顾好莱坞光碟店。

　　如果一个顾客面对相同的购买成本，这里的成本包括租赁费用与交通费用，那么顾客对于选择哪家商店是无所谓的。假设一个顾客打算只是租赁一张光碟，他离百事达光碟店 M 英里（那么离好莱坞光碟店的距离就为 $10-M$ 英里）。对于该顾客来说，光顾百事达光碟店的总成本为 $2+0.50M$，而光顾好莱坞光碟店的总成本为 $3+0.50(10-M)$。当 $M=6$ 时，这两个成本是相等的。住在 $M=6$ 处的顾客，不管他光顾哪家店，他的总购买成本都为 5 美元。接下来，60 名顾客将光顾百事达光碟店，而 40 名顾客将光顾好莱坞光碟店。

　　因为消费者不愿意多走路，所以即便百事达光碟店的租金比好莱坞光碟店每张光盘低了 1 美元，它也只能从好莱坞光碟店手中夺走 10 名顾客。人们可能主观地认为，随着产品差异重要性的降低——在本例中为交通成本的减少——百事达光碟店就能从降价策略中获得更多收益。该模型就能计算出来这一点。如果交通成本仅为每英里 20 美分，而不是 50 美分，那么对于一名位于 $M=7.5$ 位置上的消费者来说，选择哪家商店都一样。这样百事达光碟店将有 75 名顾客。随着交通成本的进一步降低，百事达光碟店与好莱坞光碟店的产品变得同质化，即顾客在选择二者的产品时没有很强的偏好。实际上，如果交通成本为 1 美分，那么百事达光碟店只需将价格降低 10 美分，就会赢得所有顾客。

　　这个例子表明，当消费者有特殊偏好，也就是说，如果人与人的偏好都明显不同时，将会产生水平差异。地理位置是产生特殊偏好的一个重要因素，一些消费者恰巧住在靠近百事达光碟店的地方，而另一些消费者恰巧住在离好莱坞光碟店近的地方。但地理位置并不是造成特殊偏好的唯一因素。一些消费者更喜欢保守的商务套装，而其他人却喜欢意大利样式。一些人喜欢能找到的最大的运动型汽车，而其他人却喜欢速度较快的车。企业总是以这样或者是无数其他的方式，将它们的产品区别开来，既可以提高价格，又保留了忠实的顾客。

　　当然，除非消费者发现了更好的产品，否则他们不会从喜爱的卖者转向其他卖者，即便原先的卖者大幅提价。水平差异的程度取决于消费者的搜寻成本的高低，也就是消费者获取替代产品信息的难易程度。像百事达光碟店这样的零售商经常通过广告来降低顾客的搜寻成本。很容易理解低价格的卖家会希望最小化搜寻成本，因为这样可能会提高它们的市场份额。但是低搜寻成本会降低水平差异，导致所有公司的价格和收益降低。

在一些市场中，搜寻成本会很高。那些消费者对产品的特别偏好（通常他们的偏好很难形容）程度较高的市场趋于如此。医疗服务就是一个很好的范例。病人可能并不非常关心价格，特别是如果他们有医疗保险的话。他们可能主要在意医生的态度、经验，以及能否让特定的专家和医院提供医疗服务。医生要为这些信息做广告是很困难的，并且也会产生道德问题。相反，病人就必须依靠他们的个人经验，或从他们所信任的朋友和家人那里获得有关不同医生的信息。因此，当患者从他们的医生那里获得良好的治疗后，大部分患者都不愿意转向其他医生，即便该医生提高价格或者服务变差。因为找到另外一个好医生太困难了。

因为医生提供的服务存在高度的差异，因此在不受管制的市场上行医的医生已经能够将价格定在他们的边际成本之上。美国医生的收费往往是那些政府规范医疗收费的国家医生的两倍。管理式医疗组织（managed care organizations，MCOs）已经努力尝试降低医生的收费，方法主要是对拒绝减价的医生不予报销费用。但是患者们反对这种可能使他们所喜爱的医生遭受损失的规定。因而多数的 MCOs 尊重了患者们的意愿，减轻了对医生的处罚。但是只要病人继续对医生存在高度的特别偏好，医生就能够保持相对高的收费。

进入垄断竞争市场

最优定价理论指出，在存在产品差异的市场中，企业的定价高于边际成本。因而产生的边际贡献率有助于支付交易的固定成本。如果价格足够补偿固定成本，企业将获得正的经济利润，并诱使其他企业进入。而其他企业的进入将降低产品价格并抢占原有企业的市场份额，直到经济利润为零。

可以根据一个数字例子来理解这些关系。假设一个市场当前有 10 个企业，我们称它们为现有企业（incumbents）。这 10 个现有企业中的每一个生产每单位产品的边际成本都为 10 美元，固定成本为 120 美元。每一个现有企业所销售的产品都存在水平差异，并且面临的需求价格弹性为 $\eta=2$。

让我们看看这个市场将如何运作。根据这个弹性，每个现有企业利润最大化的价格为 20 美元。[19] 假设在该价格水平，市场总需求量为 240 单位，而该需求量在市场上的所有卖者间均分。因而，每一个现有企业的销售量为 24 单位。这样就可直接计算出每一个现有企业的利润。每个企业的总收益为 480 美元，总成本为 360 美元，所以利润等于 120 美元。表 8—4 的"进入前"一列已经将这些情况总结出来了。

表 8—4	垄断竞争下的企业利润与数量	
	进入前	进入后
企业数量	10 个	20 个
单个企业的固定成本	120 美元	120 美元
边际成本	10 美元	10 美元
价格	20 美元	20 美元
市场需求量	240 单位	240 单位
单个企业的销售量	24 单位	12 单位
单个企业的利润	120 美元	0 美元

利润吸引了其他企业进入。假设进入者与现有企业的成本相同,并且每个进入者的产品都存在差异,这样所有卖者就具有相同的市场份额。进一步假设产品差异达到了使所有销售者面临的需求价格弹性保持恒等于 2 的程度。那么每个进入者都会把价格定为 20 美元。如果有足够的进入者对追逐获利机会感兴趣,那么进入者在该行业的进入会一直持续到没有利润可赚为止。当该行业中存在 20 个企业的时候,这样的情况就发生了,每个企业的销售量为 12 单位。在表 8—4 中,最后一列总结了这一过程。

该例子显示了当产品差异使得卖者能将价格定于边际成本之上时,即便价格保持不变,新进入者也将侵蚀最终利润。进入者常常从现有企业手中攫取一些市场份额,因而也减少了每个现有企业的收益,使得现有企业对固定成本的弥补越来越困难。在我们的例子中,进入并没有加剧价格竞争。如果竞争加剧、价格下跌,那么企业的利润下降速度更快,最终市场上剩下的企业会不到 20 家。

在张伯伦经典的完全竞争市场模型中,进入的企业很多,抬高了固定成本。但是这样简单的分析有失偏颇,因为其没有考虑到新进入者通过开拓新市场、开发新口味或者改进产品风格等方式增加产品或者服务的多样性。如果消费者非常看重产品的多样性,进入垄断竞争市场就不会导致新进入者过多的状况。比如关于三明治餐馆赛百味(Subway)的案例,如果赛百味在莱恩维恩市中心开设一家新餐馆,到赛百味的消费者就会减少一部分交通费。

寡头垄断

在完全竞争市场与垄断竞争市场中,销售者认为他们的定价或生产策略不会影响竞争者的价格或产量。这种观点在一个销售者众多的市场中是正确的。然而，在一个仅有少数卖者的市场中，某个企业的定价和生产战略却会影响竞争者的定价与产出决策。单个企业的行为在很大程度上影响了行业价格水平的市场就叫做寡头垄断市场。

经济学家建立了多个寡头市场的模型。这些模型的中心理念就是分析企业如何对其他企业的行为以及市场中的机遇作出回应。我们通过分析两个最古老的、最重要的寡头垄断模型——古诺（Cournot）产量竞争模型与伯川德（Bertrand）价格竞争模型，来解释这种理念。下面我们将考察这些模型，并在接下来的两章中进一步详述寡头垄断市场的有关内容。

古诺产量竞争模型

该模型是最早的寡头垄断模型之一，由奥古斯丁·古诺（Augustin Cournot）于 1835 年提出。[20]古诺最初所分析的是仅有两个企业——企业 A 与企业 B——的市场。假设这两家企业是两个 DRAM 芯片制造商，例如三星（Samsung，企业 1）和镁光（Micron，企业 2）。它们生产相同的产品，所以它们被迫设定相同的价格。在古诺模型中，每个企业唯一的战略选择就是选择生产的产量——Q_1 与 Q_2。一旦企业确定了产量，那么它就必须以将产品完全售出为目标来制定价格。这样该价格就是顾客愿意购买总产量 (Q_1+Q_2) 时的价格。在这个假设背后的另一层含义就是，因为两家企业都确定了产量，所以它们的增量成本为零。因此，如果任何一方不能将所有产品销售出去，它就将采取降价措施，直到产品售完为止。市场价格就是两家企业都能够将产品全部售出时的价格。

我们将分析三星和镁光在面临具体的需求与成本函数下的产量决策。假设三星和镁光的生产总成本分别为：

$$TC_1 = 10Q_1$$
$$TC_2 = 10Q_2$$

换句话说，两个企业都有恒定的每件产品 10 美元的边际成本，正如我们之前讨论过的垄断的例子一样。因而，如果 $Q_1=Q_2=10$，那么 $TC_1=TC_2=100$。假定市场需求量由 $P=100-Q_1-Q_2$ 给定。根据这个需求函数，如果任何一个企业试图增加销售量，市场价格都将下降。例如，如果三星和镁光都生产 10 单位产品（也就是，$Q_1=Q_2=10$），那么 $P=80$ 美元。如果二者均生产 20 单位产品（也就是，$Q_1=Q_2=20$），那么 $P=60$ 美元。

每个企业应该生产多少产品呢？任何一个企业在选择生产水平时都会关注市场价格。因为市场价格取决于两家企业的总产量，比如说，三星计划生产的数量取决于它对镁光产量的预测。古诺模型对产量的决策基于一种预期：每个企业"猜测"其他企业的产量，并且相信它的对手们会保持在该产量水平上。每个企业的最优产量就是根据其对竞争对手产量的预测而确定的。换句话说，即三星预测镁光的产量，根据该产量制定自己的利润最大化的产量水平，并且镁光的利润最大化的产量水平也基于它对三星产量水平的预测。

古诺均衡就是一对产量值 Q_1^* 与 Q_2^* 和一个市场价格 P^* 能够满足以下三个条件：

（C1）企业在市场价格为 P^* 时可以将其产品全部售出。也就是，$P^* = 100 - Q_1^* - Q_2^*$。

（C2）Q_1^* 为三星在预测镁光产量为 Q_2^* 时所制定的利润最大化的产量。

（C3）Q_2^* 为镁光在预测三星产量为 Q_1^* 时所制定的利润最大化的产量。

因而，在古诺均衡中，每个企业对竞争对手产量的估计都"正确"，也就是说，它对竞争对手产量的估计值和对手事实上所选择的产量是一致的。

案例 8—4

美国牛肉加工行业的市场容量竞争[21]

2007 年对于美国宰牛行业而言是异常艰难的一年。四家行业领先企业泰森食品（Tyson）、嘉吉公司（Cargill）、国家牛肉公司（National Beef）、JBS 斯威夫特国际销售公司（JBS Swift）面临着两个棘手的问题：需求下降、成本上升。2001 年左右，整个行业每年宰牛 800 000 头，现在这个数字已经下降到了 700 000 头以下。同时，由于玉米很大一部分制成酒精，饲料成本的价格不断上涨。到 2007 年年中，宰牛场每头牛亏损 10 美元。这还是在新的竞争对手没有进入美国市场之前的情况，之后情况变得更加糟糕。

2007 年 5 月，拉丁美洲最大的牛肉加工企业 JBS SA 收购了斯威夫特公司，组成 JBS 斯威夫特国际销售公司，收购之后，JBS 斯威夫特公司成为全球最大的牛肉加工企业。自从公司创始人古斯塔夫斯·斯威夫特（Gustavus Swift）雇用安德鲁·蔡斯（Andrew Chase）设计了一个通风火车车厢之后，斯威夫特公司就一直是美国牛肉行业的领先企业。JBS 是一个新进入者，于 1953 年开设于巴西。20 世纪 70 年代，JBS 成为行业领先企业，在此期间，JBS 大肆并购了巴西和阿根廷的一些牛肉加工企业。自此，JBS 的并购之路就没有停下脚步。2007 年 1 月，JBS 并购了斯威夫特在布宜诺斯艾利斯的加工厂。但是，兼并整个斯威夫特公司则是另外一件重大的事情。纵使两家公司的市场区域并没有很多重叠，鲜有机会可以产生协同效应，在解释并购的原因时，JBS 仍然以可以实现规模经济为借口。

没过多久，美国市场就感受到了 JBS 的存在。2007 年 9 月初，JBS 在南卡罗来纳州格里利新建了一座牛肉加工厂，每天产能增加到 2 000 头。两个月后，宰牛企业的每头牛的盈利变成了 -70 美元。牛肉行业产能过剩，市场分析人士纷纷降低盈利预期，股价暴跌。如果不收缩产能，整个行业仍然运营惨淡。

泰森食品是第一家开始行动的企业。2008 年 1 月，泰森股价在不到一年的时间中下跌了一半，泰森食品堪萨斯州恩波里亚加工厂，从市场中收缩了 4 000 头牛的产能。关停恩波里亚加工厂是一个好的选择，因为这个加工厂距离主要市场数百公里，物流成本昂贵。对此举动，市场分析人士表示赞同，瑞士信贷（Credit Suisse）的一位分析员认为："泰森食品为其企业、行业都做了一件正确的事情，彰显了这个企业的市场领导地位，但是不得不承认，JBS斯威夫特公司或许将成为最大的赢家。"

现在，牛肉价格趋稳。但是，行业前景仍有很大的不确定性。尽管恩波里亚加工厂关停了，但是它的产能仅仅大约占市场总产能的0.3%。市场价格现在稳定，但是如果需求继续下降，市场不得不再次减少产能，以避免另一波价格的向下调整。JBS已经表露了不会减少产能的姿态。泰森食品愿意再次承受减少市场份额之痛吗？如果泰森食品不愿进一步减少产能，谁将站出来拯救这个行业呢？

为了找出对Q_1与Q_2的市场均衡选择，我们可以先假设三星所选的产量为Q_1。根据条件（C2），假定镁光的选择为Q_2，根据均衡原理，三星确定的产量Q_1能使其利润达到最大化。假设三星认为镁光的产量为Q_{2g}，下标g表示这仅仅是一个预测值，而不是实际的产量。那么三星预计如果它生产Q_1单位产品，它的利润（以π_1表示）将为：

$$\pi_1 = 收益 - 总成本 = P_1 Q_1 - TC_1 = (100 - Q_1 - Q_{2g})Q_1 - 10Q_1$$

三星需要知道Q_1的值，以使它实现利润最大化。我们可以使用微积分来计算这个能使利润最大化的产量Q_1，其满足[22]：

$$利润最大化时的产量 Q_1 = 45 - 0.5Q_{2g}$$

因而，利润最大化时的产量Q_1就是建立在三星对镁光产量预测的基础上的最佳反应值。根据这个等式，三星的最佳反应是关于Q_{2g}的递减函数。这就意味着如果三星预期镁光将增加产量，那么它就会减少自己的产量。这样做是完全有道理的。如果镁光增加了产量，那么根据条件（C1），市场价格必定会下降。由于会面对更低的销售价格，所以三星更倾向于作出减产的决策。图8—2中的R_1是一个函数，它表示三星在产量Q_2的预测值基础上选择了产量Q_1。经济学家将这条线叫做三星的反应函数。

同理，我们可以运用条件（C3）来计算预计当三星的产量为Q_1时，镁光的最佳反应值：

$$利润最大化时的产量 Q_2 = 45 - 0.5 \times Q_{1g}$$

作为对三星选择Q_1产量的反应，镁光选择了产量Q_2，在图8—2中用反应函数R_2表示。

在我们解出均衡选择中的Q_1与Q_2的值之前，还需要再进行一个步骤。讲到古诺均衡时我们曾说，每个企业对竞争对手产量的预测必须是正确的。如果一个企业预测得不正确，那么它就可能会改变它的产量，因而就违背了条件（C2）或条件（C3）。例如，假设三星预期镁光选择$Q_2 = 50$，从而三星选择了$Q_1 = 20$。如果事实上，比如说镁光选择了$Q_2 = 30$，那么三星的产量$Q_1 = 20$就不是最优的，三星就会希望调整它的产量。

只有一对产量同时是对彼此的最佳回应。我们将这对产量标记为Q_1^*和

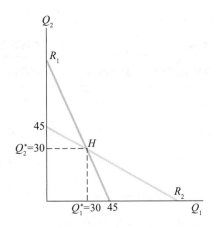

图8—2　古诺均衡

曲线 R_1 是企业 1 的反应函数。它表示对于企业 2 的任一产出水平 Q_2，企业 1 实现利润最大化的产量。曲线 R_2 是企业 2 的反应函数。它表示对于企业 1 的任一产出水平 Q_1，企业 2 实现利润最大化的产量。古诺均衡产出用 Q_1^* 与 Q_2^* 表示，位于两条反应函数的交点。在图中，每家企业的均衡产出为 30。在古诺均衡状态时，每家企业在假定其他企业的产量的基础上选择使自己利润最大化的产量。

Q_2^*，在同时符合两个企业的反应函数时才能得出这两个值。最后的计算结果是 $Q_1^* = Q_2^* = 30$。从图形上看，这对应于图 8—2 中两个反应函数的交点。我们也可以计算出均衡市场价格 P^* 和每个企业的获利额。回忆一下 $P = 100 - Q_1 - Q_2$，在这种情况下，$P^* = 40$ 美元。每个企业利润等式中的替代价格与数量表明，当市场达到均衡时，每个企业可以获得 900 美元的利润。

古诺均衡假设双方同时根据对另一方产量的预测值来确定自己的最佳选择，然而这种假设往往与企业的真实产量目标有差距。它看上去赋予了每个企业不切实际的无所不知的能力。每个企业都能准确预测其竞争对手将选择它的古诺均衡产量，作为回应，每个企业也确实选择它的古诺均衡产量。[23] 作为分析的一个焦点，这个假设是完全恰当的。它意味着在均衡中，每个企业对自己的决策都很满意。这看起来要比假设企业对自己决策总感到不满意要好得多。此外，不论是三星还是镁光，它们都不用准确地估算古诺均衡中的具体产量值。假设两个企业都脱离均衡，即意味着至少有一个企业选择的产量高于 30。例如，假设 $Q_1 = Q_2 = 40$。那么，这两个企业没有一个会满意此产量选择，并且每一个企业的产量都会多于竞争对手预测的产量。因此，我们就可以预见，每个企业都会根据另一个企业的选择进行调整。

表8—5 描绘了该调整过程的一个范例。假设三星首先作出调整，它分析了其利润最大化等式，并且决定如果 $Q_2 = 40$，它将选择 $Q_1 = 25$。假定现在三星将产量减少至 25 单位。那么镁光也将分析其利润最大化等式，并且决定如果三星选择 $Q_1 = 25$，那么它就将选择 $Q_2 = 32.5$。现在又轮到三星调整产量了。如果 $Q_2 = 32.5$，那么三星则会选择 $Q_1 = 28.75$。表 8—5 显示出了 Q_1 与 Q_2 持续向均衡值 $Q_1 = Q_2 = 30$ 靠拢的过程。

表 8—5		古诺调整过程		
调整前的 Q_1	调整前的 Q_2	调整的企业	调整后的 Q_1	调整后的 Q_2
40	40	企业 1	25	40
25	40	企业 2	25	32.5
25	32.5	企业 1	28.75	32.5
28.75	32.5	企业 2	28.75	30.63
28.75	30.63	企业 1	29.69	30.63

　　古诺模型意味着，均衡行业产量并不能实现行业利润最大化。当总产量为 45 单位、市场价格为 55 美元时，行业利润实现最大化（这是先前计算出的垄断数量与价格）。通过各自实现自己利润的最大化，企业生产的产量大于如果它们共谋实现行业利润最大化时的产量。这就是寡头垄断行业的特征：对个体的自我利益的追求并不能使整个行业的利润最大化。在古诺模型中，当竞争是出于以下几种原因时，就会出现这种情况。当一个企业，比如三星，增加了产量，它降低了市场价格，并因此减少了其他与之相竞争的芯片生产商的销售收入。因为三星实现了自己的而不是整个行业的利润最大化，所以它并不在乎这种收入破坏效应（revenue destruction effect）。因而，与它的目标是实现行业利润最大化时相比，三星会更积极地提高产量。如果任意一个 DRAM 制造商都这样做，那么市场价格必将低于垄断价格。

　　市场份额越小的企业，提高产量带来的个体利益与收入破坏效应之间的差距就越大。这可以帮助解释为什么越小的企业越愿意打破现状来获得市场份额。因为它们可以获得多售出的每单位产品的全部收益，同时却仅承担收入破坏效应的很小比例；相反，收入破坏效应主要由它们较大的竞争对手来负担。收入破坏效应也解释了为什么随着市场中企业数量的增加，古诺均衡价格会下降。因为每个企业平均起来仅占据市场份额的较小部分，因此它们很少担心收入破坏效应。表 8—6 通过列举与先前例子具有相同需求曲线与成本函数的古诺行业的均衡价格、利润和产量来说明这一点。随着企业数量的增加，每个企业的均衡价格和利润就会下降。更一般地说，古诺均衡中的每个企业的平均 PCM 可以由公式 $PCM = H/\eta$ 得出，这里的 H 表示的是赫芬达尔指数，η 表示的是市场需求的价格弹性。因此，行业越不集中（即行业的 H 越低），均衡中的 PCM 值就越小。

表8—6		厂商数量增加时的古诺均衡		单位：美元
企业数量	市场价格	市场产出	每个企业的利润	总利润
2	40	60	900	1 800
3	32.5	67.5	506.25	1 518.75
5	25	75	225	1 125
10	18.2	81.8	66.94	669.40
100	10.9	89.1	0.79	79

反托拉斯的执行官常常使用赫芬达尔指数来评定市场力量。例如，美国司法部和联邦贸易委员会可能会阻止市场中赫芬达尔指数超过0.18的兼并活动。古诺模型为这个方法提供了直接证明：在市场中，企业按照古诺描述的那样行动，赫芬达尔指数为市场集中度和价格之间的关系提供了重要信息。因为除了市场集中度以外，许多因素都可能最终影响均衡产量和价格，所以计算赫芬达尔指数通常仅仅是分析企业兼并的第一步。在后面两章中我们将讨论其他因素。

古诺模型还有另外一种实际应用。它可以非常直接地改变模型的一个或者多个参数——需求曲线与企业成本，并且重新计算出均衡值。因而，利用该模型就可以预测需求与成本的变化将如何影响在市场中进行战略性经营的企业的盈利能力。这让古诺模型成为制订计划时的有力工具。

案例8—5

玉米碾磨行业中的古诺均衡

迈克尔·波特和迈克尔·斯彭斯（Michael Spence）对玉米碾磨行业的研究是古诺模型在现实世界的一个例证。[24] 玉米碾磨行业中的公司把玉米转化为玉米淀粉和玉米糖浆。直到20世纪60年代，玉米糖浆行业一直是一个稳定的寡头垄断行业，当时只有几家企业进入该行业，其中包括阿彻丹尼尔斯米德兰（Archer-Daniels-Midland）和卡吉尔公司（Cargill）。新的竞争者和新的生产能力破坏了旧的均衡，并使玉米糖浆的价格下降。但是在20世纪70年代早期，由于生产能力的增强和价格的上涨，该行业又恢复了稳定的竞争。

1972年，一项重大的技术发展严重打击了该行业：高浓度果糖玉米糖浆（HFCS）的生产在商业上变得可行。HFCS可被用来代替糖，增加诸如软饮料等产品的甜度。当预计糖价会上涨时，HFCS市场开始兴旺起来。玉米碾磨行业中的公司必须决定是否以及如何增加生产能力，以适应这种预期的需求。

波特和斯彭斯考察了增加生产能力的过程。他们对行业中的 11 个主要的竞争对手进行了深入的研究，并在此基础上详细地模拟了这些竞争对手的竞争行为。波特和斯彭斯假设，每个厂家的增产决策都是基于对行业总生产能力的增长的推测以及对需求量和糖的价格的预期。他们的模型也将生产能力的选择以及决定玉米淀粉、玉米糖浆和 HFCS 的行业价格的需求条件考虑在内。一个企业产出能力的决策是根据其他企业的产出而作出的，而这一点恰恰与古诺模型中的每一个企业的产出决策是根据对其他企业的产出预测来作出的这一概念类似。生产能力决策将决定市场价格的理念同样也与古诺模型类似。

波特和斯彭斯试图通过对行业的模拟来发现这样一个"均衡"，即如果每一个企业都基于对行业产能扩张的主要模式的推测来作出自己的最优扩张决策，则这将最终使该行业的真实产能扩张方式与所预测的相一致。这与古诺均衡条件非常类似。在古诺模型中，每一个厂家对其竞争对手的行为的预测都由对手的实际行为进行了验证。波特和斯彭斯通过模拟行业的决策行为得出：由于 HFCS 的商业化，行业的均衡将导致行业产能的中等程度的增加。下表描述了波特和斯彭斯模型的具体预测值与行业实际扩张模式的比较：

单位：亿磅

	1973 年后	1974 年	1975 年	1976 年	1976 年	总额
行业的实际生产能力	6	10	14	22	40	92
预测的均衡生产能力	6	15	35	35	0	91

虽然并不是很完美，但是波特和斯彭斯计算出的均衡结果与行业实际的扩张模式很接近，特别是 1973 年和 1974 年的计算结果。而 1975 年和 1976 年的差异主要是由于时机选择的影响。波特和斯彭斯的均衡模型并没有考虑 1976 年以后的产能增加情况。事实上，在 1976 年，该行业中在建的 HFCS 产能已经超过了 40 亿磅。但直到 1976 年以后，该产能才得到实际运用。包括上述在建产能，HFCS 产能的总增量为 92 亿磅；相比之下，预测产能为 91 亿磅。波特和斯彭斯的研究表明，玉米糖浆行业的具体情况很符合古诺模型，因而对实际产能扩张决策提供了非常近似的预测。

伯川德价格竞争模型

在古诺模型中，每个企业先确定产量，且最后的总产量决定了市场价格。与这种假设不同，人们可能会想象另一种市场：每个企业可以先确定一个价格，然后进行生产决策以满足这个价格水平下对该产品的所有需求。约瑟夫·伯川德（Joseph Bertrand）在 1883 年首先提出了这个竞争模型。[25] 在伯川德模型中，每个企业都选择一个能使其利润最大化的价格，而且假定这个价格是它认为其他企业将选择的价格。另外，每个企业都认为它的定价行为不会影响到它的竞争对手的定价策略，而且每个企业将其竞争对手的价格看成是固定不变的。

我们可以利用古诺模型中的成本与需求条件来探讨伯川德市场均衡，仍使用假定的互为竞争对手的 DRAM 生产商三星与镁光的例子。回顾前面的内容，我们知道当 $MC_1=MC_2=10$ 美元时，需求由 $P=100-Q_1-Q_2$ 来决定，那么古诺均衡就是 $Q_1=Q_2=30$ 并且 $P_1=P_2=40$ 美元。但是，这并不是伯川德模型中的均衡。例如，考虑三星的定价决策。如果三星认为镁光的定价为 40 美元，那么如果它的定价略微低于镁光的价格，比如将价格定为 39 美元，那么它就可以争取到镁光的所有生意。因此，三星相信，如果 $P_1=39$ 且 $P_2=40$，那么 $Q_1=61$，而且 $Q_2=0$。在这种情况下，三星预期自己能赚取 1 769 美元的利润，远远高于它将价格定为 40 美元时所赚取的 900 美元的利润。

当然，$P_1=39$ 且 $P_2=40$ 也不能形成均衡，因为此时，镁光也希望自己产品的定价略低于三星的价格。只要两个企业的定价超过边际成本，其中一个企业总会有将价格降到低于竞争对手的价格的冲动。这就意味着只有当 $P_1=P_2=$ 边际成本 $=10$ 美元时，才能够达到均衡。在这个价格水平下，没有一个企业能够通过改变价格来增加收益。如果其中一个企业降低价格，它所销售出的每单位产品都将使它遭受损失。如果其中一个企业提高价格，那么它将无法销售出任何产品。

在伯川德模型中，两个企业的竞争会导致完全竞争的结果。因为企业的产品具有完全可替代性，所以价格竞争会特别激烈。当企业的产品存在差异时（如在垄断竞争中），价格竞争就不会这样激烈。在本章的后面，我们将讨论企业产品存在差异时的伯川德价格竞争。当企业必须对厂房与设备进行前期投资才能进入市场时，就不适宜运用伯川德价格竞争原理。因为如果企业靠降低价格来获得市场份额，那么它们可能无法弥补长期成本。如果某家企业将退出市场，那么其他企业可以尝试提高价格。但是这可能只会吸引一个新的市场进入者，并夺走现有企业的一些生意。并且，如果一个或者两个企业受到生产能力的制约（这时攫取市场份额的能力就受到了限制），或者学会停止在价格上的竞争，那么激烈的价格竞争就可能结束。有关这方面内容，我们将在第 10 章中进行深入介绍。

为什么古诺均衡与伯川德均衡不同

古诺模型与伯川德模型对寡头垄断竞争市场中产量、价格和利润的预期存在显著的差别。那么我们又将如何理解这些显著差异呢？

理解这两个模型差异的一个方法就是，要认识到古诺竞争与伯川德竞争发生的时间阶段不同。在古诺竞争中，企业首先选择产能，然后在产能已定的基础上进行价格竞争。"两个阶段"（首先选择产能竞争，然后选择价格竞争）竞争的结果与古诺数量均衡一样。[26] 如果竞争者不再受产能约束，那么将会出现更加激烈的竞争，原因在于：需求量下降或者竞争者的错误决策导致产能过剩。

理解古诺模型与伯川德模型之间差异的另一种方法是，要认识到二者对于企业预计竞争对手针对它的竞争举动的反应方式作出了不同的假设。当在市场中，企业必须事先制定生产决策，并且尽一切可能保证将所生产的所有产品售出，因而也不可能对竞争者产出的变动作出反应时，这种情况最适合用古诺模型进行分析。这是因为大部分生产成本是沉没成本，或者是因为存活成本高昂。在这种环境下，企业都会竭尽所能销售产出品，即使这样意味着允许价格下跌的可能。每个企业也都相信，竞争对手的销售量与其先前的计划产量保持一致。因此，企业无法通过降低价格来争夺其对手的客户。因为"争夺业务"不是一个期权（option），如果一家企业扩大产量，那么古诺竞争者将承担巨额的收入破坏效应。因此，古诺竞争者比伯川德竞争者在定价方面更加审慎。这样，古诺均衡的结果虽然与垄断市场上的不同，但是它会产生正利润，并且价格也会超出边际成本与平均成本。

伯川德模型适用于这种市场，即企业对产量的调整有足够的灵活性，并且企业很容易使各项需求达到满足既定价格所需的条件。当企业的产品为完全可替代品时，每一个伯川德竞争者都相信它能够通过略微的降价大量抢夺其竞争者的生意。事实上，企业预测它们所有的销售增长都将来自抢夺的竞争对手的生意。这时收入破坏效应为零，使得价格降低造成的增长成为非常有吸引力的选择。当然，所有的竞争者都这么认为，所以市场中的每一个企业都试图通过降价从其竞争对手手中抢夺市场份额。最终达到均衡时，价格成本边际（price-cost margin）和利润都为零。

这些特征有助于我们解释航空业利润的景气循环波动。在业务低迷期，航空公司的许多航线均存在运输能力过剩的现象。因为许多消费者认为各家航空公司销售的产品不存在差异，搜寻成本很低，因而航空公司就可以通过将价格降低到竞争对手的水平之下来抢夺它们的顾客，以降低自己的空座率。这导致的竞争格局与伯川德模型类似，并可能导致整个行业的利润大幅损失。在业务兴旺期，航空公司的顾客量接近其最大载客能力，它们不大可能进行降价。因为它们的空座不多，所以即便它们希望争夺顾客，但是也没有能力容纳过多的顾客。每个航线上的竞争都是基于载客量，而不是价格。这类似于古诺模型，使得航空公司能从中获得大量的利润。

当评估一个寡头垄断市场中的企业可能的经营行为与业绩时，我们还需要考虑其他许多问题。竞争基于一系列不同的产品参数，包括质量、产品可获得性和广告。企业可能无法知道它们的竞争对手的战略选择。决策制定的时机会对利润产生重大的影响。我们将在第9章与第10章中讨论所有这些问题。

产品存在水平差异时的伯川德价格竞争

在许多寡头垄断市场中，厂家生产的产品很接近，但并不完全可替代。伯川德价格竞争模型没有完全抓住这种环境下价格竞争的本质。幸运的是，我们可以将伯川德模型的逻辑用于分析存在水平差异的产品。

当产品存在水平差异时，一个企业不会因竞争对手的降价而失去所有的业务。正如垄断竞争理论所讲，这意味着如果一个企业略微提高价格，它也不会因此而失去所有的顾客。同样，如果它略微降低价格，也不能抢走竞争对手所有的业务。为了说明这一点，我们以美国可乐市场为例。法里德·加锡尼、J. J. 拉方特和全武荣（Farid Gasini，J. J. Lafont，and Quang Vuong，以下简称 GVL）曾使用大量的统计方法来预测可口可乐（以 1 表示）和百事可乐（以 2 表示）的需求曲线[27]：

$$Q_1 = 63.42 - 3.98P_1 + 2.25P_2$$
$$Q_2 = 49.52 - 5.48P_2 + 1.40P_1$$

通过这些需求函数，我们可以知道当可口可乐的定价高于百事可乐时，可口可乐的需求量将逐步下降。

根据 GVL 的推算，可口可乐的不变边际成本等于 4.96 美元，而百事可乐的不变边际成本为 3.96 美元。那么两家公司该如何定价呢？正如之前的模型所示，假定其他企业已经制定了价格，任一家企业都没有改变价格的动机，这时就出现了均衡。这种寻找均衡的逻辑与古诺模型的逻辑是相似的。然而，由于企业选择的是价格而不是产量，所以这个模型被称为差异伯川德模型（differentiated Bertrand model）。我们首先计算每个企业的利润最大化价格，这个价格是该企业预测的其竞争对手价格的函数。可口可乐的最大化利润可以表示为价格成本边际乘以销售量，这可以用其需求函数得出：

$$\pi_1 = (P_1 - 4.96)(63.49 - 3.98P_1 + 2.25P_{2g})$$

（我们在这里使用下标 g 来强调这是可口可乐对百事可乐价格的猜测值。）用微积分求解这个最大化问题，就可以得到如下反应函数[28]：

$$P_1 = 10.44 + 0.282\ 6P_{2g}$$

同样，也可以得出百事可乐的最优价格，它使

$$\pi_2 = (P_2 - 3.94)(49.52 - 5.48P_2 + 1.40P_{1g})$$

取得最大值。故百事可乐的反应函数为

$$P_2 = 6.49 + 0.127\ 7P_{1g}$$

注意，在图 8—3 中这些反应函数都是向上倾斜的。因此，企业预计其竞争对手定价越低，那么它自己的定价也就越低。从这个意义上说，一个企业的"侵略性"行为（降价）也将遭遇竞争对手的"侵略性"行为（降价）。注意，这与古诺模型相比是不同的，因为在古诺模型中，一个企业的"侵略性"行为（增加产量）将导致竞争对手的消极抵抗（减少产量）。

同时解这两个反应函数，我们就可以计算出伯川德均衡价格：

$$P_1 = 12.72$$
$$P_2 = 8.11$$

有趣的是，在 GVL 分析期间（1968—1986 年）的实际平均价格分别是：可口可乐为 12.96 美元，百事可乐为 8.16 美元。差异伯川德模型对美国市场中这两个企业的定价行为的分析结果与它们的真实定价相差无几。我们可以注意到，可口可乐与百事可乐的均衡价格都远超过了它们的边际生产成本。这就证明，产品差异缓解了价格竞争。这是因为与产品是完全替代品相

比，当产品存在差异时，通过降价从竞争对手处争夺业务的有效性要低得多。

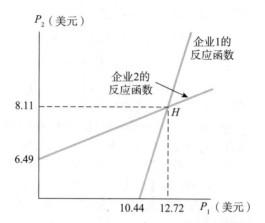

图 8—3　产品存在水平差异时的伯川德均衡

企业 1 的反应函数表示的是，它在企业 2 的任何价格下实现利润最大化时的价格。企业 2 的反应函数表示的是，它在企业 1 的任何价格下实现利润最大化时的价格。伯川德均衡价格出现在两个反应函数的交点。在该例子中，其为 $P_1=12.72$，$P_2=8.11$。在该点，每个企业都在给定了其他企业价格的基础上选择自己的利润最大化价格。

市场结构从何而来？

本章整章都在探讨不同市场结构中公司的运营方式，而市场由于各种因素产生了不同的市场结构，理解这些因素有利于管理人预测市场的发展演变方向。本节探讨不同市场结构背后的因素。

我们可以用简单的微观经济学理论解释不同市场结构的形成因素。本书第 1 章和第 2 章曾经讲述过，平均成本呈 U 形曲线。换言之，生产过程中存在某一个成本最小化的产出量。此产出量被称为最小有效规模，在第 1 章中被表示为 q^{**}。如果置办生产设备的前期沉没成本相对于可变成本越大，那么最小有效规模也就越大。假设最小有效规模时的平均成本是 $AC(q^{**})$，价格为 AC 时的行业需求数量是 Q^{**}。

根据微观经济学理论，如果企业之间完全竞争，那么市场中将存在 N^*（$N^*=Q^{**}/q^{**}$）家公司。如果沉没成本相对较大，那么 q^{**} 也将较大，因此市场中企业数量相对较少。这与表 8—1 中的数据相契合。

为了更详细地阐述这个理论，我们以水泥行业进行说明。假设水泥工厂的最小有效规模为每年 10 000 吨，最小有效规模生产的平均成本为 100 美元，还假设当市场价格为 100 美元时，每年的消费需求为 100 000 吨。那么，我们可以知道这个水泥市场中将会有 10(=100 000/10 000) 家工厂，每一家以最小有效规模生产，平分市场份额。

公式 $N^* = Q^{**}/q^{**}$ 在计算市场企业数量时是非常理想的状态，但是在现实中并不准确。如果去除其中的任何假设，这个公式就不会成立。比如，平均成本呈 L 形曲线，那么即使各个企业不以相同的规模生产，也能达到有效生产的状态，并且企业的数量也比 N^* 要小（这时，q^{**} 相当于企业最小有效规模时的最小产出水平）。

企业间竞争的性质也会影响市场结构（有点儿像鸡生蛋、蛋生鸡的问题）。如果市场是寡头垄断，市场价格将上升，市场需求将下降。市场中的企业数量取决于进入环境。如果寡头市场中的企业盈利为正，那么就会有新的企业想进入这一市场，瓜分市场中的利润。但是，寡头企业经常受进入障碍保护，因此市场中企业的数量或许远小于 N^{**}。本书第 11 章将详述市场进入的相关内容。

如同在垄断竞争模型中一样，如果企业的产品出现差异化的情况，那么价格将会远高于市场平均成本。相较于寡头垄断市场，垄断竞争市场表现得更加分散，新企业进入相对较容易。（相对于提供新手机服务，开设一家零售商店更加容易。）高价格吸引新进入企业，企业的数量很可能高于 N^*。

萨顿关于固有沉没成本的论述

关于市场结构的微观经济学理论通常假设在均衡状态，所有企业以相同的规模生产、以相同的价格销售商品。通过对市场结构的学术研究，经济学家约翰·萨顿（John Sutton）发现，大多数消费品市场的市场结构模式相似，并不符合传统的均衡经济学理论。[29]大多数消费品市场并不是拥有 N^* 个规模相同的企业（N^* 取决于有效生产时市场规模和成本的大小），大多数消费品市场只拥有两三家拥有全国或者世界知名度的企业，这几家企业服务于全国或者全球市场，其他较小的边缘企业只能挤占细分市场领域。萨顿举了软饮料、罐头食品或者早餐谷物等消费品市场的例子，但是，我们还可以发现其他许多市场中存在着类似的情况：生产成本低，但是品牌声誉非常重要。

萨顿的主要见解是：大公司的数量和整个行业的企业数量并不一定取决于生产成本。比如，广告成本或许是最重要的成本。据此，萨顿尝试着阐述了市场结构的演变过程：产品生命周期早期，许多小公司在一个相对公平的市场中竞争。由于产品质量优越、客户服务突出或者只是运气好，其中一些企业获得了更大的发展机会。这些企业开始投入资金，加强公司的品牌知名度。小公司这时有两种选择：投入相同的资金打造更好的品牌知名度，或者使自身产品差异化，攻占大企业还没有占有的细分市场。

在这些市场中，限制市场中企业数量的沉没成本是广告的沉没成本，而不是生产产品的固定成本。萨顿把扩大品牌知名度的广告成本称之为"固定沉没成本"。这个成本之所以是固定的，是因为通过投入资金、打造品牌的市场领先企业直接影响了竞争对手在打造相同知名度时投入的资本数量。

"狗咬狗"的世界：网上宠物商店之间的惨烈竞争

在 1999 年网络发展的顶峰期，市场中大约存在着 100 家网络宠物商店。其中最大的一家是 pets.com，其销售的袜子木偶家喻户晓。pets.com 这家宠物商品网店曾经拥有大约 2.2 亿美元的市值，首次公开发行股份募集到 8 800 万美元。2000 年 11 月，这家企业与其他相似的网店都关门倒闭了。

整个宠物商店的规模可不像狗屋那么小，其销售额达到 300 多亿美元，并且以每年 9% 的速度增长。20 世纪 90 年代末，这个市场的公司还没有那么多，互联网投资者盈利也非常容易。第一批进入企业都拿到了著名风险投资家的融资，但是这些投资者投错了方向，因为这些网络宠物商店所出售的产品基本相同，甚至网站的名字都几乎一模一样：pets.com、petstore.com、petopia.com 等。这个市场很快充斥着近 100 家网店，但是只能容纳两三家网店。

每一家企业都花费数百万美元进行广告，说明自家企业与其他相似的企业如何不同。仅仅 pets.com 一家网络商店就投入 8 000 万美元做广告，但是这些企业并没有那么多的资金。至 2000 年，这些企业中没有一家盈利。更糟糕的是，每家企业都以低于成本的价格出售产品，以抢占市场份额。比如，许多商店都推出了免运费的优惠。曾经一度，pets.com 以 4.95 美元的价格出售 40 磅的狗粮，并且这其中还包括运费。这样的战略不能持久，因为仅运费成本就大于 5 美元。最终，只有少数企业生存了下来。pets.com 和 petopia.com 等网络商店在市场上销声匿迹。

网上宠物商店零售行业的演变验证了萨顿关于市场结构演变的叙述。在 20 年前，宠物商店零售业还只是小规模的街头小商店，网上零售业的繁荣打破了现有的市场结构，即传统的零售商店、街边商店。伴随着网上零售商店的繁荣，网上宠物商店也风起云涌，许多传统的街边商店因此销声匿迹。如同萨顿叙述的那样，网上宠物零售商店很快经历了一波大动荡，只有两个大企业存活了下来。现在，美国和加拿大有 1 000 多家 PetSmart 商店，美国也有 850 多家 PetCo's 商店。如果在网上找 pets.com 的网址，网址将重新导向 PetSmart。网上也有很多宠物商店，但是已经是专业的网址了，如：pet-fooddirect.com、marinedepot。

市场结构与企业业绩的证据

以上几节所讨论的理论表明，市场结构与市场中普遍的价格水平及企业获利状况相关。这在古诺竞争下很明显是正确的，因为这里的价格与赫芬达尔指数直接相关。在伯川德竞争下也是如此，因为每一家新进入的企业都将尽可能减少产品的差异。许多经济学家都曾验证过市场结构与企业业绩之间的预示关联（predicted link）是否真的存在。

价格与集中度

通过比较不同行业价格成本边际与集中度水平的差异，可以研究价格与集中度之间的关系。但是，不同市场中的价格成本边际可能不同，这受除集中度以外的许多原因的影响，如会计实践、管理、产品差异性、销售交易的性质和买方集中度。

由于这些原因，大部分对集中度和价格的研究集中于某一特定行业。[30]在这些研究中，研究人员比较相同的产品在竞争者数量不同的、地域上独立的市场中的价格。通过对不同区域市场上的相同产品的比较，研究人员对以下结论更有信心，即价格差异是由于竞争的差异，而不是由于会计实践或者其他因素。

伦纳德·韦斯（Leonard Weiss）总结了 20 多个行业的价格和集中度之间关系的研究结果，这些行业包括水泥、铁路运输、超市和天然气零售业。[31]他发现，除了少数特例外，在越集中的市场，价格倾向于越高。例如，一项研究发现，当地市场上的汽油价格——在这个市场中，三家最大的汽油零售商的市场份额占了 60%——平均要比三家最大的零售商占市场份额50%时的价格高 5%。

蒂莫西·布雷斯纳汉（Timothy Bresnahan）和彼得·赖斯（Peter Reiss）运用了一种新方法来研究价格与集中度之间的关系。他们提出了这样一个问题："市场中必须有多少个企业才能使价格达到竞争价格的水平呢？"[32]他们考察了具有特殊地域性的服务，如医生、轮胎商和管道工。对每项服务，他们计算了"进入门槛"，也就是能够支持给定数量销售商的最小人口数。用 E_n 来表示 N 个销售者的"进入门槛"。对于所有的这些服务，他们发现，E_2 可能是 E_1 的四倍。只有当市场中存在 2 个销售者时的价格低于只有 1 个销售者时的价格时，才可能发生上述情况。当发生这种情况时，需求必须至少是原来的两倍，以弥补加剧的价格竞争。他们也发现 $E_3 - E_2 > E_2 - E_1$，这表明随着销售者的数量从 2 个增加到 3 个，价格竞争进一步加剧。最后，他们发现 $E_4 - E_3 = E_3 - E_2$，这表明一旦市场中存在 3 个销售者时，价格竞争就达到了它所能达到的最高水平。

本章小结

● 分析竞争的第一步就是识别竞争者。识别产出品市场中销售替代产品的竞争对手，以及投入品市场中购买替代品的竞争对手。

● 总的说来，如果两个销售者的产品接近于替代品，也就是说，它们的产品具有相似的产品性能特征，那么二者就是产品市场中的竞争者。价格弹性可用于识别产品是否为接近的替代品。

● 一旦对一个市场进行了充分定义，它的结构就可以用 N 企业集中度或者赫芬达尔指数来衡量。

● 市场结构通常和市场中企业的行为相关联。竞争性相互作用的范围从竞争、垄断竞争到寡头垄断和完全垄断。

● 在竞争性市场中，消费者对价格极为敏感，迫使销售者使价格接近于边际成本。有着同质性产品和许多销售者的市场更可能以竞争性定价为特征。超额的生产能力加剧了定价压力，常常迫使价格低于平均成本。

● 垄断者由于占据了大量的市场份额，所以忽视边缘企业的定价与生产决策。它们可以将价格定在边际成本之上而不会损失太多的业务。

● 垄断竞争市场中有许多销售者，每一家企业均有一些忠实的顾客。价格的设定也是根据顾客从一个销售者转向另一销售者的意愿决定的——如果消费者对品牌不忠诚，并且搜寻成本低，销售者就可能通过降低价格从竞争对手那里抢夺生意。并且新进入者会进一步侵蚀利润。

● 寡头垄断市场中的企业非常少，因此每一个企业的生产和定价决策明显地影响市场价格。市场价格可以远高于边际成本或者接近于边际成本，这取决于寡头垄断者之间的相互作用和它们之间产品的差异程度。

● 许多市场，包括消费品市场，只有一些规模较大的企业以及其他一些市场细分领域的中小企业，大企业利用规模经济开展业务。

● 研究证实了价格和行业结构之间有很强的关系。市场竞争越激烈，价格成本边际越低。

思考题

1. 为什么需求的交叉价格弹性与所有权概念对于识别竞争对手和市场定义来说非常重要？

2. 在最近的一个反托拉斯案例中，有必要确定一些"名牌"学校（主要指常青藤联盟学校与麻省理工学院）是否构成了一个独立市场。你如何识别这些学校所服务的市场？

3. 你认为餐饮行业竞争的本质具有哪些特征？一些子市场是否有不同的竞争压力？是否有限制定价的重要替代品？假定存在这些竞争问题，餐馆要采取什么方式才能获利？

4. 在一个行业的利润机会形成时，行业水平的需求价格弹性对其有什么影响？企业水平的需求价格弹性对其又会有什么影响？

5. 什么是"收入破坏效应"？随着古诺市场中竞争者数量的增加，价格通常会下降。这和"收入破坏效应"之间有什么关系？小企业通常会比大企业有更强的降价动机。这一点与"收入破坏效应"之间又有什么关系呢？

6. 如果在莱恩斯维尔镇的例子中，顾客每次借 2 张光碟，那么应该如何计算需求反应函数呢？你能从该例子中推断出各类市场的价格竞争程度吗？

7. 大量研究表明，集中度与价格之间通常存在系统性关联。那么该关联的具体内容是什么？试举两个例子对该联系进行简要解释。

8. 思考题 7 中所述的集中度与价格间的联系看起来并不总是存在。除了市场中的企业数量外，还有什么因素可能影响这种关系呢？

9. 以下表示的是 20 世纪 80 年代不同的软饮料生产商所占的大致的市场份额：可口可乐——40%，百事——30%，七喜——10%，胡椒博士——10%，所有其他品牌——10%。

（a）试计算软饮料市场的赫芬达尔指数。假设百事兼并了七喜，试计算兼并后的赫芬达尔指数。你可以从该数据中得出什么结论？

（b）联邦反托拉斯机构注意到，你在（a）中所计算出的赫芬达尔指数值增大了，并且可能据此对百事进行调查。对此，百事通过提供一个不同的市场定义作为回应。它可能提出一个什么样的市场定义呢？为什么这将改变赫芬达尔指数呢？

10. 跳舞机是一个双寡头垄断市场。两家跳舞机生产商——库克 B 公司（Chuckie B）和吉恩吉恩公司（Gene Gene）——进行竞争并达到古诺均衡。该行业的需求曲线为 $P=100-Q$，这里的 Q 表示的是库克 B 公司和吉恩吉恩公司所生产的跳舞机的总量。目前，每家企业的边际成本均为 40 美元，并且没有固定成本。试证明如果每一个企业生产 20 台机器并且获利 400 美元，则均衡价格为 60 美元。

11. 假设一个行业中存在两个有水平差异的企业 X 与 Y。每一个企业的恒定边际成本为 20 美元，需求函数为：

$$Q_x=100-2P_x+1P_y$$
$$Q_y=100-2P_y+1P_x$$

试计算该市场达到伯川德均衡时的价格。

12. 为什么萨顿区分固定沉没成本（比如广告费用）和其他沉没成本（比如资本投资）？

13. 为什么萨顿的模型可以解释消费品市场的市场结构？这个模型也适用于解释其他市场的市场结构吗？

【注释】

[1] 直接竞争者还包括目前虽不直接参与，但日后可能会直接参与竞争的竞争者。这种定义迫使经理人跨过目前的销售数据来识别潜在的竞争者。

[2] Capps C., D., Dranove, D. Greenstein, S. Satterthwaite, and M. Satterthwaite, "The Silent Majority Fallacy of the Elzinge Hogarty Criteria," *Antitrust Bulletin* 74: 677 - 714. Research, 2001.

〔3〕该指数是以奥里斯·赫芬达尔（Orris Herfindahl）的名字来命名的，因为他在哥伦比亚大学所写的关于钢铁行业的集中度的博士论文发展了该方法。该指数有时被称作赫芬达尔-赫希曼（Herfindahl-Hirschman）指数，通常简写为 HHI。

〔4〕见公司网站：http：//www. thecoca－colacompany. com/brands/product _ list _ s. html。

〔5〕据欧瑞国际，此材料引自"Coca _ Cola to Buy China's Huiyuan for ＄2.3 Billion（Update4）" by Stephanie Wong，Bloomberg. com，September 3，2008。网址：http：//www. Bloomberg. com/apps/news? pid＝206011087&refer＝home&sid＝atnR. K6weMFM。

〔6〕"Huiyuan Juice：China Says Coca Isn't It," by Frederic Balfour，*BusinessWeek*，March 18，2009. 网址：http：//www. businessweek. com/globalbiz/comtent/mar2009/gb _ 20090318 _ 570130. html.

〔7〕见第 1 章。

〔8〕*Fortune*，October 20，1980，p. 27.

〔9〕碳酸钾（一氧化钾）是制造诸如肥料和肥皂的一种原料。

〔10〕Markham，J.，*The Fertilizer Industry*，Nashville，TN，Vanderbilt University Press，1958，chaps 5 and 6.

〔11〕这一点将在第 10 章中进行详细的论述。

〔12〕我们假定该报价并不要求制造商迪尔公司调整它向其他顾客销售发动机的价格。

〔13〕"Gazprom, the State-Controlled Natural Gas Monopoly," by Den Amoss，*The Daily Reckoning*，Febuary 27，2008. 可从下面的网址获取：June 23，2009，at：http：//www. dailyreckoning. com. au/gazprom-monopoly/2008/02/27/。

〔14〕"What to do about Gazprom's monopoly power?" Center for European Policy Studies，February 19，2007，accessed June 23，2009 at http：//www. ceps. eu/Article. php? article _ id＝509.

〔15〕Ibid.

〔16〕Fisher，F.，*Industrial Organization*，*Antitrust*，*and the Law*，Cambridge，MA，MIT Press，1991.

〔17〕Demsetz，H.，"Two Systems of Belief about Monopoly," in Goldschmidt，H.，et al. （eds.），*Industrial Concentration*：*The New Learning*，Boston，Little，Brown，1974.

〔18〕Chamberlin，E. H.，*The Theory of Monopolistic Competition*，Cambridge，MA，Harvard University Press，1933.

〔19〕回忆一下最优的 $PCM=1/\eta$。因此在本例中，$PCM=(P-10)/P=0.5$，该方程的解为 $P=20$ 美元。

〔20〕Cournot，A.，"On the Competition of Producers," *Research into the Mathematical Principles of the Theory of Wealth*，chap. 7，New York，Macmillan，1897. 关于古诺模型和其他寡头垄断模型的详细描述，请参见 Shapiro，C.，"Theories of Oligopoly Behavior," in Willig，R.，and R. Schmalensee （eds.），*Handbook of Industrial Organization*，Amsterdam，North Holland，1989，chap. 6。

〔21〕此案例引自 Aldrich，L.，2008，"Cattle-Market Psychology Shaken by Plant Closure," *Wall Street Journal*，January 30，2008，p. B5A。

［22］利润 π_1 可以写为 $90Q_1 - Q_1^2 - Q_{2g}Q_1$。如果我们将 Q_{2g} 看做一个常量，并求 P_1 对 Q_1 的导数，我们将得到 $\partial P_1 / \partial Q_1 = 90 - 2Q_1 - Q_{2g}$。将该导数设为零，就可以解出关于 Q_1 的方程，进而得到利润最大化时的 Q_1 的值。

［23］古诺的假定实际上是纳什均衡模型的假定的一个特例。纳什均衡可用来识别不同情况下可能的战略选择。纳什均衡在第 1 章中曾讨论过。我们在第 9 章和第 10 章中的讨论主要是依赖于该均衡模型。

［24］Porter, M. and A. M. Spence, "The Capacity Expansion Decision in a Growing Oligopoly: The Case of Corn Wet Milling," in McCall, J. J. (ed.), *The Economics of Information Uncertainty*, Chicago, University of Chicago Press, 1982, pp. 259 - 316.

［25］Bertrand, J., "Book Review of Recherche sur Les Principes Mathematiques de la Theories des Richesses," *Journal des Savants*, 67, 1883, pp. 499 - 508.

［26］古诺均衡（有时）可视为"两阶段博弈"，其中企业首先确定产能，其次确定价格，该观点出自 Kreps, D. and J. Scheinkman, "Quantity Precommitment and Bertrand Competition Yield Cournot Outcomes," *Bell Journal of Economics*, 14, 1983, pp. 326 - 337。

［27］Gasini, F., J. J. Lafont, and Q. Vuong, "Econometric Analysis of Collusive Behavior in a Soft-Drink Market," *Journal of Economics and Management Strategy*, Summer 1992, pp. 277 - 311.

［28］关于 P_1，差异化总利润 π_1（设 P_{2g} 为常数），令该表达式等于零，解关于 P_1 的方程，可以得出企业 1 的反应函数。

［29］Sutton, J., *Sunk Costs and Market Structure*, Cambridge, MA: MIT Press, 1991.

［30］两个非常好的调查实例参见 Weiss, L. (ed.), *Concentration and Price*, Cambridge, MA, MIT Press, 1989; Schmalensee, R., "Interindustry Studies of Structure and Performance," in Schmalensee R. and R. Willing (eds.), *The Handbook of Industrial Organization*, pp. 951 - 1010。

［31］Weiss, L. 1989（引用于 24 页）。

［32］Bresnahan, T. and R. Reiss, "Entry and Competition in Concentrated Markets," *Journal of Political Economy*, 99, 1991, pp. 997 - 1009.

第 9 章   战略承诺

1982 年，荷兰企业巨头飞利浦公司的管理层面临着一个严峻选择：是应该立刻建立一个 CD 工厂，将 CD 光盘打入美国市场，还是应该推迟一两年，等到 CD 市场的商业前景更加明朗时再做抉择呢?[1]飞利浦生产的原型已成为 CD 行业中的标准，并且飞利浦公司正准备在未来的一年就将 CD 盘打入美国市场。如果飞利浦在 1982 年对美国市场进行大规模投资，它就可以阻止其他企业——包括其过去的搭档索尼，1979 年时二者曾联手促进飞利浦的 CD 标准的建立——在美国投资建立自己的 CD 制造厂，从而将避免导致 CD 市场上企业生产过剩和激烈价格竞争的结果。但在 1982 年，CD 的商业前景还不明朗。最小有效规模的 CD 工厂也至少需要投资 2 500 万美元。如果飞利浦豪赌 CD 会获得商业成功被事实证明是错误的，飞利浦将不得不应付这些昂贵的、实际上无法挪作他用的设备。

投资于新的生产能力还是开发新产品，这类决策就是有关战略承诺的例子。战略承诺就是指那些具有长远影响并且很难逆转的决策。[2]战略承诺与战术决策不同，后者容易逆转并且仅在短期内具有影响。例如，关于定价和某一季度内的产量目标的决策，这些例子属于容易改变或者撤销的决策。与战略承诺不同，战术决策可根据企业面临的不同形势而调整。战略承诺对行业内的竞争有重大影响。例如，一个企业增加生产能力的决策可能会阻止新企业进入市场，也可能会加剧市场中现有企业间的价格竞争。但是，如果企业在作出战略承诺时具有远见，那么它们就能够预测到其决策将对市场竞争产生的影响。这就意味着，竞争对手的具体情况会对企业作出的战略承诺及选择的承诺水平产生重大的影响。

飞利浦的两难困境说明了战略承诺所带来的种种压力：当这些战略承诺起作用时，它常常能够影响竞争对手对市场的预测，并使它们的行为朝着有利于承诺企业的方向发展。但是因为战略承诺难以更改，所以战略承诺本身就存在着固有的风险。先发制人和改变竞争对手的行为会给企业带来利益；但是采取一旦作出就很难撤销的竞争行动会损失灵活性。像飞利浦公司一样面临战略承诺的公司，必须在利益与损失之间进行权衡。本章将讨论这种均衡决策背后的经济学理论。

承诺的重要性

为了说明承诺的重要性，我们来看一个简单的例子。假设在一个寡头垄断行业中有两家相互竞争的企业。占优势地位的企业1正在考虑制定产量战略，并正在考虑两种选择：可以粗略地区分为进攻型战略与保守型战略。进攻型战略就是以占有更多的市场份额为目标，大规模、快速地增加产量；而保守型战略就是维持现有产量不变。企业2（较小的企业）也正在考虑制定产量扩张战略。它也可以有两种选择，即进攻型战略与保守型战略。表9—1给出了两家企业的每种选择组合所带来的利润净现值的情况。

表9—1 　　　　　　　　　　　简单战略选择的博弈结果　　　　　　　　　单位：万美元

		企业2	
		进攻型战略	保守型战略
企业1	进攻型战略	1 250，450	1 650，500
	保守型战略	1 500，650	1 800，600

第一个结果为企业1的，第二个结果为企业2的。

如果我们假设两家企业同时选择它们的战略，那么在这场博弈中就只有一种纳什均衡：企业1选择保守型战略，而企业2选择进攻型战略，这时，企业1的净现值为1 500万美元。[3]而这样的结果对企业1来说不是最佳结果。例如，如果企业2选择保守型战略，那么企业1的利润将增加，而企业1最希望的结果就是两个企业都选择保守型战略。然而，没有企业2的合作，企业1就可能不能达成这种结果。那么企业1能否使两家企业都达到这个均衡呢？

答案是，可以。不论企业 2 选择哪一种战略，企业 1 只要坚持选择进攻型战略，就可以改善均衡的结果。实现这一目的的一种方法就是，企业 1 率先作出先发制人的举动：在企业 2 决定选择战略前，加快制定决策并增加产量。这样的行动就将同时行动博弈转变成了序贯决策博弈，此时企业 2 是在已经知道了企业 1 的行动后才选择自己的产量战略的。企业 1 也可以宣布它打算"获得市场份额"，并且以市场份额而不是利润作为基础来激励其经理人。这样，对企业 1 来说，采取进攻型战略更符合经理人的利益，虽然该战略看上去不如保守型战略的利润高。

企业 1 试图作茧自缚，不顾一切地选择进攻型战略，这看起来有点奇怪。毕竟，不论企业 2 选择何种战略，对企业 1 来说，保守型战略所带来的利润要比进攻型战略的利润高。然而，我们看看企业 1 采取进攻型战略后会发生什么情况。当企业 2 认识到企业 1 的选择时，对它来说选择保守型战略而不是进攻型战略更为有利。最终的均衡（企业 1 选择进攻型战略，而企业 2 选择保守型战略）使得企业 1 获得更高利润（1 650 万美元），高于企业 1 选择保守型战略时所获得的利润（1 500 万美元）。

这个简单的例子说明了一个深刻道理，即看上去限制了选择范围的战略决策事实上能使得企业获利更高。放弃灵活性（inflexibility）能够产生价值，因为企业的承诺可以改变竞争者关于其将如何参与竞争的期望。反过来，这使竞争者作出有利于已经承诺的企业的决策。在此例中，企业 1 通过选择了一个表面不利的战略（进攻型战略），改变了企业 2 对它将采取何种措施的预期。如果企业 1 没有作出承诺，企业 2 会认为企业 1 将从自身利益的角度考虑而选择保守型战略，因此企业 2 将选择进攻型战略。企业 1 的承诺使得进攻型战略对企业 2 是不利的。因此，在企业 1 选择进攻型战略的情况下，企业 2 就选择保守型战略，这样最终实现的行业均衡就是对企业 1 更为有利的。

历史上有许多例子可以使我们了解放弃灵活性所带来的价值，其中一个就是著名的关于赫尔南·科尔特斯（Hernán Cortés）在墨西哥征服阿兹特克帝国的例子。1518 年，当科尔特斯登陆墨西哥时，他命令士兵除保留一艘船外，将其他船只统统烧毁。这个看上去愚蠢至极的举动实际上却是经过精心策划的：通过断绝士兵的唯一退路，科尔特斯命令他的士兵努力战斗以获取胜利。伯纳尔·迪亚斯·德卡斯蒂洛（Bernal Diaz del Castillo）在编著科尔特斯征服阿兹特克的这段历史时写道："科尔特斯说：'我们现在没有船返回古巴了，除了上帝以外，没有谁会帮助和补给我们。因此，我们必须靠自己锋利的刀剑与坚强的意志。'"[4]

一个企业的承诺并不一定会使竞争对手由此作出有利于自己的回应，除非企业承诺具有以下三个特征：

1. 可见性。
2. 可理解性。
3. 可信性。

我们仍用上面的例子来说明，为什么这些特征是成功承诺必不可少的。

企业 2 必须知道企业 1 已经承诺了进攻型战略。也就是说，无论企业 1 用何种方式改变战略，如通过先发制人扩张产量或通过改变经理人的薪酬结构，企业 2 必须能够观察到并理解其做法。否则，企业 1 的承诺就不会对企业 2 的决策产生影响。只有可见性与可理解性这两个条件仍是不够的，承诺还必须具有可信性。企业 2 要相信企业 1 会限制其业务并实施承诺。这一点是很重要的，因为在这个简单的例子中，企业 1 的理想做法就是虚张声势，使企业 2 相信它将选择进攻型战略，这就会使企业 2 选择保守型战略，然后企业 1 事实上会选择保守型战略。

案例 9—1

罗布劳与沃尔玛（加拿大）[5]

如果你曾经去过加拿大的杂货店，很有可能你去的就是罗布劳（Loblaw）拥有的商店。罗布劳有限责任公司拥有超过 1 050 家商店，是加拿大最大的连锁杂货商。它的固定资产包括的商店有 Loblaws、Fortinos、Zehrs Markets 和 Your Independent Grocer。罗布劳的各种商店总共大约占加拿大杂货店市场的 33%。

罗布劳最近的战略行动是建设大型超级市场，并可以称得上是"加拿大真正的超级市场"或者 RCSS。这些商店拥有 135 000 平方英尺的销售面积，可以容纳一个药店、一个家电部门、一个眼镜店、一个干洗店、一个服装和鞋类部门、一个摄影室、一个金融服务专柜，当然还有杂货店，包含了 5 000 多个在罗布劳"总统的选择"品牌下的私人品牌项目。

建设 RCSS 商店的承诺书将在 2002 年年底推出。罗布劳的管理层宣布，它们将停止建设 Loblaws、Fortinos 和 Zehrs Markets 名下的大型杂货商店，并代之以推出在全加拿大建设 RCSS 商店的计划。罗布劳很清楚自身的意图：它想抢先于沃尔玛（加拿大）建立自己的卖场，沃尔玛（加拿大）打算建立沃尔玛购物中心。沃尔玛在安大略已经建立了 5 个山姆会员店，但是截至 2002 年，尚未建成任何沃尔玛购物中心。

罗布劳为提高战略承诺的可信度做了很多工作。首先，从 2003 年年初开始，罗布劳和美国联合食品与商业工人工会（UFCW）进行公开对话，试图针对转移到新成立的 RCSS 商店工作的雇员工资削减进行谈判。处理结果很复杂，但是罗布劳最终还是成功地降低了 RCSS 商店的工资率。此外，罗布劳的管理层们表露出在全加拿大开设 RCSS 商店的野心。例如，在 2004 年 5 月企业的年会上，罗布劳总裁约翰·莱德勒（John Lederer）宣布，公司在 2004 年已经划拨 14 亿美元的资产预算用于建设新的 RCSS 商店。

可以肯定地说，罗布劳建立混合型 RCSS 商店的计划成功地抢先于沃尔玛。2003 年年底第一家 RCSS 商店开业，2004 年又新增了 14 家，2005 年预计要开设 7 家。相反，截至 2005 年中期，沃尔玛（加拿大）尚未建成一家购物中心，而且据说短期内也没有这方面的计划。但是即使最终罗布劳只是拖延了沃尔玛进入加拿大超级市场行业的速度，罗布劳的抢先计划仍然可以说是成功的。一方面，通过抢先行动，罗布劳可以锁定人口密集地区（例如多伦多）的有利位置。另一方面，尽管周围有价格更低的商店，围绕 RCSS 商店开业的大力宣传，配合丰富的杂货和非杂货品牌的可选性，以及报道所说的"全方位感官体验"[6]的氛围让 RCSS 商店成为顾客出门购物的目的地。

可信性的关键在于不可逆转性（irreversibility）。要证明承诺是真实的，竞争行为一旦付诸实施便很难中止或中止的成本相当高。例如，企业 1 只是公开声称要扩大生产能力并不够。空谈无益，新闻报道会否认其权威性。相反，企业真的开始建造一个新工厂，那么这个行动要比发布信息更不可逆转。在现实中，企业会在多大程度上将竞争行动看成是不可逆转的承诺或者是可逆转的战术，是一个很有意思的问题。[7]竞争举动，如生产能力扩张，需要有大量的前期投入以及关系专用性资产的投入，这样竞争举动才会产生高的承诺价值。因为一旦专用性资产创造出来后，企业将其改作他用的能力是很有限的。例如，飞利浦考虑建立的那种 CD 制造工厂实际上就无法改作他用。一旦建立了，飞利浦除了使用它制造 CD 外，就没有多少可选择的其他使用方式了。

合同也能够提高企业战略承诺的可信度。其中一个例子就是我们将在第 10 章中详细讨论的一项合同条文，即众所周知的最惠待遇消费者条款（MFCC）。如果卖方在与某一买方签订的合同中包含该项条款，那么卖方就必须将同样的价格条款赋予它的其他的顾客。例如，如果卖方以低于标价的折扣从竞争者手中抢走了一名顾客，那么在合同中有 MFCC 条款的其他买方就同样有权享受相同的折扣。这样 MFCC 条款就使得"打折"变得"昂贵"起来，因而也被人们作为一种提高企业不进行价格战的承诺可信度的工具。

有时候，甚至是行动意图的公开声明（例如，"我们打算在今后 6 个月时间内，开发出现有产品的改进版"）也能提高可信度。但是，企业要想真正让公开声明具有可信度，就必须让企业的竞争对手与顾客明白，如果企业没有按照它所说的做，那么企业或者其高级管理人员的声誉就会因此而承担一些风险。否则，其竞争对手和顾客就会对企业作出的声明、承诺和威胁不予理睬。很明确，如果企业没有做到它在公开声明中所说的事情，企业或者其高级经理人的声誉显然会因此而受到损害，因此企业会增强公开声明的可信度。在电脑软件业内，与小公司或新成立的公司相比，像微软这样声名卓著的公司更喜欢对新产品的性能及面市时间作出承诺。其中的原因之一是和已有公司相比，如果新成立的企业失信于消费者和各种个人电脑杂志（它是产品评论的重要论坛）的评论家，它们为此付出的代价通常是高昂的。正是出于这个原因，与那些有着大量成功记录的企业相比，小公司更不愿意作一些夸大的声明。言行不一导致的结果将会使企业及其高级经理人丢面子，或声誉扫地。

全球机身制造市场中的战略选择与先发制人：空中客车与波音[8]

2000 年，空中客车宣布推出 A380 的计划，A380 是一种载客量可达 555 人的超大型广体客机。A380 设计有两层座位，是一种巨型飞机。它有巨大的机翼，每一个机翼下都可以停靠 70 辆汽车。在空中客车宣布之前，波音凭借成功地推出了巨型波音 747 而在长距离、高运能的机身制造市场中处于无人挑战的垄断地位。几个月后，为了和空中客车竞争，波音宣布将放弃生产更大载客量的 747 飞机（名为 747X）的计划。

空中客车根据它对航空旅行的前景预测决定生产 A380，而波音的管理层对前景有着截然不同的预测，因此决定放弃 747X 的生产。从传统上讲，航空公司会利用一种轴心—轮辐网络结构，通过轴心运送旅客，旅客在轴心城市换乘航班，并从轴心城市飞往目的地。鉴于目前轴心城市交通拥挤的状况，波音经理层认为航线将变得更加分散，航空公司会需要那种机型更小、速度更快的飞机，将乘客直接从一个城市送到另一个城市，而避开轴心城市。基于这种考虑，波音在放弃生产 747X 之后的几个月宣布将开发一种有 175～250 座的机型。与超音波英法协和式飞机不同，该飞机的飞行速度比任何现用的商业飞机都要快。新飞机名叫音速巡洋舰，飞行速度达到了 0.95 马赫（Mach），仅次于音速。音速巡洋舰飞机志在通过穿梭于各地之间，将运送乘客的远程飞行时间缩短了 20%。

空中客车并不怀疑航线将分散。但是，空中客车的管理层相信，航空公司将继续使用载客量更大的客机来最大限度地利用现有的轴心—轮辐系统。像 A380 这样具有高运能的飞机将帮助缓和日益增长的旅客量与航空港口的拥挤问题。并且，空中客车认为，轴心系统将继续随着航空公司联营的发展而变得更加重要。此外，空中客车声称，由于载客量的增加，与现存的 747—400 相比，A380 将使直接运营费用降低达 17%。

尽管有如此多的辩白，但波音放弃 747X 可能是因为它认识到空中客车向高运能机型市场作出了可信的战略承诺，而这个市场有可能只能容许一家企业获利（专家考察发现，超大型广体客机的市场总容量是 400 架左右）。虽然 A380 要到 2006 年才能投入使用，但是空中客车公司从高知名度的航空公司，如新加坡航空公司、澳洲航空公司（Qantas of Australia）、维京航空（Virgin Atlantic Airway）和联邦快运（Federal Express）获得了 61 份订单，因此提高了战略承诺的可信度。这些订单不仅使空中客车生产高载客量客机的战略承诺具有了可见性，并且也增加了它在以后放弃 A380 承诺而带来的损失。与之相比，波音在宣布放弃 747X 计划之前并没有取得任何订单，也没有产生任何与 747X 相关的收益。

但是，大部分航空公司担心的是运营成本，而不是飞行速度。2002 年 12 月，波音公司放弃了音速巡洋舰的研制，并很快开始研制波音 787。250 座的和 290 座的加长版波音 787 所瞄准的市场领域与音速巡洋舰相同，但是比现在的中型飞机节油 20%，并且提供了更舒适的座位、更大的机窗以及其他一些利于乘客的改变。波音787很快在市场上受到追捧。2004年4月，虽然波音787还在设计研发阶段，波音就接到了全日航空公司（All Nippon Airways）的50架飞机订单，在2008年交货。截至2007年，波音已经接到了677架波音787的订单，创造了大体型飞机的销售纪录。

由于波音公司在大体型飞机的研发上面浪费了数年时间，一些分析人士指责波音公司在波音787的研发上面太过匆忙。波音公司被迫外包一些关键的零部件，导致在组装时出现了各种问题（在第3章中描述过）。关键零部件的延迟交货导致飞机的组装出现瓶颈。由于零部件供货商没能及时交付关键的零部件，波音公司最后无法及时组装。2008年初，波音公司在787的生产过程中出现了很大的故障，把全日航空的订单不得不推迟到2009年交付。

案例 9—3

航空业的承诺与不可逆转性

陈明哲（Ming-Jer Chen）和伊恩·迈克米伦（Ian MacMillan）对航空公司的高级行政人员与行业分析师（如金融分析师与教授）进行了调查，研究了航空业中竞争行动的不可逆转性。[9]并购、投资建立航空中心以及与支线航空公司建立联盟等行动都具备高度的、可感知的不可逆转性。航空中心的建立需要交易专用性资产（如维修设备）的投入，如果航空中心被弃置不用，这些资产将别无他用。并购需要与其他航空公司的经理人和第三方（如投资银行与管理当局）进行合作。不仅并购谈判需要投入大量的不可回收的谈判成本，并且在谈判的运作过程或系统中，也需要为交易的专用性作出一些显著的变革。

如果在并购谈判开始后，企业在最后一刻退出谈判，或者一旦谈判完成就试图取消谈判，那么企业管理层的声誉也将严重受损（例如，企业将被看做反复无常、轻率行事的）。而由于害怕面临雇员及工会对行动逆转的强烈反对，支线航空公司往返班次的联盟一旦建立也很难逆转。促销、撤销航线和增加旅行社的代理费用被认为是最容易逆转的行动。人们认为降价的不可逆转性是低于平均程度的，因而它不被看做最容易逆转的竞争行动。显然，航空公司的经理人与行业分析人员认为，一旦航空公司进行降价，那么价格变动的广告成本无疑将是巨大的，仅这一点就足以让公司将新价格维持一段时期。但是，由于降价具有可见性，并且明显影响到相互竞争的航空公司的利润，所以与其他行动，如短期的广告活动（被认为是更容易改变的措施）相比，降价更具有号召力。实际上，企业针对竞争对手的降价作出的利润最大化反应一般就是降低自己的价格。此外，在航空业务中，通过联网的清算中心可以互相了解对方的价格，所以一旦竞争对手获知某企业降价，它就会迅速采取应对措施。

陈明哲与迈克米伦假设，当最初采取的竞争行动很难逆转时，竞争对手极少可能采取措施应对航空公司的竞争行动。这种逻辑和我们之前的讨论是一致的。企业采取进攻型战略的承诺越可信，那么其竞争对手也就越可能作出示弱的反应。该逻辑表明，一个航空公司依靠兼并另外一个公司的方式增加了航线，这样先发制人的举措比进行短期促销活动或广告激起对手采取相应对策的可能性要小得多。为了检验这个假设，陈明哲与迈克米伦对之前七年间（1979—1986 年）航空业主要的商业出版物——《航空日报》（*Aviation Daily*）——所报道的竞争行动及竞争对手的回应措施进行了详细研究。一般来讲，他们的研究结果支持了他们的假设：相对于容易逆转的竞争行为，难以逆转的竞争行为较少地招致竞争对手的反击。该研究还证明了这样的假设：降价特别容易招致回应，并且回应的措施可能非常频繁并且行动迅速。迈克米伦与陈明哲发现，相对于其他具有相似或者更高程度的不可改变性的行动而言，航空公司对价格竞争的回应更为频繁。

战略承诺与竞争

在表 9—1 描述的简单博弈中，战略承诺与战术决策之间的联系不是很明显。为了使之更明显，我们需要先引入一些新概念。战略互补（strategic complements）与战略替代（strategic substitutes）描述的是，当企业改变一个战术变量，如价格或者产量时，竞争对手对此作出的反应。强硬承诺（tough commitments）与温和承诺（soft commitments）描述的是，一家企业的承诺是否会使竞争对手处于竞争劣势。

战略互补与战略替代

用一个例子来说明战略互补与战略替代的概念会比较容易。假设本田公司（Honda）宣布，雅阁（Accord）系列豪华汽车将大幅降价。作为回应，福特可能认为其最佳反应就应该是降低 Taurus 车的价格。在这种情况下，本田和福特的价格决策就属于战略互补。假设本田大量增加奥德赛（Odyssey）小型货车的生产量，使小型货车价格较现行水平下跌了 10%。当福特知道了本田增产后，它可能认为最佳的反应就是降低 Freestar 小型货车的产量。在这种情况下，本田与福特的产量决策就是战略替代的。

为定义战略互补与战略替代的概念，我们回到第 8 章中所使用的产品市场竞争模型：古诺产量竞争模型与伯川德价格竞争模型。回忆前面所介绍的知识可知，在古诺模型中使用反应函数来表现均衡是很方便的。在一个仅有两个企业的古诺行业中，一个企业的反应函数所显示的是它针对另外一个竞争企业的产量函数所选择的自身利润最大化的产量。在古诺模型中，反应函数是向下倾斜的，如图 9—1（a）所示。而在水平差异产品的伯川德模型中，反应函数也是被类似定义的。[10] 但是在这里，伯川德模型中的反应函数是向上倾斜的，如图 9—1（b）所示。

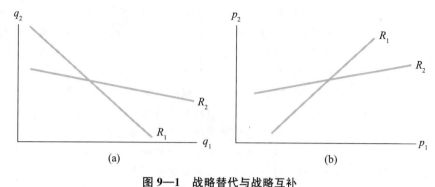

(a)　　　　　　　　　　　　　　　　(b)

图 9—1　战略替代与战略互补

图（a）描绘的是古诺市场中的反应函数，反应函数 R_1 与 R_2 是向下倾斜的，这就意味着企业的产量行动是战略替代的。图（b）描绘的是存在产品差异的伯川德市场的反应函数，R_1、R_2 都向上倾斜，这就意味着企业的价格行动是战略互补的。

一般来讲，当反应函数向上倾斜时，企业的行为（如定价）就是战略互补的。当反应函数向下倾斜时，企业的行为就是战略替代的。当行为是战略互补关系时，企业所选择的行动越多，另一个企业可以选择的最优行动也就越多。在伯川德模型中，企业间的价格战略是战略互补的，因为对于竞争企业的降价行动，其他企业利润最大化的反应就是也降价。[11] 当行动是战略替代关系时，一个企业采取的行动越多，其他企业可选择的最佳行动就越少。在古诺模型中，产量战略属于战略替代关系，因为一个企业的产量减少时，对另一个企业来说，增加产量就是使其利润最大化的反应。要确认行动是否为战略替代或者战略互补，就需要仔细研究企业间相互依赖竞争的情况。一个总的规则就是：价格决策通常是战略互补的，而产量决策与生产能力决策通常是战略替代的。我们将在之后的讨论中利用这些概念。但是，这些概念之所以重要，在于它们能指导我们认识企业如何预测对手对它的战术战略所作的反应。当行动为战略互补关系时，一个企业的进攻型行动将导致对手的行动也更加激进。例如，如果本田降低雅阁系列汽车的价格（一种进攻型的举动），那么福特也将降低 Taurus 车的价格（一种进攻型的回应），因为它们的价格反应函数是向下倾斜的。当行动为战略替代关系时，一个企业的进攻型行为将导致对手的消极反应。例如，如果本田增加它的奥德赛小型货车产量（一种进攻型的举动），那么福特将减少它的 Freestar 小型货车产量（一种消极型的反应），因为它们的产量反应函数是向下倾斜的。

承诺的战略动机

承诺对企业盈利既有直接效应，也有战略效应。假定企业根据自己的承诺调整其战术决策，而竞争对手的行为却没有改变，则承诺的直接效应体现为承诺会对企业利润现值产生影响。例如，如果努科（Nucor）公司投资了一项可以降低平均可变成本的钢板生产工序，那么投资的直接效应就是利润现值增加，这是由于平均可变成本的减少抵消了前期投资成本。利润的增加不仅来自现有生产单位成本的节约，也来自努科公司的降价或者增产带来的收益。

战略效应需要将承诺对竞争者的影响考虑进去，即承诺如何改变对手的战术选择，并且最终达到市场均衡。例如，与直接效应相比，由于承诺对钢板市场的均衡造成了影响，所以努科公司投资的战略效应就是利润现值变动加剧。战略效应可以是积极的，也可以是消极的，也就是说，它可能有利于或有损于公司的承诺。正如我们所看到的，战略效应的好坏取决于受承诺（如价格承诺）影响的选择变量是战略互补的还是战略替代的。如果企业制定战略决策时能具有"长远的眼光"，就如我们所认为的那样，那么它就必须考虑到承诺如何改变均衡性质。

强硬承诺与温和承诺

区别强硬承诺与温和承诺有利于理解承诺对市场均衡的影响。从概念上看，企业的强硬承诺对竞争对手来说是不利的，而温和承诺却是对竞争对手有益的。在古诺竞争中，如果一个企业作出了一个强硬的承诺，那么不论其对手的产量为多少，它生产的产量一定会比没有作出承诺时多，而温和承诺时的产量却比没有作出承诺时少。在伯川德竞争中，如果一个企业制定一个强硬的承诺，那么不论对手定什么价，企业的价格一定会比没有作出承诺时低，而温和承诺却导致企业定价比没有作出承诺时高。

强硬承诺比温和承诺更容易观察到，这是因为为了打败对手，它们遵循竞争的常规观点。例如，我们理解企业为什么会希望成为市场中售价最低的销售者或产量最多的生产商。但是，企业不应该自动地回避作出温和承诺。企业可能将从产生充分有利战略效应的温和承诺中获益。

古诺均衡与伯川德均衡中的强硬承诺与温和承诺

通过考察两个企业的市场，我们可以说明强硬承诺与温和承诺的战略效应。企业 1（而企业 2 没有）考虑制定一个战略承诺。[12] 例如，该战略承诺可能是决定采用一项能减少可变成本的工序创新，就如同努科公司在 1987 年决定率先在钢铁行业中采用薄板锻造工序一样；也可能是一项新产品定位的决策，就如 1994 年桂格（Quaker）公司决定出售袋装燕麦片以吸引那些对价格敏感的顾客那样。无论决策的性质怎样，它都会具备两个主要特点：第一，竞争企业必须能意识到这一决策；第二，一旦企业制定了这个决策，它就不能逆转。这样，承诺就有了可信度。

在该市场中，决策制定的时间顺序如下。首先，企业 1 决定是否制定战略承诺。然后，两个企业互相展开竞争。这个两阶段博弈大体上同战略与战术的差别相一致：首先，企业 1 在第一阶段作出战略承诺，随后，两个企业在第二阶段进行战术运作。我们将着重介绍第二阶段的两个竞争情景，即古诺产量竞争与伯川德价格竞争。在古诺模型中，一旦企业 1 决定是否作出决策，那么两个企业将会同时选择产量。而在伯川德模型中，一旦企业 1 决定是否作出战略承诺，那么两个企业都会同时选择价格。

为了使分析简单明了，我们可以假设企业1认为，一旦它作出了战略承诺，市场将迅速达到相关均衡。例如，在数量设定市场，企业1认为在它作出战略承诺后，市场将立即达到一个新的古诺均衡。在价格设定市场，企业1认为在它作出战略承诺后，市场会立即达到一个新的伯川德均衡。我们假设企业1是有远见的，并且能预测到它的战略承诺对市场均衡的影响，那么我们就来看看两阶段博弈中的子博弈精炼纳什均衡（SPEN）。在这个博弈中，第一阶段企业1作出承诺决策，在第二阶段，两个企业同时决定产量（或者价格）。[13]企业1要分析两阶段博弈中的SPEN，那么它首先就要将第二阶段的均衡看成是第一阶段所选择产量的一个函数。这一分析根据第二阶段竞争是古诺竞争还是伯川德竞争而有所变化。

第二阶段是古诺竞争时

企业1必须能预测到战略承诺将如何改变它和企业2之间的古诺均衡。而这又取决于承诺是强硬的还是温和的。如果企业1的战略承诺为强硬的，那么不论企业2的产量是多少，企业1的产量都会高于未作出承诺时的产量。与之相对应，企业1的反应曲线 R_1 从 $R_1^{前}$ 向右移动到 $R_1^{后}$，如图9—2所示。例如，企业1如果采用了一项可减少生产边际成本的工序创新，那么它就可能作出一个强硬的战略承诺。[14]

图9—2描绘的是企业1因作出强硬承诺而获得的有利的竞争效果：R_1 向右移动，实现了古诺均衡，此均衡中企业2产量减少。因为在古诺均衡模型中，企业1可以从其竞争者的减产中受益（由于市场价格升高的原因），此时对企业1来说，作出承诺的古诺均衡就比没有作出承诺的古诺均衡的情况更好。这个有利的效应将会对企业1如何评估承诺的作用产生巨大影响。特别是对于某些情况，虽然承诺的直接效应是不利的，但承诺可能也是有价值的。例如，假设某个承诺是投资一道新工序，这个承诺的直接效应是负面的（也就是说，假定竞争对手不对此作出反应，该投资的现值低于前期投资成本）。有利的战略效应将会超过不利的直接效应，如果真是如此，那么企业就应该为实现战略目的而进行投资，即使它的直接效应是消极的。

图9—2表明，如果企业1作出了一个温和承诺，那么无论企业2的产量是多少，企业1的产量都会低于没有作出承诺情况下的产量。这一点与企业1的反应曲线 R_1 左移的情况是一致的，如图9—3所示。为了说明在古诺竞争下的温和承诺，我们可以假设企业1除了能在古诺市场中生产商品外，还可以在另一个不同地域的垄断市场销售相同的产品。我们进一步假设生产的边际成本随着企业全部产量的增加而上升，即企业的技术具有规模不经济的特征。这可能是由于企业用同一工厂来为两个市场提供产品，随着产量提高，企业的管理资源就变得日益紧缺，生产效率也有所下降。企业进入垄断市场的决策将是一个温和承诺：通过作出该决策，企业1在古诺市场中的边际成本上升，因而对于企业2的任何预计产量，企业1的利润最大化产量水平都会下降，这使得企业1的反应函数向内移动，如图9—3所示。

相比较而言，如图 9—3 所示，当战略承诺使企业 1 温和时，那么它的战略效应就是负面的。企业 1 的反应曲线 R_1 向左移动，导致了新的古诺均衡，其中企业 2 的产量比企业 1 未作出承诺的情况下有所增加。如果承诺的直接效应是负面的，或者效应为零，抑或是很小的正数，那么企业 1 都不该作出这个承诺。例如，这个分析结果告诉我们，如果企业因为边际收益递减或者规模不经济而在其原来市场中的边际成本上升，那么企业进入一个新市场并成为该市场中的垄断企业就是不可取的。

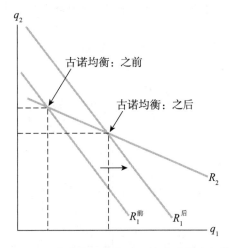

图 9—2　古诺市场中企业 1 的强硬战略承诺

不论企业 2 生产的产品数量为多少，企业 1 都想比作出承诺前生产更多的产品。这一点可以从其反应函数从 $R_1^{前}$ 向右移至 $R_1^{后}$ 中看出来。最终，古诺均衡产量将向右下方移动，并且企业 1 的产量变得更高，企业 2 的产量变得更低。

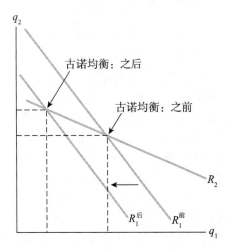

图 9—3　古诺市场中企业 1 的温和战略承诺

不论企业 2 生产的产品数量为多少，企业 1 都想比作出承诺前生产更少的产品。这一点可以从其反应函数从 $R_1^{前}$ 向左移至 $R_1^{后}$ 中看出来。最终，古诺均衡产量将向左上方移动，并且企业 1 的产量变得更低，企业 2 的产量变得更高。

第二阶段是伯川德竞争时

在第二阶段的伯川德竞争中，战略承诺的动机将有所不同。和之前一样，我们仍然区分强硬承诺与温和承诺。如果企业 1 作出强硬承诺，那么不论企业 2 的定价为多少，企业 1 所定的价格都会低于未作出承诺时的价格。相应地，企业 1 的反应曲线 R_1 左移，如图 9—4 所示。如果企业 1 作出温和承诺，那么不论企业 2 的定价为多少，企业 1 所定的价格都会高于未作出承诺时的定价。这与图 9—5 中企业 1 的反应曲线 R_1 向右移动是一致的。

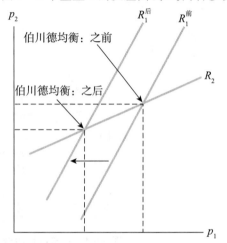

图 9—4　伯川德市场中企业 1 的强硬战略承诺

不论企业 2 的价格为多少，企业 1 都希望在作出战略承诺后降价。这一点可以从其反应函数从 $R_1^{前}$ 向左移至 $R_1^{后}$ 中看出来。最终，伯川德均衡价格将向左下方移动，并且企业 1 和企业 2 的价格都有所降低。

现在我们要看看企业 1 作出的强硬承诺对竞争的影响。如图 9—4 所示，企业 1 的反应曲线 R_1 向左移动，这就使得伯川德均衡向下移至左下的位置。[15] 企业 1 在均衡时的定价较低，企业 2 也是如此，虽然企业 2 的价格下降幅度小于企业 1 的。企业 2 的价格下降使企业 1 受损。从企业 1 的角度来看，战略效应是负的。如果假设战略承诺是投资一项新工序，并且其直接效应是正的（也就是说，假设竞争对手没有对此作出反应，投资的现值超过了前期的投资成本），那么对企业 1 来说，如果投资的战略效应是很大的负值，那么其最佳选择是放弃该投资。

如果一项能降低成本的战略承诺的净现值为正，那么企业 1 为何不进行投资，而是保持价格一直不变呢？因为不存在负的竞争效应，它可以从战略承诺（成本降低）中获益匪浅。但是，企业 1 不会去执行该战略。即便该战略在制定前看上去是吸引人的，但是在作出承诺后，它就与企业 1 的利益相悖了。企业 1 作出该承诺后，它的利润最大化的价格就比之前的更低，并且它的反应函数向内移动了（见图 9—4）。因而，一旦作出承诺，企业 1 在第二阶段的定价博弈中就希望更加积极地行动。既然企业 2 能观察到此承诺，它也预计企业 1 将会更加积极地采取行动，并且企业确实也这么做了，那么最终的结果是达到伯川德均衡，其中两个企业的定价都比它们在企业 1 作出战略承诺前低。企业 1 可以试图靠事前宣布它计划降低成本，而不是定价的办法来终止这个动态均衡过程。但是，这样的声明是不可信的，因为双方都清楚，一旦承诺作出后，这种声明是违背企业 1 自己的利益要求的。

最后，让我们讨论使企业 1 作出温和承诺的动机。在该情况下，正如图 9—5 所示，该承诺使企业 1 的反应函数向右移动。这样，就最终导致了伯川德均衡移向右上方的位置。结果，企业 1 与企业 2 的价格均上升了。这种竞争效应使企业 1 获利，并且可能使得其采取该战略有利可图，即便它的直接效应是负的。

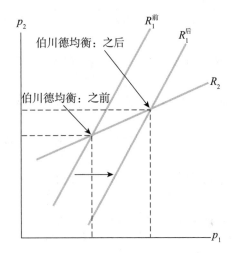

图 9—5　伯川德市场中企业 1 的温和战略承诺

不论企业 2 的价格为多少，企业 1 都希望在作出战略承诺后提价。这一点可以从其反应函数从 $R_1^{前}$ 向右移至 $R_1^{后}$ 中看出来。最终，伯川德均衡价格将向右上方移动，并且企业 1 和企业 2 的价格都有所提高。

假设企业 1 对产品进行重新定位，以进入有更多特定偏好消费者的较为狭窄的市场，我们来看看这个行动的直接效应和战略效应。该举措拉大了企业 1 与企业 2 产品的水平差异。[16] 假定两个企业的价格固定不变，该举措的直接效应就可能是负的，因为企业 1 的产品消费群体较之以前变小了，其需求曲线明显地向内移动。但是，其战略效应可能是正的。企业 1 与企业 2 的产品存在的水平差异越大，每个企业靠减价以攫取对方顾客的动机就越弱。

承诺战略的分类

德鲁·富登伯格（Drew Fudenberg）与琼·泰勒尔（Jean Tirole）认为，两阶段承诺模型可以从我们之前讨论过的两个重要方面进行分析：承诺是强硬的还是温和的？第二阶段的战术变量是战略替代的还是战略互补的？[17] 这两个方面的组合有四种方式。其中两种组合可以使承诺产生一个有利的战略效应，另外两种组合可以通过不作出承诺而避免有害的战略效应。富登伯格与泰勒尔描述并命名了这四种组合。这些组合如表9—2所示，它们都标有上标FT。为了能介绍得更完备一些，我们将那些会产生有害战略效应的承诺行为也包括在了表9—2中。

表 9—2

阶段2战术 变量的性质	承诺姿态	承诺行为	战略	竞争中的 角色/评价
战略替代	强硬	制定	头狗[FT]	声明支配地位； 强迫对手后退
战略替代	强硬	限制	温顺狗	接受作为追随者的角色； 避免争斗
战略替代	温和	制定	自杀	引诱对手来利用你； 可能暗示退出战略
战略替代	温和	限制	饿狼[FT]	积极顺从； 装作避免冲突
战略互补	强硬	制定	疯狗	为成为支配者而发动攻击； 不计代价地怂恿进行战斗
战略互补	强硬	限制	瘦狗[FT]	安抚支配者； 安于现状
战略互补	温和	制定	肥猫[FT]	有信心保卫自己； 和对手共享财富
战略互补	温和	限制	瘦猫	害怕而接受现状； 等待跟随领导者

富登伯格与泰勒尔描述的四种组合代表了四种战略情景。如果第二阶段的战术变量是战略互补的（也就是说，反应曲线向上倾斜）并且该承诺会使企业变得强硬，那么该承诺将改变第二阶段的均衡，因而竞争企业的行为就更为激进（例如，在伯川德模型中降低价格）。在这种情况下，承诺就产生了有害的战略效应，因此企业会完全舍弃这个承诺，或者是减少承诺中的投资规模——比没有考虑负面战略效应之前的投资规模更小（如减少了在新工序上的花费）。富登伯格与泰勒尔将这种战略称为"瘦狗"战略（puppy-dog ploy）。相反，如果战略承诺使企业变得更温和，它就会达到一种使竞争对手更少采用进攻型反应（如设定高价格）的均衡。因而这样的承诺就会产生有利的战略效应，企业就会有增加投资的激励——使得承诺的投资水平比没有考虑竞争的负面效应之前更高。他们把这称为"肥猫"效应（fat-cat effect）。

如果第二阶段的战术变量是战略替代的（也就是说，反应曲线是向下倾斜的）并且承诺会使企业变得强硬，那么在第二阶段均衡中，对手企业的进攻型反应（如选择降低产量）程度会降低。该承诺的战略效应就是有利的，企业会希望增加该承诺的投资。这就是使竞争者投资而变得更强硬的"头狗"（top dog）战略。还有一种可能的情况就是战略承诺使企业变得温和，因为它会使竞争对手的反应更加强硬，所以这种承诺的战略效应是负的。这会激励企业降低对该承诺的投资。我们称之为"饿狼"（lean and hungry look）战略。

我们可能偶尔会看到企业运用的战略是富登伯格与泰勒尔所没有描述过的，尽管这些承诺会产生负面的战略效应。例如，当战术变量为战略互补时，企业可能采取"疯狗"（mad-dog）战略这样的强硬承诺。例如，有的企业知道降价会招致一场价格战，但它仍然会这样做。这样的战略虽然看起来违反常理，但是如果企业将价格竞争看成是一个动态的竞争过程，那么这种做法也能说得通。如此，短期内的损失可以由长期内的获益抵消。第 10 章中我们将详细讨论价格竞争的长期动态。如果企业试图阻止新进入者，那么疯狗战略也是合理的。通过制定一个强硬承诺，企业加剧了与现有竞争对手的价格竞争，但是也缩小了价格成本边际，从而就可能抵制新企业进入该行业。第 11 章中我们将详细讨论进入抵制的问题。

分类的意义

表 9—2 中战略承诺的分类对于战略决策与市场分析有两个重要作用。第一同时也是最基本的一个作用就是，它提示经理人当制定难以逆转的投资决策时，不应该只看到投资对自己企业的效应。他们应该预计决定投资或不投资将如何影响未来市场竞争的演变。加强这种思考方式的办法之一就是管理顾问们经常提及的"战争游戏"：精确的电脑模拟可以使经理人在很多年里追踪定价的竞争性含义和投资决策。

第二，市场竞争的具体情况对企业作出承诺的意愿会产生深远的影响。例如，之前介绍的理论告诉我们，在古诺行业中，投资一项能减少边际成本的工序创新能获得有利的战略效应，但是在伯川德行业中却会带来不利的战略效应。在某个层面上看，这个投资的作用不是太明显。但是，我们也不应该拘泥于产品市场竞争模型，忽视之前讨论所得出的理论要点：使竞争对手或者是潜在进入者趋向于采用更少进攻型策略的承诺——例如限制降价、推迟或者放弃增加产量的计划、减少广告或者促销活动——会对制定承诺的企业带来正面的战略效应。相比而言，使竞争对手或者是潜在进入者的行动更加富有进攻性的承诺将为制定承诺的企业带来负面的战略效应。

一项战略承诺是否影响市场竞争的演变取决于行业条件和企业竞争对手的特点。有时，企业的战略承诺对竞争对手的影响要取决于竞争对手当前是处于行业内还是还没进入该行业。例如，一个企业采用了一道新工序，其定价可能会更富进攻性，由此打乱了已有的行业均衡，行业中现有企业为了保护其市场份额，也制定了更富进攻性的价格策略。然而，正如之前讨论过的，加剧的价格竞争可以抵制潜在竞争者的进入。

承诺的战略效应也可能取决于行业的开工率。例如，当开工率较低时，采用能减少边际成本的创新工序可能会招致激烈的降价反应，因为有些企业害怕会由此进一步损失开工率，而另一些企业正有闲置生产力，希望通过降价开展新业务。在这种情况下，承诺的战略效应就可能是消极的。相反，当行业开工率较高时，除非竞争对手要提高它们的生产能力，否则它们很少会以进攻性的措施作为回应。但是，对作出承诺企业采取更具进攻性行动的预期，可能会阻碍其竞争对手扩大生产能力的计划。如果情况如此，那么战略效应就是负面的。承诺的战略效应也可能取决于制定承诺的企业与其竞争对手间产品的水平差异程度。例如，图9—6（a）显示了伯川德市场中战略效应大小取决于水平差异的程度，当企业产品存在极大的差异时，用于减少成本的投资所产生的战略效应可能相对不大。但是，在图9—6（b）中，当产品的差异度较小时，战略效应就相对较大。

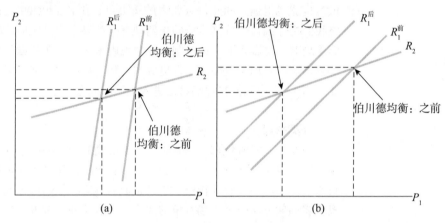

图9—6 战略效应与产品差异

在图（a）所示的市场中，两个企业的产品存在很大的差异，企业1的一项能使成本减少的投资所产生的战略效应对企业2的价格决策几乎没有影响，所以在该例子中，战略效应可以忽略。在图（b）所示的市场中，两个企业的产品差异较小，企业1的一项能使成本减少的投资所产生的战略效应对企业2的价格决策影响相当大，所以在该例子中，战略效应就比图（a）的市场中大。

案例9—4

努科公司与USX的承诺：薄钢浇铸案例[18]

潘卡基·格马瓦特（Pankaj Ghemawat）对努科公司和USX（现在更名为美国钢铁）采用薄钢锻造技术的案例进行了研究，阐明了承诺与产品市场竞争之间的关系，以及以前的承诺如何限制了企业利用新承诺机会的能力。

1987年，努科公司成为美国第一个采用薄钢浇铸技术的钢铁公司。这相对于标准的连铸技术是一个重大的改进。当时，努科公司正尝试进入钢铁行业中的平辊钢片市场；在当时，人们都认为那些小钢铁厂没有能力进入这一领域，而努科公司正是这些小厂中最大的一个。对于努科公司来说，采用薄钢浇铸工序是其努力的一项主要的战略承诺。要知道，开发此技术的前期投入以及使用该技术所需的设备投入高达3.4亿美元，接近于努科公司当时资本净值的90%。努科公司的承诺是成功的。1992年，它在印第安纳州克劳福兹维尔的薄钢浇铸工厂开始盈利，并且努科公司在阿肯色州建立了第二家薄钢浇铸工厂。

USX是当时美国最大的一体化钢铁制造商，其规模是努科公司的60倍。它也很早就对薄钢浇铸表示出了兴趣，并且花费了高达3 000万美元来改进被称为Hazelett工序的薄钢浇铸技术。但是，USX最终还是决定不采用该技术。格马瓦特认为，就现有的有关工艺创新的经济理论而言，该决定异于常理。

那么为什么USX没有采用薄钢浇铸技术呢？格马瓦特认为，这是由于以前的组织承诺与战略承诺限制了USX从薄钢浇铸技术中获利的机会。例如，在20世纪80年代中期，USX的五个一体化钢铁厂中的四个已经实现了现代化。第五个工厂坐落在宾夕法尼亚州的莫农加希拉河谷（Monongahela River Valley）。该工厂是一个庞大的综合性工厂，包括钢铁制造与锻造厂，它们之间相隔10英里。并且，对于努科公司这样没有工会的企业来说，它的劳动成本是不断下降的。而USX存在工会，受严格的工作守则的限制。最后，莫农加希拉河谷工厂钢板的主要顾客——电器制造商——是否会购买采用连铸技术生产的薄板还是个问题，因为新技术可能使钢板的表面质量变差。

USX以前的承诺是使现有设备实现现代化，特别是使位于莫农加希拉河谷的那个工厂实现现代化。格马瓦特认为，这个承诺不是要建立一个全新的工厂，而是把USX锁定在一种状态上，使它放弃薄钢浇铸技术成了一种很自然的结果。格马瓦特的结论指出了一个很重要的战略观点：企业在预测竞争对手对主要战略承诺作出的可能反应时，要认识到以前制定的承诺对其潜在反应能力的限制。在该例子中，努科公司的经理人预测到了USX的行为。努科公司决定进入平辗钢片业务市场，是因为它估计到像USX这样的一体化生产商将不会采用薄钢浇铸技术。

案例 9—5

CD市场的战略承诺与灵活性

在本章的开头，我们提到了1983年飞利浦决定是否在美国投资建立一个新的CD刻录工厂的案例。该决策突出了承诺的战略效应与等待期权的价值之间的紧张状态。如果在1983年建立该厂，飞利浦也许能够抢先于索尼与其他潜在竞争企业建立自己的CD工厂，这是一个典型的"头狗"战略。但是因为投资建立一个CD工厂涉及了一个很大的不可撤销的承诺，因此飞利浦等待并观察市场的CD需求量是否足够大到证明在美国投资建厂是恰当的，是存在期权价值的。

安妮塔·麦加恩（Anita McGahan）仔细地研究了飞利浦公司的决策，

并得出了使飞利浦决定推迟投资的市场需求量的最低限度。[19]为了剔除纯粹期权的影响，麦加恩首先分析了如果飞利浦在 CD 市场上并不面临竞争，它的决策将是什么。她得出的结论是：如果流行市场接受 CD 的可能性为 0.38 或者更低（这意味着期权的影响虽然不小，但也不是很大），那么飞利浦等待并保持灵活性将会是更好的选择。相比之下，如果飞利浦所面对的竞争对手同时也知道市场的需求量，那么只有当市场接受 CD 的可能性为 0.06 或者更低时，飞利浦推迟投资才是最好的选择。这个大幅度降低了的门槛表明，一旦飞利浦的对手也同样了解市场需求情况，那么飞利浦几乎应该立刻毫不迟疑地建厂，尽管需求是不确定的。这表明，即使考虑灵活性的期权价值，飞利浦要成为"头狗"的动机也很强烈。但是，正如麦加恩指出的那样，飞利浦可以通过它在欧洲市场经营 CD 的经验获取市场需求信息。因而，在竞争前，飞利浦就应该已经知道市场接受度能否证明它在美国投资建立 CD 工厂是正当的。这样的信息优势就提高了灵活性的期权价值。麦加恩估计，如果市场接受度为 0.13 或者更低，那么等待观望对飞利浦来说是更好的选择。

1983 年飞利浦最终没有在美国建立工厂，这表明它对美国 CD 市场的前景相当悲观。而在 1984 年，索尼在印第安纳州的特雷霍特建立了工厂，成为美国第一个 CD 生产商。飞利浦最初选择增加它在德国汉诺威工厂的生产能力，直至索尼的美国工厂完全开始运作之后，飞利浦才决定在美国建厂。

灵活性与实物期权

当承诺能改变竞争对手的行为，使之有利于制定承诺的企业时，承诺的战略效应就是正的。这些有利的战略效应常常是来源于灵活性。例如，通过抢先投资扩大生产规模，企业可能不得不在定价方面采取进攻性措施来保持开工率。在这样做的同时，企业就可能强迫竞争企业放弃扩大生产规模的计划。[20]

但是，战略承诺几乎总是在市场条件、成本或者竞争对手的目标与资源等因素不确定的情况下制定的。例如，在决定是否在美国建立一个 CD 工厂时，飞利浦就不得不冒这样的风险：即 CD 可能只对那些最热衷于高保真音响的爱好者有吸引力，而对其他人则没有什么吸引力。在竞争行动难以逆转并且结果笼罩着不确定性的时候，评估承诺带来的收益时，就必须注意保持灵活性的价值并保证未来可以自由地进行选择。

一个企业在作战略承诺时，有很多方法可以维持灵活性。首先，企业可以根据未来情况的变化修改承诺。例如，如果市场需求情况变得更糟，一个通过建设大型厂房扩张规模的企业可能会代之以建设更小的厂房，或者甚至会同时停止规模扩张。第二，除非企业对收益情况有一个清晰的认识，否则它们就会推迟对未来的一些情况作出及时的承诺。例如，开发新产品的企业可能会推迟首次投放市场的时间，直到收到为新产品提供潜在市场容量情况的市场测试研究结果。最后，因为有些承诺是和时间挂钩的，企业当时可能会决定作一个没有利润的承诺，以便保留将来作出进一步承诺的期权。例如，即使没有利润，一个软件公司也可能现在开始销售一种新的专利软件，因为通过现在软件的销售，企业保留了在未来几年内销售改进版本软件的期权。如果因为现在不作出销售这种原始产品的承诺，公司就失去了销售后续产品的机会，并且后续产品可能是高收益的，那么这种情况就是有意义的。

灵活性产生了所谓的实物[21]期权（real options）[22]。当决策制定者能使决策适应未来可获得的信息时，就会产生实物期权。为了说明实物期权，我们考虑对未来日期推迟承诺的价值。特别地，假设一个企业为进入一个新市场而投资1亿美元建立一个工厂。考虑到市场是否会接受新产品的不确定性，企业预测可能存在两种情况：一种是高接受的情况，这时企业投资的现值是3亿美元；另外一种是低接受的情况，这时投资的现值是0.5亿美元。企业认为出现两种情况的可能性是相等的。如果企业现在投资，那么预期净现值（NPV）将为$0.5 \times 3 + 0.5 \times 0.5 - 1 = 0.75$亿美元。但是假设如果企业等待一年，企业就可以确定投资结果。（可能通过观察其他地域的市场对该产品的需求来获知这一信息。）如果企业等待了一年再投资，该产品的市场接受程度变得很高，那么企业就应该投资并获得2亿美元的净现值。但是如果投资的净现值为0.5亿美元，那么企业就不该投资该项目，而应该把钱投资在另一个好项目上（我们将假定这时投资的NPV为零）。假定年贴现率为10%，如果企业等待，那么其预期NPV为$(0.5 \times 2 + 0.5 \times 0)/1.10 = 0.91$亿美元。由于企业具有推迟投资项目和获得额外信息的灵活性，投资项目就比企业仅仅基于当前需求不确定的情况就被迫作出投资决定时所获得的预期NPV（0.91亿美元 vs. 0.75亿美元）更高。换句话说，和企业所面临的"或者此刻选择，或者将永远没有机会"（now-or-never）的投资或者放弃投资项目相比，一项具有可推迟期权的项目更具有价值。在该例子中，实物期权的增量价值为$0.91 - 0.75 = 0.16$亿美元。增量值的提高是因为通过等待，企业可以使其制定的决策与潜在条件相适应。特别是，通过等待，企业避免了重大的投资失误（也就是说，当需求下降时投资建立新工厂）。

实物期权出现在各种各样的商业场合中。[23]例如，空中客车与波音向飞机购买者，如英国航空公司与美国航空公司，提供取消或者减少订单的期权。当对航空服务的需求下降时，航空公司就执行这些期权，如它们在受"9·11"事件的影响而客流量减少时就是这样做的。空中客车最近已经开始使用实物期权来确定这些期权提供给顾客的额外价值，并且调整它们飞机的价格以反映这种额外价值。另一个例子是，惠普公司为一些国外的特别市场（例如，为法国和德国制造的喷墨式打印机等）按客户的具体要求制造一些产品（例如，喷墨式打印机）。传统上，它是在工厂内做好特制的产品，然后将做好的成品运到各个国外市场。这样的策略风险极大，因为国外市场的需求是很难预测的，并且惠普经常估计错误，结果运送的打印机不是太多就是太少。事实上，为了降低自己的风险，惠普创造了一个实物期权。它改变了将成品打印机运到各个国外市场的做法，而是将部分组装的打印机运到国外仓库，然后等到获得特别市场的确切订单后再按客户的具体要求制造打印机。虽然这种做法提高了惠普的生产成本，但是一旦知道需求情况，该公司就可以根据国外市场上的需求条件来调整打印机数量。惠普的管理层认为，该方法隐含的实物期权的增量值超过了提高的产品成本。

惠普的例子说明了两个很重要的结论。第一，企业常常可以通过改变配置内部流程的方式创造实物期权。这意味着一个关键的管理技巧，即发现潜在能提升价值的实物期权。第二，实物期权的获得并不总是没有代价的，它们通常需要进行权衡。在惠普的例子中，公司为了增加灵活性而将打印机推迟到获得各个市场的确切需求信息后再按客户的具体要求组装，但这种灵活性的增加是以成本的增加为代价的。

一个实物期权的价值也可能会受到抢先占有风险的限制。在其一本有关实物期权分析在商业战略制定中的应用的书中，休·考特尼（Hugh Courtney）提供了一个有趣的、关于推迟的期权价值与抢先占有风险之间的紧张状态的现实例子。[24]假设两个频繁约会的年轻人最后可能会结婚。那么，他们应该继续约会还是立刻结婚呢？继续约会的话，每一方都可以更了解对方，当然也存在这种可能：当越来越清楚地表明他们彼此并不合适时，他们可能结束恋爱关系。这就通过降低双方进入一个并不美满的婚姻的可能性而产生了期权价值。另一方面，双方若继续约会，这种关系下的每一方都面临着对方可能找到更好的伴侣的风险。事实上，等待增加了这种关系中的每一方被一个外来人抢先占有的风险。

案例 9—6

康宁的核冬天

康宁公司（Corning）是世界上最大的光缆生产商，2001 年，其产量占世界供应量的 40% 左右。20 世纪 90 年代末，美国的电信运营商每年需要安装数百万公里长的光缆，光缆年销售额预计以 20% 以上的速度递增。康宁公司制订了一个野心勃勃的计划，以扩大其在光缆市场的主导地位——大约 20 年前，康宁率先进入该市场。2000 年 12 月，康宁宣布将投资 4.5 亿美元扩大其新建在北卡罗来纳州康科德市的光缆厂的生产能力，并且投资 4 亿美元在俄克拉何马州的俄克拉何马市建立一个新的光缆厂。两个项目共使康宁 2002—2004 年的年生产能力提高了 25%，与其两大竞争对手朗讯（Lucent）和阿尔卡特（Alcatel）相比，康宁公司在光缆市场的份额得到了快速扩张。

有一段时期，康宁的"雄心壮志"得到了市场回报。到 2000 年 3 月，它的市场资本达 510 亿美元，市盈率达到 80%。然而，不幸的是，康宁也成为电信泡沫最大的受害者之一。2001 年，康宁的税后亏损达 55 亿美元，投资回报率为 -76.4%，康宁的股票价格从 2000 年 9 月 29 日的每股 112.55 美元暴跌到了 2002 年 10 月 11 日的每股 1.10 美元（在 2005 年秋天，康宁的股票价格是每股 10 美元）。康宁的光导纤维电缆业务的收益也下降了 40%。美林证券（Merrill Lynch）的一位分析师将它的处境比作是核冬天——指的是核大战后，世界变得荒芜、生命遭受摧毁的情景。当 2001 年电信公司突然停止铺设新的光缆网时，康宁的核冬天更是雪上加霜。由于有大量光纤铺设就绪（也就是生产能力闲置），事实上没有人可以预测一年前康宁野心勃勃的生产规模扩大计划会带来怎样的预期增长回报。

虽然这已经算得上是毁灭性的打击了，但如果不是因为在建造新光缆厂前隐含一个实物期权，当时的处境可能会更糟。虽然康宁在 2000 年年末就宣布要扩大生产规模，但在光缆市场突然崩溃之前，这两个项目的工作几乎还没有开始。根据新出现的情况，康宁在 2001 年 6 月终止俄克拉何马工厂的建造工作，并且放慢了北卡罗来纳州康科德市的工厂扩建工作。到 2002 年 7 月，康宁宣布了取消这两个项目的想法并同时关闭了康科德市工厂正在运营的部分。虽然康宁在这两个扩张项目上耗费了巨额的资本，但是它没有完全将原计划投资的 10 亿美元资金花完。在康宁意识到未来光缆市场的需求将比它和其他企业的预测（即当它在 2000 年年末宣布扩大规模时）明显降低时，扩大生产规模所需要的时间给了康宁终止该项目的灵活性。

截至 2005 年，光导纤维电缆市场依然萧条。康宁从光导纤维和其他与电信相关的产品中赚取的利润仅占总利润的 40%，相比之下，2001 年泡沫破灭前是 70%。康宁在这项业务中仍然没有取消赎回期权的权利。尽管它在康科德市的工厂仍然处在关闭中，但康宁继续投入资金来维持。这个也可以理解为实物期权。相比彻底关闭工厂来说，通过维持工厂的工作状态，在应对光导纤维电缆需求的上升时，康宁可以更迅速地增加产品生产。另外，如果需求持续低迷，康宁当然可以用期权来永久关闭工厂。

战略承诺分析的框架

潘卡基·格马瓦特认为，主要的战略决策几乎都会涉及投资的"黏性因素"，如实物资产、资源以及那些持久的、对于企业所采取的特定战略来说专用的、不可交易的（即不能在公开市场上出售的）能力。[25]战略决策一旦制定，这些资产投资就很难被改造或者是重新在其他地方利用。例如，一旦王安（Wang）电脑公司将自身定位为致力于文字处理软件的开发，那么对它来说，进入个人电脑制造行业就异常困难，因为该行业所要求的能力是它所不具备的，而且这些能力也无法快速获取。战略投资的持久性、专用性和不可交易性，使得企业一旦制定了战略，就深陷其中。企业必须在相当长的一段时间内坚持其所选择的战略。根据格马瓦特的观点，从这个意义上讲，战略选择表现在一些承诺密集型决策上。根据他的看法，战略的本质就是正确地作出这些承诺。

但是正确地作出这些承诺是很困难的。承诺密集型决策充满着风险，并且需要经理人能够放眼未来，对替代战略方案进行评估。为帮助经理人进行类似的选择，格马瓦特提出了分析承诺密集型决策的四步骤框架：

1. 定位分析。
2. 持续性分析。
3. 灵活性分析。
4. 判断分析。

定位分析可以被看做确定承诺的直接效应。它涉及分析企业的承诺是否能在产品市场上占据一定地位，使得企业可以将大量收益转让给顾客，从而以比竞争对手更低的成本进行经营。本书第11章将会介绍进行定位分析的一套概念、框架和工具。

持续性分析可以被看做确定承诺的战略效应。它涉及分析竞争对手或潜在进入者对企业已制定的承诺及其承诺对竞争的影响所作出的反应。它还涉及分析市场不完善以及保护企业竞争优势不被竞争对手模仿的条件，其中市场不完善将导致企业出现资源稀缺与资源流动性差。第11章、第13章和第14章将介绍进行持续性分析的框架与概念。

根据格马瓦特的观点，定位分析与持续性分析的重点是对替代战略承诺进行净现值正式分析。定位分析为确定每一个战略的收益与成本提供了基础；持续性分析则提供了确定时间尺度的基础，而如果超过了这个时间段，企业的增量投资回报率就不会高于它的资本成本，也就是说，它的经济利润为零。[26]

灵活性分析在定位分析与持续性分析中引入了不确定性。正如之前所讨论的，灵活性能给企业带来期权价值。格马瓦特指出，期权价值的关键决定因素是"学习—消耗比率"（learn-to-burn）。它是"学习速度"和"消耗速度"的比率。"学习速度"即企业接受能使其调整战略选择的信息的速度，"消耗速度"指的是企业为支持战略而进行沉没资产投资的速度。高学习—消耗比率就意味着战略选择具有高度的灵活性。在这种情况下，推迟期权的价值较低，因为公司在作出战略选择前，就能够迅速积累起关于战略选择前景的信息。格马瓦特认为，许多承诺密集型决策具有潜在的高学习—消耗比率，但是认识这种潜力需要细心的管理者。展开实验性与引导性项目是企业在制定承诺密集型决策时提高学习—消耗比率及灵活性的一种方法。

格马瓦特框架的最后部分就是判断分析：把可能会扭曲企业选择最优战略的动机的组织与管理因素考虑进去。格马瓦特注意到，在制定承诺密集型决策时，企业通常会犯两种错误。第一种错误就是拒绝一个本该进行的投资，第二个错误就是接受一个本该拒绝的投资。拉·孔玛·萨（Raaj Kumar Sal）和约瑟夫·斯蒂格利茨（Joseph Stigliz）在理论著作中提出，组织内的决策系统能影响两种类型错误发生的可能性。[27]他们特别指出，当鉴别与接受投资项目的权力是分散的时，组织就可能接受更多投资机会（不论是好的还是坏的），而按等级作出投资决策的组织所接受的投资机会相对较少。也就是说，在等级制组织中，投资项目先在基层进行鉴定，然后才被送到高层进行最后决定。这也意味着在分散的决策制定过程中，犯第二种类型的错误相对多一些。而等级制的决策体制导致犯第一种类型的错误相对多一些。这种分析表明，制定承诺密集型决策的部分过程就是一个如何作出这些决策的选择过程。在该框架的前三个部分，经理人必须认识到企业的经理人通过其向高层决策机构汇报正确信息的意愿程度以及组织结构、组织政治及组织文化等方式反映出的偏见，我们将在第 17 章与第 18 章中讨论这些问题。

本章小结

● 战略承诺是难以逆转的、具有长期影响的决策。它不同于容易逆转且仅有短期影响的战术决策。

● 从表面上看，战略承诺限制了可以使企业更好的期权。但其实，放弃灵活性是有价值的，因为企业的承诺能导致竞争对手朝着有利于该企业的方向制定决策。

● 战略承诺的影响取决于产品市场竞争的性质。战略互补与战略替代的概念有利于描述承诺对竞争的影响。当反应函数向上倾斜时，行动就为战略互补的。当反应函数向下倾斜时，行动就为战略替代的。

● 承诺的直接效应是指其对企业利润现值的影响，前提条件是：假定企业作出其战略承诺后，竞争对手的行动保持不变。承诺的战略效应是指承诺对企业利润所起的竞争面的影响。

● 在一个两阶段决策模型中，企业首先作出承诺，然后企业及其竞争对手选择战术行动。承诺的满意程度取决于行动是战略替代还是战略互补的，以及承诺使企业变得强硬还是温和。

● 灵活性给企业带来了期权价值。若企业推迟一项投资并且等待有关投资获利情况的新信息，这就是一个简单的期权价值的例子。

● 战略选择是承诺密集型决策，因为它们涉及的投资是持久的、专用的，并且资源、能力具有不可移动性（immobile）。因此，分析承诺密集型选择要求，一旦企业作出战略性投资，管理者要对竞争优势的可能来源（如定位）、优势的持续性、企业所具有的灵活性进行仔细的考察。灵活性的一个重要的决定因素是学习—消耗比率。企业经理人也要细致分析由于内部组织因素，如结构与文化，所产生的偏见。

思考题

1. 一个温和战略承诺与没有战略承诺之间有什么区别？
2. 战略承诺如何与沉没成本相关？
3. 解释一下为什么价格决策通常是战略互补的，而产能决策通常是战略替代的。
4. 为什么富登伯格与泰勒尔只识别了八个可能的战略承诺中的四个？

在四个他们没有给出的战略中，你认为企业事实上可能采用哪一个？

5. 使用古诺均衡的逻辑来解释：为什么抢在竞争对手之前建立产能要比仅仅宣布它打算建立该产能会更有效呢？

6. 一个现有企业想趁最近需求上升的时机扩大生产。它可以采用两种方法做到这一点。一种是购买可替代使用的、多种用途的设备，如果生产的结果是无利可图，那么就将设备以接近于原价的价格再转售出去。第二种就是企业投资在专用性高的设备上，这些设备一旦投入使用了，就不可以转为他用，并且事实上没有回收价值。假定每一种方法的生产成本是相同的。那么哪种选择下，企业更有可能遭遇其竞争对手也扩大产量的情况呢？

7. 假设有一个耐用品，如大型计算机的垄断生产商。这种产品不会发生贬值。一旦顾客从垄断者处购买了该商品，他们就可以很容易地在"二手市场"上将其销售出去。通常在一个新的耐用品市场中，我们可以看到以下价格类型：卖者一开始索取高价，但是之后随着时间的推移而降低价格。解释一下，为什么生产耐用品的垄断者会倾向于长时间保持价格不变。你可以想出一种方法，使垄断者为这种做法作出一个可信的战略承诺吗？

8. 指出以下竞争行动的战略效应是正的（对制定战略的企业有利）还是负的（对制定战略的企业不利）：

（a）两个存在水平差异的内燃机车引擎生产商，一个在美国，另一个在欧洲。二者在欧洲市场上以伯川德价格竞争者的身份竞争。美国制造商游说美国政府同意给其出口补贴，并且补贴数额与企业在欧洲市场上的销售量成比例。

（b）一个古诺双寡头厂商发行新债回购其股票。新债务使企业在可预见的将来不能借其他债务，并且也限制企业将现有生产设备现代化。

9. 假设两个企业在古诺市场中竞争。一个是罗姆金公司（Roomkin），它正考虑投资一项新生产技术。该项技术能降低平均可变成本并提高效率。罗姆金公司的竞争对手朱里斯公司（Juris）没有进行类似技术投资的资源。罗姆金公司的财务计划人员已经研究了该投资项目，并认为在当前的产量水平下，该投资所节约的成本现值小于该项目的成本，但也只是稍微低一点。现在，假设罗姆金公司聘请你为顾问。你指出，完整的分析需要考虑投资对罗姆金公司与朱里斯公司间的均衡关系的影响。请问在这一更完整的分析中，该投资项目的可行性如何呢？

10. 本章讨论了这样一种情形：一个古诺竞争者即使能够对另一个地理上完全分开的市场具有垄断地位，它也不会进入这个市场。但在什么情况下，它的这种动机会改变呢？

11. 本题使用了第8章中思考题10的一些信息。库克B公司正考虑采用一项它自己开发的专有技术。采用该技术的一次性沉没成本为350美元。一旦进行该投资，边际成本将减少为25美元。吉恩吉恩公司没有该技术，或者是其他的可节约成本的技术，因而它的边际成本仍保持在40美元。库克B公司的财务顾问认为不应该进行投资，因为每台机器成本减少了15美元，共有20台机器，那么总共节约的成本仅为300美元，少于采用新技术的成本。该顾问的分析准确吗？如果不准确，理由是什么呢？请估计一下该投资的战略效应。

【注释】

[1] 本讨论基于 McGahan, A. M., "The Incentive Not to Invest: Capacity Commitments in Compact Disc Introduction," *Research on Technological Innovation*, *Management and Policy*, 5, 1993, pp. 177-197。

[2] 战略承诺应与战术策略相区分（包括定价策略和短期的生产决策），战术策略可以很容易地发生转变，其影响也都是短期的。

[3] 请参见第 1 章中对纳什均衡概念的正式定义和讨论。

[4] 引自 Luecke, R., *Scuttle Your Ships Before Advancing and Other Lessons from History on Leadship and Change for Today's Managers*, Oxford, Oxford University Press, 1994, p. 23。

[5] 此案例引自 "Loblaw's Store of the Future Ready," *Business and Industry*, 21 (15), September 20, 2004, p. 11; "Loblaw Companies Limited," *Hoovers Guide*, http://www. premium. hoovers. com。

[6] "Loblaw's Store of the Future Ready."

[7] 有关承诺的可信性及竞争举动的承诺价值的讨论见 Avinash Dixit and Barry Nalebuff, *Thinking Strategically: The Competitive Edge in Business, Politics and Everyday Life*, New York, Norton, 1991。

[8] 该例子由凯洛格商学院 2002 级 MBA 学生斯珠克和刘丽提供。

[9] Chen, M.-J. and I. C. MacMillan, "Nonresponse and Delayed Response to Competitive Moves: The Roles of Competitor Dependence and Action Irreversibility," *Academy of Management Journal*, 35, 1992, pp. 539-570.

[10] 伯川德的无差异产品的反应函数并不是我们关心的内容，因为企业总希望自己的价格比竞争对手略低一点。因此，在整个这一节中，我们都只关注伯川德行业，在这样的行业中，各企业的产品都存在某种程度的水平差异。

[11] "战略互补"和"战略替代"这两个术语最早出现在 Bulow, J., J.Geanakopolos and P. Klempecer, "Multimarket Oligopoly: Strategic Substitutes and Complements," *Journal of Political Economy*, 93, 1985, pp. 488-511。

[12] 两个公司都作出战略承诺的情况，与只有一个公司作出战略承诺的情况很相似，但是这种情况的经济状况更难描述，所以，为了使我们的讨论更加简洁紧凑，我们只讨论只有一个公司作出承诺的这种比较简单的情况。

[13] 第 1 章充分讨论了有关子博弈精炼纳什均衡的内容。

[14] 有关这种投资战略措施的讨论见 Brander, J. and B. Spender, "Strategic Commitment with R&D: The Symmetric Case," *Bell Journal of Economics*, 14, Spring 1983, pp. 225-235。

[15] 企业 1 的承诺可能会使企业 2 的反应函数发生变化。例如，如果企业 1 的产品与企业 2 的产品差别不大，企业 2 的需求函数就会发生变化，而这会改变它的利润最大化价格决策，从而改变它的反应函数。但是，如果把这种改变考虑在内，图 9—4 中的伯川德均衡会进一步向左下方移动。

[16] 第 8 章讨论了水平差异问题。

［17］Fudenberg，D. and J. Tirole，"The Fat-Cat Effect，the Puppy-Dog Ploy，and the Lean and Hungry Look," *American Economic Review*，74（2）（May 1984），pp. 361－366.

［18］本案例改编自 Ghemawat，P.，"Commitment to a Process Innovation：Nucor，USX，and Thin Slab Casting," *Journal of Economics and Management Strategy*，2，Spring 1993，pp. 133－161。

［19］McGahan，A. M.，"The Incentive to Invest：Capacity Commitment in the Compact Disc Introduction," Research on Technological Innovation，Management and Policy，5 1993，pp. 177－197.

［20］这是"头狗"战略的一个范例。

［21］我们使用"实物"这个词是为了把期权的一般概念与狭义的金融期权区分开来。有许多种金融期权，一个例子就是股份的买入期权。买入期权的所有者有权利但没有义务以一个事先指定的价格购买一定的股份。

［22］参见 Dixit，A. K. and R. S. Pindyck，*Investment Under Uncertainty*，Princeton，NJ，Princeton University Press，1994；有关实物期权的早期讨论见 M. Amaran and N. Kulatilaka，*Real Options：Managing Strategic Investments in an Uncertain World*，Boston，MA，Harvard Business School Press，1999。

［23］下面的例子摘自 "Exploiting Uncertainty：The Real-Options Revolution in Decision Making," *Business Week*，June 7，1999，p. 118。

［24］Courtney，Hugh，*20－20 Foresight：Crafting Strategy in an Uncertain World*，Boston，Harvard Business School Press，2001.

［25］Ghemawat，P.，*Commitment：The Dynamic of Strategy*，New York，Free Press，1991.

［26］超过了时间段，企业的投资产生的回报率不会高于它的资本成本，这个概念是金融分析师用来判断企业价值的模型中的一个标准组成部分。在某些模型中，这个时间段也叫做预测时间段。G·贝内特·斯图尔特（G. Bennett Stewart）把这个时间段叫做"大 T"。参见 G. Bennett Stewart，*The Quest for Value：A Guide for Senior Managers*，New York，Harper Business，1991。

［27］Sah，R. K. and J. Stiglitz，"The Architecture of Economic Systems：Hierarchies and Polyarchies," *American Economic Review*，76，September 1986，pp. 716－727.

第 10 章　动态价格竞争

许多年来，两个公司控制着澳大利亚悉尼的晨报与晚报市场：约翰·费尔法克斯父子公司（John Fairfax and Sons），它上午发行《悉尼晨报》（*Sydney Morning Herald*），下午发行《太阳报》（*Sun*）；鲁珀特·默多克新闻有限公司（Rupert Murdoch's News Limited），它上午发行《每日电讯》（*Daily Telegraph*），下午发行《每日镜报》（*Mirror*）。[1]晨报市场被明显地分割，《悉尼晨报》看上去要比《每日电讯》更有影响力。相比之下，在晚报市场上，两家公司在为获得相同的读者群而相互竞争，并且两种报纸几乎可以相互替代。

在第二次世界大战后的大部分时间里，晚报市场上两家报纸的价格变动总是步伐一致。1941—1974 年 1 月间共出现了七次价格上涨。其中四次涨价是《太阳报》首先宣布的（它被公认为晚报市场的价格领导者），接下来几日内《每日镜报》也进行了相应的调价，与其保持一致。在另外三次提价中，两家报社同时通知涨价。与此相反的是，在晨报市场上，一家报纸的价格上升时间与另外一家报纸的提价时间常常会相隔 9 或 10 个月。

但是晚报市场的定价行为在 1975 年 7 月发生了变化。那时，费尔法克斯将《太阳报》的价格由 10 美分提高到 12 美分。默多克打破 30 多年的传统，选择仍将价格保持在 10 美分。这场由默多克发起的报纸价格战持续了三年半。在这段时间，《每日镜报》占晚报市场的份额从 50％上升到 53％，这使《每日镜报》可以增加它的广告收益。威廉·梅里利斯（William Mer-rilees）估计，由于比《太阳报》价格低，《每日镜报》可以每年增加将近160万美元的利润，而《太阳报》的年利润却下降了大约130万美元。1979年1月，费尔法克斯最终投降了，将其价格降回10美分。自此以后，默多克的《每日镜报》成为了悉尼晚报市场的价格领袖。

该例子提出了关于市场内竞争动态的问题。什么条件影响一个市场中价格竞争的强度？为什么一些市场中的公司看起来可以协调它们的定价行为以避免代价高昂的价格战，而在其他一些市场中，激烈的价格竞争会成为规则？为什么在一个原本平稳的市场中会突然爆发价格战？如果存在任何价值的话，那么公司承诺总与其竞争对手的价格保持一致的价格政策的价值有多大？什么时候公司要与竞争对手的价格保持一致呢？什么时候它应该按自己的价格经营呢？这些是我们在这一章要讨论的问题。

本章以第8章介绍的一系列模型和分析框架为基础，帮助我们理解企业竞争的原因。我们特别关注动态过程的价格竞争。也就是说，价格是随时间推移而不断变化的。这意味着一个公司在某个时点上制定的决策会影响其竞争对手和公司本身的未来行为。例如，假如默多克相信一旦它不再继续，费尔法克斯将停止涨价，那么它可能就会选择跟着一起涨价。这表明，费尔法克斯可能早就传达了这样的信息：不论默多克在前几周定价为多少，它都会作出相应调整。这就是针锋相对的定价政策。

本章也探讨非价格竞争，尤其集中讨论了有关产品质量的竞争。在本章的这一节中，我们将探讨市场结构对企业选择产品质量的影响，以及消费者信息对产品质量竞争性质的影响。

动态价格竞争

与其他公司竞争的公司会随着时间变化，反复地进行动态的价格竞争。这意味着，一旦其竞争对手有时间采取对抗措施，能获得短期利益的竞争行为在长期可能会对企业造成损害。例如，一个企业今天以降价从竞争者手中抢来了生意，但是这会招致竞争对手将来以相同的降价措施作为反击，这样就抵消了企业最初以降价和减少利润夺取的"利益"。这一节将介绍长期动态竞争理论。下一节使用这些理论来阐述市场结构与价格竞争强度之间的联系。

为什么古诺和伯川德模型不是动态的

读者也许好奇，古诺和伯川德模型中是否包含了竞争的动态要素。毕竟，在第8章，我们描述了在企业作出的一系列反应与再反应的过程中实现古诺和伯川德均衡的过程。例如，在一个简单的有两个企业——企业1和企业2——的古诺市场中，实现均衡的过程可描述如下：企业2制定一项产量决策；然后企业1对企业2选择的产量水平作出反应，它利用以企业2选择的产量为变量的反应函数选择自己的产出水平（见图10—1）。企业2再对企业1选择的产量水平作出反应，它也会利用以企业1选择的产量为变量的反应函数选择产量。这一过程不断重复，直至达到均衡。

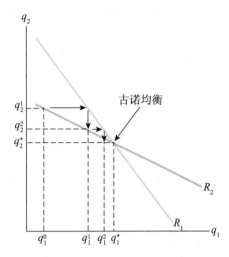

图10—1　向古诺均衡的收敛

该图描绘了企业达到古诺均衡的过程。假定在初始阶段，企业1的产量为q_1^0。企业2对此的反应是在下一时期生产q_2^2。企业1于是将生产q_1^1作为对企业2产量选择的回应。企业2又将生产q_2^2作为回应，这又会促使企业1生产q_1^2作为回应。如箭头所示，这个反应和再反应的过程最终将收敛于古诺均衡：q_1^*和q_2^*。

　　严格地讲，对古诺均衡的这个描述（以及对伯川德均衡的类似描述）是不正确的。事实上，两个模型都是静态的，而非动态的。它们之所以是静态的，是因为在每一个模型中，所有企业都同时作一次性的产量或价格选择。反应—再反应的过程仅仅是为了强化说明古诺（或伯川德）均衡是"稳定"的这一点：要明白图10—1对古诺均衡的"动态"描述的不充分性，我们需注意，每次当企业选择其产量时，它是将决策建立在对手先前的行动之上的。并且，它的"反应"是，作出使其当前（也就是说，单一时期）利润最大化的选择。不过，可能一家聪明的企业会从长远考虑，从而选择其产量以使其整个时期的利润的现值最大。为达到此目标，它必须预测对手未来的行动，而不仅仅是天真地根据对手过去的行动作出反应。图10—1揭示了单纯地根据竞争企业以前的产量选择作出反应的局限性。除非两个企业都处于均衡点上，随着企业1对企业2作出反应，企业2又对企业1作出反应，否则任何一方过去的行动都不是指导另一方将来行动的可靠依据。

　　上述讨论并不意味着古诺或伯川德模型是错误的或没用的。两种模型都将一种复杂的现象——行业竞争简化为一种便于分析的形式，这有助于回答下面的问题：企业数量对市场中的主导价格水平有何影响？或者，在一个寡头垄断市场中，当需求曲线向外移动时，价格将发生怎样的变化？不过，无论是古诺模型还是伯川德模型，都不能完整地解释为什么在某种高度集中的寡头企业中（例如，直到 20 世纪 60 年代后期的美国钢铁行业，或者 20 世纪 90 年代早期之前的美国烟草行业），企业能在没有正式同谋的情况下将价格维持在竞争水平之上，以及为什么在其他同等集中度的市场上（例如，区域性水泥市场），价格竞争通常比较激烈。这些模型也没有为经理们在竞争环境中评估自身的定价策略提供指导。价格竞争的动态模型对研究这些问题非常有用。

动态价格竞争：直观认识

我们分析的起点基于下面的假设：在其他条件相同的情况下，企业希望产品价格更接近于垄断水平，而非伯川德或古诺竞争下达到的水平。例如，图 10—2 描述了世界化工商品市场的需求和成本曲线。设想这个市场由两家公司组成：壳牌化工公司和埃克森美孚化工公司。这是一个成熟行业（需求既不增长也不萎缩），两家企业都能获得相同的技术和生产要素，因此有相等的边际成本和平均成本。我们假定边际成本在整个可能的产出水平范围内是每 100 磅恒定为 20 美元。买者将这两家企业的产品视为完全的可替代品，因此只会依据价格作出选择。

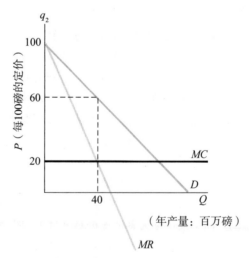

图 10—2　垄断价格和产量

根据图中所示的市场需求曲线，且边际成本恒定为 20 美元时，垄断产量是每年 4 000 万磅，且垄断价格是每 100 磅 60 美元。

通过同谋，两个竞争者可以索要垄断价格：每100磅60美元，并且它们将每年共同生产4 000万磅的化工产品。它们如何分割这个市场是无法根据垄断理论推导出来的，但考虑到两个公司完全相同，我们可以假设它们将市场对半分。如果是这样的话，垄断的结果将使每家公司获得800万美元的年利润。相比之下，若两家企业打算像伯川德竞争者那样竞争，它们的价格将为每100磅20美元，而它们的年利润将为零。[2]

在伯川德竞争水平之上操纵价格的正式协议，叫做共谋，这在许多发达国家是违法的。为了强调我们并非关注正式共谋，我们用"合作定价"（cooperative pricing）这个术语来表示这样一种情形，即企业维持的价格高于由非合作的单独定价或产量决策的博弈，如古诺或伯川德竞争所得到的价格。

当企业非合作地制定价格决策时，能实现合作定价吗？换句话说，假设两个企业单方面将价格设定在它们成功共谋所达成的价格附近，会出现任何一个企业都不希望削弱竞争对手的情况吗？在这些情况下，合作定价是可行的。若不存在这些情况，合作定价则难以实现。在本节余下部分，我们描述一家企业打算从价格上削弱竞争对手时，它所面临的成本和收益。在下一节中，我们将识别影响这些收益和成本的市场条件。

竞争者的反应和针锋相对的定价战略

经济学家爱德华·张伯伦认识到了这些力量，他认为，在集中的市场中，卖方会认识到，通过将价格降低至垄断水平以下所获得的利润可能转瞬即逝。

> 如果任一方理性并睿智地寻求其利润最大化，它将意识到当存在两个或只有少数几个卖者时，其自身的举动会对竞争者产生重大影响，并且由此会达到理想的境地：它们会接受这种影响所带来的损失而不存报复之心。既然任何一方降价的结果是不可避免地降低自己的利润，那么就不会有人这么做；尽管各个卖者是完全独立的，但均衡结果是相同的，就如同它们之间存在一个垄断协议。[3]

为了理解张伯伦的观点是如何在我们的例子中起作用的，假定壳牌和埃克森美孚现在将价格定在伯川德均衡时的20美元和垄断价格的60美元之间的某个价位，例如，每100磅40美元。再假定壳牌最近在其他市场遭受了挫折，并正在考虑将其价格提升至60美元的垄断水平。你也许会认为，如果壳牌未与埃克森美孚达成共同提价的协议就将价格升至60美元，那是一种愚蠢的做法。毕竟，若壳牌提高了它的价格，而埃克森美孚没有，那么埃克森美孚会占领100%的市场。若将价格定为40美元，埃克森美孚的年利润将升至1 200万美元，这比它跟随壳牌的领导并将其价格提升至垄断水平时所获得的年利润多了800万美元。这样，壳牌和埃克森美孚会面临一个与第

1章中所描述的类似的囚徒困境：即使索要垄断价格对两家公司都有利，但如果壳牌将其价格提高至垄断水平，而埃克森美孚保持价格低于壳牌的价格，则埃克森美孚将会从中获利。

但现在假定价格每周都能变动，所以如果壳牌想撤销它的价格上涨，则它不用等一个星期就能这样做。再假定壳牌能及时地观察到埃克森美孚的价格决策，那么壳牌将立即知晓埃克森美孚是否跟随它涨价。

在这些条件下，壳牌的涨价决策风险极小。若埃克森美孚拒绝跟随涨价，壳牌能在一星期后将价格回调至40美元，最多，壳牌损失了一个星期现行价格的利润（约115 400美元）。对壳牌来说，不仅其提价的风险低，并且如果它站在埃克森美孚的立场，就会明白埃克森美孚不得不跟着一起提价。要明白为什么，可以假定两个企业都用10％的年利率对未来利润进行贴现。摊至每周，大约是0.2％（即0.002）的贴现率。[4]壳牌的理由如下：

● 如果埃克森美孚坚持当前40美元的价格，我们很快就会知道，埃克森美孚会预期若它不跟随提价，我们在第一个星期后会将价格回调至40美元。通过将价格维持在40美元，埃克森美孚的利润将出现一个星期的"上弹"，从每周11.54万美元增加至23.07万美元（23.07万＝1 200万/52）。然而，当我们撤销了价格的上调后，埃克森美孚的周利润又将回到11.54万美元。这样，埃克森美孚周利润的贴现值（用百万美元表示）将是

$$0.230\ 8+0.115\ 4/(1.002)+0.115\ 4/(1.002)^2$$
$$+0.115\ 4/(1.002)^3+\cdots$$

结果等于5 793万美元。[5]

● 如果埃克森美孚跟随我们提价至60美元，每一方都能获得800万美元的年利润，转化为周利润是153 846美元或15.38万美元。在跟随我们提价后，埃克森美孚的周利润贴现值是

$$0.153\ 8+0.153\ 8/(1.002)+0.153\ 8/(1.002)^2$$
$$+0.153\ 8/(1.002)^3+\cdots$$

等于7 705万美元。显然，埃克森美孚跟随我们提价将获利更多，即使如果它拒绝提价至60美元而能在第一个星期获利较多。

因为埃克森美孚保持与壳牌价格同步将收获颇丰，并且如果埃克森美孚不跟随提价，壳牌损失也极小，所以壳牌将其价格涨至60美元是明智的。如果埃克森美孚的行为是理性的，那么它将按壳牌所期望的那样行动（出于以上所描述的原因），即埃克森美孚将配合壳牌的提价。这样，即使每个企业都是单方面行动，这个结果仍相当于垄断的结果。简单的计算表明：只要埃克森美孚的周贴现率小于50％，这对应于2 600％的年贴现率，垄断价格

就能保持。

如果壳牌对埃克森美孚宣称从下周开始，在给定的任一周，其价格将追随埃克森美孚前一周的价格，则壳牌对埃克森美孚会配合它一起提价就更有信心。这一针锋相对战略（tit-for-tat strategy）类似于壳牌对顾客作出的"不会对产品打折"的承诺。如果壳牌向埃克森美孚表明它将采取针锋相对战略，那么埃克森美孚就会明白，如果它不追随壳牌将价格提升至60美元，壳牌在第一个星期后会将其价格回调至40美元的初始水平。作为最好的应对措施，埃克森美孚将实际经历前面所述的相同的推理，并发现配合壳牌的60美元价格是值得的。

通过制定"针锋相对"的政策，费尔法克斯父子公司可能就可以避免在本章开头所描述的那场高成本的价格战。一旦默多克的《每日镜报》不打算提价至12美分的情况明朗了，费尔法克斯就应当将价格降回至10美分。如果默多克的报纸预料到了费尔法克斯的这个行动，它就会有强烈的意愿配合费尔法克斯的价格上升了。

多家企业的针锋相对的定价战略

将壳牌—埃克森美孚例子中的逻辑扩展至任意数量的企业和任意跨度的价格时期（例如，一个月、一个季度或一年）并不难。用 π_0 表示在主流价格为 P_0 时的行业利润，用 π_M 代表当所有企业索要垄断价格 P_M 时的行业利润。整个行业的利润在价格为垄断价格时要高于价格为主流价格 P_0 时，即 $\pi_0 < \pi_M$。不过，如壳牌—埃克森美孚的例子一样，设想该行业的 N 家企业每一家都面临"囚徒困境"。如果一家企业期望它的对手们都将价格提至垄断水平，它若坚持价格 P_0（因此削弱了对手的竞争力并以主流价格 P_0 占领了整个市场），那么其所获得的利润要大于跟着提高价格而获得的 $1/N$ 倍的垄断利润。这样，一段时期内，一家企业因拒绝参与全行业统一的提价至垄断水平的行动而获得的利润为 $\pi_0 - (1/N)\pi_M$。

假定企业间的相互竞争是无限的（也就是说，一段时期接一段时期，没有结束），每一家企业都使用每一时期的贴现率 i 对将来的利润进行贴现。如果每家企业都相信它的竞争者会在现阶段将价格从 P_0 提至 P_M 并采取针锋相对战略，那么它会发现，只要下面的等式成立，那么将价格定为垄断价格就符合其自身利益[6]：

$$\frac{\frac{1}{N}(\pi_M - \pi_0)}{\pi_0 - \frac{1}{N}\pi_M} \geq i \tag{10—1}$$

通用汽车员工折扣价格战

美国客运车市场充满了能够引发残酷价格竞争的火药味。这一市场的市场集中度不是特别高，市场份额最大的通用汽车占了不到 25％ 的份额。种类繁多的品牌和型号、经销商的价格保密让制造商在价格上很难达成一致。一些因素影响着价格的稳定。最重要的因素从 30 年前就基本没有发生变化。有些品牌有一定的忠诚度，尤其是在面包车、越野车、跑车和豪华车上。这会使得在多数生产线上，汽车制造商即便不能获得最高的利润，也能获得可观的回报，而经济型轿车和家庭轿车的利润却很微薄。

通用汽车是少数几家尝试改变新车定价原则的生产商之一。在 1990 年研发出土星品牌的时候，通用广告中说将按照标价销售。这种简化的价格政策对很多买家非常有吸引力，尤其是对那些初次购买、没有讨价还价经验的买家和只是更喜欢这样简洁过程的买家。

尽管土星品牌取得了有限的成功，通用汽车的市场份额在过去的 20 年里却逐渐削弱了，到 2004 年下降到了 25％ 以下。2005 年 6 月 1 日，通用汽车推出了另外一个大胆的定价行动。在一段时间内，通用汽车将把给员工的折扣（通常是标价的 10％）推广到所有客户。很快销售量就有了提高。在第一个月里，通用汽车的销售额增长了 41％，市场份额增加了 8％。很多汽车都卖给了本来打算买其他品牌的人。

其他汽车制造商的观望态度让通用汽车从中受益。但是，直到 8 月 1 日通用汽车一直在扩展它的销路，同时福特和克莱斯勒在经销商那里却处处碰壁。它们感到不能继续坐以待毙了，在 7 月初，福特和克莱斯勒都推出了同样的员工折扣改进政策。一些外国制造商也迅速照搬这种模式。

从一些粗略的计算中可以看出价格战是怎样影响通用汽车的底线的。假设一辆生产成本为 2 万美元的汽车，在一个正常的月份里，通用一共销售了 10 万辆。一般来讲，这类车通用汽车能够卖出 25 000 美元的价格，获得 5 亿美元的总利润。在员工折扣方案下，通用汽车以 24 000 美元的价格卖车，但是月销售额却增长到了 14 万辆左右。总的月利润额增加到 5.6 亿美元。从目前来看，结果是好的，但是一旦福特和克莱斯勒也采用同样的价格，会发生什么呢？

继续这个例子，我们可以假设在第 2 个月中，通用销售了 12 万辆汽车。总利润额下降到 4.8 亿美元。在两个月的促销时间内，通用汽车获得了 10.4 亿美元的总利润，相比来看，如果保持现状将会获得 10 亿美元的总利润。如果价格战持续更长的时间，三家汽车制造商都会不停地改变价格。它们同意在 9 月 30 日结束这次促销行动。不幸的是，夺取市场份额的诱惑是不可抗拒的，新一轮的价格折扣在秋末开始了。

有两个额外的因素没有被添加到计算之内。为了利用这次折扣机会，一些本来打算购买通用汽车的客户可能会加快购买速度。在促销结束不久后，通用汽车的销售量就会暴跌。配合推出更高利润的2006年新款车型，促销期获得的利润应该扣除提前销售导致的这部分利润损失。第二个考虑的因素是从福特和克莱斯勒抢来的新通用客户是否会成为愿意在未来更高利润率下购买新通用汽车的忠实客户。只有时间能够告诉我们通用汽车是否能在引领降价道路方面获益。

如果不等式（10—1）中的情况不变，每家企业将独立地（即未经共谋）将价格提至垄断水平。尽管这看上去很可怕，但理由很简单，并且——稍后我们会讨论——含义深刻。不等式的左边是利润成本比率。这个比率的分子是某一家企业通过合作在一段时期内获得的利润，它表示当所有企业确立垄断价格而不是 P_0 时，各家企业每期利润的差异。分母表示企业如果拒绝合作，它在现阶段所能获得的额外利润。这个预期的利润是合作的成本。不等式（10—1）表示当利润成本比率超过不等式左边的起点水平时，合作价格就能够持久。这个起点水平等于周期贴现率 i。例如，若 $N=5$，$\pi_M=10$ 万美元/月，$\pi_0=4$ 万美元/月，那么利润成本比率是

$$\frac{\frac{1}{5} \times (100\ 000 - 40\ 000)}{40\ 000 - \frac{1}{5} \times 100\ 000} = \frac{12\ 000}{20\ 000} = 0.60$$

如果价格周期是一个月，那么这个算式意味着只要月贴现率低于60%（或者年贴现率低于720%），所有企业都有动机独立地将价格提升至垄断水平。

案例 10—2

当企业对减价迅速采取报复时会发生什么：
菲利普·莫里斯公司与 B. A. T 在哥斯达黎加[7]

1993年哥斯达黎加的烟草行业为我们完美地展现了当一家企业降价其对手也立即降价时将会发生什么。1993年最著名的烟草价格战出现在美国，当时菲利普·莫里斯首先发起"万宝路星期五"（Marlboro Friday）减价行动。名声稍逊一筹的哥斯达黎加价格战同样也是由菲利普·莫里斯发起的。此次价格战比"万宝路星期五"的行动早几个月开始，但持续的时间比"万宝路星期五"价格战长一年。从菲利普·莫里斯的角度看，这次行动结果不同于美国的那场价格战。

20世纪90年代初，两家公司控制着哥斯达黎加的烟草市场：菲利普·莫里斯占有30%的市场份额，B. A. T 占有70%的市场份额。市场由三部分组成：高档品、中等品和经济品（VFM）。菲利普·莫里斯在高档品和中等品上有领导品牌（分别是万宝路和德比（Derby））。相比之下，B. A. T 凭着其德尔他（Delta）品牌占领了经济品市场。

整个20世纪80年代，哥斯达黎加欣欣向荣的经济推动了烟草需求的稳步增长。因此，B.A.T 和菲利普·莫里斯都能持续提价，幅度超过了通货膨胀率。到1989年，行业的价格成本边际超过了50％。然而，在20世纪80年代后期，市场开始变化。对健康的关注减少了哥斯达黎加居民对烟草的需求，这个趋势对高档品和中等品市场的打击远大于对经济品市场的打击。1992年，B.A.T 从菲利普·莫里斯那里抢得了市场份额，这是自20世纪80年代初期以来的第一次。菲利普·莫里斯当时面临需求增长减慢和市场份额下降的局面。

1993年1月16日，星期六，菲利普·莫里斯使万宝路和德比香烟的价格降低了40％。减价的时机并非随意选择的。菲利普·莫里斯推测，在年底的节日过后，B.A.T 的存货肯定不多，如果它效仿菲利普·莫里斯的降价甚至降价幅度更大，将没有充足的产品来满足迅速增长的需求。此外，菲利普·莫里斯在星期六早晨开始降价，它估计 B.A.T 在当地的主管部门没有和伦敦的总部进行充分磋商的情况下将无法应对。

不过，B.A.T 的反应速度让菲利普·莫里斯吃了一惊。B.A.T 将它的德尔他牌香烟价格降低了50％。行业观察者估计，这个价格几乎低于德尔他的边际成本。由于一直对菲利普·莫里斯星期六早晨的行动保持警惕，B.A.T 在星期六下午就要求销售商以新价格出售其产品。随之而来的价格战持续了两年。由于价格的降低，香烟销售量增长了17％，但市场份额变动不大。到1994年价格战结束为止，菲利普·莫里斯在哥斯达黎加的市场占有率没有变，并且利润比价格战开始前减少了800万美元。B.A.T 损失更大——2 000万美元——但它保住了德尔他品牌的市场份额，并且也保持了与战前相同的各区域的价差。

为什么菲利普·莫里斯会这么做？在20世纪90年代初期，菲利普·莫里斯提高了万宝路在其他中美洲国家，如危地马拉的市场份额，这是以 B.A.T 市场份额的减少为代价的。也许菲利普·莫里斯认为，它能在哥斯达黎加重演这种成功。然而，如果菲利普·莫里斯预料到 B.A.T 的反应会这么快的话，它就会意识到它的降价不会带来市场份额的增加。不论菲利普·莫里斯降价的动机是什么，这个例子强调了，竞争者迅速的报复性行动会使降价的优势消失殆尽。如果企业明白这一点，并且能从长远考虑的话，针锋相对的定价战略带来的惩罚就能阻止将价格作为一个竞争武器。

无名氏定理

不等式（10—1）中的利润成本条件意味着，如果所有企业都相当耐心（也就是说，如果贴现率 i 不是特别大），则合作结果将会持久。这个结果是总被重复提到的囚徒困境博弈理论的一个特例，称为"无名氏定理"（folk theorem）。[8] 无名氏定理认为，只要贴现率足够低，任何一个介于垄断价格

P_M 和边际成本之间的价格都可以维持，就如同这里所研究的无限重复囚徒困境博弈中的均衡一样。当然，运用除针锋相对战略以外的战略对形成其他这些均衡是必需的。例如，一种均衡是使每家企业在每个时期的定价与边际成本相等。假定它预期竞争对手会如此行动，那么企业最好的办法就是自己也这样做。

协 调

无名氏定理意味着即使所有企业都单方面行动，合作定价行为在寡头垄断行业仍是一个可能的结果。不过，可能存在许多其他的结果，所以无法保证一定会产生合作定价。在有可能出现更没有吸引力的结果的情况下，想达成合作定价是一个协调问题（coordination problem）。为了得到这种合作的结果，行业中的企业必须在某个战略——例如针锋相对战略——上进行协调，这使得各家企业为了自身利益而避免进攻性的降价。

解决协调问题的一个显而易见的但在大多数国家也是非法的方法是达成共谋协议。若缺乏协议或公开的沟通，实现协调是比较困难的。不论怎样，行业中的每个企业必须采取某种战略，例如针锋相对战略，将该行业推向合作价格。为了达成目标，诱发合作战略必须是一个聚焦点（focal point），这种战略极具吸引力，使得每一个企业都预期其他所有企业都会采纳它。

有关在经济或社会相互作用中如何产生聚焦点的理论尚未发展成熟。[9]聚焦点与背景或环境是高度相关的。例如，以斯坦福商学院研究生院（Stanford Graduate School of Business）的戴维·克雷普斯（David Kreps）教授设计的"分割城市"（Divide the Cities）的游戏为例。[10]

下面列举美国的 11 个城市：亚特兰大、波士顿、芝加哥、达拉斯、丹佛、休斯敦、洛杉矶、纽约、费城、旧金山和西雅图。我根据城市的重要性和"生活质量"给每个城市分配了从 1 到 100 的一个分值。直到游戏结束，你才会被告之这个分值，我只会告诉你纽约分数最高，为100，而西雅图最低，为 1。我认为你将发现我的分值是公平的。我要让你同一位从哈佛商学院研究生院（Harvard Graduate School of Business）随机选出的学生玩下面这个游戏。你们每个人将被要求在未经讨论的情况下同时列出一个名单，它包括这 11 个城市中的一些城市。你的名单必须包括旧金山，你对手的名单必须包括波士顿。现在，为了玩这个游戏，我给你们 100 美元。我将按下面的结果增加或减少钱的数量：对于每个只出现于一个人的名单上的城市，列出这个城市的人将获得与我给予该城市的分值数目相等的钱；对于每个在两人的名单上都出现的城市，我将从你们俩人那里分别拿走两倍于该城市分值的钱。最后，如果你们两人成功地将这些城市分开，我将使你们的奖金增至三倍。你们会列出哪些城市呢？

这个游戏有上百个可能的结果。不过,当这个游戏是由美国学生来做时,结果几乎总是相同的:斯坦福学生的名单是达拉斯、丹佛、休斯敦、洛杉矶、西雅图和旧金山。聚焦点就在于将美国东西部划分开来,并在处理城市数量为奇数(11)这一事实时运用了一些基本的平衡考虑。(既然西雅图是分值最低的城市,学生们普遍在西部城市名单中为其留了一席之地。)克雷普斯注意到,当做游戏的学生中有一个是非美国学生时,东西地理划分这一聚焦点就不再那么重要了。在这种情况下,美国学生经常担心非美国学生的地理知识。当单子的城市中很少根据自然性划分时,例如它包括 8 个西部城市和仅仅 4 个东部城市时,就不容易得到聚焦点。

这个例子给了我们关于企业尝试协调价格和其他决策的几点启示。企业可能在整数价位上定价(例如,数字音乐播放器定价为 300 美元,或者在成本基础上加 100 美元),并且按整数价位提价(例如,每年提价 10% 或者可能是在成本基础上增加 5%)。相对于其他一些不明显的分裂,即使是市场份额的拆分也可能拖垮企业。现在的市场份额是可以维持的。当竞争者销售几乎相同的产品时,协调可能更简单些。当竞争环境动荡并迅速变化时,协调可能会困难些。

依靠稳定竞争环境的传统和习惯,竞争者的动作更容易掌握,他们的意图更容易解释,企业可以让协调变得更容易。例如,20 世纪 60 年代的美国涡轮发电机行业,两大厂家——通用电气和西屋公司,采用单乘数来决定打折价格。这将复杂的定价过程简化为单个易懂的数字。许多行业都有调整价格的标准周期。直到 20 世纪 90 年代初,美国烟草行业中,6 月和 12 月都是菲利普·莫里斯和纳比斯科宣布改变价格的传统日期。默认价格在传统日期以外都不会改变,这减少了对竞争对手可能试图打破现状的疑虑,使得企业更容易在处于或者接近垄断价格水平下达成协调。

针锋相对的战略为何这样诱人

针锋相对战略不是唯一能使企业在非合作均衡下维持垄断价格的战略。像针锋相对战略一样,另一种战略在充分低的贴现率下也能导致垄断价格,即冷酷触发(grim trigger)战略:

> 在这个时期开始,我们将价格定为垄断价格 P_M。在以后各期,如果任何企业的价格偏离 P_M,我们将在下一时期降价至边际成本,并在后续各期永远保持不变。

冷酷触发战略依赖无限期的价格战威胁来阻止企业利用降价削弱竞争对手。考虑到其他潜在的有效战略,如冷酷触发战略,为什么我们认为企业一定会采用针锋相对战略呢?一个原因是针锋相对战略是一个简单、容易描述也容易理解的战略。通过诸如"我们不会降价"或"我们将跟随对手的价格,不论它们的价格有多低"的宣言,企业能容易地向对手表明,它遵循针锋相对战略。

　　企业采取针锋相对战略的另一个原因是，与多种不同的战略相比，采取这种战略，在长期内它们将会运转良好。对这一点，罗伯特·阿克塞尔罗德（Robert Axelrod）在他的《合作的演化》（*The Evolution of Cooperation*）[11]一书中作了非常精辟的论述。阿克塞尔罗德策划了一次计算机比赛，邀请参与者们就一个（有限的）重复的囚徒困境博弈提交策略。提交的每两个战略比赛一场，总分最高的战略获胜。尽管针锋相对战略始终未能在一对一的竞赛中击败对手（最好的也就是平局），但它在总得分中是最高的。根据阿克塞尔罗德的观点，它能做到这一点，是因为它综合了"善良"（niceness）、"报复性"（provocability）和"宽恕"（forgiveness）等特性。善良是在于它从来不是第一个从合作结果中逃离的。报复性是在于对于那些从合作结果中逃离的对手，它会立即通过在下一个时期跟随对手的逃离对其予以惩罚。宽恕是在于当对手回到合作战略中时，奉行针锋相对战略的企业也会回到合作中去。

案例 10—3

宽恕和报复：道氏化学公司和反向渗透膜市场[12]

　　在报复和原谅之间实现正确的平衡是很重要的，但要做到这一点可能并不容易。20 世纪 90 年代中期，道氏化学公司（Dow Chemicals）在反向渗透膜——这是一种用于废水处理和净化的环保系统中的一种昂贵部件——市场中得到了这个教训。道氏化学公司将这种产品卖给大的行业经销商，再由后者出售给最终用户。

　　直到 1989 年，道氏化学公司一直拥有这种薄膜技术膜的专利权，并独占整个美国市场。但是，在 1989 年，美国政府以该技术的研发基金中有政府的一部分为由，将道氏化学公司的这项专利转为公共财产。其后不久，一家日本公司"克隆"了道氏化学公司的薄膜技术膜，并进入了该市场。

　　1989 年，道氏化学公司的产品价格为每单位 1 400 美元。在其后的七年中，日本竞争者将单位价格降至大约 385 美元。在这期间，道氏化学公司也不断降低其价格。依靠出色的服务支持和公认的优质品质方面的细微差别，道氏化学公司的单位价格处在大约 405 美元的底线。

　　在价格螺旋下跌的过程中，道氏化学公司对竞争对手的定价行动不断以宽恕和进攻性的措施进行回应，试图确定对手的动机并劝说其维持行业高价。道氏化学公司曾经在三个不同的时刻提高了它的渗透膜的价格。但它的竞争对手从未跟随道氏化学公司一起提价，而（与针锋相对的定价策略一致）道氏化学公司最终每次都撤回了提升的价格。

　　在这期间，道氏化学公司也尝试过好几种其他的战略以避免卷入价格竞争，并试图软化对手的定价行为。例如，道氏化学公司加大在产品质量上的投入，以提高其产品性能。它还通过大力宣传其产品出色的性能特色，试图转移经销商对价格的关注。不过，道氏化学公司的这些举措只取得了部分成功，无法使价格的升幅超过 13%。

最终，道氏化学公司明白了，它的竞争对手在墨西哥从事生产活动，从而获得了建立在廉价劳动力基础上的成本优势。它也获知，在 1991 年，这个竞争对手建立了一个大工厂，因此对手进攻性的定价行为部分是出于要使这家工厂满负荷运转的驱使。基于这些信息，道氏化学公司抛弃了其对软化价格竞争所做的所有努力，无论是原谅性的定价行为还是以改变定价博弈中的均衡为目的的战略性承诺。道氏化学公司目前的战略是，绕过行业经销商而将产品直接卖给最终用户。因为道氏化学公司了解到，尽管生产者降低了价格，但经销商卖给最终用户的价格没有变。这种战略是否有助于道氏化学公司摆脱价格竞争，直到目前为止还是个未知数。道氏化学公司的竞争对手可能也会采取这种战略，直接与最终用户打交道。如果它打算这么做，难以想象该产业的价格竞争还能这么平静。

误　解

在阿克塞尔罗德的博弈中，每个参与者都完全知道对手的价格。在现实世界中，企业可能会误解它们的竞争对手。我们用"误解"这个词是指：企业误认为竞争对手将实行某一价格，而实际上对手实行的是另一个价格；或者企业误解了对手的定价决策的原因。

如果两家企业正采取针锋相对的战略，并且一个合作行为被误解为不合作行为，可能会发生什么？将合作行为误解为不合作行为的企业会采取不合作的做法作为回应。这导致其对手也会以不合作的做法作为对此的回应。一次误解会导致这样一个模式：在该模式中，企业行为在合作与不合作间改变。如果在这个动态过程中，又有一次合作行为被误解为不合作行为，最终的模式会更糟：企业会陷入每个时期都选择不合作行为的怪圈。

阿维纳什·迪克西特（Avinash Dixit）和巴里·奈尔巴夫（Barry Nalebuff）认为，当有可能出现误解时，与针锋相对战略相比，那些报复性更弱和宽恕性更强的定价战略就更具有吸引力。[13] 如果竞争对手在下一时期回到合作行为，那么忽略对手表面上的不合作行为的做法更为可取。

麦肯锡公司的顾问罗伯特·加达（Robert Garda）和迈克尔·芒（Michael Marn）认为，现实世界中的某些价格战并非由企业为了夺取对手的生意而故意挑起的。[14] 相反，这些价格战是由误解导致的。为了阐释他们的观点，加达和芒列举了一个轮胎生产商的例子。这个生产商以 35 美元的发票价格出售一种特殊轮胎，但有 2 美元的年终批量折扣和 1.5 美元的营销折扣，这样生产者的净价实际为 31.5 美元。[15] 这家企业从它的地区销售员工那里得到报告，称一家竞争企业以 32 美元的发票价格出售一种类似的轮胎。作为回应，生产商将它的发票价格降低了 3 美元，净价降低为 28.5 元。后来这家生产商才知道，对手不提供批量折扣和营销折扣。由于误解了对手的价格并且迅速反击，该轮胎生产商促成了一场恶性价格战，导致双方都损失惨重。加达和芒强调，为避免对竞争对手表面的减价作出过度反应，公司在作出反应之前，应认真了解对手竞争计划的细节以及这一竞争行为的动机。

市场结构如何影响合作价格的持续性

与其他市场结构相比，在一些市场结构中，较难实现定价合作，这部分是因为在某些条件下，企业无法在一个聚点均衡上进行协调，部分是因为市场结构条件会对不等式（10—1）中的利润成本比率产生系统性影响。本节讨论使合作定价和竞争稳定性得以实现的、更为简化或复杂化的市场结构条件。我们已经描述了通用电气公司（GE）在涡轮发电机行业采用的一个简化的实践案例：通过标准化定价使竞争对手更容易公布和匹配价格。现在我们关注另外四点：

- 市场集中度；
- 影响反应速度和察觉滞后的结构条件；
- 企业间的不对称；
- 买者的价格敏感度。

市场集中度和合作价格的持续性

当企业的数量减少时，不等式（10—1）中的利润成本比率将提高。原因在于第 8 章所述的收入缩减效应：为了获得从新增客户得来的收入，降价企业不可避免地减少从现有顾客得来的收入。在比较集中的市场中，企业的规模通常比分散市场中的企业规模大。因而，在集中市场中，收入缩减效应更加显著。同时，由于潜在顾客相对较少，比较集中市场中的企业从降价中获得的利益更少。公式（10—1）中降价使利润成本比率降低的不利情况有利于企业保持较高的价格，而不是通过降价来抢夺市场份额。

更具体地说，假设一个企业打算降价 20％来抢夺竞争对手 10％的业务。如果企业处在对称的双寡头市场中，它将为获得 5％的市场份额（一半市场的 10％）承受 10％的收入破坏效应（一半市场降价 20％）。如果企业是 10 个同等规模的竞争对手中的一个，那么它将为获得 9％的市场份额仅仅承受 2％的收入损失。

这种理论在企业针对竞争对手产品的消费者进行降价时是不成立的。例如，由于 UPC 代码和扫描仪，企业可以在购买的时候识别竞争对手产品的消费者，提供优惠券让他们再次光临本商店。这是杂货店常用的做法。其他一些企业可能从零售商那里获取购物单，然后邮寄优惠券和其他促销材料。虽然有针对性的折扣提供了争夺消费者同时免受收入破坏效应的方法，但是它们也让竞争对手针对价格折扣进行"如外科手术般"精确的报复，而且可能会促进全线价格的上涨。

较高的市场集中度有利于通过企业之间一些不能被公式（10—1）反映的方式合作定价。如上所述，如果企业之间合作定价，它们必须以相同的方向思考。虽然很难在这方面以理论来阐释，我们凭直觉就可以知道，市场中的企业越多，越难以协调。在过去的 20 年中，百货商店就拥有这样的经历。20 世纪 70 年代之前的一个世纪中，百货商店使用简单的掰拇指计算方法定价，比如布料价格定为成本的 2 倍。因而，这些百货商店几乎不担心价格竞争的问题。麦克斯商城（TJ Maxx）和飞琳地下商场（Filene's Basement）等新百货商店的进入，打破了原来合作价格均衡的状态。沃尔玛和塔吉特（Target）超市的进入进一步加剧了竞争。这些新进百货商店通过货物的廉价销售获取了市场份额。凭借非常高的存货管理能力，沃尔玛和塔吉特即使以很低的价格销售货物，仍能够盈利。

凭借数学计算和常识，我们不难判断，相较于分散的市场（市场中有很多企业），集中度高的市场（市场中只有一些企业）更能够达成合作价格。市场集中度高有利于保持合作价格的观点对于美国和欧盟的反垄断政策非常重要。比如，在美国，司法部和贸易委员会不会贸然反对企业之间的合并，除非合并之后市场集中度（通常以赫芬达尔指数来衡量，赫芬达尔指数在第 8 章介绍）超过了某一个设定的门槛。[16] 如果两个企业的合并可以大幅度增加市场集中度，就会收到反垄断机构的法律诉讼，这样的官司可能持续数年，最后可能法院也不会允许两家企业合并。

反应速度、察觉滞后和合作价格的持续性

企业对它们竞争对手的定价举措的反应速度也会影响合作价格的持续性。要明白为什么，让我们回到不等式（10—1）的利润成本条件，并且最初假定一个"时期"为一年，则不等式（10—1）中的利润为年利润，贴现率 i 为年贴现率。相比之下，若定价周期为一个季度，并且销量在一年中平均分配，所有计入利润成本比率中的利润将被分为 4 份，但这个比率本身不变。[17] 不过，不等式（10—1）右边的起始值变成了一个季度贴现率，即年贴现率除以 4。这样，利润成本条件变成：

$$\frac{\frac{1}{N}\left[\pi_M - \pi_0\right]}{\pi_0 - \frac{1}{N}\pi_M} \geq \frac{i}{4} \tag{10—2}$$

不等式（10—1）同不等式（10—2）之间的关键区别在于，使一家企业采取针锋相对战略并将价格提高至垄断水平的临界值现在变小了。通过将该贴现率固定，反应速度从一年加快至一个季度，从而拓宽了使合作结果可持续的条件。如果降价能被立即回应，有效贴现率降至零，合作价格就可以一直持续。

由上面的分析，我们可以直接得出：降价的公司只有在竞争对手不降价的情况下才会获益。如果竞争对手迅速反应，降价的好处就不会出现。的确，如果竞争对手选择迅速相应降价，有效折现率将变为 0，降价无法获益，合作价格可以一直持续。

希望保持竞争对手合作定价的企业应该尽一切努力，使得降价被竞争对手跟上。但是，企业一般不能很快地对竞争对手的降价行为做出反应，因为：（1）对竞争对手的价格察觉存在滞后；（2）不经常与竞争对手交流；（3）难以明辨哪一家企业在降价；（4）难以明辨是因竞争对手降价而致产品降价，还是因市场需求下降而致产品降价。

几个结构性条件影响了这些因素的重要性：

- 订单的堆积性；
- 销售交易信息；
- 买方的数量；
- 需求条件的易变性。

订单的堆积性

当销售相对不频繁并大批量地出现，而不是平稳地分配于一年中时，订单就会出现堆积。在机身制造、造船和大型计算机这些行业中，订单的堆积性是其行业的一个重要特征。堆积的订单降低了企业间相互竞争的频率。这使得对于单个企业来说，价格成为一种更有吸引力的竞争武器，并加剧了整个行业的价格竞争。

为了解释订单堆积的内涵，考虑两家汽车座椅生产商——江森自控（Johnson Controls）和利尔公司（Lear）所面对的问题，它们正在为本田雅阁公司新款金牛的座椅订单而相互竞争。合同期为新车型的使用寿命，预期是 16 年。此外，江森自控和利尔公司还为其他车型的座椅合同而竞争，并且这些也是多年期合同。这样，在任何时候，任一家企业都不能获得超过 30份的合同。这意味着对金牛的竞争结束后，在那年余下的时间里，两家企业可能也不会相安无事。这个行业的订单积压非常严重。

江森自控和利尔公司能在该行业中维持合作定价吗？这将很难。可以从江森自控的角度考虑这个问题。雅阁的合同量可能会占据其后 5 年汽车座椅业务的一大部分，因此获得该订单是诱人的。并且，即使江森自控预期利尔公司会在下一份合同上作出针锋相对的回应，但这个合同和下一个合同之间相对长的时间间隔减少了江森自控这些报复性行动的成本。江森自控认为，将价格低于利尔获得的收益可能超过了未来的成本。利尔公司可能同样这么想。如果是这样的话，两家企业在金牛的合同上都会积极投标，并且可能在大多数其他合同上也是如此。但如果两家企业在价格上的竞争不是如此积极，甚至可能出现双赢的局面。尽管我们抛开了细节，雅阁的案例还是描述了汽车座椅生产商多年的实际竞争情况。

销售交易信息

与价格保密相比，当销售交易是"公开"的时候，对合作价格的背离更易于察觉。例如，一家加油站能轻易获知对手的降价行为，因为价格是公开的。相比之下，在许多商品市场中，价格由买方和卖方私下协商确定，因此企业很难知道对手是否降价。因为与秘密定价相比，在价格公开的情况下，报复行动会来得更快，因此通过减价从对手那里夺取市场份额的做法可能没那么吸引人，从而提高了维持合作价格的机会。

当交易包括除目录价格或发票价格之外的其他因素时，交易的秘密性就成为了一个重要问题，就如 B2B 市场环境中的交易经常遇到的那样。例如，一家甜点生产商——如奇宝（Keebler）——想要从一家竞争对手——如纳比斯克——那里争夺业务，它可以通过提高对零售商的交易折扣或通过更有利的交易信贷条款从而降低其"净价格"。与报价相比，竞争对手很难监督交易折扣或信贷条款，因而它们会发现很难察觉这种争夺业务的行为，从而也约束了它们实施报复的能力。这种有利于秘密减价的商业行为就产生了一种囚徒困境。每个单个企业都愿意运用这些手段，但若所有企业都这么做，整个行业将集体受损。

当产品是根据某位顾客的特殊需求定做的时候，例如机身制造或柴油机车制造行业，就很难察觉对合作价格的背离。当根据单独的客户量身定做产品时，厂家可以通过改变产品设计或借助附加部分——如备用件或服务协议——来提高它的市场份额。这些显然比报价更难以察觉，使企业监视竞争者行为的能力变得复杂。

秘密的或复杂的交易条款会加剧价格竞争，这不但是因为价格跟随措施对减价行为的威慑效力降低了，而且因为出现误解的可能增加了。当企业不能了解到对手提供的所有其他条款时，企业很可能会将某种竞争行为误解为抢夺业务的进攻性行为，例如报价的降低等。当发生这种情况时，意外爆发价格战的概率上升，正如前面讨论过的。对误解的包容程度就是对企业定价行为的宽恕程度。此外，由于销售条款的保密性和复杂性，甚至宽恕性战略也会在发生误解的环境中失效。

买方的数量

当企业正式秘密定价时，每个企业向许多小买家出售商品比每个企业向少数大买家销售的情况更容易察觉对合作价格的偏离。原因在于当买家从一家卖主那里获得价格折扣时，它经常会将这个信息透露给其他卖主，以期获得更多有利的折扣。例如，在天然气批发市场中，当行业客户与来自各种天然气市场中的批发销售天然气的买方集团例如杜克能源公司（Duke Energy）为供应合约走到一起时，就经常会出现这种情况。

买方的数量对察觉秘密降价的可能性有重大影响。如果在一个行业中，买家普遍会对它们自己获得的卖者降价的信息保密，以至如果一个卖主向某位顾客提供折扣，竞争的卖主知晓的可能性只有1%。现在假定，部分出于扩展市场份额的动机，你的企业通过提供"秘密"折扣从它们现在的供应商那里吸引了 300 位顾客。你的对手获知至少一次这样的减价行动的概率有多大？它等于 1 减去对手不知道这 300 次减价中的任何一次的概率，即 $1-(0.99)^{300}=0.951$，这是个大得惊人的概率。因此，如果买家足够多，你的对手很有可能会知道你向其中至少一位买者减价出售过商品，即使它们最终察觉你向某一买者提供了减价可能颇费周折。相比之下，如果你的行业中的买家数量少，你只向 10 位客户提供了折扣，其中至少一次被发觉的概率只有 $1-(0.99)^{10}=0.096$。因此，在汽车座椅这些行业中，由于买家稀少，减价行为较难以被发现。在这样的行业中，对于秘密减价，对手无法作出回应，这使得价格作为竞争武器更具吸引力，从而加剧了价格竞争。

需求条件的易变性

如果市场需求情况变动频繁，企业只能观察到自身的销售量，那么竞争对手的降价行为就很难被察觉。如果企业的销售额突然下降，这家企业将自然而然地怀疑，其中的一个竞争对手可能降价了，并且想夺取市场份额。如果产品生产需要很高的固定成本，需求的频繁变动将成为一个非常严重的问题。产出位于市场容量之下时，边际成本很快递减。产能过剩时，降价抢夺市场份额的情况就会越多。此外，价格协同将会变得异常困难，因为企业实际上是在追逐不断变化的价格目标。如果企业的确是因为市场需求减小而降低价格，其竞争对手察觉到其价格下降但是不知道其销售额减小，就会误解降价行为为抢夺市场份额。

企业非对称和合作价格的持续性

不等式（10—1）和不等式（10—2）所依据的理论假定企业是相同的。当企业不相同时，无论是因为成本差异还是产品的垂直差异，实现合作价格都会变得很难。

一方面，当企业不同时，若企业是垄断者，则它的定价取决于它的边际成本或产品质量。当企业相同时，单一的垄断价格就能成为一个焦点。不过，当企业不同时，不存在单一的焦点价格，因此企业就很难为共同目标而在定价战略上进行协调。图 10—3 描述了两家边际成本不同的企业，并表明边际成本较低的企业选择的垄断价格低于边际成本较高的企业。

即使所有企业能就合作价格达成一致意见，成本、产能或产品质量的差异也会使企业具有脱离合作价格的不对称动机。例如，在给定行业中，通常小企业比大企业有更强烈的脱离合作价格的动机。对此有两个相关理由。第一，当企业向垄断价格靠拢时，行业利润增加，并且大企业会比小企业获得更多的行业利润份额，即大企业从合作定价中的获益比小企业多。

另一方面，小企业还会预期大企业惩罚一家减价的小企业的动机不强（这和效益损失效应有关）。为了解释这一点，以南非的点矩阵打印机市场为例，爱普生公司在 20 世纪 90 年代早期主导了该市场，但是松下在 1992 年进入该市场。[18]假定松下提供产品性能可与爱普生媲美，但价格低 5％的打印机。如果爱普生跟随松下降价，那么它将重新获得原先的需求量。如果爱普生不降价，它将会丧失数量为 α 的需求。

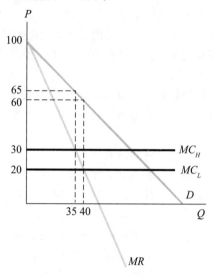

图 10—3 非对称企业的垄断价格

低成本企业的边际成本曲线是 MC_L，而高成本企业的边际成本曲线是 MC_H。若低成本企业是垄断者，它的定价会为 60 美元。若高成本企业是垄断者，它的定价会为 65 美元。

爱普生应该随之降价吗？假定爱普生的价格为每台打印机 1 000 兰特（Rand，南非货币单位），它的边际成本是 500 兰特，初始需求量为 1 000 台打印机。如果跟随松下的 950 兰特的价格，爱普生的利润是

$$(950-500) \times 1\,000 = 450\,000$$

如果不跟随，爱普生的利润是

$$(1\,000-500) \times 1\,000 \times (1-\alpha) = 500\,000 \times (1-\alpha)$$

若第二个算式的结果大于第一个，即出现 $\alpha < 0.10$ 或爱普生预计让给松下的业务低于 10％，则不跟随降价是最优的选择。

通过允许松下在更低的价位出售打印机，爱普生给松下送了一把"价格伞"（price umbrella）。企业何时应该这么做，何时又应该追随对手或新成员的减价行为呢？如果 β 表示降价百分比，$PCM = (P-C)/P$ 表示大公司的边际贡献率（percentage contribution margin），则当下面的条件成立时，价格伞是最优选择：

$$\alpha < \frac{\beta}{PCM}$$

这个不等式意味着当下面的条件成立时，价格伞战略是值得的：

● β 比 α 大，也就是说，降价幅度相对较大，但降价者没有从大公司那

里夺取很多的市场份额。

● *PCM* 小，也就是说，行业利润开始时相对较小。

案例 10—4

当信任被破坏时：荷兰啤酒卡特尔组织

欧盟于 1993 年成立，拥有 27 个成员国，这些成员国签署了《马斯特里赫特条约》（the Treaty of Maastricht）。这个条约的主要内容包括：建立统一市场，要求各个国家的法律相同（包括那些企业和企业行为的监管法规）。美国反垄断法在欧洲被称为欧洲社会竞争法，这个法律包括关于合并、垄断和卡特尔的法律条款。欧盟委员会负责调查企业违反欧盟反垄断法的案件（按照条约第 81 条），并根据其调查发现采取相应的措施。2009 年 4 月，欧盟委员会开始调查荷兰啤酒行业的卡特尔行为。

如许多欧洲国家一样，荷兰啤酒市场高度集中，荷兰的四个大公司控制了这个国家超过 90％的份额。这四家啤酒企业中，最大的一家是喜力啤酒（Heineken），约占荷兰啤酒市场份额的一半。其他三家啤酒企业英博（Inbev）、高仕（Grolsch）和百发力（Bavaria）控制着剩下的份额。2005 年，欧盟委员会开始调查后来被称为商议定价的"卡特尔行为"。据称，这几家公司从 1996 年到 1999 年期间组成卡特尔，协调供给咖啡馆、餐馆、旅馆和超市的啤酒定价。

根据欧盟委员会的决定[19]，这四家企业同属于中央酿酒办公室（the Central Brewery Office），这个行业组织已举办一些正式会议，也举行一些"讨论反竞争措施"的非正式会议。欧盟委员会掌握了在这些会议中涉及"反竞争"讨论的文件。我们不免怀疑，这些文件怎么会落到欧盟委员会调查员的手中呢？问题的答案是：一些参与卡特尔组织的成员同意配合欧盟委员会的调查，以换取法律豁免权。

1999 年，欧盟委员会已经在着手调查英特布鲁啤酒公司（Interbrew），这家公司就是英博的前身。因为据称，其滥用"市场支配地位"，在比利时参与卡特尔行为。当时，百特布鲁啤酒公司申请法律豁免权，帮助欧盟委员会调查比利时啤酒行业的垄断行为，并且提供"在法国、卢森堡、意大利和荷兰"的反竞争的信息。[20]

根据这些信息，欧盟委员会才能立案调查荷兰的啤酒行业卡特尔行为，控告这些企业商议定价、私下协商瓜分市场、就市场情况和商业协议等相互沟通等。一旦定罪，这些企业将会被罚没一大笔钱，罚款相当于销售额的10％。罚款的多少还取决于欧盟委员会评估的各个公司行为的严重性，即整个荷兰市场受到了多大的影响（荷兰的啤酒市场是欧洲最大的啤酒市场之一）。

值得注意的是，实际上，依照销售额定罚款是"区别对待，以反映各个违法企业对市场造成的危害性"[21]。因而，占市场份额最大的喜力啤酒受到的罚款也最多。英博市场份额相对较小，受到的罚款也较少。但是，欧盟委员会也会在企业规模的基础上调整罚款数额，以达到威慑效果，据此，委员会可以把对英博和喜力啤酒的罚款增加 1.5 倍。（罚款还根据企业参与违法行为时间的长短进行调整。）

因而，对于英博而言，配合调查的好处显而易见。至 2007 年，英博是全球最大的啤酒生产厂家。由于配合调查，英博可以依照豁免权减少 75% 甚至更多的罚款。甚至，欧盟委员会可以免于对英博罚款。英博通过告发同行可以获得很多好处。

南非点矩阵打印机市场不具备这两项条件中的任何一个。爱普生点矩阵打印机的利润一开始就很高。而且，主要的打印机买方（批发经销商）对价格很敏感，所以松下的降价可能会对爱普生打印机的需求产生重大影响。与理论预测相一致，爱普生拒绝将价格伞给松下。然而，正如事实所表现的那样，爱普生可能反应过度了。它不只是追随松下的价格，并且比它还低，这反过来促使松下继续降价。1992—1995 年间，南非点矩阵打印机市场的价格螺旋式下降，直到达到大约 600 兰特时，两家公司才勉强维持住了均衡。

小企业对于买方重复购买的产品降价的意愿更强。因为对于这些产品，包括大多数消费品，消费者通常会一次又一次地购买同一品牌的产品。通过降价，小企业也许可以吸引一些消费者尝试它的产品。一旦价格恢复到初始水平，小企业希望一些用过它产品的消费者会成为永久顾客。这种战略只有在小企业的降价和它的大对手所采取的任何回应之间存在时滞时，才能取得成功。否则，试用这个小企业的产品的新顾客很少，这样它的市场份额将不会提高。

买方价格敏感性和合作价格的持续性

最后一个影响合作价格持续性的因素是买方的价格敏感性。当买方对价格敏感时，一个企业的价格略低于对手的价格就可能实现销售的显著增长。在这些环境中，即使企业预料对手最终会跟随降价，它仍会冒险降价。这是因为，当买方对价格敏感时，即使是一个企业的价格暂时低于对手，也可能导致该企业市场份额和利润的大幅提升（换句话说，收入破坏效应与从新销售量中产生的额外收入关系很小）。

影响买者价格敏感性的一个关键因素是相互竞争企业间产品的水平差异程度。回忆第 8 章中，两个企业存在水平差异，如果在相同的价格上，一些消费者会选择一种产品，另外一些则会选择另外一种产品。此外，如果每种产品的价格都适度地增长，一些消费者还将继续购买它们。当产品存在水平差异时，消费者的购买决策不仅仅受竞争企业的相关价格影响。即食燕麦片的不同竞争品牌间存在显著的水平差异，这就是历史上即食燕麦片生产商间的价格竞争一直较为温和的一个原因。相比之下，在诸如涡轮发电机这种重资本品行业中，买方是企业而非家庭（就涡轮发电机而言，买方是电力公司），买方通常十分注重各个卖者间的价格差异。

实践中，市场往往包括不同类型的消费者，一些对价格差异高度敏感，而另一些则对价格不那么敏感。在消费品市场尤其如此。例如，戴维·贝赞可、J. P. 杜布（J. P. Dube）和萨吉·古普塔（Sachin Gupta）在一项关于20世纪80年代中期番茄酱市场的研究中发现了三种不同市场类型——其中一种对价格十分敏感，另外两种由于对特有品牌的忠诚而不那么敏感——的证据。[22]但即使在资本品市场中，也可能存在市场细分。例如，在涡轮发电机市场，有一些电力公司一直以来只从一家供应者（例如通用电气）那里购买涡轮发电机，我们可以预期这些买方对价格的敏感性很可能比那些习惯于向不同供应者询价的买方要低。在根据买方的价格敏感性而呈现细分化的市场中，合作价格持续的可能性依赖于价格敏感和非价格敏感型消费者的相对规模。

案例 10—5

市场结构条件如何限制重型卡车发动机行业的盈利性[23]

如名称所示，重型卡车发动机（heavy-duty truck engine，HDTE）行业由那些向生产载重量超过 33 000 磅的重型卡车的厂家供应大型柴油发动机的企业组成。4 家企业的 HDTE 市场份额几乎达到 100%：卡特彼勒公司（Caterpillar）（2002 年拥有大约 32% 的市场份额）、底特律柴油机公司（Detroit Diesel Corporation）（26% 的市场份额）、康明斯发动机公司（Cummins Engine）（23% 的市场份额）以及沃尔沃/马克公司（Volvo/Mack）（19% 的市场份额）。有人可能认为，在一个像 HDTE 这样高度集中的行业中，企业能赚得正的经济利润。然而，事实并非如此。即使 HDTE 中最成功的企业，也得尽最大的努力才能获得超过它们资金成本的回报。这不是因为行业面对着重大的进入威胁，也不是因为供应商对投入品市场实施垄断。相反，该行业较低的盈利性可由一系列市场结构条件来解释，这些条件使得行业中的企业事实上不可能避免价格竞争并维持合作价格。

美国的卡车订单约有 70% 来自大约 300 个大型的卡车运输公司（也就是从事卡车运货业务的公司）。这些大型运输公司是发动机销售过程的关键决策者。诸如帕卡（Paccar）或航星（Navistar）这样的卡车生产商（或原始装备生产商（OEM））为单个运输公司提供个性化设计。运输公司在选定卡车制造商（例如航星）后会指定一些需要加入卡车设计中的具体的关键元件。这些元件中最昂贵的是柴油发动机。因为运输公司从事的是高竞争、低利润的卡车运输业，它们对价格极为敏感。只要发动机符合美国环保署

（EPA）的规定，满足性能和可驾驶性的最低标准，运输公司就会以价格为基础选择发动机经销商。这就促使发动机生产商在争抢运输公司业务时，把价格作为它们主要的竞争武器。

卡车销售中余下的30％来自独立的私营主，他们通常从卡车交易商的库存中选购卡车。独立的私营主也对价格很敏感，尽管从平均角度而言，他们不像运输公司那么敏感，因为一些独立的私营主青睐特定的生产商。卖给经销商的卡车通常装配一个标准的发动机，这种发动机是由原始装备制造商根据卡车的整体效果而设计的。发动机生产商展开激烈的竞争，希望能为OEM生产的汽车提供这种标准的发动机，这种竞争通常以进攻性的定价形式展开。

卡车发动机订单的堆积性也加剧了价格竞争。制造一台典型的发动机的成本介于14 000～17 000美元之间。买家（不论是车队所有者还是OEM）通常一次性订购数百台发动机。并且，一台典型的重负荷发动机使用寿命为8～10年，出售每台发动机给生产商带来的利润流以现值计算接近4 000美元。因此，任何一个发动机订单都将构成一个发动机制造商业务的重要部分，所以，发动机制造商将通过进攻性的定价努力争取这笔大生意。也就是说，订单的堆积性使不等式（10—1）中的分子相对于分母增大了，分子代表的是企业将当前的订单价格降到竞争对手的价格之下所带来的利益，分母代表的是由于对当前订单实施进攻性的定价而使该行业很难或不可能在未来的订单上维持合作定价而放弃的利润。

销售条款的秘密性和复杂性进一步加剧了价格竞争。尽管生产商的报价单是公开的，并且企业不可避免地知悉对手的报价，但发动机制造商会同每个买方单独并秘密地协商实际销售条款。就运输公司采购而言，发动机生产商对单个买家提供个性化设计。此外，发动机是多元件捆绑式销售，因此发动机的价格依赖于买家订购的元件数量。最后，一笔发动机捆绑销售交易通常还包括其他产品或特色，例如担保书和服务计划。总之，考虑到销售条款的秘密性和个性化，企业的对手难以知道该企业是否以低于报价的打折价出售产品。这使得偏离报价的做法变得极具诱惑力。出于这个原因，行业中流传着这样一种假设，即事实上竞争者通常会以低于报价的打折价进行销售。所有这些因素都促使企业以实际行动把这种假设变成现实。

总而言之，这些市场结构条件使得促成合作价格的战略——如针锋相对战略——极难发挥有效作用，并且它们导致卡车发动机生产商为赢得业务而陷入损利性的减价行为中。结果，发动机生产商由于竞争而失去了它们创造的大量的价值。

市场结构和合作价格的持续性：小结

本节讨论了市场结构对合作价格持续性的影响。表 10—1 总结了本节讨论的市场结构特征的影响。

表 10—1　　　　　　　　　影响合作价格持续性的市场结构条件

市场结构条件	如何影响合作价格	原因
市场集中度高	便利	●企业数量少则易于协调，从而得到合作均衡 ●坚持合作定价提高了利润成本率
企业非对称	妨碍	●合作价格不能达成协议 ●在合作价格上的协调较难 ●大企业可能有将价格伞给小企业的意愿，这进一步刺激了小企业的降价行为 ●小企业有可能偏离垄断价格，即使大企业会采取跟随战略
消费者集中度高	妨碍	●降低了叛离者被发现的可能性
订单的堆积性	妨碍	●降低了竞争者间相互作用的频率，并拉长了叛离与报复之间的时滞
秘密定价条款	妨碍	●由于竞争者的价格更难以被监控，所以拉长了察觉时滞 ●增大了误解的概率
需求和成本条件的多变性	妨碍	●增大了确认叛离行为是否发生以及谁是叛离者的不确定性，因而增加了叛离与报复之间的时滞（甚至可能排除了报复）
价格敏感的买家	妨碍	●减价的诱惑加大，即使预料到对手会采取跟随措施

促进措施

如上一节中的讨论所表明的，市场结构会影响企业维持合作价格的能力。通过下面的措施，企业自己也能促进合作定价：

- 价格领导（price leadership）；
- 提前宣布价格变动；
- 消费者最惠条款；
- 统一运费定价法（uniform delivered price）。

这些措施或者便利了企业间的协调，或者弱化了它们减价的意愿。

价格领导

当存在价格领导时，行业中的某家企业（价格领导者）会率先宣布它的价格变动，其后其他所有企业会跟随领导者的价格。众所周知的价格领导者包括早餐燕麦片业的凯洛格公司、烟草业的菲利普·莫里斯公司和（直到20世纪60年代中期的）钢铁业的美国钢铁公司。

价格领导是一个在聚点均衡（focal equilibrium）上解决协调问题的方法。在价格领导方式下，每家企业放弃自己的定价自主权，并将对行业定价的控制权让给某个企业。这样，企业不必担心对手会秘密定价以夺取市场份额。当然，如悉尼报业市场所示，如果价格领导者不对叛离者实施报复，则价格领导体系就会瓦解。因为默多克希望成为晚报市场的价格领导者，因而它拒绝跟随费尔法克斯的价格领导。当费尔法克斯未能对默多克的叛离作出回应时，它发觉自己陷入了一场代价高昂的价格战，并最终失去了其晚报市场的领导地位。

我们这里讨论的寡头价格领导不同于有时在竞争性市场中出现的晴雨表式价格领导（barometric price leadership），如单利率贷款。在晴雨表式价格领导下，价格领导者只是根据需求或投入品价格的变动调整价格，只单纯作为市场条件变化的晴雨表。在晴雨表式价格领导下，价格领导者经常是不同的企业；而在寡头价格领导下，领导者常年都是同一家企业。最近，联邦和州政府对婴儿配方食品制造商的定价政策展开反垄断调查，希望确定雅培制药和百时美公司（Bristol Myers）的价格跟随战略是否代表着寡头价格领导或晴雨表式价格领导。这两家企业在20世纪80年代轮流担任价格领导者，并且跟随者，例如第三大公司——惠氏公司（Wyeth）总是跟随领导者的定价。这些企业在庭外对这些调查进行了和解，并且不承认有错误行为。

提前宣布价格变动

在一些市场中，企业会公开宣布它们意图索要的未来价格。例如，化工市场中的企业经常会在价格变动付诸实施前的30或60天宣布它们的变价意图。提前宣布价格变动可以使消费者获利，例如水泥生产商在春季建筑季节之前的几个星期宣布价格，这会使承建商在项目招标时更明智。但是提前宣布价格也可能会促进价格上涨，这对消费者是非常不利的。提前宣布价格变动降低了对手的产品定价低于公司价格的不确定性。这一措施也使得企业能在对手们拒绝跟随的情况下没有害处地废除或者撤销涨价计划。在 20 世纪 90 年代初，美国司法部指责航空业在运输费用开始涨价前几个星期宣布价格上涨的常规做法。美国司法部指出，提前宣布价格变动可能不会使消费者获利，因而只会为促进价格上涨的目的服务。航空公司同意停止这种做法，尽管这几年，美国司法部指责一些航空公司违反了这个协议。

消费者最惠条款

消费者最惠条款（以下简称 MFC）是销售合同中的一项条款，它向购买者许诺购买者得到的是最低的售价。有两种基本的 MFC 条款：即时生效的和有追溯效力的。

为了解释这两种条款，我们考虑一个简单的例子。埃科斯化工公司（Xerxes）生产一种用来提高喷气机燃料性能的化学添加剂。大湖（Great Lakes）加工公司生产喷气机燃料，它与埃科斯化学公司签订了一份合同，订购 10 万吨这种添加剂，未来 3 个月以每吨 0.5 美元的"公开订单"价格交货。[24] 在即时生效的 MFC 政策下，埃科斯同意当这项合同生效时，如果它以更低价格向其他买家出售这种添加剂（也许是为了削弱竞争对手），它也要把对大湖公司的售价降至同样的水平。在有追溯效力的 MFC 条款中，埃科斯同意如果在合同终止后的一段时间（例如 2 年）内，它出售化学添加剂的价格低于大湖公司所支付的价格，它会向大湖公司退还要价高出的部分。例如，假定大湖公司的合同在 2005 年 12 月 31 日终止，但这份合同包含 2 年期的有追溯效力的 MFC 条款。如果在 2000 年的某一时间，埃科斯宣布价格全面从每吨 0.50 美元降到每吨 0.40 美元，则它将必须向大湖公司退还 (0.50−0.40)×100 000 或 10 000 美元，即大湖公司实际支付的金额与新低价下应该支付的金额之间的差额。

MFC 条款看起来使买方受益。对大湖公司来说，MFC 条款提供的"价格保护"也许能使它的生产成本与竞争对手的保持一致。不过，MFC 条款也抑制了价格竞争。有追溯效力的 MFC 条款使得埃科斯要为未来无论是选择性的还是大范围的降价付出昂贵的代价。即时生效的 MFC 条款不会惩罚那些对所有客户降价的公司（例如，若埃科斯对所有顾客降价，就不必向过去的客户支付折扣），但它们阻碍了企业通过降价争取高需求价格弹性的顾客。

如果它们的顾客不要求 MFC 条款，为什么企业会采用这一条款呢？毕竟，在某个特定生产商看来，理想的情况是对手采用了 MFC 条款，从而在争夺顾客时束缚了手脚，而它却能自由地进行选择性或普遍性的降价。不过，托马斯·库珀（Thomas Cooper）指出，因为采用有追溯效力的MFC软化了未来的价格竞争，垄断寡头们也许愿意单边地采纳这种政策，即使竞争对手不采纳。[25]

统一运费定价法

在许多行业，例如水泥、钢铁或者大豆制品，买方和卖方分处不同地区，运输成本很重要。在这种情况下，定价方式会影响竞争者间的相互作用。从广义上说，可以识别出两种不同的定价政策。在统一的FOB定价下，卖方报出了在卖方装货码头交货的价格，买方承担从卖方工厂到买方工厂的运费。[26]在统一运费定价方法下，企业对所有买家收取同一交货价格，并承担所有运费。[27]

统一交付定价有助于合作定价，因为它允许企业对对手的降价作出更为"外科手术式"的回应。例如，两家印度砖块生产商，一家位于孟买，另一家位于艾哈迈达巴德。这些企业一直试图维持垄断价格，但孟买的生产商降价以增加在苏拉特——位于孟买和艾哈迈达巴德之间的一个城市——的市场份额。在FOB价格下，艾哈迈达巴德的厂家必须靠降低出厂价实施报复，这实际上会降低其对所有客户的价格（见图10—4）。另一方面，如果两家企业采取统一运费定价法，艾哈迈达巴德的企业能够有选择地降价：它能对苏拉特的客户降低交货价格，而将其他客户的交货价保持在初始水平（见图10—5）。例如针对优惠券，统一的定价交付降低了受害企业采取报复的成本。这使得报复行动更容易，提高了诸如针锋相对这种战略的可信度，从而可以维持合作定价。

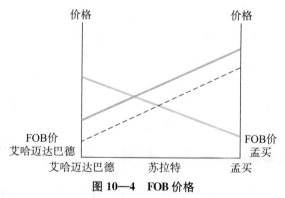

图10—4 FOB价格

当两家企业都采用FOB价格时，客户实际支付的交货价取决于其所处的位置。图中交货价格表用实线表示。如果艾哈迈达巴德的砖块生产商降低它的FOB价格，以跟随孟买生产商的价格，则它实际上是使交货价格表向下移动（它现在变成了虚线）。如果艾哈迈达巴德公司对孟买公司在苏特拉夺取业务的行为实施报复，它的报复结果会降低其所有客户的交货价格。

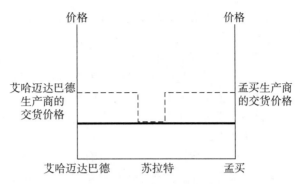

图 10—5　统一运费定价

当两家企业都使用统一运费定价时，企业的客户不论身处何处，都支付相同的交货价格。如果孟买的企业降低交货价格以夺取在苏拉特的业务，艾哈迈达巴德的企业只需降低对苏拉特客户的交货价格作为报复。

促进措施与反托拉斯

反托拉斯的执法者通常对促进措施不满，并且试图阻止那些似乎对消费者没有任何好处的过分措施。寻求价格稳定的管理者应当听从下面的建议[28]：

1. 所有的定价决议应当单方面作出。避免和竞争者进行一切有关价格的直接接触。

2. 跟随竞争对手的降价策略是没问题的，但不能进行报复。设定一个很低的价格会被理解为试图进行价格惩罚。

3. 谨慎处理公共定价讯息。

4. 针对价格上涨、MFC和价格审计要有正当的理由。

5. 同理，降价也要有正当的理由。"遭遇竞争"是一个正当理由。定价在平均可变成本之下经常被认为是反竞争行为。

6. 没有正当业务理由，不要提前宣布价格上涨。

7. 限制旁观者。通常一旦可行的话，直接告诉消费者会更好。

8. 监控内容。宣布价格变动；不要把对价格上涨的需求或者是降低价格的后果传达给竞争者。

9. 不断分析可能的个人竞争反应。这样的分析是没有问题的，但是分享你的分析却并不可取。

10. 要明确你的定价战术，要有一位精通反托拉斯法的律师。

质量竞争

尽管我们一直关注价格竞争，但显然价格不是促成消费者决策和企业战略的唯一因素。产品属性，如性能和耐久性，也同样重要，企业在这些因素上的竞争之激烈丝毫不亚于在价格上的竞争。尽管如此，质量竞争可能比价格竞争对利润的损害更小。随着质量的增强，企业可以提高价格弥补成本。只有消费者一起放弃这类产品的意愿才会限制它们这样做的能力。致力于价格战的企业也能维持它们的边际利润，但只有当它们降低成本能够跟上降低价格的步伐时才可行。这对很多生产需求要求有一个固定的最小支出的产品和服务来说是不切实际的。

产业价格需求弹性为衡量消费者是否被全行业的价格上涨所挤出提供了一个很好的标准。产业弹性的大小通常要比单一企业面临的需求弹性小（详见初级教材），特别是在产品具有较高的价值并且没有什么替代品的时候。因此，制药行业能够在不挤出消费者的情况下成功地提高价格以弥补研发成本，这是产业的价格需求弹性低的原因。但是 20 世纪 90 年代早餐麦片行业提高价格弥补市场成本的努力却失败了，那时消费者选择了其他的早餐食物，还有一些非品牌的麦片。

在本章的其余部分，我们将集中研究市场结构和竞争怎样影响企业质量的选择。为了简化讨论，我们将把所有非价格的属性归为一个单独的方面，称为质量——任何在固定价格下提高产品需求的因素。

竞争市场中的质量选择

在一个竞争市场中，所有产品或是同质的，或是显示出纯粹的垂直差异。在第 8 章我们曾讲过，当产品表现出垂直差异时，对于任一价格组合，所有消费者对他们最偏好的商品都会持一致意见。企业也许在不同价位上提供不同质量水平的产品，但市场会迫使所有企业对单位质量制定相同的价格。这个结论依赖于一个批评性的、未明确指明的假设：消费者能够对每个卖主的产品质量进行充分评估。如果消费者不能全面地判断质量，那么，那些单位质量定价高于现价的卖者仍然会拥有客户。这可能会激励它们把价格提高到竞争性水平之上。

为了研究消费者信息如何影响质量，考虑这样一个市场：在这个市场中，一些消费者掌握有关产品质量的信息，而另一些消费者则不掌握。假设成为一个掌握所有质量信息的消费者要付出很高的代价，因为必须花费时间和精力去辨别销售者的优质产品。在这个市场中，信息掌握不全的消费者也许仅通过观察信息全面的消费者的行为就能推断销售者的产品质量。例如，一个计划购车者可能正考虑购买一款最新推出的汽车。若她发现那款车的销量很低（例如，她从未见到有人驾驶该款车），她就很可能质疑该款车的质量，即使她没有任何直接信息。如果没有其他人喜欢它，那么这款车一定不是很好。这样，购车者只在知道有多少人在开不同款式的车而不必知道其他任何有关车的信息的情况下，就能对车的质量作出一个完全信息者所能作出的判断。

如果在一个市场中有足够多的完全信息的买者，大多数买者就会对他们所购产品的质量感到满意，即使他们自己在购买的那一刻对质量没有完全的信息（除了对其他买者购买的情况有完全信息）。但是如果非完全信息的消费者不能通过观察完全信息的消费者的行为来判断产品的质量，那么次品市场就可能出现。术语"次品市场"（lemons market）来源于二手车市场，在这个市场上车主们销售低质量车（"次品"）比卖高质量车更迫切。[29]一个次品市场要求满足两个条件：非完全信息消费者以及低质量产品的制造成本比高质量产品低。

如果消费者无法断定他们所购买产品的质量，那么一些卖主可能会降低质量，只出售低质量产品，但仍然索要现行价格。当然，消费者也许会认识到，由于他们对质量的忽视，他们更容易购买到次品。他们甚至可能会因为猜测产品质量不高而坚持不愿对产品支付高价。这给高质量产品的卖主出了一道难题：它们无法从疑虑重重的消费者那里获得应有的收益。高质量产品的卖主也许会拒绝销售它们的产品，因为它们认为自己得到的价格不足以弥补其机会成本。如果它们想得到与其质量相称的价格，它们必须依靠退款保证、独立的消费者杂志的评论，以及高质量的名望来使消费者确信其产品不是次品。

案例 10—6

菲亚特汽车公司再次尝试进入美国市场

乍一看，汽车的质量检验数量之多超过其他任何一类商品。汽车销售员拿着 J. D. Power & Associates 公司的质量奖（基于消费者调查）兜售汽车，买车者可以轻易地从各种来源拿到新车或者旧车的报告，数据来源包括汽车网站：Edmunds.com（明智购车者的选择）。但是，据 Edmunds.com 的戴尔·巴斯（Dale Buss）所写的一篇报道，对于汽车而言，"质量"只是一个模糊的概念。[30]

据巴斯的报道，美国汽车的质量已经经历了"两个阶段"，现在正进入第三个阶段。第一个阶段从 20 世纪 50 年代到 70 年代，在这期间，国内车的质量一般很差，但是，美国汽车厂商控制着整个市场，因而也决定着消费者意识中的质量。到第二个阶段，日本汽车厂商纷纷进入美国汽车市场，并占据了更大的市场份额，颠覆了汽车质量的概念，为了在市场中存活下来，美国汽车厂商也被迫改善汽车质量。的确，如巴斯所写，鲍尔公司过去 20 年的调查显示质量提高了 1.2 倍。但是，具有讽刺意味的是，这些质量的改善已经开始从减少故障、缺陷向第三个阶段过渡，在第三个阶段，汽车质量的定义又发生了很大的变化。据巴斯所写，质量被定义为"对所有汽车生产厂家而言汽车性能、车体坚固、外观漂亮、使用持久之间的均衡"。如同我们的期望，第三个阶段在 2009 年慢慢展开，在这一年，主要美国汽车公司重组，形成与非美国汽车生产厂家组成的新的组合体。

其中一个例子就是意大利汽车厂商菲亚特（Fiat）和美国汽车公司克莱

斯勒公司（Chrysler）合并，此次合并被克莱斯勒公司和媒体称为"新联盟"，也是菲亚特公司第二次尝试进入美国市场。菲亚特第一次进入美国市场是在20世纪70年代，以失利而告终。20世纪70年代，油价飙升，美国家庭喜欢的汽车风格发生了变化，从耗油的、车体较大的汽车向更小的、更省油的汽车转换。菲亚特的汽车车型符合当时的需要，也省油，但是质量不好，维修不便捷。当时的汽车车主调侃菲亚特（Fiat）是"非得修"（"Fix it again Tony"）。〔在这一时期，福特汽车（Ford）的名声也好不到哪儿去，被调侃"扶不起来"（"Found it dead on road"或者"Fix or repair daily"）。〕因而，2009年，菲亚特首先需要摆脱原来的恶名，纵使与克莱斯勒结盟，改变印象也不是什么容易的事情，因为克莱斯勒汽车的名声也不是很好。

然而，巴斯指出，在质量的第三个阶段，消费者不仅仅只要求可靠、维修便利。相较于20世纪70年代，省油在2009年也是更重要的一个考虑因素，因为美国的油价最高涨到了每加仑4美元，虽然跌回到了3美元，但是夏季还会回升。此外，菲亚特也希望以菲亚特500和阿尔法罗密欧车型（Alfa Romeo model）米托（Meto）来打开美国市场，其中菲亚特500是当时车型的风向标。凭借菲亚特500的好名声、好车型和省油等优点，菲亚特可能在美国市场中获得一些优势。

桑福德·格罗斯曼和约瑟夫·斯蒂格利茨指出了当市场中一些人有完全信息，而其他人不具备完全信息时可能出现的一个更深层的问题。[31]他们假设在市场中信息完全的消费者相互竞争，例如第7章讨论的公司控制权市场。一些消费者必须花费一些资源去收集信息，但如果信息不完全的消费者能推断出该信息是什么，那么所有消费者最终将处于同一条起跑线上。其结果是，那些收集信息的消费者比没有收集信息的消费者的处境要糟糕，因为他们必须承担收集信息的费用，但却不能获得额外收益。这意味着在信息收集中将出现投资不足。例如，在公司控制权市场中，一个投资者可能花费大量的精力鉴别出了一家低业绩企业（underperforming firm）。然而，只要这个投资者向这个企业发出收购要约，其他投资者就会获知这家被低估的公司，因为收购要约（tender offer）是公开信息。接下来投资者们会为获得对该低业绩公司的控制权而展开竞争，在竞争过程中，利润可能被高投标价挤走了。这有助于解释为什么艺术收藏家，例如T·布恩·皮肯斯（T. Boone Pickens）和已故的詹姆斯·戈德史密斯爵士（Sir James Goldsmith）的交易进行得极为秘密，以及为什么实施接管必须十分迅速。

有市场影响力的卖家的质量选择

有市场影响力的卖家认为质量对其产品需求非常重要。图10—6表示卖主的产品在两种质量水平上所面临的需求量。我们已将质量定义为任何能提高需求量的因素，并反映在该图中。质量好时的需求量比质量差时要大。高质量需求曲线和低质量需求曲线间的垂直差代表了消费者愿意为质量支付的附加价值。如图10—6所示，随着质量的上升，需求曲线趋于陡峭。如果那些愿意为某种产品支付最高价格的消费者也愿意为提高质量支付最高的价格，那么就会出现上述情况。

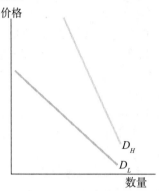

价格

D_H

D_L

数量

图10—6　不同质量水平下的需求曲线

当企业提高质量时，它的需求曲线从 D_L 移至 D_H。当企业提高质量时，不仅在任何给定价格上能卖出更多的产品，并且其需求价格弹性趋于下降，这可以从 D_H 比 D_L 陡峭中看出来。

假定一家有影响力的卖家要为其所有产品选择单一的质量水平。这可能是一家为全部产品选择单一可靠性水平的器具生产商，或者是一家为全部车型选择单一安全水平的汽车制造商。卖家应该选择什么质量水平呢？同其他经济权衡一样，卖家对质量的选择应该是使提高质量的边际成本等于消费者对产品需求增加带来的边际收益。[32]

提高质量的边际成本

提高质量代价非常高昂的观念与持续质量改进（continuous quality improvement，CQI）[33] 的观点相对立。根据 CQI 原理，生产过程的改进能同时降低成本并提高质量。不过，一旦企业要治理生产过程效率低下的问题，它们就必须最终在降低成本和提升质量间进行权衡。例如，提高机身部件之间的衔接可以同时提高安全性并降低成本（通过消除废弃的部分）。除此之外，通过安装昂贵的部件，例如，额外的发动机和制动器，功能安全性可以进一步提高。

CQI 中一个常见的概念是六西格玛（6 - sigma）——尝试获得高于 6 个标准差平均值的质量水平。我们将不会讨论追求完美的动机，但我们会谈到一个很多系统中都出现的实际问题。

可以考虑这样一所大学：它试图将由于主机出故障而带来的数据丢失的机会最小化。这所大学可以通过运行数据备份系统来使损失最小化。每次程序的运行都需要很高的成本，如操作人员和计算机停用的时间等。如果该大学想将损失限制在最多一个星期的工作量上，它每年必须运行 52 次备份程序。若将损失限制在三天的工作量上，则需每年运行 122 次。若将损失限制在一天的工作量上，就需运行 365 次。为了提供越来越少的额外保护，就需要运行越来越多的次数。要获得保护确实是非常高昂的。

质量改进的边际收益

当企业改进其产品质量时，更多的消费者会想购买该产品，由此带来的收入的多少依赖于两个因素：

1. 质量提高带来的需求量增长；
2. 每多销售一单位产品带来的利润增量。

迈克尔·斯彭斯曾指出，当企业打算提高质量时，企业应该忽略那些"超边际消费者"——那些忠于它的顾客。不管企业是否提高边际质量，这些顾客都将继续购买产品。[34]相反，企业应该注意它的"边际消费者"——那些在本企业和其他企业购买产品无差异的人。这些消费者将会随质量的变动更换卖家。

企业提高质量以吸引这些边际消费者。但企业如何断定能增加多少新顾客？如果有更多的边际消费者，而且边际消费者能断定质量确实提高了，那么质量的提高将吸引更多的新顾客。戴维·德雷诺夫和马克·萨特思韦特的研究表明，这些因素依次由以下条件决定：（1）市场中产品水平差异的程度；（2）消费者对质量观察的准确性。[35]

回忆第8章的内容，在一个存在水平差异的市场中，消费者强烈倾向于那些最能融合产品差异属性和消费者品味与偏好的产品。例如，在高速公路上行驶的顾客将会强烈偏好于交汇处附近的餐馆。同时，这些餐馆几乎没有提高质量的激励，因为几乎不可能很大程度上影响需求。在最近几年，大多数州都设立了全国连锁的高速公路餐厅，取代了独立的公路餐馆。例如，温迪国际快餐连锁集团，它们很重视品牌形象，因此提供的食物比独立餐馆质量更高。

提供高质量产品的销售者只有在消费者知情的情况下才能获利。当然，高质量的企业都热衷于为它们产品的质量做广告。关于这方面的例子很多，例如，电影广告提名表扬为"最好"（two thumbs up），或者是汽车制造商自夸在 J. D. Powers 的调查中排名第一。达到这个目的的另外一个方法是允许消费者试用产品，例如食品制造商在超市中开展免费品尝活动。大众广告也可以说服消费者尝试新产品，因为消费者可能会推测只有高质量的卖主才能支付得起这么丰富的广告活动。

对于那些购买前很难评判其质量的商品和服务，例如立体声耳机设备、餐馆食品和医疗服务，传递质量信息尤为重要。销售者借助各种技术来使消费者能评估这样的产品。例如，高端立体声设备生产商——如盟主音响（Avalon Acoustics）和飞腾数码（Theta Digital）——依赖于交易商展示其产品质量。交易商经常搭建专门的视听间，参加声音技术研讨会，学习何种录音技术能最好地提升每种立体声设备的性能。它们甚至提供家庭咨询和安装。这些高昂的投资经常能说服消费者花成千上万美元购买音响设备，但如果是在百思买或者沃尔玛，可能会卖不出去。

有时，消费者能够精确地判断仅仅一部分产品的属性。理所当然，他们倾向于关注那些他们可以轻易观察和评价的属性。这可以帮助解释为什么零售商如此关心它们商店的外观，以及为什么毕业于名校的医生和律师极力展示他们的文凭（但是却不展示他们病人生存率或者诉讼成功率的数据）。当然，观察属性的这一重点可能意味着消费者也许会忽略真正重要但却难以检测的属性。

假设两个卖主面对同样反应的消费者———一个提高质量的既定投资将会导致销售额同比增长。哪一个卖主更愿意提高质量呢？在其他所有条件相同的情况下，价格—成本比率较高的卖主将会从销售量增长中赚到更多的钱，因此有更强的意愿提高质量。（相似的结果也适用于广告投资：在其他所有条件相同的情况下，边际产品更高的企业做的广告也更多。）

有时，市场结构会导致与提高质量相冲突的动机。一家垄断企业的价格—成本比率可能比竞争性公司高，但也许会面临更少的边际消费者。产品水平差异对提高质量也有相似的双重影响。一方面，产品水平差异能创造忠实客户，他们使得卖主可以提高价格成本边际，通过改进质量来吸引新客户，从而增加收益。另一方面，当产品水平差异大时，忠实的消费者就不大可能转向其他卖主，这意味着所有卖主都面临更少的边际消费者。

本章小结

● 如果企业足够耐心（也就是说，不对未来过多打折），即使企业独立地作出定价决策，合作价格（即垄断价格）作为均衡结果也可以得以维持。这源于博弈论的无名氏定理的具体运用，该定理认为，任何介于边际成本和垄断价格间的价格都可以作为无限重复囚徒困境博弈的一个子博弈精炼纳什均衡。

● 市场结构会影响合作价格的持续性。市场集中度高能为合作定价提供便利。企业间的非对称、订单的堆积性、消费者集中度高、秘密销售交易、易变的需求以及价格敏感型买家使得价格合作更加困难。

● 促进合作定价的措施包括价格领导、提前宣布价格变动、消费者最惠条款和统一运费定价法。

● 在竞争性市场中，只要有足够的、信息完全的消费者，企业提供的质量就可以被大众接受。如果消费者普遍掌握的信息不完全，就会出现次品市场，在这一市场中，高质量产品的所有者和生产者可能会一起拒绝出售产品。

● 有市场影响力的卖家的产品质量依赖于提高质量所需的边际成本和其所带来的边际收益。质量提高的边际收益依赖于质量提高带来的需求增长和销售额外单位产品的利润增量。这意味着企业的价格成本边际是决定它提高质量意愿的重要因素。

思考题

1. 解释为什么古诺模型和伯川德模型不是动态的。

2. 在麦肯锡的两名顾问写的一篇关于价格战的文章中有这样一段话[36]：

   任何对（针锋相对）战略的风险的强调都不过分。你的竞争对手也许要花很长的时间才意识到其行动只会造成损害；整个行业的竞争可能会越来越尖锐；当针锋相对博弈结束时，价格战对消费者产生的全部负面效应将显现出来。

   你将如何解释上面引言中的观点与本章声称的针锋相对战略的优点间的矛盾？

3. 收入的破坏效应（参见第8章）如何影响企业协调定价均衡的能力？

4. 为什么对竞争对手行为的误解将鼓励企业降低价格？

5. 产出水平等于或接近生产能力的企业间不易爆发价格战。试简单解释原因。

6. "定价合作在这样的市场中更可能出现：一家企业提价，竞争对手竞相跟随，市场份额保持不变。而在价格跟随行为可能会带来市场份额变动时，企业间更容易爆发价格战。"试评论这段话。你能举出价格跟随行为改变市场份额的情况吗？

7. 假定你是一个行业分析师，正试图判断汽车制造业的领导公司是否正在进行针锋相对的价格博弈。你想要检测什么样的实际数据？你认为针锋相对价格博弈的证据是什么？

8. 对航空工业价格的研究表明，在中心航空港占主导地位的航空公司——亚特兰大的达美航空、匹兹堡的美国合众航空、达拉斯的美国航空——对进出中心航空港航班的平均收费高于其他进出中心港但不占主导地位的公司。如何解释这种价格模式？

9. 人们经常争论道，价格战在低需求时期比在高需求时期更可能出现。（本章持相同的观点。）存在可能推翻这个结论的因素吗？也就是说，你能找到理由来说明实际上叛离合作价格的诱惑也许在经济景气时（高需求）比在经济萧条时（低需求）更大吗？

10. 考虑一个双寡头市场：联合电气公司（Amalgamated Electric，AE）和卡内基曼海姆公司（Carnegie Manheim，CM），它们的产品略微存在不同。每家公司向需求价格弹性不同的顾客出售产品，因此公司偶尔对最富有需求价格弹性的顾客收取低于报价的打折价。现在假定，AE采取即时生效的消费者最惠政策，但CM没有。AE的平均均衡价格将发生什么变化？CM公司的平均均衡价格将发生什么变化？

11. 企业经常抱怨它们的竞争者定价太低。针对企业如何处理这些公众投诉，你能给出一些建议吗？

12. 市场中竞争者数量的增加是如何影响整体产品质量的？在什么环境下，高质量的企业可以通过进入竞争市场获得成功？

【注释】

[1] 摘自 Merrilees，W.，"Anatomy of a Price Leadership Challenge：An Evaluation of Pricing Strategies in the Australian Newspaper Industry," *Journal of Industrial Economics*，31，March 1983，pp. 291 - 311。

[2] 若两家企业类似于古诺竞争者，则价格和利润将分别为 46.67 美元和 7.111 1 亿美元。

[3] Chamberlin，E. H.，*Monopolistic Competition*，Cambridge，MA，Harvard University Press，1933，p. 48.

[4] 周贴现率是年贴现率除以 52，即 0.10/52＝0.002。

[5] 这个算式用养老金的当前值公式（在第 1 章的附录中讨论过）很容易得出。具体说来，对于任一数量 C 和贴现率 i，$C/(1+i)+C/(1+i)^2+\cdots=C/i$。这样，这个连续公式可以简化为 0.230 8＋0.115 4/0.002＝57.93。

[6] 要得到不等式（10—1），我们用与壳牌和埃克森美孚例子中相同的逻辑推导。若该企业像其对手那样提价至垄断水平，我们首先可以得到其利润的现值。在这种情况下，该企业获得周期性利润 $(1/N)\pi_M$，则利润流现值为 $(1/N)(\pi_M+\pi_M/i)$。然后假定它保持原有价格，我们来计算利润现值。这种条件下，当前时间段企业利润获得了一次增长，但就全部时间而言，当它的对手采取以牙还牙战略，回到初始价格 P_0 时，其利润等于 $(1/N)\pi_0$。在后一种情况下，利润流的现值为 $\pi_0+(1/N)\pi_0/i$。我们将上述两个算式相减，并用代数知识重新排列，得到最后的不等式。

[7] 凯洛格商学院以前的学生安德鲁·彻丽（Andrew Cherry）编写了这个案例。

[8] 称其为"无名氏定理"是因为它像民间歌曲一样，在被公认得到规范证明之前已存在于经济学的口头传统中。

[9] 关于这个问题可能的最好的研究见 Thomas Schelling，*The Strategy of Conflict*，Cambridge，MA，Harvard University Press，1960。

[10] Kreps，D. M.，*A Course in Microeconomic Theory*，Princeton，NJ，Princeton University Press，1990，pp. 392 - 393.

[11] Axelrod，R.，*The Evolution of Cooperation*，New York，Basic Books，1984.

[12] 凯洛格商学院的学生 Sanjay Malkani，David Perreira，Robert Kennedy，Katarzyna Pitula 和 Mitsunari Okamoto 设计了这个案例。

[13] Dixit，A. and B. Nalebuff，*Thinking Strategically：The Competitive Edge in Business，Politics，and Everyday Life*，New York，Norton，1991.

[14] Garda，R. A. and M. V. Marn，"Price Wars," *McKinsey Quarterly*，3，1993，pp. 87 - 100.

[15] 市场补贴是由生产商提供的，作为对零售商同意以某种方式突出其产品的回报的贴现。

[16] 临界值是按照赫芬达尔指数的变动来描述的。参见第 8 章关于市场集中度测量的讨论。

[17] 例如，如果 $N=5$，$\pi_M=100\ 000$ 美元/年，$\pi_0=40\ 000$ 美元/年，一年的利润成本比率是 $(1/5)\times(100\ 000-40\ 000)/(40\ 000-(1/5)\times100\ 000)=0.60$。若时间段为一季度，那么季度的垄断和当前利润分别是 25 000 和 10 000。这样利润成本比率为 $(1/5)\times(25\ 000-10\ 000)/(10\ 000-(1/5)\times25\ 000)$，也等于 0.60。

[18] 感谢 Edward Arnstein，Tod Salzman，Rory Altman 等为我们提供该案例。

[19] 欧盟委员会决定的文本可从下面的网址获得：http://ec. europa. eu/comm/competition/antitust/decisions/37766/oj _ summary. pdf.

[20] Ibid.

[21] Ibid.

[22] Besanko，D.，J. P. Dube，and S. Gupta，"Retail-Level Strategies for Price Discrimination," working paper，June 2002.

[23] 该案例来自凯洛格商学院学生 Megan Ainsworth，David Baker，Christopher Brown，Chip Craw，Shoba Narayanar 和 Catherine Vaughn 的论文。

[24] 公开订单价格是生产商向任何订购产品的买家提出的价格。

[25] Cooper，T. E.，"Most Favored Customer Clauses and Tacit Collusion," *RAND Journal of Economics*，17，Autumn 1986，pp. 377 - 388. 戴维·贝赞可和托马斯·莱昂（Thomas Lyon）证明，对于同时期的"消费者最惠条款"都存在类似的结论。但是，他们的研究表明，在集中性的行业中最可能出现自发采纳这种条款的情况，在这样的行业里，某家特定的企业会把"消费者最惠政策"缓解竞争的效果内化为企业的一部分。库珀模型和贝赞可-莱昂模型都是第 9 章讨论的二阶段承诺模型的范例。

[26] FOB 是"离岸价格"（free on board）的缩写，因此 FOB 价格是卖方出价，包括了将产品装上派送的运输工具的价格。如果卖方支付运输费用，它们会把这笔费用加入买方的账单，卖方得到的净价被称为统一的净出厂价。

[27] 第三种价格是基点定价：卖方指定一个或多个基准地点及相应的 FOB 价。客户选择一个基准地点，承担从该基点到买方企业间的运送费用。

[28] 其中的一些建议来自 Kessler，J. and R. Wheeler. "An Old Theory Gets New Life：How to Price Without Being a 'Price Signaler'," 1993，*Antitrust*（Summer），pp. 26 - 29.

[29] 关于次品问题的正规处理以及一个关于其应用的有趣讨论，请参见 Akerlof，G.，"The Market for Lemons：Qualitative Uncertainty and the Market Mechanism," *Quarterly Journal of Economics*，84，1970，pp. 488 - 500.

[30] "What Do You Mean by 'Vehicle Quality'? Consumers Look for More Than Just Sound Construction," by Dale Buss，Edmunds.com，accessed June 22，2009，可从下面的网址获得：http://www. edmnds. com/advice/buying/articles/121978/article. html。

[31] Grossman，S. and J. Stiglitz，"On the Impossibility of Informationally Efficient Markets," *American Economic Review*，70，June 1980，pp. 393 - 408.

[32] 为了强调权衡，我们忽略了第 9 章中讨论的战略效果。这样，我们关注孤立的单一企业的质量选择，忽视了它在激烈的价格竞争中质量选择的负面效果。

[33] 参见 Crosby，P. B.，*Quality is Free：The Art of Making Quality Certain*，

New York, McGraw-Hill, 1979。

[34] Spence, A. M., "Monopoly, Quality, and Regulation," *Bell Journal of Economics*, 1975, pp. 417 - 429.

[35] Dranove, D. and M. Satterthwaite, "Monopolistic Competition When Price and Quality Are Not Perfectly Observable," *RAND Journal of Economics*, Winter 1992, pp. 518 - 534.

[36] Garda, R. A. and M. V. Marn, "Price Wars," pp. 98 - 99.

第 11 章　进入与退出

1997 年年初，由日本东芝公司、索尼公司、松下公司和荷兰飞利浦公司领导的电子公司联盟推出了一种被称为 DVD 的新的数字视频格式。该视频格式带来了视频革命，并且其声音质量要优于传统的录像带。在最初的几个月，几家主要的电影公司，包括华纳公司、米高梅电影制片公司（MGM）、哥伦比亚电影公司（Columbia）都发行了一些 DVD 格式的电影。尽管少有电影以 DVD 为载体，DVD 硬件联盟仍期待着"早期使用者"——那些愿意为享受新技术而支付高昂价格的人——能以高价购买 DVD 播放机，这将会大大促进电影发行和 DVD 硬件销售。该联盟希望到 1997 年圣诞节之前，更多的消费者家中拥有 DVD 播放机，这样电影公司就能积极发行 DVD 格式的电影。消费者就会像 10 年前以 CD 播放机取代录音机那样，购买 DVD 播放机来替代他们的录像带播放机。

1997 年夏天，DVD 播放机的销售超出了预期，但是圣诞节假日期间的销售情况却令人失望。部分原因归咎于电子器材零售商——电路城（Circuit City），它在 1997 年秋天发布了一个惊人的消息。它宣布即将发行的 DIVX 电子视频格式同 DVD 部分不兼容。电路城希望将 DIVX 格式作为视频格式。由于消费者厌倦了之前的格式之争，如家用录像系统（VHS）和贝塔（Beta）录像带之争，因此在圣诞节期间他们选择了对这些产品退避三舍，同样选择这么做的还有几家主要的电影公司，包括派拉蒙电影公司（Paramount）和福克斯电影公司（Fox）。

电路城最终于 1998 年初夏，在两个试验市场投放了 DIVX 的硬件和软件，而且也仅投放了几个品牌的 DIVX 播放机，以及少数 DIVX 专用电影碟片。电路城无法说服其他的大部分电子零售商也来销售 DIVX 硬件和软件。录像出租经销店拒绝购进 DIVX 软件。早期的接纳者在目睹了这些停滞和挫折之后，决定 DVD 才是真正要做的生意。所有的主要电影公司都在准备 DVD 电影，在线 DVD 零售商竞相对软件进行打折销售，录像出租经销店强烈向顾客推荐 DVD。对 DVD——特别是 DVD 硬件——的销售来说，1998 年的圣诞节是个丰收的圣诞节，其销售业绩高于 1997 年的任何季节。但是对于 DIVX 来说——电路城促销 DIVX 的同时，也向顾客推荐 DVD——它被定位于一种不同于 DVD 的特色产品，而非 DVD 的替代品。电路城的进入战略失败了。

本章介绍进入（entry）和退出（exit）。进入是一个新公司在市场中生产和销售的开始，而退出则是指公司在某个市场中停止了生产。DVD 联盟的经验表明，在位企业——指的是已经运作的企业——在制定战略决策的时候，要考虑到进入者。"进入者"（entrants）——指市场中的新企业——从两个方面威胁着在位企业。第一，它们从在位企业手中夺走市场份额，事实上就减少了在位者的"利润"。第二，进入通常加剧了竞争，这是寡头理论（更多的公司就意味着降价）的自然结果，也由于进入者通常依靠降低价格在市场中立足。从这个意义上讲，进入者减少了在位者分得的"利润"份额。当进入引发了形式上的战争时，它就会进一步减少市场的利润空间（在第 14 章我们会进一步解释形式上的战争）。退出者则会对竞争者产生相反的影响：幸存下来的公司增加了它们的市场份额，而竞争的程度也减弱了。

专业化医院的进入就证明了这两种影响。从 20 世纪 90 年代末开始，专门从事很窄的临床领域例如心血管疾病和癌症的医院，开始在很多大城市地区建立起来。专业医师通常是这些医院的合伙人，并已经开始从传统的社区医院把病人转移过来。医师经常会挑选那些利润丰厚的转诊病人送到专业化医院中，同时继续将那些利润最少的病人（例如那些拥有有限保险的病人）送到社区医院。对社区医院更不利的是，专业化医院经常和保险公司谈判来获得针对它们较小服务范围的特殊低廉价格，这给社区医院享有的价格带来了降价的压力。

在本章中，我们将阐述进入和退出的重要性。然后，我们将描述影响进入和退出决策的结构因素（也就是说，超出市场中企业所能控制的因素）。另外，我们也将阐述一些在位者可能用来减少进入的威胁或者是鼓励竞争企业退出的战略。

一些关于进入和退出的事实

进入在许多行业中都是一种普遍现象，并且可以采用许多形式。进入者可能是新企业，即该企业在进入市场前是不存在的；进入者可能是在产品或者地域性市场上很活跃的企业，但是在其他的产品和地域性市场上进行多样化的选择。区分新企业和多样化经营的企业是很重要的，因为这可能会影响到进入成本和适当的回应战略。最近各种市场中的进入的例子有：梦工场公司（Dreamworks SKG）（由斯蒂芬·斯皮尔伯格（Stephen Spielberg）、杰弗里·卡曾伯格（Jeffrey Katzenberg）和戴维·格飞（David Geffin）三人创办的电影工作室）、大不列颠米德兰公司（British Midlands）（该公司提供到不列颠群岛和许多欧洲胜地的航班服务）和传统音色公司（Acoustric Sounds.com）（该公司通过互联网销售音响）。最近多样化经营公司进入的例子包括旧金山交响乐团（它们录制和发行自己的交响乐表演）、国际卡车与发动机公司（该公司销售像小型悍马一样的运动型车）和科罗娜啤酒（该公司进入诸如澳大利亚和欧洲等新地域市场）。

退出与进入相反——即从一个市场中撤回一种产品，退出的决定可能是由倒闭的企业作出的，也可能是由一个继续在另外一个市场中进行经营的企业作出的。过去的二十几年中，Rhino唱片公司退出了音乐唱片业，雷诺汽车公司（Renault）和标致雪铁龙集团（Peugeot）退出了美国汽车市场，日本SEGA游戏公司也退出了视频游戏硬件市场。

蒂莫西·邓恩（Timothy Dunne）、马克·罗伯茨（Marc Roberts）和拉里·萨缪尔森（Larry Samuelson）（因此简称为DRS）对跨行业的进入和退出率先作了最佳的系统分析。[1]他们考察了1982年间逾25万家制造公司的进入和退出。虽然成果有些过时，但是他们的研究发现依然有价值，因为他们在研究中强调了许多行业的进入和退出的重要性，给出了成长和衰落的模式。

我们以2007年的一个行业的情况为例来概括DRS的主要研究成果。该行业共有100家公司，它们总的年销售额为10亿美元。在未来的5～10年内，我们可以对该行业进行预测：

1. 该领域普遍存在进入和退出现象。到2012年，将会有30～40个新企业进入该领域，年销售总额将在1 200万～2 000万美元之间。同时，30～40家现有的公司会退出。大约有一半的进入者是多样化经营的企业，另外一半是新企业。大约有40%的退出企业是多样化经营的企业，它们还将继续在其他市场经营。

2. 进入和退出企业的规模比现有企业更小。一个典型的新进入者将仅仅是一个典型的现有企业规模的1/3。多样化经营的进入者的规模可能和现有企业的平均规模差不多。在2007年，那些将在2012年退出该行业的企业规模仅仅是平均企业规模的1/3。

3. 大部分进入者的经营不超过10年，但是那些幸存下来的公司也会经历曲折的发展历程。在2007—2012年间进入该行业的30～40个公司中，到2017年，有将近60%的公司将退出该行业。而同时到2017年，那些幸存下来的公司的规模将扩大大约1倍。

4. 各个行业的进入和退出率是不同的。一些行业比其他行业的进入和退出现象更为常见，这一点也不足为奇。如服装业、木材业、家具业和金属制造业，进入者是成功的。进入率低的行业包括食品加工业、烟草业、造纸业、化工业和初级金属业。退出率低的行业包括烟草业、造纸业、化工业、石油煤炭业和初级金属业。进入和退出之间是紧密相关的：鼓励进入的条件同时也会促进退出。

进入和退出的事实对战略制定具有以下四点重要启示：

1. 规划未来战略时，管理者必须考虑到未知的竞争者——进入者。

2. 许多多样化经营的企业并非将要建立新工厂，但是它们的工厂规模却使它们对在位者构成了威胁。

3. 管理者应该能预计到大多数进入者很快会失败。但是生存与成长是并存的，新企业的管理者需要寻求资本以支持扩张。

4. 管理者要明白他们所在行业的进入和退出条件。进入和退出在一些行业中具有强大的力量，而在另外的一些行业中却相对不太重要。

案例 11—1

现代公司进入钢铁行业

1997 年 12 月，现代公司（Hyundai）宣布将进入钢铁行业，计划到 2005 年在韩国建立一个一体化的鼓风炉型钢铁厂，该工厂年生产能力将达到 600 万吨。现代公司的钢铁工厂商业计划曾经成了全国最热门的经济话题之一。它的宣布令许多韩国人感到吃惊，因为该计划遭到了韩国政府的反对。

现代公司作为韩国最大的公司，是以建筑业起家的，随后将业务扩展到了工程、汽车、造船和其他重型机械制造业。虽然韩国许多集团都是跨行业经营，但是现代公司的业务重点还是在重工业领域。三星公司作为韩国第二大集团企业，更多地被看做一个消费品生产企业。

现代公司想入主钢铁行业的愿望由来已久。韩国浦项制铁公司（POSCO）作为钢铁行业的巨头，曾经是一家国有企业。政府仍然持有该公司的大部分股份，并且浦项制铁公司的首席执行官也是由政府委派的。浦项制铁公司有两个大钢铁工厂，其总计生产能力大约可达 2 600 万吨。韩国的其他钢铁厂中没有一家生产能力达到甚至接近 600 万吨，而这个生产能力通常被认为是有效规模的最小值。（需要注意的是，一些新技术的采用已经降低了小型工厂的成本劣势。）因而考虑到浦项制铁公司的成本优势，它就能够轻易地超过它的竞争公司，成为韩国获利能力最强的公司之一。虽然浦项制铁公司的价位低于竞争对手，但它没有足够的生产能力来满足行业需求。韩国钢铁贸易专家注意到，浦项制铁公司的钢铁供应陷入了危机。如果浦项制铁公司的供应满足不了需求，顾客将不得不转向进口。现代公司认为钢铁的需求将持续增长，并远远超出浦项制铁公司的生产能力。如果没有一个新公司来生产钢材，韩国将不得不进口钢铁。

现代公司有充分的理由进入钢铁市场。除了对需求不断增长的预期外，市场进入的时机也成熟了。现代公司作为私有公司，认为它将比浦项制铁公司的效率更高，因为浦项制铁公司不仅背负着沉重的包袱，并且官僚作风严重。另外，现代公司本身就需要消费大量的钢材，这就可以在不向市场销售的情况下达到最小规模经济。因此，现代公司通过后向一体化可以降低钢铁的成本。现代公司通过保证生产能力就可以更灵活、更轻松地规划它的其他经营项目（如汽车或者是船只制造）。最后，现代公司的这种发展取向使它得出结论：在争夺韩国第一企业的竞争中，钢铁厂是将对手——三星公司远远甩在后面的成本最低、效率最高的办法。

韩国政府反对现代公司建立钢铁工厂，声称钢铁的需求趋于疲软。现代公司怀疑是浦项制铁公司影响了政府的意见，因为一个新进入的钢铁公司将不仅威胁到浦项制铁公司的利润，而且由此导致了现代公司不再需要向浦项制铁公司购买钢材。最终，政府没能够劝阻现代建立钢铁公司。而最后的结果也证实，2000年年初世界经济的低迷状态导致了钢铁需求急剧下降。韩国政府的预测被证明是正确的。

进入与退出决策：基本概念

进入就像是一笔投资。进入者必须投入一些资本并希望提前进入的利润能超过沉没成本。[2]进入一个行业会有许多潜在的沉没成本，从专用性资产的成本到办理政府许可证的成本。稍后在本章中，我们将详述这些和其他的进入成本。

进入后利润根据需求、成本条件和进入后竞争（postentry competition）的本质的变化而变化。进入后竞争是指企业在进入该市场后的行为与业绩。潜在的进入者可能使用许多有关在位者的各类不同信息，包括过去的定价行为、成本和生产能力，来评估未来的竞争情况。这一分析的总和决定了是否存在进入壁垒。

进入壁垒

进入壁垒（barriers to entry）是指那些能让在位者赢得正经济利润，而同时使行业的新进入者无利可图的因素。[3]进入壁垒可以是结构性的，也可以是战略性的。结构性进入壁垒指在位者有天然的成本或营销优势，或者可以从有利的法规中获益。当在位者发动进攻以阻碍进入时就产生了战略性进入壁垒。进入阻绝战略（entry-deterring strategies）包括了限制定价、掠夺性定价和生产能力扩张。我们稍后会在本章详细介绍这些问题。

贝恩对进入条件的分类

乔·贝恩（Joe Bain）在关于进入的研究中认为，根据进入壁垒是结构性的还是战略性的，以及在位者能否依靠使用抵制进入战略的方法盈利，可以对市场进行区分。[4]贝恩描述了三种进入条件：

进入堵塞：指结构性进入壁垒难以逾越，以至在位者不需要采取任何行动进行抵制，进入就受到了堵塞。例如，生产要求大量的固定投资，或进入者销售的产品不具有差异性，所以价格无法提升到边际成本之上。

进入便利：指如果结构性进入壁垒低，并且进入阻绝战略将无效，或者在位者为抵制进入而支出的成本超过了它将进入者抵制在外所得的利润，这时进入就是便利的。典型的进入便利存在于需求不断增长和技术快速进步的市场中。因为进入的诱惑如此之大，以至在位者不会浪费资源来阻止进入。

进入阻绝：指如果进入堵塞不成功，那么如果在位者采取进入阻绝战略将进入者抵制在外，或者在位者采取进入阻绝战略增加了利润，这时进入就被阻绝了。弗兰克·费希尔将这种进入阻绝战略称为掠夺性行为（predatory acts）。[5]我们将在本章稍后介绍几种掠夺性行为。

贝恩认为，在位公司要分析该市场的进入条件并且在这些条件的基础上选择进入阻绝战略。如果进入是堵塞或便利的，在位者就无须做其他事情来阻绝进入。如果进入是可以阻绝的，那么在位者就可使用掠夺性行为。

分析进入条件：不对称的需求

贝恩的分类给人很直观的感觉，数十年间，他关于进入阻绝战略的讨论指导了很多战略决策者。然而，最近经济学家们对贝恩分析的最基本的要素——进入者和现有企业的区别产生了质疑。乍一看，这个区别似乎很简单——现有企业已经在市场中而进入者没有。但仅仅这样却不能解释为什么我们经常考虑现有企业的掠夺性定价却很少考虑进入者可能削减价格来逐出现有企业！同样的逻辑适用于几乎所有的进入威胁战略——适用于现有企业的大部分战略也同样适用于进入者。

因此是什么把现有企业和进入者区分开来呢？总的来说，现有企业和进入者的不对称性归因于现有企业产生的沉没成本，而进入者却没有。例如，波音公司和空中客车免受其他潜在的大型商业航空飞机制造商的进入威胁，原因在于它们已经在建筑设施、工具和培训上投入了数以百万美元的沉没成本。对一个新进入者来说，这意味着增量成本而不是沉没成本。

需要多年才能建立的同顾客和供应商之间的关系同样会产生不对称性。联合航空公司用了很多年的时间同它的"前程万里"特惠乘客、员工、政府机构以及星空联盟的成员们建立了良好的工作关系。这些关系有些具体到芝加哥、丹佛和其他枢纽城市。一个新成立的航空公司也可以建立同样的关系，但这需要时间，在此期间，它将要承受巨大的损失。对联合航空公司起到保护作用的是试图建立与联合航空相匹配的关系网而产生的"调整成本"，而并非运营一条航空线路的固定成本。从联合航空公司的角度来看，这些都是沉没成本。但是一个新的航空公司却要承担这些成本，从而产生了阻碍进入的不对称性。当然，联合航空公司可能会很容易地毁掉这些关系——这也是它摆脱破产的一个主要挑战。如果它真的这样做了，它将会失去对新进入公司的所有优势，这时将资产出售给另外一家航空公司甚至是新进入者会更好。

当现有企业的学习曲线下移或者消费者从一家卖主转换到另一家卖主的成本较高时，也可能会产生不对称性。2004年之前，美国移动电话用户在选择新的供应商的时候将不能保留他们的电话号码。这对试图从现有公司寻找用户的新进入者来说是一个壁垒。因此，转换成本可以缓解现有企业之间的竞争（回顾第10章），同样可以保护现有企业免受进入的威胁。

结构性进入壁垒

为了评估进入条件，现有企业必须理解结构性进入壁垒的大小，并考虑到战略进入壁垒的可能结果。我们在本节讨论前一部分，在下一节讨论后一部分。

存在三种主要的结构性进入壁垒：

1. 关键资源的控制
2. 规模经济与范围经济
3. 在位者的营销优势

我们将依次讨论这三种结构性进入壁垒。

关键资源的控制　　如果在位者控制了生产的关键资源，就不会受到进入的影响。如戴比尔斯公司在钻石制造方面、美铝公司在铝生产方面、美国优鲜沛公司（Ocean Spray）在蔓越莓生产方面由于控制了基本的投入原料而保持了垄断地位或形成了卡特尔。它们积累的知识、技术上的投资、贸易关系和品牌身份都创造了不对称性，这使得向新进入者销售投入品变得毫无意义。这些企业的成功表明，企业应该获得主要的投入品来取得垄断地位。但是，这种做法存在几种风险，其中的一些我们已经在第5章自制与外购决策中讨论过了。第一，当企业刚认为它已经控制了现有投入品的供应时，新的资源就可能出现了。例如最近在加拿大西北部发现的钻石就动摇了戴比尔斯公司对世界钻石市场的控制。第二，稀缺资源的拥有者能在出售给可能的垄断者之前将价格抬得很高。戴比尔斯公司试图将加拿大的大部分钻石买尽，但是高价使卡特尔的利润受损。

通过兼并来获得垄断地位的做法也会冒违规的风险。许多国家的反垄断法禁止在市场中处于主导地位的在位者阻止其他的竞争者获取关键的投入品。在大家所熟知的"关键设施"原则下，美国最高法院在1912年勒令终端铁路协会（Terminal Railroad Association）允许竞争者使用终端铁路协会拥有的桥梁。该桥是从东边进入圣路易斯的唯一通道。法院担心终端铁路协会将会利用它对该桥的控制权而排除其他的竞争对手。[6] 1985年，美国最高法院运用同样的案件推理要求阿斯潘滑雪公司（Aspen Skiing Company）（该公司控制了美国科罗拉多州阿斯潘的三个主要的滑雪山脉）应该使通往由另一家公司控制的第四座山脉的通行费包括在其六日游的票价中。[7]

在位者可以通过获取新颖产品的专利权或者不为人知的产品或生产工艺来合法设置进入壁垒。各个国家的专利权法律不同，在一些国家，如中国和巴西，专利法的作用异常弱。个人或者公司开发了适销对路的新产品或者是新工艺，通常会在母国申请专利权。在欧洲和日本，专利权授予第一个申请该专利的人。在美国，第一个发明该创意的人享有专利权。可以想象，想获得美国专利的公司通常要花费大量的费用来记录其发明的优先性。一旦专利得到通过（通常要等待一两年的时间，在等待期间，发明创造是禁止仿造的），任何人想要使用该工艺或者生产该商品，都必须得到专利持有人的许可。目前，大多数发达国家专利的有效期为 20 年。

专利并非总是有效的进入障碍，因为到处都是"发明"。并且部分因为政府的专利官员也常常无法区分出新产品和受保护产品的仿制品，结果，一些创新发明，如滚轮刀片（rollerblades）和个人电脑看上去就好像根本没有得到过任何专利保护。相反，在位者也会利用专利侵权案来阻止那些生产与其产品外观不同的产品的进入者。一些观察家称，英特尔公司正是使用了该战略来保护自己的微处理器免受 AMD（Advanced Micro Devices）的进入威胁。美国最高法院在 20 世纪 90 年代作出了两条判决，要求英特尔放松对该市场的控制。

在位者可能不需要专利权来保护专业技术。如可口可乐公司自一个世纪以来都有力地保护了自己的可乐配方，并且也没有一个人知道如何复制施坦威（Steinway）的钢琴声或者是都羡（Daum）的水晶魅力。公司可能会利用法律上与道义上都受质疑的做法——派遣工业间谍，去盗取此类资料。

规模经济与范围经济 当规模经济很显著的时候，如果现有企业的运作等于或超过了最小规模经济（MES），它将比较小的进入者获得更大的成本优势。平均成本曲线（见图 11—1）说明了一个行业中的潜在进入者面临的问题，该行业的最小规模经济是 1 000 单位，行业总的销售量是 10 000 单位。一个占市场 10％的份额或者更高的在位者达到了最小规模经济，其平均成本为 AC_{MES}。假设一个进入者仅达到了，比如说 2％的市场份额，那么它的平均成本比较高，为 AC_E。市场价格至少要达到 AC_E，这样才能使进入者有利可图。

进入者可能试图依靠占领更大的市场份额来降低在位者的成本优势。例如，它可能投入大规模广告或者组织起一个强大的销售队伍。当这种战略可能让进入者占领的市场份额高于 2％、平均生产成本低于图 11—1 中的 AC_E时，就涉及两个重要的成本支出。首先就是广告和组织销售力量的直接成本，其次，不对称性是重要的。如果在位者已经建立起自己的品牌，那么即使不做同等水平的广告，它也可以保留住自己的市场份额。另外，出于和现有的工人以及其他供应商之间的合约，在位者可能会承担生产一定量的产品。因此，对在位者来说，要获得 2% 或者更多的市场份额所需要的增量成本会低很多。

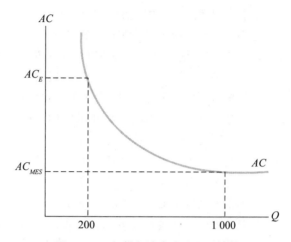

图 11—1　规模经济会成为进入障碍

在位者每年制造 1 000 单位以达到最小规模经济，这时的平均成本为 AC_{MES}。如果潜在的进入者仅希望每年的产量为 200 单位，其平均成本将为 AC_E。因此市场价格至少必须等于 AC_E，才能使潜在的进入者有利可图。

案例 11—2

阿联酋航空[8]

大多数航空公司都在国际航线上获得了不成比例的利润，国际航线的竞争有限但是票价却很高。即使国内航线频繁的价格战也不能给跨洋航线的利润带来很大的损失。最近在行业中一个相对较小的方面发生的动荡可能会颠覆这种现状。

阿联酋航空集团是政府所有的企业，除了在迪拜的枢纽之外，该公司还运营国际航线。阿联酋航空在最近几年成长迅速，其低廉的价格让分析人士想起了 19 世纪 80 年代震惊美国航空业的只提供基本必需品的航空公司。在阿布扎比和卡塔尔，较小的国有航空公司也削减了近 3 成的价格，并购买了数十驾新款超巨型飞机，包括空中客车 A380，由此提高了航运能力。

这些阿拉伯航空公司的成长对中东地区已经成立的航空公司，例如法航和澳航，产生了不良影响，这些公司的大部分利润依靠国际航线的高收益。现有的公司抱怨像阿联酋航空这样的公司利用不公平的"主场优势"抢占先机，借此，阿联酋不仅资助了阿联酋航空，而且控股和资助了迪拜的中心业务。在其他的利润方面，阿联酋不禁止晚间航班，而在其他的枢纽地区由于考虑到噪音污染习惯上是禁止晚间航班的。这让阿联酋航空能更充分地利用飞机，也让其能为太平洋周边的乘客提供一份特别有吸引力的航班时刻表。阿联酋航空和其他阿拉伯所有的航空公司指出，英国航空公司、澳航和其他一些抱怨的航空公司，它们自己本身也是由本国政府资助的，并在自己的国家享有类似的本土优势。阿拉伯的航空公司也从更低的工资率支付上获得利润。

迄今为止，没有一家阿拉伯航空公司和美国航空公司直接竞争——它们之间没有重叠的始发/终点航线。但是，尽管如此，美国航空公司还是受到了影响。随着阿联酋航空和其他航空公司的扩展，留给现有航空公司的市场空间更小了。结果就是现有的航空公司减少了到这些地区的航线，并将飞机改到其他的航线上，包括去美国的跨洋航线。在航空业中这样的变动是很常见的事，因为与已建立航线的扩展能力相关的沉没成本几乎是不存在的。除非传统跨洋航线的全球需求同步变动，否则将会出现产能过剩引发价格战，断送航空公司丰厚利润的财路来源。

这又会给进入者带来一个难题。如果进入者想要扩展市场份额，那么在位者不可能会很快退出，因为在位者的很多成本是沉没成本。随着行业产出的增加，价格必然会下降。因而进入者面临着一个困境：要克服成本劣势，就必须增加市场份额。但是如果市场份额增加，价格竞争将会加剧。大型进入者进入资本密集型行业通常会导致非常激烈的价格竞争。19世纪的美国军工行业正是一个这样的例子。1889年，8家公司组成了一个"军火联营"以固定价格与产量，其中包括了行业巨头美国杜邦公司（DuPont）。19世纪90年代早期，3个新公司进入该行业。它们的成长威胁到了联营组织的发展业绩，杜邦公司对其中一个新进入者的反应就是"靠低价销售将恰塔努加（Chattanooga）火药公司赶出该行业"[9]。以这种方式，军火联营幸存了下来，直到反垄断法将其打破。最近，由于光纤电信供应商的急剧进入加剧了价格竞争，该行业的"领军人物"——世通公司（WorldCom）为把这些进入者赶出市场而负债达200亿美元。

在位者也可能从范围经济中获得成本优势，即食早餐业即是一个好例子。[10]几十年来，该行业一直由几个公司把持，包括家乐氏公司、通用磨坊、通用食品和桂格燕麦片公司，并且自从第二次世界大战以来，事实上就没有新进入者。生产麦片产品存在着巨大的范围经济，这来自原材料处理和同一厂房内有多条生产线安排的灵活性。营销的范围经济则来自大量的前期广告投入，这种广告投入对于新进入者确立最小的品牌认知度来说是必不可少的。据估计，如果进入者想在进入该行业后获利，它至少要推出6～12个成功品牌。[11]因此，进入需要大量的资本，这使得进入该行业成为了一个高风险的行动。

而在位者推出一种新的麦片产品就不会像新进入者那样需要大量的增量投入。因为在位者已经有了品牌认知度，并且它能够使用现有的设备来生产它的新产品。确实，尽管几乎没有外部的进入者，在位者销售的麦片产品品牌数量还是从1980年的88种发展到1995年的200多种。高边际利润最终刺激了私营制造商——麦芽食品公司（Malt-O-Meal）和美国罗森普瑞纳公司（Ralston Purina）的进入。即便如此，大部分成功的新进入者选择的都是利基市场，如格兰诺拉麦片（granola）。因为在该领域，它们可以通过高价来弥补成本劣势。

在位者的营销优势　我们在第 2 章讨论了商标保护伞，即在一个相同品牌名下，公司销售各种不同产品。这是范围经济的一个特例，但是这在许多消费品市场却是一个非常重要的内容。一个在位者可以利用"商标保护伞效应"来抵消它所推销的新产品的质量不确定性。商标保护伞使得一个在位者推销一个新产品的沉没成本低于新进入者，因为新进入者需要花费额外数量的钱来做广告和进行产品促销，以及增进产品在顾客、零售商和分销商眼中的信誉度。

商标保护伞效应也有利于在位者在纵向链条中的谈判。如果一个在位者的其他产品在过去销售得很出色，那么分销商和零售商更乐于将有限的仓库与货架留给其新产品。例如，可口可乐和百事可乐开发出新产品，商店、零售店深信可口可乐和百事可乐在开发背后一定做了充足的市场调研，并愿意腾出有限的货架给这些新产品。但是同时，供应商和分销商更愿意对成功的在位者进行专用性资产投资或赊销产品。

品牌保护伞会增加在位者新产品开发的预期收益，但也可能会增加风险。如果新产品失败了，消费者可能会对整个品牌失去兴趣，竞争者可能会觉得在位者并不是那么强大。因此，尽管品牌保护伞可以给在位者带来相对于进入者的优势，但是品牌的开发对信誉或名声而言并不是没有风险的。

退出的障碍

退出一个市场，就是一个公司停止生产，并将其资产重新部署或出售。（所有权转移但并没有停止生产，这种情况就不能被看做退出。）当决定是否要退出市场时，企业必须对比其资产在其他最佳使用方式下产生的价值和继续留在该市场中产生的价值。由于退出障碍的存在，一个公司将不得不继续待在该市场中。但即便是企业确切地知道存在退出障碍，如果想退出还不如最开始就不进入，企业某些时候仍会选择退出。图 11—2 说明了为什么会出现这样的情况。价格 $P_{进入}$ 是进入价格（entry price），在这个价格上，公司认为进入市场和待在市场外并没有区别。在 $P_{退出}$ 价格下，企业或者选择清算资产，或者重新部署资产转向其他市场。退出障碍在 $P_{退出}$ 和 $P_{进入}$ 之间就形成了一个楔子。因为 $P_{退出} < P_{进入}$，公司可能仍待在该市场内，即使价格低于长期平均成本。因为这个原因，在行业竞争分析中，高退出障碍被视作具有负面影响的因素。

退出壁垒通常源于沉没成本。例如，企业不论是否停止生产都必须承担义务。这些义务代表了沉没成本。这样义务的例子包括劳动合同、购买原材料的承诺。因为这些成本是有效沉没的，继续生产的边际成本很低，退出的吸引力降低。对投入品供应商的债务对于考虑从单一的市场中退出的多样化经营公司更是一个巨大的退出障碍，因为这个退出部门的供应商会要求企业将用于其他部门的资源用来保证支付此款项。关系专用性资产的转售价值较低，因此是退出的第二个障碍。政府的限制是退出的第三个障碍。例如，一些国家禁止医院在没得到管理机构批准的情况下倒闭。

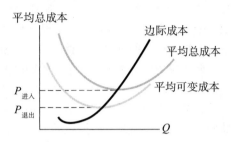

图 11—2　吸引进入与退出的价格可能不同

只要市场价格超过 $P_{进入}$（最低的平均总成本），公司就将进入该行业。如果价格低于 $P_{退出}$（最低的平均可变成本），公司将退出该行业。

进入阻绝战略

对在位者来说，在什么条件下值得提高进入市场的障碍？在多数情况下，如果以下两个条件能够满足，进入阻绝战略就是有价值的：

第一，在位者作为唯一的垄断者所获得的利润要高于双寡头时的利润。

第二，战略改变了进入者对进入后竞争性质的预期。

需要满足第一个条件是毋庸置疑的。而第二个条件的必要性在于，对于那些不会改变新进入者对进入后竞争预期的战略，新进入者会对它们视而不见，这样这些战略就是毫无用处的。

表面上看起来，好像作为垄断者总是能够获利丰厚，因为它可以将价格设定在平均成本之上。但是，事情并不都是如此。如果一个垄断者无法将价格定在长期平均成本之上，市场就是完全可竞争的（perfectly contestable）。该概念是由威廉·鲍莫尔（William Baumol）、约翰·潘扎（John Panzar）和罗伯特·威利格（Robert Willig）提出的。[12] 可竞争性的关键要求是"游击式"进入战略。当一个垄断者在一个可竞争的市场中提高价格，一个"游击式"进入者就快速进入该市场，降低价格，获取短期利润，如果在位者对其进行报复，它就迅速退出市场。只要"游击式"进入者设定的价格能保持一段时间并足以收回其进入的沉没成本，那么它们就会获利。假设进入的沉没成本为零，那么"游击式"进入者将总是能获利。在那种情况下，市场价格永远不会比平均成本高，即使当前只有一个公司在生产。如果在位者将价格提高到平均成本之上，那么将立刻有进入者，价格将下降。因此，即便在位者是一个明显的垄断者，它也不得不将价格定在零利润的位置上。

可竞争性理论说明的仅仅是进入的威胁是如何阻止垄断者提高价格的。但是，要发现可竞争性市场本身就很困难。当该理论刚创立的时候，人们认为可以将其应用到航空业中。进入航空业是相当容易的，特别是已存在的航空公司进入到新航线中。航空公司几乎可以一夜之间就对飞机进行重新部署，也几乎能够很快地保障登机口和地面人员（假定该机场生产资源有闲置）。为验证可竞争性理论，塞韦林·博伦斯坦（Severin Borenstein）考察了航空公司的定价。[13]博伦斯坦发现，在可比的航线长度中，垄断航线的价格高于双寡头航线的价格。他得出结论：航空业市场也不是完全可竞争的。否则，航线费用就与集中度无关。他同时发现，当另一个航空公司在垄断航线的其中一端或者是两端经营业务时，垄断航线的费用将减少。很明显的是，在这种情况下，垄断者担心高价将招来竞争。博伦斯坦认为，潜在的竞争威胁使垄断航空公司将价格调整到适度的价格上，而非竞争价位上。

假设在位垄断公司的市场不是完全可竞争的，如果它能够排除进入者，那么它就可能期望获得额外的利润。现在，我们讨论垄断公司可能采用的三种方法：

1. 限制定价。
2. 掠夺性定价。
3. 产能扩张。

限制定价

限制定价（limit pricing）是指在位者在发生进入前，依靠实施低价来阻碍进入的做法。[14]限制定价有两种方式。第一种，我们叫做有争议的限制定价，这种情况发生于在位者产能过剩并且相对于进入者有边际成本优势的时候。在一个有争议的市场中，在位者将价格定在略低于进入者的边际成本，并在此价格下获得全部的市场需求。案例11—3描述了巴西水泥行业的这种限制定价。

案例 11—3

巴西水泥制造商的限制定价

和许多发展中国家一样，巴西生产并使用大量的水泥。巴西12家水泥制造企业运营的57家工厂年产量超过4 000万吨，这使得巴西成为世界第六大水泥制造国。57家工厂中的每一家都控制了本地市场，并且几乎不会销售到临近地区的市场上去。这一现象可以由竞争性定价和高昂运输成本来共同解释。毕竟，如果水泥的价格接近成本，那么只有本地的生产商有能力销售。但是，巴西的水泥价格却远高于成本——价格—成本比率经常超过50％。这对于支付运输成本来说绰绰有余。

虽然有高额利润率的诱惑，但很少有企业会把水泥运输到其他地区销售。多数例外的情况发生在一个企业将水泥从一个地区的工厂运输到自己另外一个工厂控制的地区贩卖。这为跨地区运送水泥销售的经济可行性提供了令人信服的证据。但是，除了这类"友善的"运送外，其他跨地区运输销售几乎没有发生过。这一事实有力地证明了巴西水泥制造商已然默许分割市场了。

有一类水泥制造商可能并不愿意附和这种默认的协议——外国供应商。由于运输费用的减少，亚洲水泥制造商已经成功地增加了它们对美洲的出口——美国水泥行业国外企业所占的市场份额接近20%。但是在巴西，这个比例只有差不多2%。美国和巴西的不同之处部分是由运输费用造成的——运到巴西的话必须经过巴拿马海峡。但是经济学家阿尔贝托·萨尔沃（Alberto Salvo）相信，几乎完全没有对巴西出口的原因在于巴西的水泥制造商实行限制定价。[15]

萨尔沃指出，巴西的企业在两个方面成功地串通。第一个是分割市场。第二个是通过设定垄断价格阻绝更高成本的企业进入。这一论点和市场份额的事实一致。萨尔沃又给出了更多确凿的证据。他发现在巴西水泥需求高涨的时候，价格并没有增加。在这样一个繁荣的时期，一个不担心进入发生的卡特尔通常会提高价格。但是一个决心要阻绝更高成本竞争者进入的卡特尔则会控制价格上限。这正是巴西企业的做法。

如果在位者的边际成本上升，或者将价格定在略低于进入者边际成本的能力有限，那么它将不能获得全部的市场需求，或者它可能需要牺牲利润来这样做。尽管有争议的限制定价不会成功，在位者仍然可以利用较低的价格来进行进入阻绝。我们把这种行为叫做战略性限制定价。进入者观察到较低的价格，并且推测进入后的价格也会一样低，甚是更低。正如我们看到的那样，这可能已经足够将进入者拒之门外了。

假设存在一个存续期为两年的市场。每年的需求是给定的，即 $P = 100 - Q$（这里的 Q 代表产量，P 代表价格）。企业每年需要为生产技术投入无法收回的固定成本 800 美元，固定边际成本为 10 美元。在第一年，市场中仅有一个掌握了工艺专用技术的企业进行生产，我们将该公司称为 N。另外一个公司我们称为 E。在第二年，E 开发了新技术就进入市场了。表11—1归纳了关于该市场定价和利润的有用信息，我们可以通过计算利润最大化时的价格和数量来验证这些信息。

表 11—1	在不同的竞争条件下的价格和利润	单位：美元
市场结构	价格	每个公司的年利润
单寡头	55	1 225
古诺均衡双寡头	40	100

案例 11—4

日本啤酒酿造行业的进入壁垒与盈利性

日本啤酒酿造行业经历了几十年的繁荣。日本的啤酒市场是巨大的，人均每年消费的啤酒就达到了 16 加仑。四个公司——麒麟啤酒公司（Kirin）、朝日啤酒公司（Asahi）、札幌啤酒公司（Sapporo）和三得利啤酒公司（Suntory）主导了该市场。该行业税后资产回报率是 3％～4％，这对通货膨胀低的日本来说，利润是很高的。而且，这些公司已经获利几十年了。

通常，一个利润丰厚的行业会吸引新进入者加入以分享果实。尽管如此，札幌啤酒公司在之前 20 年内是日本仅有的一家获得较大市场份额的日本酿酒厂，它的市场份额达到了 10％（第五位的最大销售商——好丽友啤酒公司（Orion）的市场份额不足 1％）。获利丰厚的在位者和最小的进入量通常就意味着进入壁垒的存在。在美国，高利润的酿酒行业由强大的品牌保护着。日本的酿酒厂商也有自己的品牌识别，如麒麟啤酒公司的一番榨啤酒和朝日啤酒公司的纯生啤酒都有忠实的喜爱者。但是日本的酿酒业有两个进入壁垒是美国市场没有的。日本政府长期以来对进入进行限制，并且日本的夫妻（Ma-and-Pa）零售商店的市场主导地位也使得产品的分销渠道更为复杂。

日本的酿酒厂必须从财务省（MOF）获得执照。在 1994 年之前，财政部不会给任何年产量少于 200 万升的酿酒厂颁发执照。虽然 200 万升对于 70 亿升的市场来说，仅仅是个相对小的份额，但是，这对于还没树立起自己品牌的新建公司来说却是一个障碍。对于财务省是否以此作为进入壁垒来保护四个大酿酒厂，或者是减少了需要征税和管制的公司的数量，我们还不清楚。作为减少市场限制、扩大自由化的一部分，现在财务省已经降低了注册的门槛，将产量要求设为 60 000 升。在这种变化下，现存的小酿酒厂形成了一个小酿酒厂协会，同时，许多小型的酿酒厂也开张了。

四个在位者对此的对策是，向市场提供它们自己的"精品"（gourmet）美酒。这就让它们继续赢得了餐厅与酒吧的"钟爱"，餐厅与酒吧的销售量占了日本所有零售量的 50％。凭借机智的营销战略以及完善的流通渠道带来的成本优势，这些主导企业将继续在啤酒市场中保持它们的有利地位。

日本零售方法的改变可能最终威胁主要的酿酒商。在餐厅和酒吧之后是第二大的啤酒零售商——夫妻零售商店。过去这些商店的销售能力不强，并且也不会竞相储备低成本啤酒。但是，最近几年，日本消费者开始转向 Daei 这样的折扣商店，因为这些商店销售的酒比家庭经营的商店便宜 25％或者更多。同时，日本政府继续实行经济自由化，使更多的折扣商店得以发展。这些折扣商店（即便超级市场会取代这种邻居杂货店，取代的速度也会相当慢）愿意卖进口的啤酒。进口酒的价格相当于国内啤酒的 1/3。为应对挑战，日本酿酒业生产了一种新的低麦芽啤酒 Happoshu。由于享受了低税收政策，Happoshu 啤酒价格比普通啤酒低 30％，并且，很快就占领了啤酒市场的 40％。同时，日本酿酒业转向多样化生产，生产了烈性酒和其他酒精饮料，以更好地满足折扣商店对全方位服务供应商的需求。这种战略阻碍了国外产品的进入，虽然 Happoshu 啤酒的低价位使得啤酒业的利润受损，但是这无疑有力地阻绝了进入。

很具有讽刺意味的是，虽然日本大酿酒厂保护了自己的国内市场，阻绝了新进入者，但是它们却正在海外急剧扩张。朝日啤酒公司于1994在中国开始生产啤酒，现在已经有了6个工厂，同时它与中国的青岛啤酒厂建立合资企业，将产品销往第三世界。此外，通过兼并或者与国外制酒企业合营的方式，麒麟啤酒公司和三得利啤酒公司现在已在世界各地销售烈酒。

如果不存在进入的威胁，N公司就会选择每年55美元的垄断价格，两年将获取总额为2 450美元的利润（为了简便，我们没有对第二年的利润进行贴现）。然而对于N公司来讲，不幸的是，E公司在第二年可能进入市场。为了决定是否进入，E公司必须预见进入后的竞争情况。假设当E观察到N公司在第一年里的要价为55美元，它就认为N公司将不会是有力的竞争对手。它特别希望第二年能形成古诺均衡，那么这两个公司在市场中的份额将相等。基于这种预期，E计算出，如果进入，将可以获得100美元的利润。如果N持有和E一样的看法，竞争实现了古诺均衡，那么在进入的条件下，公司N在第二年也期望能获得100美元的利润，这样N公司的两年利润额相加达到1 325美元，远远低于两年的垄断利润2 450美元。

N公司可能会考虑是否可以阻止进入，它可能进行如下推理：

如果我们将第一年价格设定得低一些，那么可能E公司就认为进入后的价格也将是低的。如果E认为进入后的价格将十分低，那么它将不会进入。而我们就可以在第二年获取垄断利润。

按照这种逻辑，假设N公司设定第一年的价格为30美元，E可能看到此价格，也进行了如下推理：

如果N公司在处于寡头垄断的时候，价格就仅为30美元，那么当然，在面临竞争的时候，它的价格将会更低。假设我们进入了，乐观估计的话，价格可以保持在30美元，总的市场需求就是70。如果我们可以达到50%的市场份额，我们将卖出35单位产品，实现的利润为：$[(30-10)\times35]-800=-100$美元。如果N的价格低于30美元，我们的定价会更低。所以，我们不应该进入该市场。

如果两个公司均遵照此逻辑，那么N就将设定限价为30美元。依靠此限价，N公司在第一年将获得的利润为$[(30-10)\times70]-800=600$美元，第二年将获得完全垄断利润1 225美元，这样总利润就达到了1 825美元。这就大大超出了N公司采用设定第一年的垄断价格为55美元，而在第二年与E分享市场利润的方法时的总利润。

仔细观察一下前面关于定价的论点，我们会发现战略性限制定价的一些潜在问题。一个问题是，潜在的进入者可能会徘徊一段时间，这迫使在位者无限期地设定限制价格。根据成本和需求，在位者作为古诺寡头可能会比作为永久垄断的价格限制者好一些。

第二个问题是，我们必须接受一个假设——在位者能够影响进入者关于进入后竞争状况的预期。要解释为什么上述假设对这个论点很重要，我们来检验在进入者更不容易被控制的情况下限制定价是怎样发挥作用的。我们以博弈树形式（见图 11—3）来描绘限制定价博弈（要了解更多关于博弈树的知识，请参见初级教材）。N 公司和 E 公司的均衡情况是使用之前例子中的需求与成本的数据来计算的。图 11—3 显示，在第一年里，在位者的战略选择是 (P_m, P_l)，这里的 P_m 是指垄断价格 55 美元，P_l 指的是限制定价 30 美元。进入者观察到了 N 公司的选择，然后就选择进入或不进入。如果 E 选择了"不进入"，那么 N 在第二年就选择了 P_m。如果 E 选择了"进入"，那么竞争将在第二年展开。我们假设 N 公司可以控制第二年的竞争本质。特别是，N 能够将价格保持在 $P_l = 30$，或者它能够勉强同意和允许古诺均衡竞争。在该均衡下，价格将会是 $P_c = 40$。两年的盈利在每一个博弈树分枝的节点末标明了。

　　限制定价的结果如图 11—3 的虚线所示。在这样的结果下，N 公司获取了 1 825 美元的利润总额，E 公司获取了 0 美元的利润。但是，在限制定价结果中，公司的行为是非理性的。（根据在第 1 章中学习的博弈论，我们知道该结果不是一个子博弈精炼纳什均衡。）要了解为什么是非理性的，我们必须使用逆向查找方法来分析此博弈。[16] 首先，考察 E 不理睬限制定价，选择了进入时的博弈树的分枝。根据对限制定价的讨论，E 选择不进入是因为它希望它进入后，N 将选择 P_l。但是，考察博弈树就可以看到，N 选择 P_l 是不理智的。假设在进入发生的情况下，N 会选择 P_c，N 将获取利润 700 美元，这超过了它选择 P_l 时的利润——500 美元。因此，E 对进入后 N 的行为的预期是错误的。

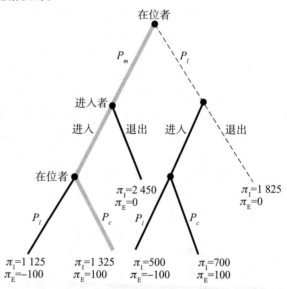

图 11—3　限制定价：博弈展开式

　　限制定价均衡在图中用虚线表示。在位者选择 P_l，潜在进入者将选择不进入。这并不是一个子博弈精炼纳什均衡，因为如果潜在进入者选择进入，在位者将在第二阶段选择调节价格 P_c。图中用粗黑线描绘出了子博弈精炼纳什均衡。在位者知道它无法可靠地阻止进入，所以它就在第一阶段将价格设定在 P_m。

　　E 应该预料到，如果它进入，N 将选择 P_c。E 应该计算出它能从进入中获取的利润是 100 美元，这就超过了它不进入时的利润——0 美元。因此，即使 N 在第一阶段博弈中选择了 P_l，E 也将选择进入。继续进行逆向查找，N 应该预测到即使它选择了 P_l，它也无法阻止进入。N 计算出如果它真的选择了 P_l，它将获得 700 美元的利润。靠在第一阶段选择 P_m 和在第二阶段选择 P_c，N 将获得的利润为 1 325 美元。

我们对博弈树的分析现在就结束了。N 在第一阶段将选择 P_m，E 将选择进入。第二年的竞争将达到古诺均衡。该结果可以从图 11—3 的粗灰线中看出来。

根据这些分析，由于在位者之前的价格没有影响进入者关于进入后竞争的预期，限制定价经常会失败。限制定价直观上的解释看起来和博弈树生硬的逻辑相反。事实证明，还有一个没有被博弈树阐述的附加因素支持这种直观的解释。这个因素就是对行业情况的不对称性信息。为了理解这种不对称性的重要，首先讨论另一个进入阻绝战略是很有帮助的。在这中间，简化的经济模型和直观的感觉常常是相悖的。

掠夺性定价

掠夺性定价（predatory pricing）指的是为将其他企业逐出市场而设定低价的做法。掠夺性企业期望，在将竞争对手赶出市场时付出的任何代价，都可以在以后通过施加市场力量而得到弥补。掠夺性定价和限制定价的不同是：限制定价是针对还没有进入市场的企业，而掠夺性定价却是针对已经进入市场的公司。[17]

连锁店悖论
认为在位者能通过大幅削减价格将竞争对手逐出市场并能抵制进入的想法非常感性、直观。然而一个相关的简单例子证明这种战略可能是没有意义的，设想一个理性的在位者同时在 12 个市场中经营，且在每个市场均面临进入的威胁。在 1 月的时候，它在市场 1 面临着进入威胁；2 月的时候，它在市场 2 面临着进入威胁；依此类推。那么在位者在 1 月应该大幅降价吗？

我们可以通过从 12 月往回追溯，来看看早先的价格决定如何影响了后来的进入，就可以回答该问题了。最重要的事情就是要注意到不管在之前的几个月发生了什么，在位者是不能从 12 月的掠夺性定价中获利的。到那时，没有需要阻绝的竞争者，因此在位者没有理由继续削减价格。第 12 个市场的进入者认识到了这一点，它将不考虑之前的价格削减而执意进入。倒推至 11 月，有远见的在位者就知道 12 月的时候它不能阻绝进入。因此，在位者不可能从 11 月的削减价格中获利——这对 12 月的进入来说没有阻绝效应。11 月的潜在进入者也能够预测到这一点，因此就可以在不用担心被报复的情况下进入。以这种方式，问题被完全拆分了，在位者认识到，在 1 月进行掠夺性定价一无所获。引人注目的结论是：在一个所有进入者都能够准确地估计到未来定价的世界中，我们将不会看到掠夺性定价行为。这是一个惊人的观点，但是并没有实证上的支持，正如我们在案例11—5中描述的那样。

掠夺看上去非理性的这种结果是与经济学上的连锁店悖论（chain-store paradox）相联系的。[18]该悖论是，尽管结论证明靠掠夺性定价来抵制进入的这种做法是非理性的，但许多公司还是被普遍认为是通过大幅度削减价格来阻止进入的。之前引用的军火商联营就是这样一个例子。标准石油（Standard Oil）是另外一个这种例子，19世纪它的价格政策曾经致使竞争对手破产。

案例 11—5

实验室中的掠夺性定价

在大多数发达国家，掠夺性定价是违反反托拉斯法的。但是很少有针对掠夺性定价起诉成功的，大多数反托拉斯经济学家都怀疑现实中这种情况鲜有发生。一个原因是，在现实中很难有效区分企业提升市场份额设计的低价和将竞争对手驱逐出市场设计的不正常低价。前者是一个可以接受的商业行为，并且法院也不会禁止。竞争对手看似不能接受，但是如果新的竞争对手出现，这对消费者来说没有实际的影响。因此，不论意图是否明显，法院可能会在阻止降价上犹豫不决。

经济学家想知道即使在实验室条件下是否有可能产生真正的掠夺性定价。实验经济学相关的新领域提供了一个验证的机会。实验经济学家进行了小规模的商业情形模拟，实时记录参与实验的本科生和研究生的情况。首次重要的模拟情形之一是参与者参与重复的囚徒困境，按照选择的博弈框获得现金奖励。在过去的20多年中，实验已经变得更加完善，很多实验都是针对掠夺性定价进行研究的。

马克·艾萨克（Mark Isaac）和弗农·史密斯（Vernon Smith）在1985年公布了首次掠夺性定价实验的结果。[19]实验设计如下：两个参与者在市场中竞争，它们要销售掉总计10个单位的产品。

艾萨克与史密斯设定每一位参与者的生产函数边际成本递增。竞争参与者设定自己的价格以及在此价格基础上愿意出售的最大产品数量，并且必须获取利润，使价格高于成本，在一定时期内至少出售一个单位产品，这样才有资格竞争。

艾萨克与史密斯使竞争参与者拥有不同的价格，一方的价格高于另一方。成本较低的竞争参与者出售全部市场所需的10个单位产品，价格低于最后一单位产品的边际成本，也低于竞争对手第一个单位产品的边际成本，从而将竞争对手驱逐出市场。这是竞争性定价的典型例子。艾萨克与史密斯还做了相同的有数十个参与者的实验，成本较低的参与者一直没有进行掠夺性定价。因此，艾萨克与史密斯把论文的题目定为《寻找掠夺性定价》（In Search of Predatory Pricing）。

有些实验经济学家指出，艾萨克与史密斯的实验中成本较高的竞争者，一旦退出市场，就没有了任何赚钱的机会，这会强烈地刺激它对抗低成本参与者的掠夺性定价，即使短期内赔钱，它也会这么做。反过来，这也会阻止低成本的竞争者进行掠夺性定价。有些经济学家调整了艾萨克与史密斯的实验的条件，允许高成本的竞争者在其他市场上盈利。在这个调整过的试验中，低成本的参与者常常设定掠夺式的价格。另一些经济学家考虑到潜在的市场进入者，调整了艾萨克与史密斯的实验，成本较低的参与者即使把对手赶出市场，可能将来仍然要与新的进入者进行竞争。这似乎又会促使低成本竞争者再次设定掠夺性价格。

经济学实验模型中会出现掠夺式定价的观点已经被普遍接受。但是，这能表明现实世界中也会发生掠夺性定价吗？实验清楚地表明：参与实验的学生可以想到掠夺性定价的好处，愿意承受短期的损失，况且花的钱是别人的。但是，整个实验经济学领域以及对价格歧视、承诺和其他博弈论情形所做的类似的研究对这一问题莫衷一是，毕竟，现实世界中，富有经验的战略家的决策关系到数百万美元的巨资。

援救限制定价与掠夺：不确定性与声誉的重要性

上面的经济模型表明，限制定价与掠夺性定价都是非理性的战略。然而，一些系统性分析表明许多公司确实在这样做。一个可能的解释是公司的定价行为是非理性的。如果这样的解释是正确的（通常情况下我们怀疑这种解释的正确性），那么这种分析就向公司发出警告：不要限制定价！另外的一个解释就是公司是理性的，然而分析却远远无法把握这些战略的重要因素。

博弈理论家指出了掠夺行为可能盈利的几个关键条件。总的说来，进入者必须不能确定（uncertain）在位公司的一些特征或者市场需求的水平。重新考察限制定价博弈就会发现为什么不确定性是重要的。在位者希望进入者认识到进入后价格会降低。如果进入者明确进入后的价格影响因素，那么进入者就会分析进入后价格情况的所有可能性，并正确预测到进入后的价格。如果在位者将获益于选择一个较高的进入后价格，那么进入者就会知道这一点，并且也不会被阻止进入。

然而，如果进入者对于进入后的价格是不确定的，那么在位者的价格战略将影响进入者的预期。在一篇探讨限制定价合理性的论文中，保罗·米尔格罗姆和约翰·罗伯茨指出：一个进入者对在位者成本情况的了解要远远少于在位者自己对自身的了解。[20]如果这一结论是成立的，通过实施限制性定价，在位者就会让自己看起来有很低的成本。这就会降低进入者对进入后利润的预期，从而潜在地阻绝了进入者的进入。

加思·萨罗尔指出：当进入者一定无法从在位者的限制定价中完全地推断出在位者的成本时，才能用限制定价的方式来阻止进入。[21]萨罗尔表明了如果进入者对市场需求水平与在位者的成本均不确定，限制定价阻止进入就可能发生。这样两个不确定性类型断然支持了一种限制定价战略，限制价格对进入者来说就预示着在位者的成本低或者市场需求不旺。任何一种信号都可能阻止进入。

相似的观点解释了为什么企业现在会想削减价格来阻绝进入，进入者必须没有从在位者的限制价格中完全推测出它的成本的能力。这样的掠夺性定价看上去是非理性的，因为潜在进入者能够完全预测到在位者在每个市场中的行为。最关键的是，在上一个模型中，进入者确信在位者不会削减价格，因为没有下一步的进入需要阻绝了。但是假设最后一个进入者不确定在位者是否会削减价格。一个"容易对付"的在位者可能不会削减价格，但是一个"强硬"的在位者将会这样做。我们可以设想企业的类型可能是"强硬"的。它们可能有很低的成本，或者它们仅仅是不喜欢竞争，甚至是出于牺牲利润保持垄断地位的想法。或者它们可能面临着进入者没有意识到的其他情况。在任何一种情况下，如果最后一批进入者相信在位者是"容易对付"的，那么它将会进入最后一个市场。如果在位者在前一个月没有削减价格，这将会加强在位者是"容易对付"的这一看法。如果进入者不确定在位者的成本、动机或者未来的计划，那么一个"容易对付"的在位者可能会在1月就开始削减价格，通过这种方式，它们就建立了一个强硬的声望（reputation for toughness）。在一个试验中，郓尤荣（Yun Joo Jung）、约翰·卡格尔（John Kagel）和丹·莱文（Dan Levin）发现：当学生在一场掠夺的博弈中无法确定在位者的倾向时，这位在位者确实在通过大幅度削价来阻止进入。[22]

一些知名的公司，包括沃尔玛和美国航空公司在激烈的价格竞争中将对手击败后，获得了强硬的声望。进攻性也是为提高市场份额而自然出现的一个战略。一些公司公开宣称其公司的使命是主导市场份额，如美国百得公司（Black and Decker）及迈考美调味品公司（McCormick Spices）。这些宣告对于竞争对手来说是一个有效的信号：这些公司将采取任何必要的行动，甚至进行价格战来保护它们的市场份额。顺着这个思路，这些公司就会通过对在市场拓展中擅长采用进攻性行为的员工们予以奖励而提高强硬的声望。钱姆·弗希特曼（Chaim Fershtman）和肯尼思·贾德（Kenneth Judd）认为，公司可能会基于市场份额而不是利润来奖励经理。[23]这将鼓励他们制定进攻性的价格，因此提高了公司强硬的声望，并最终带来比价格底线（如果管理人员设置了一个价格底线）时更高的利润。

连锁店悖论不但忽视了不确定性的重要性，并且对"在位者"与"进入者"的判定是武断的。实际重要的是在位者的声望而不是在位者本身。一个进入者可能进入市场并大幅降低价格。如果进入者有强硬的声望，在位者可能选择退出，而不是试图安全渡过价格战。

产能扩张

许多公司的生产能力过剩。为了衡量生产能力的利用程度，每年美国制造业调查局（U. S. Census of Manufacturers）都要求工厂管理人员列出当前的和理想的生产水平。得到的比率即生产能力利用率（capacity use）大约为80%。生产能力过剩有几个原因。在一些行业，只有以较大规模扩大生产能力才是经济划算的。如果企业在需求增长之前扩大生产能力，那么在某些时期，该行业就会呈现出企业生产能力过剩的特点。在总体经济的低迷时期，或者某个企业的需求下降时，也会产生过剩的生产能力。非完全竞争行业中的企业当以全部生产能力进行生产有利可图时，其他的公司可能就会进入该行业寻求分享一部分利润，这就会产生过剩的生产能力。在这些例子中，过剩的生产能力是由于市场的力量导致的。

公司也可能为战略目的而保持过剩的生产能力。依靠持有过剩的生产能力，在位者就可以影响潜在进入者对进入后竞争情形的估计，并因此阻止进入。与掠夺性定价和限制定价不同，过剩的生产能力可能阻止进入，甚至当进入者拥有在位者战略目标的完全信息时。原因是当一个在位者拥有过剩的生产能力时，它就能以相对低的成本扩大产出。当在位者面临竞争时，不论对进入者利润的影响如何，它都会大规模地扩大产量。不论是有意还是无意的，这将大幅削减进入者进入后的利润。如果进入后的利润低于进入的沉没成本，进入者就将选择不进入。垄断的在位者甚至可能决定不利用它所有的生产能力，让空闲的生产能力作为给进入者的一个"可信的承诺"（credible commitment）——当进入发生时，在位者将扩大产量。

马文·利伯曼（Marvin Lieberman）详述了在位者可以通过保持过剩的生产能力成功地阻止进入的条件[24]：

● 在位者应该有一个持久的成本优势。万一发生进入及之后的价格战，它就能占据优势。

● 市场需求增长缓慢。否则，需求将迅速超过生产能力。

● 对过剩生产能力的投资在进入前必须成为沉没成本。否则，进入者在发生价格战的时候可能会迫使在位者退让。

● 潜在进入者必须没有正在尝试建立强硬的声望。

柔道经济与"瘦狗"战略

在本章中，我们已经向读者提供了一些在位者利用其规模和声望将弱小的竞争对手置于劣势的案例。但是，有时候小公司和潜在进入者可以利用在位者的规模来获得它们自己的优势，这被称为柔道经济。[25]假设当一个在位者大幅度削价以将进入者赶出市场时，它牺牲了自己的短期利润。在位者的规模更大，因此可能比进入者面临着更大的损失。如果一个进入者没有显示出长期的重大威胁，在位者可能会仔细斟酌将进入者从市场中逐出所要承受的重大损失。这种逻辑和第9章描述的"瘦狗"战略是紧密相连的。

布拉尼夫航空公司（Braniff Airlines）就是这样一个范例。1988年，餐馆和玩具娃娃公司（Restaurateur and Doll）的所有者杰弗里·霍多罗夫（Jeffrey Chodorow）和房地产开发商阿瑟·科恩（Arthur Cohen）购买了惨淡经营的布拉尼夫航空公司。第二年，布拉尼夫航空公司就破产了。在处理布拉尼夫航空公司的资产时，霍多罗夫和科恩以313 000美元购买了布拉尼夫商标，接管了破产的航空公司翡翠（Emerald），并且将这二者合并成一个新的布拉尼夫航空公司。1991 年春天，布拉尼夫航空公司公开宣布它只在达拉斯到洛杉矶、纽约、佛罗里达和加勒比海设立航线。1991 年 6 月，布拉尼夫航空公司开始按预定航线飞行。它立即就遭遇了挫折，包括将被禁止的一架波音 727 飞进洛杉矶国际机场（该型号飞机违反了当地噪音污染条例）。但是，布拉尼夫航空公司的命运甚至在它第一次预定航线飞行表前就已经注定了。美国航空公司于 1991 年 5 月 27 日发起了"经济定价"，许多人认为这是对布拉尼夫航空公司重返其家乡市场——达拉斯的应对措施，并由此挑起了价格大战。两个月后，布拉尼夫航空公司就被赶出了该市场。

如果布拉尼夫航空公司信守承诺，那么它将只能获得美国航空公司 1/30 的份额。为什么美国航空公司对布拉尼夫航空公司的"瘦狗"战略反应如此激烈呢？美航可能利用其他的壁垒削减价格来阻绝未来的潜在进入。即便美航不关心未来的进入，它也可能不相信布拉尼夫航空公司的保持小规模的许诺。总的说来，存在几种方法可以使一个企业的不继续扩张的承诺变得可信。

亚马逊公司进入在线书籍零售市场是一个较成功的事例。许多观察家惊讶于为什么巴诺公司（Barnes & Noble）没有使用它们自己的网站立即作出反应，将亚马逊公司赶出市场。可能由于其在传统市场上的主导地位，巴诺公司认为进入在线书籍市场会损失很多。这种做法会使在线销售立即合法化，并且可能触发一场在线价格战，并因此可能瓜分巴诺公司的传统业务市场。结果证实，超出了大多数市场分析家的预测，亚马逊公司获得了成功。在没有得到巴诺公司的任何帮助的情况下，它使在线销售合法化。

促进退出战略

企业有时会抱怨较强竞争对手的掠夺性定价行为。它们甚至呼吁消费者也应该抵制由此导致的低价格，因为价格削减者最终会控制市场并设定垄断价格。100 年前，当石油精炼业试图打破标准石油托拉斯时，它们提出了该观点。1993 年，阿肯色州康韦市的三家药店对当地的沃尔玛店发表了一个相似的声明。它们起诉沃尔玛违反了州反垄断条例，获得了 30 万美元的赔偿，并且法院强制要求沃尔玛提高其药物的价格。在这之前，类似的针对沃尔玛的反托拉斯挑战都失败了。

在贸易争端中，控告不公平的低价经常发生。1991 年，美国商务部裁定丰田公司与马自达公司向美国市场倾销——通过使价格低于成本——小型货车的罪名成立。一年后国际贸易协会（International Trade Commission, ITC）裁定美国的汽车制造商没有受到该做法的损害，因而不能得到赔偿（这个裁定与最初丰田汽车和马自达汽车以低于成本价销售的指控并无关系）。2000 年，这种争议似乎再度重演。商务部裁定日本制造商向美国国内倾销无缝不锈钢（seamless stainless steel），因而将进口税提高了 150%。两年后，ITC 发现没有证据表明美国制造商受到该倾销的损害，要求美国停止该项税收。欧盟委员会（European Commission）利用反倾销条例对捷克的钢铁制造商提起了诉讼，泰国也控告 14 个国家在其国内倾销钢铁。为处理此类复杂的倾销问题，关贸总协定（GATT）* 常常进行重新谈判。

消耗战

掠夺性定价的目的是为了消灭竞争和创造垄断。这种战略要发挥作用，竞争企业必须在挑衅者放弃战略前退出市场。至于为什么会这样，研究者还不是很清楚。不论价格战是谁发动的，都将损害市场中的所有企业，并且大型企业受到的损害最严重。价格战是消耗战的典型范例。在一场消耗战中，两方或者更多方耗费资源彼此搏斗。最终，幸存者收获回报，而失败者一无所获并后悔参与此战。如果价格战拖延的时间足够长，甚至导致赢家的状况也会比价格战开始前差，因为花费在价格战上的资源超过了它最终的回报。除价格战之外，还有许多其他类型的相互作用也属于消耗战。美国和苏联从 1945 年到 20 世纪 80 年代末期间的核军备竞赛就是一个典型的例子。两个国家都花费巨额资金增加核武器库，二者都希望对方首先做出让步。最终，苏联解体，俄罗斯承认它无法负担继续进行军备竞赛。

实际上，在一场拖延的价格战中，所有企业的境况都将变得更糟。如果价格战将一些企业逐出市场，那么幸存者就可以将价格提高到价格战之前的水平之上。因此，每个企业都应该考虑它是否有机会存活，如果可以，那就值得承受这些。如果一个企业确定其将在一场价格战中失败，那么它就应该立即退出。通过立即退出，它就避免了代价高昂并注定会失败的争斗。如果没有企业在价格战的初期退出，那么价格战就会拖延足够长的时间，以致让所有企业，包括赢家最终都损失惨重。20 世纪 90 年代早期至中期，仓储会员店间的价格战就是这样一种情况。[26] 尽管一些竞争者退出了市场，价格战带来的损失是巨大的，以致幸存者很难恢复过来。如果价格战从来没有发生，所有企业的境况都将更好。

企业越相信它能够拖垮竞争对手，那么它就越愿意参加并维持价格战。企业甚至可能努力让其竞争对手相信它们会在价格战中处于有利地位并且最终幸存下来。它们可能声称它们事实上在价格战中获利，或者声称它们更关心的是赢得价格战，而不在乎获利情况。这些信息都可能导致竞争对手反思自身生存的机会，并促使它们尽早退出市场。（军备竞赛中的一个相似的例子是：罗纳德·里根声称美国可以在核战争中幸存下来，并能赢得胜利。）

我们再次注意到沉没成本的重要性。如果两个企业即将面临价格战，其中一个对工人和其他原材料供应商作出了沉没承诺，它的竞争对手也可能会放弃。一个作出沉没承诺的企业在维持市场上有较低的增量成本。任何一个

---

*　即现在的 WTO。——译者注

坚持进行价格战的企业都应该意识到这将是一场长期的战斗。

沃尔玛在德国市场"水土不服"

20 世纪 90 年代，沃尔玛征服了美国零售业的各个角落之后，着眼于海外扩张。至 1998 年，沃尔玛已经在海外 6 个国家设立了 500 家商店，此时，沃尔玛开始期望涉足欧洲市场。沃尔玛进军欧洲市场的战略开始于德国，并购了 21 家特考弗（Wertkauf）连锁店，并且从思巴斯汉德尔斯（Spars Handels AG）公司收购了 74 家 Interspar 仓储式商店。很快，沃尔玛就照搬管理美国商店的模式，包括门前问候顾客、员工永远微笑以及顾客是上帝（允许购买超过 5 件商品的顾客使用限 5 件商品的快速结账通道）等经营理念。很多分析人士指出，欧洲市场将迎来沃尔玛化，不是"会不会"的问题，只是"什么时候"的问题。他们的分析大错特错。2007 年 7 月 28 日，沃尔玛宣布关闭门店，并陆续关闭剩下的 78 个沃尔玛超级商业中心。

沃尔玛发现，可以轻易进军德国市场只是一个欺骗人的假象，所需要的条件不仅仅是从特考弗和思巴斯汉德尔斯公司手中接过商店并使用其仓储设备。在德国就业市场不景气的情况下，沃尔玛不难雇到工人。看上去，沃尔玛只需将原来商店的名号摘掉，把自己的牌子挂上。

对于沃尔玛而言，成功只是虚幻的假象。沃尔玛惊奇地发现，德国顾客对其实行的一些经营战略并不买账。德国人不喜欢让店员为自己购买的商品打包，也不喜欢被门前店员或者微笑店员"推来推去"。当他们购买超过 5 件商品之后，不愿意"滥用特权"，不去快速结账通道。在处理沃尔玛员工的关系上面，沃尔玛也显得勉为其难。沃尔玛禁止店员相互打情骂俏或者相互嫉恨。沃尔玛设有热线电话，允许相互之间打小报告。针对这一制度，德国店员状告沃尔玛，并获胜。德国店员也不愿意沃尔玛让他们加班或者安装摄像头。或许最要紧的是，沃尔玛不能降低劳务成本，工资和竞争对手的工资差不多。

竞争主要来自麦德龙（Metro）公司，最终证明沃尔玛没能啃下麦德龙这个硬骨头。沃尔玛进入德国市场时，麦德龙已经在德国以 Aldi 和 Lidl 等品牌经营着 1 000 多家仓储式和大型零售商店。Aldi 和 Lidl 各有数千家店铺。沃尔玛只有 95 家商店，在仓储和物流方面并不能与它们匹敌。虽然储藏技术在美国是一大竞争优势，沃尔玛贸然进军德国仍然是一种没有远见的做法。沃尔玛还没站稳脚跟，麦德龙就发动了一轮价格战的攻势。在顾客关系、员工关系和物流成本等方面不具备竞争优势，沃尔玛退出德国市场只是"什么时候"的问题。

沃尔玛现在庆幸当时卖掉了德国的商店，及时止损。买家是谁呢？正是它的竞争对手麦德龙。

阻绝进入行为的证据

虽然理论家们非常关注阻绝进入问题，但是关于企业是否实施阻绝进入战略，以及如果实施，这些战略是否会很成功的系统性证据很少。我们大部分的证据来自反垄断案例，在这些案例中，发现阻绝进入行为迹象的必要条件是研究人员掌握详细的成本、营销与战略信息。

除了反垄断案例，其他渠道很少能提供关于阻绝进入的证据，原因有以下几点：首先，企业自然不愿意宣称它们阻绝进入，因为这可能是很敏感的竞争性的信息，也可能会违反反垄断条例。其次，许多阻绝进入战略涉及的价格低于短期垄断价格。为了判断企业是否在实践中实施阻绝进入战略，研究者需要知道企业的边际成本、需求曲线、行业的竞争程度和替代品的可获取性。除了反垄断案例外，研究者们很难获得此类信息。最后，为衡量一个阻绝进入战略成功与否，研究者需要确定如果没有掠夺性定价等行为，进入率将会是多少。这也是一个很难回答的问题。

进入阻止因素列表

表 11—2 总结了本章介绍的一些重要概念，列举了阻碍企业进入新市场的方法，以及在什么情况下哪一种方法最有效，还列出了相关概念。

表 11—2 　　　　　　　　　　　　进入阻止因素列表

进入障碍	阻止最有效的具体情况	评论
沉没成本	现有企业已经投入了这些成本，而新进企业还没有。	成本必须是沉没成本。如果现有企业可以卖掉自己的固定资产，那么新进企业也可以。这只是证明，失败的代价不昂贵，进入更难阻止。
生产障碍	规模或者范围经济，投入品，地理位置优越，专利，政府补贴。	必须是非对称的。技术创新可能会对现有企业冲击很大。保护专利的成本小时，专利才能发挥更大的作用。
品牌声誉	现有企业已经与顾客和上游厂商保持了长久的关系。	声望，比如可靠性和质量，这个要素难以衡量。进入企业或许不能获得相匹敌的声望。

续前表

进入障碍	阻止最有效的具体情况	评论
转换成本	供应方几乎没有阻止进入的障碍。	现有企业可以有效地阻止模仿吗?消费者会把进入者视为与现有企业非常不同的企业吗?
收紧渠道	渠道很少、难以复制。	必须与其他方分享战利品。可能会遭到反垄断调查。
限制定价	进入企业对于成本和需求不确定。	需要保持较低的利润率来阻止企业进入。
掠夺性定价	企业以强硬著称,在多个市场展开竞争。	现有企业的损失可能会大于进入企业。新进企业必须准备好充足的现金储备,拥有坚定的信念。可能会遭到反垄断调查。
保持过剩产能	边际成本要低,产品涌入市场会导致价格下降。	产能投资必须是沉没成本。市场需求不会增长。

阻绝进入的调查数据

尽管人们怀疑企业是否会如实地回复,但是罗伯特·斯迈利(Robert Smiley)还是询问了主要的消费品生产商是否采用了各种阻绝进入战略。[27]斯迈利调查了几乎近300家企业的产品经理人,询问他们是否使用了本章中讨论过的一些战略,包括:

1. 进攻性削价沿学习曲线向下移动,使得企业拥有了对后来进入企业的成本优势。进入者只能靠加大自身学习的投入才能实现这种优势。

2. 密集的广告以创造品牌忠诚度。

3. 获得所有产品系列的专利权。

4. 通过发表声明或者其他媒介,提高企业的掠夺声望。

5. 限制定价。

6. 保持过剩的生产能力。

前三个战略产生了高进入成本,后三个战略则改变了进入者对进入后竞争的预期。

表11—3显示了产品经理声称的其公司对于新产品与现有产品,经常使用、偶尔使用和很少使用上述每一个战略的百分比。可以注意到,经理人只被询问了针对新产品的学习曲线的运用情况。所调查的产品经理人员一半以

上都声称他们经常使用至少一种阻绝进入战略，事实上所有的人都声称偶尔使用一种或者多种阻绝进入战略。从对经理人的询问结果可以看出，他们偏爱使用提高进入成本的战略，而不喜欢使用影响进入者对进入后竞争预期的战略。

表 11—3　　　　　　　　　　阻绝进入战略运用调查的报告（％）

	学习曲线	广告	研发专利权	声望	限制定价	过剩生产能力
新产品						
经常使用	26	62	56	27	8	22
偶尔使用	29	16	15	27	19	20
很少使用	45	22	29	47	73	48
现有产品						
经常使用		52	31	27	21	21
偶尔使用		26	16	22	21	17
很少使用		21	54	52	58	62

本章小结

● 进入与退出广泛存在。在一个典型行业中，有 1/3 的企业存在时间短于 5 年，1/3 的企业将在未来 5 年时间内退出。

● 如果企业预期进入后利润高于进入的沉没成本，那么它将会进入该市场。降低进入可能性的因素叫做进入壁垒。

● 如果企业预期将来的损失超过退出的沉没成本，那么它将会退出市场。

● 进入壁垒会产生现有企业和进入者之间的不对称性。

● 外生的市场力量可以产生结构性进入壁垒。低需求、高资本要求以及资源获取限制都是结构性进入壁垒的例子。不管企业是否生产都必须承担义务时，退出障碍就产生了。

● 在位企业可以使用掠夺性行为来杜绝竞争者的进入或者加快其退出。限制定价、掠夺性定价和产能扩张改变了进入者对进入后竞争获利情况的预测。

● 只有当进入者对进入后竞争状态不确定时，限制定价与掠夺性定价才能够成功。

● 企业可以把保持过剩的生产能力作为在进入发生后将会降低价格的一

个可靠信号。

● 企业可以通过掠夺性行为促使竞争对手退出。一旦企业认识到它无法在价格战中幸存下来，就会退出。这就使幸存企业可以提高价格，增加市场份额。企业可以通过使竞争对手相信它将在价格战中幸存下来，从而加快对手退出。

● 经理人声称：他们经常使用阻绝进入战略，特别是当保护新产品时。

思考题

1. 邓恩、罗伯茨和萨缪尔森发现高进入率的行业也趋向于有高退出率。你能解释这个发现吗？这对在位企业的定价战略意味着什么？

2. 邓恩、罗伯茨和萨缪尔森考察了 20 世纪 60—80 年代间的制造业。你认为在过去 20 年里，进入率与退出率发生变化了吗？你是否认为服务业与零售业的进入率与退出率存在系统性差别呢？

3. "在其他条件都相同的情况下，一个在位者更喜欢采用进入堵塞，而不是进入阻绝。"请评论此观点。

4. 在什么情况下规模经济会成为进入壁垒？学习曲线也适用于同样的情况吗？

5. "企业如何对待现存竞争者将是决定企业是否会面对新的竞争者进入的主要原因。"请解释。

6. 为什么不确定性是成功阻绝进入的关键？

7. 假设一个在位企业正在考虑增加产能。它可以采取两种方式中的一种：它可以购买多功能、多用途的机械设备，这些产品可以接近原始价值转售；或者它可以购买高专用性的机器，一旦这些机器投入使用，那么实际上就不会有转让出售的价值。假设一旦安装，两种设备的生产成本是相同的。那么在遭遇更大的进入可能性时，哪一种选择是在位企业最可能的选择？为什么？

8. 在阻绝进入的大部分模型中，在位企业采用掠夺性做法以损害进入者。这些模型是否可以反转过来，变成是进入企业采用掠夺性的做法？你为什么认为在位者比进入者更有可能采用掠夺性定价？

9. 回忆在第 8 章所讨论的垄断竞争的内容。假设一个企业家正考虑在莱恩斯维尔的直街开一家光碟店。那么他应该将自己的商店开在什么位置呢？你对此问题的回答是不是取决于对是否将有更多进入的预测呢？

10. 假设一家企业销售两种产品 A 和 B，并且二者互为替代品。假设一个进入企业生产的产品和产品 A 一样。你认为什么因素将影响价格战的发生？谁将赢得这场价格战？

【注释】

［1］Dumme, T., M. J. Roberts, and L. Samuelson, "Patterns of Firm Entry and Exit in U. S. Manufacturing Industries," *RAND Journal of Economics*, Winter 1988, pp. 495－515.

［2］第 9 章中描述的实质期权讨论了很多影响进入和退出决策时机的问题。在这里我们就不再重复了。

［3］这一定义是下列两书的作者在书中给出的定义的综合：Joe Bain, *Barries to New Competition：Their Character and Consequences in Manufacturing Industries*, Cambridge, MA, Harvard University Press, 1956, and C. C. Von Weizsäckerin *Barriers to Entry：A Theoretical Treatment*, Berlin, Springer-Verlag, 1980。

［4］Bain, *Barriers to New Competition*.

［5］Fisher, F., *Industrial Organization, Economics, and the Law*, Cambridge, MA, MIT Press, 1991.

［6］*United States v. Terminal R. R. Assn.*, 224 U. S. 383 (1912).

［7］*Aspen Skiing Co. v. Aspen Higblands Skiing Corp.*, 472 U. S. 585 (1985).

［8］该例子的很多信息摘自 Michaels, D., 2005, "From Tiny Dubai, an Airline with Global Ambition Takes Off," *Wall Street Journal*, January 11, 2005, p. 1。

［9］Fligstein, N., *The Transformation of Corporate Control*, Cambridge, MA, Harvard University Press, 1990.

［10］讨论细节请参见 Schmalensee, R., "Entry Deterrence in the Ready-to-Eat Breakfast Cereal Industry," *Bell Journal of Economics*, 9 (2), 1978, pp. 305－327。

［11］Scherer, F. M., "The Breakfast Cereal Industry, " in Adams, W. (ed.), *The Structure of American Industry*, 7th ed., New York, Macmillan, 1986.

［12］Baumol, W., J. Panzar, and R. Willing, *Contestable Markets and the Theory of Industrial Structure*, New York, Harcourt Brace Jovanovich, 1982.

［13］Borenstein, S., "Hubs and High Fares：Dominance and Market Power in the U. S. Airline Industry," *RAND Journal of Economics*, 20, 1989, pp. 344－365.

［14］Bain, J. S., "A Note on Pricing in Monopoly and Oligopoly," *American Economic Review*, 39, March 1949, pp. 448－464.

［15］Salvo, A., "Inferring Conduct under the Threat of Entry：The Case of the Brazilian Cement Industry," London School of Economics, Mimeo.

［16］参见第 1 章中逆向查找法在子博弈精炼均衡中的应用。

［17］参见 Martin, S., *Industrial Economics*, New York, Macmillan, 1988。这本书对计划采取的掠夺性定性的不同的合法性检验问题进行了详尽的评价。

［18］这个术语恰巧与莱因哈德·泽尔腾（Reinhard Selten）在其文章中所用的博弈理论相一致。见 "The Chain-store Paradox," *Theory and Decision*, 9, 1978, pp. 127－159。

［19］Isaac, R. M. and V. Smith, "In Search of Predatory Pricing," *Journal of Political Economy*, 93, 1985, pp. 320－345.

［20］Milgrom, P. and J. Roberts, "Limit Pricing and Entry Under Incomplete Information," *Econometrica*, 50, 1982, pp. 443－460.

［21］Saloner, G., "Dynamic Equilibrium Limit Pricing in an Uncertain Environment," mimeo, Graduate School of Business, Stanford University. 还可参见

Matthews, S. and L. Mirman, "Equilibrium Limit Pricing: The Effects of Stochastic Demand," *Econometrica*, 51, 1983, pp. 981 - 996。

[22] Jung, Y. J., J. Kagel, and D. Levin, "On the Existence of Predatory Pricing: An Experimental Study of Reputation and Entry Deterrence in the Chain-store Game," *Rand Journal of Economics*, 25 (1), 1994, pp. 72 - 93.

[23] Fershtman, C. and K. Judd, "Equilibrium Incentives in Oligopoly," *American Economic Review*, 77, 1984, pp. 927 - 940.

[24] 引自 Liederman, Marvin B., "Strategies for Capacity Expansion," *Sloan Management Review*, Summer 1987, pp. 19 - 25。

[25] Gelman, J. and S. Salop, "Judo Economics: Capacity Limitation and Coupon Competition," *Bell Journal of Economics*, 14, 1983, pp. 315 - 325.

[26] 仓储俱乐部的价格低于诸如塔吉特、沃尔玛等大众化商店。在仓储俱乐部购买大宗货物可以节省许多开支。它们之所以被称为俱乐部是因为顾客需要交一些费用才能成为会员。

[27] Smiley, R., "Empirical Evidence on Strategic Entry Deterrence," *International Journal of Industrial Organization*, 6, 1988, pp. 167 - 180.

第 12 章　行业分析

在本书的第一部分，我们从经济学角度探讨了企业与上下游交易伙伴之间的关系。我们了解了在这些关系中，诸如不完备契约、专用性资产和长期市场的相互作用等因素是如何影响企业业绩的。在第二部分，我们考察了竞争经济学，看到了市场和产品特性（如集中度、进入壁垒和差异性）如何影响单个企业乃至整个行业的利润。因为这些章节介绍了太多的重要概念，所以可能使同学们失去对关键知识的把握。行业分析法（industry analysis），如迈克尔·波特的"五力"及勃兰登堡（Brandenberger）和巴里·奈尔巴夫（Barry Nalebuff）的"价值链"，为我们提供了一个架构，使我们可以系统地学习这些涉及面广又常常很复杂的经济问题。

行业分析能帮助我们解决以下几个重要问题：

- 行业与企业的业绩评估。
- 识别纵向交易关系和横向竞争关系中影响业绩的关键因素。
- 确定商业环境的变化如何影响业绩。
- 识别商业环境中的机遇与挑战。在这方面，行业分析法对进行 SWOT 分析至关重要，它是战略规划中最基本（"bread-and-butter"）的工具。（SWOT 代表优势（strengths）、劣势（weaknesses）、机会（opportunities）和威胁（threats），我们将在第 13 章中集中介绍如何辨识企业的优势与劣势。）

此外，行业分析对于评估我们将在第四部分中介绍的普通商业战略也是非常有价值的。

本书的第一部分与第二部分是建立在微观经济学基础上的，特别是企业经济学与工业组织经济学。尽管这方面的研究可以追溯到 20 世纪 30 年代或者更早，但是它们一直对商业战略没有多大影响。直到 20 世纪 70 年代，迈克尔·波特发表了一系列的文章及出版了其开创性的巅峰之作《竞争战略》(Competitive Strategy)。波特为考察影响一个行业利润的经济因素提供了一个便利框架。波特的主要创新在于将围绕纵向链条和市场竞争的因素分为五大力量。

勃兰登堡和奈尔巴夫在其合著的《合作竞争》(Coopetition) 一书中对五力框架提出了重要的补充。在书中，他们描述了企业的"价值网"，其中包括企业的供应商、分销商和竞争对手。波特描述的是供应商、分销商和竞争对手如何破坏企业的利润，而勃兰登堡和奈尔巴夫的主要观点却是这些企业如何提高自身的利润。换句话说，战略分析必须解释合作和竞争两个方面（正如他们书的名字那样）。

本章将说明如何运用五力行业分析来解释第一部分和第二部分中所学到的经济原理。同时本章也介绍了如何运用由勃兰登堡和奈尔巴夫创立的价值链原理。为说明这些观点，我们考察三个行业：医院、飞机机身制造和专业体育。

我们选择这些市场的原因不仅在于它们代表了多样化的竞争力量，而且在于我们已经对这些行业有了比较深入系统的了解。没有这种理解，就不可能有可靠的行业分析，没有系统知识的经济学知识是危险的、站不住脚的。

五力框架有几个局限性。第一，该理论忽视了可能影响需求的因素。虽然它解释了替代品和互补品的价格及可获取性，但是它忽略了消费者的收入、偏好和企业促进需求战略（如广告）的变化。第二，该理论关注的是整个行业，而不是行业中的单个企业。企业必须在市场中占据独特的地位，这将它们与一些竞争力量隔离开来。第三，除了政府是一个供应商或者是购买者的时候外，该框架没有明确阐述政府的角色。作为监管者的政府可以深远地影响行业获利能力，因此应该被看做第六种力量。第四，五力分析是定性分析。例如，对行业结构的分析可能显示出进入的威胁很大，但是这个框架却没有给出评估进入可能性的方法。因为它是定性的，所以该框架对评估趋势就特别有用——也就是说，它可以帮助我们识别出能引起行业利润上升或者下降的市场条件的变化。

五力分析运用

五力框架本身不是一套原理，与之相关的原理在前面的章节中已详述过。相反，五力框架是一种工具，它可以确保你系统地使用这些原理来评估一个行业的当前情形和可能的演变趋势。

五种力量，如图 12—1 所示，是指内部竞争、进入、替代品与互补品、供应商的力量和购买者的力量。内部竞争是核心，因为它受其余任何一个力量影响。人们评估每一个力量的方式就是问："这个力量足够强大以至于可以降低或者消除行业利润吗？"为回答此问题，了解应用于每一个力量中的经济原理是至关重要的。例如，当评估供应商对行业与企业业绩的影响时，我们就需要明确行业中的这个企业是否对它的供应商投入了关系专用性资产（反之亦然），以及它们是否通过契约或市场力量来保护自身不受要挟。我们将在下面的讨论中识别与每一个力量联系最为密切的原理。

附录中提供了进行行业分析的五种力量记分卡（five-forces scorecard）。模板中包含了关于每个力量的具体问题。你的答复将表明该力量是否对今天的行业和趋势识别构成了主要威胁。

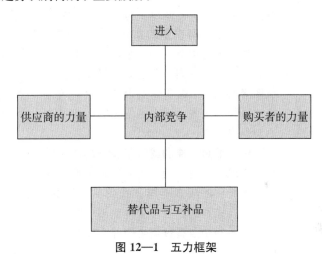

图 12—1　五力框架

内部竞争

内部竞争指的是在一个市场内，企业为市场份额而进行的竞争。因此，分析内部竞争就必须从界定市场开始。正如第 8 章所描述的那样，我们要将制约各企业决策制定的所有企业考虑在内，同时还要注意产品市场和地域市场的界定。例如，如果你分析酒店行业的内部竞争，就要注意到大部分消费者选择酒店的时候都有特定的地域偏好。消费者也可能对特定类别的酒店有强烈的偏好，如商务酒店或家庭式度假胜地。这就表明了竞争具有地域性，并且因酒店的类型不同而有所不同，那么你的分析就要反映这些不同。如果你不能肯定是否应把一个企业包括在相关市场中，那么请记住，就算你可以把它从现有企业间的竞争中排除出去，但当你评估替代品和互补品时，你仍要把它考虑在内。

正如我们在第 8～10 章所讨论的，企业可能在许多价格与非价格方面进行竞争。价格竞争通过缩小价格成本边际来腐蚀利润。非价格竞争通过提高固定成本（如新产品的开发）和边际成本（如附加产品功能）来腐蚀利润。考虑到企业能够在一定程度上把增加的成本以高价的形式转嫁给消费者（即行业的需求价格弹性不是很大），非价格竞争对利润的腐蚀将比价格竞争少。事实上，在许多行业，企业进行着激烈的非价格竞争，并且在相当长的一段时期，它们还是能够获得持续不断的利润。较好的例子包括竞争基于风格与样式的时装业、靠广告和新产品多样化追逐市场份额的可乐业以及研发"专利竞赛"驱动的制药业。

价格竞争更有可能会侵蚀行业利润，部分原因是很难降低足够多的成本来维持价格—成本比率。行业价格不会自己跌落下来——一个企业或者多个企业必须降低价格。如果一个企业相信依靠降价可以获得市场份额，那么它就会降价。因此，一个企业降低价格的动机是和它预期能够增加市场份额的程度相联系的。因此以下每一个条件都会使价格竞争升温：

● **市场中有很多的卖者。** 第 8 章介绍的有关结构/行为/业绩的知识指出，如果市场中有更多的企业，价格就将更低。这种情况有以下几个方面的原因：当存在许多竞争者时，最少会存在一个企业很有可能不满足于现状，试图降低价格来改善它的市场地位。同时，它将承担较小部分的收入破坏效应。从长远来看，低市场份额的企业可能认为如果它降低价格，它的对手将不会作出反应。

● **行业是停滞的或者是衰落的。** 如果不窃取竞争对手的资源，企业就无法轻易地扩大自己的产量。这就引出了竞争反应，由此加剧了竞争。

● **企业的成本不同。** 低成本企业不满足于高价格，理由是当价格下降时，其高成本的竞争对手将退出市场。

● **一些企业有过剩生产能力。** 有过剩生产能力的企业承受着促进销售的压力，而且通常可以通过快速扩大产量来窃取竞争对手的业务。

● **产品是同质的/买者的转换成本低。** 当产品是同质的，而且转换成本低时，企业就会试图将价格定于竞争对手的价格之下，因为这样可以大量增加其市场份额。

● **销售的价格与条件不易观察/价格无法快速调整。** 这种情况增加了竞争对手的反应时间，使得价格削减者在竞争对手达到减价水平之前就已经获得大量的市场份额。这也增加了误读和误判的可能，并且使得企业想出"改进方法"变得更难（参见下文）。

● **存在大规模/非频繁性订单。** 为确保一个大规模的订单，企业就可能被诱惑减价，因为它认为大量的收益可以弥补将来一轮价格削减所造成的任何损失。如果不同的经理人负责不同的报价，并且每一个人都基于销售量得到奖励，那么这样的情况就特别容易发生。

● **行业没有使用"促进措施"或者没有合作定价的历史。** 缺少价格领导、价格声明和其他促进措施，企业就不可能对一个合适的行业价格达成共识，一些企业可能降低价格获得优势。一段合作定价的历史可确保行业参与者努力找到一个可以顾及每个人的集体收益的价格。

● **存在有力的退出障碍**。这种情况将延长价格战，因为企业不是试图退出，而是挣扎着能够幸存下来。

● **存在很高的行业需求价格弹性**。当非价格竞争加剧的时候，这种情况可以削减销售额和收入。

进　入

进入以两种方式损害在位企业的利润。第一，进入者使得市场需求在更多的销售者之间进行分割。即使在位者能获得丰厚的利润，进入者也很少能够大量增加销售额。第二，进入者降低了市场的集中度，并且加剧了内部竞争。一些进入壁垒是外部的（也就是由成功竞争的技术要求产生的进入壁垒），而其他障碍却是内在的（也就是由在位者的战略选择而产生的）。以下几点趋向于能影响进入的威胁：

● **具有显著规模经济的生产——最小规模经济是与市场的规模紧密相关的**。进入者必须占据一定的市场份额才能实现最小规模经济，如果它没有这么做，它将处于严重的成本劣势。

● **政府对在位者的保护**。法律对一些企业比对另一些企业更为有利。

● **消费者非常看重品牌声誉/消费者具有品牌忠诚度**。进入者必须为建立良好声誉与品牌知名度大量投资。使用品牌保护伞的多样化进入者比完全使用新品牌的进入者将会更成功。第三方报告的方法（如消费者报告）可以在促进优质购物时减少在位者的优势。

● **进入者对主要投入品（包括技术工艺、原材料、分销与地理位置）的获取能力**。专利权、独特的地理位置等等全都可以成为进入的障碍。在位者必须避免为获得独特的投入品而支付过多，而且它可能会发现将专利、地理位置、偏好卖给未来的进入者会更有利可图。

● **经验曲线**。陡峭的经验曲线会使进入者处于劣势。

● **网络外部效应（network externalities）**。这使得在位者拥有巨大的客户群优势。如果在位者建立客户群的速度缓慢，那么进入者就可能会通过在大范围内推出产品的方式来快速建立客户群。

● **对进入后竞争的预期**。历史记录对预测进入后的竞争情形具有宝贵价值。在位者是否具有善于通过发动掠夺性定价打击进入者的声望？在位者过去在价格战中是否有保持观望的历史？如果需要的话，在位者是否有大量的过剩生产能力来冲击市场，以将进入者驱赶出市场？

替代品与互补品

虽然五力分析没有直接考虑到需求，但是它确实考虑到了影响需求的两个重要因素：替代品与互补品。同进入者将窃取业务并激化内部竞争一样，替代品也以同样的方式损害利润（比如低价的移动通信与地面电缆及互联网通信之间的竞争）。互补品可以促进正在考虑的产品的需求，因此它提高了行业的获利机会（比如大屏幕电视的发明促进了对家庭影院功放的需求）。但是，需要牢记的一点是：需求变化可以影响内部竞争、进入与退出。因此一定要考虑替代品与互补品的间接影响。评估替代品与互补品的影响，需要考虑的因素包括：

● **相似替代品与互补品的可获取性**。辨识替代品与互补品时，需要考虑产品的性能特征。

● **替代品与互补品的价格价值特征**。如果相似替代品的价格过高，它的威胁就小。同理，如果互补品的价格太高，它可能无法增进需求。许多新产品的替代功能与互补功能较弱，但是当厂商成本沿学习曲线向下移动并且价格下降时，它们的有效性就上升了。

● **行业需求的价格弹性**。这是衡量替代品对行业压力的一个有效手段。如果行业价格弹性很大，提高行业价格就易于驱使消费者购买替代品。

供应商的力量与购买者的力量

对供应商的力量的评估是从下游行业的角度出发，考察该行业上游供应商通过价格谈判榨取行业利润的能力。有时，上游市场具有竞争性。这时我们就认为上游竞争市场的供应商具有"间接影响力"（indirect power），因为它们可以向最高出价者出售它们的服务。它们的要价取决于上游市场的供给与需求状况。例如，燃料供应商对航空行业有间接影响力。当供给与需求条件使得燃料价格上升时，航空行业的利润就会受损。

回顾第5章与第6章的内容可知，如果上游供应商是集中的，或者由于关系专用性投资，它们使客户与其关系锁定，那么上游供应商也能够损害下游行业的利润。在这些情况下，我们说供应商具有"直接影响力"（direct power）。当目标市场行情好的时候，有直接影响力的原材料供应商就能提高价格，榨取其顾客的一部分利润。反之亦然，当目标市场行情不好时，有影响力的供应商就可能降低价格。持续地运用两个价格战略就可以使供应商在不破坏市场的情况下，从其目标市场获取大量利润。从历史上看，工会曾使用该战略来增加工人的工资。同样，在一个行业中有关系专用性资产投入的原材料供应商能从成功行业中榨取利润，并能减轻不景气行业的负担。

购买者的力量与供应商的力量是相似的。它指单个顾客通过价格谈判榨取销售者利润的能力。购买者在竞争市场中有间接的影响力，他们所支付的价格取决于供给与需求的力量。不是购买者的间接影响力，而是消费者寻求最佳价格的意愿，才是内部竞争的一种来源。当购买者集中度高或者供应商已经进行了关系专用性资产投入时，购买者就具有了直接影响力。

当评估供应商的力量与购买者的力量时，必须考虑以下因素。我们根据供应商相对于购买其产品的下游行业的力量来说明每一个因素。评估购买者的力量时，我们也要考虑到与其具有相同影响力的供应商的力量。

● **投入品市场的竞争**。如果投入品在竞争市场中购得，那么投入品价格将由供给与需求的力量决定。

● **所考虑行业及其上游与下游行业的相对集中度**。集中度高的行业中，企业就有更大的讨价还价的能力，并且更能达成合作价格（由于该行业的内部竞争），这就将集中度低的行业中的企业置于劣势地位。

● **下游企业的购买量**。供应商可能向购买量大的购买者提供更好的服务与更低的价格。

● **替代投入品的可获取性**。替代投入品的可获取性限制了供应商的索价。

● **行业与行业中的供应商对关系专用性资产的投入**。要挟的威胁决定了地租在行业与其供应商之间的分配。

● **供应商前向一体化的威胁**。如果这种威胁是可信的，那么行业中的企业可能会被迫接受较高的供应价，或冒险与供应商直接竞争。

● **供应商制定歧视价格的能力**。如果供应商能够制定歧视价格，那么它就可以向获利丰厚的企业索要更高的价格。

对付五种力量的战略

通过五力分析，我们辨识出了对一个行业中所有企业的利润构成威胁的要素。企业可能采用几种战略来应对这些威胁。第一，企业的自我定位必须可以靠形成成本优势或者是产品差异优势将自己与五力隔绝开，从而超越竞争对手。第13章将详细讨论定位战略。第二，企业必须辨识出哪个分支市场中，五力的影响更小。例如，20世纪70年代，皇冠瓶盖公司向玻璃瓶装液体的制造商提供服务，与处于行业领导地位的美国铝罐公司和大陆罐头厂（Continental Can）所参与的金属罐市场相比，这是一个竞争不太激烈的利基市场。通过运用这种及其他类似战略，皇冠瓶盖公司获取了更丰厚的回报率。第三，虽然很难做到改变五种力量，但企业仍可能试图这样做。企业可能通过促进措施或制造转换成本来降低内部竞争，也可能运用阻绝进入的战略减少进入威胁。企业可以通过减弱的一体化来减少卖方或供应商的力量。在本章稍后介绍的一个扩展例子中，我们将看到各种各样行业中的企业是如何试图应对五种力量，并且获取不同程度上的成功的。

合作竞争与价值网

波特的五种力量是一个经久不衰的行业分析框架，至今仍然得到广泛应用。勃兰登堡和巴里·奈尔巴夫在其合著的《合作竞争》一书中指出了该框架的一个重要缺陷。从任何一个企业的观点出发，波特趋向于把其他的企业，不论它们是竞争者、供应商还是购买者，都看成是对其利润的一种威胁。勃兰登堡和奈尔巴夫指出，企业间相互作用有时可能会增加利润。波特忽略了这些积极作用，而这正是他们所强调的。积极互动作用的情形包括下面几种：

● 竞争者为制定便于行业发展的技术标准所付出的努力。如电子消费品制造企业合作建立高清晰电视的单一制式，或者索尼和东芝形成联盟以建立数字视频磁盘的兼容标准。

● 竞争者为鼓励制定优惠规定和立法所付出的努力。如美国国内的汽车制造商联合起来促使美国能源部签署了一项提案，开发燃料电池，而不是提高汽油燃料的经济性标准。

● 企业和其供应商为提高产品质量、刺激需求所进行的合作。如任天堂公司（Nintendo）对任天堂娱乐系统（NES）视频游戏的定价使软件开发商的获利高于任天堂公司自己的获利。这种做法鼓励了开发商投资开发质量更好的游戏产品，由此也促进了顾客对 NES 的总体需求。

● 企业与供应商为提高生产效率所进行的合作。如美国伊利诺伊州内珀维尔市的爱德华医院（Edward Hospital）与心血管外科医生们紧密合作，开发了可以让二者迅速交换临床信息的手持电脑系统。

为支持这些观点，勃兰登堡与奈尔巴夫引入了与波特的五力概念相对应的价值网概念。和五力概念相似，价值网是由供应商、顾客、竞争者和互补者（生产互补产品或者提供互补服务的企业）组成的。勃兰登堡与奈尔巴夫告诫道，当运用价值网进行综合分析时，应避免遗漏。波特也曾提过类似的问题。但是，五力分析主要是评估对利润的威胁，而价值网分析评估的则是机会。这种重要的革新并不是要废除五力方法，而是作为它的补充。因此，一个完整的五力分析应该既要考虑每个力量面临的威胁，也要看到面对的机会。

为说明这一点，我们将 1997—1998 年（这是 DVD 投产的前两年）DVD硬件市场的传统五力行业分析与考虑了价值网的分析作一个对比。以下就是从传统分析中可能得到的一些结论：

● 内部竞争。产品的差异性主要来自品牌，除此之外，各种播放机几乎是同质产品。除非企业建立品牌忠诚度，否则就可能导致激烈的竞争。

● 进入。适度的技术与实物资本要求限制进入。至少有一打的电子消费品制造企业拥有相关技术工艺和成功进入市场的渠道。

● 替代品与互补品。卫星电视作为替代品构成了明显的威胁。网络上流行的数字视频是另外一个潜在威胁。

● 供应商的力量与购买者的力量。强大的电影公司（如迪士尼）与制片人（如乔治·卢卡斯（George Lucas）和斯蒂芬·斯皮尔伯格）会索要高价才会答应将自己的影片制成 DVD 格式，特别是考虑到电路城即将推出的替代品——DIVX 格式。有影响力的批发商（如百思买和电路城）可能也会索要高价才会腾出柜台以供 DVD 新格式产品进行促销。

考虑到这个五力分析，DVD 硬件生产商有充分的理由对 DVD 格式产品的前景感到悲观。

但是上面的分析没有考虑价值网，因此也就无法认识到行业发展与获利性所面临的机会。价值网的参与者——制造商、电影公司和零售商认识到它们的未来利益是交织在一起的。如果它们可以对 DVD 产生足够的兴趣，那么需求将快速增长，它们在获得丰厚利润的同时还将成功地阻绝 DIVX。

制造商在促进需求上有多种选择，最明显的就是制定低价。这将促进硬件销售，反过来促进电影企业发行更多的 DVD 电影，从而进一步提高对硬件的需求。制造商也可以通过加大 DVD 的推广来提高产品知名度，同时减弱 DIVX 的威胁。第一年里，硬件生产商没有做到其中的任何一点，它们继续保持高价以便从早期购买者中获益（播放机价格达到 500～1 000 美元），而不是刺激大众市场的接受。这些硬件生产商也很少搞广告与促销活动。结果，制造商们在美国仅销售了 30 万台播放机，在欧洲和日本也销售了大体相同的数量，这样好的业绩在其预期之内，但是还不足以保证 DVD 格式的成功。第二年，制造商对一些播放机型进行减价——价格下降到了 300 美元以下——而且大力进行广告和促销活动。同时，价值网中的其他参与者也参与了进来。米高梅电影制片公司（MGM）发行了特别版的经典电影版本，比如《飘》（*Gone With the Wind*）。华纳公司也对几十种流行影片进行减价销售，哥伦比亚电影公司和环球电影公司加快了流行动作片的发行，如《哥斯拉》（*Godzilla*）。同时，电子零售商，特别是百思买，也积极宣传促销 DVD 硬件与软件产品，其中包括一个影响面很广的半价软件互联网销售活动。

当价值网中的参与者各尽其职，共同为促进产品的总体成功而努力时，DVD 获得了成功。价值网中的一些成员，如华纳兄弟娱乐企业和百思买，虽然承受了暂时的损失（由于将价格定在了成本之下），但是带来了 DVD 格式将来的成功。DVD 市场最终兴旺起来了，这是所有的企业一起努力增加 DVD "蛋糕" 尺寸的结果，而不是为自己的 "固定份额" 而互相争斗的结果。通过它们互补式的行动，DVD 价值网的参与者实现了 DVD 的未来并获得了收益。

勃兰登堡和奈尔巴夫不仅仅鼓励企业之间协作、致力于共同的目标，还计算出了参与价值网络后企业可以获得的好处。简单的公式如下：

$$\begin{matrix} \text{公司 } i \text{ 从加入价值} \\ \text{网络中得到的好处} \end{matrix} = \begin{matrix} \text{公司 } i \text{ 加入后} \\ \text{网络价值的总价值} \end{matrix} - \begin{matrix} \text{加入之前的} \\ \text{总价值} \end{matrix}$$

这个公式与我们在下一章介绍的许多概念密切相关，下一章主要介绍公司的定位。在这里，我们可以看到，为价值网站带来价值的企业定位准确，便可以使经营蒸蒸日上。

五力分析的应用：一些行业的分析

说明五力分析框架的最佳方法就是通过案例。在这一节中，我们将对三个行业进行详细的分析，对于每一个行业，我们提供背景信息，进行市场界定并明确五种力量中的每一种力量所涉及的最显著的经济学原理。

芝加哥医院市场的过去与现在

20 世纪 80 年代中期前的 30 年时间中，医院欣欣向荣。从 1985 年到 2000 年，每年有 75 家医院倒闭破产（大约相当于医院总数的 1.5%），其他医院也是挣扎生存。在过去数年中，医院又出现了好转，现在收入回报率基本上达到历史最高水平。整个国家的医疗市场经历了数十年的沉浮，其中当然也包括芝加哥的医院，这将是我们讨论的话题。

市场界定

进行市场界定时要求同时识别出产品市场和地域市场。我们将产品市场界定为急诊医疗服务，例如产科、外科和复杂的诊断服务。然而，除医院外的其他销售者也提供这些服务（门诊病人外科中心就是一个好的例子），在这个分析中，我们把它们提供的服务看成是替代品。这种假设并不会对我们的结论和证明五力框架的灵活性造成很大影响。（当然，如果我们没有考虑门诊病人外科中心，那就是我们的疏忽了。）

医院竞争的地理范围受到相当大的争论，联邦法院正在设法解决这个难题，它们回顾了最近医院合并的反垄断问题。研究表明病人强烈倾向于到邻近的医院就诊。芝加哥医院竞争的地理市场当然不会比城市地理区划更大，在最近一个决定反垄断的案件中，联邦法官划定了不同的商业圈（如郊区商业圈），它们各自有独特的竞争态势。我们将评估芝加哥城市地区的内部竞争，如果合适的话，将讨论商业圈的重要性。

内部竞争

1980 年，芝加哥市场中大约有 70 个社区医院。[1] 实际上，在 1980 年的时候，它们是相互独立的机构，那时整个城市地区的赫芬达尔指数低于 0.05。今天，很多医院都属于某个系统，但并不存在一个主导系统。如果我们将每个系统看成是单一的实体来计算市场份额，那么市场的赫芬达尔指数就会达到 0.2 左右。如果我们代之以检验地域上的小型市场，例如北海岸郊区，赫芬达尔指数会增长到 0.25 甚至更高。

大量相关的医院仅仅是加剧内部竞争的一个因素。另外一个应该考虑的因素是生产成本的巨大差异，这源于生产效率的不同以及芝加哥有很多大型教育医院（这些医院必须承担培训年轻又没有效率的医生的成本）这一事实。产能过剩仍然存在，尽管没有几年前那么多；尽管有些郊区医院的入住率在85%甚至更高，但很多医院的入住率保持在70%以下。

最后，申请入住的需求已经停滞或者下降了很长一段时间。由于"婴儿潮"时代以及这些婴儿患病的原因，这种趋势现在已经自行逆转了。

尽管存在这些因素，1980年内部竞争还是比较温和的。主要的原因在于病人购买医院服务的方式。在选择医院的时候，病人会听从他们医师的建议，这些医师倾向于将他们的工作集中在一两家医院内。这产生了一种对销售者的忠诚度，使得价格的重要性降低。病人也喜欢在附近的医院就医，这造成了额外的产品差异化，特别是在郊区市场。（芝加哥的市中心坐落着彼此相距不到几英里的十几家医院。）另外一个重要的因素是大多数的病人都有保险为他们付账，不管他们选择哪家医院。对那些持有最慷慨的保险单的病人来说，价格根本不是问题。对价格不敏感的病人和由医师来决定入住哪家医院共同限制了医院用价格作为战略武器的动机。结果，1980年的内部竞争率很低，对私人保险的病人，芝加哥大多数医院都有较好的价格—成本比率。

20世纪80年代，管理保健组织（MCOs）进入了芝加哥市场，开始有选择地和那些能提供最优惠的费率的医院签订契约。MCOs提供奖金奖励（以降低的联合费用的形式）以鼓励病人选择缔约医院。保险公司通过操纵病人去它们更偏好的医院，有效地增加了需求价格弹性。除此之外，还有三个因素加剧了内部竞争。第一，MCOs把所有医院看做几乎同质的，似乎是忽视病人对医院的忠诚度。第二，保险公司和医院之间的价格谈判是秘密的，这就鼓励医院降低价格来赢得合同。第三，销售行为具有非频繁性（也就是说，合同持续1~3年）和积压性（也就是说，一个保险公司的业务量超过医院业务量的5%），这加大了医院在不考虑对未来价格竞争的影响的情况下为赢得合同而降价的压力，也限制了医院制定出改进方法的可能性。

价格竞争加剧了。医院的降价幅度达到20%甚至更多，以保持在管理保健市场中的竞争力。整个20世纪90年代早期，经营利润空间下降致使芝加哥地区许多医院倒闭。20世纪90年代末期，医院开始抵抗。一些医院，如西北纪念医院建立了强大的品牌效应。其他医院也提供多样化的相关服务，如熟练的护理服务（保险公司也慷慨地支付此项服务的费用）。一些医院通过在诊所建立"专业服务中心"（centers of excellence）（如癌症护理与心脏外科等），寻求服务的差异性。这些战略获得了不同程度的成功。多样化促进了利润的提高，但是在缓和住院市场的竞争上却没有发挥作用。品牌对那些已经有很高声誉的医院是有帮助的，但是对普通的社区医院作用很小。并且病人对多数卓越的医疗中心了解得很清楚——对现有的设施重新命名而质量却没有明显的提高。

最近有两个趋势对缓和竞争作用很大。第一，病人已经公开反对MCOs提供的"狭窄的"就医网络。他们想要选择医院的自由，不再信任MCOs所说的它们的联网医院提供最好的服务。结果，MCOs 必须要将附近所有的医院都纳入就医网络中。医院知道这种情况并且坚决要求提高价格。第二，在区域性的子市场中进行了相当程度的整合，包括芝加哥市区和重要的北海岸郊区。这些子市场中医院的合并行为使得医院在与管理保健组织的合同谈判中处于优势地位。许多合并的医院已经将价格提高了 20% 或者更多。

进 入

在超过 20 年的时间里，芝加哥市没有新建的医院，各州法规提供了一个重要的进入壁垒。在伊利诺伊州，潜在进入者必须证明新医院的计划经营范围是现有医院不能提供的。（这就好比三星在被允许进入市场之前，必须提供三星手机的不同之处，来表明摩托罗拉不能够满足现在的需求。）进入壁垒几乎是绝对的，相反这个地区却见证了现有医院主要的扩张和改组。

迫于政治压力，各州法规制定者在最近几年放宽了他们对法规的解释，并且已经开始批准建立新医院的申请。即使这个壁垒消除了，医院能够继续繁荣下去，在位者也可能会受到额外的进入壁垒的保护。医院是资本密集型的。建一个现代规模 150 个床位的新医院要花费 2 亿美元。一个最初的进入者（即进入在芝加哥没有现存医院的市场的进入者）也将需要建立品牌信誉，因为病人可能不愿将他们的健康交付给一个不知名的医院。同理，最初进入者也需要拥有一些销售"渠道"，即能吸引病人的医疗人员。这些因素可以帮我们解释为什么在芝加哥几乎所有的建立新医院的建议都是由已经存在的医院提出的。

进入的障碍的确很大，但并不是不可克服的。芝加哥地区不断发展，郊区到商业区的距离长达 50 英里。"靠外"的医疗公司，例如添宁（Tenet），在进入新市场和招募医师上有相当的经验，它们将芝加哥的"远郊"看做成长的肥沃土壤。

技术革新会进一步减少进入壁垒。医疗创新也使得建立规模更小、成本更具竞争力和针对专业病症的住院设施，如心脏外科等成为可能。这就降低了成功进入所需的资本数额和医师人数，如果法规上的进入壁垒消除了，并且芝加哥医院仍然是盈利的，"最初"进入的做法是值得沿用的。

替代品与互补品

1980 年，需要手术或者复杂诊断程序的病人都要去医院。门诊设施以及私人诊所里提供日常治疗和诊断服务的医师是住院治疗的替代品。在过去的 25 年内，手术技术、麻醉剂和抗生素的使用量有了引人注目的提高，因此很多手术可以在医院外安全进行。保险支付的变化带动了门诊诊断成像设施的转变。家庭健康护理也发展起来，使得提供医疗服务者可以随时监控手术病人的恢复情况，对慢性疾病患者的护理可以在病人家里进行。

在许多市场上，医院都被证明是门诊服务的主导提供者，包括芝加哥。它们已经拥有技术、人才和提供门诊护理的品牌，并且经常是第一个这样做的。某些更大的芝加哥医院系统，包括埃文斯顿西北医疗和爱德维科特医疗中心，已经自己建立了技术领先的门诊治疗中心。范围经济使得这些系统能够发展起来，即使它们核心的住院需求在减少。

新的医药技术将不断涌现。一些技术，如腹腔手术（laparoscopic surgery）将为门诊治疗提供更多便利。还有一些技术进步，如呼吸系统药物（可帮助维持出生时体重太轻的婴儿的生命）可以成为医院服务的补充，并促进了对住院护理的需求。基因研究会带来一批最重要的新生代技术，并且我们还很难预测它们究竟会成为住院护理的替代品还是互补品。

电话会议和其他商业通信方式也替代了飞机商务旅行，从而影响飞行需求。

供应商的力量

医院的主要供应商包括劳动力（护士、技术人员等等）、医疗设备生产企业和制药厂。院内医师，如放射科技师、麻醉师和病理科医生（合称RAP医师）也是供应商。（我们把接诊医师看成是购买者，因为他们能决定病人选择哪一家医院的医疗服务。）这些供应商都具有间接力量。最近几年，护士市场的供给与需求关系特别紧张，这就导致了护士工资的上涨。同时，药品和其他医疗设备的价格也急剧上升。

医院和它们的供应商之间的关系专用性投资较少。在医院中，职员需要知道如何在团队中工作，并且也能很快适应新环境。医院常常可以按市场工资找到替补人员，一些医院还常常备有"护士储备"以备短期之需。虽然医院的规章制度和职工政策造成了障碍，但是，全国性的人才市场（recruiting market）常常使得RAP医师很容易替换。没有垄断能力的医疗供应商就不能靠要挟医院来索取高价。如果供应商的产品能有起死回生的作用，它们的发明受到专利保护，可以索要很高的价格。

供应商的力量并没有随着时间流逝而有多大的变化。备受关注的全国医师工会运动极大地增强了RAP医生的力量。

购买者的力量

购买者包括病人、医生和保险公司（它可以决定哪家医院可以得到业务以及得到什么样的报酬）。1980年，病人和他们的医师很少会惩罚价格高昂的医院。保险公司在1980年也是消极被动的，通常根据医院的要价付款，而不是到市场上寻求最佳价值。虽然庞大的州蓝十字计划（State Blue Cross Plans）确实由于其规模获得了一些折扣，但各州的管理条例通常阻止了保险公司寻求最佳价格。两大政府保险公司——政府医疗保险（Medicaid）和联邦医疗保险（Medicare）在支付费用上也同样很慷慨。1980年，购买者的力量是很微弱的。

选择性合约让保险公司能够掌握购买者的力量。同时，政府支付者利用其法规权力要求折扣。联邦医疗保险公司主要负责老年人和残疾人的医疗保险，可以对每次住院支付固定的价格（按照诊断来调整），迫使医院承担超额治疗成本。由于联邦削减了预算，联邦医疗保险的支付能力一直在下降。

作为涉及贫困医疗待遇的联邦/州联合项目，联邦医疗保险可能是最差的支付者。在伊利诺伊州，联邦医疗保险公司支付的价格通常比其他可提供相同业务量的保险公司的价格低25%～50%左右。由于它了解了每个医院的成本与利润情况，因而利用这些信息来将它向每个医院支付的款项降到最低。

医师同样也可以充分运用自己的力量，特别是那些技术超群的、熟练的医师们，无论他们为哪家医院行医，总会吸引到慕名而来的病人。芝加哥大学医院从洛约拉医疗中心（Loyola Medical Center）挖走了两个肺移植专家，给他们提供高额的薪水、目前最先进的设施和一流的工作人员。洛约拉医疗中心为了代替他们的位置，增加了实验中的投入。这仅仅是在维系医师市场的大范围和长时间战斗中最新的保护手段。在20世纪90年代，医院向每个参与普通医师计划的医师支付高达500 000美元的报酬，希望转诊的人数能够增加。然而，这个战略遭受了很大的失败，很多医院报告称损失惨重。细心的同学可以结合第5章和第6章中的内容来分析这类一体化战略的风险。

表12—1总结了芝加哥医院市场1980年、2000年和目前的五力分析。事实上，在1980—2000年间，对行业利润产生负面影响的每个因素都发生了变化，但是到今天很多已经开始缓解。医院在规划未来的时候，应该注意以下几种可能的趋势：

● 联邦贸易委员会最近赢得了一场反垄断的案子，迫使埃文斯顿医院出售其附近的海兰帕克医院。（这个决定已经诉请上诉法院裁决。）这两家医院的合并让两个临近的竞争者能够迅速地提高价格。

● 出于对上升的健康保险溢价的关注，雇主要求雇员承担其健康护理成本的更大部分。这使得病人对价格更加敏感。同时，一些雇主也在重新考虑是否选择MCOs医疗网络提供的广泛却价格高昂的医院来提供服务。

● 如果法规上的壁垒减弱，在更富裕的社区，专业化医院的进入可以夺走该地区一些最有利可图的病人。

● 雇主、支付人、法规制定者和病人需要并且获得了更多关于医院质量的信息。这使得最好的医院可以拥有溢价，但又可以增加对其他医院质量不甚满意的病人及其医师转入的意愿。

表12—1 芝加哥医疗市场的五力分析

力量	对利润的威胁程度		
	1980年	2000年	目前
内部竞争	低	中	高，但是正在下降
进入	低	低	低，但是正在提高
替代品与互补品	中	高	高
供应商的力量	中	中	中
购买者的力量	低	中	中，但是正在下降

商用机身制造业

制造飞机的企业被称为机身制造商。自 1986 年洛克希德公司退出了市场以及 1997 年波音兼并麦道公司以来，空中客车和波音公司一直是市场中有效的双寡头。尽管竞争是有限的，但是空中客机和波音仍然面临着彼此间的威胁，以及一些关键的外部参与者。

市场界定

我们将分析的企业对象限制为商务飞机制造企业。由于飞机市场上诸如奖状飞机（Citation）和湾流飞机（Gulfstream）等商务飞机的定价对大型喷气式飞机市场起不到影响作用，所以我们在此不考虑这类飞机。加拿大蒙特利尔的庞巴迪飞机制造公司（Montreal-based Bombardier）和巴西航空工业公司（Brazil-based Embraer）制造小型载客量（50 个座位）和中等载客量（50～100个座位）的商用涡轮螺旋桨飞机与喷气式飞机。合并计算，这些小公司约占商用飞机市场份额的 25％，并且其收益所占份额较低。如果只考虑座位在 100个以上的飞机机型，波音和空中客车就完全占了整个市场。所以，我们就主要关注波音与空中客车之间的竞争战。波音与空中客车在世界范围内竞争，不存在任何意义的其他企业参与地区子市场。

内部竞争

波音成立于 1917 年，其后 40 年间的大部分时间都用于制造军用飞机。1958 年，波音生产出了第一架商用飞机。空中客车在 1967 年由一个代表英国、法国和德国政府的集团创建。它直到 1974 年才制造了第一架飞机。部分原因是由于波音是一个老企业，它生产的飞机数量远多于空中客车——15 000 架对 4 000 架。因为飞机使用寿命可长达 25 年或者更长时间，所以波音制造的大部分飞机仍然在使用。但是，波音的市场主导地位似乎在减弱。在过去的几年里，波音和空中客车每年生产大约 300 架新飞机，大多数年份，空中客车略微领先。

空中客车制定的目标一直是占领市场份额的 50％。为达到该目标，空中客车采用了进攻型的定价战略，并增加了生产量。欧洲政府给予了空中客车大量补贴，特别是在其发展初期。这些补贴使得空中客车可以将价格定于波音的价格之下，由此来占领市场份额。例如，2001 年，英国政府给空中客车的补贴就高达 5.3 亿英镑，用于资助其制造最新机型 A380。同时，空中客车还从政府资助者那里取得了低息贷款，用于研发。虽然波音公司的研发工作也得到了税收优惠，但是，这些资助金额远低于空中客车。部分原因是由于波音公司的军用飞机的制造为其带来了范围经济，使它能保持价格竞争力。许多人预计，空中客车将会继续采取进攻型定价战略，直到它实现了50％的市场份额的目标为止。（空中客车经常控诉美国政府通过超额支付军用飞机的成本间接补贴波音公司。)

有几个因素诱使空中客车降价。在整个 20 世纪 90 年代,航空旅游的需求稳步增长。虽然在 2001 年的经济萧条中(特别是在美国"9·11"事件之后),航空旅行量有所下降,但是航空业迅速恢复,并超过了 2001 年的预期水平。新的航空公司,例如阿联酋航空,大量订购大型喷气式飞机,而现有的航空公司正在逐步淘汰老式飞机。利润丰厚的洲际航空公司发现乘客对于装有个人 DVD 屏幕等设备的新式飞机有强烈的偏好。因此,空中客车可以在不降价的情况下继续实现快速增长。但是,没有任何事有百分之百的保证。航空企业的利润具有前周期(pro-cyclical)性质。在经济低迷时期,航空企业的损失会高达几十亿美元。在过去,当经济条件恶化的时候,许多航空企业都会取消订单,由于"9·11"事件,订购量下降了 10%～20%。这反过来也使机身制造商的收益受到了严重损害。

影响内部竞争的另外一个因素是与机体制造相关的高额固定成本。在繁荣时期,空中客车和波音公司都在抓紧生产,积压的订单需要好几年才能完成。这在某种程度上减少了竞争,因为二者均没有能力为抢占对手的市场进行急速扩张。但是,在经济低迷时期,订单量下降,甚至会出现没有订单的情况。波音和空中客车才开始愿意在订单减少的时候降低生产量(虽然导致了大规模的裁员和工厂倒闭)。这就导致了经济低迷时期产品边际成本显著下降。在这个时候,波音和空中客车都愿意重新谈判一点也不奇怪。实际上,美国航空公司或者联合航空公司的一笔交易就会占波音或者空中客车业务量的 15%左右,这就更加剧了两者在经济低迷时期削价的愿望。

从历史上看,波音与空中客车的产品差异性不大。官方航空公司,如英国航空公司(British Airway)和法国航空公司(Air France)倾向于空中客车,其原因很明显。另外,航空公司相信,事实上二者提供的是同质产品。例如,波音 737 客机与空中客车 A320 的座位数、性能和航程是相同的。即便如此,航空企业也都有自己的品牌忠诚度。在看到西南航空公司的令人惊讶的成功(它只飞行波音 737 飞机)后,航空企业意识到:如果减少飞机的种类,就可以在零件和维修上节约成本。波音与空中客车制造出了可以在不同机型上使用的、可互换的零件来利用这种发展趋势。这就使运营商们只在波音或空中客车公司购买飞机。由于二者将很难争抢对手的顾客,所以也限制了二者在未来减价的动机。

它们的产品甚至也会出现差异性。空中客车开发完成的 A380 机型是一种双层客机,载客量在 550 人以上(但是可能会减少载客量,使乘客乘坐更舒适)。到目前为止销量停滞,部分原因是因为机场需要重新配置降落大门来适应巨型飞机。波音公司放弃了生产音速巡洋舰(Sonic Cruiser)的计划,其飞行速度可以比 A380 快 20%。相反,波音公司将注意力转向生产能容纳 350 名乘客的"787 梦想飞机"(787 dreamliner),据说这种飞机比其他类型的飞机更省油。

进入壁垒

在位者较高的开发成本与经验上的优势使得进入者很难跻身商业机身制造行业。据估计，为开发 A380 机型，空中客车花费了 130 亿美元，它希望每架飞机能为其创造 5 200 万美元的利润。考虑到打折因素，它至少需要销售 350 架客机才能收回成本。由于经验因素的影响，新起步的制造商就需要面对更高的开发成本，并且预期利润也很低，因为航空企业不愿意从新进入者那里购买飞机（20 年前空中客车就遭遇了此种情况）。另外，进入也会引起波音与空中客机作出减价反应。尤其是在大型广体客机市场，进入是非常冒险的行动。

在位者在生产中也可以从学习曲线中得到保护。斯坦福大学（Stanford University）经济学家拉尼尔·本卡德（Lanier Benkard）使用洛克希德公司 L-1011 的生产数据预测了该机型生产的学习曲线。[2] 他发现，随着经验每增加一倍，生产一架飞机所需的人员数量将下降 35％～40％。但是，由于"遗忘"（forgetting）（也就是说，由于时间流逝，过去的经验所体现的价值会有所下降），这种效应有所减弱。事实上，20 世纪 70 年代早期的经济低迷造成了对 L-1011 的需求下降，这有助于解释洛克希德为什么没有达到预期的学习收益。即便如此，学习效应通常是丰厚的，并且有利于将在位者从与新进入者的竞争中进一步隔离开来。

我们已经注意到，航空企业偏好于从相同的制造商那里购买飞机。这就给进入造成了另外一个障碍。但是，对于进入者，还有一个因素是积极的，那就是获取原材料与劳动力不是一个明显的障碍。

替代品与互补品

从航空企业的角度来看，波音与空中客车的客机替代品是其他厂家生产的客机。历史上，只有这二者生产的飞机可以满足航空企业的需求，即可以飞行上万公里的中型与大型载客量的飞机。但是，现在的情况却并非如此。

乘客厌倦了按照轴心轮辐模型安排行程的航空公司，以及与之相伴的航班延误、行李丢失等情况。即便如此，对航空公司来说，以点对点直飞来取代轴心轮辐模型的长途飞行在经济上一直是不可行的。这些航线的需求对小型波音飞机和空中客车喷气式飞机来说都太小了。在 1990 年左右，加拿大制造商庞巴迪公司和巴西制造商巴西航空工业公司填补了这项重要的空白。庞巴迪 CRJ 系列飞机和巴西航空工业 ERJ 系列"支线飞机"，有 50～90 个座位，飞行能力超过 2 000 英里。这些飞机增加了经济上可行的点对点直飞航线的数量。这也使得航空公司能够增加现有航线的飞行次数，例如，可以用小型飞机在芝加哥——锡拉丘兹航线上每天飞行四个来回，而大型飞机每天只能飞两个来回。（这在有利可图的商业领域内显得特别有吸引力。）

其他形式的交通工具也可以成为间接的替代品。高速列车就可能是一个特别重要的替代品，因为它达到甚至超过了航空企业对高速运输要求的产品性能特征。高速列车最近在日本运营，磁悬浮（Maglev，一种高速列车）是一种速度能达到每小时 500 公里的悬浮列车，虽然这可能影响某些线路的飞行区域市场，但是，由于磁悬浮列车的高开发成本、漫长的开发时间以及其物理条件的限制等原因，商用飞机不大会受到影响。

供应商的力量

波音与空中客车能从竞争性的供应商市场获得原材料和部件。然而，大多数零件供应商向波音和空中客车供应的更换零件多于原始设备。所以，机身制造商不能牢固地控制供应商。波音已经开始进行一项进一步增强与供应商关系的计划。它的全球航空库存网络（Global Airlines Inventory Network, GAIN）使得航空公司可以直接向供应商订购零件。即使 GAIN 使供应商对波音公司的依附联系更进了一步，但它们仍对此表示欢迎，因为它们可以据此制定更准确的生产与存货计划，它们自己也愿意与波音建立更紧密的关系。但在众多的供应商中，也有几家没让波音和空中客车占到上风。通用电气主要与普惠飞机发动机公司（Pratt & Whitney）和劳斯莱斯汽车公司（Rolls Royce）在飞机引擎制造领域展开了竞争。当波音与空中客车发展良好的时候，这三个企业才能够得到更加有利的供应商合同。

劳工工会（unionized labor）有着强大的供应商力量。目前，波音将近一半的劳力都加入了工会。各工会已经在制定、完善工作规则来保护和鼓励工人的关系专用性投资方面进行合作。但是，工会也会威胁罢工（事实上已经进行了罢工）以要求提升工资，并且能够从波音的利润中分一杯羹。

虽然还不清楚空中客车有多少劳力参加了工会，但是欧洲的劳工管理条例比美国更严格，规定了更详细的工会劳工保护制度。不过，空中客车公司的工作约有 40% 是由二级承包商完成的，而这些工作中又约有 40% 是通过签订不到一年期的短期协议完成的。这在一定程度上就减轻了管理条例的影响。

购买者的力量

购买者可以分成两类，每一类的力量都很有限。许多航空企业都有自己的飞机机队，但是也有许多公司会从飞机租赁企业租赁飞机。这些租赁企业直接从制造商购得飞机，然后出租给航空企业，该资产并不记载在航空企业的账上。主要的航空企业和最大的租赁企业常常会一次订购几十架，这样一家公司的订单就接近波音或空中客车一年机身订单的 15% 左右。

事实上，除非制造商们为维持最低订单储备而开始相互与对手竞争，否则很少有替代者能够赶得上制造商拥有的优势。不过，在经济低迷时期，购买者可以取消订购的飞机，这就直接影响了制造商的收益。

表 12—2 概括了商务航空行业的五种力量。只要市场条件是有利的，空中客车和波音就将继续繁荣兴盛。市场上仅有庞巴迪公司和巴西航空工业公司会对它们造成威胁，并且也只会威胁到它们的一个小的子市场而已。

表 12—2	商务航空行业的五力分析
力量	对利润的威胁程度
内部竞争	低～中
进入	低
替代品与互补品	中
供应商的力量	中
购买者的力量	中

职业体育运动行业

我们上一个行业分析的例子研究了流行的职业体育运动行业。我们关注了四个主要的美国运动联盟——美国职业棒球大联盟（MLB）、国家篮球协会（NBA）、国家橄榄球联盟（NFL）和全国曲棍球联合会（NHL）。大部分的分析同样适用于其他国家的联盟，例如欧洲足球俱乐部（即英式足球）。

市场界定

要定义职业运动联盟竞争的市场很难。每个联盟对劳动力的竞争都是在单独的国家（或者国际）劳动力市场上，而每个本土城市特有的队伍可能在产出市场上是垄断的，比如说"职业足球比赛"。在说明五力中每个因素是如何影响主要的职业体育行业内企业和行业利润时，我们必须牢记这些区别。

内部竞争

运动场上的竞争并不等同于商业世界的竞争。令人激动的运动比赛要吸引观众需要各支队伍之间相当多的配合。各个队伍必须同意比赛规则和时间表；雇用相同的裁判团并且分享国内转播的利润。体育联盟也需要一定程度的"竞争性平衡"来吸引观众的兴趣。这就产生了一些规则和其他的安排（特别是下面会详细讨论的"新秀选拔"），这些都是由联盟中的各个队伍共同设计和通过的。各个队伍并没有在票价上串通好，但是它们完全没必要这样做。在产出市场的竞争上，大多数体育团队都有坚实的市场力量。

大多数体育团队都是从门票销售中获得主要的收入份额。（NFL 是一个例外，NFL 的 32 支球队每年都从电视网络联盟分摊 20 亿美元的收入。）从广义上来看，各个队伍都在为本地的娱乐收入而竞争。例如，职业篮球队芝加哥公牛队争夺这样的顾客——他们可能会代之以选择当地的蓝调、爵士乐和古典音乐会，戏剧，电影，餐馆，德波尔大学蓝魔篮球比赛以及芝加哥黑鹰职业冰球比赛。但是公牛队在芝加哥职业篮球市场上是垄断的，并且公牛队门票和其他娱乐事件之间的替代弹性不是很大。[3]即使在本地市场上面临直接竞争的队伍（例如，美国职业棒球大联盟中的芝加哥白袜队和芝加哥小熊队）

都有极度忠诚的球迷，他们几乎不会因为想要省几美元而去购买同城竞争球队的门票。在销售主场比赛的门票时，国家橄榄球联盟、国家篮球协会、美国职业棒球大联盟和全国曲棍球联合会的每支队伍都有足够大的市场力量。

当体育队伍之间确实在传统的商业领域内彼此竞争的时候，"运动场"便成了劳动力的市场。雇用球员的市场基本上和"课本上的"竞争模型是不相配的。四大体育联盟的球员都是有工会组织的，所以它们的劳动市场是受劳动法保护的。当雇用新球员（即新秀）的时候，这些法律就变得特别重要。劳动法允许在美国的任何行业，包括职业体育运动行业，经理人和工会的工人可以通过集体谈判协议来决定新工人的雇用条件。尽管这听起来对新秀不利，但是通过让较差的球队能够雇用最好的新秀，这个规定有利于促进运动场上的竞争平衡。法院通常都会驳回新秀违反这些规定的想法。

所有的球迷都知道新秀市场是如何运作的。在每个赛季结束的时候，每个联盟都会发起"新秀选拔"。只有那些符合特定条件（以年龄和/或者教育素养为根据）的球员才能被选中。球队按照上个赛季表现的相反顺序来选人，因此最差的球队可以选择最好的球员，而且所有的球队对签约的球员都有一年的专用权利。[4]按照联盟的规定，新秀在洽谈第一份合约的条件上，包括时间和薪水，都有一定的权利。新秀如果不想和选中他们的球队签约，几乎没有可替代的选择；主要来说，他们可以拒绝一年的打球时间（而且失去了一年的薪水），或者他们可以和另外一个联盟签约。由于这些替代性选择通常很没有吸引力，球队对新秀有巨大的议价能力。很多棒球球队，例如匹兹堡海盗队和坦帕湾魔鬼鱼队，尽管没有在运动场上获得特殊的成就，但依靠低价的年轻球员还是保住了恰当的有利位置。相反，一些篮球队，例如印第安纳步行者队，不喜欢引进太年轻的新秀，他们认为当这些球员成长为明星的时候，他们的合约就会到期，并且将成为自由球员，他们会把自己卖给出价最高的球队。

直到大约 25 年前，所有的大型体育联盟都有限制老将转会的规定。NFL 有"罗泽尔规则"（Rozelle Rule），以著名专员皮特·罗泽尔的名字命名，这个规则要求所有从其他球队签约球员的球队都要支付赔偿金，通常是以未来选秀权的形式支付。NBA 和 NHL 也有类似的规则。到 20 世纪 80 年代早期，这些规则作为集体谈判协议的一部分被取消。

棒球界的自由劳动市场道路更加曲折。多年来，职业棒球合同包含了被称为"保留条款"的规定。如果一个球员拒绝签署球队提供的合约，保留条款赋予球队自动更新球员合约到期日至第二年的权利。保留条款传统意义上的解读是：如果球员一直不签署合同，那么球队将可以永久地一年年更新老合约。结果，球员事实上没有与球队面对面议价的能力。保留条款解释了为什么传奇球员贝比·鲁斯未曾在任何一个赛季收入超过 10 万美元（按通货膨胀折算到现在大约是 100 万美元），这远比现在的大联盟明星赚得少。

1970 年，圣路易红雀队外野手卡特·弗勒德（他不惜被交易到费城费城人队）对保留条款提起反垄断的挑战。1972 年法规混乱期间，最高法院援引司法中的旧规定，认为棒球是"全国性消遣"的一种方式，因此可以按反垄断法予以豁免。一段时间内，保留条款看起来已经避开了攻击，并且得以完整保留。然而，在1975年，两名棒球联盟投手安迪·麦瑟史密斯和戴夫·麦克纳利，向保留条款的解释发起挑战，认为对拒绝签署合约的球员延期续签的权利，不应该像球队所有者一直说的那样是永久性的，而应该仅是一年的时间。仲裁员彼得·塞茨同意麦瑟史密斯和麦克纳利的解释，规定棒球俱乐部可以对未签约球员的合同更新一年，在那之后，球员将成为"自由球员"，可以将自己的劳务出售给价格最高的出价人。受雇于棒球大联盟的塞茨因此立即被解雇了，棒球球队所有者针对他的决议向法院提出挑战。1976年2月，联邦法官坚持塞茨的规定，棒球界迎来了自由球员的时代。

出于很多原因，自由球员在球员市场上的竞争很激烈，存在无数的竞争者——原则上讲，每个联盟中的球队都是一个潜在的购买者。大多数的球员在任何一支球队都能很好地打球，并没有忠于家乡的概念，在这一点上几乎没有什么差异。让情况更糟的是，一些球队所有者运营球队是为了赚钱，而另一些则是为了获得冠军，并且愿意为了这个目的损失金钱。这本身没有什么错（拥有一支球队对亿万富翁来说是一个很好的爱好），但是这让其他的球队所有者很难把握工资的限度。

然而，有一些因素缓解了工资的竞争。极少数的球员能够在一支球队赢得冠军的机会上起到关键的影响作用；因此，中等水平球员的工资远低于超级巨星的工资。此外，对明星球员的有力竞争者数量也有限。在球星投手佩德洛·马丁尼兹带领波士顿红袜队在2004年获得一系列冠军之后成为自由球员时，只有两三支球队进行了竞标战。（他以4年5 300万美元的身价签约纽约大都会队。）马丁尼兹集各球队投手的优点于一身，但他仍然只是引起了球队很小的兴趣。打其他位置的球员的情况更糟。芝加哥白袜队的强力一垒手和职业棒球联赛的英雄保罗·柯内科，只有那些在该位置上没有固定球员的球队才会对他感兴趣。最后有3支球队给他发了邀请，而他却和白袜队续签了5年6 000万美元的合约。

大多篮球俱乐部的所有者都表示，劳务市场上不加约束的竞争不可能为球队创造盈利。这就是为什么体育俱乐部老板希望设定工资上限的原因，以工资上限限制付给球员的薪资。美国冰球联合会（NHL）老板们拒绝让步，甚至整个2004—2005赛季停赛，迫使2个球员接受工资上限。通过工资上限的限制，球员和老板可以共同分享市场中的垄断利润。美国篮球协会和美国橄榄球联盟与各自球员工会的谈判主要着眼于上限为多少的问题，这个问题将决定谁将分得更大的一块蛋糕。然而，没有工资上限，棒球通过征收"奢侈税"解决这个问题，每个球队只要球员薪资总额达到1 200万美元就要缴纳奢侈税。现在，只有纽约扬基队大大超过了征收奢侈税的门槛。

进　入
体育球队的拥有者是一个混杂的团体——包括媒体公司，像有线电视公司（NBA纽约尼克斯队和NHL纽约游骑兵队的拥有者）、时代华纳（MLB亚特兰大勇士队的拥有者）以及论坛报公司（MLB芝加哥小熊队的拥有者），它们将体育球队的股份看做其娱乐帝国不可分割的一部分。绿湾包装工队由 10 万多个股东共同所有，大部分都是居住在威斯康星州的球迷。（不用费力想要成为其中的一个拥有者——包装工队不再发行新股，并且现有股份也不可以转售。）

大部分拥有者都是富裕的商人，对他们来说，拥有一支体育球队是高价的终极爱好。这些人包括米奇·阿伦森（嘉年华邮轮帝国的继承者以及迈阿密热火篮球队的拥有者），房地产大亨马尔科姆·格莱泽（NFL 坦帕湾海盗队的拥有者，并且出于作为球迷的苦恼，收购了英格兰足球联赛的曼联队）以及微软的联合创始人保罗·艾伦（NFL 西雅图海鹰队和 NBA 波特兰开拓者队的拥有者）。可能最著名的亿万富翁拥有者是乔治·施泰因布伦纳，船王变成了差劲的纽约扬基队老板，以及网络公司巨头马克·库班，NBA 达拉斯小牛队的老板，他经常坐在场边板凳上或者在更衣室里巡游。

从来不缺少有钱的男人（偶尔是有钱的女人）想要拥有球队，享受众人瞩目的感觉。但这并不简单——进入的壁垒很高。每个联盟都有管理新增专营权的规定。潜在的新进入者可能要向现在的所有者支付数以百万美元的费用。得知客队拥有者将会分享门票收益，大部分潜在的进入者也会提供资金建设新体育场（因此他们可能更倾向于喜欢联盟规模扩张）。现有的球队拥有者在他们自己的地域市场上通常有否决新专营权的权利。由于亿万富翁数量的增长速度比球队的供应速度快，购买价格显著上升；据报道，一些球队，像 NFL 达拉斯牛仔队以及 MLB 纽约扬基队出售价格超过 10 亿美元。所以即使很多体育球队面临着经营损失，它们的拥有者仍可以获得巨大的资本收益。

由于现有球队短缺，想要成为体育企业家，进入职业体育市场的唯一其他途径就是成立一个全新的联盟。这在相当程度上增加了进入的赌注——大部分新球队必须要盈利或者整个联盟有可能亏损。尽管风险很高，但是收益可能会更高，这几年很多联盟已经成立和发展起来，包括世界足球联盟、美国足球联盟（USFL）、职业橄榄球同盟（XFL）以及室内美式足球联盟（NFL 利润很高）、美国篮球协会（ABA）以及世界冰球联盟。

由于进入壁垒的严重性，为了生存，新联盟意识到了产品差异化的需求。ABA 引进了三分球；USFL 在 NFL "超级碗"之后的冬末和春季展开比赛；XFL 启用了更暴力的比赛模式；室内美式足球联盟在室内和曲棍球场一样大小的场地上比赛。

并不是所有的新联盟都失败了。室内美式足球联盟有接近 20 年的历史了，尽管很少有球迷觉得它是 NFL 的充分替代品。时间更长的美国橄榄球联盟（AFL），以及从更小的程度来说，美国篮球协会（ABA）都可以看做成功的例子，而且它们成功的途径很相似。AFL 始于 1960 年，那时 NFL 越来越受欢迎。AFL 在三个问题上领先于 NFL：NFL 仅在 13 个城市有球队、NFL 的比赛模式淡化了精彩的传球以及 NFL 的球员需要获得自由球员的权利才能获得较高的工资。AFL 弥补了这些不足。AFL 开始由 8 支球队组成，其中的 6 支位于没有 NFL 专营权的城市。[5] AFL 的球队重视传球，使得比赛的得分很高，这很对许多球迷的胃口。即便如此，AFL 的球队还是年复一年地亏损。套用一句格言：你必须先花钱才能赚钱，1965 年 AFL 给了 NFL 沉重的打击。

在之前的一年，1964 年，AFL 和 NBC 签署了一份 3 400 万美元的电视合约（CBS 拥有 NFL 比赛的独家转播权）。利用这笔钱，AFL 球队用更高的价格来从 NFL 争夺明星球员。纽约喷气机队的拥有者索尼·维布林首先出击，与亚拉巴马大学的明星四分卫乔·纳马斯签署了一份史无前例的第一年 427 000 美元的合约。当 AFL 的丹佛野马队给伊利诺伊大学的明星球员迪克·布特库斯开出一份更丰厚的待遇时，NFL 保证如果他能和它们签约的话，将来会有大笔的收入（他选择了 NFL 的芝加哥熊队）。很快，两个联盟都为罗马·加布里埃尔、约翰·布罗迪、皮特·吉格拉这样的明星球员提供了丰厚的待遇。1966 年 4 月，在奥克兰袭击者队主教练戴维斯成为 AFL 的委员后，竞购战加剧了。AFL 从来没有盈利过，蒙受了巨大的损失，但是这并不要紧。NFL 在十年来首次出现了亏损，它们希望能够和解。在 1966 年 7 月，两大联盟实现了合并。AFL 的所有者得到了他们想要得到的东西——享有和 NFL 同样的球迷基础。在现在的 NFL 中，美国橄榄球联合会（AFC）仍然保留了以前 AFL 的很多球队。

美国篮球协会（ABA）始于 1967 年。和 AFL 一样，最初 11 支球队中大多数都位于非 NBA 所在城市。和 AFL 一样，ABA 注重得分，拥有完全开放的"比赛上下场"以及创新性的三分球投篮。和 AFL 一样，ABA 花费大笔资金引进新进入的明星球员，例如，"J 博士"朱利叶斯·欧文和得分能手里克·巴里。所有的这些战略让 ABA 获得了一批忠实的球迷基础。在像匹兹堡、路易斯维尔和新奥尔良这样的二线城市打球，国内的球迷基础不足以达到吸引大型电视合约的规模，而且 ABA 联盟并没有盈利。有一点是 AFL 没有做到而 ABA 独有的：篮球迷们对 NBA 不再那么着迷，观众上座率有所下降。1977 年，当 NBA 同意吸纳 4 支 ABA 球队的时候，他们希望 J 博士带有的乐观风格的注入能够改变联盟的命运。确实，J 博士的受欢迎程度将篮球带到一个新的时代——球星的时代而不是球队的时代。NBA 之后的成功和魔术师约翰逊、拉里·伯德、迈克尔·乔丹以及科比·布莱恩特等球星都可以归为由短暂存在的 ABA 体现的产品差异化战略。

很难想象现在一个新的体育联盟如何能够达到即使像 ABA 这种不太大的成功。所有的大型体育联盟都有覆盖全国的球队。NFL 甚至在欧洲也有"小型联盟"球队。自由球员意味着明星球员在和大型联盟签约时，一定能够拿到至少和新兴联盟签约一样的工资。除了 MLB 以外，这些联盟都在不断地改变规则确保比赛的娱乐风格。因此，事实上地域上的偏好和产品差异化的机会对新联盟来说是不存在的。有些联盟尝试过通过年内时间的不同实现差异化（特别是 USFL 和 XFL），但是要么由于提供的产品不好，要么由于球迷已经转到别的体育项目上，这些努力都失败了。

替代品与互补品

职业体育球队为娱乐收入而竞争。所有者不仅为赛场上的比赛担心,也为整体的娱乐体验困扰。特克斯·施拉姆,传奇的达拉斯小牛队总经理,就是最早完全认识到体育运动是一种娱乐的所有者之一。在 20 世纪 70 年代早期,施拉姆雇用了专业模特在场边助威。然而,模特们并不适应达拉斯炎热的天气,很快就筋疲力尽。1972 年,施拉姆决定创造一支专业的舞蹈方队。达拉斯小牛队拉拉队 1973 年首次出现,后来的事大家都知道了——甚至有一部电影是关于这些运动美人的。现在的职业体育赛事都是以场间休息时熟练的啦啦队、音乐表演、盛装打扮的吉祥物(最有名的是圣迭戈的鸡)和球迷互动环节为特色的。场下娱乐是很重要的,以至在迈克尔·乔丹时代,当球队排名落后时,芝加哥公牛队仍然能卖出大部分的门票,部分原因在于联合中心球馆马戏团般的氛围。

职业体育运动有很多互补品。NFL 是美国最成功的体育联盟,它得到了两个重要的互补品的帮助。一个是电视。"超级碗"是每年收视率最高的电视节目,"季后赛"和"周一橄榄球之夜"也有很高的收视率。但是如果没有另外一个互补品——博彩业,橄榄球不会取得这样惊人的成功。每年有超过 20 亿美元的合法博彩资金,大部分都是针对 NFL 的,而且大部分都是通过拉斯韦加斯的"体育图书"进行的。这只是冰山一角,估计非法体育博彩(包括通过境外赌博的互联网网站灰色市场)超过 1 000 亿美元,大部分也是针对 NFL 的。每个 NFL 比赛的常规赛季都会产生数以百万美元的博彩生意,可能是"超级碗"收入的 10 倍。[6]通过这种方式,很多人用数额巨大的资金来赌博,难怪 NFL 比赛即使在本地球队没有比赛的情况下也能有很高的观众收视率。

赌博给职业体育运动带来了一个困境。随着赌博增加了球迷们对比赛的兴趣,联盟的管理层一直担心球员会受到庄家的影响,故意输掉一场比赛来换取一大笔钱。如果观众认为比赛的结果是由贿赂而不是场上的比赛来决定的,体育比赛的基础将会崩溃。1919 年的"黑袜丑闻"是由 8 名芝加哥白袜队的棒球球员被指控收受贿赂(其中 7 个人供认了事实)引起的,这几乎毁掉了该项比赛。只能依靠贝比·鲁斯的魅力和他神奇的球棒来挽救 MLB 的命运了。最近,彼得·罗斯,可以说是到目前为止最好的球员,因为赌球被开除出"名人堂"之列。

赌博可能会给大学体育运动带来更大的困境。大多数职业运动员都有足够的收入,他们没有从庄家那里收钱的动机。(1919 年的情况并非如此,职业赌徒"体育沙利文"给白袜队的球员每人至少 1 万美元,让他们输掉职业棒球赛,当时球队所有者查理·科米斯基给他最好的球员"赤脚"乔·约翰逊每年的工资只有 6 000 美元。[7])但是大学球员没有获得收入的保障,一大笔钱的诱惑是很大的。在 20 世纪 90 年代末,西北大学篮球队的两名先发球员被指控"诈球",故意大比分输掉比赛来换取赌博者支付的现金。[8]

供应商的力量

我们已经花了很长的篇幅讨论了最有实力的供应商——球员联盟。大部分的球员都在大学里受过训练，使得大学生体育队成为职业体育项目的关键供应商。美国大学体育总会（NCAA）管理所有的大学生运动员，是一个有利的供应商。最坏的情况下，NCAA给大型体育联盟施加压力，不让它们选拔一、二年级的学生，但它曾未提出过从大型联盟获取直接财务支持的议题。

城市是体育团队的另外一个重要供应商。大多数的政客都认为本地体育团队给经济带来了重要影响，尽管研究表明经济利益被大大高估了，他们仍然愿意利用税收收入资助新体育场。[9]这种支付在美国商业界是有先例的——发生过将数百万美元的补贴和税收优惠给予企业建立工厂或者搬迁总部的事情。但是花费在体育运动场上的数额却是惊人的，经常高达上亿美元。这种情况会发生改变。由于健康和教育支出的增加以及正在进行的抗税活动加剧，市财政支出在过去的十年里有所下降。同时，当地政客逐渐明白新体育场的收益很大一部分是虚的。结果体育团队拥有者将不能再指望当地政府建设体育场，必须增加对企业赞助的依赖或者依靠他们自己的个人财富。

购买者的力量

有4个较大的电视网络和3个较大的体育有线系统（ESPN、Comcast公司和福克斯体育网），它们经常为获得大型体育赛事的全国转播权而进行针锋相对的竞争。大多数的网络都将职业体育赛事看成是亏本的，它们愿意支付巨额数目让体育迷们将特定的体育项目和网络的名字联系起来。ABC的"周一橄榄球之夜"节目就是最好的例子，但是CBS播出的NFL和其他一些关联的事例也会让人联想得到。假设在一年中的任何时间，运营中的网络数量都要比联盟的数量多，那么体育联盟就占据了谈判中的上风。同样的情况适用于在本地电视和电台上转播比赛权的谈判。

结　论

忠实的球迷和联盟章程给体育团队带来了产品市场的差异化以及让其他产品和服务的销售商羡慕的进入壁垒。体育团队可以年复一年地把价格定得恰好高于边际成本，由此产生的利润却被强大的工会通过讨价还价获得。但是这样的购买者力量不能解释为什么这么多的体育团队年复一年地报告称运营亏损。要解释这一点，我们就要知道这个行业里很多所有者并不是为了赚钱。在这个行业里对拥有权的爱好占据了主导，为一个顶级球员额外花费1 000万美元这种事情阻止不了他们。只要有亿万富翁供给的支持，预计体育团队所有者们将继续面临运营亏损和资本收益。

表 12—3 概述了该行业的五力分析。

力量	对利润的威胁程度
表 12—3	**职业体育联盟的五力分析**
内部竞争	低（产出品市场）；高（投入品市场）
进入	低
替代品与互补品	低
购买者的力量	低
供应商的力量	低（除了球员工会外）

本章小结

- 行业分析提供了一个对企业平均潜在获利能力的全面概括。

- 一个综合的分析需要考察五种力量：企业的内部竞争、进入、替代品与互补品、购买者的力量和供应商的力量。后四项独自发挥作用，但是也会加剧内部竞争。

- 如果竞争导致价格趋于向成本靠拢，内部竞争将会加剧。当企业很多、产品具有同质性、消费者希望并且能够任意购买产品、定价具有保密性、订单金额较大并具有堆积性、行业存在过剩生产能力时，就很可能出现这种情况。

- 如果企业可以很容易就进入一个行业，抢占在位企业的市场份额，同时加剧价格竞争，那么该行业就具有较高的进入威胁。

- 替代品也能影响到产品销售，并加剧价格竞争。

- 购买者和供应商可以依靠对合同条款进行重新谈判来直接运用其力量，从盈利行业中获取利润；也可以通过对产品进行比较、寻求最佳价格的方式发挥间接力量。

- 政府可以影响获利，因此应该被看成是五种力量中的一部分，或者看成是一个单独的力量。

- 五种力量或其中任一种都会对利润造成影响。虽然建立一个"五力评分表"会对评估五力有所帮助，但是五力评估的执行本身比最后得到实际的分值更重要。因为通过这种执行，分析者可以加深对影响所分析行业的主要战略问题的认识。

- 一个完整的五力分析需建立在经济学原理的基础上。分析内部竞争、进入与替代品所用的方法来自工业组织理论和博弈论（这些我们在本书第

8～11章中已经讨论过了）。分析购买者和供应商力量的工具则来自纵向关系经济理论（我们在第5章和第6章中已经讨论过了）。

思考题

1. 书中曾说波特的五力分析为反垄断法（保护消费者利益不受垄断寡头侵害的法律）指明了方向，你认为这句话的意思是什么呢？

2. 对以下结论做一论述：五力结构的所有智慧全都包含在下面的经济等式中：

$$利润＝（价格－平均成本）×数量$$

3. 规模经济的大小是如何影响五力中每一种力量的强度的？

4. 产能利用率是如何影响内部竞争的强度的？又是如何影响进入壁垒的？

5. 消费者转换成本的大小是如何影响内部竞争的强度的？是通过进入吗？

6. 退出壁垒如何影响内部竞争的？是通过进入吗？

7. 假设一个行业的需求随着时间的推移而波动。该行业面临的供应者力量较强，简要概述这样的高供应者力量如何随时间的变化而影响利润的变化的。

8. 合作竞争的概念可以对五力行业分析方法起到什么样的补充？

9. 竞争中的合作经常要求企业进行公开的交流。这与合谋有什么区别？反垄断实施者如何区分竞争中的合作与合谋呢？

10. 下面列出了CD唱片业在纵向链条的不同环节的近似利润分布情况（以每一张唱片作为分析基础）：

演员：60美元。

唱片公司：1.80美元。

零售商：0.60美元。

使用五力分析法来分析这种格局。注意，该行业大约存在6家主要的唱片企业。它们负责和演员签约，处理录音的技术问题，并确保唱片的发行与促销。

附录　五力分析模板

影响现有企业之间竞争的因素

价格竞争与非价格竞争（例如，广告）对行业中普通企业盈利能力的损害有多大?

	当前特征	未来趋势
销售者的集中度如何?		
行业增长率如何?		
企业间是否存在明显的成本差异?		
企业是否存在过剩的生产能力?		
企业的成本结构:成本对产能利用率的敏感程度多大?		
销售者间的产品差异程度如何?存在对已有品牌的忠诚度吗?行业竞争者间的需求交叉价格弹性如何?		
购买者从一个竞争者转换到另外一个的成本如何?		
交易价格与条款是否具有可观察性?		
企业可以快速调整价格吗?		
订单是否具有数额庞大、非频繁的特点?		
企业能否运用推动手段(如领导价格、提前宣告价格变化)?		
是否有合作定价的历史?		
退出障碍有多大?		
是否有很高的行业需求价格弹性?		

影响进入威胁的因素

进入威胁或进入的发生对行业中普通企业的获利能力的损害有多大?

	当前特征	未来趋势
规模经济明显吗?		
在购买决定中,品牌声誉或者已树立的品牌忠诚度的重要性如何?		
进入者的产品分销渠道如何?		
进入者的原材料获取渠道如何?		
进入者的技术获取渠道如何?		
进入者是否占据有利的地理位置?		
在位企业的经验优势如何?		
外部网络效应:在位企业具有需求优势吗?		
政府是否保护在位企业?		
进入者认为在位者会采取报复行为吗?在位者是否有"强硬"的名声?		

影响或者反映替代品压力和互补品支持的因素

行业外替代品竞争对行业的普通企业的盈利能力的损害有多大？

	当前特征	未来趋势
相近替代品的可获取程度如何？		
替代品的价格价值特征如何？		
行业需求的价格弹性如何？		
相近互补品的可获取程度如何？		
互补品的价格价值特征如何？		

影响或者反映投入品供应商力量的因素

单个的供应商通过与行业中的普通企业进行谈判而设定较高投入品价格的能力如何？该投入品价格与完全竞争市场中投入品供应商作为价格接受者时投入品普遍价格的差异有多大？

	当前特征	未来趋势
供应商的市场集中度是否高于购买者行业的市场集中度？		
与供应商的其他顾客相比较，企业购买量是否较小？某一企业的购买量是否相对该供应商的销售量而言较小？		
供应商提供的投入品的替代品是否很少？		
企业是否对特定供应商进行了关系专用性资产投入？		
供应商是否对该产品市场形成了可信的前向一体化威胁？		
供应商能否根据购买企业的支付能力与支付意愿而制定歧视价格？		

影响或者反映购买者力量的因素

单个购买者通过与行业中普通企业进行谈判而设定较低购买价格的能力如何？该购买价格与一个存在大量零星购买者的市场（在这样的市场中，购买者作为价格接受者）中的普遍价格有多大程度上的差异？

	当前特征	未来趋势
购买者行业的集中度是否高于销售者行业的集中度？		
购买者的购买量大吗？一个购买者的购买量是否占到了一个普通销售者销售收入的绝大比例？		
购买者能发现该行业产品的替代品吗？		

	当前特征	未来趋势
行业中的企业是否会为支付某项交易而对特殊购买者进行关系专用性资产投入？		
购买者产品的需求价格弹性高还是低？		
购买者是否形成了可信的后向一体化威胁？		
对于购买者来说，产品是否占购买者交易成本的较大份额？		
市场上的价格是由购买者与销售者进行一对一谈判决定的，还是由销售者制定且适用于所有交易？		

【注释】

[1] 社区医院是在短期的基础上对各种病人进行治疗的。这里有一种没有考虑到的医院是神经科医院。

[2] Benkard, L. "Learning and Forgetting: The Dynamics of Airplane Production," *American Economic Review*, September 2000.

[3] 芝加哥天空队，WNBA 联盟中的一支新球队，在当年的同一时间也没有参加比赛。

[4] 有一些体育项目是有细微差别的，比如在篮球比赛中，最差的几支队伍参加"抽奖"来决定谁将获得状元秀。克利夫兰骑士队在 2003 年中奖并选中了勒布朗·詹姆斯作为状元秀，并很快从经营的困境中走了出来。

[5] 同时经营多支球队的城市有纽约和洛杉矶。到 1962 年，洛杉矶的经营权转移到了圣选戈。1960 年，NFL 在达拉斯增加了一个新的经营权，是 AFL 最初经营过的城市之一。1963 年，AFL 达拉斯的经营权转移到了堪萨斯城。

[6] 仅在这一个网站上，http://BETonSPORTS.com，2005 年就有超过 5 万人参与"超级碗"的赌博。

[7] 事实证明，沙利文最初给 9 名球员总共支付了 10 000 美元的费用。卷入这次丑闻的大多数球员仍然继续完成计划，当然除了杰克逊以外。沙利文最终投入了更多的钱，而辛辛那提以 5:3 赢得了联赛的胜利。

[8] 在两个案例中，赌徒下注赌西北大学队会输掉 14 分以上。通过故意射偏或者把球传给对方球员，涉嫌作假的球员确保了西北大学队输掉了 14 分以上。另外两名非首发球员也受到了牵连。还有一件不相关的事，一个西北足球队的前球员被指控在 20 世纪 90 年代早期参与对本球队比赛的赌博，并采取了一些行动（例如，漏接球），目的就是增加他的球队输球的可能性。我们有责任指出西北大学不是唯一一个发生过这种丑闻的学校。

[9] 政客们典型的观点是：体育场给当地经济带来了数百万美元的门票收入。这一观点忽略了这样一个事实：所有购买门票的人都住在社区，如果没有体育比赛，他们将会把娱乐支出花费在当地其他的活动上。此外，即使不是大多数，也有很多的球员并不住在社区，这么多的门票收入都将流出本地市场。也就是说，这和把钱花费到餐饮和当地剧院上的案例不同。

第四部分

战略定位
及其动态

第13章 竞争优势的战略定位

在 1978 年美国航空业解除管制之前，国内的大部分航空公司都采用相同的方式竞争。由于美国民航管理委员会（一个已经不存在的管制机构）控制着美国国内航空业的进入与价格，航空公司间的竞争只能通过提高班机频率、提供更便利的起飞时间以及更舒适的服务（如电影与膳食）来进行。对该行业管制的解除带来了新的进入和新的经营方式。例如，自解除管制之后，航空公司出现了各种竞争战略：

● 美国航空公司（目前国内最大的航空公司，市场份额占 18%）围绕中心辐射原理制定了一套全国性的航线结构。通过频繁的航班安排，航空公司建立了旅客对品牌的忠诚度，并试图通过复杂电脑预定系统（SABRE）和一流的运营管理水平实现利润最大化。

● 作为州际运营商，美国西南航空公司在解除管制前仅仅在得克萨斯州内经营。解除管制后，它迅速在中西部和西南部一些精选城市中大力扩展业务，并充分利用那些业务较少的机场（例如，芝加哥中途飞机场（Chicago's Midway Airport））。西南航空公司没有遵循中心辐射原理，它将乘客从一个城市送到另一个城市的线路通常只由一条或者两条短航线组成。由于与其他的大航空公司相比，它没有严格的劳工制度，同时，它拥有一支工作热情很高的员工队伍，并且所有机型均为波音 737，从而就节约了维修与训练成本。所以西南航空公司有着全行业最低的平均营运成本（见图 13—1，该图描述了 2004 年第一季度美国主要的大航空公司的收益情况和单位成本）。此外，它的航班服务项目较少，只有饮料供应和服务员的微笑服务，并且它也不会用频繁的航班来建立顾客对其的忠诚度，西南航空公司强调的是低廉的票价和可靠的准时飞行。

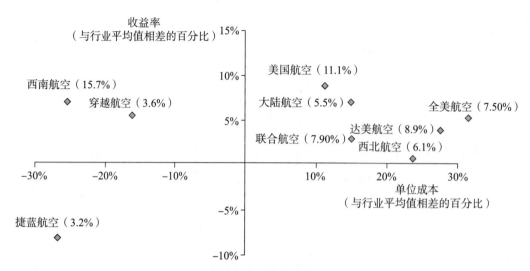

图 13—1　2008 年美国航空业各航空公司的单位成本、收益率和市场份额

该图显示了 2008 年美国航空业各航空公司的单位成本、收益率和市场份额。单位成本和收益率表示为与行业平均值相差的百分比。每一家航空公司是图中的一个点，市场份额标注在了航空公司后面。

资料来源：美国交通部交通统计局《航空公司财务数据和交通数据》新闻发布会，www.bts.gov/press_releases/2008（于 2008 年 8 月 16 日）。

● 解除管制之前，西北航空（当时叫做西北东方航空公司）最初是一个国际航空公司，它的航线往返于亚洲和西北太平洋城市之间，只有少数相关的国内航线贯穿其中。解除管制之后，西北航空通过收购国内的航空公司（如共和国航空公司）发展起来，而且建立了一套以明尼阿波利斯和底特律为中心的国内航线网络。当然，这套网络的规模要落后于三大航空公司（美国航空、联合航空和达美航空公司）的网络，所以整个 20 世纪 80 年代和 90 年代，西北航空都被看做二等主干航空公司（和全美航空公司、大陆航空公司一起），旨在提供一种以中心辐射系统为基础的横贯大陆的服务。最近，西北航空改变了战略，除了重视横贯大陆的服务外，现在要加强针对美国内陆中西部地区没有其他航空公司服务的城市，进行点对点的服务。[1]

● 捷蓝航空公司（JetBlue）于 2000 年 2 月成立，是一家财力雄厚的航空业新秀。其客机（空中客车公司的新品牌机型 A320s）上配备了皮质座椅和来自 DIRECTV 的免费卫星电视节目。捷蓝航空的服务限于特定的城市之间（9 个州的 18 个城市），很多行线起始都在纽约 JFK 机场，捷蓝航空试图传递一种都市"时尚"（attitude）来吸引挑剔、苛刻的纽约人。仅仅在成立的 6 个月后，捷蓝航空公司就开始盈利。尽管后来发生了"9·11"

事件，但它在 2001 年仍然保持了盈利。2004 年，捷蓝航空成为盈利性最强的航空公司之一。（参见图 13—2，描述了部分美国航空公司的收入和利润情况。）

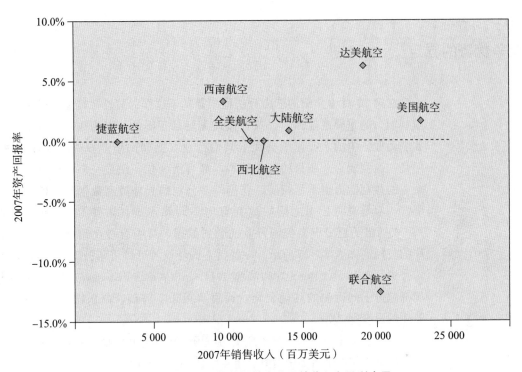

图 13—2　2007 年美国航空公司的收入和盈利水平

该图显示了 2007 年美国航空公司的收入和盈利水平（以资产回报率表示）。

资料来源：Hoovers Guide，www. hoovers. com（于 2008 年 8 月 15 日）。

相比美国航空，西北航空提供服务的地理范围更狭小，并且由于它的市场规模小、多为短程飞行，更多侧重于横贯大陆的服务，所以它试图吸引更多的商务乘客。结果，最近西北航空获得了全美国航空业最高的收益率。不幸的是，它的单位成本也是最高的。

本章论述一套用于区别并分析一个行业内的企业战略定位的概念框架。该框架运用简单的经济学概念来辨识发挥市场竞争优势所需的条件。本章由三节构成。第一节界定竞争优势的概念，并阐明企业要获得竞争优势就必须比竞争对手创造出更多的价值。而创造价值的能力是由企业在行业竞争中的自身定位所决定的。第二节讨论两种可选择的广义定位方法——成本领先与利益领先的经济学逻辑与组织学逻辑。第三节探讨了广泛覆盖战略（broad coverage strategies）与专一化战略（focus strategies）。本章附录介绍辨识企业在其市场中成本与收益定位的具体工具。

竞争优势

竞争优势的界定

在第 12 章中介绍的五力分析框架是基于这样的假设：行业条件是企业盈利能力的重要决定因素。这种假设无疑是正确的，因为在一些行业（例如制药业）中的企业业绩会优于其他行业（例如民航业）中的企业业绩。但是，盈利能力并非只随行业的不同而有所变化，在某一个特定行业中各企业的盈利能力也不尽相同。获得许多公司的具体盈利数据是一件困难的事情，但是说明公司之间的盈利有何不同并不难，如表 13—1 所示。表 13—1 列出了近二十个美国行业的公司数据，其中有些业绩好，也有业绩坏的公司。如表 13—1 所示，一些行业的佼佼者可口可乐公司、安海斯-布希公司（Anheuser-Busch）和高露洁公司（Colgate-Palmolive）等的盈利表现都超过了同行业的其他公司，而百事可乐、辉瑞、高乐氏（Clorox）的业绩就没有那么好。

当一个企业的经济利润率高于同市场中其他竞争企业的平均经济利润率时，该企业在那个市场中就具有了竞争优势（competitive advantage）。当然，要审慎地应用该定义，该定义要求能够对企业所处的市场进行合理的经济界定，这个问题我们已经在第 8 章中讨论过了。例如，为了评估 Sun 的核心业务——高端企业服务器的设计与销售是否具备竞争优势，我们就需要将 Sun 在该项业务的盈利能力与诸如 IBM 和戴尔等企业中相同业务的盈利能力进行比较，因为这两个竞争企业也销售企业服务器，并且它们的经营情况会严重受到 Sun 的定价与营销决策的影响。

图 13—3 概括了我们本章的分析框架。根据这个框架，一个特定市场中的企业的经济盈利能力取决于它进行竞争的市场（如同五力模型概括总结的那样）是否具有经济吸引力，以及它在该市场中的竞争地位（也就是说，它是否具备竞争优势或者竞争劣势）。一个企业是否具有竞争优势或劣势取决于该企业在创造和分配经济价值方面比其对手更成功还是更失败。正如我们将看到的，一个可以比竞争对手更能创造和分配经济价值的企业同时也会比竞争企业获得更高的利润，并能给消费者提供更高的净利益。

表 13—1		2000—2004 年各个行业及行业间的经济利润率		
	业绩好		业绩差	
行业	企业	减去投资成本后的投资回报率（%），2000—2004 年	企业	减去投资成本后的投资回报率（%），2000—2004 年
烟草制品	UST	23.26	奥驰亚集团	6.67
电脑行业	戴尔	21.57	苹果	−14.41
电脑软件业	微软	20.25	西贝尔系统公司	−22.78
软饮料	可口可乐	13.70	百事可乐	4.02
制药行业	默克公司	13.30	辉瑞公司	−0.78
信用卡发行商	MBNA 公司	10.77	普罗威登	2.73
啤酒	安海斯-布希	9.36	莫尔森库尔斯	1.84
钢铁	纽柯	7.75	美国钢铁	−1.58
家用产品	高露洁棕榄	7.29	高乐氏	0.48
航空/国防业	通用动力	7.26	洛克希德马丁	−1.95
医疗保健设备和用品	盖丹特	7.25	波士顿科学	−0.14
建筑物零售	家得宝	6.90	劳氏	3.78
联合石油生产商	马拉松石油公司	6.74	埃克森美孚	2.60
生物医药业	安进	5.54	千年	−23.28
汽车组件	麦格纳国际	5.07	李尔公司	1.72
超市行业	沃尔玛	5.02	塔基特	1.54
打折百货商店	科尔斯	4.11	彭尼	−3.56
一元店	家庭一元店	3.96	多勒盖奈拉尔	2.85
铜矿开采	自由港麦克莫兰	3.87	菲尔普斯道奇	−1.30
制药业与药品零售	沃尔格林	3.65	来德爱公司	−2.81
化学用品	路博润	2.68	道氏化学	−2.89
个人护理产品	雅诗兰黛公司	2.53	露华浓	−6.27
百货商店	内曼马克	2.30	联合百货公司	−2.47

行业	业绩好		业绩差	
	企业	减去投资成本后的投资回报率（%），2000—2004 年	企业	减去投资成本后的投资回报率(%)，2000—2004 年
日用品零售	西夫韦	2.17	太平洋与大西洋茶叶公司	−3.26
报纸	纽约时报	2.12	道琼斯咨询有限公司	−3.12
电气设备	艾默生电气	1.96	罗克韦尔自动化	−5.22
集装箱	Ball 公司	1.61	皇冠控股	−1.97
器械	惠而浦	1.22	美泰	0.93
货运	航特	1.10	斯韦福特	−0.41
半导体行业	英特尔	0.95	AMD	−12.72
办公用品零售	斯特普尔斯	0.16	顶级奥菲斯公司	−3.04
造纸与林业	路易斯安那太平洋公司	−0.23	佐治亚太平洋公司	−1.51
铁路	北方圣太菲铁路运输公司	−0.68	CSX	−2.30
铝	美铝公司	−1.40	凯泽铝公司	−5.13
书籍零售业	博得集团	−1.94	亚马逊	−14.26
航空公司	西南航空	−2.23	联合航空	−7.26
汽车	福特汽车公司	−2.31	戴姆勒-克莱斯勒	−4.63
玩具	美泰尔公司	−3.31	孩之宝	−3.86
网络设备	思科系统公司	−7.66	北电网络	−16.98
卫星广播	XM 卫星广播公司	−26.54	天狼星卫星广播公司	−28.88

哪个因素对盈利能力更重要：市场还是企业？

图 13—3 中的框架表明，企业所在的市场经济状况与企业在该市场中的定位共同决定了企业的盈利能力。但是，我们如何确定二者中哪一个更重要呢？

为回答此问题，我们可以假设以大量不同企业在若干年的业绩作为范例，计算出它们的盈利状况（例如，使用标准会计衡量方法，如投资回报率，或者更复杂的工具，如经济附加值法，来衡量经济利润）。我们是否看到在同行业（within industries）内的各个实体间存在着巨大的盈利差异，而

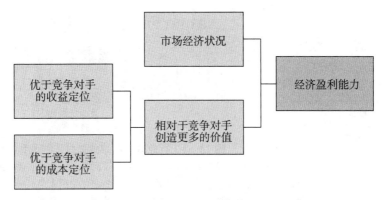

图 13—3　竞争优势框架

企业的盈利能力同时取决于市场经济状况与它成功地比竞争对手创造出更多价值的能力。与竞争对手相比，企业所创造的价值数量取决于优于竞争对手的成本和有利的地位。

跨行业（across industries）的各个事业体之间的利润差异却很小呢？如果是这样的话，那么市场环境对盈利能力的影响（市场效应）就是不重要的，而企业在行业中的竞争地位却会对盈利能力产生重要的影响（即定位效应）。或者我们是否看到同一行业内各个事业体间的盈利差异并不大，而行业间才存在着巨大的盈利差异？如果是这样的话，那么市场效应是极为重要的，而定位效应却不太重要。

实际上，市场和定位效应都可以影响盈利能力。同一行业内和不同行业间的事业体都存在着盈利能力的差异。安妮塔·麦加恩和迈克尔·波特的研究表明，如图 13—4 所总结的，企业盈利能力的差异有 18% 是由行业效应导致的，而竞争定位的影响为 32%。[2] 其他潜在的系统因素对盈利能力的影响相对较小，如由于微观经济环境变化带来的每年利润的变化，或者母公司对企业的影响（例如，波斯特玉米片公司的归属权属于卡夫公司或是其他公司对它盈利能力的影响）。需要注意的是，不同企业间盈利能力影响变量中的绝大部分（接近 43%）是非系统的。这些部分的影响是无法通过任何系统的影响因素来加以解释的。例如，卡夫的宝氏麦片可能在 2005 年时利润较高，但是 2006 年的利润却很低，这样的变化不是由于它在即食麦片市场中的竞争地位发生了变化，也不是由于不利的宏观经济环境，而仅仅是由于"运气不佳"的原因。

市场效应与定位效应都是影响盈利能力的重要因素，因此我们需要进一步更新图 13—3 中的框架。现在我们就开始做这项工作。

竞争优势与价值创造：概念基础

彼得·德鲁克（Peter Drucker）曾这样写道：商业的目的在于创造顾客。[3] 企业通过创造和交换经济价值来实现这个目标。当它们以利润的形式

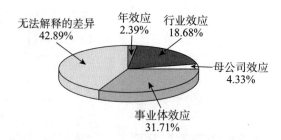

图 13—4 行业效应和事业体效应对盈利能力的影响

无法解释的差异表示造成不同时间段、不同事业体的盈利差异的原因不能归结为事业体自身的因素或其所在行业、其母公司以及某个特定年份因素的影响。该图表示事业体自身效应和行业效应对企业间盈利差异影响的相对重要程度。在各种影响盈利水平的变量中，行业效应约占19%，竞争定位约占32%。

捕获了一部分价值时，它们就得以生存并且不断繁荣。正如图13—3所示，能成功地比竞争对手创造更多价值的企业将能够在市场中占据更加有利的地位。为了阐明其原因，我们需要界定价值创造的含义并说明它与竞争优势的关系。为了提出价值创造这个概念，我们必须首先讨论最大支付意愿和消费者剩余。

最大支付意愿和消费者剩余

对你来说，一个特定的软件包值150美元。如果市场售价仅为80美元，那么你当然就会购买。这样的消费对你来说是划算的，因为你只花费了80美元，却购买了对你来说更有价值的软件产品（价值150美元）。这样，你愿意支付的金额与实际支付金额的差额为70美元（150美元减去80美元），这个差额就是消费者剩余（consumer surplus）。

更正式地讲，我们以B代表对某一消费者来说每单位某一商品所值的货币量，或者可以说是消费者的最大支付意愿。为理解消费者最大支付意愿的含义，让我们看一下我们是如何评估某一消费者对本田雅阁的最大支付意愿的。假设一开始，我们的消费者没有任何品牌的小汽车，然后她得到了一辆免费的本田雅阁。对她来说，这样是很划算的。现在，让我们接着从她那里取走钱。在某一点，也许当我们向她收取30 500美元后，她就认为她现在的状况（拥有一辆本田雅阁，但同时少了30 500美元）和她最初的状况（没有本田雅阁，也没有金钱流失）是一样的。因而，30 500美元的货币数量就代表我们的这位消费者对本田汽车的最大支付意愿，因此该数量就是她对雅阁B值的估价。

让我们再探讨另外一个最大支付意愿的例子。在这个例子中，得出最后评估值的方法略有不同。现在考虑的是用来生产产成品的一种中间产品。例如，我们假设软饮料的生产商（例如七喜和乐倍的生产商吉百利）使用阿彻丹尼尔米德兰公司（ADM）生产的麦芽糖作为增甜剂。那么，吉百利在使用另一种替代品之前对 ADM 的麦芽糖的最大支付意愿是多少呢？假设吉百利麦芽糖的最好替代选择是糖。让我们进一步假设就软饮料的最终消费者而言，吉百利选择糖或麦芽糖对他们来说是无所谓的，因为生产的最终产品，例如七喜或者乐倍，味道是完全一样的。假定了这些情况，那么吉百利对 ADM 公司麦芽糖的最大支付意愿（也就是 ADM 公司麦芽糖的 B 值）就取决于麦芽糖的经济成本与糖的经济成本。

图 13—5 显示了如何进行这样的比较。假设吉百利麦芽糖最好的替代选择是糖，图 13—5 左边表示的是当吉百利使用糖来生产软饮料时的生产成本。特别地，当糖的成本为每 100 个单位重量（1/20 吨）3 欧元时，使用糖作为增甜剂生产的每 100 个单位重量软饮料的生产成本（糖的成本、材料成本、加工成本和包装成本的总和）为 17 欧元。图 13—5 的右边表示的是当使用麦芽糖作为增甜剂时，生产商将承受更高的加工成本和更高的其他材料成本。那么，大多数软饮料生产商愿意为麦芽糖支付的成本是多少？图 13—5 显示，它们愿意支付的成本为每 100 个单位重量 2 欧元。在该价格点，软饮料生产商使用麦芽糖与如果使用最佳替代品——比如糖时的生产成本相等。如果麦芽糖的价格高于每 100 个单位重量 2 欧元，那么软饮料生产商就会转向使用糖作为增甜剂，以便节约成本。

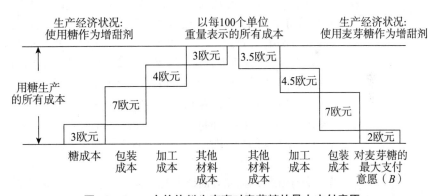

图 13—5　一个软饮料生产商对麦芽糖的最大支付意愿

一个软饮料生产商对麦芽糖的最大支付意愿（即它的 B 值）是由图中最右边的柱形的高度来表示的。当麦芽糖为此价格时，软饮料生产商认为，使用麦芽糖还是使用其他最佳替代品——比如糖并无差别。如果麦芽糖的价格更高，软饮料生产商将不再购买麦芽糖，而使用糖来生产软饮料。

本田雅阁的例子与麦芽糖例子的共同特征就是对企业产品的最大支付意愿，这回答了以下问题：当产品处于何种价格时，消费者买不买产品无所谓呢？正如麦芽糖的例子所示，要对上面问题做出细致的回答，要求我们从一个购买者的角度来探讨并决定对该产品的最佳替代品的最大支付意愿是多少。随着这些经济成本的变化，购买者对该产品的最大支付意愿也将随之变化。例如，糖价格的变化将会改变对 ADM 公司麦芽糖的最大支付意愿。

从最大支付意愿到消费者剩余

如果我们以 P 表示产品的货币价格，那么消费者剩余就是 B 与 P 之间的差额。例如，如果本田雅阁的价格为 21 000 美元，那么我们假设的顾客的消费者剩余就将为 30 500－21 000＝9 500 美元。该例子表示出消费者行为的简单模式：只有当产品的消费者剩余为正值时，顾客才会购买此产品。并且，假定在两个或者更多的竞争产品之间进行选择，那么顾客将购买消费者剩余，即 $B-P$ 最大的产品。

无论其顾客是企业还是个人，销售者都必须给付消费者剩余，以便在竞争中取得成功。图 13—6 中的价值图说明了消费者剩余对竞争的潜在作用。图中的纵轴表示产品的货币价格 P。价值示意图中的每一点都对应着特定的价格—质量组合。图 13—6 中向上倾斜的实线叫做无差异曲线 (indifference curve)。对于一个特定的顾客来说，无差异曲线上的任意一点对应的价格与质量组合所产生的消费者剩余都是相等的（即 $B-P$ 的值是相等的）。在图 13—6 中，产品 A 和 B 产生了相同的 $B-P$ 值，顾客在无差异曲线上各点进行产品选择是没有差异的，而低于给定的无差异曲线各点的产品价格（例如，产品 C）—质量组合比给定的无差异曲线上各点所产生的消费者剩余高。从顾客的角度来看，产品 C 相对于产品 A 和 B 有更高的价值（而且，正如我们将看到的那样，产品 D 也是如此）。高于给定的无差异曲线各点的产品价格（例如产品 D）—质量组合比给定的无差异曲线上各点的消费者剩余低。这样的产品质量更低。产品 D 的价值比产品 A 和 B 要低（产品 C 也是）。

我们可以把一个市场内的竞争看成是一个过程，在该过程中，企业通过它们的价格与产品属性将消费者剩余交付给顾客。消费者将选择提供最大数额消费者剩余的企业的产品。那些向消费者提供的消费者剩余少于其竞争对手的企业（例如生产产品 D 的企业）就会失去该顾客。当企业的价格—质量定位处于相同的无差异曲线上时，也就是说，当企业提供给一个消费者相同的消费者剩余时，我们就说这些企业实现了消费者剩余平价 (consumer surplus parity)。（在图 13—6 中，销售产品 A 和 B 的企业获得了消费者剩余平价。）如果企业在一个消费者具有相同偏好的市场中实现了消费者剩余平价（例如，相同的无差异曲线），那么在该市场上就没有消费者会产生从一个销售者转向另一个销售者的动机，市场份额将保持稳定。如果市场中所有企业的产品质量一样，那么消费者剩余平价就意味着每个企业都制定相同的价格。

当一个企业由消费者剩余平价或者消费者剩余优势的情况转变为消费者剩余比竞争对手少的时候，它的销售量就会减少，并且它的市场份额也会下降。在 20 世纪 90 年代末和 21 世纪头 10 年，工作站和高端服务器市场中的 Sun 公司就出现过这种情况。Sun 在 20 世纪 90 年代末统治了这个市场，但是到 2002 年 IBM 和惠普开发出了据说比 Sun 的产品性能优越的高端服务器。IBM 和惠普用与 Sun 相同的费用支出获得市场份额就不足为奇了。

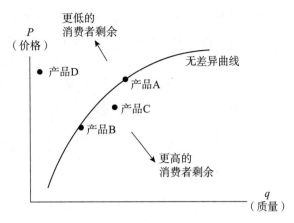

图 13—6　价值图

价值图说明的是企业在市场上的价格—质量定位。实线就是无差异曲线。无差异曲线上的任意一点对应的价格与质量组合所产生的消费者剩余是相等的，低于给定的无差异曲线的产品价格—质量组合将比给定的无差异曲线的消费者剩余高，而高于给定的无差异曲线的产品价格—质量组合将比给定的无差异曲线的消费者剩余低。当一些产品处于无差异曲线上，而一些产品处于无差异曲线之外时，顾客将选择具有较高消费者剩余的产品。

一条无差异曲线的陡峭程度（即斜率）代表着消费者在价格与质量之间作出的权衡。的确，正如图 13—7 所示，一条给定无差异曲线上的价格的上涨是与产品质量增加 Δq 所带来的利润增量 ΔB 相对应的。[4] 一条陡峭的无差异曲线意味着一个消费者愿意为质量的提高而支付大量的额外花费，而一条平缓的无差异曲线意味着质量的提高对该顾客没有什么价值。

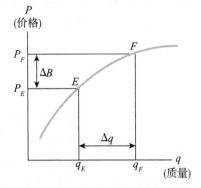

图 13—7　无差异曲线与价格和质量间的权衡

无差异曲线的倾斜度显示了消费者在价格和质量之间所愿意进行的权衡。价格沿着无差异曲线从 P_E 上升到 P_F，就等于感知收益的变化 ΔB，而感知收益的变化是由于质量从 q_E 上升到 q_F 的变化 Δq 导致的。我们就价格与质量的权衡展开了讨论。然而，更一般地，同样的讨论适用于价格与任何提高利润或者降低成本的属性之间的权衡。

企业如果高估了消费者对价格和质量的权衡意愿，那么它就会面临着定价过高的危险，或者可能损失市场份额，或者甚至永远失去竞争力。这就是《国民报》（*The National*）的命运，它是 1990 年 1 月发行的、价格很贵的、全部为体育内容的日报。毫无疑问，它的特色很多：彩色图片、详细的数据和大牌的体育作家，如迈克·路皮卡（Mike Lupica）和约翰·范斯坦（John Feinstein）撰写的专栏和文章，这使得它的市场覆盖面远远高于当地的其他报纸。但是，对于每份 75 美分的定价而言，大部分潜在读者认为和其他报纸相比，该价格并非物有所值。因此，《国民报》的发行情况就远远无法达到预期计划的目标，并且其广告收入也从来不够支付高价的记者和专栏作家费用。最后，在 1991 年 6 月，《国民报》就倒闭了。

创造价值

经济价值是在生产商使用劳动力、资本、原材料和购买的部件生产出产品，该产品的感知收益 B 超过了生产成本 C，并且产品被一个消费者购买时被创造出来的。该产品的感知收益 B 代表了消费者从产品中得到的价值，而成本 C 代表了投入（劳动力、资本等等）转换成产成品所牺牲的价值。因此，创造的经济价值（或者简称为创造价值）就是感知收益和成本之差，或者是 $B-C$，这里的 B 和 C 表示的是每单位产成品。

创造出的价值必须在消费者和生产商之间分配。消费者剩余 $B-P$ 表示消费者所获得的那部分创造价值。销售者接受价格 P，并且用此支付生产产成品所需的投入品的成本。生产商的利润额 $P-C$ 表示生产商获得的那部分创造价值。将消费者剩余与生产商利润相加就可以得出以消费者剩余与利润之和的形式表示的创造价值：

$$
\begin{aligned}
创造价值 &= 消费者剩余 + 生产商利润 \\
&= (B-P)+(P-C) \\
&= B-C
\end{aligned}
$$

图 13—8 描绘了一个假设的铝罐生产商（比如皇冠瓶盖公司）的创造价值的情况。生产 1 000 个铝罐的成本为 30 美元（也就是说，$C=30$）。而铝罐的购买者（例如，像可口可乐公司这样的软饮料企业）的最大支付意愿是 100 美元/千瓶（即 $B=100$）。这表示购买者在转向其他最佳替代品（可能是塑料罐）之前的最高支付价格。最大支付意愿与成本的差额就是创造价值。在这个例子里，创造价值就是 70 美元（即 $B-C=70$）。从图右边看，创造价值等于消费者剩余与生产商利润之和。如果铝罐的卖方定价为 55 美元（即 $P=55$），消费者剩余为 45 美元/千瓶（即 $B-P=45$），生产商利润额则是 25 美元/千瓶（即 $P-C=25$）。因而，价格 P 决定着卖方获得多少创造价值，即利润；以及买者获得多少创造价值，即消费者剩余。

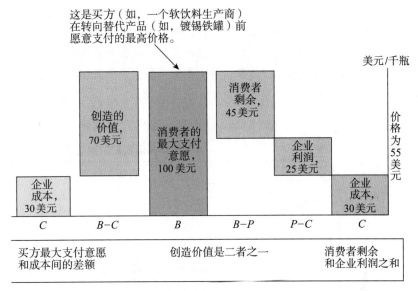

图 13—8　铝罐市场创造价值的构成

　　从图的左边开始看，生产 1 000 个铝罐的成本为 30 美元。而购买铝罐的顾客（软饮料瓶灌注企业，如可口可乐公司）的最大支付意愿是 100 美元/千瓶。这表示在转向购买铝罐的最佳替代品（如塑料罐或者镀锡铁罐）之前，顾客的最大支付意愿。最大支付意愿与成本的差额就是创造价值，在这个例子中，创造价值是 70 美元。从图的右边看，创造价值可以看成是消费者剩余与生产商利润之和。如果铝罐的卖方索价为 55 美元，消费者剩余为 45 美元/千瓶，生产商利润则为 25 美元/千瓶。

案例 13—1

棒球赛啤酒销售中创造价值的分配

　　通常，填出图 13—8 中的各个数字会比较困难，因为感知收益是难以测算的。但是，如果产品是在垄断条件下销售，并且不存在合理的替代品，我们则可以通过对产品需求曲线的特点进行一些简化，大致测算出感知收益 B 的值。棒球赛中啤酒销售就是在这些条件之下进行的。由于啤酒购买者不会考虑购买像软饮料这样的替代品，并且观众也不允许携带啤酒进场，所以运动场内的特许经销商对市场具有完全垄断能力。

　　这里有一些 20 世纪 80 年代末，辛辛那提红人队棒球比赛啤酒销售的基本数据。一杯 20 盎司啤酒的价格是 2.50 美元。体育场的特许经销商，辛辛那提体育服务公司，为每杯这种啤酒向经销商支付 0.20 美元/杯；向辛辛那提市支出专利使用费 0.24 美元/杯；向辛辛那提红人队支付专利使用费 0.54 美元/杯；以及支付执照税 0.14 美元/杯。因此，总成本是 1.12 美元/杯。[5]

　　如果我们假设对啤酒的需求曲线是线性的，那么消费者剩余的合理估计值是每杯 20 盎司的啤酒 0.69 美元，这和上面的数据是一致的。[6]表 13—2 显示了当每杯啤酒的估计消费者剩余为 0.69 美元时，啤酒销售的价值分配。

很明显，啤酒厂只获得了一小部分创造价值。[7] 相比之下，由于控制了运动场和球赛这些资产，辛辛那提市和辛辛那提红人队获得了创造价值的大部分。它们能获得这些价值的原因在于潜在的经销商愿意竞争获得垄断该市场的权力。结果，辛辛那提市和辛辛那提红人队获得了本该属于经销商的垄断利润的大部分。

表 13—2	棒球赛中啤酒销售中创造价值的分配
消费者剩余	
0.69 美元	
体育服务公司的利润	
?	
.... 1.38 美元	
体育服务公司的成本（劳动、原料、保险等）	
?	
辛辛那提红人队的利润	
0.54 美元	
辛辛那提市政府的利润	
0.20 美元	
税收	
0.14 美元	
经销商的利润	
?	
.... 0.10	
经销商的成本（尤其是付给啤酒厂的费用）	
?	
啤酒厂的利润	
0.03 美元	
啤酒厂的成本	
0.07 美元	

创造价值和"双赢"的商业机遇

如果无法创造出正的经济价值，那么该产品就没有了存在的意义。如果 $B-C$ 是负数，那么就不存在顾客愿意支付的价格，也就是为弥补产品耗费的资源所支付的价格。并且此时产品生产商和投入品供应商就无法获利。电子管、旋转拨号的电话机和精巧的文字处理元件都曾经创造过正的价值，但是由于顾客偏好的变化以及技术的进步，这些产品已经再也不能给顾客带来足够的利益，从而使其支付能弥补生产成本的价格。在 20 世纪 90 年代末期的网络狂热中建立的这些企业注定要破产，因为它们根本没有创造出正的 $B-C$ 的可能。

相比之下，当 $B-C$ 为正值时，企业能通过从供应商那里购买投入品并将它们转化成产成品，然后销售给顾客而获利。当 $B>C$ 时，企业就总可能在与投入品供应商和消费者的交易中实现双赢，也就是说，交易各方都会因此交易而获利。在经济学中，这样双赢的交易机会被称作交易收益（gains from trade）。当 $B>C$ 时，较聪明的企业家就能获取潜在的交易收益。

价值创造与竞争优势

虽然 $B-C$ 为正值是一种产品实现经济利润的必要条件，但是企业销售 $B-C$ 为正值的产品却并不能确保会获得正的利润。在一个容易进入且所有企业都能创造相同经济价值的市场中，企业间的竞争将会降低企业的盈利能力。现有企业与新进入企业为了竞争顾客将会互相降低价格，直到所有生产者获得零利润。在这样的市场上，消费者获得了产品创造的所有经济价值。

因此，为了能在竞争会使经济利润趋于零的行业中获得正的利润，企业就必须比竞争对手创造更多的价值。也就是说，企业必须创造一个竞争对手所无法达到的 $B-C$ 值。这个看似简单但非常有用的见解与我们之前所讨论的消费者剩余的竞争内涵是一致的。为了解其中的原因，假设两个销售商正在争夺你的一笔业务。哪家企业的产品特性和价格能使你获得最大的消费者剩余，哪家企业就将可能赢得你的这项业务。最激烈的竞价使某家企业在利润为零的情况下销售产品，这种情况只会在价格 P 等于成本 C 的时候出现。在此价格下，企业就将其创造的所有价值以消费者剩余的形式转让给你。在竞争中具有优势的企业是具备最高 $B-C$ 值的企业。这是因为与竞争企业相比，该企业的出价除了能使你获得更优惠的消费者剩余外，企业还依然能保持一部分额外价值，即利润。也就是说，它在出价低于竞争对手的情况下，依然能通过销售得到正的利润。[8]

经济价值创造上的优越性不只是抽象的，它经常出现在某些特殊顾客的购买活动中。由于不同顾客将会在价格与产品特征（它能够驱使 B 变化）间进行不同的权衡，因此，在任一特定市场上，在一个消费者群中，一个企业就可能创造更高的 $B-C$ 值；同时，在另一个消费者群中，另外一个企业也可能创造出更高的 $B-C$ 值。例如，在 20 世纪 90 年代末，我们可以在个人电脑行业中看到此种情况，盖特韦（Gateway）在 SOHO（小型办公或家庭办公）层次的市场中可能创造出更高的经济价值，而戴尔在其余大部分市场中却能够创造经济价值。如图 13—9 所示，戴尔与盖特韦的经营状况在 20 世纪 90 年代后半期能够一直胜过同行业的其他企业。

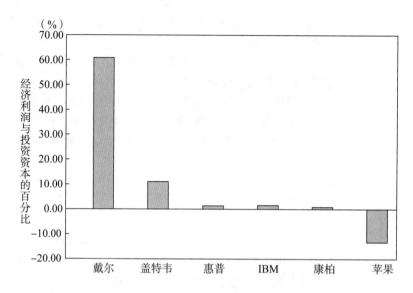

图 13—9　个人电脑市场的经济盈利能力

该图显示了几家个人电脑生产企业 1995—1999 年间的平均经济利润（以投资资本的百分比表示）。

资料来源：2000 Stern Stewart Performance 1000 datebase.

价值创造分析

　　了解一家企业的产品如何创造经济价值，以及它是否能持续创造价值，是我们判断该企业在市场中实现竞争优势潜力必需的第一步。判断价值创造的来源要求认识企业能维持经营的原因和其潜在的经济利益所在。这反过来涉及了解实现消费者利益的因素（比如，企业的产品为何比潜在的替代产品更能满足消费者需求）和推动成本的因素（比如，哪一种成本对产量敏感，或者经验积累对成本的影响）。

　　假设预测企业创造价值的能力需要对其业务涉及的基本经济因素进行衡量，理查德·鲁姆特把这种预测行为称作协调分析（consonance analysis）。[9]也许最基本的问题是市场需求和技术条件的改变是否会威胁到企业的价值创造。虽然这一点看上去很明显，但是身处与直接竞争对手为争抢市场份额而进行不定期斗争痛苦中的企业很容易忽视这一点。并且由于预测未来盈利能力的复杂性和进行这种预测所涉及的风险也使对将来的预测困难重重。

　　一个行业的历史可能也使管理者很难预测未来的变化。对企业创造价值能力的威胁常常来自直接的外部竞争对手，并且这种威胁不仅会威胁企业，也会威胁整个行业。本田在 20 世纪 60 年代早期涉足摩托车行业，当时的主导企业——哈雷-戴维森公司和英国凯旋公司（British Triumph）都认为这是一个无利可图的市场。IBM 最初在个人电脑市场上占据主导地位，也使它忽视了 PC 以及诸如工作站的相关产品对核心主机业务的严重威胁。沃尔玛在超市行业采取革命性举措，将商店建在偏远的地区，而凯马特和西尔斯却拒绝这种做法，它们认为廉价大商店在这些地区是不可行的。

案例 13—2

获取华丽比赛竞争优势的价格不断攀升

拥有无与伦比的资源是企业竞争优势的来源之一。如前所述，资源是企业的专属资产，其他企业不易获得。足球行业中，每家"企业"的价值链都是相同的，但是，一家可以通过获得优秀球员超越另一家，一些极为富有的俱乐部为争取获得优秀球员而不断抬高价格，但是谁也不知道这个价格能涨到多少。

希望转会的球员必须取得原俱乐部的同意，作为补偿，原俱乐部要求接纳球员的俱乐部支付一定的转会费。皇马（Real Madrid）俱乐部是西班牙两家顶级俱乐部之一。2009 年夏季，皇马主席弗洛伦蒂诺·佩雷兹（Florentino Perez）花费 2.25 亿美元购得两位顶级球员，其中一位是巴西的球星卡卡，从 AC 米兰购得，价值 940 万美元，另一位是三天之后购得的曼联球星 C 罗，价值 1.31 亿美元。体育观察人士指出，佩雷兹可能继续购买新球员。毕竟，这样的战略以前很奏效。

根据西班牙电视台的一个采访（来自《洛杉矶时报》（*Los Angeles Times*）的一篇报道），佩雷兹说道，世界上最昂贵的球员实际上是最便宜的球员[10]，因为他们可以带来比成本高得多的利润。的确，2000—2006 年期间，佩雷兹担任皇马主席，购得球星贝克汉姆，皇马通过提高赞助商和商品销售费用，仅他一个人就带来了数百万美元的收入。

佩雷兹估计，门票、电视版权和商品销售一年就为皇马带来了 5.61 亿美元的盈利，如果加入新球星，这个数字还将继续攀升。考文垂大学国际体育商务中心主任西蒙·查德威克（Simon Chadwick）声称，仅仅增加卡卡和 C 罗两位球星，皇马将可以通过外国联赛、体育衫销售、电视版权费用提高和其他商业项目增加收入 1.75 亿美元。[11]

但是，拥有球星还必须转化为赢球，赢得大比赛。皇马在这一赛季中在西班牙国王杯和冠军杯中都败给了西班牙另一家顶级俱乐部巴塞罗那，这个队的总薪酬还没有佩雷兹花在卡卡一个人身上的费用多。甚至即使有贝克汉姆（还有法国球星齐达内、巴西球星罗纳尔多），皇马在 2003—2006 年赛季中仍没有赢得奖杯。皇马的"品牌"一直建立在强大球星的基础上，这为西班牙足球提供了竞争优势。

价值创造与价值链

价值是随着商品通过纵向链的各道程序而被创造出来的。因此，纵向链有时被称为"价值链"（value chain）。[12] 价值链将企业描绘成如图 13—10 所示的生产运作、营销与销售，以及物流工作等价值创造活动的集合体。价值链上的每项活动都可能潜在地增加消费者从企业产品中获得的收益 B，并且每项活动也会增加企业生产和销售产品的成本 C。当然，各种活动对收益和成本的影响程度有很大的不同。

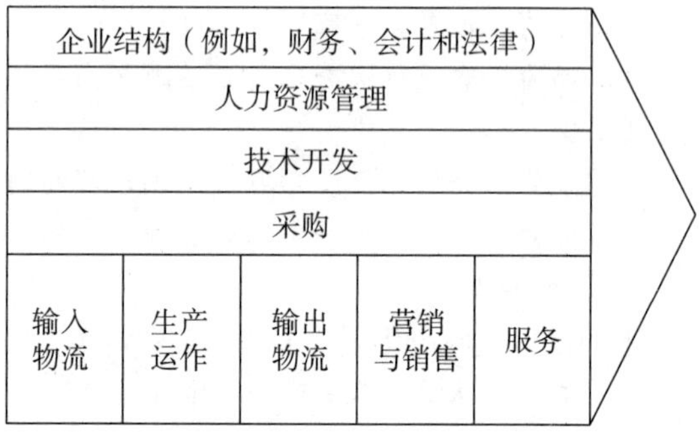

企业结构（例如，财务、会计和法律）				
人力资源管理				
技术开发				
采购				
输入物流	生产运作	输出物流	营销与销售	服务

图 13—10　价值链

价值链将企业描绘成价值创造活动的集合体。波特区分了五个主要活动（输入物流、生产运作、输出物流、营销与销售以及服务）和四个支持性活动（企业结构（例如，财务、会计和法律）、人力资源管理、技术开发和采购）。

事实上，要分离出某项活动对企业创造价值产生的影响常常是很困难的，因为这要求估测一项活动创造的感知收益增量和相应的成本增量。然而，当产品处于半成品或产成品状态的不同阶段时，我们可以使用市场价格对产品进行估价，我们可以估计出价值链上不同部分所增加的创造价值。这就是所谓的附加值分析。本章附录对附加值分析进行了全面的解释并提供了一个范例。

价值创造、资源和能力

从广义上讲，企业可以通过两种方式来创造比同行业中其他企业更多的经济价值。第一，使其企业价值链的配置不同于竞争企业。例如，企业租车公司（Enterprise Rent-a-Car）对出租市场中的备用汽车市场的关注导致了其价值链与"机场 7 企业"（赫兹（Hertz）、安飞士（Avis）、国民（National）、阿拉摩（Alamo）、巴基特（Budget）、达乐（Dollar）和兴旺（Thrifty））完全不同，这7家企业集中经营由机场引出的各项运输业务（主要是商务或者旅游的乘客）。[13]企业租车公司依靠优化经营活动，为寻找较长时间租赁备用车的租车人提供服务，在该市场创造出的经济价值远多于"机场7企业"（见案例13—3）。

另外，企业可以通过模仿竞争对手的价值链配置，并在该价值链内使经营活动的效率高于竞争对手来创造更多的经济价值。为做到这一点，企业必须拥有它的对手所缺乏的资源和能力；否则，任何创造超额价值的策略都会被竞争对手很快地效仿。

案例 13—3

创造价值：吉百利（Cadbury）印度分公司

1824年，一个年轻的企业家在英国伯明翰开了一家商铺，卖茶和咖啡。看到市场中可可饮料的机遇，他开始拓展产品线。这位企业家就是约翰·吉百利（John Cadbury），现在吉百利公司已经控制了70%的世界可可市场。

根据公司要转化为行动计划的愿景（2008—2011年），吉百利公司希望拓宽市场，开发没有利用的潜力，实现"成为全球最大、最好的糖果生产商的愿景"。公司在印度市场上的拓展就充分体现了这一愿景。

人口不断增加、财富不断积累的印度对消费商品的购买力日益提升。巧克力产品有成本低但却奢侈的优势，并且还有产品新奇的优势。

据《华尔街日报》的一篇文章[14]，印度有11亿人口，而只有不到一半的人口尝试过巧克力，纵然糖果很受欢迎，且喜庆节日不可缺少，也被当做礼物相互赠送。巧克力在印度是紧俏货，而吉百利成为印度市场上的主要批发商（占市场份额的70%，瑞士食品公司雀巢是第二大生产商，占有25%的市场份额），且从2006年到2009年，销售额以每年20%的速度增长。印度等新兴市场在吉百利的战略中显得非常耀眼。

吉百利在印度的销售战略跨越各个收入阶层和各个地理区域。其不断增加广告投放量，把触角延伸到农村消费者，还研发出一些新产品。比如，吉百利奶品球（Cadbury Dairy Milk Shots）是小的糖包巧克力球，以5克重的包装卖两个卢比（即0.04美元），相当于印度工人每小时工资的十分之一。

但是，对于一个关心利润率的企业而言，吉百利尽一切办法降低成本，所以其必须寻找一些在印度降低成本的方法，包括减少劳动工人和革新生产设备。但是，吉百利在印度面临的最大挑战是可可豆的成本。

印度不是可可豆的主产国，进口要征收30%的关税。吉百利怎么办呢？劝说印度农民改种可可，让农民种植可可而不是椰子（这样也减少了森林砍伐），使印度成为可可豆的主产国。吉百利可可合伙公司创建于2008年，帮助当地农民获取可可树苗，（从印度政府）获得免费化肥，分享可可栽培技术。

随着印度可可豆产量的不断增加，进口的可可豆在减少，这也分散了可可豆供应短缺的风险[15]，因为可可的主要产地（主要在非洲）政治不稳定。吉百利印度分公司希望，到 2015 年，不再依赖于进口可可豆。

契合创始人的愿景，吉百利继续在寻求、利用新的机遇，扩展新的市场。

这些资源是企业专用性资产，例如专利权和商标、品牌声誉、客户群（installed base）、组织文化，以及拥有公司专用技术或诀窍的工人。可口可乐在全世界享有品牌认知度，这是有利经济资源的一个案例。作为可口可乐品牌经济实力的证明，营销顾问英特品牌公司（Interbrand）评估 2004 年年底，可口可乐市场资本的三分之二是由可口可乐品牌价值这一项单独产生的。[16]不同于非专用性资产或生产要素，如建筑大楼、原材料或不熟练的工人，在运转良好的市场中，资源是不能被其他企业轻易地模仿或获取的。资源能直接影响一个企业比其他企业创造更多价值的能力。例如，一个庞大的客户群或者建立起来的质量声誉都可以使企业创造的 B 值高于它的竞争对手。资源也会间接影响企业的价值创造，因为它们是企业能力的基础。

能力是企业与其他对手相比做得特别出色的活动。[17]你可以将资源看成"名词"（它们是企业"拥有"的东西），也可以将能力看成"动词"（它们是企业"所做"的事情）。实际上，能力存在于特定的业务职能中（例如，宝洁公司的品牌促销技巧，美国航空公司的收益管理能力，或者是玖熙（Nine West）在时尚鞋类业务上管理采购职能的能力）。另外，能力可能是与特定技术或产品设计相联系的（例如，杜邦在尼龙方面具备的精湛的技术，南亚塑料公司（Nan Ya Plastic）在聚酯方面的生产技术，或者本田在小内燃机引擎和传动系统方面非凡的技巧）。[18]能力也可能存在于企业管理价值链各要素或协调这些活动的能力之中（例如，相对于惠普这样经营范围广的企业而言，戴尔在个人电脑行业中具有成本优势的一个重要原因在于它将订购、部件采购、制造和输出物流紧密结合起来，以使元件运输和产成品库存的成本最小化的能力）。

不论能力的基础是什么，它都包括几个共同的关键特征：

（1）它们一般在多种产品或多个市场中特别有价值。

（2）它们植根于理查德·纳尔逊（Richard Nelson）和悉尼·温特（Sidney Winter）称作的组织惯例之中，组织惯例就是组织内部活动的惯用方式。[19]这意味着即便某个个体离开组织，能力仍然能够继续存在。

（3）它们是不可明言的，也就是说，它们很难被归纳为简单的算式或程序指导。

我们在第 2 章和第 5 章讨论过企业横向边界和纵向边界的第（1）个要点的内涵。要点（2）和要点（3）对于企业在组织能力上保持竞争优势具有重要作用，下一章将会对它们进行全面讨论。

案例 13—4

制药行业的能力评估

丽贝卡·亨德森（Rebecca Henderson）和伊恩·科伯恩（Iain Cockburn）从制药行业的 10 家主要企业中提取了详细的定量及定性数据，试图衡量制药行业用于新药品研究的资源与能力。[20] 虽然药品开发不是制药企业有效进行竞争所必须拥有的唯一能力，但它非常重要。丽贝卡·亨德森和伊恩·科伯恩假设研究生产率（根据投资的每一美元研究资金所获得的专利数量来计算）取决于三类主要要素：企业研究组合的构成、企业专用性科技与医药技术、企业独特的能力。研究组合构成的重要性在于它使得企业在一些领域比另一些领域更容易取得专利成果。例如，20 年前，亨德森和科伯恩研究发现，在心血管药品开发方面的投资一直以来比癌症研究方面的投资更有效。企业专用性技术的关键性在于现代药品的研究需要来自许多学科领域的、技术熟练的科学家，例如生物、生物化学和生理学等领域。亨德森和科伯恩利用企业现有的专利数量，作为评估特殊企业技能的依据。

亨德森和科伯恩还假设有两项能力在新药品研究中尤为重要。第一项就是促进并保持从外部环境中获取广泛的科学信息流的能力。在制药行业中，新药品开发所需的大量基础性知识都是在企业外部发现的。企业利用这种信息的能力对于成功开发新药品也是很重要的。亨德森和科伯恩通过各种变量来衡量企业的这种能力，例如，企业在制定促销决策时对出版物的依赖程度、企业与主要研究型大学的关系，以及企业参与主要大学研究项目的程度等。

他们所关注的第二项能力就是企业内部促进并保持跨学科领域信息流的能力。成功的新产品开发要求能进行这种一体化。例如，还原酶抑制剂（HMG CoA reductase inhibitors）（阻止肝脏内胆固醇合成的药品）的商业开发就取决于默克公司在三个学科（药理学、生理学与生物机能结构学）前沿的开创性工作。亨德森和科伯恩通过各种变量来评估企业的这种能力，例如，企业研究小组在跨学科间的合作程度以及某个人重新分配研究资源的权力大小。前者便利了跨学科信息流的流动，后者则抑制了这种流动。

亨德森和科伯恩的研究显示，企业能力的差异有助于解释企业研究生产率存在的差异。例如，奖励研究人员在出版物上发表文章的企业的研究效率比没有这种奖励的企业大约高 40％。由跨学科的研究团队组成的企业的研究效率比没有这种组织形式的企业高 25％ 左右。但这是不是意味着如果企业转变成以各学科研究团队为基础的组织，其每一美元的专利产出就会马上提高 40％ 呢？可能未必。亨德森和科伯恩采用的这种或其他评估方法是为了说明深层次的资源创造或一体化能力。例如，一家鼓励发表研究成果和文章的企业可能会在招募最杰出的科学家方面具有优势。一个由各个研究团队组成的企业会营造出一种合作的氛围，从而鼓励了团队型组织的产生。一个企业内部的团队型组织如果缺乏共同掌权，则可能导致研究效率更低。这些研究结果可以应用到我们先前讨论的要点上去。通常，辨别企业曾经拥有的独特能力要比管理者去创造这种能力容易得多。

战略定位：成本优势和利益优势

一般性战略

竞争优势不能简化成一个公式或一个运算法则。即便能得出这样的公式或运算法则，在像我们这样的一本教科书中描述它们也将使它们没有任何价值，因为每个人都能得到它们。但是，虽然不存在单一的成功公式，但我们仍能发现各行业中的企业在不同的竞争方式的定位中存在着广泛的共同性。例如，在台式电脑业务上，戴尔服务的顾客范围很广，包括所有规模的商业组织、政府、教育机构和个体购买者。相比之下，盖特韦将重点放在向SOHO消费者销售个人电脑上。这些顾客的需求相对于市场其他顾客而言是有些独特的。

以战略管理的语言来说，戴尔和盖特韦均表现出了不同的一般性战略，该概念是由迈克尔·波特首先提出来的。[21] 从广义上说，企业的一般性战略描述企业为参与市场竞争而进行的自我定位。图 13—11 描述了波特的一般性战略——收益领导、成本领导和专一化战略，并简要地介绍了它们的经济学逻辑。[22] 正如图 13—12 所示，在个人电脑行业，戴尔是广泛覆盖型（broad-coverage）的成本领导者的一个典范，而盖特韦采用的是专一化战略。

在下面两节中，我们将探讨这些一般性战略的经济学逻辑。首先，我们考察建立在成本领先和收益领先基础上的定位逻辑。然后我们再讨论专一化战略的逻辑。

成本领先的战略逻辑

采用成本领先战略的企业通过提供与竞争对手相比具有更低成本 C 的产品，能够比竞争对手创造更多的价值（$B-C$）。这可能以三种不同性质的方法出现。首先，成本领先者可以通过提供与竞争者相比，具有相同的 B 值，但有更低 C 值的产品，获得收益平价（benefit parity）。低成本生产商在商品

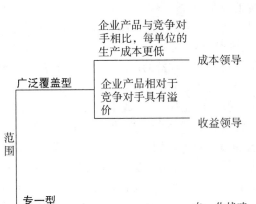

定位	优势类型	战略逻辑

广泛覆盖型

范围

企业产品与竞争对手相比，每单位的生产成本更低 —— 成本领导

企业产品相对于竞争对手具有溢价 —— 收益领导

专一型 —— 专一化战略

企业可以：
● 价格比竞争对手更低，实现更大的销售量。
● 与竞争对手相比，价格相当，并且实现更大的价格成本盈余。

企业可以：
● 价格比竞争对手更低，实现更大的销售量。
● 索取价格溢价，并且实现更大的价格成本盈余。

为了能在一个范围狭窄的行业部门内实现更多的经济价值，企业进行价值链配置。在这些部门，企业每单位产品的成本比竞争对手低，或者相对于这些竞争对手，企业可能获取价格溢价或者二者兼有。

图13—11　波特的一般性战略

该图描绘的是迈克尔·波特的一般性战略：收益领导、成本领导和专一化战略。这些战略的区别在于：企业产品范围或者顾客范围，企业是否因在行业中拥有最低的成本而获得竞争优势，或者是否因为能给顾客提供最大收益的产品/服务而获得竞争优势。

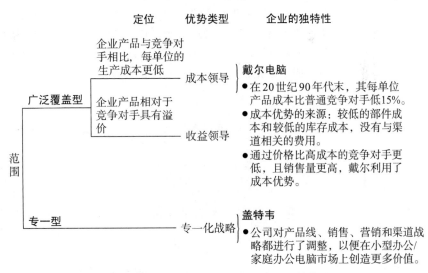

定位	优势类型	企业的独特性

广泛覆盖型

范围

企业产品与竞争对手相比，每单位的生产成本更低 —— 成本领导

企业产品相对于竞争对手具有溢价 —— 收益领导

专一型 —— 专一化战略

戴尔电脑
● 在20世纪90年代末，其每单位产品成本比普通竞争对手低15%。
● 成本优势的来源：较低的部件成本和较低的库存成本，没有与渠道相关的费用。
● 通过价格比高成本的竞争对手更低，且销售量更高，戴尔利用了成本优势。

盖特韦
● 公司对产品线、销售、营销和渠道战略都进行了调整，以便在小型办公/家庭办公电脑市场上创造更多价值。

图13—12　美国个人电脑行业的一般性战略

在美国个人电脑行业中，戴尔是成本领导型的一个范例，而盖特韦则是采用专一化战略的一个范例。

市场上的竞争优势（例如，全球钢铁业的米塔尔钢铁公司）就是这方面的一个例子。第二，成本领先者可以获得收益近似（benefit proximity），指的是提供与对手相差不多的收益 B。这种情况可以出现在当低成本的企业采用自动化生产工序，生产效率比手工生产工序更高，可以雇用更少的熟练工人，购买更少的昂贵部件，或者保持更低的质量控制标准时。最后，成本领先者可以提供质量上与竞争对手存在差异的产品。企业有时可以依靠重新改造产品，从而相对于传统定义的产品，在收益和成本上产生巨大的差异。例如，一个以前高边际的产品可能重新改造成在生产和经销中存在规模经济，并同时仍然能够给消费者带来收益的产品。天美时手表（Timex）或者 19 美分的别克圆珠笔是众所周知的例子。

图 13—13 利用价值图阐述了成本领先的经济逻辑。为简单起见，我们假设这样一个行业：除了竞争领先的企业外，所有企业提供的产品成本为 C_E，价格—质量点为点 E。假设通过自动化经营和更廉价的元件，成本领先者能够生产出更低质量水平 q_F 的产品，但是成本却大幅下降为 C_F，由此产生了 ΔC 的成本优势。当成本领先者和更高成本的竞争者维持了消费者剩余平价的时候，行业的市场份额将会稳定下来。成本领先者通过收取 P_F 的价格，在点 F 处经营，就可以获得消费者剩余平价。从图中，我们注意到 $P_E - P_F < C_E - C_F$，或者整理后，$P_F - C_F > P_E - C_E$。给定成本领先者和更高成本竞争者之间的消费者剩余平价，成本领先者将获得更高的收益。本质上讲，领先者的成本优势让其能够将价格定在比成本更高、质量更高的竞争者还低的水平，同时又让其可以用更高的价格—成本比率的形式储存一部分成本优势。

除成本领先之外的其他企业提供的产品成本是 C_E，价格和质量位于点 E。成本领先企业产品的质量低，位于 q_F，但是成本极低，为 C_F，那么成本优势为 ΔC。成本领先企业在点 F 运营，产品价格为 P。在点 F，$P_F - P_F < C_E - C_F$，即 $P_F - C_F > P_E - C_E$。这说明，即使在质量方面相对处于劣势，成本领先企业的利润率仍然比其他企业更高。

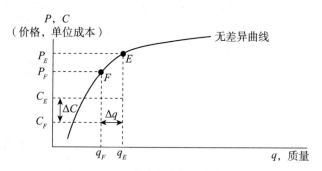

图 13—13 成本领先的经济学逻辑

除了成本领先者外的所有企业生产产品的成本为 C_E，价格—质量点为点 E。成本领先者在一个更低的质量水平 q_F 上提供产品，但是有更低的成本 C_F，这产生了成本优势 ΔC。成本领先者通过收取 P_F 的价格，在点 F 处经营，就可以获得消费者剩余平价。在点 F，$P_E - P_F < C_E - C_F$，或者整理后，$P_F - C_F > P_E - C_E$。这告诉我们，尽管存在质量劣势，成本领先者仍可以获得比高成本竞争者更高的收益。

收益领先的战略逻辑

采用收益领先战略的企业通过提供与竞争对手相比具有更高收益 B 的产品，能够比竞争对手创造更多的价值（即 $B-C$）。这可能以三种不同性质的方法出现。首先，收益领先者可以通过提供与竞争者相比，具有相同的 C 值，但有更高 B 值的产品，获得收益平价。20 世纪 80 年代的日本汽车制造商是一个很好的范例。它们生产的家庭轿车（例如本田雅阁）成本并不比美国制造的车型昂贵，但是其性能和可靠性却更佳。第二，收益领先者可以获得收益近似，这意味着成本 C 并不比竞争者高多少。诺思通的雇员获得比平均水平高的工资，但是能提供更优质的服务，是这种战略地位的一个很好的范例。最后，企业能够提供非常高的 B 和 C，当礼来公司首先发明了一种神奇的抗生素药品——头孢菌素时，就出现过这种情况。头孢菌素的生产成本比其他可获得的替代品，例如青霉素要高得多，但是它的副作用很少并且能抵抗更多种类的细菌。

图 13—14 利用价值图阐述了收益领先的经济逻辑。为简单起见，我们假设这样一个行业：除了收益领先的企业外，所有企业提供的产品成本为 C_E，价格—质量点为点 E。假设通过自动化经营和使用更廉价的元件，收益领先者能够生产出更低质量水平 q_F 的产品，但是成本却大幅下降为 C_F，由此产生了 ΔC 的成本优势。当成本领先者和更高成本的竞争者维持了消费者剩余平价的时候，行业的市场份额将会稳定下来。收益领先者通过收取 P_F 的价格，在点 F 处经营，就可以获得消费者剩余平价。从图中，我们注意到 $P_E-P_F<C_E-C_F$，或者整理后，$P_F-C_F>P_E-C_E$。给定收益领先者和更高收益竞争者之间的消费者剩余平价，收益领先者将获得更高的收益。本质上讲，领先者的收益优势让其能够将价格定在比成本更高、质量更高的竞争者还低的水平。

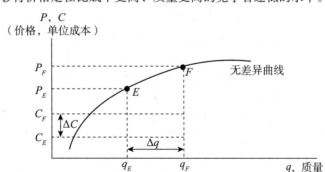

图 13—14   收益领先的经济学逻辑

除了收益领先者外的所有企业生产产品的成本为 C_E，价格—质量点为点 E。收益领先者在一个更高的质量水平 q_F 上提供产品，如果这样做，就会产生更高的生产成本 C_F，这产生了成本劣势 ΔC。收益领先者通过收取 P_F 的价格，在点 F 处经营，就可以获得消费者剩余平价。在点 F，$P_F-P_E>C_F-C_E$，或者整理后，$P_F-C_F>P_E-C_E$。这告诉我们，尽管存在成本劣势，收益领先者仍可以获得比低收益竞争者更高的收益。

超昆公司的收益领先

正如弗雷德·克劳福德（Fred Crawford）和瑞安·马修斯（Ryan Matthews）写的那样："拜访超昆公司（Superquinn）会改变人们一生的观点，这不是指形而上学或者是神学方面的，而是指人们对零售业——日常杂货店或者其他店铺经营运作的看法。"[23]超昆公司是爱尔兰的一家日用品连锁店，拥有 4 500 个职员，有 19 家连锁店，正是它获得了这么高的赞誉。超昆公司在爱尔兰零售行业的历史性成功在于它愿意为在竞争的市场中争取市场收益领先的地位而进行必要的权衡。它的商品在质量和新鲜程度上首屈一指（例如，超昆公司每个连锁店都有一个面包房，保证其面包放置时间不超过 4 个小时），而且它提供几乎令人无法相信的优良顾客服务（例如，超昆公司的员工会记录个人顾客的特殊要求，并用电话随访，或者甚至私下登门拜访来解决客户投诉）。

要获得收益领先的地位要求超昆公司比爱尔兰的连锁店竞争对手有更高的单位经营成本。例如，超昆公司高水平的客户服务带来了更高的员工成本（例如，一个典型的超昆公司商店要比同等大小可对比的超级市场雇用更多的员工）。类似地，超昆公司承诺新鲜、高质量的商品也会产生更高的成本（例如，为了谨慎地维持小冷藏室，超昆公司被迫将仍然新鲜的商品扔掉，而其他的商店可能会摆放在货架上、乳制品箱和肉柜内，这个做法增加了超昆公司相对于竞争者来说的商品成本）。

尽管在规模上比它在英国的竞争对手更小，例如乐购，历史上超昆公司曾经是当地竞争市场上的市场领军者（尤其是大部分都在都柏林地区）。然而，在 21 世纪头 10 年，超昆公司的市场地位开始下滑。[24]由于向市场上推出低成本产品，超昆公司的收益优势被削弱，而竞争对手玛莎百货（Marks & Spencer）、乐购（Tesco）和邓恩（Dunnes）等公司则向市场上推出了高端产品。由于数家德国低成本零售企业（Aldi 和 Lidl）于 21 世纪初进入爱尔兰市场并开始销售相同品牌的商品，超昆的成本劣势日益显现。

顺应这些趋势，2005 年年初，奎因家族将其在超昆连锁店的几乎所有的股份都卖给了大型零售财团——选择零售集团（Select Retail Holdings）。新老板面临很多挑战。超昆商店的邻近区域基本上每一个月就会多一家商店，成本也在上升，消费者在奢侈品上的支出没有增加，许多超昆商店亟须升级。2006 年 10 月，新任 CEO 西蒙·伯克（Simon Burke）宣布，计划投资 1 亿英镑，升级现有商店并开设新商店。超昆引入自有的高质量系列产品，卖得非常成功。超昆甚至尝试了新的便利店模式，专卖鲜活食品，巩固收益领先的策略。这一系列变化的成果是：2007 年，超昆宣布，五年来，公司首次收入增加，预计 2008 年将增加得更多。

从成本与收益优势中获取利润：需求价格弹性的重要性

一个比其竞争对手创造更多价值的企业希望自己尽可能多地以利润的形式获取这种价值。但是，竞争限制了企业获取利润的能力。如果消费者具有相同的偏好（也就是说，市场中所有消费者具有相同的价值意图），那么竞争将会是极端激烈的。当消费者具有相同的偏好时，如果一个企业向一个消费者提供了最高的消费者剩余，那么它也会向市场上的所有消费者提供最高的消费者剩余。这时的竞争就会像是一场赢家通吃的拍卖：当一个企业与竞争对手相比略微提高了消费者剩余时，它就能占领整个市场。这种买卖只有当所有企业提供的消费者剩余达到最大，使其无利可图时，才可能停止。这导致对于一个能比竞争对手创造更多价值的企业来说，要保持利润，有以下两个方法：

1. 一个相对于其竞争对手获得收益平价的成本领先者可以把价格降低，并使价格略低于单位成本第二低的企业的单位成本。这就使高成本的竞争对手如果降低价格，则会无利可图，这样，该企业就能够占据整个市场。

2. 一个相对于其竞争对手获得成本平价的收益领先者可以提高价格，使其略低于收益 B 处于第二位的竞争对手的成本价 C 和增加的收益 ΔB 之和。竞争企业为了使其消费者剩余更高，就需要将价格降低到成本价格之下，由此导致它无利可图。因而，在该价格水平，具有收益优势的企业将占据整个市场。

这些不现实的对策的结果是，由于消费者具有相同偏好，价格的少量降低或者是质量稍有提高能带来市场份额的巨大转变。这种情况在存在水平差异的市场上是不可能发生的。如我们在第 6 章中所讨论的，当产品具有的属性使一些消费者的 B 值上升，另一些消费者的下降时，就出现了水平差异，企业也由于这些属性而产生差别。例如，一种品牌的外部包装可能对一些消费者具有吸引力，但是对另一些消费者却没有。一个零售店的位置对一些购物者很便利，但是对另一些购物者却不方便。一些消费者可能非常喜欢一种品牌的可乐，而另一些消费者即使在该品牌处于低价时可能也从未考虑过购买该品牌的可乐。

当顾客为评价产品的总体收益 B 需要对许多产品属性进行衡量，并且顾客对这些属性的满意程度不同时，产品可能具有很强的水平差异。即食早餐谷类食品和软饮料就是具有很强水平差异的产品。当产品简单，并且潜在消费者关心的产品属性也很少时，其水平差异就会较弱。灯泡和复印纸就是水平差异较弱的产品。当一项产品是商家进行采购，而不是家庭购买时，该产品的水平差异也趋于更小。商业购买者常常比家庭购物者的购物知识更丰富并更熟练，因为商家之间的交易常常是由专业的采购代理人完成，代理人对其购买的产品非常了解，并且常常有金钱激励他们寻求"最佳交易"。商业购买者也对产品形象更不在意。

在存在水平差异的市场中，一家企业的需求价格弹性或者需求质量弹性将不再是无限大。降低价格或者提高质量将会吸引一些消费者，但是除非价格或质量的差异足够大，否则，另外一些消费者是不会转而购买该企业的产品的。当市场存在水平差异时，单个企业面临的需求价格弹性成为它从其竞争优势中获取利润的能力的一个关键决定因素。表 13—3 总结了企业所面对的需求价格弹性是如何影响企业为利用竞争优势而在如下两种极端战略中进行选择的：边际战略与份额战略。

表 13—3 通过定价来利用竞争优势

		优势类型	
		成本优势（使 C 值低于竞争企业）	收益优势（使 B 值大于竞争对手）
企业的需求价格弹性	需求的价格弹性很大（水平差异小）	● 适度的降价（price cuts）能获得大量市场份额。 ● 通过拥有高于竞争企业的市场份额来利用优势。 ● 份额战略：制定低于竞争企业的价格，以此来获得市场份额。	● 适度的涨价（price hikes）会损失大量的市场份额。 ● 通过拥有高于竞争企业的市场份额来利用优势。 ● 份额战略：保持价格与竞争企业的相同（收益优势促进市场份额增加）。
	需求的价格弹性很小（水平差异大）	● 大幅降价仅能获得较少的市场份额。 ● 通过高利润率来利用优势。 ● 边际战略：保持与竞争企业的价格相等（更低的成本使利润率更高）。	● 大幅提价损失的市场份额很小。 ● 通过高利润率来利用优势。 ● 边际战略：相对于竞争企业索要溢价。

首先考虑一个具有成本优势的企业。当企业产品的需求价格弹性较低时（也就是说，由于竞争者产品间的水平差异很大，消费者对价格并不敏感），即使大幅减价也不会大量提高企业的市场份额。在这种情况下，企业利用成本优势的最佳方法就是通过边际战略（margin strategy）：企业与竞争对手保持价格相等，主要通过较高的价格成本差额从成本优势中获取利润，而不是依靠较高的市场份额。在医疗护理行业中，这种做法被称作影子定价。这在健康保险业中尤为普遍，在该行业中，成本较低的HMOs 经常将其价格设定在与某些成本较高的保险品种同等水平上。相

比之下，当企业产品具有较高的需求价格弹性时（也就是说，由于产品水平差异较小，消费者对价格敏感），适度的价格降低能带来市场份额的显著增长。在这种情况下，企业就应该通过份额战略（share strategy）来利用其成本优势：企业通过使产品价格低于竞争对手来获取竞争对手的市场份额。

实际上，边际战略和份额战略之间的差别甚微。具有成本优势的企业常常实行混合型的战略：降低价格来获取市场份额，同时也通过高边际差额获得一些成本优势。例如，我们通过观察一些 PIMS 数据库的样本企业就能发现，一个非商品行业中的普通企业的单位产品成本比竞争企业低 10%，则其价格就会比竞争企业降低 3.4%。[25] 在需求价格弹性非常大的市场环境中，企业也可以在实质上不降价的情况下执行份额战略。当产品水平差异较小时，价格略微下降就能大幅增加市场份额。在这种情况下，具有成本优势的企业使价格略低于成本更高的竞争企业的价格，就能够显著地提高其市场份额。

表 13—3 说明利用收益优势的逻辑和利用成本优势的逻辑是相同的。当企业在消费者对价格敏感的市场上具有收益优势时，即使是适当的价格提高也能抵消公司的收益优势，以及收益优势带来的市场份额的增加。在这种情况下，企业利用其收益优势的最佳方式就是通过份额战略。该战略指企业制定的价格和竞争对手相同，并且通过获取比竞争对手更高的市场份额来利用企业的收益优势。（市场份额的增加是依靠企业的收益优势来推动的。）相比之下，由于水平差异很大，从而顾客对价格不敏感时，大量提升价格将不会完全侵蚀企业收益优势产生的市场份额的增加。企业利用其收益优势的最佳方式是通过边际战略：企业制定的价格比竞争对手更高（在这个过程中牺牲一些市场份额），并且主要通过更高的利润率来利用它的优势。这正是 1991 年之前苹果电脑公司所遵循的战略。1990 年，Windows 3.0 的发布降低了苹果个人电脑和 IBM 的兼容机之间的水平差异，并最终削弱了该战略的作用。

当然，除了水平差异之外，其他因素也会影响利用竞争优势的定价战略的相对盈利性。例如，正如我们在第 10 章中所指出的，在采取任何重大定价行动前，企业应该考虑竞争对手的反应。企业对竞争对手反应的预期会影响企业对表 13—3 中提供的建议的选择。例如，在顾客对价格敏感的市场中，如果竞争对手的价格保持不变，企业采用降低价格来利用成本优势的份额战略将非常具有吸引力。然而，如果竞争企业也迅速降低价格，导致利润率下降，并且企业的市场份额很少或者几乎没有增加，那么该战略就没有任何吸引力。此种情形下，边际战略将可能是一个更有吸引力的选择。在考虑企业感知的需求价格弹性的基础上，我们就可以将竞争企业的反应合并到表 13—3 的框架中。感知的需求价格弹性指在考虑竞争对手可能的定价反应的情况下，企业产品价格每变化 1%，导致需求量变化的百分率。例如，当企业降低价格时，竞争对手立即作出的降价反应使企业无法增加市场份额，因而趋向于降低企业感知的需求价格弹性。表 13—3 中的逻辑则表明了边际战略比份额战略能更好地利用成本优势。

成本优势与收益优势的比较

在什么条件下一种优势可能比另一种优势盈利性更强呢？虽然没有确定的规则，但是，企业产品市场的潜在经济状况以及企业当前在行业中的地位有时创造的条件使一种优势战略比另一种更为可行。

在以下情况下，建立在低成本基础上的优势可能要比建立在高收益基础上的优势更为有利可图：

● 产品的属性限制了提高感知收益 B 的可能性。日用商品，例如化工品和纸张就是这种情况。对于这种产品，通过降低 C 比提高 B 更有可能创造增加的价值。并且我们必须记住：产品差异不仅仅是由产品的物质属性产生的，通过提供优于竞争企业的邮递销售服务、便利的地理位置，或者更快的运送速度，企业也能使其产品具有差异性。

● 消费者对价格相对敏感，不会为提高的产品质量、性能或形象而支付额外的价格。当大部分消费者对价格的敏感度高于对质量的敏感度时，就会出现这种情况。从图形上看，这对应于消费者的无差异曲线相对平缓时的情况，平缓的无差异曲线意味着消费者不愿意为提高的质量支付过多额外的钱。通过降低成本比依靠提高收益的方式更可能增加创造价值。

● 产品属于搜寻产品（search goods）而不是经验产品（experience goods）。搜寻产品是指在购买之前，一般的买者就可以对它的客观质量属性进行评估的产品。服装和办公设备就是这样的产品。而经验产品指的是只有在消费者购买，并使用了一段时间后才能对其质量进行评估的产品。汽车、电器和包装商品就是这类产品。对于搜寻产品，潜在的差异主要存在于改进产品可观察到的特色。但是，如果买者可以发现产品间的差别，则竞争对手也能够发现，这就会产生改进的产品特色被模仿的风险。当竞争企业确实这么做时，企业可以通过保持成本低于竞争对手，同时在产品改进上与其竞赛，这样就能够创造最佳的持续竞争优势。

在以下情况下，建立在高收益基础上的优势可能比建立在低成本基础上的优势更有利可图：

● 对于提高了收益 B 的产品属性，一般消费者会支付大额的溢价。这对应于消费者的无差异曲线相对陡峭的情况。通过增加少量特色从而使其产品具有差异性，企业就可能获得大量的溢价。当吉列于 1998 年开发了锋速 3剃须刀系统时，就期望能获得此种效应。它认为许多男人将会愿意为这种剃须刀支付更高的溢价，因为与现有的盒式或者一次性剃须刀相比，该产品剃须效果更佳。结果，吉列的锋速 3 刀片价格比其他的超级感应（Sensor Excel）刀片高 15％，成为当时市场上价格最高的刀片。

● 有显著的规模经济或者学习经济，并且企业正在利用它们。在这种情况下，企业实现超过大企业的成本优势的机会受到限制，并且创造价值的最佳方式是，提供一种特别适合利基市场的产品。微型啤酒厂，例如波士顿啤酒公司已经试图以这种方式建立竞争优势。

● 产品是一种经验产品，而不是搜寻产品。在这种情况下，产品形象、声誉或可信度都可以创造收益优势，这些方面的差异比客观的产品特色或性能特征更难以模仿或者中和。21世纪初，索尼凭借电子产品市场上的品牌声誉成为了宽屏电视市场上的主导企业，尽管其LCD技术还不如三星的DLP技术，三星是韩国的一家电子产品企业，品牌声誉稍逊于索尼。

以上这些要点并不意味着在任何特定行业中，所有企业都可以寻找到一个完美的战略定位。总之，企业优于竞争对手的能力来自它创造并生产独特经济价值的能力。在市场中，不同的消费者有不同的最大支付意愿，或者不同的消费者会对以不同方式提供的产品价格有不同的看法，因此，这就使得市场中有着各种各样的战略定位。美国超市行业就说明了这一点：超市行业中的沃尔玛作为成本领导者兴旺发展，而塔吉特依靠新潮的产品和明亮、舒适的购物环境，成功地执行收益领导者战略。在这些以及其他行业中，几乎都不存在一个理想的战略定位。

案例 13—6

航空业的战略定位：40 年的变化

正如我们讨论的那样，企业战略地位的收益要以经济条件为基础。当这些条件改变时，一个曾经产生了竞争优势的战略地位可能将不会再有这样的作用了。美国三大航空公司——美国航空、联合航空、达美航空，它们遵循的战略完美地解释了这一点。

对于所有与航空业动荡有关的话题，一个明显的事实是：七家最大的国内航空公司中（按乘机数量排序），有六家——美国航空、大陆航空、达美航空、西北航空、联合航空和全美航空——从 20 世纪 60 年代以来就开始运营了，有些用的是现在的名字，有些用的是旧名称。（第七大国内航空公司是西南航空。）在 1978 年对航空业解除管制之前，每个干线运营航空公司都有美国民用航空委员会（CAB）提供的受保护航线。例如，联合航空拥有全国北部三分之一地区的横贯大陆的受保护航线，而美国航空则拥有南方地区东西方向的受保护航线。为了换取对航线的垄断力量，航空公司放弃了对 CAB 的价格权利。CAB 将价格定得很高，尽管航空公司会在不止一家公司运营的航线上进行某些形式的非价格竞争（最明显的是在时刻表的次数和设施上的竞争），它们还是在 CAB 的监管下发展起来。对利润的主要威胁来自有实力的工会，它们要求丰厚的工资和工作条件的让步，以使员工们安心工作。这并不是特例——很多受保护的垄断者们都和强大的工会分享利益。即使在解除管制之后，这些高价劳动力协议还继续发挥着作用，这部分成本计入航空公司的成本结构中，并且要降低这些成本是非常困难的事情。

在一个解除监管的环境中，现有的航空公司将不能再依靠受保护的垄断状态来确保利润。三大航空公司作出回应，实施围绕大型中心辐射系统而建立的战略。在解除管制之前，达美航空实际上已经开始以亚特兰大为中心建立一个这样的系统，同时美国航空和联合航空也迅速地建立了基于复合中心机场（美国航空是在芝加哥和达拉斯，联合航空是在芝加哥和丹佛）的系统。

对大型航空公司来说，围绕中心辐射系统设计时刻表有明显的优势。正如案例2—1中描述的，中心辐射模式让航空公司可以安排飞机从支线机场飞到中心机场，并可以再次安排飞机从中心机场飞往目标城市。充足的飞机利用率意味着对每单位收益乘客里程数有更低的运营成本，而且通过点对点的航线结构，可以保护现有的航空公司免受新进入者（例如人民航空）的直接竞争。这种优势在对有利可图的横跨大陆航线的竞争中特别明显，因为点对点的新进入者通常缺少直达式横跨大陆航线所需的大型喷气式客机，也没有为中间停歇一次的航线提供便利的中心机场。

当然，中心辐射运营模式需要作一个重大的取舍。中心辐射式航空公司需要一个多样化的机队让其可以在大小城市之间的长途和短途运输中满载飞行。多样化的机队意味着更高的维护成本和利用机场大门更低的灵活性。经过中心机场的航线也可能会导致行李丢失、关联整个系统的航班延误以及联络中断现象。除了CAB监管遗留下来的高劳动力成本外，这些劣势也随之而来。只要能保证飞机满载，大型航空公司仍然能够承受得住这些劣势。在这种环境下，中心辐射系统可获得的规模经济完全能抵消高价劳动力和维护成本的不利影响，而且三大航空公司可以对新进入者设置壁垒，不论服务有多普通，都能让其在中心城市内外的服务中获得溢价。通过频繁的航线计划获得的客户忠诚度加强了这种进入壁垒。这就是美国航空、联合航空和达美航空的战略定位（在更小的程度上，大陆航空、西北航空和全美航空也是如此）。这在很长一段时间都是很有意义的。

西南航空是第一家运用点对点模式成功的航空公司。由于传统上它是一个非管制的航空公司，西南航空有着比大型航空公司更低的劳动力成本。它的机队全部由波音737构成，所以有着更低的维护成本。没有中心机场的拥挤现象，西南航空的航班都很准时。并且它很谨慎地选择要进入的市场，限定其运营那些没有大型航空公司服务的城市之间的航线（由此避免和它们进行面对面的残酷竞争），同时西南航空的航班也有充足的需求保证其满载。

久而久之，中心辐射模式相对于点对点模式的优势几乎完全消失了，而那些劣势（更高的维护成本、航班延误带来的较差服务、对天气情况的敏感性）却依然很严重。简单的人口增长让更多的城市能够运营点对点航线模式。这直接夺走了大型航空公司的利润，而且也让它们保证现有航线满载变得更加困难。"外部"机身制造商庞巴迪和巴西航空工业公司生产出能够胜任直达式横跨大陆航线飞行的小型飞机，这也是大型航空公司定位优势的另一个来源。

鉴于在成本方面处于劣势，采用中心辐射模式的航空公司了解到，以往通常的经营方式已不能持续。它们必须采取相同的措施，应对削弱传统竞争优势经济力量的变化。美国航空、达美航空和联合航空越来越多地拓展国际航班服务，有效地利用中央辐射模式带来的好处。此外，它们与各自的工会协调关系，减少成本和应对竞争劣势。尽管经历了这些变革，中央辐射模式的航空公司的未来仍然不大明朗，对它们而言，国内的航运市场不太乐观。每年，越来越多的乘客通过在西南航空模式上建立的点对点航线进行飞行，如果"其中的点"不能成为中心，使用中心辐射模式的航空公司就没有竞争优势。

不能保持竞争优势的几家航空公司希望改善整个行业的经济状况。它们通过相互之间的兼并和较少航班数量逐渐稳步地增加收入。较少的行业产能、降低竞争程度正是这个行业所需要的。

徘徊其间

迈克尔·波特用"徘徊其间"来描述一个企业同时追求成本领先和利益领先两个要素，并且在这个过程中既没有获得成本优势也没有获得利益优势的情况。[26] 根据波特的观点，一个没有明确选择重点建立成本优势还是建立利益优势的企业的竞争能力通常比明确追求成本领先或者利益领先的一般战略竞争者低得多。

当企业选择如何竞争失败以及由此导致的缺乏明确性和连贯性时，就经常会使自己陷入徘徊其间的境地。一个关于如何进行竞争的清楚选择是关键的，因为能带来巨大经济收益的战略定位尤其需要企业进行权衡。[27] 特别是企业传递消费者利益所进行的活动通常需要较高的成本。例如，在百货商店行业中，内曼-马克斯（Neiman-Marcus）的购物者基本上是追求流行、高质量及大规模采购的顾客，并具有丰富的购物经验。为满足顾客的需求，内曼-马克斯在商品采购、人力和店面租金等方面的投入水平必须达到其他百货商店零售商无须达到的水平。同样，一个在市场中寻求低成本定位的企业通常会具有满足多层次顾客需求的复合能力。例如，家具零售商宜家为了能够保证低成本，已经有意地减少了一些顾客服务（例如，顾客自己运送在宜家购买的家具）。

企业能够通过同时追求利益领先和成本领先超越竞争者吗？对成本战略和利益战略之间取舍情况的经验研究结果表明，利益基础的优势和成本基础的优势可能并不是不兼容的。例如，丹尼·米勒（Danny Miller）和彼得·弗里森（Peter Friesen）发现，在耐用消费品行业中，在经营新工厂时，看起来占据收益优势的企业在生产能力利用率方面明显高于行业平均水平，并且每单位产品的直接成本也明显低于行业平均水平。而看起来具备成本优势的企业与其他企业在产品质量、广告以及促销费用上存在相当大的差异。[28]

从理论的角度看，许多因素可能使我们无法看到一个行业中企业在收益优势与成本优势之间所作的权衡。

- 生产高质量产品的企业能提高其市场份额，而这又会因规模经济或经验曲线而降低平均成本。结果，企业可能在行业中同时实现高质量与低成本。图13—15说明了企业是如何同时实现这些优势的。通过追求收益领先，企业提高了每个产量水平上的平均成本，在图中表现为平均成本从 AC_0 向上移至 AC_1。但是由于它的收益优势，企业的需求曲线从 D_0 向右移至 D_1。即使该企业提高了它的价格，但是向新需求曲线的移动以及平均成本是关于产量的一个递减函数（反映了规模经济），意味着企业实现了平均成本事实上的下降，从 $AC_0(Q_0)$ 降至 $AC_1(Q_1)$。查尔斯河饲养实验室（Charles River Breeding Labs）在20世纪70年代时采用无菌技术来饲养实验室动物就是这种情况的一个典型代表。作为第一个采用无菌围栏饲养技术的公司，查尔斯河饲养实验室成为了行业质量领导者，沿着经验曲线向下移动，并且与仅次于它的竞争对手相比，具有了优越的成本优势。

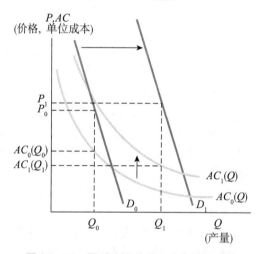

图13—15　同时实现收益领先与成本领先

实现成本领先的企业，其需求曲线从 D_0 右移至 D_1，平均成本曲线由 $AC_0(Q)$ 上移至 $AC_1(Q)$。即便企业提高了价格，但是向新需求曲线的移动以及单位成本是产量的一个递减函数意味着企业已经实现了单位成本从 $AC_0(Q_0)$ 到 $AC_1(Q_1)$ 的下降。

● 与低质量产品相比，高质量产品由于经验积累导致的成本下降的速度较快。原因在于生产高质量产品时，生产工人需要更加细致地工作，而这一点就常常能发现那些在低质量产品中被忽视的瑕疵与缺陷。

● 缺乏效率混淆了成本定位与收益定位之间的关系。高质量和高成本是互相关联的观点忽视了企业生产缺乏效率的可能性，即它们的成本 C 高于实现特定 B 所需的水平。如果情况如此，那么在任何时刻，在大部分行业中，与其效率更高的对手相比，都会有一些企业收益 B 值更低，而成本 C 值更高。图13—16描绘的是20世纪70年代末美国重型卡车行业中的企业所处的成本与质量地位，它阐释了缺乏效率如何使成本与收益定位间的关系复杂化。[29]如果所有企业都尽可能地高效率生产，但是追求强调不同程度的成本与收益的竞争优势，那么企业的定位将沿着一条称为"效率边界"的斜线向上倾斜。效率边界描绘了在给定的技术和技能下，企业实现给定的产品质量的最低成本水平。根据前面的观点，人们可能认为效率边界是向上倾斜的。但是，一些企业，例如怀特汽车公司（White Motors）和国际收割机公司的确在效率边界之上经营。这些企业比竞争对手，如福特和帕卡（Paccar）的生产质量更低而成本却更高。不足为奇，这些企业一直以来就比它们效率更高的竞争对手获利更少。

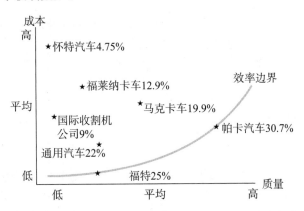

图 13—16　20 世纪 70 年代末美国重型卡车制造行业的质量与成本定位

该图描绘的是美国重型卡车制造行业的各类竞争企业的质量与成本定位，以及 1975—1979 年间每个企业的资产回报率。如果所有企业都尽可能高效率地生产，那么企业的定位将沿着向上倾斜的效率边界分布。效率边界意味着在特定的技术与技能情况下，实现给定质量水平的最低成本水平。

那么，对于"徘徊其间"，我们可以得出什么呢？虽然我们可以找出同时取得收益优势和成本优势的企业，但是我们也可以找出其他企业，这些企业主导着它们所处的行业，但是既没有最高的 B 值，也没有最低的 C 值（例如，小食品行业中的菲多利（Frito-Lay））。然而，避免徘徊其间却无疑是极为重要的。它提醒我们，权衡是商业决策的基础，并且企业很少能在所有方面都非常出众。认为可以在所有方面都表现优秀的观点常常会导致企业决策分散化，行动不一致，因此只对降低 C 或提高 B 产生有限的影响，或者使两者彼此完全抵消。它也导致对竞争对手的"最佳措施"的简单模仿，这种做法最多只能导致二者竞争力相当，而最糟糕的就是加剧一组企业之间的竞争，并导致最终破产。凯马特是这些观点的一个典型范例。在 20 世纪 90 年代和 21 世纪头 10 年，凯马特反复变动，有时试图仿效塔吉特的新潮与时髦的做法（例如，在一些商品上提供马莎·斯图尔特（Martha Stewart）专架），有时又试图与沃尔玛进行价格竞争（例如，2001 年它采用每日低价的措施）。但是凯马特却没有长时期持续这些战略，以相对于其竞争对手实现优良的顾客收益或成本优势，所以它最终没有实现其中任何一个。事实上，凯马特仿效竞争对手明显优势的做法收效甚微。

战略定位：广泛覆盖战略与专一化战略

从广义上说，追求成本优势和收益优势的问题就是企业将如何创造经济价值的问题。我们所讲的第二个关键定位问题是企业将从何处创造价值。特别是，企业是在广泛的还是专一化的市场范围内创造价值呢？

行业市场细分

几乎每个行业都可以分割成更小的子市场。图13—17描绘了迈克尔·波特所称的行业分割矩阵。[30]该行业分割矩阵显示，任何行业都可以分为两部门：行业中生产各种产品的竞争企业和购买那些产品的不同类型的消费者。某一特定的买方团体和某一特定的产品种类之间的每一个交叉点代表着一个潜在的子市场。由于顾客经济状况（例如，支付意愿、对质量和价格进行权衡的意愿）、供给条件（例如，不同产品的生产成本）和市场部门规模的不同，就出现了子市场间的差异。图13—18是注塑机设备（injection molding）制造业的分割矩阵。此行业制造生产塑料产品所需的机器、模具和其他辅助设备，例如聚对苯二甲酸乙二醇酯（polyethylene tetephthalate，PET）容器。[31]

由于一个给定市场内的顾客经济状况、供应条件和部门规模的差异，子市场之间的结构性吸引力（正如从部门层次进行的五力分析所描述的）就会存在极大的差异。例如，在钢构件生产行业中，结构钢构件（架、梁的切割、焊接，以及建筑工程中的此类用途）就是一个相对不吸引人的子市场，因为进入的障碍相对较低。相比之下，金属板产品（例如，对用于建造容器的金属片进行切割、弯曲）传统上是一个比较有吸引力的子市场，因为与结构型材生产相比，制造工艺与产品质量对企业成功来说更重要，从而就提高了进入壁垒。此外，顾客经济状况、供应条件和子市场规模的差异也带来了发展价值链的机会，使这些价值链能够专门适应特殊子市场中经济价值的创造。正如之前所讨论的，企业租车公司最优化了它的价值链，为寻找替代车的租用者提供了丰厚的经济价值。

买者可以按照一系列不同的方法分类。例如，可以根据人口因素（例如，年龄群体、收入阶层）、地理位置以及他们购买产品的主要渠道（例如，零售商、商品目录和互联网）对买者进行分类，也可以根据使用产品的频率与强度（例如，一种产品的常客与稀客）、对产品了解的程度（见多识广的

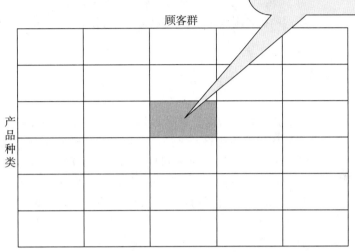

图 13—17　行业分割矩阵

行业分割矩阵将行业分成两个部门——行业中生产各种产品的竞争企业和购买这些产品的不同类型的消费者。

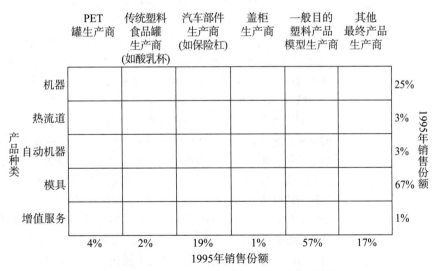

图 13—18　注塑机设备制造业的行业分割矩阵

该图显示的是注塑机设备行业的分割矩阵。该行业的企业将产品销售给各种生产最终产品，如 PET 罐、传统的塑料罐和汽车部件的生产商，它们制造各类不同产品，包括机器和模具。一些企业也提供与制造设备设计相关的价值增值服务。

资料来源：图中数据来自"Husky Injection Molding Systems，"Harvard Business School，Case 9 - 799 - 157。

消费者与信息不灵通的消费者)、购买的地点以及对价格与质量间的权衡意愿对买者进行划分。在工业产品市场，子市场划分的变量因素包括买方所处的行业、购买企业的规模、买方服务的消费者子市场、买方订单的规模，或者买方对价格与性能、交付速度和质量的其他方面进行权衡的意愿。

但是，对购买者进行分类时，一个特定种类的购买者必须具有相似的偏好、产品需求，或者对营销混合变量例如价格或广告的反应一致；而不同种类的购买者应该具有不同的偏好、需求和营销反应（marketing responses）。

广泛覆盖战略

广泛覆盖战略是通过提供全面的一系列相关产品，满足市场中所有顾客群体需求的战略。比如，吉列出售一整套剃须产品，包括剃须刀、剃须啫喱和剃后洗液。菲多利也采取了广泛覆盖战略，出售一整套高卡路里、低卡路里的零食以及调味品。范围经济学是广泛覆盖战略背后的经济学思想。范围经济可以通过共用生产设备、零部件或者共用分销渠道和市场营销来实现。

专一化战略

在专一化战略下，企业或者提供的产品种类很少，或者服务的顾客面很狭窄，或者二者兼而有之。图13—19使用分割矩阵来说明许多普通的专一化战略。

该图列述了三种常见的专一化战略：顾客专一化战略、产品专一化战略和地域专一化战略。在顾客专一化战略下，企业提供一系列相关产品给某一类消费者群体。在产品专一化战略下，企业提供某一类产品给广泛的潜在消费者。在地域专一化战略下，企业提供各种产品给某一地域的消费者。

采用顾客专一化战略的企业把一系列相关产品出售给每一类消费群体，目的是满足这一类消费群体的消费需求。比如，一个企业生产并销售工业流程控制系统和相关设备，比如电子管、流量计和录音设备等，把这些相关产品提供给某一类消费群体，如石油精炼厂。在这个案例中，专一化企业的目标是满足目标消费群体（如石油精炼厂）的生产控制流程需要。

与实行广泛覆盖战略的企业相比，实行顾客专一化战略的企业创造额外经济价值的能力来自实行广泛覆盖战略的竞争者服务不充分或者忽略的顾客群体。当实行广泛覆盖战略的企业不能充分提供目标顾客群设定特别价值的产品属性时，就会造成服务不充分（underserves）。例如，对于那些需要准备包含大量数学符号和表达式的技术原稿的作者来说，微软公司流行的文字处理软件就满足不了他们的需求。这些微软服务不周的顾客的出现就为采用专一化战略的软件竞争者创造了机会。为了满足撰写技术手稿的学术研究人员的需要，TCI软件研发公司专门开发和提供了一种文字处理软件（Scientific Word）。

顾客专一化战略

● 向有限的顾客类型提供一系列相关产品。
● 满足顾客群的特殊需求。

　例子：

　　● 汽车租赁市场中的企业租车公司
　　● 个人电脑行业中的盖特韦

产品专一化战略

● 向大范围的不同的顾客群提供有限的产品类型。
● 很好地满足这类顾客的需求。

　例子：

　　● 管理咨询行业的 ZS 公司
　　● 波士顿啤酒公司和其他类似的小啤酒厂

地域专一化战略

● 在一个狭小的地域市场内向各种顾客销售各类产品。

　例子：

　　● 匹兹堡酿酒公司
　　● 民航业的捷蓝航空公司

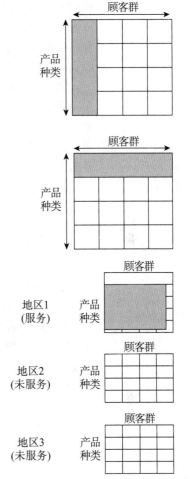

图 13—19　常见的专一化战略

　　该图描述的是三种常见的专一化战略：顾客专一化战略、产品专一化战略、地域专一化战略。顾客专一化战略指企业向有限的顾客类型提供一批相关产品。产品专一化战略指企业向潜在大范围的顾客提供有限的产品类型。地域专一化战略指企业在一个狭小、明确的地域市场内销售各类相关产品。

　　如果一个实行广泛覆盖战略的企业提供的产品特性成本很高，但是对目标顾客群没有特别的价值，我们就说这个企业对客户提供了过剩的服务（overserves）。传统的汽车租赁公司通常租赁利润较高，并且主要关注机场业务，从而忽视了那些偶尔需要租车服务的顾客，这些顾客并不关心累积的里程数或者租车公司与机场是否临近，而这正是企业租车公司关注的目标顾客群。

　　第二种基本的专一化战略是产品专一化（product specialization）。采用该战略的企业向大范围的潜在顾客群提供有限的产品类型，目标在于较好地满足这类顾客群需求的子集（subset）。咨询公司 ZS 联盟就是采用该战略的企业。ZS 为不同行业的各种客户提供服务；然而，它的咨询业务最初集中于销售力量以及和营销相关的范围。这与 ZS 的竞争对手，例如麦肯锡和 BCG 形成鲜明对比，这些咨询公司为企业提供较大范围的经营与战略问题的咨询业务。产品专一化的经济学逻辑在于采用服务或产品专一化战略的企业利用规模经济和学习经济的能力。因而，ZS 多年来在销售力量管理问题上的优势是采取广泛覆盖战略的管理咨询公司所难以匹敌的。

第三个基本的专一化战略是地域专一化（geographic specialization）。采用该战略的企业在一个狭窄、明确的地域市场内销售各类相关产品。匹兹堡酿酒公司（Pittsburgh Brewing Company）（铁城啤酒的制造商）和海勒曼公司（Heileman's）（芝加哥人最喜爱的老风味啤酒的制造商）依赖当地人浓厚的当地品牌意识。它们通过赞助当地体育赛事提升品牌形象，以抵消大公司安海斯-布希公司规模经济的优势。

除了在被广泛覆盖战略企业忽视的或服务不充分的顾客中实现规模经济之外，专一化战略还有另外一个重大的潜在优势：使实行专一化战略的企业避免参与竞争。在一些子市场中，顾客的需求可能仅能够维持两家甚至一家企业获利经营。这意味着一个企业作为低需求市场上的专一化企业可能比作为高需求市场上的若干竞争企业中的一个更能盈利。例如，西南航空公司和哥伦比亚医院（Columbia/HCA）（一家营利性的连锁医院）都由于在小市场上占据垄断或者接近垄断的地位而获利丰厚，而在大市场内的它们同行的利润要比它们少得多。的确，西南航空公司避免了与主要的大航空公司进行直接竞争。同样，在日本，久保田公司（Kubota）主导了农业机械市场。它生产的轻型小拖拉机特别适合日本的小农场，并且因为该市场是有限的，所以它所面对的竞争很小。相比之下，美国拖拉机市场大得多，市场竞争者也更多，如迪尔公司、凯斯公司（Case）和卡特彼勒公司（Caterpillar）等。

本章小结

● 如果企业的盈利能力高于竞争对手，则实现了竞争优势。企业的盈利能力取决于行业条件和企业相对于其竞争对手所能创造的价值的多少。

● 消费者剩余是产品感知收益 B 和其货币价格 P 之间的差额。只有当一种产品的消费者剩余为正数时，消费者才会购买该产品。只有当某一卖主能提供比竞争对手更高的消费者剩余时，消费者才会向该卖主购买该产品。

● 价值图（value map）能说明消费者剩余的竞争意义。无差异曲线表示具有相同水平的消费者剩余的产品的价格与质量组合。

● 创造价值（value-created）是产品感知收益 B 和单位成本 C 之间的差额。它等于消费者剩余与经济利润之和。

● 企业要实现竞争优势，不仅必须创造出正的价值（positive value），还必须比竞争企业创造更多的价值。企业需要提供超过竞争对手的消费者剩余来做到这一点。

● 竞争优势的基础在于优越的资源与组织能力。而这种资源是其他企业不能轻易获得的、该企业的专有资产。组织能力指企业比竞争企业经营得更好的一系列活动。

● 有三种通用的战略：成本领先、收益领先和集中。

● 一个遵循成本领先战略的企业可以通过提供具有更低成本 C，同时具有相同或者可能更低收益 B 的产品，来实现相对于竞争企业的成本优势。

● 一个遵循收益领先战略的企业可以通过提供具有更高收益 B，同时具有相同或者可能更高成本 C 的产品，来实现相对于竞争企业的利益优势。

● 当企业产品存在水平差异时，需求价格弹性会大大地影响企业从成本优势中获利的方式。当需求价格弹性较低时，企业从成本优势中获取最佳利润的方式应该是通过实现更高的边际差额，而不是通过获取更高的市场份额（边际战略）。当需求价格弹性较高时，企业产品定价应该低于竞争对手，通过更高的销售量来获取利润（份额战略）。

● 需求的价格弹性也决定了收益优势的盈利能力。当需求价格弹性较低时，与竞争对手相比，企业产品的价格应该具有大量的溢价（边际战略）。当需求价格弹性较高时，企业应该保持价格与竞争对手持平，并利用其优势获取更高的市场份额（份额战略）。

● 当存在未利用的实现规模经济、范围经济和学习经济的机会，产品自身属性限制了提高其感知收益的机会，顾客对价格相对敏感且不愿意为产品质量或性能的提高支付溢价，而且产品是搜寻产品而不是经验产品时，企业依靠成本定位来获取竞争优势的方法是极有吸引力的。

● 当普通消费者愿意为产品的感知收益 B 的提高支付大量溢价时，或现有企业已经利用显著的规模经济或学习经济时，以及产品是经验产品而不是搜寻产品时，企业依靠利益优势定位来获取竞争优势的方法是极有吸引力的。

● 如果企业同时追求成本领先战略和收益领先战略两个要素，并且在这个过程中既没有获得成本优势，也没有获得利益优势时，该企业就处于"徘徊其间"的境地。

● 在广泛覆盖战略下，企业向市场上的大部分或者所有顾客群体销售一系列的相关产品。而在专一化战略下，企业或者提供的产品种类有限，或者服务的顾客群体范围狭窄，或者二者兼而有之。

● 顾客专一化战略瞄准的正是实行广泛覆盖战略的企业所服务不周或忽略的消费者。产品专一化战略利用广泛覆盖战略企业无法达到的规模经济和学习经济。地域专一化战略使企业能在一个地域区域内实现规模经济，而这正是广泛覆盖战略企业所无法实现的。

● 通常，专一化战略可以使企业远离竞争。如果采用专一化战略的企业所处的子市场较小，它就可能面临很小的竞争，并赢得大量的回报。

思考题

1. 价值链如何帮助企业确定其战略定位呢？

2. 分析家有时建议，企业应该将低附加值的经营活动外包出去。你是否同意此观点？

3. α 和 β 这两个企业正在一个消费者偏好相同的市场上竞争。α 提供的一种产品的感知收益 B 为每单位 75 美元，其平均成本为每单位 60 美元，而 β 的产品平均成本为每单位 50 美元。

   a. 哪个企业的产品提供了更高的创造价值？

   b. 在实现消费者剩余相等的行业均衡中，创造最大价值的企业的利润与创造较少价值的企业的利润之差是多少？将该数额与两个企业创造价值的差额进行比较，请解释两个企业创造价值的差额与利润差额之间的关系。

4. 假设一个市场中的消费者无差异曲线相对较陡峭。该行业的企业追求两种战略定位：一些企业生产能令人满意的基本产品；另一些企业生产增强型产品，其性能优于前者生产的基本产品。当前，该行业的消费者剩余相等。基本产品与增强型产品之间的价格是存在明显差异还是大致相等呢？为什么？如果消费者无差异曲线相对平缓，则该问题的答案将会怎样变化呢？

5. 为什么资本密集型行业（例如钢铁）与劳动密集型行业（例如运动鞋）的营销部门的作用不同呢？这种差异与企业的市场定位有多大关联？

6. 在本章的创造价值模型中，隐含着这样一个假设，即所有消费者从某一给定的产品中获得了相同的价值（例如，相同的 B）。如果消费者偏好不同，所以一些消费者获得的价值高于另一些消费者，则本章的主要结论是否会改变呢？

7. 请给出一个或多个经验产品和搜寻产品的例子。经验产品的零售与搜寻产品的零售有何不同呢？这些差异是否对消费者有利呢？

8. 亚当·斯密曾说过："劳动分工受到市场范围的限制。"市场的增长如何影响专一化战略的有用性呢？

9. "寻求成本优势的企业应该采用学习曲线战略，寻求产品差异的企业则不应该采用该战略。"请对这句话进行评论。

10. 消费者常常将品牌与质量挂钩。你是否认为知名品牌产品比一般产品的质量更好，因此其价格更高也是合理的呢？如果是的话，那么为什么所有的一般产品生产企业不投资树立品牌声誉，由此提高它们的价格呢？

11. 行业 1 由 4 个企业组成，各个企业的产品除了生产成本与价格不同外，其他各个方面均相同。企业 A 的单位生产成本比其他企业低 10%，价格比其他企业低 1%。行业 2 也是由 4 个企业组成，各个企业的产品除了生产成本与价格不同外，其他各个方面均相同。企业 X 的单位生产成本比其他企业低 10%，价格比其他企业低 8%。这两个行业的需求稳定，进入壁垒相同。以上两个行业的这种状况已经持续了多年。这些企业的管理者都很聪明，他们的唯一目标就是实现利润最大化，都根据企业所有者的最佳利益来行动。根据以上信息，你是否可以确定哪个行业具有更高的利润率（也就是（价格－单位生产成本）/价格）呢？为什么？

附录　成本驱动力、收益驱动力和附加值分析法

成本驱动力

成本和消费者收益推动价值创造。理解一家企业如何创造价值以及为什么它创造的价值比竞争对手高或者低，经常需要对成本和收益驱动力作出分析。

成本驱动力解释了为什么各个企业的成本不同。我们根据平均成本而非总成本来讨论成本驱动力，大型企业由于规模较大，因而总成本高于小型企业。我们可以将成本驱动力分为四大类，每一大类又分成若干小类：

- 与企业规模或范围相关的成本驱动力
  - 规模经济
  - 范围经济
  - 产能利用率
- 与经验的积累相关的成本驱动力
  - 学习曲线
- 与企业规模、范围或经验积累无关的成本驱动力
  - 投入品价格
  - 位置
  - 密度经济（economics of density）
  - 复杂性/专一化
  - 流程效率
  - 政策的随意性
  - 政府政策
- 与交易组织相关的成本驱动力
  - 纵向组织链条
  - 代理效率

与企业规模、范围或经验积累相关的成本驱动力

第 2 章包含了对规模经济、范围经济和经验积累的充分讨论，因此这里我们将只是回顾一下要点。当平均成本随着经营规模的扩大而下降时，就存在规模经济。当平均成本随着企业生产的产品种类的增加而下降时，就存在

范围经济。投入品的不可分割性是规模经济和范围经济的一个极为重要的来源。不可分割的投入品无法按比例缩小至低于某个最小值的水平，因此导致了固定成本的产生。当产品的数量或种类增加时，这些固定成本被分摊了，导致了单位生产成本的降低。在短期内，产能利用率的提高通常会实现固定成本的分摊。在长期内，当企业用高固定成本但低可变成本的技术取代低固定成本但高可变成本的技术是一种节约行为时，固定成本就得到了分摊。规模经济的其他重要来源有：（1）生产企业的实物资产（即几何规则）；（2）投入品可变成本的生产效率随产量的增加而提高时（例如，劳动力的专门分工程度更高时）；（3）存货管理经济。

当企业沿学习曲线向下移动时，累积的经验能使平均成本下降。不过，当企业非经常性固定成本在一段时间内的产量中进行分摊时，我们不应该将学习经济与产生的规模经济相混淆。为了解释二者的区别，我们考虑一家小型专业阀门生产商。设计这种阀门的前期成本只出现一次。用来制造阀门的模具和夹具可年复一年地使用，因此这些成本也是非经常性成本。即使企业的年生产率不高，其单位平均成本仍可能较低，因为它经年累月就生产同一样式的产品。这一现象通常被称作模式容量经济（economies of model volume）。即使企业的生产活动并没有随着经验的积累而变得更加熟练，非经常性固定成本的分摊还是会使得单位生产成本随产量的上升而下降。

与企业规模、范围或经验积累无关的成本驱动力

这些因素使得企业的单位成本不同于竞争对手，即使它们的规模和累积的经验相同。一个重要的与企业规模无关的成本驱动力是投入品价格，例如工资水平、能源价格以及元件和原材料价格。当同一行业的企业在全国性的市场上购买它们的投入品时，它们的投入品价格相同。但同一行业的企业经常对投入品支付不同的价格。工资水平的差别可能归因于企业工会的差别（例如，大型航空公司——如联合航空公司和美国航空公司——建立了工会，而许多新公司则没有）。工资差别、能源价格或交付物资的价格也导致了企业间地理位置的差异。

地理位置还能以其他方式影响成本。例如，因为地区基础设施不完善以及由于企业总部和生产机构相距甚远而产生的协调问题。20世纪80年代，Lionel公司发现，在墨西哥的蒂华纳生产玩具火车比在密歇根州成本高，尽管在墨西哥的企业拥有很大的工资优势。

密度经济指由于客户在地域分布上更集中而产生的成本节约。当给定地区的交通网络使用率更高时（例如，当某家航空公司的单位成本随着同一条航线上客流量的增加而下降时），就可能存在密度经济。此外，当范围较小地区实现的产品销量与范围较大地区的销量相同时（例如，当某家在人口稠密的城区经营的啤酒经销商的单位成本低于在人口较稀疏的郊区销售同样数量啤酒的经销商时），也会产生密度经济。在两种情况下，成本节约会源自密度的上升（例如每公里乘客数、每平方公里客户数），而不是范围的扩大（例如所提供的航线数量）或者规模的扩张（例如啤酒的销量）。

企业生产环境的复杂性较低或专业化程度更高也会使企业的平均成本低于竞争者。与企业为了批量生产不同产品而更换机器和生产线一样，使用相同设备生产许多不同产品可能导致成本的提高。并且，由于企业要安排不同的工序，这又会导致管理成本的增加。关于复杂性对生产成本的影响的一个典型例子是铁路行业。宾夕法尼亚铁路和纽约中心铁路的业务成本在历史上一直在行业中处于较高水平，因为它们的零担货物（less-than-carload freight）比重高于其他竞争对手，如诺福克西方（the Norfolk and Western）和南方铁路（the Southern）公司。比起那些业务相对更集中的对手，宾夕法尼亚铁路和纽约中心铁路需要更多的货物分类场和转运基地，每吨货物需要配备更多的管理人员，而其竞争对手却专注于如煤和木材这样的大宗货物运输。1968 年，两条铁路合并组成宾夕法尼亚中心铁路后，它们把 15% 的销售收入用于分类场的建设；与之相比，其他企业的分类场地平均建设费用低于销售收入的 10%。[32]

如果企业生产流程的效率在其他企业之上，那么它的平均成本也许可以低于其他企业；也就是说，该企业在生产与竞争对手相同数量的产品时，能使用较少的投入品，或者其生产技术使得企业所用投入品价格低于对手们所用投入品的价格。这个效应通常难以同学习曲线分开而论，因为通过学习—实践过程获得的流程效率是学习曲线的实质。一个不依赖于经验的流程效率的例子就是芝加哥西北铁路（CNW）在 20 世纪 80 年代中期作出的一项裁员决策，该决策要求减少一名制动员，从而使乘务员的人数从四名降到三名。这个举措使得西北铁路成为铁路行业成本最低的竞争者之一。

企业还可能因避免了对手有可能遭遇的成本而使平均成本低于竞争对手。如果企业能将一些随意性的因素至少控制在一定程度上，那么它的成本就会更低。例如，在轮胎行业，库珀轮胎与橡胶公司通常会回避进行全国范围的广告宣传，这使它的销售和管理成本大大低于其竞争对手固特异公司（Goodyear）。

最后，政府的政策影响也会使企业的平均成本低于竞争者。原因是显而易见的，这个因素会影响到国际市场。例如，因为美国政府对日本卡车征收高额关税，所以日本卡车生产商在美国卡车市场上长期处于劣势。

与交易组织相关的成本驱动力

第 5 章和第 6 章讨论了纵向链条是如何影响生产成本的。因为在某些交易中，要挟的威胁至关重要，并且这些交易还会涉及非公开信息的泄露或者复杂的协调问题，所以通过市场进行交易的企业，与那些在同样的交易中纵向一体化的企业相比，可能要花费更高的管理和生产费用。例如，在男式内衣生产过程中，工厂通过纵向一体化将缝纫和纺织品剪裁的操作集中在同一工厂中，从而改进了生产流程的安排，降低了协调成本。

企业可能会由于机构效率不同而使其成本高于其他企业。企业的内部管理系统、组织结构或者薪酬体系可能会使它比竞争对手更容易受到代理成本或影响成本的影响。例如，在 20 世纪 90 年代以前，IBM 存在人们所说的

"争议制度"。在这种制度下，业务或者职能部门的经理可以对其基本职责范围以外的见解和做法提出批评。据报道，这个制度让 IBM 在 20 世纪 80—90 年代与个人电脑风险有关的机会和威胁上认识缓慢。[33]

当某个企业扩张后随之产生更多的内部协调行为时，或者当企业的经营变得更加多样化后，其协调问题也会产生更大的冲突时，代理成本通常就会增加。当竞争对手采用了新的、富有创新精神的内部组织方式，从而以最低成本解决了同样的协调问题时，企业原来相对于其他企业所具有的代理效率优势可能就会减小。

成本驱动力、作业成本分析和成本优势

一般来说，企业纵向链条中每步行动的成本可能受到一组不同的成本驱动力的影响。例如在男式内衣生产过程中，累积的经验对缝纫来说是一个重要的成本驱动力，但对纺线生产和织物转换这些资本更密集的过程来说则不是。相反，规模经济对纺线生产和织物转换来说是一个重要的成本驱动力，但对缝纫则不是。

将企业视为一系列行动的集合，每步行动都受到自己成本驱动力的影响，这表明企业可通过两条主要途径获得成本优势。第一条途径是，比竞争对手更好地利用或控制各步行动中的关键成本驱动力。第二条是从根本上改变纵向链条的行动。技术的革新使得纵向链条的改变成为必要，因为它可能改变了外包和自制之间的权衡。纵向链条的变化还可能源自市场条件的变化，这改变了以前利用市场而不是内部组织协调交易的主要成本。改变纵向链条的理论是我们所称的"流程再造"管理理念的核心所在，这种理念促使企业不把现有的行动安排和流程看做理所当然的东西，而是从价值最大化出发重新设计行动链条。典型的例子包括：联邦快递，它在 20 世纪 70 年代通过轴心轮辐网络彻底改变了小邮包传送的经济效益；戴尔抛开了计算机行业中的传统做法，直接向消费者销售个人电脑，从而减少了销售队伍和运输费用；沃尔玛最先使用电子自动化存货控制系统和基于轴心轮辐式的物流系统，从根本上改变了大宗销售的经济效益。

收益驱动力

通过向潜在客户提供比竞争对手的产品具有更大感知收益的产品，也就是说，提供更高的 B，企业可以创造收益优势。反过来，这种感知收益又依赖于消费者对产品特性，以及那些降低产品的用户成本和交易成本的特性的重视程度。这些特性，或者我们所称的收益驱动力构成了企业区别于其他企业的差异基础。收益驱动力内涵广泛，并且在任何特定情况下，对它们的分析都涉及如下方面：确定企业的潜在客户，了解他们可能会如何使用企业的产品或服务，以及找出企业产品满足哪些客户的需求。

收益驱动力可划分为五个方面：

1. **产品自身的物理特性**。这些驱动力包括如下因素：产品性能、质量、特征、美感、耐用性以及安装和操作的便捷性。

2. **企业或其经销商提供的互补性服务或产品的数量和特性**。这里，关键的驱动力包括售后服务，例如客户培训或咨询、与产品捆绑的附加产品（例如备用元件）、产品保证书或保养合同以及维修质量或服务能力。

3. **与销售或交货相关的产品特性**。具体的收益驱动力包括交货速度和守时性、信用条款的有效性和有利性、卖主驻所和售前技术建议的好坏。

4. **有助于客户形成对产品性能或使用成本的认知或期望的产品特性**。具体包括产品性能的声望、购买者得到的持久力或财务稳定性（这对于某些行业交易有重要意义，在这些交易中，消费者期望与卖方建立持久的关系）以及产品的客户群（即现在使用该产品的客户人数，广泛的客户群会降低开发产品技术的成本）。

5. **产品的主观形象**。形象是反映消费者购买、拥有和消费产品而获得的一系列心理回报的一条便捷途径。形象受如下因素的影响：广告信息、包装、商标以及经销商或产品销售渠道的声望。

评估和显示感知收益的方法

感知收益与企业的成本不同，企业成本（至少理论上）能通过会计系统来追踪，或通过统计技术来评估，而产品的感知收益则很难评估。任何评估和显示感知收益的方法都包括 4 个组成部分。首先，企业必须衡量提供给客户的收益。其次，企业必须确定相关的收益驱动力。再次，它必须评估收益的大小。最后，它必须确定客户权衡不同驱动力的意愿。收益评估技术的完整分析属于经济学原理和市场研究中的需求评估的范畴。有 4 种方法可用来评估企业相对于竞争对手的收益状况，以及收益驱动力的重要性。

1. 保留价格法。
2. 特性评级法。
3. 功效定价法。
4. 联合分析法。

保留价格法

因为当且仅当 $B-P>0$ 时，消费者才购买产品，所以可认为感知收益 B 代表了消费者的保留价格——消费者愿意为单位产品或服务支付的最大货币价格。既然这样一个完整的消费者收益评估很难实现，那么必须根据调查数据来评估，或者通过有关消费者的选择信息的数据库来进行分析。因此，评估收益 B 的一个方法就是简单地询问消费者他们能支付的最高价格。在新产品促销之前进行的市场调查研究通常会包括上述问题。一旦保留价格被确定下来，收益驱动力分析就能运用下面讨论的技巧。

特性评级法

特性评级法（attribute-rating method）是一种先根据调查反馈结果预估

收益驱动力，然后根据特性得分计算总体收益的方法。厂家要求目标客户根据产品特性给产品评级。例如，消费者可能被要求在给定的许多分数中就某种特性打分。每种特性被赋予一个"权重"，相关的感知收益通过计算产品评级的加权平均值来确定。

用成本除以加权分值就可得到"B/C 比率"。回忆前面讲过的内容可知，企业战略定位是由它与竞争对手的 $B-C$ 值大小决定的。只要产品有成本近似和/或收益近似，那么企业间的 B/C 比率排序就近似于（尽管不一定等于）其 $B-C$ 差异的排序。这样 B/C 比率高的产品一般将比那些 B/C 比率低的对手在战略地位上享有优势。

功效定价法

功效定价法（hedonic pricing）借助消费者实际的购买数据来确定特定产品特性的价值。（"功效"（hedonic）一词源于"享乐"（hedonism），其意思是消费者从产品的特性中获得的快乐或幸福感。）例如，消费者购买汽车依据的是一系列特性，包括马力、车内空间和刹车能力。通过考察汽车不同特性组合对价格的影响，分析家能够确定消费者对每种单一特性的购买意愿。功效定价法已被用于确定汽车和计算机轴向断层扫描的创新价值、电子数据表兼容性的价值以及提高工作安全性的收益。

功效定价法需要运用多重回归分析，以评估产品特性对产品价格的影响。回归分析中独立的变量是产品的价格，预测值是评估不同产品特性和现值的变量。如果你在研究汽车市场，功效定价法能确定出马力或底盘长度增加 1‰ 或者增加一侧气囊能在多大程度上转变为价格的上涨。这个分析产生了单个产品特性的"功效价格"。

在涉及增强产品特性的权衡中，功效定价法是一个极为有力的工具。实际上，这个分析有助于企业确定前面讨论过的消费者无差异曲线的斜率。在考虑给基本产品增添附加特性或提高产品性能时，企业应该把产品改进的功效价格与增加该功效的边际成本相比较。在目标市场中，如果功效价格超过边际成本，产品改进就是值得的。

联合分析法

功效定价法运用市场价格分析现有的产品特性组合，但这对于研究产品的新特性的价值来说还不充分。为了做到这一点，市场研究者们使用了联合分析法（conjoint analysis）。与功效定价法相似，联合分析法评估不同产品特性的相对收益。它的主要价值在于预估假定的特性组合的收益。尽管联合分析法能采取几种不同的形式，但通常的做法是，要求消费者对某种产品的不同特性在不同价位上进行排序。例如，他们可能被要求排列下列四种"搭配"：（1）没有随机播放功能、价格为 200 美元的 CD 播放器；（2）没有随机播放功能、价格为 300 美元的同一款 CD 播放器；（3）有随机播放功能、价格为 200 美元的同一款 CD 播放器；（4）有随机播放功能、价格为 300 美元的同一款 CD 播放器。消费者几乎都会将（1）排在（2）前，（3）排在（4）前。

不过，对（1）和（4）的排序就不是那么清楚了。将（4）排在（1）前的消费者的比例说明了消费者为随机播放功能付钱的意愿。在一个典型的联合分析中，消费者会被要求排列许多不同的搭配，然后研究者运用回归分析来评估价格和产品特性对排名的影响。根据这一点，研究者能够预估不同特性的市场价值。

另一种方法是要求消费者描述他们愿意为不同的特性组合支付的价格。研究者们把这些回答当作实际的市场价格，并运用回归方法预估每一种特性的价值。这种方法与功效定价法非常相似，只不过价格和产品是假定的。

附加值分析法

附加值分析法为我们理解经济价值产生于企业价值链的哪个环节提供了工具。假设有一家生产蓝色牛仔裤的企业，它向三种不同类型消费者销售产品。企业向一些制造商出售无商标牛仔裤，这些制造商将自己的商标附于其上，然后以自有品牌进行销售。企业还向独立批发商出售带有自己商标（通过广泛宣传和产品改进得到认可）的牛仔裤，后者再出售给零售商。此外，企业借助内部销售队伍，直接向零售商出售。现在，为简便起见，我们可以把企业的价值链看做由三个主要环节组成：制造；品牌管理，它包括了为树立该品牌而进行的营销行为；以及自销。制造环节通过将输入品转变为成形的牛仔裤而产生价值；品牌管理环节将本来默默无闻的牛仔裤转变为具有良好形象的品牌牛仔裤，从而创造价值；自销环节将本来可能出售给批发商的牛仔裤，通过自销来创造价值。附加值分析法确定这些环节中的每一个所创造的边际利润。

根据表 A13—1 显示的信息可知，毛利是：

25 000×（4－2.50）+70 000×（14－2.55）+15 000×（18－2.55－1.80）
－800 000＝243 750

附加值分析法的过程如下：

● 制造所附加的价值＝所有牛仔裤在无商标情况下出售给私有商标持有商所获的利润：

110 000×（4－2.50）＝165 000 美元或者说 1.50 美元/条

● 品牌管理所附加的价值＝与向私有商标持有者出售无商标牛仔裤相比，向零售商销售商标牛仔裤所产生的边际利润：

85 000×[（14－2.55）－（4－2.50）]－800 000
＝45 750 美元或者 0.54 美元/条

● 自销附加值＝与向批发商出售相比，向零售商自销有商标牛仔裤所产生的边际利润：

15 000×[（18－2.55－1.80）－（14－2.55）]

＝33 000 美元或者 2.20 美元/条

注意，三个环节的附加价值总和等于总毛利。这不是巧合。这是因为附加值分析法只是仔细计算了单个环节创造的附加利润。也许令人吃惊的是，这种分析揭示了最高的总附加值来自制造，而不是品牌管理，而最高单位附加值来自自销。尽管产品品牌化以及借助广告和促销手段予以支持对该公司来说是重要的行动，但它们对利润的贡献并非很大，因为同创造的收益相比，它们成本很高。

表 A13—1　　　　　　　　　　**蓝色牛仔裤企业的销量、价格和成本**

蓝色牛仔裤的总数量	110 000 条/年
出售给私有商标持有者的无商标牛仔裤的数量	25 000 条/年
出售给批发商的有商标牛仔裤数量	70 000 条/年
自销的有商标牛仔裤数量	15 000 条/年
无商标牛仔裤的销售价格	4.00 美元/条
出售给批发商的有商标牛仔裤的价格	14.00 美元/条
自销的有商标牛仔裤的价格	18.00 美元/条
无商标牛仔裤的单位生产成本	2.50 美元/条
有商标牛仔裤的单位生产成本	2.55 美元/条
单位自销成本	1.80 美元/条
品牌促销和宣传总费用	800 000 美元/年

【注释】

[1] 参见 "Northwest Airlines Bets on Hinterlands for Its Survival," *Wall Street Journal*, June 15, 2005, p. B1。

[2] McGahan, A. M., and M. E. Porter, "How Much Does Industry Matter Really?" *Strategic Management Journal*, 18, Summer 1997, pp. 15–30. 也可参见 Rumelt, R. P., "How Much Does Industry Matter?" *Strategic Management Journal*, 12, 1991, pp. 167–185。

[3] Drucker, P. F., *Management: Tasks, Responsibilities, Practices*, New York, HarperBusiness, 1973, p. 61.

[4] 逻辑很简单。每一点（图 13—6 中的 A 和 B）产生的消费者剩余是相同的，因此，$B_A - P_A = B_B - P_B$。整理后的收益为 $\Delta B = B_A - B_B = P_A - P_B$。

[5] 这个例子的数据资料来自 "Sports and Suds: The Beer Business and the Sports World Have Brewed Up a Potent Partnership," *Sports Illustrated*, August 8, 1988, pp. 68–82。

[6] 对于感兴趣的读者，这里解释了这个数字是如何得到的。总的消费者剩余（对比单位消费者剩余）可以表示为需求曲线之下、价格之上的区域。对于线性需求曲线，由公式 $P = a - bQ$（这里 Q 是总需求）给出，因此这个区域由 $0.5bQ^2 \div Q = 0.5bQ = 0.5P(bQ/P)$ 给出。括号中的部分是需求价格弹性（即，$\eta = P/bQ$）的倒数。因此，每单位的消费者剩余就是 $0.5P/\eta$。为了计算 η，我们按如下步骤进行。

体育特许经销商辛辛那提体育服务公司，为每杯 20 盎司的啤酒向经销商支付 0.20 美元/杯；向辛辛那提市支出专利使用费 0.24 美元/杯；向辛辛那提红人队支付专利使用费 0.54 美元/杯；以及支付执照税 0.14 美元/杯。因此，特许经销商的边际成本至少是 1.12 美元/杯。如果我们假设利润最大化的垄断价格是 2.50 美元，那么需求价格弹性 η 在 2.50 美元价格下就必须至少是 1.8（过会儿我们就会知道为什么）。利用之前单位消费者剩余的公式，我们得出一杯 20 盎司的啤酒的平均消费者剩余将不再是 0.69 美元。需求价格弹性必须至少是 1.8 的原因如下：从经济学初级课本中我们看到，最优垄断价格由 $(P-MC)/P=1/\eta$ 得出。因此，如果垄断价格是 2.50 美元，$(2.50-MC)/2.50=1/\eta$。由于 $MC=1.12$ 美元，代入上式化简得，$\eta=1.8$。

［7］在不知道体育服务公司或分销商生产成本的情况下，我们不可能得到纵向链条产生的真实价值。但是，不管这些成本是多少，生产者只得到了其中一小部分。

［8］这是数学运算过程。假设企业 1 创造的价值多于企业 2，所以 $B_1-C_1>B_2-C_2$。企业 2 最激进的出价是 $P_1^*=C_2$，你将获得的消费者剩余是 B_2-C_2。企业 1 的出价略优惠一点，它的出价略低于 $P_1^*=C_2+(B_1-B_2)$。在这个价格上，企业 1 的利润为 $C_2+(B_1-B_2)-C_1$，略低于 $P_1^*-C_1$。经整理得出 $(B_1-C_1)-(B_2-C_2)$，利润为正。因此，企业 1 在竞价中会胜过企业 2，并保持盈利。

［9］Rumelt, R., "The Evaluation of Business Strategy," in Glueck, W. F., *Business Policy and Strategic Management*, 3rd ed., New York, McGraw-Hill, 1980.

［10］此报道及其相关信息出自 "Mad money dominates the world soccer scene," by Grahme L. Jones, *the LA Times*, June 17 2009. 也可以从下面的网址中获知：http://www.latimes.com/sports/la-sp-soccer-commentary17-2009jun17, 0, 3882912. story。于 2009 年 6 月 28 日登载在网上。

［11］Ibid.

［12］价值链的概念是由迈克尔·波特提出的。参见 Chapter 2，*Competitive Advantage*, New York, Free Press, 1985。

［13］"机场 7 企业"这一说法是由安德鲁·泰勒为了描述机场 7 类型的租车公司提出的，他是企业租车公司的现任 CEO。实际上，在普通所有权关系上，有三对"机场 7 企业"在运营：先锋租车公司同时拥有国家租车公司和阿拉莫；圣达特公司同时拥有阿维斯和巴吉特；Dollar Thrifty 汽车集团同时拥有 Dollar 和 Thrifty。

［14］"Cadbury Redefines Cheap Luxury: Marketing to India's Poor, Candy Maker Sells Small Bits for Pennies," by Sonya Misquitta (with contributions from Eric Bellman), *Wall Street Journal*, June 8, 2009 page B4. 网址：http://online.wsj.com/article/SB124440401582092071. html。

［15］"Cadbury sees India as reginal cocoa hub" by Joe Leahy, Financial Times, June 1，2009, p.13.

［16］"Cult Brands: The Business Week/InterBrand Annual Ranking of the World's Most Valuable Brands Shows the Power of Passionate Customers," *Business Week* (August 2, 2004), pp. 64 - 67.

［17］该概念的其他表述法包括特有竞争力、核心竞争力等。

［18］普拉哈拉德和哈梅尔在他们提出的"核心竞争力"的概念中，阐述了这种能力。参见 C. K. Prahalad and Gary Hamel, "The Core Competence of the Corporation," *Harvard Business Review*, May-June 1990, pp. 79 - 91。

［19］Nelson, R. R. and S. G. Winter, *An Evolutionary Theory of Economic Change*,

Cambridge，MA，Belknap，1982.

［20］Henderson，R. and I. Cockburn，"Measuring Competence? Exploring Firm Effects in Pharmaceutical Research," *Strategic Management Journal*，15，Winter 1994，pp. 63 - 84.

［21］Porter，Michael，*Competitive Strategy*，New York，Free Press，1980.

［22］波特采用差异（differentiation）这一术语来描述我们所称的收益领先。

［23］Crawford，Fred and Ryan Matthews，*The Myth of Excellence*：*Why Great Companies Never Try to Be the Best at Everything*，New York，Crown Business，2001. 这个案例摘自克劳福德和马修斯对超昆商店的评论以及超昆商店内部的商业快讯。

［24］本节摘自 O'Kane，Paul，"All to Play for as Superquinn Changes Hands；Serious Challenges Face Premium Retailer's New Owners," *The Sunday Tribune* (January 16，2005)。

［25］Besanko，D.，D. Dranove，and M. Shanley，"Exploiting a Cost Advantage and Coping with a Cost Disadvantage," *Management Science*，47（2），February 2001，pp. 221 - 235.

［26］参见 Porter，*Competitive Strategy*，chap. 2。

［27］波特在其文章中将此观点阐述得较明确，参见 "What Is Strategy," *Harvard Business Review*，November-December，1996，pp. 61 - 78。

［28］Miller，D. and P. H. Friesen，"Porter's (1980) Generic Strategies and Quality：An Empirical Examination with American Data—Part I：Testing Porter," *Organization Studies*，7，1986，pp. 37 - 55.

［29］此图摘自 Hall，W. K.，"Survival Strategies in a Hostile Environment," *Harvard Business Review*，September-October 1980，pp. 75 - 85。

［30］参见 Porter，*Competitive Advantage*，chap. 1。

［31］图中的数据摘自 "Husky Injection Molding Systems," Harvard Business School，Case 9 - 799 - 157。

［32］Daughen，J. R. and P. Binzen，*The Wreck of the Penn Central*，Boston，Little Brown，1971，pp. 210 - 212.

［33］Carroll，P.，*Big Blue*：*The Unmaking of IBM*，New York，Crown，1993.

第 14 章　持续竞争优势

　　1973 年，联邦快递发明了隔夜包裹快递服务，并在美国 25 个城市开始运营。在实施这项服务的前 10 年中，联邦快递几乎完全垄断了所有业务，联邦快递也成了隔夜快递的同义词。联邦快递的成功引起了 UPS 的注意，它是美国"多于隔天"的包裹投递服务业中的领头羊。20 世纪 80 年代初，UPS 也开始实施隔夜快递服务。由于不太了解隔夜投递包裹要具备的条件，UPS 决定向该项业务的市场领先者学习经验。它仔细研究了联邦快递接受订单、安排投递时间以及包裹投递的程序，甚至让自己的司机紧紧尾随联邦快递公司的卡车来学习其方法。到 1985 年，UPS 已经能够与联邦快递全国性的隔夜快递服务一较高下；几年之后，UPS 又在可靠性方面赶上了联邦快递。UPS 逐渐从联邦快递手中不断抢走业务。截至 2000 年，UPS 已经占据了整个快递市场 34% 的份额，而联邦快递则占据了 41%。此外，利用现有的快递卡车队带来的规模经济优势，UPS 能够以比联邦快递更低的成本隔夜投递包裹，所以能获得更高的利润。

　　还有许多公司也有着与联邦快递类似的经历：由于竞争对手模仿甚至对它们的成功模式进行改进，或创新性地通过新技术、新产品或新业务方式抵消了公司的竞争优势，使历经多年培育出的竞争优势瞬间猝然崩塌。所有这些因素，再加上坏运气，就算是顶级企业也可能崩塌。但是，尽管不少企业的竞争优势稍纵即逝，但还是有一些企业似乎始终能维持自身的竞争优势，如软饮料中的可口可乐，制约和药品零售业中的沃尔格林以及钢铁行业中的纽科（Nucor）一直都保持着超越其竞争对手的优势。

我们在第13章中曾提出了这样一个问题：为什么有些企业的业绩能够超越其行业的竞争对手？在本章，我们提出的问题是：尽管其他公司效仿或抵消它们的优势，为什么有些企业还是能一直持续地超越其竞争对手呢？简而言之，一个企业如何能获得持续的竞争优势呢？为什么？

持续获得利润的难度

无论企业处于何种竞争环境，要持续获得利润往往都很困难。不利于利润保持的因素，如竞争对手的模仿和新竞争者的进入，在所有的市场结构中都是威胁。其他不利因素，如价格竞争，在竞争市场上甚至会给公司带来更大的威胁。

完全竞争市场和垄断竞争市场中威胁利润可持续性的因素

完全竞争理论是讨论持续竞争优势的逻辑起点，我们在经济学基础知识中已经详细讨论过完全竞争理论，该理论的一个至关重要的含义是：随着众多新进入者纷纷进入该市场，产品的供给量增加，价格降到经济利润为零的点（参见图14—1），有利的市场条件带来的盈利机会就会迅速消失。但这个理论出现在这里有何相关性呢？毕竟，完全竞争理论似乎只会在特定的行业结构中具有价值：所有企业都生产同类产品，都面对相同的技术和投入成本，而且每个企业的产量相对整个市场规模来说都微不足道，所以都只是价格接受者。其实，除了农业和渔业之外，几乎没有什么行业满足所有这些条件。

但竞争动态学看起来可以在比标准理论假设条件更复杂的环境下发挥作用。即便在企业生产差异化产品的行业中，潜在利润也会由于进入和模仿而消失。我们再来考察一下垄断竞争市场，该市场中卖方纷纷占据不同的利基市场（也就是说，它们通过提供不同特性的主产品来迎合具有不同偏好的消费者）。垄断竞争市场的卖方与完全竞争市场上的不同，它们能够在不会失去所有客户的前提下提高产品价格。我们在第1章曾经指出过，对于垄断竞争者来说，将价格设定在边际成本以上的做法是最优的选择。

即便垄断竞争的卖方将价格设定在边际成本之上，也无法保证一定能获得利润。它可能可以覆盖经营成本，不过必须有足够的销量才能覆盖固定成本。如果现有厂商能够盈利，并且进入是自由的，那么就会有企业不断进入该市场。这些新进入者由于与现有厂商稍有差异，所以它们会拥有自己的利基市场，但必然也会抢走现有厂商的部分业务。本书第8章阐述了，在累计利润超过固定成本之前，新企业将不断进入，直到累计利润大于固定成本。本书以快餐业为案例，说明出售差异化产品的新企业［比如，塔可钟（Taco Bell）］如何抢夺现有企业（比如麦当劳）的利润。现实生活中存在着其他很多这样的案例。

完全竞争市场和垄断竞争市场上现有的成功企业若不能阻止新的市场进入者，就无法维持利润。我们在第 11 章已经讨论过维持利润的战略。

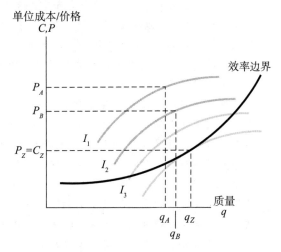

图 14—1　完全竞争动态学

在该图所描绘的市场中，消费者具有相同的偏好，分别以无差异曲线 I_1、I_2、I_3 来表示。向上倾斜的曲线表示的是该市场的效率边界。当市场存在自由进入和零成本模仿情况时，一个价格—质量点，例如（P_A，q_A）就无法保持下去。因为进入企业可以通过提供低价的高质量产品（例如，（P_B，q_B）），争夺在位企业的市场份额。完全竞争均衡出现在价格—质量的结合点（P_Z，q_Z）上。在该点上，经济利润为零，而且不存在其他的价格—质量点能同时提供更大的消费者剩余和更高的利润。

案例 14—1

"蜂拥而至的网络电话公司"（"Von-A-Bees"）[1]

现在，大多读者可能听说过（或者定制过）网络电话服务。凭借这个服务，用户可以通过互联网打电话，而不是通过传统的电话线。这项服务依赖的技术是数字语音技术或者 VoIP。通过 VoIP 获得的声音质量和通过电话线获得的语音质量差不多，但是成本相对很低。

2002 年，一个被称为"沃纳奇"的公司进入 VoIP 市场。沃纳奇公司大约只有 50 名员工，是一家初创公司，通过 SIP（Session Initiation Protocol）向用户提供网络电话服务，SIP 是哥伦比亚大学的一位教授研发的。沃纳奇公司融得风险投资 1 亿多美元，迅速发展，服务获得大约 80 万用户的定制，逐渐成为最大的网络电话公司。随着用户变得越来越多，沃纳奇公司的 CEO 杰弗瑞·斯特朗（Jeffrey Citron）认为，沃纳奇公司的成功是板上钉钉的事，甚至预言，会使传统电话公司倒闭破产。2006年沃纳奇公司上市时，公司市值超过20亿美元，斯特朗的身价超过5亿美元。

斯特朗和沃纳奇公司在公司迅速发展的时候就应该未雨绸缪，而沃纳奇公司的成功为新进入企业拉响了警报。2003年，卢森堡的一家公司Skype研发了自己的即时通讯软件，与使用SIP的网络电话公司进行竞争。Skype现在是市场中的第二大网络电话公司服务商。

Skype的竞争对于沃纳奇公司而言并不构成什么威胁。其面临的主要问题是：SIP技术可以从互联网上免费自由获取。沃纳奇公司不得不与财力雄厚的AT&T和威瑞森通讯公司（Verizon）以及一些初创企业进行竞争。沃纳奇公司对它们嗤之以鼻，称它们是"一群乱蜂"。然而，沃纳奇公司本应该认真地对待这些竞争对手。

这些数字电话服务提供公司不仅抢夺了市场份额，而且还加剧了竞争，服务价格不断下降。2004年5月，AT&T进入网络电话市场之后不久，沃纳奇公司就把每月服务费从35美元降为30美元。2004年10月，AT&T也把每月服务费降到30美元。2004年末，沃纳奇公司甚至推出了每月500分钟15美元套餐。为了规避美国市场的激烈竞争，沃纳奇公司尝试着把自己定位为质量可靠的高端服务提供商。但是，SIP技术公开已经不是秘密，沃纳奇公司甚至在硬件设施方面也尝试采取差异化策略。

沃纳奇公司还面临着其他方面的挑战。有线电视公司开发了通过电缆提供电话服务的技术并且数字电话服务经常与电视和宽带绑定在一起，这些公司可以提供低价、便捷的服务，沃纳奇公司在这些方面无法与它们匹敌。

至2008年，沃纳奇公司很快成为通讯技术革命的过客。其业务增长停滞，市值刚刚超过2亿美元。缺乏独特资源的企业经常会出现类似沃纳奇公司的状况，成功对它们而言可能只是昙花一现。

所有市场结构下威胁持续盈利的因素

即便在可以阻塞或阻碍新厂商进入的寡头垄断市场或垄断市场中，成功的在位者也可能无法保持长久的盈利。因为有些导致成功的因素是现有厂商不能控制的，如天气或一般的经营环境。科罗拉多州3月份的一场暴风雪耽搁了康胜（Coors）啤酒向西海岸的运输，从而使康胜公司3月份的销量下降，相应地提高了如百威和米勒这类竞争性品牌啤酒的销量。但是，没有人能预测康胜4月份的销量会继续走低，同样，也不能断定百威和米勒在4月不会维持3月销量增长的势头。如果正如人们所期望的，4月的销售额恢复至历史水平，我们就可以说利润出现了向均值回归（regression to the mean）的迹象。向均值回归的一般观点如下：当一个企业的业绩非常出色时，我们就要考虑一下这是不是受益于运气太好；相反，一个业绩不良的企业可能运气太糟。好运气不可能常有（否则就不叫运气了），所以我们可以认为成功企业的业绩可能会下滑，而业绩不良的企业的情况也会改善。回归均值的可能性意味着，无论企业的业绩是极好还是极坏，都不可能长久地持续。

业绩特别好或特别糟不会总是运气所致。（如果是的话，进行商业教育就没有什么意义了！）本章稍后将会讨论，企业可以培育出其他企业难以复制的真正的优势。但是，即便如此，也不能保证企业能够维持持续的利润流。尽管不可模仿的优势可以帮助企业抵制竞争对手和行业新进入者的威胁，但当企业面对强大的购买者和供应商时，它却无法给予企业有力的保护。正如在第 12 章已经探讨过的，强大的购买者和供应商能够使用它们强大的议价杠杆来榨取兴旺企业的利润；而当企业苦苦支撑时，它们又会使用同样的手段将部分利润返还给企业。总之，强大的购买者和供应商有"削平"利润波峰、"填平"利润波谷的作用。如果没有它们，企业的利润可能会呈现较大的变动。

美国棒球大联盟（Major League Baseball）为我们提供了一个供应商的影响力如何威胁持续利润的典型例子。部分由于规模经济和豁免于美国反托拉斯法，在整个 20 世纪，棒球大联盟都是该行业的垄断者。即便如此，许多球队的所有者还是没能获利。其中一个原因是在 20 世纪 70 年代和 80 年代，通过诉讼和一系列成功的工作，强大的棒球大联盟协会已经将球员的平均工资提高到每年 100 万美元以上。面对日益升级的工资，球队所有者担心不能够持续获得利润，因此在 1994 年摆出一副强硬的讨价还价的姿态，由此导致球员罢工，并引发了 1994 年世界职业棒球联赛取消。在本垒打球员（home runs）马克·麦圭尔（Mark McGwire）和萨米·索萨（Sammy Sosa）及老球员小卡尔·里普肯（Cal Ripken Jr.）的帮助下，棒球联赛才得以恢复。

持续盈利的证据

如果威胁利润可持续性的因素到处存在，那么大部分行业的经济利润会迅速趋于零。相反，如果存在限制动态竞争的因素（如第 11 章中讨论的进入壁垒，或者本章中我们稍后要讨论的模仿障碍），则利润就能够得以维持：现在的获利高于平均利润的企业在将来能够持续如此，而现在低利润的企业也会继续维持微利。目前，我们能观察到的利润可持续性模式有哪些呢？

经济学家丹尼斯·米勒（Dennis Mueller）已经对利润的可持续性问题做了最全面的研究。[2] 他以 1950—1972 年间美国 600 家制造企业作为研究样本，采用统计技术对利润可持续性进行估量。要总结出米勒的研究结果，最简单的方法就是以美国的两组制造企业为例进行说明。一组企业（高利润企业组）税后账面资产收益率（ROA）比普通制造企业的平均高出 100%。如果普通制造企业 2002 年的 ROA 为 6%（这大体上等于过去 20 年里美国制造企业的平均 ROA），那么高利润组企业的平均 ROA 为 12%，而另一组企业（低利润组企业）的平均 ROA 为 0。如果利润遵循米勒研究的样本企业模式，截至 2005 年（3 年之后），高利润组企业的平均 ROA 应该大约为

8.6%，到 2012 年平均 *ROA* 则稳定在大约 7.8% 的水平上，比普通制造企业的平均水平高出 35%。同样，截至 2005 年，低利润组企业的平均 *ROA* 大约应为 4.4%，而到 2012 年则稳定在 4.9%，比普通制造企业的平均 *ROA* 低19%。图 14—2 说明的就是这些模式。[3]

2009 年，高利润组的平均 *ROA* 是 12%，之后不断下降，最后不到 8%。低利润组企业的平均 *ROA* 是 0，之后日益增长，最后达到大约 4.9%。两组企业的利润之间的差随着时间的推移越来越小，但是不会相同，契合完全竞争理论的内容。

米勒的研究结果显示，一般说来，具有超常高盈利能力的企业，随着时间的流逝，盈利能力趋向于降低；而具有超低盈利能力的企业，随着时间的流逝，盈利能力通常趋向于提高。但是，正如图 14—2 所示，两组企业的利润率并不聚合为一个平均值。从长期来看，相对于一开始利润率就较低的企业，一开始具有高利润率的企业将来的利润也会较高。[4]

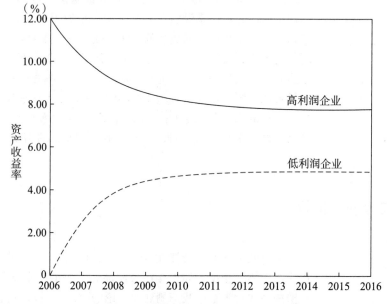

图 14—2　米勒样本企业持续盈利的模式

高利润组企业在 2000 年时一开始的平均 *ROA* 为 12%，随着时间的流逝逐渐降低，聚合到大约 8% 的水平。而低利润组企业在 2000 年时一开始的平均 *ROA* 为 0，随着时间的流逝逐渐提高，聚合到大约 4.9% 的水平。随着时间的流逝，两组企业的利润更加靠近，但是，正如完全竞争理论所预测的，它们并没有聚合到一个平均值。

米勒的研究结果揭示了市场力量对于利润是一种威胁，但是只有当市场力量达到一定水平时才会构成威胁，而其他力量则看上去保护了获利的企业。迈克尔·波特的五力（在第 12 章中作了论述）就是这些力量中重要的一类。许多因素，例如高进入壁垒或者其他软化价格竞争的结构条件，保护了整个行业的盈利能力。但是，我们在这里关心的是另一类力量，这些力量能够保护单个企业的竞争优势，并使其能够在行业中保持发展良好的态势。

至少在原则上，这些力量与波特的五力不同。一个行业中，如果价格竞争激烈，且进入壁垒很低，则行业中的企业发展前景将很不确定。因为竞争优势的来源很不明了，或者很难被竞争对手效仿，所以竞争优势能保持较长时间。相反，一个行业的结构条件可能会为企业间的定价合作提供便利，使企业获得比竞争条件下高的回报，但是行业内的模仿障碍较低，以至于没有一个企业能实现比其他企业更高的利润。

持续竞争优势

本节讨论持续竞争优势的经济学基础。作为开始，我们将持续优势和第13章中的资源与生产能力的概念结合起来。然后，我们介绍隔离机制（isolating mechanism）的概念，并讨论它对持续竞争优势的重要性。

资源基础的企业理论

第13章将竞争优势定义为企业的经营优于行业中其他企业的能力，也就是企业获利高于行业平均利润率的能力。为取得竞争优势，企业必须比竞争对手创造出更多的价值。企业创造更高价值的能力又取决于其资源储备（也就是企业专用性资产以及生产要素，例如专利权、品牌声望、顾客群和人力资源），以及使用这些资源所产生的独特能力（也就是企业能比竞争对手做得更好的活动）。

仅仅依靠资源与生产能力并不能确保企业保持竞争优势。只有在竞争对手或新进入者效仿或削弱企业的竞争优势的情况下，企业仍能够保持该种优势，这种竞争优势才具有了可持续性。[5]为使之成为可能，企业之间就必须一直保有非对称性。它们必须具有不同的资源和能力，并且经营不佳的企业很难获得经营出色企业的资源和能力。资源异质性是资源基础的企业理论战略框架的重要基石。[6]该理论指出，如果一个市场中的所有企业具有相同的资源和能力储备，那么适合其中一个企业的价值创造战略也就适合于该市场的所有其他企业。任何其他企业都可以复制具备优势的战略。企业要保持竞争优势，就必须以稀缺和难以流动（imperfectly mobile）的资源与能力为基础。

案例14—2

星巴克的衰落：放弃专一化

2008年前的十几年间，星巴克一直在吹嘘，每个工作日，星巴克都会在一个新的地方开一家星巴克咖啡馆。至2008年，这家巨大的跨国公司宣布，开始关闭一些门店。公司的衰落境况在澳大利亚表现得尤其明显，星巴克澳大利亚公司表示，其将留下的门店数量不到三分之一。星巴克出什么事了？为什么澳大利亚的分店经营如此惨淡？

虽然星巴克的第一家咖啡馆（坐落在华盛顿西雅图）Pike's Place 非常小，但是，现在人们说起它时，都会认为它是一家规模巨大的跨国企业（同时还会指责它在哪些方面做得不好）。星巴克的定位既是为顾客提供饮料的小咖啡馆，又是不断扩张的国际型企业，这样的定位对于星巴克而言的确是一个挑战，用星巴克公司总裁霍华德·舒尔茨（Howard Schultz）的话说，就是"公司内部的冲突，保证增长不稀释公司的文化"[7]。他确实应该早知道这一点。

星巴克现在的发展理念始于霍华德·舒尔茨加入公司时，那时，他担任市场零售主管。他劝说公司在美国市场采用意大利浓咖啡馆的模式。最后，舒尔茨开办了自己的公司，后来在 1987 年把星巴克收购了。那时，星巴克已经在加拿大和美国之外的地方开了 17 家咖啡馆。[8]

1992 年，星巴克已经开了 165 家咖啡馆，并且上市了，在纳斯达克首次公开发行股票。之后，星巴克用了五年时间，与许多零售商店签订合约，在诺德斯特姆（Nordstrom）高端商店销售烘烤咖啡豆，在机场和巴诺书店（Barns & Noble）销售星巴克咖啡和其他产品。1994 年，星巴克拥有 425 家门店，把业务扩展到了美国东部海岸地区，并且第一次在连锁旅店的零售店中销售星巴克的咖啡产品。

第二年，1995 年，星巴克涉足娱乐业（和一些重要咖啡店形成互补），销售经常在星巴克咖啡店中播放的音乐 CD。这一年，星巴克开始（通过建立合资企业的方式）向日本扩张。1998 年，星巴克已经拥有了 1 886 家门店，开始在杂货店中销售星巴克火烤咖啡豆，继续国际化扩张，拓展咖啡生产线，开始制售冰激凌和瓶装咖啡饮料，并且销售果汁和咖啡混合的饮料。

2000 年，霍华德·舒尔茨辞任 CEO，不久，公司的收入和销售量就开始下滑。一位分析人士认为，这要归咎于公司在产品线和市场中的过度扩张，或者由于极易获得使之失去了高端品质的定位。但是，更根本的原因是，公司改变了核心产品的生产方式。星巴克引入半自动化的机器生产咖啡，而不是让咖啡师人工磨制浓咖啡。这样虽然提高了生产效率，减少了时间，可以持续保证品质，但是顾客却失去了所谓的"星巴克消费体验"。

2008 年 7 月，星巴克开始关闭一些咖啡馆，舒尔茨恢复 CEO 的职位，承诺要把星巴克的重心重新放在咖啡上。在给公司高管的一份备忘录中，他表示，热食的引入和咖啡磨制时间的减少，导致了公司失去了舒尔茨所称的"星巴克最有力的无语标识"——咖啡的芳香。[9]

澳大利亚的业务经营之所以更加惨淡，是因为星巴克引入"欧洲风格"的商业模式和咖啡饮用的体验水土不服。在星巴克进入澳大利亚市场之前，澳大利亚已经形成了独特的咖啡文化。据悉尼大学经济和商业学院战略管理学副教授尼克·威尔斯（Nick Wailes）所说，没有理解当地的文化，意味着星巴克正在成为自己不想成为的那类"大公司"。舒尔茨认识到了澳大利亚市场存在的问题,但是,他认为,星巴克可以以一种一定会取得成功的方式改变经营。[10]

为保持竞争优势,资源必须是稀缺的,其中的原因显而易见。但是,仅仅稀缺性本身却不能保证竞争优势是可持续的。若创造价值的资源是稀缺的,企业就必将竞相获得。只有如此,竞争优势带来的额外经济利润才能为资源所有者占据。比如,一个企业最重要的资源是有才能的员工,例如体育明星,那么额外利润体现在体育明星的高工资上面,而不是企业的利润。再举一例,零售商凯马特公司通过家庭主妇、媒体明星、女商人马莎·斯图尔特的特许经营销售了数十亿美元的家居用品,但是,斯图尔特的公司拿走了大部分利润。如果凯马特公司拿走了更多的利润,斯图尔特大可以与其他零售商签订特许经营合同。最后一个例子,假设有一个价值非常高的地方只能容纳一个零售店,零售商可以支付很高的价格获得这个地块。如果零售商前瞻性地观察到了这个特点,就会在其他竞争者到来之前建立一家零售店,使其他竞争者捞不到利润,自己独占这个地点的商业零售利润。

如果资源难以流动,那么获得该稀缺资源的企业将保持竞争优势。这也就意味着该资源无法以高价将自己"卖给"出价最高的人。零售商凯马特本可以在特许交易形式下向家庭主妇、媒体明星、妇女实业家——马莎·斯图尔特销售几百万美元的家庭用品,但是这些利润却被斯图尔特女士自己的公司获得了。确实,只要凯马特还有利润空间,那么斯图尔特女士就会通过不同零售商以更有利的条件销售她的家庭用品。能将自己的劳动力资源卖给最高出价人的天才雇员也是流动性资源,只要看看那些可以不通过代理机构自主签订厚利合约的足球运动员与棒球运动员就明白了。企业可以通过长期劳动合同或者"非竞争条款"来限制这种流动性。但是,高效率的职员总是能意识到自己将给企业带来的价值,因此能够在签订这些合同前就索要更高的工资。

对于企业来说幸运的是,许多资源都是不可流动的。一些资源天生就是不可进行交易的。这些资源包括企业通过积累经验而获得的工艺,或者是企业在与竞争对手竞争中的强硬声望。其他一些资源是可进行交易的,但是由于它们具有关系专用性,因此它们在一个企业会比其他企业更有价值,从而也就限制了外部企业竞价获取这些资源的动机。一些资源是具有共同专用性的(cospecialized),也就是共同使用这些资源比单独使用具有更高的价值。例如,与其他竞标者相比,达美航空公司的登机门与跑道使用权对亚特兰大哈兹费尔德机场来说会具有更高价值,原因就在于达美航空公司在亚特兰大具有很强的"品牌认知度",并且亚特兰大的大多数旅客都在达美航空公司累积了大量的飞行里程数。因此,达美就能够以更低的价格获得机场登机门和跑道的使用权,从而得以获利。而且其他航空公司也不愿意出更高的价格与其竞争。高效工作团队的成员也是具有共同专用性的。虽然有可能发生整组员工跳槽的事情,但是,实际上这种协调一致是非常困难的，特别是如果一些工人在本地市场存在个人利益关系时。

不可流动性资产具有如此重要的作用，以至一些企业为了试图获得它们而不惜进行竞争，导致利润减少。当主要资源是一个只能维持一个零售渠道的地域时，就会发生这种情况。零售商可以出高价地租，将竞争对手挤走。但是，一个具有前瞻性眼光的零售商甚至可能在该地域带来最大化的利润之前就建立商店，阻止潜在的竞争对手获取此处。而这种做法就会降低该地域的利润。

案例 14—3

美国航空公司与西北航空公司的收益管理之争

美国航空公司和西北航空公司之间的收益管理之争就是由于资源流动性而导致的。[11]该争端的重点在于美国航空公司声称，西北航空公司窃取了其与收益管理相关的重要信息。

收益管理指的是能够最大化航空公司收益（每个座位每英里的美元收入）的一套管理做法。收益管理技术结合了数学最优模型和预测技术，有助于航空公司制定票价，确定不同类别票价的座位数，并且根据需求条件的变化来调整座位量。在整个航空业中，美国航空公司有着最成熟的收益管理方法。在 20 世纪 90 年代早期的诉讼时期，该系统帮助美国航空公司每年增加 3 亿美元的收入。

与此相反，西北航空公司的收益管理能力却低于平均水平。20 世纪 80 年代晚期，它雇用一个顾问来设计数学模型，以便开发新系统。但是，该顾问所做的努力很快就遭到公司经营层的怀疑，因为他设计出的系统预计成本为 3 000 万美元，但是能否成功却不确定。1990 年，西北航空公司解雇了该顾问。

随后，西北航空公司就试图购买美国航空公司的收益管理系统。但是，作为该系统的交换，美国航空公司要求西北航空公司把芝加哥与东京之间航线的经营权授予它。该航线的预计市场价值在 3 亿～5 亿美元之间，因此，西北航空公司就拒绝了该项交易。

1990 年秋季，西北航空公司雇用了美国航空公司收益管理部门的经理约翰·加勒尔（John Garel）。之后，加勒尔试图将美国航空公司最优秀的收益管理者都吸引到西北航空公司。1990 年，西北航空公司新雇用的 38 名收益管理雇员中，有 17 位来自美国航空公司，他们得到的报酬都比以前高了 50%～100%。

除了雇用美国航空公司的许多收益管理者外，西北航空公司还设法弄到了一张含有美国航空公司"溢出量"表格（spill tables）的磁盘，而该表格是用于规划新飞机采购的数学模型的一个关键部分。1990 年，西北航空公司试图购买该溢出量表格和美国航空公司的管理系统。美国航空公司控告一名被西北航空公司雇用的员工拷贝了该资料。此外，西北航空公司还得到了美国航空公司关于如何改进收益系统的内部文件。其中一份文件名为"需求预测研讨会"，它后来被西北航空公司采用，极大地改进了它的 AIMS 系统。美国航空公司控告称其收益管理系统包含 5 个关键技术，所有这些关键技术都被西北航空公司剽窃了。西北航空公司的一名收益管理经理将改善后的收益管理系统称为"AIMS系统的心脏移植"。

1993年，美国航空公司在联邦法院起诉西北航空公司。它要求阻止西北航空公司采用其改进的收益管理系统，并索要5 000万美元的赔偿金。另外，美国航空公司也起诉了西北航空公司的国际市场伙伴——荷兰的航空公司KLM。根据美国航空公司的说法，西北航空公司将美国航空公司的内部文件转给KLM使用。[12]

该案例说明，作为竞争优势基础的资源可能具有非常大的流动性，特别是当这些资源是杰出的人才时。此外，当该资源是可以记录或者拷贝的信息、技术或者方案时，也会具有很大的流动性。但是，值得注意的是，西北航空公司虽然雇用了美国航空公司的收益管理者，却无法获得它所期望的所有附加值。因为这些利润的其中一部分用于支付这些人的高额薪水。这一点强调了竞争市场的一般性：当一种稀缺资源具有完全流动性，并且对其他企业也是一样重要时，该企业从这个资源中获得的利润会因为其他企业对该资源的竞争而减少。

隔离机制

稀有的和不具流动性的关键资源与能力是维持可持续竞争优势的必要条件，但不是充分条件。如果其他企业能开发出复制或者削弱企业优势的资源与能力，那么该企业从拥有的一系列稀缺资源和不具流动性资源中得到的竞争优势也将会受损。例如，20世纪70年代，施乐在普通纸张复印机市场上占据了明显优势，这是由于它具有提供优质服务的能力，该种能力得到了可提供及时服务的零售商网络的支持。佳能依靠产品的可靠性在小型复印机市场上成功地挑战了施乐。由于它的产品很少出现故障，所以也不需要像施乐那样提供经常性的服务。佳能卓越的产品质量削弱了施乐的优势，减少了施乐的服务能力和零售商网络的价值。

理查德·鲁姆特提出隔离机制（isolating mechanisms）这个术语，用来指限制其他企业通过资源创造性活动复制或削弱某个企业竞争优势的程度的经济因素。[13]因此，隔离机制保护了那些足够幸运或具有远见从而获得了竞争优势的企业。对于企业而言，隔离机制就如同行业进入壁垒一样：进入壁垒可以阻止进入者进入该行业并夺走在位企业的利润，而隔离机制可以保护企业不因其他企业的竞争而损失其从竞争优势中所获取的额外利润。

隔离机制的分类方法有多种，不同作者的分类方式各不相同。[14]我们将其分为两个不同的类别：

1. 模仿障碍（impediments to imitation）。这类隔离机制阻止现有企业和潜在进入者复制构成其他企业优势基础的资源与能力。例如，高尔夫俱乐部市场上有许多企业参与竞争，但是却很少能有企业比得上卡拉威（Callaway）在设计创新型高尔夫俱乐部和高尔夫球方面的能力。很明显，模仿障碍的隔离机制防止竞争企业复制成功企业的优势能力。一些公司采取了伪造卡拉威俱乐部形式的办法，这个具体事例显示了要模仿卡拉威在高尔夫俱乐部设计方面的能力有多难。例如，2004 年 3 月，卡拉威从 Newport 高尔夫公司夺走了 27 000 名俱乐部顾客，该公司的俱乐部被指控伪造卡拉威的俱乐部模式。

2. 先行者优势（early-mover advantages）。一旦企业获得了一项竞争优势，随着时间的流逝，这类隔离机制就能够提高该优势的经济实力。例如，思科系统公司在诸如连接 LANs（局域网）的路由器和交换机等产品市场中占主导地位。该领域的成功使思科互联网操作系统（思科 IOS）软件成为了行业标准，这又反过来使思科的整个网络产品生产线大受裨益。因此，在 20 世纪 90 年代，网络设备业务大量增长的时期，思科系统取得的回报率远远超过了资本成本，这一点也就不足为奇了。例如，在 1992—1996 年间，思科每年的资本回报率和资本成本率之间平均的差额达到 40.36%，高于英特尔、可口可乐和微软公司。[15]

图 14—3 描述了这两类隔离机制的差别。在图 14—3（a）中，行业中的所有企业最初处于相同的竞争地位上。然后，企业 G 的一个"惊人之举"使其相对于市场中其他企业处于有利的地位。这里的"惊人之举"指导致市场竞争地位出现重大转变的根本性变化。"惊人之举"包括专利申请或者产品创新、新的消费者价值来源或子市场的发现、需求或者偏好的转变，或者是管制政策（能明显转变企业的战略地位的政策）的变化。模仿障碍的隔离机制阻止了其他企业完全复制企业 G 的优势，这一点在图 14—3（b）中显示了出来：随着时间的流逝，其他企业没有能力与企业 G 的竞争地位相匹敌。先行者优势与模仿障碍略有不同。由于企业 G 是第一个从"惊人之举"中获益的企业，它最终相对于其他企业的竞争优势会越来越大，这一点从图 14—3（c）中可以看出来。

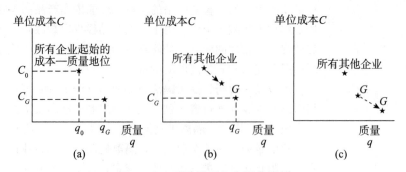

图 14—3　模仿障碍与先行者优势

（a）所有企业在市场中最初的成本—质量地位都是（C_0, q_0）。企业 G 在做出"惊人之举"之后，获得了竞争优势，其质量更高、成本更低。

（b）模仿障碍：随着时间的流逝，企业 G 的竞争对手可以降低成本、提高质量，但是它们无法复制企业 G 占优势的成本—质量地位。

（c）先行者优势的动态过程：随着时间的流逝，企业 G 具有的优于其他企业的成本和质量优势进一步提高。

如果发生"惊人之举"的情况很少，并且隔离机制作用巨大，那么企业就能长期保持竞争优势。鲁姆特认为，如果一个企业的竞争优势受隔离机制保护，那么它就能够在一段时间内保持该战略，同时能比现有企业（或者是可能进入该行业的新企业）获取更高的利润。与之相伴的一种看法是，具有持续高利润率的企业也并不必然意味着它管理得很好。正如鲁姆特指出的："即使是傻子也可以（在短时间内）赢得一个好结果。"[16]

在接下来的两小节中，我们会详细讨论模仿障碍和先行者优势。

模仿障碍

在这一节中，我们讨论四种模仿障碍：

1. 法律限制。
2. 获得投入品或者顾客的优越渠道。
3. 市场规模与规模经济。
4. 模仿企业具有的独特能力的无形障碍：因果模糊性、对历史环境的依赖和社会复杂性。

法律限制

法律限制，例如专利权、版权和商标，以及政府通过经营权许可证、证书或者配额等方式对进入的控制都是阻止模仿的有力障碍。[17]杰弗里·威廉斯（Jeffery Williams）指出，1985—1990年间，在美国受到专利保护的产品的总体投资收益比任何单一产业都高。[18]

专利权、版权、商标和经营权可以进行买卖和交易。例如，泰德·特纳（Ted Turner）购买了老电影，如《飘》的版权后将这些电影在电影院和他的电视频道中放映。因此，尽管这些资源是稀缺的，但是也具有高度流动性。这种流动性就意味着如果企业通过购买专利权或者经营权试图获得竞争优势，就需要支付竞争价格才能够实现。如果事实如此，除非购买者使用这些资产的方法是其他潜在买主所不具备的，否则购买这笔资产就是一项盈亏持平的交易。这就要求企业比其他企业掌握更多的信息，即如何最大程度地利用该资产或稀缺互补资源的所有权来提高资产价值。

我们在第6章中讨论多样化企业的兼并计划时已经遇到该问题了。目标企业是流动资产，它们的所有者将会把它们销售给出价最高的人。有证据表明，只有当目标企业和兼并企业的业务之间存在互补关系，兼并者才不会由此而受到损失。（在第6章中，我们使用术语"关联性"来描述这种互补关系。）否则，目标企业的所有者就会获得兼并的所有收益。

资产流动性也意味着专利权或者经营权的所有者将之出售给其他企业可能更有经济效益。例如，许多大学都设有专门办公室，负责出售由教师研究获得的专利。因为大学认识到，让其他厂商生产有市场前景的产品可能更合算。这也说明了关于专利权和其他经营权的一个重要观点：一旦得到专利权或者经营权，它的排他性就使其具有持续的价值。不论谁拥有该资产，都将拥有此种价值。但最大化这种价值最终还是一个自制和购买决策，而自制和购买决策的解决建立在本书第二部分论述的原则基础上。

获得投入品或者顾客的优越渠道

与竞争对手相比，一个企业能够以更加优惠的条件获得更高质量或者更高生产率的投入品，如原材料或信息，那么它就具有了竞争对手所无法模仿的成本与质量优势。企业常常通过所有权或者是长期排他性的合同的方式控制供应渠道，以获得更加优惠的投入品。例如，国际镍矿公司（International Nickel）通过控制集中于加拿大西部的最优质的镍矿，因此在20世纪3/4的时间中在整个镍行业占据了主导地位。托普斯公司（Topps）通过与每个专业棒球球员签订长期排他性的合同，只允许它的棒球卡上附有球星相片并可以和口香糖或糖果一同销售，从而在美国垄断了棒球卡的市场。20世纪80年代初，美国政府宣布，这种长期合同是非法的，它阻止了其他企业获得卡片生产的基本投入品——球员的相片的渠道。

与投入品的优越渠道相似的是获得顾客的优越渠道。如果企业获得最佳销售渠道或者最有效的零售店位置，它将会在与对手竞争顾客时具有优势。制造企业通过保持排他性交易条款来规定零售商只能销售该企业生产的产品，从而阻止其他企业获得该零售渠道。在第二次世界大战之前，大部分美国汽车生产商与它们的零售经销商之间存在排他性销售安排。根据劳伦斯·怀特（Lawrence White）的观点，这种条款提高了汽车行业的进入壁垒。[19]20世纪50年代初，随着美国政府通过了反托拉斯法，有关的法律威胁到了汽车三大巨头维持排他性销售条款的能力，于是这些条款随后自动取消了。一些观察家认为，这些排他性经营措施的终止使得日本制造企业能够在20世纪七八十年代打入美国市场。[20]

许多公司寻求通过优越的投入品和顾客渠道获得可持续优势，但它们中的大部分企业都会陷入我们在第4章中所描述的自制与外购的谬误。正如专利权和商标可以进行买卖一样，使企业能够控制稀缺投入品或销售渠道的地域或合同也是可以买卖的。因此，只有当企业能够以"低于市场"的价格获得这些渠道时，优越的投入品或者顾客渠道才能够使企业保持持续的竞争优势。例如，如果人们知道某个地方有高质量的铀，那么该地的价格就会被哄抬上去，直到经济收益被最初的所有者获取为止，并且购得该地的企业所得的利润不会高于那些竞买失败者的利润。同样，由于认识到签约引进一个像路易斯·普若尔斯（Luis Pujols）和克里斯·卡彭特（Chris Carpenter）这样的超级球星能带来巨额的收益，棒球队将会互相竞争以获取这些球员，所以球员自己（普若尔斯或者卡彭特）就能够从他们稀缺的和可贵的技能中获得巨大的经济利润。该逻辑的推论就是：只有当企业控制了稀缺投入品的供应，而其他企业或个人却没能认识到它们的价值或不能利用它们时，才能使企业获得超过其他竞争对手的经济利润。但是，企业也可能遭遇"福兮祸所伏"。因为赢得投入品竞标战的企业可能对其价值估计过于乐观。除非企业考虑到了过于乐观的可能，否则投标的胜者就最终会为之花费了过多的资金。

可乐大战：进军委内瑞拉之争

可口可乐和百事可乐长期以来的成功说明了一个强有力的品牌声誉能够转变为企业的持续优势。最近几年，很少有具有足够实力的挑战者能对这二者构成威胁，可乐的味道可能仅仅是部分原因，因为许多消费者认为其他品牌的可乐，如 RC 可乐，其味道和可口可乐或者百事可乐是一样的。但是，竞争企业缺少可口可乐和百事可乐那样的品牌形象，为提高形象知名度需要大量广告投入。其中一个潜在的竞争者竟然冒着生存的风险来提高品牌形象。理查德·布兰森（Richard Branson）两次试图以装饰着维珍可乐（Virgin Cola）标志的热气球环绕全球飞行。

虽然可口可乐和百事可乐具有非常高的国际品牌认可度，但是二者却没有平等地分享国际市场。例如，可口可乐在整个南美洲长期主导着可乐市场，唯一的例外就是在委内瑞拉。截至 1996 年，百事可乐在委内瑞拉的销售额为 4 亿美元，占据了当地可乐市场 80％的份额。1996 年，可口可乐从西斯内罗斯集团（Cisneros Group）购买了委内瑞拉最大的软饮料罐装公司 Hit de Venezuela 一半的股份。该公司随之改名为可口可乐 y Hit，并立即将经营转向可口可乐的生产；此外，4 000 辆百事可乐卡车也成为可口可乐的了。我们可以从电影《可乐小子》（*The Coca-Cola Kid*）的一个场景中看到，可口可乐的卡车开始在整个委内瑞拉到处运输可乐，可口可乐取代了百事可乐，成为委内瑞拉的主导可乐。可口可乐通过与销售渠道保持紧密联系，确保了其市场主导地位。正如人们所预期的，可口可乐为之付出了高昂代价。据估计，可口可乐为 50％的市场份额支付了 5 亿美元。经济理论认为，可口可乐从该项交易中是不可能获利的。毕竟，该市场上的垄断权力属于西斯内罗斯集团，而不是可乐生产者。可口可乐的官员声称，企业从委内瑞拉的兼并中得到的收益在长期内会逐步增加。可口可乐驻委内瑞拉的一位主管说："我们将尽一切努力来赢得该市场。我们考虑的不是今天，而是 10 年后的今天。"[21]

可口可乐是否为获得市场份额而付出了太大的代价这个问题在 1997 年 5 月时有了答案。当时，总部设在墨西哥的一个独立的可乐罐装公司 Panamco，花费 11 亿美元，兼并了可口可乐 y Hit 公司。可口可乐公司看上去在该项交易中赚了不少：它通过购买 Hit de Venezuela 并随后将其销售出去而获得了丰厚的利润，同时仍然在委内瑞拉市场占据着主导地位。

虽然可口可乐从百事可乐手中夺得了委内瑞拉市场的控制权，但是百事可乐在该国仍然占据着有价值的资产——百事可乐的品牌形象和口味（许多委内瑞拉人明显更喜欢百事可乐较甜的味道）。在可口可乐接管市场之后的数月，委内瑞拉人继续表现出对百事可乐的偏好——如果他们在商店内能找到百事可乐的话。为了利用这种资产，百事可乐和委内瑞拉最大的啤酒制造商 Polar 建立了合资公司（被称为 Sorpresa）。合资公司在委内瑞拉的装瓶工厂比可口可乐的少，但是它的工厂更大，并且相信也比可口可乐的工厂更有效率。这让百事可乐能够和可口可乐进行激烈的价格竞争，到 20 世纪 90 年代末，百事可乐的市场份额重新达到 38%。

西斯内罗斯集团、Polar 和可口可乐明显是这场竞争战中的赢家。尽管百事可乐已经从 1996 年市场份额骤降的情况中部分恢复过来，但总的来说，它可能是个输家。另外的输家是那些考虑进军委内瑞拉市场的其他软饮料制造商。从综合方面来看，可口可乐和百事可乐的实力比 1996 年 8 月时要更强。二者看上去总是要发生激烈的可乐大战，但是，这种竞争也使它们避免了来自外部企业竞争的威胁。

市场规模与规模经济

相对于需求来说，在最小有效规模很大，并且一个企业已经获得了很大的市场份额的情况下，模仿就可能受到阻碍。我们已经在第 2 章中讨论了该种情况，并且在论述中结合了以下观点：规模经济能限制适合市场状况的企业数量，并且成为进入的一种障碍。规模经济也会打击市场中已经存在的较小企业，阻止它试图通过复制那些已经获得巨大市场份额企业的规模成本优势来发展壮大。

图 14—4 说明了这种隔离机制的逻辑。两个企业（一个大企业，一个小企业）生产同质产品，面对相同的长期平均成本函数。大企业每年 5 000 单位的产量规模超过了最小有效规模（最小有效规模为 4 000 单位），而小企业每年 1 000 单位的产量规模少于最小有效规模。如果小企业增加生产能力，并扩张产量使其达到最小有效规模以降低平均成本，而且市场价格将低于长期平均成本的最小值（5 美元），那么这个小企业就没能够从新厂房中获得足够的投资回报。因此，尽管从理论上说，小企业可以模仿大企业的竞争优势，然而这么做可能将会无利可图。

对于需求量仅能够支持一家大企业的特定产品和服务存在的市场来说，以规模为基础的模仿障碍与进入壁垒会特别强大。例如，这种情况就出现在辣酱市场上，该市场曾经被 McIlhenny（塔巴斯哥（Tabasco）辣酱的生产商）垄断了一个多世纪。但是，只有当需求量增长不会太大时，以规模为基础的优势才能够得以持续维持。否则，需求的增加将吸引更多企业进入，或者是诱使小企业扩张，以便能从规模经济中获利。这种情况发生在个人电脑市场上。如 20 世纪 90 年代末，在日益发展的市场上，戴尔和盖特韦公司扩张产量，事实上达到了行业领导企业康柏和惠普所具有的规模优势。这就导致了激烈的价格竞争，以至康柏和惠普的利润没能够赶上市场发展的步伐。

模仿的无形障碍

法律限制、优越的顾客或稀缺投入品的可获得性是模仿的有形障碍。但是，模仿障碍也可能是无形的，特别是当企业优势的基础是独特的组织能力时。我们将不同的无形障碍从概念上区分如下：

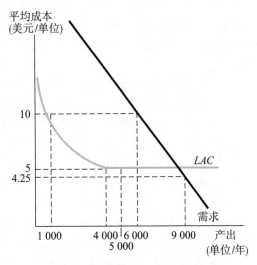

图14—4　作为模仿障碍的规模经济与市场规模

　　目前，一个大企业和一个小企业在一个产品不存在有效差异的市场上竞争。向下倾斜的直线是市场需求曲线。生产技术具有规模经济的特点，并且当达到每年4 000单位的最小有效规模时，长期平均成本函数（LAC）才停止下滑。大企业当前的年生产能力为5 000单位，而小企业为1 000单位。如果小企业试图将生产能力扩张到4 000单位，并且两个企业都充分生产，则市场价格将降为4.25美元。在此价格水平上，小企业将无法收回新工厂的投资成本。因而，虽然理论上小企业可以模仿大企业成本优势的基础来源，但是，这么做的结果却是不理想的。

- ● 因果模糊性。
- ● 对历史环境的依赖。
- ● 社会复杂性。

　　因果模糊性　理查德·鲁姆特使用因果模糊性（causal ambiguity）这个术语来描绘企业具有比竞争对手创造更多价值的能力，但其中的原因是模糊不清的，且只能理解其中部分原因的情况。[22] 因果模糊性是企业具有一般包含隐含知识的独特能力而导致的事实结果。也就是，这种能力是难以作为一个运算法则、公式或者一套规则加以明确说明的。摆动高尔夫球棍，具有远程精确度（long-range accuracy）的击球方式就是隐含知识的一个例子：人们可能从足够的实践中领悟了击球的方式，但是却难以描述出如何操作。组织内的很多工艺和集体智慧都属于这种类型。隐含能力一般是经过实践与经验，通过尝试、犯错、改进而得来的。它们很少被写下来或者编写在程序手册上。结果，企业管理者甚至就可能无法令人信服地描述出如何能够比竞争对手做得更好。[23] 由于这个原因，因果模糊性不仅可能是其他企业模仿的一个强有力的障碍，也可能是规模不经济的一个重要来源。例如，戴维·蒂斯指出，因果模糊性可能不利于企业将一个工厂取得的成功的经验转用到其他工厂去。[24]

　　正如优秀企业不能描述出它们在哪些方面做得特别出色一样，普通企业可能错误地认为自己具有优越的技术。它们没有能力说明自己的实力，就将其归咎于因果模糊性。在缺乏表明先进技术的证据时（比如成本数据、市场研究、相对于其他企业的竞争基点、财务措施，或者知识渊博的观察家，如股票分析家的评论），管理者不应该贸然认为自己的企业比竞争对手更有能力。

对历史环境的依赖　竞争者无法复制构成企业竞争优势的独特能力，也是因为这些独特的能力部分与企业的历史有关。一个企业战略行动的历史构成了它适应商业环境的独有经验。这些经验使企业具有执行自己战略的独一无二的能力，也使企业无法模仿竞争对手的战略。例如，20 世纪 60 年代和70 年代，西南航空公司由于受到美国管制政策的限制，只得在得克萨斯州的没有管制（并且价格竞争激烈）的二级机场经营。针对这些条件，它形成了高效的经营效率和其特有的劳工关系模式，这是其他航空公司，如美国航空公司和联邦航空公司所无法模仿的，并且所有这些大航空公司也不能适应西南航空公司的小规模经营和由于历史限制所形成的航线结构。

企业能力对历史的依赖会限制它发展的机遇。如果西南航空公司想大力拓展现有航线结构，它就需要培养轴心轮辐式经营技巧以及收益管理技术，这些都是大航空公司的独特之处，而西南航空公司这方面的经验很少。由于西南航空公司缺乏在全国范围内经营公司的独特能力，因此将很难看到西南航空公司超过美国航空公司、联邦航空公司和达美航空公司。中途岛航空公司（Midway）的命运是很有启发性的。只要中途岛航空公司将经营范围限定在从芝加哥的中途岛机场起飞的有限航线上，它就能够成功。但是，它在费城建立了一个运输中心，和其他航空公司相比，它很快就处于了竞争劣势，并且不久就破产了。虽然如此，日益增长的"点对点"旅行需求却使得西南航空公司能够逐渐从全国性的航空公司手中争夺到顾客。

对历史的依赖也意味着企业的战略可能仅在有限的时间内是可行的。我们可以用另外一个航空公司作为例子。在解除管制之后，人民捷运（People's Express）很快就通过建立在低劳动力成本上的低价战略发展起来。但是，这个战略只有在其他主要航空公司因工会合同受高劳动力成本拖累时才有效。很快，随着更多的劳动合同重新谈判，这些劳动力成本就提高了。这反过来也就使人民捷运很难维持优势。

社会复杂性　杰伊·巴尼（Jay Barney）指出，由于复杂的社会过程而产生的企业优势也是不可完全模仿的。复杂的社会现象包括了企业管理者的人际关系，以及他们和企业的供应商与顾客的关系。社会复杂性和因果模糊性不同。例如，本田的每个竞争对手都明白，它的成功很重要的原因在于它和部件供应商之间具有的相互信任。虽然企业都很希望能建立起这种信任，但是却很难做到。

竞争优势依赖于因果模糊性、历史和社会复杂性，这就意味着重大组织变动可能会冒忽视这些因素的风险，从而损害企业的市场地位。如果优势的来源是复杂的，并且难以清楚地说明，那么人们也将很难自主地重新设计这种优势来源。这可能就是像再造工程这样的组织变革在新企业或"处女地"工厂中实施常常比在老企业中更加成功的原因。

先行者优势

本节将讨论 4 个不同的、属于先行者优势的隔离机制：

1. 学习曲线。
2. 声誉与购买者的不确定性。
3. 购买者转换成本（switching cost）。
4. 网络效应。

学习曲线

我们在第 2 章中已经详细地讨论了学习曲线的经济性。一个企业若在早期阶段比竞争对手销售出更多产品，则会沿学习曲线向下运动更长距离，实现比竞争对手更低的单位成本。具有最多经验积累的企业因而就能够凭借低价比对手获得更多的利润，从而进一步增加其累积产量，并提高其成本优势。

声誉与购买者的不确定性

在销售经验产品（指的是在购买和使用之前无法确定其质量的商品）时，企业的质量声誉使它具有明显的先行者优势。[25]消费者对一个企业品牌有较好印象时，通常不愿转向其他竞争品牌，因为他们认为竞争产品有存在瑕疵的可能。购买者的不确定性和声誉效应使得企业的品牌成为了一种强有力的隔离机制。一旦企业的声誉得以确立，企业在竞争新顾客时也会具有优势，并能增加对产品满意的顾客的人数，由此，企业声誉进一步提高。于是，想从市场上已有企业那里抢夺市场份额的新进入者将设定一个低价，以给消费者提供吸引人的"$B-C$"的建议。

IBM 多年来在主机市场上的竞争优势就是由这个因素得以保持的。人们认为"购买 IBM 机器，你将永远不会失望"的观点正好说明了这一点。在20 世纪 70 年代，一个行业专家曾说，新品牌至少需要 30％的差价才能把顾客从 IBM 吸引到一个竞争品牌上来。[26]IBM 的声誉优势也扩展到外围设备，如硬盘驱动机。例如，杰拉尔德·布罗克（Gerald Brock）在一份关于 IBM 内部研究的报告中透露，即使竞争对手降价 20％，仍有 46％的 IBM 顾客会继续购买 IBM 的设备。[27]

当然，新进入者可以通过广告说服顾客，使他们相信它的产品优于先行企业的产品，从而克服先行品牌的声誉优势。但是，这说得容易，做起来却很难。研究表明，先行品牌对顾客偏好的形成会产生深远的影响。[28]如果一个开拓者能够说服足够的消费者试用它的产品，则顾客会将该品牌的产品特性看做此类产品的理想类型。为了说服顾客转向使用新品牌，企业必须让顾客感觉到新品牌明显优于先行品牌。克莱斯勒公司在小型货车市场上所享有的品牌感知优势（perceptual advantage）就是一个典型例子。克莱斯勒公司在 1983 年生产出第一辆小型货车，虽然与其他汽车制造商相比，它的货车的性能并不存在明显优势，价格也不低，但是它却占据了小型货车市场 33％ 的份额。在 1984 年应对危机之后，泰诺（Tylenol）品牌在与对手的产品竞争中东山再起，这又是一个开拓者的品牌占据优势的例子。

购买者转换成本

对于一些产品，购买者如果转向另一个供应商将会产生巨大的成本。当购买者的品牌专用技能不能完全转换到替代品牌时，就会出现转换成本。例如，如果一个消费者已经能够熟练使用微软的 Word 软件了，现在要改为使用 Word Perfect 软件，他就需要在形成新技巧上进行"再投资"（再学习）。同样，在一个卖方向消费者提供了其他卖方所无法迅速复制的特有服务或特定的售后服务时，也就出现了转换成本的问题。例如，某商业银行的经理已经对一位客户的业务了如指掌，如果该客户转而和其他银行合作，那么他就面临着转换成本的问题。

卖方可以通过许多方法来设计产品和服务以增加转换成本。销售者可以提供优惠券或者"常客积分"（frequent-customer point），将折扣和特殊优惠同顾客的一定交易数额挂钩。大家肯定对航空公司的"常客积分"计划不会感到陌生。在其他一些行业中，如饭店、汽车保养公司，甚至法律服务公司也采用类似方法来提升顾客忠诚度。制造商可以向顾客作出服务保证，但由非授权的零售商销售出的产品常常不能将这种保证兑现。因此，消费者更愿意光顾企业授权的零售商，即便它们常常索价更高，这样，企业就能和授权的零售商共同分享最终利润。汽车制造商和家用电器公司就是这么做的。但是，在 20 世纪 90 年代末，美国最高法院推翻了柯达相机所承诺的一些保证条款。因此，像这一类与服务保证相关的转换成本在将来是否可行仍有待考察。

最后，卖方可以为产品提供相应的系列互补产品。一旦顾客购买了其中一个产品，他们自然就需要相同产品系列的其他互补产品。那些为孩子们购买了一个乐高城堡芭比的父母们就很可能要购买乐高城堡的其他产品，因为这些产品部件是可以互换的，并且具有相同的外观和手感。案例 14—5 描述了一个和乐高类似的典型的例子。

转换成本对于先行企业来说是一项重大优势。假设一个现有企业面临着一个新进入企业的竞争，新企业的产品质量和它的一样，但是顾客购买新企业的产品后还需要在每个单位产品上投入 S 美元的成本来学习如何使用。因此，为了能争夺先行企业的市场份额，新进入者的定价至少要比现有企业品牌的定价少 S 美元。

然而，先行者的转换成本优势也有局限性。对顾客的经常性奖励耗资巨大，并且为了能够一直保持早先已赢得的顾客对企业品牌的忠诚度，这种奖励的金额必须持续地增加。企业有条件的保证条款可能会引起顾客的反感，因为他们会预测需要付出更高的服务成本。企业设计互补产品的做法可能会锁定一部分消费者，但是如果顾客的品味改变了，就可能一块儿放弃企业的全部产品。

那些已经给现有顾客造成了转换成本的企业在竞争新顾客时也会处于不利的地位。但是，正如经济学家所指出的，现有企业可能更不愿意参与价格竞争来争取新顾客。[29]如果现有企业通过降价来吸引新顾客，那么就会减少其从现有顾客那里挣得的利润。而新进入的企业因为没有忠诚的顾客，因此也就不会遭受这个损失。现有企业的忠诚的客户群就如同"软"承诺（其类别已经在第10章中讨论了）一样，诱使企业在价格竞争上采取比进入者激进程度低的措施。当出现这种情况时，随着时间的流逝，新进入者就能够获取市场需求增长中与其实力不相称的份额，同时，现有企业的份额则不断削减。这种动态过程就能够解释近来统计软件包 STATA 销售量快速增长的原因，STATA 比传统的市场领导软件 SAS 和 SPSS 的价格更低、市场份额增长得更快。

案例 14—5

构建牢固的持续竞争优势

丹麦的乐高公司（Lego Group）是全球最知名的品牌之一。这家公司创建于 1932 年，每年积木玩具的销售额超过 10 亿美元。除了积木之外，乐高还销售童装和儿童电脑游戏，同时还拥有四家主题公园，分布在欧洲和美国加利福尼亚州。但是，乐高积木本身制造非常容易，制造技术没有什么商业机密可言。因而，乐高公司经营的长久不衰不能不说是一个奇迹。该公司面临着许多竞争。位于加拿大蒙特利尔市的美家宝积木公司（Mega Blocks）是乐高公司非常强劲的竞争对手，自 20 世纪 90 年代末一直同乐高展开竞争，并且不落下风。甚至如宝高（Best-Lock）这样的位于加拿大不列颠哥伦比亚州（British Columbia）的小公司也希望在这个行业分一杯羹。

乍一看，乐高的竞争优势在于转换成本：乐高的积木与其他品牌的积木不匹配。但是，这有一个前提，那就是其他公司不提供乐高相同大小和颜色的积木。鉴于积木的制造技术非常简单，乐高真正的竞争优势是其商标和专利，以专利保护防止竞争对手模仿。但是乐高的专利到 1978 年就已经过期了。商标保护比专利持续的时间更长（商标保护期是 75 年，而专利保护期是 20 年），因而乐高现在主要依赖商标保护来抵挡新进入者的竞争。

乐高发展的第一个威胁是泰克公司（Tyco Industries）。这家公司试图于 20 世纪 80 年代在美国制造积木玩具，占领美国市场。为了阻止泰克公司，乐高向法院提起诉讼，状告泰克公司的积木侵犯了乐高的商标权。乐高公司表示，泰克公司积木模仿了乐高积木"独特的外观和质感"。泰克公司最终胜出，但是此时，泰克公司的玩具部门已经被美泰公司（Mattel）收购。美泰公司决定不进入积木玩具市场，但是不幸的是，美家宝积木正逐渐羽翼丰满。

当时，美家宝积木已经在市场上占据了一席之地，其销售大型积木，市场目标群体是婴幼儿。1991 年，美家宝销售的积木与乐高的可以匹配，拥有相同的大小和颜色。乐高以商标保护为由一纸诉状，将美家宝积木公司告上法庭。接下来的十年中，这两家企业的官司一直未断，而乐高基本上没有赢过。更糟糕的是，德国法院判决乐高败诉，乐高一下子失去了商标保护的竞争优势。随着美家宝与其他一些公司逐渐侵蚀市场，积木价格节节下滑。2002 年，乐高陷入亏损境地，即使后来恢复盈利，仍旧在丹麦裁员了三分之一。

2001 年之后，乐高开始一步步进行调整，恢复竞争优势。2001 年，乐高公司聘任外部经理人乔丹·维格·克努德斯托普（Jordan Vig Knudstorp）主政；2004 年，乐高公司执行"翻盘"计划。乐高公司的业务重点转为开发主题系列成套积木，譬如星球大战和生化战士系列乐高积木。这些主题系列的积木传承了乐高"以用户需求为导向"的基因。更重要的是，主题系列积木都拥有商标保护，这是美家宝等积木玩具公司没有的竞争优势。

乐高公司的新战略逐渐发挥了作用，主题系列积木的销售额不断增加，价格也有一定的上涨。到 2006 年，乐高公司恢复盈利。

网络效应

如果使用一种产品的顾客越多，顾客就认为该产品的价值越高，那么，我们就说该产品具有了网络效应（network effects）或者是网络外部性（network externalities）。在一些网络中，例如电话和 E-mail 网络，消费者被实实在在地联系起来。由于顾客在网络中能和其他用户交流，因而就产生了网络效应。这个被称为真实网络（actual networks）。真实网络中的用户越多，交流的机会也就越多，网络的价值也就越大。

在虚拟网络（virtual networks）中，消费者之间并不存在真实的联系。互补商品的使用能导致网络效应。电脑操作系统、视频游戏（例如，索尼的游戏机）和 DVD 播放机都是虚拟网络的实例。随着虚拟网络消费者数量的增加，对互补产品的需求也随之增加。这将导致互补产品的供给增加，而供给的增加又会提高网络的价值。我们可以从电脑的 Windows 系统上运行的大量软件、在游戏机上运行的各种视频游戏，以及用 DVD 播放的各种电影中看到这一点。不过要注意，虚拟网络的消费者从来不需要彼此交流以增强网络效应。只要他们总体的购买能力能促进互补产品的供应，每个单个消费者就都能从这个网络中获益。

eBay 是一家在线交易社区，该公司就是通过网络效应获得了持续优势。后来，该网站吸引了那些有兴趣购买、销售各类收藏品的人。现在，人们几乎可以在这里购买任何东西，包括昂贵的珠宝、立体声设备、棒球球员卡（baseball trading cards），甚至是雷克萨斯或者法拉利（Ferrari）（是实物，不是玩具）。消费者喜欢这样的网站是由于这里有很多商品销售，并且同一种商品常常有许多个卖者可供选择（在最近的一项研究中，我们发现 9 个不同的卖主销售 20 世纪 60 年代的 3M 赛马中第一、二、三等奖的奖品）。此外，eBay 给买者提供卖者信誉度的信息。卖者喜欢 eBay 是由于这里的买者很多。因而，网站如此之大的绝对交易额吸引了买方和卖方回来再交易。eBay 从中抽取少量佣金（大部分交易的 2%～5%），但是，由于每个星期销售的商品数量都超过 100 万件，从而使得 eBay 成为利润最丰厚的互联网公司之一。但是，甚至 eBay 也要受制于另一个经济力量（亚当·斯密发明的一个术语）：劳动的分流受制于市场区域。eBay 的用户开始向地域和产品专一化的网站（比如，Craig's List 和 audiogon. com）分流。

在具有网络效应的市场上，第一家拥有大量顾客的公司就等于获得了决定性的优势。新顾客将会观察网络的规模，并且很可能会被这家公司所吸引。因而，倘若先行者能发展一定的顾客群，那么网络效应就能为先行者优势提供一个重要机遇。

网络与标准　许多网络的标准都是不断演变的。在 19 世纪晚期，美国铁路行业由于轨道互不兼容，深受效率低下之苦。一个州的铁轨可能是 4 英尺 7 英寸宽，而在其临近州，轨道可能就是 5 英尺宽。因而，铁路人员不得不在两个州的边界线上停下火车，卸载，然后再将货物装到一辆新火车上。（至今，这个问题在世界其他一些地方仍然存在。）最终，该行业统一了北部铁轨规格标准，将轨道统一定为 4 英尺 8.5 英寸宽。由于所有铁路都遵循该标准，全国铁路网的效率大大改善。在现代经济中，根据标准制定产品和服务的例子数不胜数，如移动通信、个人电脑、互联网、视频游戏、高清晰电视、家庭影院的环绕立体声处理等，我们以上也只提及了其中的一小部分而已。

一旦标准确立，就很难改变。例如，尽管现在 QWERTY 标准键盘已经丧失了其最初的技术优势，但自从 19 世纪 60 年代被发明出来后，它至今仍占据着主导地位。标准的持久性使得标准的制定成为持续竞争优势的一种潜在的重要来源。世界最具价值的公司——微软公司为网络效应的作用提供了丰富的例证。

标准的重要性引发了两个关键问题。第一，在刚刚发展起来的市场中的企业是否应该试图确立一个标准，从而"为这个市场"展开竞争？或者说，企业是否应该共享一套共同标准，从而"在这个市场中"相互竞争？第二，推翻一个标准需要什么条件呢？

"为市场"竞争与"在市场中"竞争　当企业决定是"为市场"竞争还是为"在市场中"竞争时，需要考虑几个因素。

● 第 8 章中介绍的寡头市场理论指出，平均说来，有一半的时间作为垄断者也要比始终作为双寡头之一好得多。这就意味着，如果所有其他因素都相同，企业通过将自己的标准定为行业标准而实现垄断地位（为市场竞争）所获得的利润，要高于企业在市场共同标准下参与市场份额竞争（在市场中竞争）所获得的利润。

● 当两个或者更多企业为市场竞争时，赢者常常是那些拥有最大顾客群的企业，由此能够提高网络的价值，并吸引更多的顾客。但是，由于企业要在广告上进行大量投资，支付巨额资金鼓励互补产品制造商进行生产，并且提供大幅折扣来吸引早期采用者，所以培育产品顾客群的竞争成本是相当高昂的。如果一场代价高昂的标准战的前景非常渺茫，那么接受一项共同标准对企业来说会是更好的选择。

● 为赢得标准大战，吸引早期采用者非常关键。销售者需要量身设计产品，以符合早期采用者的口味，同时希望产品能吸引主流消费者，使他们自己主动加入产品市场中来。

● 当互补产品极为重要时，标准之战可能会阻碍互补产品制造商进入市场，直到有一项标准出现为止。这种情况破坏了所有竞争标准的价值，并且遏制了整个行业的发展。

● 同理，互补产品的制造商将更倾向于那些能给它们带来最大附加价值的标准。因而，为了能赢得标准之战，企业必须考虑其价值网中的其他企业。

我们在第 11 章中介绍的 DIVX 和 DVD 大战对所有这些因素进行了描述。电路城开发了 DIVX，希望能建立专属性行业标准。一旦成功，它就能够获得巨额利润。电路城在推广 DIVX 方面进行了大量投资，包括支付了 1 亿美元鼓励诸如迪士尼公司等公司发行 DIVX 格式的电影。除非电路城赢得该竞争，否则就会损失惨重。但是，看上去 DIVX 格式并没有吸引早先的试用者。为了能保持成本足够低，以支持 DIVX 的一次性使用特点，电路城并没有在 DIVX 中考虑到一些早期采用者钟爱的产品特点，包括宽屏幕格式和导演评论（director commentaries）。可能电路城是对的，主流用户对这些功能并不感兴趣，但这并不是主要问题。问题是，主流用户注意到早期使用者已经不用 DIVX 播放机了，所以很怀疑 DIVX 的发展前景。当主流用户被哄骗着使用了 DVD 后，他们就喜欢上了 DVD 格式。对电路城来说，更糟糕的是，整个价值链上的企业，从电影公司到影碟零售商，都支持 DVD 格式。因而，电路城没法说服任何其他企业成为其推广 DIVX 的一个有力的合作伙伴。

很明显，电路城决定为市场竞争的行为是一场赌注高但成功概率很小的赌博。更糟糕的是，该决定对整个行业起到了一个冷却效应（chilling effect）。整个 1998 年，人们都在揣测哪种格式能幸存下来。绝大部分主流消费者都推迟购买播放机，电影公司也暂缓了软件的生产。电路城最终于 1999 年放弃了 DIVX。DVD 市场开始兴盛，但是电路城的滑坡仍持续了好几年。2000 年，百思买取代了电路城的美国电子产品领先零售商的地位，而 DVD 硬件和软件的销售则为其成功开辟了道路。

推翻一项主导标准　主导标准并不会永远保持下去。任天堂曾经占据了视频游戏市场将近 100% 的份额，但是现在它只有索尼游戏站市场份额的一半。IBM 在主导电脑行业长达 30 年后也不得不让位给"温特尔"（Wintel）电脑。但是，要推翻一项主导标准并不容易。在位者建立起来的客户群在任何竞争战中都是决定性的优势。但是，其他企业的标准也能够获胜，特别是在具有虚拟网络的市场上。成功有两个关键因素。第一，对手必须具有出色的质量，或者能提供使用产品的新选择。第二，对手必须能融入互补产品市场。

当世嘉公司在 20 世纪 90 年代早期和任天堂竞争时，它具备了这两项关键因素。世嘉公司的 Genesis 系统的计算能力是任天堂 NES 系统的两倍。同时，任天堂的市场渗透程度仅为30％，而且在年龄大一些的孩子家中，其渗透程度更低（其中一个原因就是它没有虚拟的体育比赛游戏）。当世嘉公司加入市场时，市场上并不缺乏程序员。一些供应商对任天堂有些不满。其他程序员对市场情况还很陌生，他们被任天堂系统的计算能力所吸引。其他新生力量，如索尼的 Hedgehog 和电子艺界（Entertainment Arts）等公司程序员的体育游戏相结合，使世嘉公司明显地打破了任天堂的主导地位。

即使像微软公司这样一个看上去无敌的垄断者，也不时面临着重大威胁。案例14—6讲述的就是著名的反垄断质询案的核心——威胁。

案例 14—6

微软诉讼案

20世纪90年代末，美国司法部针对微软公司开始了一项反垄断调查。许多州都参与了该调查，并且一项欧洲反垄断质询现在还在继续。当时，一家联邦地区法院发现微软违反了反垄断法，受理法院支持了上诉法院的观点，并且美国最高法院拒绝重审此案。微软违反了反垄断法，这一点毋庸置疑。2001年，美国司法部和大部分州达成一项关于微软违反托拉斯法的补偿协议。这个解决办法颇有争议，部分原因是由于美国司法部的专业人士不赞同此种解决方法；对于许多人来说，这种办法只是政治性的裁决，而不是一项经济裁决。

蒂姆·布雷斯纳汉（Tim Bresnahan）是微软调查案中美国司法部的首席经济学家，这个解决办法对他困扰最深。他认为，现行的标准很难被替换，即便这种标准是一种落后技术。但是在一些环境下，有足够的消费者趋向于采用另一套标准，以至于威胁了现有标准。为促使此种情况发生，市场就需要呈现不同的技术领导（divided technical leadership，DTL）。当存在DTL时，在互补产品纵向链条的各个不同层次上都会有业绩出色的企业。20世纪90年代末，微软公司在操作系统方面成绩杰出，而网景公司在网站浏览器上表现突出。根据布雷斯纳汉的观点，DTL为纵向链条的每个层次创造了一种竞争威胁。如果一个在某一层次占主导地位的企业没有将价值转移给顾客，那么其他层次的主导企业可能采取行动将它逐出纵向链条。在微软的例子中，网景的成功就为取代 Windows 系统创造了一个前所未有的机遇。

很明显，微软的很多人也持有此种观点。在法庭上提供的无数的内部电子邮件中，微软总裁指出，购买电脑用于网上冲浪的消费者并不需要Windows 操作系统。网景的浏览器不仅可以在各种操作系统上运行，包括Windows 和 Linux，而且具有自己的应用编程界面（API），使得开发者可以编写能在浏览器上运行的软件，而不需要任何其他的操作系统。而且这种软件在不同平台上具有兼容性，因而消除了网络外部性的一个关键来源。微软担心，几百万购买了低价网络冲浪电脑的消费者将会发现，他们不需要Windows 来上网、收发邮件以及即时传递信息。同时，他们会发现其他能够完成文本编辑、电子数据表分析和电脑的其他传统功能的软件。虽然法院判决微软的很多做法都是违法的，但是它仍试图将网景赶出市场。美国在线于1999年兼并了网景公司，试图避免其完全破产。不幸的是，在随后的几年，网景公司继续丧失其市场份额，到2005年，它在浏览器市场上的市场份额缩小到低于1%。

现在，对于微软而言，最大的竞争威胁莫过于谷歌。由于You Tube和Facebook提供的应用软件，年轻的电脑用户所需的就是接入互联网和一个操作系统。谷歌有足够的财力来开发一些互补的应用软件（比如，Gmail）。不难想象，一个便宜的电脑上不要操作系统也能运行，把谷歌作为一个应用平台。但是，那一天还没有到来，到那时，购买个人电脑的用户不得不花很高的价钱购买Vista和XP操作系统。

先行者劣势

一些企业首创一项新技术或产品，但是却不能成为市场的领导者。皇冠瓶盖公司在健怡可乐上和EMI公司在计算机轴向断层扫描方面（CAT扫描仪）的经历就是典型的例子。这说明，先行者并不必然就能够在行业中实现持续的竞争优势。

先行者可能无法实现竞争优势，因为它们缺乏将产品进行商业化所必需的互补资产。[30]这种情况就发生在EMI公司。EMI是英国的一家音乐电子企业，可能它最知名的就是在20世纪60年代早期签订的一张甲壳虫乐队唱片的合同。EMI在它的研发实验室里发明了CAT扫描仪，但是它却缺乏将其成功地商业化所必需的生产与营销技巧，因而在20世纪70年代末将该项业务卖给通用电气公司。讨论互补资产的重要性就需要回顾第4章中介绍的等级制企业的演变。19世纪，成为行业中成功先行者的企业，例如Swift、国际收割机公司和巴斯夫公司（BASF），它们不仅在生产所需的实物资产上进行投资，而且在纵向链条中形成了营销产品和协调产品流所必需的组织能力与行政等级制。

先行者在建立竞争优势方面的失败也可能是由于它们选择了错误的技术或产品。例如，王安电脑公司就曾预计"未来办公室"会围绕专用文字处理器网络而进行组织。鉴于先行者进入市场时需求或技术存在不确定性，它们的预测可能在当时是正确的，也就是说，预期的利润现值会超过进入市场的成本。但是，在不确定的情况下制定的决策会有一个内在特点，那就是即使是正确的决策也并不总能带来好的结果。20世纪70年代，王安电脑公司不可能知道个人电脑将会破坏专用文字处理器市场。当然，先行者常常能影响对不确定性的处理，因为当存在网络效应时，先行者就可以建立起一个技术标准。如果能做到这一点，那么做一个先行者即便要面对大量的不确定性，也仍然具有吸引力。

但是，即使存在网络外部性或者学习效应，运气或者是细微的环境因素也会起重要的作用。有时，成为行业标准的技术或者产品设计是由与竞争产品的优越性无关的因素所决定的。例如，20 世纪 50 年代，当美国开始建造核反应堆时，很多技术看上去都是可行的：用轻水、重水、气体或液化钠来冷却反应堆。[31] 但是，在苏联于 1957 年发射了人造地球卫星之后，美国丧失了在技术方面的领先地位，快速建立地基反应堆成为了保证美国在非军事化核能源应用方面领先于苏联的方法。由于海军在核潜艇上曾采用过轻水设计，因此，当政府鼓励私有公共事业单位从事应急计划来建造反应堆时，轻水反应堆就成为先行者的最佳选择。随着技术发展，企业就会沿这条特殊技术的学习曲线向下运动。因此，截至 20 世纪 60 年代，轻水技术就成为行业标准。尽管研究表明，用气体冷却反应堆在技术上更加优越。

不完全模仿性与行业均衡

在前面的几节中，我们曾讨论过，不完全模仿性和先行者优势会阻碍完全竞争动态过程的充分展开。但是，当隔离机制起作用时，行业的均衡又如何偏离完全竞争模型呢？

理查德·鲁姆特和史蒂文·李普曼（Steven Lippman）指出，当存在不完全模仿性时，在完全竞争市场中的企业能够长期保持正的经济利润，但是一些企业的利润将低于平均水平，甚至出现负的经济利润。[32] 我们可以通过一个简单的数字例子来证明这种观点。假设一个行业中的企业生产无差异产品，但是生产成本却存在差异。在年产能达到 100 万单位时，平均可变成本（AVC）和边际成本（MC）是常数。我们假设该水平上的生产量相对于市场总规模是很小的，所以此行业就可以容纳很多达到充分产能的企业。而该行业效率最高的企业能实现 AVC 为每单位 1 美元。同时，该市场上还存在很多潜在的进入者，但是由于模仿是不完全的，并不是所有潜在进入者都可以效仿市场中实现低成本企业的做法（见图 14—5）。

每个进入企业面临的问题是：在进入前，它们不知道自己的生产成本是多少。相应地，在进入市场前，潜在的竞争者认为它们各有 20% 的概率以 AVC 为 1 美元、3 美元、5 美元、7 美元和 9 美元进行生产。因而，潜在的进入者认为，虽然它可以模仿效率最高的企业，但是其成本也将高于它们。最后，假设一个企业进入该行业时需要花费建立工厂的成本。这个工厂的建造成本为 3 600 万美元，并且（为了简便起见）不会贬值。投资者希望资本收益率为 5%，所以工厂的年成本就是 $0.05 \times 36\ 000\ 000 = 18\ 000\ 000$ 美元，或者说每单位产品成本为 1.8 美元。如果我们进一步假设工厂进行的专用资本投入只能用作该产业的专用资本，且残余价值为 0，那么，1.8 美元代表的就是每单位产品的进入成本。

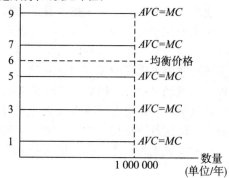

平均可变成本，
边际成本（美元/单位）

9 ————————————————— $AVC=MC$

7 ————————————————— $AVC=MC$
6 ----------------------------均衡价格
5 ————————————————— $AVC=MC$

3 ————————————————— $AVC=MC$

1 ————————————————— $AVC=MC$

　　　　　　　　　　　1 000 000　　　　数量
　　　　　　　　　　　　　　　　　　　（单位/年）

图 14—5　不完全模仿性条件下的平均可变成本与边际成本

　　该图表示的是如果进入市场，企业可能具有的不同的平均可变成本函数（AVC）。由于 AVC 在每年 100 万单位产品时是恒定的，则 AVC 函数与边际成本（MC）函数重合。企业的 AVC 可以取 5 个不同的值：1 美元、3 美元、5 美元、7 美元和 9 美元，出现每种情况的概率都相同（20%）。在该市场的均衡价格为每单位产品 6 美元。在此价格上，每个企业的预期经济利润都为 0。

　　那么，均衡价格应该是多少呢？由于存在许多潜在的进入者，只要预期经济收益为正数，或者只要企业预期经营利润（也就是收益减去可变成本）超过进入成本，就会发生进入现象。达到均衡时，价格将会下降，一直到使进入该行业已经不再具有吸引力。因而，在均衡价格上，企业的预期经营利润等于进入成本。这种说法看起来很直接，但是却有一个深刻含义：并不是所有进入者都能够幸存下来。一些企业发现自己的 AVC 高于价格，就会退出市场。在计算预期利润时，必须考虑到这个可能性。

　　在该例子中，使企业进入或不进入的无差异价格为 6 美元，为什么呢？[33] 因为在该价格水平上，企业知道 AVC 为 7 美元或 9 美元时将退出行业，因为它们生产的每单位产品都会蒙受损失。事实上，这些企业的经营利润为 0，但是由于它们已经投入了前期的进入成本，所以它们遭受的就是净损失。而 AVC 为 1 美元、3 美元或者 5 美元的企业将满负荷生产，并且在价格为 6 美元时，它们每单位产品的经营利润分别为 5 美元、3 美元和 1 美元。当价格为 6 美元时，一个潜在进入者每单位产品的预期经营利润为

$$0.2 \times 5 + 0.2 \times 3 + 0.2 \times 1 + 0.2 \times 0 = 1.8 \text{ 美元}$$

　　既然这个预期经营利润等于进入成本，都是每单位 1.8 美元，那么，价格为 6 美元会让企业进入或不进入没有差别。换一种说法，价格为 6 美元时，每个企业的预期投资收益率（$ROIC$）就等于资本成本 5%。表 14—1 中已经指出了这一点。

表 14—1　　　　　　　　　　　　　　不完全模仿性案例的统计总结

AVC	利润率	年收益（6 美元/单位）	年总可变成本（美元）	年经营利润（美元）	ROIC（年度经营利润/3 600 万美元）
1 美元/单位	0.2	6 000 000	1 000 000	5 000 000	13.89%
3 美元/单位	0.2	6 000 000	3 000 000	3 000 000	8.3%
5 美元/单位	0.2	6 000 000	5 000 000	1 000 000	2.78%
7 美元/单位	0.2	0	0	0	0
9 美元/单位	0.2	0	0	0	0

该例子说明了事先（ex ante）经济利润率和事后（ex post）经济利润率的区别。在进入前（也就是事先），每个企业的预期经济利润为 0，也就是每个企业预期能够挣回 5％的资本成本（见表 14—1）。进入后（即事后），企业的经济利润可能是正数，也可能为负数。也就是说，企业的获利可能高于5％的竞争收益率，也可能低于 5％。这里，我们就获得了一个重要的启示：为评估一个特定行业的利润空间，管理者不能仅仅关注大部分成功企业的业绩。例如，一些生物技术企业，如安进公司，年资本回报率超过 50％，但是这并不意味着一个普通的进入企业能预期得到这种回报。成功企业的平均回报率也能导致错误地计算预期事后利润率。在以上例子中，一个成功企业的平均 ROC 为(13.89＋8.33＋2.78)/3＝8.33％，夸大了事后经济利润率。其原因在于，对成功企业利润进行简单平均就忽略了那些遭受损失并退出市场的失败企业。

本章小结

● 在动态的完全竞争过程中，没有哪个竞争优势是持续的，并且利润率也随时间的流逝有所下降，因为大部分企业的利润都收敛到竞争水平。

● 有证据表明，高利润企业的利润会随时间的流逝而下降，而低利润企业的利润则会上升。但是，这些企业的利润并不会归聚到均值的水平。不能归聚的原因不在于高利润企业和低利润企业之间存在的风险差异。而更应当说，它也是对完全竞争动态起阻碍作用的一种表现。

● 以资源为基础的企业理论强调，在同一行业中，企业在构成持续竞争优势基础的资源和能力方面具有不对称性。作为持续竞争优势基础的资源和能力必须是稀缺与不易流动的，即在运行良好的市场上是不能进行交易的。

● 竞争优势也必须有隔离机制的保护才能得以持续。隔离机制阻止了竞争企业复制或削弱另一个企业的竞争优势的源泉。隔离机制可以分成两大类：模仿障碍和先行者优势。

● 模仿障碍包括：阻止模仿的法律限制，例如专利权和版权；稀缺资源或者顾客的优越渠道；规模经济和有限的市场规模；无形的模仿障碍，包括因果模糊性、对历史环境的依赖和社会复杂性。

● 先行者优势的来源包括：学习曲线，当消费者对产品质量不确定时品牌声誉的作用，以及消费者转换成本等。

● 在具有网络效应的市场上也会存在先行者优势。企业进入这些市场必须决定是要"为市场而竞争"还是"在市场中竞争"。为市场而竞争就需要建立主导地位，在市场中竞争则需要与竞争对手共享一套共同标准。

● 很难超越一个曾建立了市场主导标准的企业，但也不是完全没有可能。竞争者必须具有异常有吸引力的互补产品。

● 当存在模仿障碍时，在事前预期经济利润为零的价格下，市场竞争就达到了均衡。但是，一些企业进入后可能获取正的经济利润。沉没成本和不确定性的存在共同保护了这些利润。没有企业能肯定它能够模仿市场上最成功的企业，但是在学习如何缩短与市场中效率最高的企业之间的差距之前，企业必须承担不可收回的进入成本损失。

思考题

1. "可持续性的分析和五力分析相似。"请评论此观点。

2. 米勒对利润持续性研究的依据材料来自 30 年前。你认为现在的利润可持续性比 30 年前的情况更好还是更差了呢？请说明理由。

3. 可口可乐和百事可乐将市场主导地位保持了长达一个多世纪之久。通用汽车和福特公司则由于竞争而遭到沉重的打击。在这两个例子中，影响可持续性的产品/市场情况有哪些差异？

4. 请举出一个具有共同专用性的（co-specialized）资产的企业。该企业是否由于该资产而兴盛？其原因是什么呢？

5. "通常，为了实现可持续性竞争优势，就需要进行投资，并且同样需要对投资进行评估。在某些情况下，投资的回报不抵投资成本，这时，企业就不应该再试图去建立一个可持续性的优势地位，而应该停止投资，例如退出该行业，将资产转售给另一家企业，或者不再对未来发展投入额外资本。"

请你集中从以下两个角度评价该观点：

（a）从有助于企业保持竞争优势的因素方面考虑，说明在何种情况下，实现持续优势需要进行"投资"？

（b）你能否想象出一种对企业股东不利的投资情况？

6．你是否同意以下对保持优势的说法？

（a）在具有网络效应的市场中，具有潜在的最高 $B-C$ 值的产品必定会主导市场。

（b）通常，企业可以通过获得比竞争对手更有利的市场地位、进入高绩效行业，或两种方法兼用的方式来成为高绩效企业。

（c）如果进入行业 A 的沉没成本超过了进入行业 B 的沉没成本，则行业 A 中的企业必定会少于行业 B 中的企业。

（d）克诺斯四重奏（The Kronos Quartet）（一个受欢迎的古典弦乐四重奏乐团）就是一个具有共同专用性的资产的例子。

7．在以下哪种环境下可能出现先行者优势？

（a）麦斯威尔公司（Maxwell House）首先发明了冷冻干燥咖啡（freeze-dried coffee）。

（b）一个美国企业集团首先生产了高清晰电视。

（c）史克公司（SmithKline）生产了第一种能有效治疗溃疡的药品——泰格麦特（Tagamet）。

（d）沃尔玛在阿拉斯加州的诺姆镇开了一家商店。

8．以下内容描述的都是市场上的先行企业。根据所提供的信息，指出企业作为行业先行者的地位是否可能成为其持续竞争优势的基础。

（a）一个先行者在行业中积累了最丰富的经验，其学习曲线的斜率为 1。

（b）一家银行已经在一个较大的城市内发行了很大数量的自动取款机（ATM）银行卡。银行将其发行 ATM 卡的能力看做争抢存款人大战中的一个重要部分，并且一个银行的 ATM 卡在其他竞争银行的 ATM 系统上是不可用的。

（c）一家企业拥有 60% 的 T3MP（用来制造工业溶剂的化工产品）市场份额，最小有效规模是当前市场需求的 50%。最近，环境法规的变化使得与 T3MP 间接竞争的替代化工品的价格大幅上升。该种变化破坏了替代品市场，该替代品的市场是 T3MP 市场规模的 2 倍。

9．在针对公司违反竞争原则指控的辩护中，比尔·盖茨辩称，如果有企业能开发出比微软的 Windows 95 操作系统性能更佳的个人电脑操作系统，那么它将迅速成为市场领导者，正如盖茨的 DOS 系统在 20 世纪 80 年代成为行业的领导者一样。反对者反驳道，21 世纪初期的市场状况不同于 20 世纪 80 年代，所以，即便是性能更佳的操作系统也不能获取大量的市场份额。请对此做出评论。

10．两种高分辨率的音频格式——超级音频 CD（SACD）和 DVD 音频（DVDA）在 2000 年被采用。二者提供的环绕立体声质量能达到最初演播室的录音效果。（标准压缩格式的唱片由于存储格式的限制使声音质量下降。）两种格式都可以增加到 DVD 播放机中，需要额外为每种格式付费 25～50 美元，按照质量来定。SACD 最初是由索尼公司支持的，从那以后也得到了许多小型古典音乐和爵士唱片公司的支持，它们将其少量销售给"发烧友"。

DVDA 得到了 DVD 联盟的支持。然而，很少有录音棚接受 DVDA 模式，很少有流行音乐录音能够用任意二者之一的模式解码。和 DVD 视频不同，大多数顾客都对高分辨率音频不感兴趣。为什么你认为高分辨率音频仍然是利基产品呢？

【注释】

[1] 这个例子摘自 "Market for Internet Calling Once Tiny, Gets Crowded Fast," *Wall Street Journal*, August 26, 2005, p. A1。

[2] Mueller, D. C., "The Persistence of Profits Above the Norm," *Economica*, 44, 1997, pp. 369 - 380. 也可参见 Mueller, D. C., *Profits in the Long Run*, Cambridge, Cambridge University Press, 1986。

[3] 我们对这些模式的持续利润特点的讨论是依据米勒书中表 2—2 的研究结果进行的。实际上，米勒的研究远比我们这里讨论的要具体得多。他采用回归方法估计了 600 个样本企业的持续利润方程式。我们将企业分成两组也是为了说明他主要的研究结果。

[4] 对利润没能平均化的一种解释是，这两组企业具有的风险特性不同。平均来说，可能高利润组企业比低利润组企业的风险更大，因此在资本市场上也具有更高的回报率。在研究中，米勒考察了企业风险与长期利润水平之间是否存在系统关系。通过采用对风险的不同评估方法，米勒得出结论：样本企业的风险差异并不能解释利润无法趋于平均化的现象。

[5] 该定义出自 Barney, J., "Firm Resources and Sustained Competitive Advantage," *Journal of Management*, 17, 1991, pp. 99-120。

[6] 有关该理论的表述可见 Barney, J., "Firm Resources and Sustained Competitive Advantage," *Journal of Management*, 17, 1991, pp. 99-120; Peteraf, M. A., "The Cornerstones of Competitive Advantage: A Resource-Based View," *Strategic Management Journal*, 14, 1993, pp. 179-191; Dierickx, I. and K. Cool, "Asset Stock Accumulation and Sustainability of Competitive Advantage," *Management Science*, 35, 1989, pp. 1504-1511; Grant, R. M., "The Resource-Based Theory of Competitive Advantage: Implications for Strategy Formulation," *California Management Review*, Spring 1991, pp. 119-145; Wernerfelt, B., "A Resource-based View of the Firm," *Strategic Management Journal*, 5, 1984, pp. 171-180。资源基础理论的开拓性著作见 Penrose, E. T., *The Theory of the Growth of the Firm*, Oxford, Blackwell, 1959。

[7] "The Big Gulp at Starbucks," by Barbara Kiviat, *Time*, 12/20/2006. 网址：http://www. com/time/magazine/article/0, 9171, 1568488, 00. html. 日期：2009 年 6 月 19 日。

[8] 星巴克商店数量的数据和其他运营信息出自星巴克的网站：http://www. starbucks. com/aboutus/timeline. asp。

[9] "Starbucks alters the daily grind," reported by Julie Jargon for the *Wall Street Journal*, 1/17/2009. 网址：http://articles. moneycentral. msn. com/Investing/Extra/starbucks-alters-its-daily-grind. aspx. 日期：2009 年 6 月 19 日。

[10] "Starbucks: What went wrong?" by Daniel Palmer, *Australian Food News*, July 31, 2008. 网址：http://ausfoodnews. com. au/2008/07/31/starbuks-what-went-

wrong. html. 日期：2009 年 6 月 19 日。

［11］案例出自 "Fare Game：Did Northwest Steal American's System? The Court Will Decide," *Wall Street Journal*，July 7，1994，pp. A1，A8。

［12］1997 年，美国航空起诉荷兰皇家航空的诉讼被驳回。美国航空和西北航空之间的诉讼和解了。

［13］Rumelt，R. P.，"Towards a Strategic Theory of the Firm," in Lamb，R. (ed.)，*Competitive Strategic Management*，Englewood Cliffs，NJ，Prentice-Hall，1984，pp. 556-570.

［14］例如，参见 Ghemawat，P.，*Commitment：The Dynamic of Strategy*，New York，Free Press，1991；or Yao，D.，"Beyond the Reach of the Invisible Hand," *Strategic Management Journal*，9，1988，pp. 59-70。

［15］1992—1996 年间，英特尔的平均资本回报率比资本成本率高 16.83％，而可口可乐和微软分别为 21.52％和 33.54％。这些数据来自 Stern Stewart's 1997 Performance 1000 Universe。

［16］Rumelt，"Towards a Strategic Theory of the Firm," p. 350.

［17］本书第 15 章将讨论专利、版权和商标的相关内容。

［18］Williams，J.，"How Sustainable Is Your Advantage?" *California Management Review*，34，1992，pp. 1 - 23.

［19］Williams，J.，"How Sustainable Is Your Advantage?" *California Management Review*，34，1992，pp. 1 - 23.

［20］White，L.，"The Automobile Industry，" in Adams，W. (ed.)，*The Structure of American Industry*，16th ed.，New York，Macmillan，1982.

［21］例如，参见 Scherer，F. M.，and D. Ross，*Industrial Market Structure and Economic Performance*，3rd ed.，Boston，Houghton Mifflin，1990，pp. 563 - 564。

［22］Rumelt，R. P.，"Towards a Strategic Theory of the Firm," in Lamb，R. (ed.)，*Competitive Strategic Management*，Englewood Cliffs，NJ，Prentice-Hall，1984，pp. 556-570；也可参见 Reed，R. and R. J. DeFillipi，"Causal Ambiguity，Barriers to Imitation and Sustainable Competitive Advantage," *Academy of Mamagement Review*，15，1990，pp. 88-102。

［23］这一点是由 M. 波拉尼（Polanyi，M.）提出的，见 *The Tacit Dimension*，Garden City，NY，Anchor，1967；and by Nelson，R. and S. Winter，*An Evolutionary Theory of Economic Change*，Cambridge，MA，Harvard University Press，1982。

［24］Teece，D.，"Applying Concepts of Economic Analysis to Strategic Management," in Harold Pennings and Associates (eds.)，*Organizational Strategy and Change*，San Francisco，Jossey-Bass，1985.

［25］在第 13 章中，我们讨论了经验产品和搜寻产品的区别，并且讨论了它们对竞争优势的不同作用。

［26］Greer，D. F.，*Industrial Organization and Public Policy*，3rd ed.，New York，Macmillan，1992，p. 141.

［27］Brock，G. W.，*The U. S. Computer Industry：A Study of Market Power*，Cambridge，MA，Ballinger，1975.

［28］例如，参见 Carpenter，G. S. and K. Nakamoto，"Consumer Preference Formation and Pioneering Advantage," *Journal of Marketing Research*，August 1989， pp. 285-298。

［29］参见 Klemperer, P. , "Markets with Consumer Switching Costs," *Quarterly Journal of Economics* , 102, 1987, pp. 375-394; and Farrell, J. and C. Shapiro, "Dynamic Competition with Switching Costs," *RAND Journal of Economics* , 19, Spring 1998, pp. 123-137。

［30］Teece, D. , "Profiting from Technological Innovation: Implications for Integration, Collaboration, Licensing, and Public Policy," *Research Policy* , 15, 1986, pp. 285-305.

［31］该例子摘自 Arthur, M. B. , "Positive Feedbacks in the Economy," *Scientific American* , 262, February 1990, pp. 92-99。

［32］Lippman, S. A. and R. P. Rumelt, "Uncertain Imitability: An Analysis of Interfirm Differences in Efficiency Under Competition," *Bell Journal of Economics* , 13, Autumn 1982, pp. 418-438.

［33］均衡价格可以通过试错法算出。在此市场上存在着计算均衡价格的系统方法，但关于它的讨论并不会对理解该例子产生的经济性起很大的帮助作用。

第 15 章 竞争优势的起源：
创新、演进和环境

可能再也没有产品能像卡式录像机（简称 VCR）那样集中体现日本技术和销售能力在全球范围内的崛起了。影响未来视频录制行业的竞争战始于 50 年前，当时，美国的安培公司发明了录像带和具有录像与放映功能的机器。安培公司凭借这项创新技术成功地在商用高性能录像系统市场中占据了主导地位。在整个 20 世纪 60 年代，安培公司试图开发家庭用的卡式视频播放机以及与之配套的摄影机，1970 年，它终于开发出了一套名为 Instavision 的系统。但是该系统不适合商业使用：它比看上去很笨重的录像播放机贵 1 500 美元，比摄影机贵了 500 美元。两年后，安培公司放弃了该项目，转而集中于录像技术的商业用途。

另外两家美国企业——盒带电视有限公司（Cartridge Television Inc.，CTI）和美国无线电公司（RCA）进入了 VCR 市场，但同样以失败告终。CTI 开发了录像和放映机，将其作为艾德米（Admiral）和佰德公司（Packard Bell）所生产的高尖端电视机的一项性能而推出。然而，虽然 CTI 公司与哥伦比亚公司（Columbia）和联美公司（United Artists）签订了提供电影录像带的协议，但是该产品却一直为技术问题所困扰，因而没能提供足够的影片维持顾客的兴趣。[1]美国无线电公司是生产彩色电视机的先驱，在 20 世纪 70 年代早期，它们试图开发出一种商用 VCR。但是到 1977 年，它也放弃了这种努力，因为无法开发出生产 VCR 的经济的制造流程，并且它认为光盘将成为更好的录像播放设计。

当美国企业的努力毫无结果时，国外企业却正在获取成功。到 20 世纪 70 年代中期，日本的 JVC、松下、索尼和荷兰的飞利浦都掌握了先进的制造商用录像机的技术（如研究出如何将 2～4 个小时的录像压缩到一盒如书大小的录像带中）。在松下认为 JVC 正在开发的家庭录像系统（Video Home System，VHS）在技术上优于自己的产品而决定推迟生产后，索尼推出的 Betamax 系统首先在市场上占据了优势。Betamax 系统在高尖端专业市场上形成了诸多追随者。但是当 JVC 开发出长达 2 小时的 VHS 时，索尼的产品仅能达到 1 个小时，JVC 便将矛头指向了与索尼争夺更大的家庭用户市场。很快，JVC 和松下说服其他很多消费电子产品公司，如英国的索恩埃米电子公司（Thorn-EMI）、法国的汤普森公司（Thompson）、联邦德国的德律风根公司（AEG-Telefunken）在它们的机器中采用 VHS 模式，使得 VHS 在技术标准竞争中处在了最前端。飞利浦的 V2000 格式与索尼和 JVC 的 VHS 格式不兼容，它在 JVC 开发出 VHS 一年半之后也开发出了自己的产品。虽然飞利浦已经在开发新技术的竞争中和它的日本对手并驾齐驱，但是由于它在产品开发上迟了一步，这就使它在争抢客户群的竞争中处于了劣势。最终，飞利浦也开始转向生产 VHS 格式的 VCR 机了。

这个例子说明了企业当前的市场地位的成功常常可以追溯到先前的努力。JVC 和松下在 VCR 业务方面的成功，源于它们在 15～20 年前所作的决策，当时，VCR 在商业上还是不可行的。这就意味着，想要发展竞争优势，企业就必须放眼未来，预测到那些未被满足或者甚至还未显现的消费者需求，选择开发一项新技术，投资于新产品和新产能的开发，并将产品推向市场，然后作为首先向市场推广该项产品的企业而取得种种领先者优势，如网络的外部性或者我们在第 14 章讨论的学习效应。

这一章我们要研究竞争优势的起源。在第 14 章中，我们认为竞争优势源于企业能够利用市场冲击和机遇的能力，但是，我们先前没有讨论为什么一些企业比其他企业在利用经济冲击和机遇方面更有能力或者是更幸运。例如，为什么是尼克公司（Nickelodeon）而不是迪士尼开发出最成功的儿童电视网？为什么是本田公司而不是哈雷-戴维森公司或者英国凯旋，有能力进入美国的轻型和中型摩托车市场？为什么安培系统在 VCR 市场失败了，而 JVC 却能够成功呢？

我们将这一章分成 7 个主要部分。第 1 节讨论创新和企业家精神在市场经济中的作用，着重介绍经济学家约瑟夫·熊彼特著名的创造性破坏（creative destruction）观点，以及该观点对于商业战略的重要性。第 2 节将考察企业创新的激励机制。第 3 节考察"创意市场"（market for ideas）——创新流程的起始点，进而讨论创新者之间的竞争。第 4 节从演化经济学（evolutionary economics）的角度来探究创新。我们着重研究企业的历史和内部资源与能力如何影响企业创新和发展新能力。第 5 节考察企业当地的环境和获取竞争优势能力的关系。我们特别关注需求与生产要素市场条件，以及企业国内市场的经济基础设施如何决定了企业的竞争优势。在最后一节中，我们将讨论企业内部管理创新的过程。

创造性破坏

对于"什么是竞争优势之源"的简要回答就是：一些企业利用了能创造有利可图的竞争地位的机遇，而其他企业忽略了或者没有能力利用这种机会。把握这样的机遇就是企业家精神的精髓。企业家精神常常被认为是发现与创新的同义词。但是，正如经济学家约瑟夫·熊彼特所描述的那样，企业家精神也就是把握创新和发现所创造出的机遇的能力：

从事这样的新事物是困难的，它构成了一项独特的经济职能。首先，因为它们存在于每一个人都能理解的常规任务之外。其次，因为环境会从许多方面来抵制变化，根据社会条件，这种抵制会表现为从简单地拒绝提供资金，或者购买新产品，到试图对生产该事物的人进行人身攻击。在熟悉的领域之外充满自信地行动并且克服抵制，这需要具备少数人所拥有的能力，并且这种能力就是企业家的职能。虽然这些职能实质上不是发明新事物的决定要素，也不是创造企业家能加以利用的条件的必需组成部分，但它却是做好这些事情的重要构成。[2]

熊彼特认为，创新导致了大部分的市场以某种特征演变。任何市场都有相对平静的时期，在这段时期中，企业已经开发出获得了正经济利润的、较好的产品、技术或者组织形式。这段平静时期会被重大的"冲击"或者"不连续"打断，这些"冲击"或"不连续"破坏了旧优势所依靠的资源，并且以新资源取代它们。企业家就能够利用这种冲击创造的机会，在下一个相对平静的时期中创造正收益。熊彼特将这个演变过程称作创造性破坏。

熊彼特的研究主要关注的是经济的长期表现。根据熊彼特的观点，创造性破坏的过程意味着静态效率（static efficiency），即在某一时间点上对社会资源进行最优配置，它不像动态效率那么重要。动态效率指取得长期增长和技术进步。熊彼特指责那些在鼓励建立自由市场时只关注价格竞争的结果的经济学家。他认为真正重要的不是价格竞争，而是新产品、新技术和组织的新来源之间的竞争：

这种竞争比其他竞争更有效，就像用炮轰击与用手推门的区别一样，因此这种竞争也更重要。这使得一般意义的（价格）竞争运作的好坏都变得没有区别了；在任何情况下，长期扩大产量、降低价格的强大杠杆都是由其他因素构成的。[3]

从政策的角度来看，熊彼特的观点可以用来支持垄断，原因是财富和权力的集中会导致对创新的更大的投资与更高的长期增长率。我们将在本章后面的部分着重讨论这种观点。

熊彼特的观点也具有重大的管理意义。如果他的观点是正确的，那么在第14章中所描述的隔离机制可能不足以确保竞争优势的持续。在不可模仿的资源或能力基础上建立起来的竞争优势或者是先行者优势最终都会由于新技术的出现、偏好的变化或者政府政策的变化而过时。因而，企业必须有能力跨越这种以创造性破坏为特点的不连续。

破坏性技术

从根本上改变行业格局的新技术不胜枚举，如无线通信、石英表和电脑闪存等，这只是一小部分例子。根据第 13 章的说法，这些技术不断出现是由于它们比先前的技术具有更高的收益 B 和更低的成本 C。所以它们取代旧技术一点也不奇怪。而根据熊彼特的观察，既有企业在引进技术变革时遭遇了重重困难，所以新技术给老企业、既有企业带来恐慌，也是顺理成章的事。克莱·克里斯滕森（Clay Christensen）在他的一本很流行的书——《创新中的困境》（*The Innovators' Dilemma*）中指出，有一类技术，它们将比旧技术具有更高的 $B-C$ 差值（从生产成本和便利性两个角度而言）[4]，但是，这是通过把较低的收益 B 和更低的成本 C 组合在一起时显现出来的。克里斯滕森将这类技术称为破坏性技术（disruptive technologies）。这样的例子有电脑工作站（取代了性能更佳的主机）、喷墨打印机（取代了具有更高分辨率的激光打印机）、电子邮件（代替了更人性化的传统信件和电话）以及可下载的 MP3 格式（取代了高音质的光盘）。然而，并非所有具有低收益 B/低成本 C 组合的技术都是破坏性的。赛格威随意车（Segway Human Transporter）的支持者们一度坚信汽车将在城市交通中被随意车取代。然而大多数出行者认为 B 太低，所以赛格威只好转向细分市场。

破坏性技术的成功不会令人感到奇怪，因为具有更高的 $B-C$ 值的新技术就应该能取代旧技术。但是，由于更为强调成本，破坏性技术与其他突破性技术不同。诸如个人电脑和 MP3 等技术比被取代的技术更差。但是它们能够获得成功，这是由于消费者并不注重旧技术的额外质量和特征。换句话说，消费者没有感知到收益 B 之间有多大差异。所以，他们一股脑儿全部涌向了成本 C 远为更低的技术。而现有的企业能够通过更好地推销其产品来阻止破坏性技术的成功。通过提升可感知到的收益 B，既有技术能够显得具有更高的 $B-C$ 值，从而在高成本情况下维持成功。不过，这句话说起来容易做起来难。例如，如果音乐录制行业能够告知消费者 MP3 格式音效的低劣，也许就能够抑制其不断增长。索尼公司曾花大力气做这件事。在 2000—2001 年，索尼公司远早于 iPod 推出超高分辨率的超音频 CD 格式。遗憾的是，人们对索尼的宣传充耳不闻。面对着要求低成本 C 的消费者群体，将宝押在高收益 B 上的索尼公司在当前 MP3 市场上落后一大截。

可持续性和创造性破坏

最近，学者们已经识别出一系列使企业能够利用创造性破坏的因素。例如，耶奥·李（Jeho Lee）研究了20世纪中期制药行业成功的例子。[5]他认为，在20世纪前30年中，制药企业在技术创新方面没有多大的区别，因为它们缺少创新的科学基础。但是在20世纪40年代，一些企业凭借开发抗生素类药品而雇用的额外的科学人员取得了早期成功，这使它们在新研究成果开发方面获得了有利地位。在生物技术革命带来的最新一轮创造性破坏中，这些企业中的大部分，如雅培制药、礼来制药公司、默克公司和辉瑞制药公司等，都仍能够继续利用它们的研究专长。该例子显示了长期的成功常常是基于一些历史因素（企业最初在科学技术上的突破），并且持续的科学技术对于适应技术方面的重大变革会起到至关重要的作用。

丽贝卡·亨德森和伊恩·科伯恩已经识别出制药企业能够采取的积极措施，以帮助其走在技术变革之前。[6]药品制造商发现，将公司选址靠近优秀的学术研究中心以及其他企业极为重要。因为这样就能够快速与学术机构交流新思想，并迅速地应用研究机构的成果。在美国，制药企业都不均衡地分布在纽约或者新泽西地区，瞄准了世界一流医科大学最为集中的区域。而生物技术企业均坐落在旧金山和南加利福尼亚州一带，希望获得这里领先研究型院校（以及热切的风险投资者）带来的好处。这些企业还发现，鼓励科学家们更多地着重于研究一般性的科学知识，而不是开发现有产品这一点很重要。这样就会导致技术的显著进步，现有的企业、新建的企业和消费者都将从中获益。

加里·哈梅尔和C. K. 普拉哈拉德也提倡相关的观点。[7]他们认为，诸如CNN、本田汽车、NEC和索尼等企业的成功，在于它们一直致力于在所在行业中实现全球主导地位。普拉哈拉德和哈梅尔将这种专注称作战略意图（strategic intent）。这些企业的战略意图远远超过了它们现在的资源和能力。普拉哈拉德和哈梅尔将目标和资源之间的差距称作战略延伸（strategy stretch）。这些企业不得不进行扩并以改变当前的资源存量，创造新的资源。正如我们在第2章中讨论的，企业通过杠杆的方法来利用现有资源以达到范围经济，实现更低的成本或者更高的质量。但是，企业能够达到范围经济的程度是有限的。确实，正如彼得·肯兹（Peter Kontes）和迈克尔·曼金斯（Michael Mankins）在《战略意图的危险》（The Dangers of Strategic Intent）一文中所指出的一样，普拉哈拉德和哈梅尔所列举的大部分企业，事实上给股东的回报率是低于平均水平的。[8]

理查德·达维尼认为，从电子消费品、航空公司和电脑软件到快餐食品，企业竞争优势的来源正在以一种急剧增加的速度不断地被创造和侵蚀。[9]达维尼将这种现象称作超级竞争（hypercompetition），并且认为一个企业的主要战略目标应该是干扰该行业现有的优势资源（包括自己的）以及创造新的优势资源。

达维尼、普拉哈拉德和哈梅尔的观点提示我们，在当今技术飞速发展、偏好变幻无常的环境中，一个不思进取、仅仅寻求维持现有资源优势的企业会很快被那些更富创新性的竞争对手所取代。而且，企业应该有能力自己创造冲击，而不是等待环境的变化或者是其他企业来打断行业现有的资源优势。

创新的激励

　　商业历史里常常出现这样的情况：具有大量资产——创新的产品、良好的声誉、充裕的资金来源和强大的销售渠道的企业，它们的市场地位被那些看上去资源基础薄弱得多的小企业侵蚀或超越。诺基亚在移动电话方面超越摩托罗拉，索尼在电视领域取代美国无线电公司，以及 CNN 在新闻节目方面取代其他电视网都是这方面的例子。对其原因的一般解释就是，小企业比大企业的经营更加灵活，具有更少的官僚主义作风，因而也就更愿意进行创新，打破现有的做法。这种将大小企业进行比较的解释常常都是陈词滥调。因为该观点认为大企业的管理者是"近视"，从而忽视了那些可以向它们的主导地位发起挑战的企业；而小企业的经理人都"如饥似渴"，并且有勇气采用大企业所缺乏的创新方法。

　　虽然这些解释从表面看起来引人注目，但缺乏深度。因为它们没有解释一个根本性问题：假定管理者是理性的，那么相对于行业中的新进入者或者边缘企业（marginal firms），为什么已建立的企业没有能够进行创新或者更不愿意打破传统的做法呢？一个可能的原因是我们在第 3 章所介绍的，各种激励和影响问题导致了已建立的大企业倾向于不进行创新。在这一节中，我们将探讨另一种可能性。比如说，在一定的经济环境下，企业不进行创新可能是理性的。以下两种效应使得企业不进行创新的做法是理性的：（1）沉没成本效应；（2）替换效应。我们也会讨论一种可以抵消沉没成本和替换效应的因素。这一因素能够增强现有企业的创新动机。

　　案例 15—1

钢铁行业中的沉没成本：基础氧化炉的采用

　　20 世纪 50 年代早期，一项新的钢铁制造技术——基础氧化炉（BOF）在商业上成为可行。与长期以来作为行业标准的平炉（OH）技术相比，OH 技术需要 6～8 个小时，而 BOF 则减至 40 分钟。尽管 BOF 具有明显的优势，但是美国钢铁制造商很少采用该项技术。整个 20 世纪 50 年代，美国钢铁制造厂增加了将近 5 000 万吨 OH 产能，而直到 20 世纪 60 年代后期，它们才开始用 BOF 取代 OH。与此同时，国外的钢铁公司建立了新厂房，都采用了最新的 BOF 技术。该项新技术所具有的成本优势就是日本和韩国的钢铁企业能渗入美国国内市场的关键原因。

　　为什么美国企业继续投资于明显低效的技术呢？标准的解释是管理不善。例如，钢铁行业的两位学识渊博的观察家沃尔特·亚当斯（Walter Adams）和汉斯·米勒（Hans Mueller）曾写道：

美国大企业在采用奥地利转化炉（也就是 BOF）上的犹豫不决最可能的原因就是，它们的管理者仍然受到安德鲁·卡内基（Andrew Carnegie）的格言"发明是得不到回报的"的影响。换句话说，也就是让其他企业承担研究与开发的成本和打破传统建立新工序的风险，然后我们企业就坐享其成。这样的结果就导致 20 世纪 50 年代美国钢铁行业增加了 4 000 万吨的生产能力，正如《财富》杂志所说："建成时就已过时。"[10]

不可否认，企业存在管理缺乏远见的可能，但是还有另外的解释。美国钢铁企业在 20 世纪的前 50 年中已经积累了大量有关 OH 技术的专用性知识。它们在知识上的这种投资是沉没成本，如果它转向采用 BOF 技术，那么就无法收回这些成本。这些沉没投资就使得美国已建成的企业和日本新企业之间产生了不对称性，因为对于美国企业来说，继续采用传统的 OH 技术在成本上更有效。

莎伦·奥斯特（Sharon Oster）对钢铁行业采用的技术进行了研究，其结果和美国企业根据利润最大化的标准选择技术的假设是相一致的。[11]例如，BOF 技术相对来说使用更多的是生铁，这与 OH 技术使用铁屑是正好相反的。因而，一个靠近生铁资源的钢铁厂采用 BOF 技术就能节约更多的经营成本。奥斯特发现，相对于那些从外部的供应商购得生铁的企业来说，自己能生产生铁的企业更有可能采用 BOF 技术。奥斯特发现，更常见的情况是，采用 BOF 技术导致节约的经营成本的数量在各个企业中存在很大的差异，因而能更大量地节约成本的企业就更可能采用 BOF 技术。

这并不是认为在钢铁行业中不存在管理不善的问题。事实上，几乎一定存在低劣的管理，至少在一些企业中是这样。但是，我们不能将缺乏创新的原因完全归结为管理不善。在知识和生产能力上的大量沉没成本是企业在选择一项新技术时很难忽略的。这些沉没成本的存在使美国生产商不同于日本、韩国和其他任何白手起家（即建立新钢铁生产设施）的生产商。不幸的是，这些差异为美国联合钢铁部门在 20 世纪 70 年代和 80 年代的竞争力下降埋下了祸根。

沉没成本效应

沉没成本效应（sunk cost effect）与一家已经承诺采纳一项特殊技术或者产品概念的企业和计划这么做的企业之间的不对称关系有关。如果一家企业已经承诺采用某项特殊技术，且已经在资源和组织能力上投资了，并且这些资源和组织能力具有该技术的专用性，这时如果该企业转向另一项技术，那么这些资源和组织能力的价值就会下降，在这种情况下就出现了沉没成本。对于一个现有的企业来说，与这些投资有关的成本是沉没成本，因而当企业考虑是否转向采用新技术时，它就不能忽视这些成本的存在。忽视这些成本将导致坚持现有技术的惰性。相反，如果企业没有承诺采用某项技术，它就可以将所有可供选择的技术成本进行比较，因而就不会偏向其中任何一项技术。

替换效应

与新进入企业相比，一个以利润最大化为目标的垄断企业所具有的创新动机是更强还是更弱呢？诺贝尔经济学奖获得者肯尼斯·阿罗（Kenneth Arrow）早在三十多年前就对这个问题进行过思考。[12]他认为，采用创新工艺的激励是因为这将降低产品的平均可变成本。创新过程是激烈的，一旦企业进行了创新，使用旧技术的生产企业将不再是企业的竞争对手。阿罗比较了两种不同的情形：（1）对于当前使用旧技术在市场占垄断地位的企业来说，它能够获得开发创新技术的机会；（2）对于潜在进入者来说，它可以获得开发创新技术的机会，如果它采用了创新技术，它将会成为行业的垄断者。在这种情况下，阿罗问：在哪一种情形之下，开发创新技术的意愿会更大呢？

阿罗的结论是，假定二者具有相同的创新能力，那么新进入企业将会比垄断企业更愿意投资开发创新技术。阿罗观点背后的直接含义就是：新进入企业的成功创新能为其带来垄断地位，而现有的企业开发出创新技术也能够导致垄断地位，但是由于它已经是一个垄断者了，所以与潜在的进入企业相比，它从创新技术中获得的利益更少。通过创新，一个进入者能够取代垄断者，但是垄断者却只能替换自己。由于这个原因，该现象就被称作替换效应（replacement effect）。[13]

阿罗的观点解释了与行业中的潜在进入企业或者是边缘企业相比，为什么现有的企业更不愿意进行创新或者是开发新的优势来源。阿罗的观点也说明了创新的进入者可能超越现有企业不是因为后者管理不善或者承担了不成比例的代理成本，而是因为自然的市场动态机制所致。一个现有企业的成功同时也为它埋下了（潜在的）失败的祸根。

效率效应

当竞争企业或者潜在的进入者不具备创新机遇的时候，我们也可以运用阿罗的分析。如果一个在位垄断企业预计潜在的进入者也可能获得创新的机会，那么就会产生效率效应（efficiency effect）。为了理解效率效应，我们可以比较以下两种情况：（1）当行业出现双寡头垄断者的时候，一个行业垄断者所遭受的利润损失；（2）双垄断者的利润。大部分的寡头垄断模型，包括第8章讨论的古诺模型都认为（1）大于（2）。换句话说，一个垄断企业由于另外一个企业的进入导致的损失会多于新进入企业因进入而获得的利润。原因就在于新进入企业不仅从垄断企业那里争抢业务，同时也会压低价格。效率效应就使得在位的垄断企业具有比潜在进入者更强烈的创新动机。

在现有企业和潜在进入企业之间展开开发新技术的竞争时，沉没成本效应、替换效应和效率效应将会同时发挥作用。哪一种效应成为主导就取决于创新竞争所处的具体的市场环境。例如，如果较小的竞争企业或者潜在进入者开发出创新技术的可能性较小，那么替换效应和沉没成本效应就会居于主导。那么，对于现有的企业来说，创新的主要影响就是侵蚀当前的利润，减少与当前技术相关的现有资源和组织能力的价值。相反，当垄断企业没有开发出创新技术，而新进入企业却几乎肯定能做到这一点时，效率效应将会居于主导地位。在这种情况下，对于现有企业来说，创新带来的一个关键收益是避免利润情况的日益恶化。因为如果新进入企业能够成功创新，该企业就具有成本或者收益上的优势，而且利润竞争也更加激烈。

创新与创意市场

一些学者在阿罗观点的基础上，拓展了我们对于创新激励的理解。乔舒亚·甘斯（Joshua Gans）和斯科特·斯特恩（Scott Stern）考察了效率效应的一个变量，这一变量只要在现有企业可能获得新进入者技术的情形下——通过技术许可证或者直接兼并——就会发挥作用。[14]这种可能性天然存在，因为兼并将导致垄断，而垄断一般比双寡头要更为有利可图。在这些情形下，既有企业有很强烈的激励去投资研发，即便是纯然模仿，因为这样能够增加其面对首先创新的进入者时讨价还价的能力。另一方面，既有企业也有可能选择少投资研发，而将新进入者的努力视为投资的替代品。毕竟，如果能够很快兼并，那么为什么还要重复新进入者的工作呢？

戴维·蒂斯观察到，新企业利用发明获致繁荣的能力取决于"创意市场"的存在。创意市场指企业能够将其创意按全部价值出售的地方。[15]蒂斯识别出商业化环境中两个影响创意市场的因素：（1）技术不容易被侵占；（2）存在专有化资产，如生产或营销能力，必须与创新型产品联用。第一点很显然：如果技术部能够被专利有效保护的话，那么创新者就不可能获得可观的回报。看一看罗伯特·卡恩斯（Robert Kearns）的遭遇。他在 20 世纪 60 年代发明了间断性挡风玻璃刷，并向福特推荐这项技术。后者拒绝与卡恩斯签订许可协议，而结果之后不久就引入了自己的间断性挡风玻璃刷。直到 20 世纪 90 年代，卡恩斯才通过法庭拥有了专利权。严重后果之一就是发明本身没有机密到能够保护发明人的程度——有时他们必须向交易对象泄露部分创意。如果没有很好的专利保护，那么他们立刻就会承受被侵占的风险。另一个严重的后果是，由于福特侵占了卡恩斯的创意，其他发明人更不可能向其展示新想法了。像福特这样面临市场竞争的企业，应当谨慎自己的侵权行为。

汽车行业早期的创新和组织结构

最近，尼古拉斯·阿尔盖斯（Nicholas Argyres）和利达·比奇洛（Lyda Bigelow）开展了一项研究，考察蒂斯的观点，即创新的成功与否取决于创意市场，也考察创新如何改变组织边界。[16]

阿尔盖斯和比奇洛在研究中分析了汽车九个主要部件从 1921 年到 1931 年的变化资料。如威廉姆·阿伯内西（William Abernathy）和詹姆斯·厄特巴克（James Utterback）已提及的，1921—1931 年这段时间是美国汽车行业发展最迅速的时期之一。在 1925 年之前，汽车设计还远没有统一标准化。[17] 一些汽车的引擎放在车的前部，而另一些放在后面。转向装置也各种各样，一些车使用的是转轮，而另一些使用的是拉杆。变速器、冷却装置、传动装置和点火装置等也各不相同。到 20 世纪 20 年代末期，这些差异性变慢慢消失了。取而代之的是一个主要的设计模型：引擎在车身的前部，转向装置主要是转轮，传动装置是转动轴，点火使用电火花打火。

阿尔盖斯和比奇洛认为，这种主导性的设计模型有利于形成创意市场。由此，阿尔盖斯和比奇洛提出了三个主要观点。一个汽车部件转动轴创新厂家在 1920 年前的潜在顾客应该很少，因为汽车企业使用的转动装置各式各样。致力于改善转动轴的投资因而是专有化的，并且易受侵占。因此，阿尔盖斯和比奇洛认为，产品标准化的过程应该伴随着纵向一体化的减少。

汽车设计成形之后，纵向一体化主要局限于致力于产品差异化的汽车企业。对于价格较低、标准化、大规模生产的汽车而言，阿尔盖斯和比奇洛预期，纵向一体化的程度要小得多。而对于高价、差异化、专一化的汽车产品，纵向一体化的程度要大一些。此外，他们还认为，正确的产品特点要以正确的组织形式进行生产，这对于企业的生存至关重要。

公司一体化方式选择的统计分析人士也为上面的观点提供了一些证据。从 1921 年到 1931 年，汽车生产企业在生产上面提到的九个部件方面纵向一体化的程度大大减弱，最大的变化发生在 1925 年。此外，高价格、大马力的汽车的一体化程度仍然很高。但是，生存下来的企业变弱了。阿尔盖斯和比奇洛认为，那些产品没有差异化而一体化程度很高的汽车生产企业经营将变得更加困难。但是，现在，这样的状况没有出现，其中一个可能的原因就是还没有可量化的产品差异化。如果汽车企业在价格或者马力以外的方面进行差异化生产，那么它们仍将从一体化中受益。

蒂斯的第二点更加微妙。创新型产品必须进行生产和营销。如果众多企业已经获得生产和营销方面的专业能力，那么就会为了这项创新而展开竞争，最终将大部分利润留给发明人。但是，如果这种专业能力稀缺，那么发明人就不能够卖到好价钱。力量平衡就从发明人那里偏向能够生产、营销该产品的既有公司。任天堂主宰电子游戏市场时，游戏开发者只能无奈接受任天堂关于新软件的条款。当索尼和微软崛起之后，流行软件的开发者，比如电子艺界和育碧公司（Ubisoft），就不再只盯着一家公司，并在版权费用的谈判中占得上风。在另一个例子中，加利福尼亚生物科技公司塞尔特里克斯（Celtrix）拥有某种珍贵蛋白质的专利，这种细胞调节蛋白质有望治愈受损细胞。尽管塞尔特里克斯开发出该种蛋白质，但是基因泰克公司（Genetech）拥有生产该产品的流程专利。塞尔特里克斯不得不与基因泰克签订对后者有利的合资条款，以获得使用该流程的权利。

配置创新资本

在第 2 章，我们描述了波士顿咨询集团的增长/份额矩阵。根据 BCG 模型，多样化公司的好处之一是能够将既有产品的所得利润用于开发新产品。但是，我们观察到，随着资本市场的发展，拥有优质创意的起步公司能够吸引到投资，从而抵消了多样化公司内部资本市场带来的好处。

杰里米·斯特恩（Jeremy Stein）指出，配置研究资金的经理人在大公司和小公司面临非常不同的激励环境，结果小公司投资人最终为没有前途的研究项目埋单。[18]斯特恩观察到研发公司的投资者对于潜在的科学激励几乎没有任何直接了解，也不能轻易地评估研发进展。小研发公司的经理人往往也就是创建者。他们可能夸大了现有研究的成功，而对项目——也就是公司——的缺憾视而不见。大公司的研发资金配置由科学家指挥，而他们往往也是负责研究的副总裁。他们统管很多项目的资金。如果一个项目遇到麻烦，资金就会被转移到其他项目上，而他们无须担心自己会丢掉工作。

创新竞争

本书第 8～12 章着重讨论当企业开发产品和选择价格时，考虑到竞争对手对此作出的反应的重要性。其实，当企业选择研发的投资水平时，预计竞争对手的反应也同样重要。当许多企业竞相开发相同的产品时，首先进行开发的企业就能够获得明显的优势。最明显的优势就是首创者可以通过专利权和商标保护他的发明。这里以现代电话的发明竞争为例。亚历山大·格雷厄姆·贝尔（Alexander Graham Bell）填写现代电话专利权申请的时候，只比伊莱沙·格雷（Elisha Gray）领先两个小时。尽管（或者原因也正在于）两种设计之间具有很多相似性，但贝尔最终在法庭上保住了自己的专利权。（爱迪生几乎在同时也设计出了自己的原型机，但不得不等到 17 年后贝尔的专利权过期，才能够参与市场竞争。）贝尔的专利权已经被证明价值几千亿美元，然而伊莱沙·格雷依然只是历史的一个注脚。[19]

即便没有法律保护专利权和商标，首先发明者也能够获得明显的先行者优势。[20]假定贝尔的技术能够遥遥领先，那么不考虑它的专利权作用，由于更早地建立了相应的外部网络效应，它的技术也能够确保它的成功。首创者也能从消费者的认知中得到收益。消费者常常认为开拓性品牌的特性就是理想的配置，而其他品牌的产品都是以此为基准的。Palm Pilot 生产的个人数字助手的不断成功就是一个这样的例子。

案例 15—3

电视机创新：越薄越好

2009 年 7 月，韩国 LG 公司（LG Electronics）和日本日立公司（Hitachi Ltd.）表示，它们已经就专利侵权诉讼和反诉讼达成和解，签署了等离子电视技术等方面的交叉授权协议。在一定程度上，这也反映了电视机技术的价值在下降。

这个月初，先锋公司（Pioneer Corp.）和瑞轩科技（Vizio Inc.）表示，由于消费者偏好发生变化，更喜欢使用新技术的 LCD（液晶显示屏）电视机，它们将不再生产等离子电视机。与前些年相比，这是一个巨大的变革，因为前些年，人们还认为等离子电视在图片质量和视觉角度方面更具优势。

简言之，LCD 技术的发展在某些方面已经赶上甚至超过了等离子技术。消费者现在更倾向于购买高清晰度、高辨析度的宽屏电视。LCD 电视机更薄，而且更省电。但是，LCD 电视机的优点还不止这些。

电视机背光装置使用 LED（发光二极管）的技术实现了重大突破。LED 替代老式的荧光灯管，生产厂家可以将电视机厚度减少大约 75%，并且更节能。

2009 年 1 月，韩国三星公司表示，其公司将在拉斯韦加斯电子展销会上推出新款电视机，这款电视机比先前的电视机都要薄。此款电视机如此之薄，以至于怀疑人士质疑，这款电视机的调谐器是装在里面，还是安放在电视机之外的一个盒子里。

同年 3 月，三星公司向市场推出全系列超薄电视机，包括厚度只有 30.5 毫米（相当于 1.2 英寸）的 55 寸电视。仅仅数月之后，LG 公司就超越了三星，推出了厚度只有 24.8 毫米（大约 0.98 英寸）的电视。

很明显，这样的创新是由利润引导的。由于经济发展不景气，LCD 电视机的价格下降，销售收入也随之下降。改变产品设计是激活市场需求的好方法，而厚度这个特点又是能够衡量，并且容易察觉的。想要购买新设备或者受时尚达人影响的有钱人会成为希望购买这些电视的消费者。据《华尔街日报》的一篇文章，虽然超薄电视的市场份额还不到 1%，按销售数量算，大约 2 亿台，但是这些电视机却为未来电视机的发展指明了方向。此时，这些电视机的销售可以为生产厂家带来价格和利润方面的溢价。[21]

随着时间的推移，电视机可能变得越来越薄。索尼公司已经研发出了使用有机 LED 的电视机，这样的电视机不需要背光装置，并且厚度只有 3 毫米（不到 1 英寸的八分之一）。问题在于：这样的电视机造价昂贵，成本达到 2 500 美元，屏幕只有 11 英寸。

但是，并不是所有的电视机生产商都跟从三星和 LG 的发展。据东芝美国公司营销副总裁斯考特·拉米雷兹（Scott Ramirez），公司并不认为，电视机越薄，消费者越愿意付出溢价。电视机太薄会导致画面质量巨大的差异，而画面质量才是消费者最关心的。拉米雷兹指出，"现在没有人在抱怨他们的电视机有 3 英寸或者 4 英寸厚。"[22]

此外，电视机生产厂家并没有完全放弃等离子电视机的生产。的确如此，三星表示，它们将继续生产等离子电视机，并且不断改善这类电视机的质量，因为等离子电视机在造价方面比 LCD 电视机便宜。成本相对便宜，会反映在终端销售价格上，因而，三星也是低端市场领先的生产厂家。

专利权竞赛

术语"专利权竞赛"（patent race）描述的是企业间展开的创新竞赛。为了更好地理解推进创新的动力，经济学家已经研究了专利权竞赛的不同模式。在这些模型中，第一个完成项目的企业就"赢得"了专利权竞赛并获得了生产与销售该产品的专有权，而失败的企业什么也得不到。虽然这种描述是很极端的，但是它也确实强调了首创者具有的关键优势，并且它也说明了优势的程度是如何影响创新动机的。这些模型还强调了一个重要的战略要点：参与专利权竞赛的企业必须预计到竞争对手的研发投资情况。如果没能做到这一点，那么代价将会很高。

专利权竞赛的模型考察了研发过程中不确定性、研发投资时机和进入这几方面的重要性。这些研究说明了当参与专利权竞赛的企业在决定是否增加创新投资时，必须考虑以下因素：

● 需要多少投资才能提高研发的生产率，因此增大赢得专利竞赛的概率？如果存在生产收益递减，那么增加研发的支出可能不会在很大程度上提高企业赢得竞赛的可能。如果生产收益递增，那么除非企业增加投入的做法激起了竞争对手相应的回应，否则，增加的支出通常肯定能够得到回报。

● 其他企业是否会对此作出相应的回应，增加研发支出，由此减少企业赢得专利权竞赛的机会？不论企业的研发回报是递增的还是递减的，竞争对手作出的回应都会降低研发的盈利性。

● 市场上存在多少竞争对手？如果研发的回报率递减，那么对于企业的创新来说，多家小型研发企业共同的投入将会比投资同等资金的一家大型研发企业带来更大的威胁。如果研发的回报率递增，那么一家进行广泛研发的大型企业将会是企业更可怕的竞争对手。从这个意义上讲，一个企业对研发投入的大量资金将会排挤其他企业的投资。

同样需要注意的是，独立公司在产品上市之前进行联合技术研发的行为，比同类公司各自发明后再合并更能得到反托拉斯法的允许。有时候，专利权竞赛的最佳解决方案是共享利润，不用计较谁先发明。

技术选择

专利权竞赛模型常常假定企业只有一套研发方法，并且只能选择对研发的投资额。事实上，企业能从一系列的方法中进行选择。例如，虽然一些巨型机生产商采用向量技术——该技术强调硬件上的改进，但仍有一些生产商采用大量的并行处理技术——该技术利用软件上的改进。当选择一种研究方法时，企业就必须考虑到竞争对手正在采用的方法。企业在选择研究方法时应考虑两方面：（1）方法的风险；（2）一种方法的成功与另一种方法的成功之间的关联程度。

研发的风险

不同的研究方法取得研究成果所用的时间也不同。当一种方法显然比另外一种方法能更快地产生成果时，该选择哪一种方法就是显而易见的。当两种方法的预期完成时间是相同的，而一种方法比另一种方法日期更难确定时，选择就不那么明确了。为了说明竞争是如何影响方法的选择的，我们以一家企业在开发新产品时选择的两种方法为例。如果企业是首先开发出此产品的，它能够获得专利权，或者其他的先行者优势。方法 A 是久负盛名的传统研发方法，在 2 年或者 3 年内肯定能够研发成功。与此相对的是方法 B，它所用的时间具有相对不确定性。虽然采用方法 B 最终也一定能够取得成果，但是取得成果的时间可能是 1～4 年。两种方法成功所需的时间都不确定，这就意味着二者均可能在时间段的任何时候取得创新成果。

通常，对于一个垄断企业来说，两种方法是无差异的，因为它们出成果的预期时间是相同的。但是，如果许多企业竞相开发相同的产品，每一个企业都会希望选择方法 B。为了解释其中的原因，我们可以假设有 4 个企业，每个都选择方法 A。那么，每个企业首先研究出创新成果的概率为 0.25。现在假设其中一个企业转向采用方法 B，那么在 1 年内能够发明成功的概率为 0.25，在这种情况下，它无疑将会是第一个创新成功的企业。即便它是在 1 年以后才发明成功，它仍然是第一个创新成功的企业。因而，它第一个创新成功的概率就高于 0.25——这是所有企业都选择方法 A 时该企业获得成功的概率。因而，企业将更喜欢选择方法 B。同理可证，不论竞争对手将如何选择，所有企业都将倾向于选择方法 B。[23]

案例 15—4

激发汽车创新：英国 2009 年艾克斯大奖

据全球管理咨询公司麦肯锡的一篇报告，用于激励的奖励是促进变革的一个独特而有力的工具。[24]其中的一个这样的奖励就是汽车进步艾克斯大奖，2009 年，此奖项奖励给取得第一名的团队大约 1 000 万美元，奖励的标准是：参赛团队的汽车必须在设计、制作、节能等方面满足大众的需要。[25]

该奖项由艾克斯大奖基金会资助，该奖秉承的精神同 20 世纪早期酒店大亨雷蒙德·奥泰格（Raymond Orteig）资助航天飞行的精神相同。奥泰格设置奖金，激励飞行员从纽约到巴黎不间断地飞行，最后奖金给了查尔斯·林德伯格（Charles Lindbergh）。而参与艾克斯奖金大赛的团队包括初创公司、大学生、大学或中学、发明家，至少还有一名摇滚明星参加。

2009 年 4 月，100 多个团队代表 12 个国家参加了这个竞赛。参赛汽车的大约三分之一是纯电动汽车，另外三分之一是电动和燃料的混合动力汽车。传奇摇滚歌手尼尔·扬（Neil Yough）坐着一款被称作"LincVolt"的混合动力车入场（并且还发行了一张有关汽车的专辑），这款车由 1959 年的"Lincoln Continental"改装而成。

三个代表英国出场的参赛者以不同的方式展现竞争能力。伦敦的一家科技企业 Synergy 公司研发了一款 BMW Mini 版（独立于 BMW 公司）电动车，目的是为了展示电动车可以和传统汽车看起来、开起来都一样的理念。塔塔汽车公司（Tata Motors），参加此项赛事的一个大汽车制造商，携带一款现有汽车型号的一个改良版现身。第三位入场者是德尔塔汽车运动公司（Delta Motorsport），该公司反其道而行之，研发了一款全新的汽车，这款汽车被称作"ULEnV"（超低能耗汽车）。

该项竞赛取胜的标准令人惊奇。参赛汽车的能耗每加仑里程必须大于100 英里，并且参赛汽车的动力必须是可再生能源。此外，参赛汽车温室气体排放每英里里程必须小于 200 克。但是，据该项大奖主管艾瑞克·卡赫尔（Eric Cahill），"真正重要的考验"是参赛汽车的市场活力：要获胜，每个参赛团体的汽车必须有一定的市场规模（每年市场销售大约 10 000 辆）。[26]

鉴于市场销量的重要性，没有太多大的汽车厂家着实令人吃惊。卡赫尔认为，这主要是因为现有行业大公司的发展状况，对于这个行业而言并不是什么新奇事：大汽车公司一直以来不会对新技术进行大的资金投入，而更喜欢购买小公司的创新。确实是这样，Synergy 公司希望通过参加此项赛事可以推广新科技的授权出售。

相关的研究战略

上面的案例假设方法 A 和方法 B 是彼此独立的，意味着一种方法的成功或者失败跟另外一种方法的成功与失败是没有关系的。事实上，研究方法之间可能存在关联，因此，一种方法成功了，另外一种方法将有更大的概率成功。一般来说，即使在一些不相关的方法取得成功的可能性很小的情况下，企业采用不相关的方法给社会带来的收益也会大于采用相互关联的方法带来的收益。原因就在于当企业采用不相关的方法时，就提高了至少一种方法可以取得成功的可能性。但是，企业会愿意采用成功可能性较低的研究战略吗？如果许多企业都在进行研究，那么答案就是：有可能。如果所有企业都采用相同的战略，那么每个企业成功的概率都是相同的。企业越多，某个企业赢得专利竞赛的可能性就越低。一个企业采用的方法和其他所有企业采用的方法不相关，如果普遍的方法失败了，该企业就将取得成功。因而，即便"独树一帜"的研发战略取得创新成功的可能性很低，但是只要其成果与其他企业的成果不相关，它就能够使企业获利。

演化经济学与动态能力

我们在上一节所讨论的创新理论是基于传统的新古典微观经济学的视角。在这些理论中，企业选择能使自身利润最大化的创新活动。人们普遍认为理查德·纳尔逊和悉尼·温特创立了演化经济学中的大部分理论，为我们提供了一个有别于微观经学的新视角来认识创新活动。[27]根据演化经济学理论，企业并不是直接选择能够最大化利润的创新活动，而是从组织惯例出发作出关键创新决策。如果想理解创新，那么就应该理解惯例是如何发展演化的。

企业惯例包括生产方法、聘用流程和决定广告支出的政策。企业通常认为使企业成员改变过去运行有效的做法是一种"不自然"的举动，所以企业一般不会经常改变惯例。但是，正如熊彼特所强调的那样，坚持以某种方法来生产一套既定产品的企业将不可能幸存下来。企业需要不断地研究改进惯例程序。企业维持并调整作为竞争优势基础的源泉的能力就是戴维·蒂斯、加里·皮萨诺（Gary Pisano）和埃米·舒恩（Amy Shuen）所称的"动态能力"（dynamic capabilities）。[28]动态能力有限的企业就不能够随时间的流逝培育并调整企业优势的来源，并且其他企业最终就会超过它们。动态能力很强的企业能够随着时间的流逝而调整它们的资源与能力，并且能够利用新的市场机遇来创造竞争优势的新来源。

案例 15—5

瑞士手表行业的崛起[29]

在18世纪，英国是世界上最大的手表制造商。英国有1 800名工艺大师，他们每年生产将近200 000只手表，大约是世界总产量的一半。英国的主导地位得益于几个因素。首先，手表制造商在英国农村雇用的劳工工资比伦敦的劳动力工资要低很多。其次，手表制造商从劳动分工上获益匪浅。从普雷斯科特到英格兰西北的利物浦之间的8英里路程中，人们几乎随处可以看到专门制造弹簧、轮子切割、钟面和其他专用零件的小屋。当地巨大的需求量也促使生产专业化成为可能。18世纪期间，英国对手表的需求量占了整个世界需求量的一半。最后，一个关键的原材料——坩埚钢是由英国垄断企业生产的。直到1800年，国外的制造商还不知道如何生产坩埚钢。

专业的低成本工人、当地的高需求量、关键投入品的便利获取，这几个因素汇合在一起，造就了英国手表业所具有的、其他手表制造商所无法比拟的优势。18世纪中晚期，英国的手表被认为是世界上最好的，并且价格也是最高的。但是，英国却无法满足世界的需求，于是开始从其他地方进口手表并作为自己生产的产品转售出去。日内瓦的手表生产商就从该项政策中获利颇丰。

从法国来的流亡的新教徒在16世纪中期到达日内瓦之后，该地就成为了手表制造的一个中心。到18世纪中期，日内瓦在手表制造方面仅次于英国。今天的许多知名品牌，包括江诗丹顿（Constantin Vacheron，以前称之为 Abraham Vacheron）和百达翡丽（Patek Philippe，以前称之为 Czapek and Philippe）都是那个时候发展起来的。

日内瓦的手表制造商与英国的同行在一个关键方面存在差异：英国制造商不需要营销它们的产品，它们生产高质量的手表，只等待顾客前来购买；而日内瓦的手表制造商没能够达到英国同行的声誉，所以就不得不既做工匠，也做商人。为了降低成本，日内瓦的制造商将大量的生产外包给法国和意大利阿尔卑斯山附近的工人，这些工人的成本比英国的还低。它们也开发了新的手表市场，将手表销往诸如意大利这样很少人戴手表的地区。一些手表制造商致力于利基市场，诸如生产超薄型的手表。其他的一些制造商则瞄准那些成本敏感型顾客。正如戴维·兰德斯（David Landes）所说："瑞士制造手表是为了取悦顾客，而英国制造手表是为了取悦自己。"

到19世纪，英国的手表制造商陷入了困境。战争使英国的经济恶化，并导致手表需求下降。英国国内的市场几乎消失，制造商在准备不足的情况下将手表销往国外。与此同时，瑞士人享受了销售量不断增长和劳动分工带来的巨大收益。并且瑞士人也掌控了获得坩埚钢的渠道，因为当时除了英国之外，其他国家也具有了生产坩埚钢的能力。此外，绝望的英国手表制造商开始出口零散的手表机件和部件，这就又帮助了瑞士手表达到英国手表的质量。到19世纪中期，瑞士的手表就处于主导地位。瑞士能生产各种质量层次的手表，而且价格低于其他任何地方，并且能不断根据顾客偏好制造新产品。直到20世纪中期，瑞士还主导着手表行业。之后，日本使用廉价的石英机件使手表生产价格显著下降，并且能够以惊人的低成本达到前所未有的精确度。

由于一些原因，企业天生就只有有限的动态能力。首先，学习通常是渐进性的，而非突破性的。也就是说，当企业寻求能改进经营的方法时，企业几乎不可能忽略它过去的行为，而且也很难形成一套与过去做法存在根本性差异的新方法的理念。因此，寻求竞争优势的新来源就具有了路径依赖性（path independent），它取决于企业从过去到现在所走的路。但是，即便路径依赖程度很低，它也会产生重要的竞争后果。一个已经制定出明显的战略来进行特殊方式交易的企业会发现自己很难适应技术的较小变化。

互补资产的存在也能够增强或削弱企业的动态能力。互补资产是企业专用性资产的一种，只有与特定产品、技术或者交易方式关联时才有价值。新产品、新能力的开发，或者新市场的开拓都可能会提高或者降低互补资产的价值。微软公司在 20 世纪 80 年代末期开发出 Windows 系统时，DOS 系统（Microsoft disk operating system）的客户群就是很有价值的互补资产。相反，正如我们在案例 15—1 中所讨论的，钢铁行业基础氧化炉的开发降低了美国钢铁企业现有平炉生产能力的价值。会降低互补资产价值的组织惯例变化能导致我们先前讨论过的沉没成本效应，因而就会降低企业适应变化的可能性。

最后，"机会之窗"也能够阻碍动态能力的发展。在产品开发的早期阶段，它的设计常常会变动，生产的惯例做法还没有形成，资本通常不具备产品专用性。企业仍然可以在竞争性的产品设计或者生产组织方法上进行试验。但是，随着时间的流逝，出现了少数几个占主导地位的设计或者产品特性。此时，网络外部性和学习曲线也开始发挥作用，并且与市场领导者进行竞争对公司也不再具有吸引力。沉没成本效应的变异意味着当不确定的机遇存在时，没有调整现有生产能力或者是着手进入新市场的企业将最终发现自己处于市场之外，或者在与先行企业竞争时处于明显的劣势。

环　境

迈克尔·波特在《国家的竞争优势》（*The Competitive Advantage of Nations*）一书中指出，竞争优势源于企业所在的当地环境。[30]波特认为，尽管现代企业的经营能力超越了当地市场，但是特殊行业的竞争优势常常是高度集中在一个或者两个地区的。世界上最好的高电压电气输送设备集中在瑞典，最好的隧道设备生产商云集在瑞士，最成功的柴油机大卡车生产商汇集在美国，而日本却聚集着领先的微波炉生产企业。

波特将竞争看做是一个演进过程。企业最初通过改变竞争基础获得竞争优势，这种成功不仅仅是因为它们能够识别新产品和新技术，而是在于它们能够积极地挖掘新产品和新技术。通过投资改进现有优势来源并创造新的优势来源，它们保持了自身的优势。企业所属国在许多方面都发挥着重要的作用，比如影响管理者对于什么样的机遇是可挖掘的认识，支持有价值的资源和能力的积累以及创造企业创新、投资和改进的压力。

波特识别出了企业本国市场的四个属性，他将这些属性共同称作"钻石"。这四个属性能够促进或阻碍企业在全球市场中实现竞争优势（见图 15—1）。

1. 要素条件。
2. 需求条件。

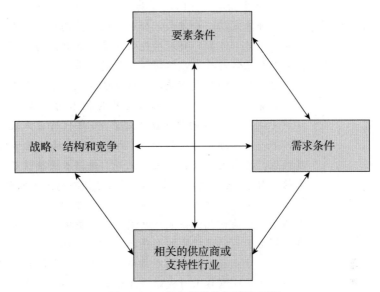

图 15—1 竞争优势的环境和来源

迈克尔·波特认为，企业开发竞争优势的能力取决于国内市场的需求与要素条件、相关的供应商或支持性行业以及国内市场的竞争程度。

3. 相关的供应商或支持性行业。

4. 战略、结构和竞争。

要素条件 要素条件指相对在特定行业竞争所必需的生产要素（如人力资源、基础设施等）而言，一个国家所处的地位。由于一般用途的生产要素在当地市场中就能够获得，或者可以在全球市场中购得，所以最重要的生产要素是那些特定产业的高度专用性物资。例如，自从 20 世纪 50 年代以来，日本的人均工程学毕业生数最高。根据波特的观点，这种情况与日本在诸如汽车和消费电器等行业的成功之间的关系要大于与生产工人较低的工资水平的关系。

需求条件 包括企业产品在本国的需求规模、增长情况和特征。在行的本国顾客或者独特的当地条件会激励企业提高产品质量和促进创新。例如，在空调行业，日本的企业比如松下就是以生产小型、静音、节能式窗体空调而著称。这些产品特征在日本是很重要的，因为日本夏天的空气是闷热且潮湿。但是，大型、嘈杂的空调在日本是不受欢迎的，因为房子小、布局紧凑，而且电费也很贵。

案例 15—6

竞争、历史与地理：诺基亚公司

诺基亚这个品牌名称已经俨然成了手机的代名词。然而，诺基亚 150 年前却是以造纸起家，20 世纪初，诺基亚开办芬兰橡胶厂，接着在 1912 年开办了芬兰电缆厂。后者为电报、电视制造电缆，也是公司首次涉足通信业。

1967年三个企业合并组成诺基亚公司。从20世纪60年代到70年代，公司一直在寻求定位。一方面，公司继续生产高级橡胶产品，例如，光滑的彩色橡胶靴；另一方面，公司率先研发了无线电话与数据调制解调器。公司最终充分利用设计与技术，取得了极佳的效果。

除了独特的历史环境，诺基亚还受益于它位于斯堪的纳维亚半岛的地理优势。芬兰人常被社会主义人士称为技术的"尝鲜者"[31]，他们是20世纪70年代接受传真机的第一批人，在80年代又首先欣然接受了互联网。1981年，第一个国际移动电话网络NMT（北欧移动电话网）在斯堪的纳维亚半岛诞生。技术的结合和"主场优势"使诺基亚获得了第一份制造汽车电话的合约。整个80年代，诺基亚在移动电话市场上不断创新。

1987年，诺基亚实现了另一个重大突破，这一年，欧洲经济共同体同意在移动电话通信业统一采用共同标准。美国大部分采用模拟技术（摩托罗拉在市场上率先销售模拟技术产品），而欧洲则统一采用GSM数字标准。诺基亚选择把重点放在欧洲本地市场，并专注于新的数字技术研发。1991年，芬兰进入数字蜂窝技术时代，两年之后，一个工程专业的芬兰学生利用诺基亚的技术发了世界上第一条手机短信。那时，诺基亚已经剥离了其他业务，在战略上瞄准手机市场。

除此之外，诺基亚在设计行业的历史经验也难能可贵。它把手机市场分为两类用户群体：年轻人群与商务人士。为年轻人量身打造可更换的彩色手机壳和手机铃声，同时，研发棱角椭圆形手机，消除容易刺伤用户、刺坏衣物的尖锐棱角。依靠这些创新，诺基亚手机博得了全球声誉。

诺基亚的成功不仅仅在于其非常好的运气和历史环境。它的创新能力深深地扎根于它的整个组织结构之中，诺基亚没有等级结构，各功能部门（例如，营销部门、产品设计部门和生产部门）之间有效协作，形成了跨部门的创新观念。[32]诺基亚在通信技术和市场营销方面的许多巨大优势都来自这些部门间的合作。

相关的供应商或支持性行业　在本国市场经营而拥有在国际上有竞争力的供应商，或者支持性行业的企业，将会在全球市场中占据有利地位，实现竞争优势。虽然由于许多投入品都具有流动性，企业不用取得地理的临近性就可以进行交易，但是关键的投入品的交易，例如稀缺的生产工艺，却的确需要这种地理上的临近性。在其本国拥有技术熟练的供应商的企业就能够成为最新生产技能的较早受益者，并且能够影响供应企业的创新。例如，意大利的皮鞋制造商同皮革生产商之间就有着密切的工作关系，这就使得皮鞋制造商们能够很快了解到新型的材质与颜色。反过来，皮革生产商也能从鞋子制造商那里了解到最新的流行趋势，这就有助于皮革供应商策划新产品。

战略、结构和竞争　根据波特的观点，竞争优势的最后一个环境决定因素就是企业国内市场的竞争背景。这包括当地的管理惯例、组织结构、公司治理和当地资本市场的特点。例如，在德国和瑞士，上市公司的大部分股票由那些不频繁交易的机构投资者持有，并且资本利得可以免税。因此，股票价格的日波动不是很大。根据波特的观点，这使得这些行业中的公司比美国与英国的同行有更强的投资于研究和创新的倾向。

本国市场的竞争是竞争环境的另外一个重要部分。根据波特的观点，当地的竞争比国外竞争更能影响市场的创新速度。虽然当地竞争可能降低当地市场的利润率，但是，能在当地激烈的竞争中幸存下来的企业的效率和创新能力常常高于那些来自竞争更温和地区的国际竞争企业。民航业就是这样的一个例子。美国国内民航业的价格竞争比国际上其他地方激烈得多，因为在其他地方，航空业有着进入限制，并且许多大航空公司都能得到国家的补贴。美国的航空公司，如美国航空公司和联合航空公司都是在竞争激烈的本土市场中成长起来的，因而在全球航行中比竞争对手更富成本效率，并依靠国际航线的利润来弥补国内航线的损失。

正如波特所指出的，本地环境对竞争优势的作用并不能减少对行业、定位和可持续性分析的必要性。相反，它指出了企业制定战略时常常忽略的问题，如当地竞争对企业形成在其本国外的市场上的竞争力方面所起的重要作用。波特的观点与纳尔逊和温特的观点并不矛盾，纳尔逊和温特强调企业创新中的组织因素。许多处在有利的竞争环境中的企业却没有实现竞争优势，这就意味着企业的本地环境并不是决定性的。但是，波特的框架强调，在当地处于不利环境的企业面临着除了组织惯例和路径依赖（演化经济学强调该点）之外的挑战。

管理创新

由于大企业组织结构复杂，所以我们不能想当然地认为它们会专注地进行行动，我们必须将企业看成是创新的媒介物，而不能仅仅将它们看成是发明者或者是创新技术的使用者。理解企业内部如何创新常常同理解企业如何为其顾客创造价值一样重要。正如罗莎贝斯·坎特（Rosabeth Kanter）所指出的，这就涉及将创新看成是将解决问题的任何新观点应用到实际之中的过程。[33] 组织创新观点在对创新文化和内部或企业家精神的研究中得到了进一步的发展。

企业研发计划常常是固定不变的，并且对市场机遇的反应不太灵敏。这就促使一些企业考虑采用管理创新过程的替代方法。例如，自从 20 世纪 70 年代以来，企业风险部门的设立反映了大企业对认识与利用超越当前的产品、工序和服务的创新机会的需求敏感度不断增加。企业正式组织机制之外的创新在最近几年日益受到关注。这项工作集中落在公司内的企业家身上，他们在面对官僚阻碍的情况下推动新项目的发展。[34]

但是，大企业的创新战略不能单单着重于内部的开发。其他诸如公司分立、建立合资企业以及战略结盟等途径，也能够为企业进入新业务领域或者开发新产能提供便利。一个替代以企业为基础的研发的例子就是公私研究集团（public-private research consortium）。[35] 在这些正式联盟中，成员企业集中资源，并与那些研究机构在需要合作开发的大规模高技术项目上合作进行研发活动。政府也为这些合资公司提供资助，同时使它们的活动免受反垄断法的干预。早在 20 世纪 70 年代，日本就率先在电脑技术方面组建了这种公私合作研究集团，而美国和欧洲的同行们直到 20 世纪 80 年代早期才开始这项活动。在这个行业里，可能最知名的当属美国的 MCC 集团（微电子与电脑技术公司），它是由 16 个电脑和半导体企业于 1982 年组建的。到 1993 年，MCC 已经扩大到了 100 多个成员企业。

一般说来，企业在管理创新活动中面临着两难困境。一方面，协调创新活动需要正式的结构与控制。另一方面，宽松性与灵活性又会促进创新力、创造力以及对环境的适应能力。这些相互矛盾的要求不断增加了管理创新的压力。

本章小结

● 创造性破坏就是旧的竞争优势来源被破坏，并由新来源所取代的过程。经济学家约瑟夫·熊彼特写道：企业家精神的本质就是利用破坏现有优势资源的"冲击"和"不连续"。

● 一个现有的主导企业的创新动机比小企业或者潜在的进入企业的创新动机更弱。沉没成本效应和替换效应削弱了企业创新的动机。相反，与潜在的进入企业相比，效率效应增强了主导企业创新的动机。

● 沉没成本效应描述了承诺采用一项特殊技术的企业和正在计划着手进入的企业之间的不对称关系。这是这样一种现象：即便在利润最大化目标下白手起家的企业会选择一项不同的技术，以利润最大化为目标的已建企业仍然会坚持当前的技术。

● 当创新技术能够使采用者成为行业的垄断企业时，一个潜在的进入企业就比在位垄断企业有更强烈的动机进行创新活动。由于垄断企业已经是行业的垄断者了，所以它从创新中获得的收益就低于潜在的进入者。该现象就叫做替换效应。

● 效率效应使在位垄断企业进行创新的动机比潜在的进入者要更强烈。原因就在于如果在位者不进行创新，就可能丧失垄断地位，而进入者如果成功地进行创新开发，就（最多）能成为行业的双垄断寡头之一。

● 专利权竞赛指企业间竞相争先创新。专利权竞赛模型暗示，当企业决定是否增加创新投资时，它必须考虑到以下因素：（1）需要多少投资才能提高研发的生产率，从而能够提高企业赢得专利权竞赛的概率？（2）其他企业是否会对此作出反应，也增加它们的研发支出，从而降低了企业赢得专利权的机会？（3）存在多少个竞争对手？

● 演化经济学将企业的决策看成是由惯例决定的，而不是由利润最大化目标决定的。惯例就是指企业内实施得较好的活动模式。由于要使得企业职员改变过去行之有效的做法是一件"不自然"的行为，所以企业很少改变它们的惯例。但是，坚持根据一种特定方法来生产一套特定产品的企业是不能够幸存下来的。因而，企业一般需要着手于不断地找到能改进现有惯例的方式。动态能力就是企业维持基础竞争优势的能力。

● 迈克尔·波特认为，竞争优势源于企业所处的当地环境。他识别出企业本国市场的四个能促进或阻碍其在全球市场上实现竞争优势的属性：生产要素条件；需求条件；相关的供应商或支持性行业以及战略、结构和竞争。

● 一般说来，管理创新会引发一种两难困境。一方面，协调创新需要正式的结构与控制；另一方面，宽松性与灵活性能够促进创新力、创造力以及对环境变化的适应能力。

思考题

1. 不同行业中的创造性破坏的程度是否存在差异呢？创造性破坏的风险能否被结合到行业的五力分析中去呢？

2. 在许多行业中，如制药行业，企业在地域上是很集中的。在另外一些行业中，例如汽车生产，企业地域集中的现象就不是很普遍。什么因素导致了企业出现地域集中的现象呢？互联网和通信的发展能否最终消除企业地域集中的现象？

3. 效率效应和替换效应之间存在什么差别？这二者能够同时发挥作用吗？如果可以的话，那么，在什么情况下，效率效应可能居于主导地位？而在什么情况下，替换效应可能居于主导地位？

4. 加里·哈梅尔和普拉哈拉德在《作为杠杆作用和弹性作用的战略》（Strategy as Stretch and Leverage）一文中指出，行业新进入者希望取代现有企业领导地位的动机比现有企业保持行业领导地位的动机要强烈很多。他们认为，原因就在于相对于市场的领导者来说，新进入者的资源和目标之间的差距更大。[36]哈梅尔和普拉哈拉德的观点是否跟主导企业与新进入企业的利润最大化行为相一致呢？他们的观点是否与演化经济学的观点一致呢？

5. 专利权竞赛是一个零和博弈，还是一个负和博弈？请解释原因。

6. 什么是企业的动态能力？管理者能在多大程度上创造或者"管理"企业的动态生产能力？

7. 路径依赖概念的含义是什么？路径依赖对于企业随着时间的流逝而能够创造竞争优势新来源的能力有什么作用？

8. 企业在国内市场的竞争力能在多大程度上影响它在全球市场的竞争力？为什么当地的竞争比国外的竞争对企业的创新速度影响力更大？

9. "导致出现国内垄断者的行业政策或反托拉斯政策很少能够导致同一企业的全球竞争优势。"请对这一说法进行评论。

10. IQ 有限公司当前垄断着某一特定类型的微处理器（666 处理器）市

场，人们认为该产品的垄断利润流的现值为 5 亿美元。Enginola（该公司当前经营的微处理器子市场与 IQ 公司经营的市场截然不同）和 IQ 正在考虑投资开发设计一款性能更优越的微处理器，这样就使得 666 处理器将会被淘汰。不论是谁首先开发出该产品都将会占据全部市场。而人们预计新产品垄断利润流的现值比 666 处理器的现值高 1.5 亿美元。

能否成功开发出此处理器是不确定的，但是成功的概率与公司在该项目的投资额直接相关（投资额越高，成功的可能性也越大）。而且 Enginola 和 IQ 投资在该项目上的生产率是完全相同的：从任意投资水平开始，Enginola 每增加 1 美元的投资对首先赢得该项目的作用是完全相同的。下表就描述了这一点。该表显示，每个公司投资 0 美元、1 亿美元、2 亿美元，它们赢得该竞赛的可能性是相等的。第一个数值表示 Enginola 赢得竞赛的可能性，第二个数值表示 IQ 赢得竞赛的可能性，第三个数值表示二者都失败的可能性。注意：该表不是一个可相互抵消的表格。

		IQ 的投资		
		0	1 亿美元	2 亿美元
Enginola 的投资	0	(0, 0, 1)	(0, 0.6, 0.4)	(0, 0.8, 0.2)
	1 亿美元	(6, 0, 0.4)	(4, 0.4, 0.2)	(3, 0.6, 0.1)
	2 亿美元	(8, 0, 0.2)	(6, 0.3, 0.1)	(5, 0.5, 0)

假设：
(1) 两个公司同时并且互不合作地制订自己的投资计划。
(2) 每个公司都寻求预期利润最大化。
(3) 两个公司都没有面临任何财务上的限制。

如果有的话，哪个企业有更大的动机进行投资以赢得该项研发竞赛？前面章节讨论过的效应中（沉没成本效应、替换效应和效率效应），哪一种效应影响了该例子中企业的创新动机？

【注释】

[1] CTI 公司最终破产了。

[2] Schumpeter, J., *Capitalism, Socialism, and Democracy*, New York, Harper & Row, 1942, p.132.

[3] 同上，84~85 页。

[4] Christensen, C., *The Innovator's Dilemma*, New York, Harper Business, 2000.

[5] Lee, J., "Emergence of Large Firms and Innovation in the U. S. Pharmaceutical Industry," *Management Science*, 2002.

[6] 例如，参见 Henderson, R. and I. Cockburn, "Measuring Competence? Exploring Firm Effects in Pharmaceutical Research," *Strategic Management Journal*, 15, 1994, pp. 63 - 84。

[7] Hamel, G. and C. K. Prahalad, *Competing for the Future*, Cambridge,

MA，Harvard Business School Press，1994. 也可参见 Hamel，G.，and C. K. Prahalad，"Strategic Intent," *Harvard Business Review*，May-June 1989，pp. 63 – 76；"Strategy as Stretch and Leverage," *Harvard Business Review*，March-April 1993，pp. 75 – 84。

［8］Kontes，P. and M. Mankins，"The Dangers of Strategic Intent," *Marakon Associates*，April 1992.

［9］D'Aveni，R.，*Hypercompetition：Managing the Dynamics of Strategic Maneuvering*，New York，Free Press，1994.

［10］Adams，W. and H. Mueller，"The Steel Industry," in Adams，W. (ed.)，*The Structure of American Industry*，7th ed.，New York，Macmillan，1986，p. 102.

［11］Oster，S.，"The Diffusion of Innovation among Steel Firms：The Basic Oxygen Furnace," *Bell Journal of Economics*，13，Spring 1982，pp. 45 – 68.

［12］Arrow，K.，"Economics Welfare and the Allocation of Resources for Inventions," in Nelson，R. (ed.)，*The Rate and Direction of Inventive Activity*，Princeton，NJ，Princeton University Press，1962.

［13］这个术语由梯若尔（Jean Tirole）首次使用。梯若尔在他的《企业组织理论》（*The Theory of Industrial Organization*）一书中详细讨论了替代效应，该书由麻省剑桥 MIT 出版社于 1988 年出版。

［14］Gans，J. and S. Stern，2000，"Incumbency and R&D Incentives：Licensing the Gale of Creative Destruction," *Journal of Economics and Management Strategy*，9(4)，pp. 485 – 511.

［15］Teece，D.，1986，"Profiting from Technological Innovation：Implications for Integration，Collaboration，Licensing，and Public Policy," *Research Policy*，15，pp. 285 – 305.

［16］Argyres N.，and L. Bigelow，"Innovation，Modularity，and Vertical De-Intergration：Evidence from the Early US Auto Industry," University of Utah working paper，August 2008.

［17］Abernathy，W.，and J. Utterback，"Patterns of Industrial Innovation," *Technology Review*，80，1978，pp. 40 – 47.

［18］Stein，J.，"Internal Capital Markets and the Competition for Corporate Resources," *Journal of Finance*，52 (1997)，pp. 111 – 133.

［19］Smith，G. S.，*The Anatomy of a Business Strategy：Bell，Western Electric，and the Origins of the American Telephone Industry*，Baltimore，MD，Johns Hopkins University Press，1985，pp. 35 – 38，99.

［20］我们在第 14 章中详细讨论过先行者优势。

［21］"LG Electronics Debuts Ultrathin Television," by Evan Ramstad，*The Wall Street Journal*，June 26，2009. 也可从下面的网址获取：http://online. wsj. com/article_email/SB 124595473000755293-LMyQjAxMDI5NDI1Njky NTY0wj. html。

［22］引自 "TV makers hope thin is in for newest sets" by Barbara Ortutay（with contributions from Peter Svensson），The Associatel Press，accessed July 6，2009 at http://www. google. com/hostednews/ap/article/ALeqM5gxHUmKgHabSuc3D4Fh GDEkCAOMawD9992GA00.

［23］可以发现，即使只有两个竞争者，公司一般仍倾向于选择风险性方法：当

公司数目增加时，选择的收益会变得更加明显。参见 Tirole，*The Theory of Industrial Organization*。

[24] "And the winner is...," McKinsey & Company, March 3, 2009. 可从下面的网址获取：http://www.mckinsey.com/clientservice/socialsector/And_the_Winner_is.pdf。

[25] 参见艾克斯大奖基金会的网站：http://www.xprize.org/x-prizes/auto-motive-x-prize。

[26] 引自 "Multiple headlights aim at the prize for 100 mpg cars that can be commercially produced," by Lea Radick, *The New York Times*，June 4, 2009。也可从下面的网址获取：http://www.nytimes.com/cwire/2009/06/04/04climatewire-multi-ple-headlights-aim-at-the-prize-for-100-24559.html。

[27] Nelson, R. R. and S. G. Winter, *An Evolutionary Theory of Economic Change*, Cambridge, MA, Belknap Press, 1982.

[28] Teece, D. J., G. Pisano, and A. Shuen, "Dynamic Capabilities and Strategic Management," University of California at Berkeley, *Strategic Management Journal*, 18, August 1997, pp. 509 – 534. 也可参见 Teece, D. J., R. Rumelt, G. Dosi, and S. Winter, "Understanding Corporate Coherence: Theory and Evidence," *Journal of Economic Behavior and Organization*, 23, 1994, pp. 1 – 30。

[29] 该例子摘自 Landes, David, *Revolution in Time*, Cambridge, MA, Belknap Press, 1983。

[30] Porter, M., *The Competitive Advantage of Nations*, New York, Free Press, 1998.

[31] Behr, Rafael, "Finland: Nation's Hopes Resting on the Next Generation," *Financial Times*, July 7, 2001.

[32] Brown-Humes, Christopher and Michael Skapinaker, "A Symphony of Diverse Ring Tones: Nokia Part 2," *Financial Times*, July 7, 2001.

[33] Kanter R. M., *The Change Masters*, New York, Simon & Schuster, 1983.

[34] Burgelman, R. A., "A Process Model of Internal Corporate Venturing in the Diversified Major Firm," *Administrative Science Quarterly*, 28, 1983, pp. 223 – 244; Peterson, R. A., "Entrepreneurship and Organization," in Nystrom, P. C. and W. R. Starbuck (eds.), *Handbook of Organizational Design*, vol. I, New York, Oxford University Press, 1981, pp. 65 – 83.

[35] Gibson, D. V. and E. M. Rodgers, *R & D Collaboration on Trial*, Cambridge, MA, Harvard Business School Press, 1994; Browning, L. D., J. M. Beyer, and J. C. Shetler, "Building Cooperation in a Competitive Industry: SEMATECH and the Semiconductor Industry," *Academy of Management Journal*, 38, 1995, pp. 113 – 151.

[36] Hamel, G. and C. K. Prahalad, *Competing for the Future*, Cambridge, MA, Harvard Business School Press, 1994. 也可参见 Hamel, G. and C. K. Prahalad, "Strategic Intent," *Harvard Business Review*, May-June 1989, pp. 63 – 76; "Strategy as Stretch and Leverage," *Harvard Business Review*, March-April 1993, pp. 75 – 84。

第五部分

内部组织

第 16 章　业绩评估与企业激励机制

美国投行美林证券（Merrill Lynch）的 CEO 斯坦·奥尼尔（Stan O'Neal）变革了这家公司。奥尼尔自 2003 年接手美林，更换管理团队，重塑公司文化，使公司愿意为更高的利润承担更大的风险。《华尔街日报》曾经这样报道奥尼尔接手后的美林："每当高盛季报利润发布的时候，不远的美林总部都会感受到'阵阵痛苦'。奥尼尔拷问高管为什么高盛的债券交易利润增长更快等问题，下属们绞尽脑汁，研究分析高盛的利润，为奥尼尔寻找答案。'高盛发布利润的那几天，你最不想去的地方就是自己的办公室。'"一位美林证券的前高管这样回忆道。[1]

奥尼尔看重的比较业绩对一般公司而言是一个新鲜事物，业绩评估的这一变化改变了员工的思维。熟知奖金取决于美林业绩是否超过高盛的员工一定采取别的方式工作。业绩评估的变化是一件好事吗？其带来的收益超过带来的成本吗？本章将重点阐述以下这些问题：公司应该采取什么样的绩效考核方法？公司应该如何使用这些绩效考核方法激励员工实现公司战略，进而提高公司利润？

本章将详细地阐释上面这些问题。阐述的理论基础仍然是第 3 章提到的委托代理模型。本章首先介绍绩效考核经济学。公司设计绩效考核方法，让员工为精确地公司目标而努力，把员工薪酬与公司业绩挂钩。但是，设计一套有效的业绩考核方法并不是一件易事，管理人员必须区分出优秀的绩效考核方式。本章还将介绍公司激励员工的各种方式。

绩效考核经济学

第3章主要介绍薪酬与业绩挂钩带来的好处。公司把员工薪酬与业绩挂钩，有助于解决因隐蔽行为和隐蔽信息而产生的代理问题，也有利于以绩效为基础挑选优秀员工。

在学习绩效考核内容之前，本章首先介绍薪酬与业绩相挂钩可能带来的两项成本。这两项成本的起因都是业绩考核难以准确确定。如果业绩考核受到公司控制之外的随机因素影响，就会产生第一项成本。毋庸置疑，由于薪酬与业绩相挂钩，随机因素的出现不可避免地将员工置于风险之中。如果业绩考核方法没有纳入公司各个方面的目标，就会产生第二项成本。比如，公司希望员工既重视销售，又重视客户服务。但是，如果公司以销售佣金为激励方式，业绩考核只是突出了销售，只刺激了公司目标的一个方面。若公司倚重这样的绩效考核方式，员工不可避免地会把更多精力放在销售上面，而不重视客户服务。

风险规避与风险共担

为了理解业绩评估标准中的随机因素是如何干扰雇员激励成本的，我们先要绕一个小弯子，考察一下个人对风险结果的偏好程度。

对冒险结果的偏好

假设一个刚毕业的 MBA 现在有两个工作的机会。这两份工作除了在报酬方式上有些不同之外，其他方面完全一样。在第一份工作中，雇主将在第一年雇用期满后支付该毕业生 100 000 美元。而在第二份工作中，雇主将在第一年雇用期满后以投掷硬币的方式来决定该雇员的工资。如果硬币的正面朝上（发生的可能性为 1/2），雇主将会支付雇员 40 000 美元工资。如果是反面朝上，那么雇主将向其支付 160 000 美元。请注意，在这里，风险性工资的期望值是 100 000 美元，而这个数额正好等于工资稳妥的工作的工资额。[2] 假设你自己就是这个毕业生，那么你会选择哪一份工作呢？

大部分人在遇到这样的选择时，可能会毫不犹豫地选择有保障的工作，也就是说，大部分人是风险规避者。[3] 虽然两份工作具有相似的期望值，但是一个希望规避风险的人更喜欢稳妥的结果而不是冒险的结果。而一个对风险持中立态度的决策人会认为稳妥的结果和具有相同期望值的有风险的结果是无差异的。严格来说，一个好冒险的决策人会更偏好一个有相同期望值的风险结果。在面对较大的风险时，绝大多数人会希望规避风险。

　　人们为什么会规避风险呢？为回答这个问题，让我们首先以另一种略微有些差别的方式来论述该问题。如果该毕业生选择了那份风险型的工作，并且投掷的硬币是反面朝上，那么他所得到的工资就比选择稳妥型工作多60 000美元。这样无疑很不错，因为该毕业生现在就能够消费更多的商品和服务了。但是，如果他选择风险型工作，并且投掷硬币的结果很不幸，那么他所得到的工资就比从事工资稳妥型工作少了60 000美元。当然这很不幸，因为该毕业生的消费层次就下降了。但是，为什么工资上升60 000美元的前景不会完全抵消工资损失60 000美元的前景呢？

　　让我们来考察一下该毕业生在不同的可能情况下消费的商品情况。如果他选择了风险型工作，并且结果很不幸的话，那么他将只能消费那些他认为值得的商品和服务。如果该毕业生选择了工资稳妥的那份工作，那么他就不会受到限制，他就能把他需要购买的产品和服务范围拓展到中等水平。如果他选择了风险型工作，而且结果很幸运的话，那么他可以进一步拓展他的购买范围，虽然他购买的商品仍然是他想要的，但此时对商品的重视程度就不如当他的工资仅为100 000美元时对所购买的商品（或者其他那些他会首先购买的商品）的重视程度。因而，当该毕业生的工资从40 000美元上升到100 000美元时，消费增加所带来的满足感大于他的工资从100 000美元上升到160 000美元时的情况。这也就意味着工资下降60 000美元的损失远大于工资上升60 000美元的收益。因而，他会坚决选择稳妥型工作，而不是风险型工作。只要决策人对增加的每一美元财富带来的相关消费给予较少的重视程度，那么他就会规避风险。

　　接下来，我们可以将该案例扩展到评估某个人承担某种给定风险所需要的成本。回忆一下，根据定义，一个规避风险的决策人更趋向于选择工资为100 000美元的工作，而不是风险型工资的工作。但是，如果稳妥型工作支付的工资是40 000美元，而不是100 000美元的话，那么同一个决策人就可能选择有风险的那份工作。因此，在40 000～100 000美元之间肯定存在一个分界点（在该点上，决策人的偏好会发生转变），报酬额在该点上时，决策人会认为稳妥型工资和风险型工资之间没有差异。

　　为了能够找出这个无差异点，我们可以假设当稳妥型工作的工资每减少1 000美元时，询问该毕业生的选择倾向。正如表16—1中第一行所示，该毕业生规避风险的行为意味着，当稳妥型工作的期望值与风险型工作的期望值相同时，那么他就更喜欢工资稳妥的工作。除非该毕业生对冒险的忍耐力足够大，即便是稳妥型工作的工资略微下降为或低于99 000美元时，他也仍然更喜欢选择稳妥型工作。我们假设当提供的工资为70 000美元时，该毕业生将选择风险型工作，并且他希望风险工资能达到90 000美元。那么我们可以推断，当稳妥型工作的报酬为80 000美元时，他会认为稳妥型工作和风险型工作是无差异的。

　　我们将80 000美元定义为该决策制定人对该风险的确定性等价（certainty equivalent）。这是一个确定量，它使决策人认为风险工资和定量工资无差异。我们可以将确定性等价看成是决策人愿意接受风险型工资的最低确定性等价，并将风险的期望值和决策人的确定性等价之间的差额定义为决策人的风险溢价（risk premium）。在这个例子中，风险的期望值是100 000美元，而该毕业生的确定性等价是80 000美元。因而他的风险溢价是20 000美元，该风险溢价可以看成是决策人由于风险而对风险报酬打的折扣。

表 16—1	MBA 毕业生对工作的选择	单位：美元
稳妥型工资	风险型工资	毕业生的工作选择
100 000	40 000 且概率为 1/2	稳妥型工作
	160 000 且概率为 1/2	
99 000	40 000 且概率为 1/2	稳妥型工作
	160 000 且概率为 1/2	
90 000	40 000 且概率为 1/2	稳妥型工作
	160 000 且概率为 1/2	
80 000	40 000 且概率为 1/2	无差异
	160 000 且概率为 1/2	
70 000	40 000 且概率为 1/2	风险型工作
	160 000 且概率为 1/2	

确定性等价和风险溢价的概念有三个关键特征：

1. 不同决策人对于相同的风险会有不同的确定性等价。如果你自问：当稳妥的工资额是多少时，你会认为稳妥型工作和风险型工作是无差异的？那么，你会发现你的结论与我们假设的那个毕业生的选择是不同的。在风险的偏好程度上，人与人是不同的，一些人可能比另一些人更乐于冒险。如果你的确定性等价高于我们假设的那个毕业生（比如，当稳妥型工作的工资为80 000美元时，你就会选择冒险型工作），那么你规避风险的意愿就低于那位毕业生。相反，如果你的确定性等价更低，那么就说明你更愿意规避风险。

2. 对于一个给定的决策人，当工资的分布性或变异性更大时，确定性等价就会更低（并且风险溢价更高）。假设风险型工作的最高工资额可增加到180 000美元，而最低工资额只有20 000美元。同经济情况较好时相比，当毕业生经济情况较差时更重视边际消费额。如果该毕业生选择了风险型工作，那么这种变化将导致他的经济状况进一步恶化。因此，他会降低风险型工作的确定性等价，而风险溢价也会由此上升。

3. 对于一个给定的决策人，我们可以利用确定性等价来比较不同的风险。由于决策人会认为获得风险结果和获得能带来确定性等价的结果无差异，并且决策人将总是倾向于更高的确定性等价，而不是更低的确定性等价，一个决策者会倾向于选择有更高确定性等价而不是较低确定性等价的工作。在两种风险结果的选择中，决策人将选择具有更高确定性等价的结果。

风险共担

风险规避者常常通过风险共担的形式来改善自己的境况。为说明该原则，我们以两个趋于风险规避的房主为例。这两人都拥有一栋价值200 000美元的木结构房子，并且都面临着房子可能被火烧毁的可能性。假设一栋房子在一个特定年份里被烧毁的概率为10%。在即将到来的年份里，如果一个房主的房子没有被烧毁，则该房主将不会蒙受任何与重建相关的损失。如果该房子被烧毁了，就损失了全部价值，并且房主将需要支付200 000美元用于重建。因而，一个房主的重建成本将是：

$$200\ 000 \qquad 概率为 \frac{1}{10}$$

$$0 \qquad 概率为 \frac{9}{10}$$

一个房主的预期重建成本为20 000美元。但是，请注意，重建成本存在很大的可变性。可能的大火使得该房子成为房主持有的一项风险资产。

假设第一个房主找到第二个房主，签订以下合同：如果第二个房主的房子被毁，第一个房主将向他支付一半的重建成本。如果第一个房主的房子被毁，第二个房主将采取和以上相同的做法。我们注意到，如果房子被烧毁的事件都是互不相关的，则同时烧毁的概率为 $\left(\frac{1}{10}\right)^2 = \frac{1}{100}$。在这种情况下，每个房主向对方支付一半的重建成本，意味着每人都需要支出200 000美元。而两栋房子都不会烧毁的概率为 $\left(\frac{9}{10}\right)^2 = \frac{81}{100}$，在此种情况下，二者都不会遭受损失。两栋房子中的一者烧毁的概率为 $2 \times \left(\frac{1}{10} \times \frac{9}{10}\right) = \frac{18}{100}$，此时，不幸的一方能从另一方得到一半的重建成本（即100 000美元），二者均损失100 000美元。

那么，为什么第二个房主愿意接受该合同呢？如果他接受了，其重建成本（包括从第一个房主处得到或者是支出的金额）将会是：

$$200\ 000 \qquad 概率为 \frac{1}{100}$$

$$100\ 000 \qquad 概率为 \frac{18}{100}$$

$$0 \qquad 概率为 \frac{81}{100}$$

因此，第二个房主的预期重建成本就为：

$$\frac{1}{100} \times 200\ 000 + \frac{18}{100} \times 100\ 000 = 20\ 000\ 美元$$

而当他不接受该合同时，所承担的风险是一样的。请注意，虽然出现最糟糕结果（也就是重建成本为 200 000 美元）的概率从 $\frac{1}{10}$ 下降到 $\frac{1}{100}$，但同样，最佳结果的概率（损失 0 美元）也从 $\frac{9}{10}$ 下降到 $\frac{81}{100}$。虽然该合同没有改变第二个房主的预期重建成本，但是却减少了这些成本的不确定性，导致最糟和最佳的结果发生的可能性都下降了。因为第二个房主是一个风险规避者，不确定性减少就改善了他的境况。通过分担风险，两个房主减少了最终结果的不确定性，从而改善了二者的境况。

最早的一些保险公司正是根据该原理组建的。1666 年的伦敦大火烧毁了价值 1 000 万英镑的财产，据估计，这相当于当时英国国内生产总值的 $\frac{1}{4}$。随后，伦敦人就开始寻求能保护自己财产免遭这些风险的方法。到 1696 年，100 个捐献者共同建立了友好捐助者组织（Amicable Contributorship）。这是一个互相保障的组织，捐助者承诺在其他捐助者房子被大火烧毁的情况下，捐助个人财产用于重建。

作家丹尼尔·笛福（Daniel Defoe）在创作《鲁滨孙漂流记》之前就曾在 1697 年时预见到现代保险业的发展，他写道："我们需要面对生活中所有意外事件……（正如我们已经经历过的大火）如小偷、陆上洪灾、海上风暴、各种各样的损失，还有死亡本身。从某种意义上说，这些都是幸存者应当面对的。"[4] 虽然大部分现代的保险企业都没有依靠捐助团体的个人财富来支付索赔（伦敦的劳埃德海上保险协会（Lloyd's of London）是个例外），但是风险共担原则仍然是人们对所有保险形式的需求的基础。并且，保险行业也仅仅是促进风险共担的多种机构中的一种。金融市场也具有相似的作用。在首次公开发行股票时，企业销售所有权股份——这是对企业未来现金流的不确定索取权——用于交换投资者确定的前期投入。这种交易将风险从企业家身上转移到了投资者身上。

风险共担逻辑的一个直接推论就是，如果一方是风险规避者，另一方是风险中性者，那么风险的有效分配就是将所有的风险由风险中性者来承担，而给风险规避者一定的报偿。风险规避一方为了销售风险补偿，他越愿意接受最少数额的确定性等价，该数额就越少于期望值。另一方面，风险中性一方认为期望收益等于风险补偿。因此，双方互相可以从交易中获益。风险中性者给风险规避者一笔数额的钱，该资金额介于期望收益和风险规避者的确定性等价之间。而且，通过彼此接受该交易，双方的境况都得到了改善。

风险与激励

我们现在要将风险规避和风险共担结合到激励理论中去探讨。正如之前我们所提到的，以业绩为基础的付酬方法的直接成本源于业绩评估的困难。其中一个问题就是代理者的行为一般不会完全转变成可评估的业绩。也就是说，可评估的业绩部分取决于代理人的行为，但是，同时也取决于一些超出代理人控制的因素。因此，与观察到的业绩联系紧密的付酬标准就与代理人对这些随机因素的支付标准联系起来了。如果代理人是一个风险规避者，则不喜欢报酬随机变动，并且委托人必须补偿代理人承担这个风险的成本。

为说明这一点，我们可以用本特·霍姆斯特龙和保罗·米尔格罗姆提出的代理模型为例。[5]假设一个风险中性的企业为零售商店销售员（风险规避者）确定的代理费率为 α，那么，为什么将企业看成风险中性的、将销售员视为风险规避的是合理的呢？因为企业有很多销售人员，不大可能很关心任意一名人员销售额的变化。而且，如果企业股份是公开交易的，股东就能够轻易分散任何企业所特有的风险。因而，对于员工所承担的销售量相关风险来说，假定企业风险规避程度至少远比员工要低是合理的。

由于多种原因，销售人员在一周内的工资额部分取决于自己的行为。一个能努力工作、迅速满足顾客需求的销售员能够招揽更多顾客。而努力了解商店商品情况的销售员将能够准确地向顾客推荐满足其要求的适当产品。同样，一个待人热情的销售员将能够从反复交易中实现高销售额。纽约市第五大道波道夫·古德曼百货公司（Bergdorf Goodman）的一个销售衣服的女售货员露丝·拉扎尔（Ruth Lazar）就是一个这样的例子。10 年来，她记录了老顾客和潜在顾客的名单，并且当购进新产品时，常常联系潜在的顾客。据波道夫的总裁罗纳德·L·弗拉施（Ronald L. Frasch）介绍，像拉扎尔这样熟练的销售员每年得到的基本工资以外的销售佣金能达到 200 000 美元。[6]

但是，销售人员所售出的商品货币价值还取决于很多随机因素，这些因素都超出了销售人员所能够控制的范围。例如，如果地区经济低迷，到商店购物的顾客很可能减少。而如果商店采购员没能很好预测顾客的喜好，则会使销售员很难将没有需求的商品卖出。也可能在一周内，销售员的运气特别差，或者可能顾客中有出乎意料多的人都只是"看看"。例如，"9·11"恐怖袭击之后的经济不景气期间，纽约奢侈品的需求就明显下降。拉扎尔也发现，她 2001 年的销售额比前一年至少大约低了 5%。

根据模型，我们现在假设销售额是由努力 e 和随机变量 $\tilde{\varepsilon}$ 决定的：

$$销售额 = 100e + \tilde{\varepsilon}$$

假设 $\tilde{\varepsilon}$ 是一个随机变量，且期望值为 0，方差为 σ^2。[7]一个正的 $\tilde{\varepsilon}$ 使雇员的销售额高于其他情况。这种情况出现的原因可能是由于良好的地区经济状况，采购的商品符合顾客需求，或者仅仅由于运气好。相反，出现了负的 $\tilde{\varepsilon}$ 是由于超出了雇员的控制范围的原因，销售额才低得出乎意料。这可能是由于地区经济业绩不佳，商品不符合需求，或者是运气不佳。

假设销售员是一个风险规避者，并且对于不确定的工资结果的确定性等价是：

$$E(工资) - \frac{1}{2}\rho \mathrm{Var}(工资)$$

这里的 $E(工资)$ 是工资的期望值，而 $\mathrm{Var}(工资)$ 是工资的方差，参量 ρ 是绝对风险规避系数，也表示雇员规避风险的程度。[8] ρ 值越大，意味着规避风险的可能性也越大。因为工资的不确定，当 ρ 值上升时，雇员会对不确定工资打更多的折扣。

假设雇员的努力成本在不超过 40 个努力单位时都为 0，当达到 40 个努力单位以上时，其成本为 $\frac{1}{2}(e-40)^2$。同时假设雇员次优的工作机会的确定性等价为 1 000 美元，这是努力成本的净额。这也就意味着只有当确定性等价减去努力成本的结果大于或者等于 1 000 美元时，雇员才会接受销售工作。假定企业现在采取每周固定工资为 F、销售佣金比率为 α 的做法，那么对于努力水平为 e 且干扰因素为 $\tilde{\varepsilon}$ 的情况来说，雇员的实际工资将是 $F+\alpha(100e+\tilde{\varepsilon})$。假定随机变量 $\tilde{\varepsilon}$ 的期望值为 0，雇员的期望工资就是 $F+\alpha(100e)$，同时其工资的方差为 $\alpha^2\sigma^2$。因此，雇员的确定性等价减去努力成本就是：

$$F+\alpha(100e) - \frac{1}{2}(e-40)^2 - \frac{1}{2}\rho\alpha^2\sigma^2$$

该表达式是由雇员的基本工资 F 加上他期望的酬金 $\alpha 100e$，减去他的努力成本 $\frac{1}{2}(e-40)^2$ 之后，再扣除承担风险的成本 $-\frac{1}{2}\rho\alpha^2\sigma^2$ 而组成的。如果企业希望该工作对雇员有吸引力，避免他们选择次优工作机会，那么工资的数额就应该大于 1 000 美元。请注意，如果企业要求雇员承担更大风险，或者投入更多努力，那么这就会减少雇员从该工作中得到的收益，同时企业也很难吸引雇员。只有当人们从事的更困难的、风险更大的工作得到很好的补偿时，人们才会选择这样的工作，这也是符合人之常情的。

正如以上所给的例子一样，雇员将会选择其努力水平以使从工作中获得的收益最大化。也就是说，雇员会持续提高努力水平，直到个人边际收益等于个人的边际成本时为止。对于佣金率 α，雇员每增加 1 单位努力，就会使报酬提高 100α。增加努力的边际成本等于 $(e-40)$，所以雇员将会发挥 $40+100\alpha$ 单位的努力。[9] 请注意，和先前的例子一样，雇员的努力水平随着佣金率的增加而增加。并且还要注意到，如果为了提高努力水平而增加 α 值，那么这同样会加大雇员承担风险的成本。

企业选择 α 过程中关键的权衡取舍在于，随着业绩与工资的联系更为紧密，企业提供的激励也就会越来越大。这会使雇员更加努力，因而企业也获得了更多的收益。但是，由于业绩评估标准存在干扰因素，将报酬和业绩标准紧密挂钩的做法也会提高雇员报酬的不确定性。这就导致该工作缺乏吸引力，这意味着企业为了能吸引雇员，就需要支付更高的总工资，从而也提高了企业的成本。所以，激励的最佳力度取决于这两种力量之间的权衡。

为说明这种权衡，我们可以将采用各种报酬计划的企业的利润情况进行比较。为了能具体说明，我们可以假设雇员绝对风险规避系数 ρ 等于 3，且销售额方差 σ^2 等于 10 000。[10]首先假定企业提供的是没有佣金的工作。既然该工作未激励雇员额外努力，也没有使他们承担风险，所以企业支付的工资可以为 1 000 美元。正如表 16—2 所示，雇员投入 40 单位的努力，企业的预期利润将是 3 000 美元。

企业也可以选择佣金率 $\alpha=10\%$。雇员将投入 50 单位的努力（导致努力成本为 50 美元），获得期望佣金 500 美元。由于现在这种报酬取决于销售额，销售额又反过来受到一些雇员无法控制的随机因素的影响，因此雇员就会承担风险。由于该风险，雇员会降低对工作的重视程度，要求增加 150 美元的风险溢价。

为了能吸引雇员，企业仍然需要确保确定性等价减去努力成本的差能够大于或者等于 1 000 美元。因此，为了能补偿提高的风险和努力成本，企业提供的固定工资 F 必须等于 700 美元。该企业的预期总工资将上升到 1 200 美元，该数额刚好够补偿提高的风险和努力成本。这里，预期生产率的提高（与固定工资时 4 000 美元的收益相比，此时为 5 000 美元）远远能够补偿预期工资的上升。因而，与企业采用固定工资的做法相比，采用以佣金为基础的工资计划能够提高企业的预期利润。

从表 16—2 中最后一行可以看到，进一步提高佣金率也会具有类似的效应。随着企业提高 α，雇员将付出更多的努力，并会承担更多的风险。增加的努力给企业带来了额外的收益，但是风险提高也使得雇员要求得到更高的风险溢价和更高的期望工资。最优的佣金率是由利润和成本之间的权衡来决定的。在之前的例子中，企业利润最大化时，$\alpha=25\%$。如果选择更高的 α 值（比如 30%），企业收益上的增加量就会少于风险和成本的增加量。如果企业将佣金率提高到 30%，由于雇员期望的报酬增加量必然等于这些成本的增加量，所以企业预期利润就下降了。

表 16—2				风险和激励之间的权衡			单位：美元
佣金率	努力水平	努力成本	风险溢价	预期佣金	工资	收益	利润
0	40	0	0	0	1 000	4 000	3 000
10%	50	50	150	500	700	5 000	3 800
20%	60	200	600	1 200	600	6 000	4 200
25%	65	312.5	937.5	1 625	625	6 500	4 250
30%	70	450	1 350	2 100	700	7 000	4 200

总结一下以上分析。我们已经说明，如果企业想把薪酬与受随机因素影响的业绩表现指标挂钩，就必须对因此而带来的员工薪酬波动进行补偿。在

决定报酬与业绩相联系的紧密程度时，企业必须在给风险规避雇员所强加的风险成本和提供额外激励的收益之间进行权衡。也就是，要在风险和激励中间进行权衡。

换种说法就是，回忆我们曾讨论过的雇员对激励的反应方式，我们会得出结论：企业利润最大化的佣金率就是100%。当雇员获得与额外努力相关的所有价值时，他会选择使总边际收益等于总边际成本的努力水平。但是，对风险共担的讨论表明，一个风险中性的企业可以通过向雇员支付的工资消除风险规避雇员的所有风险，以此来实现利润。仅从最大化激励效果的方面来考虑会使我们认为100%的佣金率为最佳，而如果仅从最小化风险方面来考虑会使我们认为零佣金率最佳。当激励和风险同时存在时，最佳的佣金率反映了这些力量的权衡，并且它将会处于0～100%之间的某个点上。

我们在这里已经介绍的模型非常适宜解决选择最佳佣金率的问题，但其推理可以广泛地应用到将雇员工资和可评估的业绩相挂钩的任何情形。例如，假设当且仅当雇员在一个团体中实现了最佳业绩时，他才有可能晋升到更高薪金的职位上。而如果业绩评估方法存在干扰项，则这种晋升就同时取决于努力程度和影响业绩的一些随机因素。这种激励形式使雇员薪酬具有不确定性，因此也将雇员置于风险中。同样，许多企业通过采用利润共享或者是奖励股票期权的方式，将雇员报酬和企业业绩相挂钩。很明显，除了雇员个人的努力之外，还有很多因素影响企业利润和股票价格，采用这种薪酬制度就使雇员面临风险。

事实上，企业很少能够获得有关雇员风险偏好 ρ 和努力成本 c 的详细信息，因而也就不能像我们在这里所介绍的这样，准确地解决最佳佣金率的问题。但是，我们的模型确实可以从多个角度帮助大家了解有利于使用激励机制的一些因素。当出现以下情况时，就需要更强有力的激励：

- 雇员规避风险的意愿较低。
- 可评估的业绩的方差较低。
- 雇员不会反对做出努力。
- 努力的边际回报很高。

例如，我们可以考虑当可评估的业绩的方差较低时，激励作用的影响有多大。对企业支付的任何工资水平，雇员要求的风险溢价是由 $\frac{1}{2}\rho\alpha^2\sigma^2$ 来给定的。但是，如果 σ^2 较小，α 值提高就导致雇员风险溢价也略微增加。当业绩评估中干扰因素较少时，激励力度的增加带给风险厌恶型员工的只是较小幅度的风险上升。因而，对企业来说，提供更强的激励就是最优的方法。同样，如果努力的边际回报更高，α 值提高导致企业盈利能力有更大的提高。这就致使企业为了能够提高雇员积极性，愿意承受更高的风险成本，因为此时努力更有价值。

那么，企业该采取何种手段来减少可评估业绩的干扰导致的成本呢？如前所述，当可评估的业绩干扰较少时，企业的利润会更高。而当可评估的业绩干扰较少时，企业可以通过少支付某种激励的风险溢价来减少工资成本，它也可以通过使用强激励来增加企业收益。企业可以依靠挑选尽可能较少受干扰的业绩评估标准，以及投资以减少评估措施的干扰来减少雇员所承担的风险。

雅吉瓦山谷果园的业绩和职工薪酬

华盛顿州因为出产苹果著称。该州位于喀斯喀特山脉（Cascade Mount）东段，空气干燥，地下水丰富，是苹果种植的理想环境。2006 年，华盛顿州运出 9 200 多万箱苹果，客户遍布全世界。苹果种植属于劳动密集型产业，牵涉到枝丫修剪（通常是在淡季）、苹果采摘（在收获季节，通常在初秋）和冗果裁剪。冗果裁剪通常发生在苹果成熟之前，有缺陷的小苹果被从树上剪掉，以使所有养分都供应到完好的苹果上。

雅吉瓦山谷果园（Yakima Valley Orchards）是华盛顿州中部的一个大农场，拥有土地 800 亩，出产各类水果，包括苹果、梨和樱桃等。2006 年之前，该农场对冗果裁剪工人采用按时计付工资的方法，每小时工资大约 10 美元。2006 年 7 月，雅吉瓦山谷果园开始试验多种薪酬支付方法，包括按件计付工资的方法。按件计付工资是指按照每单位产出来支付工资。雅吉瓦山谷果园计划一部分工人采用按时计付，而另一部分采用计件工资。

雅吉瓦山谷果园这样试验的目的是找到提高工人生产效率的方法。石兰（Lan Shi）的研究证明，该农场的确找到了提高生产效率的新方法。[11]石兰详细研究了试验的资料，比较了两类工资支付方法的生产效率。石兰发现，如果使用计时工资，工人每小时大约裁剪 80 株树，但是如果采用计件工资，这一数字将增加 50％，达到每小时约 120 株树。

计件工资方法通常也会引人担忧，那就是质量问题。如果公司直接激励产出，那么怎样才能保障工作的质量呢？雅吉瓦山谷果园想到了一个好方法，核查完工后的果树，如果发现果树上冗果仍旧很多，工人必须返工，等达到要求之后，才能拿到工资。

计件工资牵涉到的另一个问题是"血汗工厂"。19 世纪末美国快速工业化期间，许多工人的工作环境脏、乱、差，甚至威胁生命安全，拿到的工资甚至不能糊口。鉴于这段历史，许多人视计件工资是对工人的剥削。然而，计件工资并不一定导致工人的生活质量恶化。只要可以把生产效率提高到一定水平，公司非常愿意支付足够高的工资，抵消薪酬和绩效挂钩为工人带来的风险和成本。实际上，雅吉瓦山谷果园的试验也验证了这一点。

在雅吉瓦山谷果园的试验中，一组工人使用计时工资的方法，而另一组使用计件工资的方法，两组工人事先并不知道工资计付采用了不同的方法，分别从果园的两端开始工作，大约在午饭时间碰面。当听到计件工资时，计时工资一组的许多工人也希望采用计件工资，最后所有工人都采用了计件工资。

计件支付工资率涉到的最后一个问题是如何确定每件支付多少钱。在试验之前，果园并不知道计件工资可以提高生产率。如果公司设定的单位工资较低、工人效率没有明显提高，其总的劳动力成本还可能是增加的。如果公司设定的单位工资较高，工人效率也提高了很多，但是公司的劳动力总成本也可能是"增加很多"。雅吉瓦山谷果园属于后一种状况：生产效率得到了很大的提高，每小时平均工资增加到近 18 美元（一小时内，工人裁剪的果树数量乘以每株报酬），每个工人的工资提高了 80%。然而，如果公司不恰当地调低单位工资水平，则会可能遭到工人的抵触。

无法反映所有期望行为的业绩评估标准

当业绩评估标准不能包括期望业绩的所有方面时，工资与可评估业绩挂钩就会出现另一种成本。在之前介绍的零售模型中，业绩评估标准（销售额）是一个合理的、完全包括工作业绩各个方面的指标。虽然一个销售员需要执行很多不同任务（例如，学习有关商店采购的商品的知识，帮助顾客获得满意的商品等等），但每个任务都会积极地影响销售员的经营业绩，因此也会影响报酬。[12] 然而在其他工作中，业绩的可评估标准不可能包括工作业绩的各个方面。在此种情况下，按业绩支付工资的激励方法将会导致雇员只重视评估标准反映的业绩任务，而忽略了那些没有在业绩标准中出现的任务。

举个例子来说，我们可以以小学教师的激励机制问题为例。[13] 假设我们可以将老师的各种不同活动划分为两类：（1）培养学生应试技能的活动，（2）提高学生思维逻辑性的活动。像乘法、阅读理解和拼写能力可以很容易以标准考试的方式来对学生进展进行评估。但是要评估学生是否能够进行有效推理或进行创造性思考，则很难设计出一种评估方法。因此，虽然这两种教学活动都培养了学生的思考能力，但是只有第一种活动可以进行有效评估。

那么，我们可以考虑改变教师报酬计划会对教师产生什么影响。假设在最初的系统下，教师的工资是固定的，与学生的表现没有关系。这种方法的劣势就是个人努力的边际回报为 0。因而，教师没有付出额外努力的动力。如果教师的努力成本函数和我们之前介绍的函数是一致的，那么教师投入的努力将达 40 单位。假定学校董事会试图奖励付出额外努力的教员，并且给在标准化考试中有显著进步的学生的教师 b 美元奖金。该计划的一个好处就是提高了个人努力的边际回报，因此也提高了教师的努力水平，可能学生的学习状况也改善了。

但是，某种程度上，教师的工作要比先前例子中的销售员的工作更复杂。因为销售员的选择是一维的，他仅需要决定该付出多大的努力。但是教师除了决定工作努力程度外，还需要选择如何在两种任务间分配努力程度。有鉴于此，教师将会在一项特定任务中权衡努力的个人边际收益与个人边际成本。在最初的报酬机制下，两种任务的努力边际回报都为 0。因而对教师来说，就没有必要以任何特别的方式来分配 40 单位的努力。无疑，他们会选择能使学生收益最大化的分配方式。

通过将业绩激励与考试分数挂钩的做法，学校增加了第（1）种活动的个人努力边际收益，但是第（2）种活动的个人努力边际收益却没有变化。假设教师在活动（1）和活动（2）之间分配的努力以 e_1 和 e_2 来表示，并且付出 e_1 和 e_2 努力的总成本为 $\frac{1}{2}(e_1 + e_2 - 40)^2$。假定提高 e_1，那么由于学生成绩足够好，教师赢得奖金的概率也越高。我们将 $p(e_1)$ 看成教师赢得奖金的概率，它是所选择的努力水平的函数。教师会选择使赢得奖金的收益减去努力成本的差最大的 e_1 和 e_2：

$$p(e_1) = \frac{1}{2}(e_1 + e_2 - 40)^2$$

考虑到这种情况，如果教师不对培养学生有条理的思考技能投入努力，教师的境况就会有明显的好转。也就是说，他设定 $e_2 = 0$。为了能证明这一点，我们可以假设教师选择 $e_2 > 0$，那么他可以在不增加努力成本的情况下提高赢得奖金的概率，即将投入在任务 2 的努力转到任务 1 上。为了将赢得奖金的概率最大化，教师还可能教授学生考试的技能，而忽略其他的教学目标。这种推论就是多任务原则的一种应用。该原则认为：在各项任务间分配努力时，雇员将趋于在能获得奖励的任务上投入更多努力。

我们的结论就是：在以考试为基础的激励措施下，教师就会将所有的精力投入到培养学生的考试能力上。很明显，该结论会遭受很多批评。[14] 或许可能最严重的是，我们忽略了一个事实：教师是自己选择他们的职业的。一个选择教师职业的人很可能就是一个直接关心学生成就的人。这种从学生进步中得到的非金钱上的收益能抵消奖金所提供的激励作用。然而，很明显的是，这种采用考试作为激励的做法会使教师潜在地以牺牲活动（2）为代价，将精力转向活动（1）。

这种讨论给我们的启示是：将报酬和业绩挂钩的措施所产生的第二个主要代价就是，雇员趋向于集中精力从事能获得奖励的活动。这样就会出现两个问题。第一，正如我们在教师的例子中看到的一样，有时候，业绩评估措施没能够包括企业希望雇员去完成的所有任务。在此种情况下，强有力的激励作用将导致不受奖励的活动更加容易被忽视。第二，有时候，评估业绩的措施将会鼓励雇员从事企业不希望雇员执行的任务。此种情况下，强有力的激励作用将导致更多精力被投入到企业不希望雇员执行的任务上。

类似的例子还有肯塔基州路易丝维尔的一个小型包装设备制造厂——兰特克公司（Lantech）。[15] 为了提高工作效率，该公司根据 5 个生产部门的利润情况来支付雇员奖金。但是，雇员很快发现，提高部门利润的方式有好多种。提高工作效率是一种，抵制划拨给其他部门的经常性支出是另外一种做法。对这种费用的争执变得越来越激烈，导致高层管理者的大部分时间都耗费在协调这些争端之上。一些部门也开始进行"渠道填补"，也就是把企业其他部门的订单在每个月末集中填上。这就使填订单的部门能够得到相应的收入（以及增加的利润），但是也导致了多余的存货。由于企业内部的争议如此严重，最终企业不得不放弃以部门为基础的奖励制度，而是根据整个企业的业绩分发奖金。该例子说明，如果业绩评估标准促使雇员执行企业不希望其从事的活动，强有力的激励作用反而会导致雇员更会从事与目标相反的活动。

因此，对于制订薪酬计划的管理者来说，准确地判断出雇员为改进可测量业绩所能采取的行动是很有用的。然后，还应该注意这些活动在多大程度上与企业希望雇员从事的活动是吻合的。这些没有出现在可评估业绩中的活动是否对企业很重要呢？是否有一些活动可以改善业绩评估标准，但却是企业不希望雇员去从事的呢？这些活动越多，以此评估标准为基础的报酬与业绩相挂钩的做法就越存在问题。

企业可以采用很多方法来解决该问题。第一，简单来讲，企业可以根本不采用将工资和业绩挂钩的激励机制。如果业绩评估标准质量很低，那么企业也许可以通过支付雇员固定工资，并指导他们如何在各种活动上分配努力的方法来改善境况。虽然该种方法没能够激励雇员为工作增加额外的努力，但是它也具有优点，它能促使雇员完成那些对企业很重要但却难以进行准确评估的任务。美国大部分公立学校没有将教师的工资和教学业绩联系起来（或者，最多也是只有微弱的联系）。在这里，要找出一个好的业绩评估措施如此困难，以至于教学的最佳结果就只能依靠教师自身对学生学习进步的关心了。[16]

第二，通过工作设计来实现。多任务原则一个很重要的启示就是：如果雇员希望从事难以进行业绩评估的工作，则一个适用于易于进行业绩评估的工作的激励机制（通过将工资和业绩挂钩）将会是适得其反的。根据评估措施的难易度进行任务分类就能够减轻该问题。例如，假设任务 A 和 C 易于进行评估，而 B 和 D 难以评估。如果将任务 A 和 B 指派给一个员工，而将 C 和 D 分配给另外一个员工，那么企业就面临着先前提到的多任务问题。企业就需要或者向任务 A 和 C 提供激励（因而降低了 B 和 D 的业绩激励），或者根本不提供激励（因而就减少了雇员付出的所有努力）。另一方面，如果企业将任务 A 和 C 分配给一个雇员，而将 B 和 D 指派到另一个雇员，就给任务 A 和 C 的完成提供了强有力的激励，同时也没有忽视任务 B 和 D 的完成。

第三，企业可以通过直接监督和主观业绩评估的方法来加大明确激励契约的力度。回顾兰特克公司的例子，的确很难有明确契约指出管理者是否激烈地抵制将日常费用划拨到其他部门。另一方面，对于 CEO 或者是其他高层管理者来说，他们能相对容易地主观评判是否存在这种做法。如果通过采用隐含激励契约将这样的主观评判结合到对全部薪酬的决定中去，那么对业绩的主观评价就可以减少我们之前所描述的那些问题。因此，有效地采用主观业绩评估的关键在于，评估者能观察到企业鼓励员工去从事的却不会改进可评估业绩的活动，同时还能够观察到企业不鼓励员工去从事的却会改进评估业绩的活动。下面我们将讨论主观业绩评估和隐含激励契约。

心血管外科报告卡

病人（委托人）和医师（代理人）之间的关系是经济学家研究得最为透彻的代理关系之一。病人常常很信任自己的医生，认为他们能够提供高质量的医疗服务。但是，研究结果常常表明，不同医生对病人提供的服务质量存在很大差异。许多政策分析家认为，如果病人能够获得有关各个医生服务质量的有效信息，那么就能够从中获得巨大的收益。他们可作为参考根据的就是消费者对医院和医生的反馈报告。

为了满足病人的此项需求，美国政府于 1984 年开始印刷医院"报告卡"，其中列举出了每个医院的死亡率。可能很令人吃惊的是，国内声望最高的一些医院，例如梅约诊所（Mayo Clinic）的死亡率却非常高，当然这也是由于这些医院要治疗最棘手的疑难杂症。为了使该报告更有用，政府根据病例数据信息计算出每个医院的"预计死亡率"，也就是医院所有病例预期的死亡率。如果这种方法能够准确地对死亡率进行估算的话，那么国内最知名医院的实际死亡率将会远远低于预测值。而医院抱怨联邦政府没有准确地计算出预计死亡率，以至于一些非常好的医院排名很低。同时，民众在选择医院时，好像也并不在乎排名先后。因而，到 20 世纪 90 年代早期，联邦政府就停止了印刷医院报告卡。

包括纽约州和宾夕法尼亚州在内的几个州填补了该项空缺，专门发行心血管外科的报告卡。心血管外科具有两个特点，使得它特别适合采用报告卡的做法。第一，相对来说，心血管病的死亡风险较高，所以如果病人找到最好的医院就一定对自己有利。第二，计算预计死亡率的统计模型相当复杂。假定预计死亡率的测算方法很准确，则提供最佳医疗的医院应该会排名靠前。从 20 世纪 90 年代早期开始采用报告卡起，该举措就引起了很大的轰动。排名靠前的医院广为宣传自己的成功，并且其市场份额也略有提高。排名靠后的医院也投入大量时间和努力，试图能够提高排名。

戴维·德兰诺夫、丹·凯斯勒（Dan Kessler）、马克·麦克莱伦和马克·萨特思韦特的研究发现了这种报告卡消极的一面。[17] 他们指出，预测死亡率的模型不够完善，医院获得的病人健康状况信息没有被包括在统计模型中。医生能够通过减少给比统计模型所显示的病情状况严重的病人做手术、增加给病情良好的病人做手术的方法，操纵报告卡的排名。

德兰诺夫及其同事的研究显示，一些医院确实采用了这种令人不安的措施。他们集中对心脏病患者进行研究，发现纽约州和宾夕法尼亚州的报告卡措施已经明显导致医院向一些相对健康的病人手术倾斜。这种结果导致虽然手术死亡率有所下降，但心脏病患者的总死亡率略有上升。（需要注意，在报告卡中仅仅把手术死亡率而不是心脏病的总体死亡率计算在内。）医疗总成本也略微有所上升。但是，作者指出，他们的研究只考察了采用报告卡举措之后的前几年的情况。鉴于大部分医院为提高质量所做的努力，此报告卡的做法将能带来大量的长远收益。

选择业绩评估标准：管理成本间的权衡

前面的讨论结果表明，一个好的雇员业绩评估标准应具备三个方面的因素。第一，业绩评估标准很少受随机因素的影响，这可以使企业在尽力避免雇员工资的不确定性的情况下，将业绩和工资紧密联系在一起。第二，评估标准应包含企业希望雇员从事的所有活动，这使评估标准能发挥强有力的激励作用，同时不会使雇员偏离重要任务。第三，如果雇员采取了企业不希望采取的行动就不能改善业绩评估标准，那么这种评估标准会给雇员提供强有力的激励，同时也不会导致出现适得其反的情况。很可惜的是，对于很多工作来说，满足这三个标准的业绩评估标准是很少的。在表16—3中，我们特意选择了一些工作，它们是比较容易进行业绩评估的。与之相比，另外一些则相对难以进行评估。在表16—4中，我们列举出了一些能用于各种工作的业绩评估标准，并且也指出了各个方法所存在的一些不足。

表16—3	业绩评估难易度不同的工作
相对容易进行业绩评估的工作	相对难以进行业绩评估的工作
采摘葡萄	葡萄酒商
自行车快递员	民航服务员
药品销售代表	药品研究科学家
广告活动的经理	客服中心经理

表16—4	各种工作不同质量的业绩评估	
工作描述	业绩评估	详细介绍
棒球投手	赢了的比赛数量	取决于当投手投球时团队的击球手的业绩。因此，该评估方法受到投手自身所不能控制的随机因素的影响。

工作描述	业绩评估	详细介绍
	对手的平均击球数	对手的击球水平可能促使投手投球时过于小心。投手可能会宁愿保送1垒（这样也不会减低击球平均数），而不愿给对方一次击球机会。
	自责分率	比得分的干扰少，可以且能够调动投手采取任何可能的行动以阻止其他团队得分。
警察	巡逻区域的犯罪率	不同的地区，犯罪率有很大差别。因此，该评估标准是警察自己无法控制的因素。
	逮捕率	只有当犯罪发生了，警察才可以逮捕犯人。因此，该方法对警察阻止犯罪事件发生的动机有所限制。
	犯罪率的变化	比犯罪水平的干扰少，并且即便在警察没有逮捕一个犯人的情况下，也激励警察采取能减少犯罪行动的积极性。
地区电视台	电视台的利润	利润主要取决于电视台播放节目的质量，因此，该方法受干扰强。
	赢得的新闻奖励数量	可能导致电视台在热点故事的报道上耗资太大。
	新电视台的进入，保有的观众份额	调动雇员采取行动吸引潜在观众的积极性。该方法比根据利润进行评估所受的干扰少。

一些业绩评估标准常常着重强调成本的一个层面，而忽视了其他层面。因而，企业要寻找出最佳的业绩评估标准，就需要在成本（先前已经介绍过的）间进行权衡考虑。我们可以从是否使用"绝对"或"相对"业绩评估标准来评价雇员业绩这个问题，来讨论如何进行权衡考虑。相对业绩评估是通过将一个雇员的业绩与另外一个进行比较而建立的。如果影响两个雇员的随机因素表现为正相关关系，以个人业绩的差异为基础的工资差别将保护雇员不暴露于风险中。[18]因此，采用相对业绩评估标准的企业支付的风险溢价较少，而该方法的激励作用却更大。

虽然相对业绩评估标准能减少风险成本，但是却可能加重多任务的潜在问题。假设存在这样一种可能：一个雇员采取的行动降低了另外一个雇员的劳动效率。很明显，企业是不会鼓励这种活动的，但是相对业绩评估却直接导致了这一现象。一个雇员依靠减少与之比较的另一个雇员的业绩，就能够增加个人报酬。需要注意的是，如果是绝对业绩评估方法，就不会出现这种问题。因此，当决定采用相对评估标准，而不是绝对评估标准时，企业必须进行以下权衡：一方面，风险降低；另一方面，雇员采取反生产行动的激励动机增加。

此观点最知名的例子就是大亨游戏（Glengarry Glen Ross）。在该游戏中，虚拟的房地产销售人员的报酬是根据相对业绩进行评定的。各个销售员之间互相竞争，争取销售量能排在前三名，其他的将会被解雇。该措施对员工的努力工作和能力进行奖励，并且避免使雇员承担与经济波动和房地产质量相关的风险。如果出现经济状况不佳，或者是该行业发展势头不佳，销售员的业绩都将下降，但是其中最佳的将仍然免于被解雇。这种方法导致销售员将会努力从其他人手中争夺顾客。很明显，这种报酬机制不鼓励团队工作。

在狭义业绩评估标准和广义业绩评估标准之间，也需要进行同样的考虑。一个狭义业绩评估标准的例子就是单个雇员所生产的产品数量。而广义业绩评估标准则是雇员所在车间的会计利润。广义业绩评估标准的优点在于，它有利于鼓励雇员之间的互相合作，并能鼓励雇员对改进车间总体效率提出建议。但是，相对于个人业绩评估标准来说，广义业绩评估标准存在很多干扰。因为这种评估取决于许多雇员的行为以及很多随机因素，因此，根据该种标准确定单个雇员的报酬，雇员将面临很大的风险，激励个人努力工作的动力也就丧失了。在广义和狭义两种业绩评估标准中进行抉择时，企业必须重视团体合作带来的收益和针对个人工作努力积极性不高所造成成本的额外建议。当然，在这个例子中，将两种评估标准结合起来评定雇员的报酬是可能的，而且企业必须考虑两种方法的相对优势将如何影响雇员对工作的决策。

不论在明确激励契约中采用什么评估标准，事实总是如此，即直接监督和主观评估方法总是跟明确的契约共同起作用。明确契约中业绩评估方法带来的风险和多任务问题，通过这种监督的作用常常能够得到弥补。由于监督需要耗费可贵的管理资源，对于需要直接进行监督的活动，企业也需要考虑各种业绩评估标准对其可能的影响。根据我们对相对业绩评估标准和绝对业绩评估标准的讨论，如果一个雇员行为的目的在于降低另一个雇员的业绩，而且企业能够很容易地监测到此种情况，那么相对业绩评估标准的方法就较好，因为企业可以利用从监测中获得的信息来减少进行此类活动的雇员的报酬。另一方面，如果企业能轻易获得关于影响雇员业绩的一般干扰信息，则通过监督的方法，而不需要依靠相对业绩比较的措施，就可以过滤干扰。

案例 16—3

羊群效应、比较绩效考核与 2007—2008 年金融危机

公司高管人员的工资计付最能说明随机因素如何影响业绩评估。首席执行官、首席运营官、首席财务官等高管的薪酬通过股票或者股票期权通常与公司股价挂钩。

根据金融市场理论，公司股价的变动通常受到各类因素的影响。股价固然会受到公司现金流等消息的影响，但也会受到整个金融市场波动的影响。比如，20 世纪 90 年代末，美国股票市场经历了一波大牛市，每年股价上涨

超过 25%。在这段时间中，即使是经营不好的公司，股价也会跟随上涨。然而，等到 2001—2002 年，股票市场又开始一波下滑，步入熊市，即使是经营优秀的公司，股价也难以幸免。因而，一些分析人士认为，相对于竞争对手或者市场指数来说，公司业绩是更好的绩效考核方法。

然而，杰夫·茨维伯尔（Jeff Zwiebel）指出，尽管相对绩效考核方法带来了一些好处，但是也导致了巨大的成本。[19] 茨维伯尔认为，比较业绩考核方法可能导致羊群效应：个体完全忽视自己得到的消息，不作出符合自身最优的行为，而是简单地"随波逐流"，羊群效应就是这样一种现象。

茨维伯尔的论述如下：假设公司高管的业绩相对于同行业竞争公司较差，则被解雇；同时假设高管面临着战略选择，他既可以选择"随波逐流"，采用与竞争对手雷同的战略，也可以选择"标新立异"，采用前景看好但未经检验的新战略。"随波逐流"意味着，该高管所在公司的业绩与竞争对手相比并没有很大差别，他也不可能被解雇。但是，另外一个新战略则可能带来更高的回报，而因为未经检验，存在失败的可能性。一旦失败，公司业绩滑坡，落后于竞争对手，公司高管将被解雇。综上所述，尽管新战略的回报可能更高，公司高管仍然极有可能"紧跟羊群"，以免被解雇。

本章开篇曾提到美林证券 CEO 斯坦·奥尼尔的故事，他注重与高盛比较业绩。他之所以这样做，可能是因为他的职位能否保住取决于美林业绩是否优于高盛的业绩。这样相对业绩的考核方式会不会导致整个华尔街的羊群效应呢？这个问题很难回答，但是我们清楚地看到，金融机构纷纷涌入高风险的次贷市场。20 世纪 90 年代末与 21 世纪初，美国房价节节攀升，房贷违约率低，进入这一市场的公司也收获颇丰，而不进入"这一危险市场"的公司的相对业绩一定不好，它们或许不可避免地开始受到股东的鼓动，最终进入这一市场。

采用新战略的任何高管如果认识到次贷市场的危险性，做空房贷衍生证券，在 2000—2006 年间会亏损，但是等到 2007 年金融危机爆发，公司会获得巨额利润。然而，这样的高管能保住他的饭碗这么长时间吗？2000—2006 年较差的业绩会不会导致他被解雇？

业绩与报酬挂钩的激励机制是否有效？

最后，我们来回顾一下最近出现的问题：关于业绩与报酬挂钩的激励机制是否有效？该问题的答案有两个，这取决于词汇"有效"的意思。如果该问题的意思是"企业中，业绩与报酬挂钩的激励机制能否影响雇员的行为"，那么毋庸置疑，答案就是"是"。但是，如果该问题的意思是"执行业绩与工资挂钩的激励机制是否总能够增加企业利润"，那么答案就不那么清晰了。

最近，大量证据表明，雇员在制定决策时，确实会考虑决策对报酬的影响。[20]一系列的研究表明，一些业绩评估标准简单的工作会较容易获得。哈里·帕施（Harry Parsch）和布鲁斯·希勒（Bruce Shearer）利用英国哥伦比亚一家植树公司的工资单进行了类似的研究。他们估计，与固定工资的报酬机制相比，采用计件工资后，三个种植者的工作效率提高了 22.6%。[21]

对于复杂的工作，某种程度上，更难以评估激励报酬机制的采用是否提高了生产率。研究人员的结果已经表明，业绩与报酬挂钩的激励机制确实在标准方面改进了业绩。例如，马丁·盖纳（Martin Gaynor）、詹姆斯·雷比特泽（James Rebitzer）和洛厄尔·泰勒（Lowell Taylor）研究了 HMO 网络对医生的激励。[22]他们预计，在 HMO 的契约下，每减少 1 美元的医疗支出，医生的工资就能够增加 10 美分。他们发现，这些成本敏感契约的执行导致医疗支出减少了 5%。他们也发现，将报酬与服务质量挂钩能使质量得到改善。但是，请注意，从该研究中并不能直接得出结论：HMO 的激励机制改进了所有医疗服务。因为"质量"很难加以衡量，并且也很难排除这种可能性：成本降低和可测的质量改进是以质量的不可测的方面为代价的。

相关研究通过证明业绩与报酬挂钩常常将降低不可评估（因此也不受鼓励）方面的业绩来证实多任务原则的预期。同时，大量研究已经表明，如果安排工作的机构是根据其成功地安排了的受训者而获得奖励的，那么它们就会趋向于集中精力对最合格的受训者进行培训，而这恰恰是以牺牲那些更需要帮助的人的利益为代价的。[23]在对澳大利亚的非管理雇员进行的数据信息研究中，罗伯特·德拉戈（Robert Drago）和杰拉尔德·加维（Gerald Garvey）发现，当个人晋升激励很大时，个人之间很少互相帮助，并且更多地依靠个人的努力。[24]

对复杂工作进行的第二类研究说明了难以回答"执行业绩与工资挂钩的激励机制是否总能够增加企业利润"这一问题的原因。在工作非常简单以至生产率可以直接评估的情况下，将业绩与报酬挂钩是可能增加利润的。但是，在更复杂的情况下，将这二者挂钩是存在很大问题的。原因有两点：第一，比较采用业绩与报酬挂钩激励机制的企业和没有采用这种激励的企业，不可能得出这种激励是否增加利润的满意答案。如果企业选择不同方法来评定雇员报酬，企业内部很可能有不同的业绩评估机制，所以企业采用的生产技术也就不同。因此，很难将不同企业的利润率差异归结到企业是否采用业绩与报酬挂钩的做法。

第二，相对来讲，很容易找出业绩与报酬挂钩计划导致破坏性影响的例子。根据先前的论述，只有当业绩评估标准足够完好时，该机制才是有用的。业绩评估方法一定不能受到很多随机因素的影响，不能对企业不希望员工采取的行为给予奖励，也不能漠视企业希望员工采取的行动。鉴于现代经济中许多工作的复杂性，要设计出一套好的业绩评估标准是很困难的，并且管理者确实也常常犯错误。正如我们对兰特克公司的讨论所显示的，出于好意的激励机制常常起到始料未及的副作用。

企业的激励机制

我们前面的讨论假定员工报酬由一个预先设定的、与业绩评估数字相联系的公式来决定，然而，具有这种特征的工作只是例外而不是规则。对于许多（可能是大部分）工作，将工资仅仅依靠对诸如销售额或者企业价值等进行评估的方法将会起到反作用。相反，企业应该依靠其他措施来激励雇员。这里的核心问题是：当根据个人业绩来支付薪酬的显性合约（explicit contract）不可行时，企业应当如何提供激励？我们调查了在此情形下企业采取的多种不同激励机制，概括了每种机制背后的经济学逻辑，并讨论了各种机制所能发挥最大优势的环境。

我们首先讨论隐性激励契约在减少明确激励契约的成本上所具有的作用。我们考虑主观业绩评估方法的使用，并描述作为激励机制的晋升与解雇威胁所具有的特性。然后，我们将讨论当雇员在一个团队中共同工作时，企业应如何建立激励机制。紧接着，我们描述雇员对职业前途的考虑如何影响雇员的行为。最后，我们描述企业的激励机制和决策制定之间的联系，以及作为有效授权的一个方面，管理者必须考虑如何激励好的决策。

隐性激励契约

在这一节中，我们讨论企业如何使用隐性契约向雇员提供激励。与明确的激励契约相比，隐性激励契约的主要优势就是能够将一系列的业绩评估标准结合在一起。由于这一点，任何写入此类契约中的业绩评估方法必须是可检验的。也就是说，第三方有能力决定业绩评估标准有什么价值。如果一种业绩评估标准是不可检验的，那么法官或者仲裁人就无法决定是否满足契约的条款，因而也就无法执行这样的条款。

前面讨论的大部分经营业绩评估方法都是可检验的。例如，假设一个部门的业绩部分是来自新产品的销售、医生治疗的病人的数量，或者是一个销售人员销售出的产品的货币价值。假定企业有能力执行可靠的内部控制体系，每一种评估标准都能够（可能以略微较小的成本）依靠一个外部的第三方得到，外部的第三方可以决定契约的条款是否得到了满足。对于许多工作而言，可获得的可检性业绩评估标准从某些方面来说都是不完善的。为了认识可检性评估标准不完善的问题，我们可以以企业鼓励雇员与其他人共享信息时所产生的问题为例。所有花在整理并交流知识方面的时间大概等同于承担其他责任所花费的时间。因而，根据多任务的原则，如果雇员没能得到直接的奖励，那么他们将趋向于忽视这些活动。

但是，要如何设计恰当的方法来评估员工信息共享的努力程度呢？企业可以依据报告或者建议的数量来确定薪酬，然而这显然会鼓励员工即便在信息没什么价值的时候也撰写报告或者给出建议。理想情况下，企业最好在激励契约中写明，鼓励员工分享有价值的信息，但并不鼓励他们分享无用的内容。而这里的难度在于，像法官、仲裁者这样的第三方来判断特定信息是否对企业有价值不是件容易的事情。因而，以员工是否分享有价值的信息为基础的显性合同不管怎样都无法执行。

但是，对于雇员的主管来说，可能很容易辨认出哪些是共享的有价值的信息。因而，主管的评价就可以用来作为隐性激励契约中的业绩评估标准。可能部分出于知识管理的目的，一个企业可能会向一个雇员宣布"你的奖金、提升或者晋级部分取决于你对共享信息所做的努力程度，即较好、令人满意或较差"。只要企业与雇员之间对有价值信息的构成意见一致，那么这样的方法就可能改善明确的契约。衣恋——韩国的一个流行时装零售商——给我们提供了一个范例。当在 1998 年年末遭遇到严重的业务萧条时，该企业就开始在它的局域网上向其雇员征询有价值的信息。这些小提议的质量会被收集在雇员的"知识简历"中，并在他们的晋升和奖金决策方面占较大比重。[25]该企业将生产效率的大幅提高归功于这种做法。到 2001 年，企业的收入增加了 21％，并且现在已经成为一个市场领导者。

虽然这种方法将奖励更直接地与共享有价值的信息相挂钩，但是什么样的机制能够保证该契约的实施呢？也就是说，什么方法可以使企业不只是简单地宣称雇员提供的信息无用，从而扣留了用于奖金和晋升的资金呢？

对当前承诺食言的企业将会使其雇员认为企业也可能背弃关于未来的承诺。如果情况真的如此，那么雇员将会不愿意努力工作以实现较好的业绩。因此，背弃承诺的企业可能在短期内由于节约指定用于奖金和晋升的资金而获利，但是从长期来看，它可能遭受雇员不愿意积极工作所带来的损失。换一种说法就是，背弃了隐性契约的企业可能使企业是一个好雇主的名声受损。

利用隐性契约的企业必须特别注意要保证让雇员感觉到企业的行为和那些契约是一致的。企业应该努力证明业绩标准是适用于不同组织的一贯标准，并且如果经济条件恶化导致承诺的奖金或者晋升无法兑现时，企业应该明确地和雇员进行沟通。

主观绩效考核

如衣恋的案例所述，允许公司主观地考核绩效是默认契约的一个优势。实际上，主观绩效考核的方法多种多样。一些公司实行"360 度同事评价考核制度"：员工的上司、同事和下属都提供信息，参与评价在一段时间内的表现。而另一些公司则采用"管理人员主观绩效考核制度"：员工与其上司共同设定该员工的业绩目标，一段时间之后，两者再回顾该名员工的过往表现，检查其是否完成了预设的任务。员工的绩效考核不仅仅取决于是否完成了预先设定的目标，还要考虑其他不可预知的和不可控制的随机因素。还有一些公司采用"积分业绩考核制度"：员工的表现以其得到的积分反映出来。

管理人员一般根据员工表现分配给他们相应的积分。所有这些绩效考核制度都有一个共同点：公司把其他员工（管理人员及其他公司人员）的主观评价纳入绩效考核之中。

把主观评价纳入绩效考核之中有很多优点，但是也会导致出现两项成本。第一，管理人员的主观评价易受其个人偏好影响，可能喜欢奖励一部分员工，而对另一部分员工则不喜欢。此外，为了不引起下属的不满，管理人员也可能平均地给下属授予积分。这种积分折中的方法不可避免地将削弱激励作用，如果所有的员工得到的积分都是相同的，员工也就没有动力去争取更高的积分。

这就产生了另一个问题：公司该如何刺激管理人员为其下属公平地打分？一些公司试验了强制排名制度，评估者必须按比例为员工打分。比如，太阳微系统公司（Sun Microsystems）要求管理人员为 20％ 的员工评为"优秀"、70％ 评为"一般"，而剩下的评为"较差"。[26] 尽管这样的方法避免了管理人员为下属打平均分的现象，但是公司必须谨慎地设定公平的评价标准。自 1999 年以来，微软、福特和康诺克石油公司（Conoco）等接连遭到员工起诉。这些起诉的员工认为，自己绩效考核较差的原因是管理人员的主观偏见，并没有真实地反映自己的工作表现。

第二，主观绩效考核易受"影响力活动"的影响。下属为获得较好的评价，竭力与其上司建立个人关系。员工这样的行为在一定程度上并没有妨害，但是如果员工把大量的精力都花费在这上面，也不符合公司的利益。员工还可能为获得较好的评价，去游说、隐藏信息或者增加"照面机会"。福特汽车公司计算机专家克里斯·康登（Chris Congdon）表示，他可以通过经常性地用电子邮件发送计算机相关新闻给部门所有同事来提高自己的积分排名，尽管对同事没有什么用处，但是这可以增加在上司面前的存在感。[27] 如果可行的话，公司可能会采取限制员工与其上司的接触来抵消"影响力活动"的影响。但是，只有员工与其上司进行密切的交流，上司才能进行主观评价，限制员工与上司接触的方法显然不可行。因而，在考察主观业绩考核方式时，公司必须权衡利弊。一个好的绩效考核方法包含的"噪音"较少，其刺激的活动符合公司的目标，对不符合公司目标的活动不激励。如之前的分析，主观绩效考核可能导致员工为增加评分而从事一些公司不希望其从事的活动。同样地，主观绩效考核也可能充满"噪音"，特别是，管理人员下属很多，不可能有一一接触的机会。如上文提到的非主观绩效考核方法，各种主观绩效考核方法之间方法也可以进行比较，择其优而用。

升职竞争

主观业绩考核用以决定员工报酬的方式之一是通过升职来实现的。在大多数公司中，升职意味着薪酬也会得到极大的提高，这对员工来说是一个非常强的激励方式，员工努力工作，以期得到公司的提拔。然而，升职标准一般不会白纸黑字地写在劳务契约之中。公司和员工通常就如何才能得到提拔都有一些共识。公司经常会提拔处于低级职位但绩效出色的员工，也可能提拔高级职位所需技能的员工。

爱德华·拉其尔（Edward Lazear）和舍温·罗斯（Sherwin Rosen）指出，升职激励通常以"竞赛"的方式呈现。[28]在网球、高尔夫球和橄榄球竞赛中，几个团队或者个人进行竞争，以获取奖杯。同样地，在升职竞争中，通常有几个人竞争一个岗位。比如，一个银行中有两名专管贷款事项的职员，其中一名将被提拔为副总裁，并且升职人选将在未来一年内确定。如果副总裁的职责与现有业务并无太大不同，很明显，银行可能会明智地选择绩效更好的那位职员。

假设这两名职员现有薪酬是 w。职员升职之后，薪酬是 w^*。而没有升职的职员的工资不变。因升职而增加的薪酬是 $w^* - w$。[29]根据公司的升职条例，职员 1 通过增加工作努力程度来增加自己升职的机会。假设职员 1 根据工作表现可以升职的概率是 $p(e_1)$，其付出的成本是 $c(e_1)$。

综上所述，职员 1 在选择其工作努力程度时应最大化：

$$p(e_1)(w^* - w) - c(e_1)$$

职员在选择其工作努力程度时权衡成本/收益。其边际收益来自工作努力程度的提高可以增加升职的可能性，升职可能性的增加量便是边际收益。在选择努力程度时，职员 1 应使其工作努力的边际收益等于边际成本。[30]

本书第 3 章探讨过佣金的内容，委托人可以通过提高佣金率来增加工作努力的边际收益。在升职竞争中，委托人使用什么方法来提高代理人的表现？在这个银行职员的案例中，公司可以通过提高工资之差 $w^* - w$ 来提高职员的边际收益。换言之，增加奖励的分量，公司可以激励员工为获得升职而更加努力地工作。以体育比赛类比，网球运动员可能看重温布顿网球国际赛胜过其他任何网球赛，那么他们会在这个赛事上花费更多精力。

正如公司选取合适的佣金率使本身利润最大化一样，公司也可以选取使利润最大化的奖励。增加竞争获胜者的奖励同增加佣金率的效果是相同的：更多的奖励激励职员更加努力地工作，当然也让他承担了更多的成本和风险。如果希望提高工资之差 $w^* - w$，公司应该既增加 w^*，同时降低 w。为什么要同时调整这两个数值呢？因为职员在选择职位时要同时考虑这两个工资水平。如果只降低高级职员现有工资 w，那么这个职位相对其他职员就失去了吸引力，没有人愿意去添进这个职位。只增加 w^* 使得现有高级职员的岗位更有吸引力，同时也意味着，公司也可以降低 w，仍然可以雇到人员，填补空缺。

根据上面的公式，我们可以得出以下三点重要结论：

1. 如上分析，提高副总裁与高级职员之间的工资之差，便可以使职员更加努力地工作。

2. 如果在这场升职竞争中增加更多人选，银行可以提高奖励，以使候选人都努力地工作。为了说明这一点，我们假设案例中又多了一个高级职员竞争副总裁的岗位。要击败高级职员 2 和高级职员 3，职员 1 成功的概率下降了。公司可以增加 w^*，降低 w，以此抵消高级职员 1 边际收益的减少幅度。

3. 舍温·罗斯已经说明，如果升职竞赛中有多轮角逐，为保持激励不变，公司可以提高职位之间的工资之差。[31]假设在升职竞争中增加另一轮角逐，高级职员在升为副总裁之后，便可以竞争 CEO 之职，如果高级职员不能升为副总裁，其就不能有角逐 CEO 之位的机会。因而，升为副总裁的部分奖励包括竞争 CEO 的机会。如果希望激励副总裁在当选之后仍旧像之前一样努力工作，公司必须使副总裁和 CEO 之间的工资之差更大。

升职竞争既有优点，也有缺陷。在考虑是否使用竞争的方式使雇员升职时，公司必须综合考虑具体情况。使用升职竞争的优点如下：

● 升职竞争有利于解决管理人员"奖励折中"的问题。管理人员在遇到一般奖励时可以均分给员工，表现好的和坏的员工得到的奖励基本相同，这样就失去了激励的作用，但是升职这一奖励不能分割，表现好的和坏的员工所获得的奖励差别悬殊，对优秀员工起到了很强的激励作用。这一推理表明，"赢家通吃"的奖励有助于遏制"奖励折中"的问题。

● 升职竞争是相对绩效考核的一种表现形式。影响谁得到奖励的因素只是竞争者之间的相对排名，没有其他常见的随机因素干扰。假设银行贷款职员升职的一个标准是他们贷款组合的盈利，当地经济的状况对两个职员都会产生相同的影响。但是，既然排名更高的职员升职，当地的经济状况对最终的升职结果就没有什么影响。

使用升职竞争的缺陷如下：

● 激励业绩优秀的低级别员工与选择高级别职位最佳候选人之间存在冲突。比如，在上述案例中，业绩最好的高级职员很有可能并不适合副总裁之职，特别是高级别空缺岗位要求的技能与低级别岗位不同。

● 如上所述，相对绩效考核很有可能奖励损害其他员工业绩的职员。因而，公司需要监视损害其他员工业绩的行为，并且惩罚这样的行为。

乔治·贝克（George Baker）、迈克尔·吉布斯（Michael Gibbs）和本特·霍姆斯特龙的研究表明，升职和工资的增长存在关联。[32]通过分析一家大型美国公司的秘密人事档案，他们发现，升职的员工通常薪酬也得到了很大的提高（5%～7%，取决于员工所处岗位）。他们的报告表明，升职并不是工资变动的唯一因素。换言之，并不像我们之前的升职竞争模型一样，低级别岗位员工的工资并不是相同的，工资增加的影响因素也不仅限于升职。这些发现表明，公司在决定哪些员工升职时并不一定仅仅使用竞争的方法，还会考虑其他的业绩考核方式。

其他研究人员也分析了公司内部工资的差别，寻找升职竞争模型的证据。布莱恩·梅因（Brian Main）、查尔斯·奥莱利（Charles O'Reilly）和詹姆斯·韦德（James Wade）发现，随着级别的上升，工资之差也越大。这与升职竞争多轮角逐的结论相同。他们还发现，副总裁越多，其与 CEO 的工资之差就越大。如果有更多的副总裁参与竞争 CEO 职务，公司为保证激励强度必须设置更大的奖励。[33]在对 1992—1995 年间丹麦 210 家公司 2 600 名高管的调查中，托尔·埃里克森（Tor Eriksson）也得出了相似的发现。[34]

通用电气和塔塔行政事务公司：培植顶级人才

2000 年 11 月 28 日，杰弗里·伊梅尔特（Jeffrey Immelt）被任命为通用电气的总裁和董事长，接任杰克·韦尔奇（Jack Welch）。伊梅尔特在接任前是通用医疗的总裁。他是董事会从三位候选人中选出的，其他两位候选人分别是通用动力总裁罗伯特·纳里（Robert Nardelli）和通用飞机引擎公司总裁詹姆斯·麦克纳尼（James McNerney）。这三位都在通用电气工作达 15 年之久，在各自的岗位上做得都非常成功。公司"一把手"的竞争在新闻上闹得沸沸扬扬。1996 年，韦尔奇宣布，他意欲到 2000 年夏天选取三位候选人。虽然公司没有明确表示是哪三位候选人，但实际上，1999 年年中，新闻媒体就已经挖出了这三个候选人。在选择伊梅尔特时，韦尔奇对他的团队意识和技术背景赞不绝口。伊梅尔特被确定为公司"一把手"时，才刚刚 44 岁，这让他有能力再管理公司 20 多年。

21 年前，韦尔奇也是走了相同的程序之后被选为公司董事长。当年与他竞争的有霍得（Hood）和伯林盖姆（Burlingame），这两人在竞争失败之后，仍任公司副总裁。伯林盖姆在通用电气工作到 1985 年，而霍得到 1993 年时仍是公司的一名董事。但是，在通用电气选取伊梅尔特接班之后，纳里离开通用电气，赴任家得宝公司（Home Depot）CEO，而麦克纳尼赴任 3M 公司高管。

50 年前，塔塔集团（Tata Group）意识到，其需要选取并培育未来公司的领导人。塔塔行政事务公司（Tata Administrative Services）随之成立。随着塔塔集团的业务越来越多并且拥有进入国际市场成为国际公司的愿景，为了成为有吸引力的雇主、招徕人才，塔塔行政事务公司积极招募最好的管理学院的学生，这些学员严苛的准入条件和课程使塔塔能够迅速找到拥有巨大潜力的人才。除此之外，塔塔行政事务公司还设立特别项目，让参与者接触塔塔集团的各类业务。随着这些项目越来越著名，来自最好高校的申请者也越来越多。现在，塔塔行政事务公司的项目已经延伸至塔塔集团现有员工。塔塔行政事务公司总裁拉杰什·达西亚（Rajesh Dahiya）认为，这些能够提升塔塔行政事务公司在塔塔集团内部的声望，同时也激励现有员工沿着前辈的脚步步步高升。塔塔集团董事长拉丹·塔塔（Ratan Tata）表示，塔塔行政事务公司的"奖励—认可"体制使年轻人才伴随着集团的成长而成长。[35]

效率工资和解雇威胁

对于公司而言，解雇实际上也是一种激励员工的方法。与升职竞争一样，解雇激励并没有白纸黑字地在劳务契约中写明，也没有具体的易于评估的标准可供参考。如果员工的表现"令人满意"，公司将继续聘任这个员工。"令人满意"这个词汇对于公司和员工来说都知道意味着什么，但是又没有明确的定义。为研究解雇激励，我们勾画一个简单的模型。在模型中，员工面临着是否努力工作的抉择。假设工作努力的成本是 50 美元，这意味着，员工工作努力的预期收益至少要超过 50 美元。如果员工工作努力，公司认为该员工努力工作的概率是 1；而如果员工不努力工作，公司发现的概率是 p，$p<1$。同时还假设公司如果发现员工未努力工作，员工的表现被认定为"不令人满意"，将被解雇。

如果员工保有工作，其工资为 w；如果员工被解雇，其备选岗位的工资是 w^{**}。[36] 在决定是否努力工作时，员工需要比较努力工作与偷懒（换言之，不努力工作）之间的收益。如果该员工努力工作，其付出的成本是 50 美元，并且不会被解雇，他的期望收益是：

$$w-50 \text{ 美元}$$

如果偷懒，员工的成本是 0，被发现的概率是 p，如果被开除，获得备选就业岗位的工资 w^{**}。如果没被发现，员工仍将保住工作，工资是 w。因而，其期望收益是：

$$pw^{**}+(1-p)w$$

员工选择努力工作的条件是：

$$w-50 \text{ 美元} > pw^{**}+(1-p)w$$

即：

$$p(w-w^{**})>50 \text{ 美元}$$

上面的不等式看起来非常直观。不等式的左边 $w-w^{**}$ 是被解雇的成本，即现有工作岗位价值与备选岗位之间的差。因而，偷懒员工的期望成本是 $p(w-w^{**})$。不等式的右边是 50 美元，即员工努力工作的成本。上述不等式表明，如果偷懒的期望成本高于努力工作的成本，员工会选择努力工作。那么，公司可以采用什么样的方法激励员工努力工作呢？当然，如果能够更经常地监视员工的一举一动，公司就可以轻易地激励员工努力工作。即 p 值越大，偷懒的成本越高，员工这时权衡利弊之后更可能选择努力工作。但是，从这个不等式中，我们也可以发现另一个刺激员工努力工作的方法，即提高员工现有工资 w。换言之，公司通过使现有工作岗位更有价值刺激工人保有现有工作岗位。

卡尔·夏皮罗（Carl Sharpiro）和约瑟夫·斯蒂格利茨（Joseph Stiglitz）把能够激励员工努力工作的工资称为"效率工资"（efficiency wage）。[37] 他们认为，市场中的失业工人实际上对有工作的雇员是一种激励。一方面，如果所有公司的工资都是 w，并且被解雇的工人能够轻易地找到新工作，那么 w^{**} 基本上等于 w。这意味着，解雇对于工人来说没有什么损失，也就没有激励作用。另一方面，如果工人被解雇之后很长时间不能找到工作，那么害怕偷懒被抓住对员工而言是很大的激励。

我们不难找到支付高于市场水平工资的公司。历史上就有一个众所周知的案例，1914 年 1 月 5 日，福特汽车公司宣布，员工工资从每天 2.3 美元调高到 5 美元。同时，引入的还有八小时工作制，把两班轮换变为三班轮换。

亨利·福特（Henry Ford）告诉记者，他的计划既不是"慈善，也不是工资调整，只是分享利润，提高效率"。[38]根据福特后来的描述，该公司发现，公司政策的改变改善了工人的自律，同时提高了工人的生产效率。由于工作岗位的优越性，福特公司的工人不愿冒被解雇的风险。这些现象印证了上文提到的观点：对工人而言，增加工资提升了工作岗位的价值，实际上也提高了工人工作的价值。[39]这也解释了一些公司为什么提供非现金福利，拿《财富》杂志评选的前100名最佳雇主为例，这些公司的员工友好型政策使得工作本身更有价值，激励员工更加努力地工作。

效率工资的一个重要意义在于：表明提高工资和监视之间可以相互取代。换言之，如果监管成本对于公司而言过于昂贵，公司可以制定严苛的解雇条件。如果监管涉及增加监管人员或者建立信息管理系统，公司监管的成本则很高。若很难监视工人的行为，提高效率工资就显得格外重要。埃里卡·格罗森（Erica Groshen）和艾伦·克鲁格（Alan Krueger）研究了护士工资与监管人员数量之间的关系。[40]他们发现，同效率理论一致，监管人员的数量越多，工资一般就越低。

团队激励机制

通常，企业会发现大部分的高效生产方式都要求雇员进行团队合作。在第3章，我们简要介绍了天蝎越野车的开发，天蝎越野车是由印度最大的汽车设备销售商马亨德拉汽车公司设计的一款新的运动休闲车。该企业实行了称为整合设计与制造（integrated design and manufacture，IDAM）的做法，将120人的开发小组分成了19个跨职能的团队。每个团队都有营销与设计专家，他们的目的在于试图发现满足市场目标的途径，并同时保持较低的生产成本。团队的领导者要负责保证这些目标的实现。马亨德拉汽车公司相信IDAM方法能控制设计成本。该企业声称设计天蝎越野车仅花费了60亿卢比（1.2亿美元），而竞争对手塔塔工程公司（Tata Engineering）为Indica客车花费了170亿卢比。像这样的例子最近几年在世界上已经变得很普遍。

实现团队生产的全部收益要求对能够将团队运作看成整体的个人进行奖励。我们注意到，马亨德拉汽车公司在原则上已经试图将每个团队成员对最终的天蝎越野车设计所作的贡献分开。企业本该奖励设计工程师改进设计从而节省了成本，并且奖励营销经理的增加了汽车的市场吸引力的创新。然而，这种方法将带来问题。比如，如果一个营销经理提出了一个新产品特征的建议，但这将提高生产成本，如果设计工程师只关注新产品的生产成本，他们可能会反对采用这一新特征，即使它所带来的收益的增加超过带来的成本的提高。如果只有设计工程师才能决定与新产品特征相关的生产成本的增加，那么该问题就会变得更加严重。工程师可能为了阻碍采用这个建议而夸大该产品特征对成本的影响。

当然，如果雇员一起对新产品特征产生的边际收入是否会大于期望的边际成本进行讨论，并作出决策，那么这样就对企业有利。但是，如果业绩按个人水平进行衡量，那么雇员就没有什么积极性将他们的知识结合在一起制定出最佳决策。根据新产品产生的总利润来评估他们的工作业绩就可以解决这个问题，并能激励所有各方一同努力工作。

但是，为了实现该项重要利益，企业必须找出一些方法来减少以团队业绩为基础的评估成本。为了说明这些成本，我们以设计新汽车某一部分的6人团队中的一名设计工程师为例。假设团队的所有成员的业绩是根据他们的设计能否满足一定的市场目标和成本目标进行评估的。如果达到了目标，那么该团队将可以分享1 000美元的奖励，但是如果没有实现目标，那么他们将不能得到额外的补偿报酬。

假设该设计工程师提出了汽车部件设计的一个替代方案。设计工程师认为该替代设计方案将能够大量减少生产成本，并且满足设计目标的可能性会从40%提高到70%。虽然该方案看上去是可行的，但这需要设计工程师花费大量时间和精力设计零件的所有细节。那么，该工程师会为完全开发出这个想法而投入必要的努力吗？

在制定这个决策时，该工程师将会权衡成本和收益。如果对于整个团队来说，工程师提出的这个方案使成功地满足目标的可能性能够提高30%，这意味着支付给整个团队的预期奖金将会提高300美元。这个奖金是在团队的6个成员间进行分享，所以制定出的这个设计方案使该设计工程师的预期奖金提高了50美元。

这就意味着，对于该设计工程师来说，如果从时间和精力投入方面来看，设计出详细方案所花费的成本低于50美元，那么该设计工程师就会乐于进行这样的设计。然而，请注意，如果该设计方案被采纳了，那么给团队的所有报酬是300美元（也就是说，团队所有成员增加的预期报酬之和）。如果制定该项新方案的成本少于300美元，但是高于50美元，那么实施新方案会有利于团队，但是该设计工程师将不会愿意进行这样的设计。

这里的关键一点是，以团队业绩为基础进行评估意味着个人行动的收益是被整个团队共享的。因而，如果一个团队中有 n 个成员，那么采取行动的个人所得到的收益仅为 $1/n$，则任何行动都具备以下两个特性：

1. 行动的团队总收益＞行动的总成本。
2. 行动的总成本＞ $(1/n)$ ×行动的团队总收益。

具备特性1的行动是创造价值的行动，在该行动中总收益大于总成本。但是，如果采取行动的个人将总成本与个人收益进行比较，那么就不会实施具备特性2的行动。团队总收益与个人收益之间的不对称对设计工程师意味着努力工作采取行动的选择可能并不是使其总福利最大化的选择。

这种效应就是"搭便车"问题（free-rider problem），虽然可能有些用词不当。该术语表示的是团队的一个成员可能选择不工作，而是利用其队友的努力来"搭便车"。然而，这个问题可能甚至比这个术语的含义还要糟，因为该种行为影响的不仅是一个团队成员，而是整个团队的所有成员。由于每个团队成员从他的行动总收益中获得 $1/n$，那么每个团队成员都将选择不采取那些满足特性 1 与特性 2 的行动。那么，这种风险就不仅仅是一个团队成员将不采取有价值的行动的问题了，而是所有的团队成员都将不采取有价值的行动。

由于我们的例子使用的是以可检性业绩为基础的奖励制度，所以即使是将团队的业绩作为进行主观业绩评估体系的重要信息，也会出现"搭便车"问题。假设一个营销主管的提升、奖金或者晋升取决于上级对其与设计工程师的合作业绩的主观评价，那么设计工程师的工作业绩将影响两个雇员的业绩评估。但是，在选择努力程度时，设计工程师将不会考虑到他的工作对营销主管提升或晋升的影响。

多任务原则会加剧"搭便车"问题。例如，假设一个设计工程师有两项任务。第一项任务是一个独立的项目，在此项目中，设计工程师负责设计新款车的部件，他可以不需要考虑营销的情况。第二项任务就是之前所描述的团队项目。该设计工程师可以从第一项任务中获得所有收益，但是第二项任务的收益是和团队的所有成员共同分享。如果该设计工程师必须决定如何安排他的时间，那么由于团队工作的激励机制较弱，这就可能导致其以牺牲团队任务的代价来集中于个人的任务。

对"搭便车"问题的研究一直集中于专业人员合伙关系方面。合伙关系在法律、会计、医药和咨询行业中是很普遍的。这些企业一般将每个合伙者行动获得的收益集中在一起，然后根据一些预先决定的分享原则在合伙者间分享这些收益。分享的原则在各个企业和行业中是不同的，一些企业是将收益进行平分（所以每个合伙者的份额占总额的 $1/n$），而其他的分配方法是将较大的份额给那些生产效率较高或者是级别较高的合伙者。如果不考虑特殊的分享原则，那么情况总是这样：某些个人带来的利润的一部分被其他合伙者攫取了。这意味着努力工作获得的个人收益总是低于总收益，从而提高了合伙者不努力工作的可能性。马丁·盖纳（Martin Gaynor）和马克·保利（Mark Pauly）在对医疗实践的研究中证明了这种效应。他们发现合伙者数量的增加会导致个人生产效率的下降。[41] 类似地，阿林·莱博维茨（Arleen Leibowitz）和罗伯特·托利森（Robert Tollison）对法律企业的研究也显示，大企业控制成本的能力比小企业要差。[42] 企业可以通过许多方法来减少"搭便车"问题。第一，它们可以使企业保持小规模团队。特性 2 表明，随着团队成员数量 n 的增加，努力工作的激励作用将会减弱。

第二，企业可以允许雇员在一起长时期工作。反复的相互影响使得团队成员能够根据其他成员过去的行为而选择他们当前的行动。因而，如果一个成员今天没有为团队的目标作出贡献，那么其他人就可以在将来惩罚他。惩罚可以采取同伴压力（peer pressure）、社会孤立或者拒绝帮助此人的形式。

将未来时期的互相作用带入以团队为基础的激励问题中来，这改变了每个人决策的性质。回忆前面的内容，我们知道一个团队内的个人对行动的选择是基于对成本和收益的比较。如果一项行动的个人收益（正如我们之前所表明的，个人收益仅仅是总收益的 $1/n$）比个人成本更高，那么个人就会进行该行动。在反复的互动中，现在不采取行动就会导致将来受到惩罚。因而，个人现在采取一项价值创造活动的一个额外收益就是避免了将来受到惩罚。这种额外的收益有助于使成本与收益之间的平衡向有利于价值创造活动的一边倾斜。但是，正如玛格丽特·迈耶（Margaret Meyer）所指出的，稳定的团队的潜在缺点是企业很难了解雇员的能力。[43] 例如，假设一个设计工程师与同一个营销主管在一起长期合作，并且他们最终非常成功。如果企业希望识别出一个具备较高能力的雇员，并提升他，委以重任。那么，企业如何从这两个雇员中识别出哪一位适合提升呢？团队的成功可能部分归功于某一个成员的高能力，或者是二者共同的高素质。如果一个设计工程师能与许多不同的营销主管共事，企业就更容易辨识出业绩出色的人。识别出具有高潜力的个人会为企业带来大量的长期收益，所以企业可以采取定期对团队任务进行轮流分配的做法，即使这在短期内可能损害团队的业绩。

第三，企业可以试图通过组建团队使成员间能够互相监督彼此的行为。只有在团队成员能够识别出没有采取行动来促进企业目标实现的成员的情况下，先前介绍过的反复互动产生的收益才能够实现。马克·尼斯（Mark Knez）和邓肯·西米斯特（Duncan Simester）在他们对大陆航空公司的团队激励机制的研究中证明了这一点。[44] 在1995年，大陆航空公司决定，如果公司当月的准时抵达率排在了行业的前五名，那么公司就会在该月发给每个计时员工65美元的奖金。虽然该计划看上去会产生严重的"搭便车"问题，但尼斯和西米斯特发现，在实施该计划的机场中，大陆航空公司航班的准时抵达率提高了。他们认为，大陆航空公司成功的一个重要原因在于将公司的雇员划分成了每个机场上自主的工作团体。这些团体的成员能够很容易观察到其他成员的行为，并且这样的互相监督可以从两方面使企业受益。首先，迅速发现航班延误的原因，并且提供帮助，清理障碍。其次，如果航班延误是由于团队的一个成员工作不善导致的，其他成员可以通过公开批评或者是向管理者报告的方式来惩罚他。如果雇员无法观察到其他人的行为，那么就不会实现这些收益。

案例 16—5

中层雇员的股票期权

3Com 公司是一个网络设备生产商，总部设在加利福尼亚州的圣克拉拉，在全世界雇用的员工超过4 500人。根据该企业的网站介绍，3Com 公司有一项授予所有新来雇员股票期权的政策。股票期权是允许雇员在给定到期日之前的任一时间按约定的价格（执行价格）购买企业股票份额的一个契约。授予雇员的股票期权一般有一段授予期，这意味着雇员不能立刻执行该期权，而是必须等到授予期结束。因此，在授予期结束之后、到期日到来之前的任一时点，雇员都可以执行该期权，如果他希望的话，还可以立刻卖出股份，赚取股票价格和执行价格之间的差价。因为如果股票价格越高，那么股票期权就越具有价值，所以雇员也就有充分的理由关心企业的整体业绩。

最近的两个调查更清楚地说明了企业股票期权决策。劳工统计局是美国劳工部门的一个办公室，它随机调查了美国的一些企业，询问它们是否授予股票期权，以及向谁授予。结果显示，在1999年，仅仅有1.4%的商业企业将股票期权授予非主管雇员。第二个调查是由国家雇员所有权中心（National Center for Employee Ownership, NCEO）组织的，此次调查仅仅询问那些将股票期权授予中层或者低层员工的企业。在那些企业中，股票期权的授予具有以下几个特点：（1）授予的期权通常是"平价期权"（at-the-money），这意味着执行价格是根据授予日的市场价格设定的；（2）期权通常在10年后到期；（3）授予期为4年。

在NCEO所调查的企业中，授予的期权的价值占据了员工总报酬相当大的份额。在一个中等规模的企业中，新聘的中层管理人员被支付70 000美元的年薪，但是被授予的期权潜在价值为224 000美元。如果企业计划每4年给雇员补充一次期权，那么其股票期权将占雇员总报酬的44%。

虽然这种股票期权授予价值非常大，但是与其相连的激励效应却非常小。由于企业拥有大量的流通股本，因而授予雇员的仅仅占企业流通股本的0.066%。这意味着如果中层管理者的努力使得企业的价值增加，比如使他的年薪翻番，那么股票期权的价值将最多增加140 000美元的0.066%，也就是仅仅92美元。

假定企业的股票价格上涨或者下跌，那么这种形式的报酬给雇员的薪金注入了很大的风险。如果企业的股票价格跌到低于执行价格（即使该雇员的工作业绩良好，仍然可能出现这种情况），那么期权就一文不值。另一方面，如果企业经营得非常成功（即便该雇员的业绩不佳，这样的情况也可能出现），那么期权就比最初的224 000美元的价值要高得多。

保罗·奥耶（Paul Oyer）和斯科特·谢弗（Scott Schaefer）已经证明，即便对一个相当能承受风险的雇员来说，与授予的股票期权相关的风险溢价也高达40 000美元。[45]该数字使得他们怀疑股票期权作为激励机制是否有效。他们认为，使用主观业绩评估来确定哪一个中层管理者的行动带来了企业价值的大量增加对企业更好。然后，企业将那些采取了使得企业价值大量增加的行动的管理者的工资提高1 000美元（或者更高）。这样将对雇员有积极的激励作用，同时也不会使雇员报酬随着企业股票价格上升或者下降而变动。

案例 16—6

钢铁厂内部交流和团队

钢板在完工的最后阶段需要经过多个工序，这些工序被称为"精轧工序"。钢圈在进入精轧工序时未经轧制，一般重达12吨，之后经过清洁、加热、拉伸、软化和加套环节，然后根据客户需要盘成圈，通过船舶运往客户工厂。

乔恩·甘特（Jon Gant）、凯西·伊克尼沃斯基（Casey Ichniowski）和

凯瑟琳·肖（Kathryn Shaw）认为，钢铁厂是研究团队激励对于生产效率影响的理想场所。从处于制钢环节末端的精轧工序技术而言，各个工厂之间没有很大的区别。精轧工序属于典型的资本密集型行业，盈利多少取决于连续运转时间。如果机器需要维修，或者产品出现缺陷，不能满足客户需要，企业的盈利能力就会令人堪忧。因而，操作员、维修员和管理人员需要协调一致，尽可能快地解决问题。[46]

按照人力资源管理方式的不同，不同的工厂采取不同的精轧管理策略，甘特及其同事将精轧管理策略分为两类：参与导向型策略和控制导向型策略。在参与导向型策略中，工人的工作职责宽泛，团队协作，工人遴选严格，激励薪酬基于产出质量，员工参加技能培训。但是，控制导向型鲜有以上活动，工人和管理人员交流甚少，工人参与度不高。

甘特及其同事考察了一些工厂的精轧程序，并对它们的员工进行了调研。他们发现，参与导向型策略员工的交流程度比控制导向型高很多。参与导向型策略员工与70%～80%的员工交流过操作问题，而控制导向型员工的这一比例只有不到20%。

由于参与导向型策略员工的交流程度更高，他们交流信息和发现问题的速度也更快。举例来说，一个工厂的钢板经过生产线从一端到达另一端，导致边上出现褶皱，使得次品率增大。工厂随后组织了一组工程师和管理人员解决这一问题，但是很长时间之后仍然找不到问题所在，最后一个小时工发现一个机器错位之后，问题才得以解决，实际上这个员工只是偶尔向其他人提了一下，解决方案很快就找到了。甘特及其同事认为，所有员工之间的日常交流将有利于更快找到问题的解决方案。

甘特及其同事还认为，参与导向型策略的员工之所以内部交流程度较高，是因为宽泛的工作岗位职责和产出激励。宽泛的岗位职责以及经常岗位轮换使得员工对整个生产线都有更加宏观的认识。团队产出激励也有力地刺激了员工在解决问题时集思广益。较高的交流程度的确能够转化为较高的生产效率。与控制导向型生产线相比，参与导向型生产线的连续运转时间更长，利润也就更高。

本章小结

● 如果业绩评估标准不完备，根据业绩付酬成本巨大。

● 如果一种业绩评估标准受到随机因素的影响，那么业绩与报酬间的关系越紧密，就会导致雇员承担的风险越大。由于雇员是风险规避者，他们不喜欢工作存在风险，因此企业必须对他们承担的风险进行补偿。这就使得激励机制的成本高昂，并且也意味着需要在成本和激励作用之间进行权衡。

● 业绩评估标准也可能没有反映出企业希望雇员从事的活动。根据多任务的原则，强有力的激励导致雇员更加关注可评估活动，而忽视了不可评估的活动。

● 业绩评估标准也可能反映出企业不希望雇员从事的活动。这里，强有力的激励导致雇员更加关注那些适得其反的活动。

● 在选择业绩评估标准时，通常需要在成本之间进行权衡。常常出现这样的情况：包括了业绩所有方面的评估标准将导致雇员承担很大风险，同时，风险低的措施将会忽略了工作有价值的方面。

● 将业绩与报酬挂钩的证据表明，该措施导致雇员根据可评估的方面来改善业绩。

● 对于许多工作，企业可以通过使用隐性激励契约来改善明确的激励契约。当可采用的可检验的业绩评估方法有干扰时，就可能会对企业不愿意雇员去进行的活动进行奖励，或者没有对企业所希望雇员进行的活动进行奖励。

● 隐性激励契约使企业可以利用外部执行机制，诸如法官或者仲裁人等无法核实的业绩评估措施。隐性激励契约可以通过利用声誉得到执行。如果企业没有遵守作为隐性契约的构成部分的承诺，则企业的声誉就会受损，并且雇员也不会再回应企业基于隐性契约所采取的未来激励措施。

● 企业常常以主管对雇员的主观评价作为对雇员隐性契约的业绩评估标准。如果主管很难对雇员们作出差别很大的评估，那么所有雇员得到的评价将会大抵相似。这将减弱雇员争取成为最优秀员工的积极性。

● 通过使用晋升锦标赛能够对雇员产生强大的激励作用。晋升锦标赛激励作用的大小取决于奖励的大小，也就是说，取决于竞赛的胜者与败者之间赚取的工资差额的大小。

● 企业也可以通过威胁解雇业绩不佳的雇员来提供激励。这种激励作用的大小取决于该职位对雇员的价值。如果企业向雇员支付效率工资，那么该职位对他们来说价值就比较大，并因此能提高他们努力工作的积极性。

● 企业可以通过使用基于团队业绩进行评估的措施来提高雇员共同努力工作的积极性。但是，该项措施会遭遇"搭便车"问题。企业可以通过组建小规模团队、允许雇员在一起长期工作，以及确保在一起工作的雇员能互相观察到对方的行为等方法来避免"搭便车"问题。

思考题

1. 假设你被安排了一份风险型工作（该工作属于我们在本章中讨论过的类型）。该工作的报酬存在两种可能：一种是40 000美元，概率为1/2；另外一种为160 000美元，概率为1/2。那么，该风险补偿的确定性等价是多少？为回答该问题，可以将风险型工作与确切工资为100 000美元的稳妥型工作相比较，然后逐渐减少工资稳妥型工作的报酬，一次减少1 000美元，直到你认为这两个工作不存在差异为止。那么对报酬可能为 10 000 美元或

190 000美元的工作（两种报酬的概率相等），你的确定性等价为多少？

2. 假设企业向部门经理提供了一个按业绩线性付酬的合同，该合同建立在部门经理的业绩基础上，经理的薪酬由下面的表达式给定：

$$工资 = F + \alpha\ 收益$$

式中，F 表示固定年薪，α 表示支付给部门经理的报酬占部门收益的比值。假设对此类部门经理的需求增加了，这就意味着企业为了能挽留该经理需要提高其工资。那么企业应该通过何种方式，是通过增加工资 F，还是酬劳金率 α，还是二者都增加呢？请解释。

3. 管制企业，如电力设备企业，一般对价格的自由决定权很小。监管者在收集了经营成本的信息之后来设定价格，以确保企业所有者能得到一个固定的回报额。对执行总裁薪酬设计的研究一再显示，与其他企业的 CEO 相比，公用事业公司 CEO 的报酬与企业业绩挂钩的程度明显更低。根据风险和激励机制之间的权衡来解释其中的原因。

4. 企业常常在销售员报酬合同中规定其定额的销售量。例如，合同中可能规定：如果年销售额达到 1 000 000 美元或者更高，该销售员将得到 10 000 美元的奖金，除此之外就没有其他奖金。请找出该合同促使雇员从事的活动中，属于企业不希望雇员从事的有哪些。

5. 原则上，商学院和教授可以签订业绩与报酬挂钩的明确合同，但是事实上这种情况却很少。请找出此工作中，以下几种业绩评估标准所具有的缺点：

- 发表的研究论文的数量。
- 学生对教授讲授课程的评级。
- 获得的科研基金数额。
- 毕业生的起点工资。

6. 假设迈诺特农具公司（Minot Farm Equipment Corp.）雇用了两个销售员。每个人都被分配到一个独立的地区，其中一人被分配到美国北达科他州，另一人被分配到南达科他州。这两个州具有相似的农业经济状况，并且受相同气候影响。达拉姆拖拉机公司（Durham Tractor Co.）也雇用了两个销售员，一人被分配到美国北卡罗来纳州，一人被分配到俄勒冈州，而在这两个州中，农产品与耕作方法存在很大差别。这两个公司都采用年销售额作为销售员的业绩评估标准。如果以销售员之间的相对业绩作为付酬基础，那么你认为哪个公司能从这种方法中获得最多收益？为什么？

7. 隐性激励契约在某种程度上很难传达给一个企业的雇员。企业常常给业绩出色的雇员一系列的奖励（提高工资、奖金，或者晋升），但是什么才算是业绩出色却从来没有被详细界定过。作为工作面试的一部分，潜在的雇员经常花费很长时间与大量的企业雇员交谈。这种做法有助于企业获得潜在雇员的信息，而同时企业的信息也被传递给潜在的雇员。如果可能的话，根据你自己的经历，解释一下求职者会询问面试人什么问题，并且这些问题如何能够反映企业隐性激励契约的重要方面。

8. Giganticorp 是一个大集团企业，刚兼并了一个小制造公司——凌博公司（Nimble）。假定将你放在凌博公司雇员的位置上，在兼并之前，你对控制你与凌博公司关系的隐性激励契约有什么考虑？现在假设你在 Giganticorp 兼并整合的团队中，你对隐性激励契约的关注可能会如何影响你与凌博公司雇员的相处？

9. 假设一个企业宣布立刻将 CEO 的工资提高 100 万美元。此外，其至在当前的 CEO 离职之后，企业将仍然保持继任 CEO 该 100 万美元的工资增加额。因而，未来所有的 CEO 都能够享受到这种工资的上涨。请描述一下该计划对企业非 CEO 雇员进行 CEO 职位竞争的动机有什么影响？

10. 为了避免雇员偷懒，企业有两种代价高昂的方案可以选择。它可以在更容易监控雇员偷懒行为的新技术上进行投资，或者它可以提高雇员的工资。假定雇员下一个最佳工作的工资是 40 000 美元，并且假设雇员努力工作的成本是 5 000 美元。如果企业投资了 X 美元在监控技术上，雇员偷懒将被企业发现的概率是 $\sqrt{X/5\ 000}$。假定企业希望激励雇员努力工作。

（a）为了使其总支出最小化，企业应该提供多少工资，并且在监控技术上应该投资多少？

（b）如果监控技术变得更加有效，那么企业应该如何调整工资和对监控技术的投资？假定抓住雇员偷懒的概率是 $2\sqrt{X/5\ 000}$，试计算企业在工资和监控技术方面的支出。

11. Mackenzie and Co. 咨询顾问公司的两位年轻搭档（称他们为鲍勃和道格）辞职并成立了他们自己的公司。他们同意保持一年的合伙关系，并且将利润平分。企业的利润状况取决于他们的行为，如下所示：如果两人均努力工作，新公司将能够获得 150 万美元的利润。如果其中一人努力工作而另外一人偷懒，那么企业的利润将是 115 万美元。如果鲍勃和道格都偷懒，企业的利润将是 70 万美元。只有当努力工作一年能给他带来 25 万美元的额外收入时，每一个合伙者才愿意努力工作。将这个"合伙博弈"以矩阵形式（第 1 章中我们介绍过这个概念）表示出来。这个博弈有占优策略吗？纳什均衡是什么？这个合伙博弈是一个因徒困境吗？因徒困境博弈和团队激励机制之间有什么关系？

【注释】

[1] "O'Neal Out as Merrill Reels from Loss: Startled Board Ditches a Famously Aloof CEO," *Wall Street Journal*, October 29, 2007.

[2] 请回忆一下随机变量的期望值，它等于各种可能结果以概率加权后的总和。假设随机变量 x_n 的可能结果是（$x_1, \cdots, x_n$），我们让结果为 x_i 的概率等于 p_i，假设 $\sum_{i=1}^{n} p_i = 1$，则 $\tilde{x}$ 的期望值 $E(\tilde{x})$ 应等于 $\sum_{i=1}^{n} p_i x_i$。

[3] 如果你认为你倾向于冒险性的工作，请考虑以下试验：假设你和一位朋友都选择了有保障的工作。只需在年末用抛硬币的方式赌 60 000 美元，你就可以很容易

地将这两份有保障的工作转变成为冒险性工作。你愿意这么做吗？请注意，这是一个增加人们财富随机性的简单的方法，但是我们很少看到有人这样做。这说明大多数人不喜欢他们的财富有过多的随机波动。

[4] 引自 P. G. M. Dickinson, *The Sun Insurance Office*, *1710 - 1960*, London, Oxford University Press, 1960。

[5] 参见 Holmstrom, B. and P. Milgrom, "Aggregation and Linearity in the Provision of Intertemporal Incentives," *Econometrica*, 55, 1987, pp. 308 - 328; and Holmstrom, B. and P. Milgrom, "Multitask Principal-Agent Analyses: Incentive Contracts, Asset Ownership and Job Design," *Journal of Law*, *Economics & Organization*, 7, 1991, pp. 524 - 552。

[6] "A Soft Sell for Troubled Times: Retailing's Elite Keep the Armani Moving Off the Racks," *New York Times*, December 22, 2001.

[7] 回忆一下，随机变量的方差是分布或分散度的评估值。如果随机变量 x 的期望就是 $\bar{x}$，x 的方差就应由 $E[(x-\bar{x})^2]$ 得出。如果 x 的值不太可能大幅度大于或小于 $\bar{x}$，则 x 的方差会很小。另一方面，如果 x 的值很可能大幅大于或小于 $\bar{x}$，则方差会很大。

[8] 此处对确定性等价的定义是为了表达简便起见，但是它的确将偏好过分简化了。特别是，该定义忽视了个人可能会因为变得更富有了而使得其风险规避的程度有所下降。

[9] 努力的边际成本是成本函数对 e 的一阶导数（即斜率）。成本函数为 $\frac{1}{2}(e-40)^2$，它的导数为 $(e-40)$。令边际利润等于边际成本，我们就得到了 $100\alpha=e-40$，得出 $e=40+100\alpha$。

[10] 注意，如果销售方差为 10 000 美元，销售的标准差为 100 美元。

[11] Shi, L., "Productivity Effect of Piece Rate Contracts: Evidence from Two Small Field Experiments," working paper, University of Washington, 2007.

[12] 即使这种说法也是需要验证的。销售人员经常被要求执行一些与销售无关的任务。对这方面的任务，销售人员通常只能得到较低的激励，并且零售人员执行这类任务时是以小时核算工资的。

[13] 霍姆斯特龙和米尔格罗姆对该例子进行了讨论，参见 Holmstrom and Milgrom (1991)。

[14] Dranove, David, et al., "Is More Information Better? The Effect of Report Cards on Health Care Providers," *Journal of Political Economy*, 2003, pp. 555 - 558.

[15] 但是，请注意，实际上，根据考试来教授学生的事情确实发生过。根据一家独立的出版商——*Catalyst* 杂志对芝加哥公立中小学改革的评估，一些学校为了能够实现更好的标准化考试的成绩，缩减了课程。在南部的小学里，校长告诉教员从课程表中删除科学、社会研究和写作课，只需为考试做准备。参见 "Accountability Impact Both Positive, Negative," *Catalyst: Voices of Chicago School Reform*, October 2000, p. 10。

[16] 参见 "Incentive Pay Can Be Crippling," *Fortune*, November 13, 1995, p. 235。

[17] 人们正在采取很多措施来对公立学校进行改革，并且这些措施中很多都利用标准化考试成绩作为业绩评估方法。例如，芝加哥的三个小学在 2002 年 6 月关

闭，部分原因是没能提高学生的成绩。来自关闭的学校的教师和行政人员在该系统的其他部门不一定可以获得职位。参见 "Staff at Closing Schools on Their Own," *Chicago Sun Times*，April 14，2002，p. 16。

[18] 为了说明这一点，可以假设两个销售员的个人业绩取决于二者的努力程度、个人运气和当地经济状况。假设雇员 A 的个人业绩为 $e_A + \bar{\varepsilon}_{A1} + \bar{\varepsilon}_2$，其中 $\bar{\varepsilon}_{A1}$ 是表示个人运气的随机变量，$\bar{\varepsilon}_2$ 是表示当地经济状况的随机变量。同样，雇员 B 的个人业绩为 $e_B + \bar{\varepsilon}_{B1} + \bar{\varepsilon}_2$，并且 $\bar{\varepsilon}_{A1}$ 和 $\bar{\varepsilon}_{B1}$ 是互不相关的。在这个例子中，雇员 A 的业绩总方差为 $\bar{\varepsilon}_{A1} - \bar{\varepsilon}_2$，因为 $\bar{\varepsilon}_2$ 影响到二者，所以两个雇员的业绩总方差是成正相关的。如果企业采用雇员个人业绩差别作为评估标准，则雇员 A 的工资为 $e_A - e_B + \bar{\varepsilon}_{A1} - \bar{\varepsilon}_{B1}$。如果 $\bar{\varepsilon}_2$ 的方差相对于 $\bar{\varepsilon}_{A1}$ 和 $\bar{\varepsilon}_{B1}$ 的方差更大，那么相对于绝对业绩评估措施，相对业绩评估措施使雇员面对的风险更小。

[19] Zwiebel, J., "Corporate Conservatism and Relative Compensation," *Journal of Political Economy*，103，1995，pp. 1 - 25.

[20] 该讨论引自 Candice Prendergast. "The Provision of Incentives in Firms," *Journal of Economic Literature*，37，1999，pp. 7 - 63。

[21] Parsch, H. and B. Shearer, "Piece Rates, Fixed Wages, and Incentive Effects：Statistical Evidence form Payroll Records," *International Economic Review*，41，2002，pp. 59 - 92.

[22] Gaynor, M., J. Rebitzer, and L. Taylor, "Physician Incentives in Health Maintenance Organizations," *Journal of Political Economy*，2004，pp. 915 - 932.

[23] 例如，参见 Anderson, K., R. Burkhauser, and J. Raymond, "The Effect of Creaming on Placement Rates under the Job Training Partnership Act," *Industrial and Labor Relations Review*，46，1993，pp. 613 - 624；Heckman, J., C. Heinrich, and J. Smith, "Assessing the Performance of Performance Standards in Public Bureaucracies," *American Economic Review*，87，1997，pp. 389 - 395。

[24] Drago, R. and G. Garvey, "Incentives for Helping on the Job：Theory and Evidence," *Journal of Labor Economics*，16，1998，pp. 1 - 25.

[25] "Knowledge Management Sweeping Korea's Corporate Landscape," *Korea Herald*，June 22, 2002.

[26] "Rank and Fire," *Time*，June 18, 2001，pp. 38 - 41.

[27] "More Firms Cut Workers Ranked at Bottom to Make Way for Talent," *USA Today*，May 30, 2001，pp. 131.

[28] Lazear, E. and S. Rosen, "Rank Order Tournaments as Optimal Labor Contracts," *Journal of Political Economy*，89，1981，pp. 841 - 864.

[29] 通常，晋升会得到荣誉和其他利益，如（可能）最高领导者用的办公室。考虑到雇员对这些晋升的额外收益的重视程度，对于晋升成功的雇员来说，工资差异也就不算什么了。

[30] 我们这里的讨论忽略了锦标赛的一个细微之处。由于最优秀的信贷员将赢得晋升，所以职员 1 赢得晋升的可能性不仅取决于他自身的努力，还取决于职员 2 的努力程度。在锦标赛中，如果两位职员同时决定了努力程度，那么这就类似于古诺双寡头同时作出数量决策。拉齐尔和罗森为锦标赛竞争建立了一个反应函数，并用纳什均衡对其求解。

[31] Rosen, S., "Prizes and Incentives in Elimination Tournaments," *American Economic Review*, 76, 1986, pp. 921 – 939.

[32] Baker, G., M. Gibbs, and B. Holmstrom, "The Wage Policy of a Firm," *Quarterly Journal of Economics*, 109, 1994, pp. 921 – 956.

[33] Main, B., C. O'Reilly, and J. Wade, "Top Executive Pay: Tournament or Teamwork?" *Journal of Labor Economics*, 11, 1993, pp. 606 – 628.

[34] Eriksson, T., "Executive Compensation and Tournament Theory: Empirical Tests on Danish Data," *Journal of Labor Economics*, 17, 1999, pp. 262 – 280.

[35] "Fan-TAS-tic fifty" by Shubha Madhukar from the Tata Web site at http://www.tata.com/careers/artiales/inside.aspx? artid=qz8j1wq53TU=.

[36] 在该模型中，可以对工资 w 和 w^{**} 进行广义的解释。例如，工资 w 可以看做雇员在保住工作的情况下，其未来工作的预期价值。工资 w^{**} 可以看做如果雇员从现在的职位上被解聘，其未来工作的预期净现值。影响 w 的因素多于影响 w^{**} 的因素。被解聘可能会导致成本较高的很长一段时间的失业期、简历上的一段空白，以及下一份工作工资较低的可能性。

[37] Shapiro, S., and J. Stiglitz, "Equilibrium Unemployment as a Discipline Device," *American Economic Review*, 74, 1984, pp. 433 – 444.

[38] 引自 Allan Nevins, *Ford: The Times, The Man, The Company*, New York, Charles Scribner's Sons, 1954。也可参见 Raff, D. and L. Summers, "Did Henry Ford Pay Efficiency Wages?" *Journal of Labor Economics*, 5, 1987, pp. 57 – 86。

[39] 效率工资不是通过工资的增加带动生产效率上升的唯一方式。"每日 5 美元"使得福特吸引到了更合格的员工，虽然在福特生产线上的工人所分配到的工作都很简单，吸引非常熟练的工人不是福特成功的关键因素。

[40] Groshen, Erica and Alan Krueger, "The Structure of Supervision and Pay in Hospitals," *Industrial and Labor Relations Review*, 43, February 1990, pp. 1345 – 1465.

[41] Gaynor, M. and M. Pauly, "Compensation and Productive Efficiency in Partnerships: Evidence from Medical Group Practice," *Journal of Political Economy*, 98, 1990, pp. 544 – 573.

[42] Leibowitz, A. and R. Tollison, "Free Riding, Shirking, and Team Production in Legal Partnerships," *Economic Inquiry*, 18, 1980, pp. 380 – 394.

[43] Meyer, M., "The Dynamics of Learning with Team Production: Implications for Task Assignment," *Quarterly Journal of Economics*, 109, 1994, pp. 1157 – 1184.

[44] Knez, M. and D. Simester, "Firm-wide Incentives and Mutual Monitoring at Continental Airlines," *Journal of Labor Economics*, 19, 2001, pp. 743 – 772.

[45] Oyer, P. and S. Schaefer, "Why Do Some Firms Give Stock Options to All Employees? An Empirical Examination of Alternative Theories," *Journal of Financial Economics*, 76, 2005, pp. 99 – 133.

[46] 该例子摘自 Gant, J., C. Ichniowski, and K. Shaw, "Working Smarter by Working Together: Connective Capital in the Workplace," working paper, Stanford University, 2003。

第 17 章　战略与结构

直到 20 世纪 80 年代早期，百事可乐公司还是由三个部门组成，它们分别向企业总部报告工作。美国百事分部主要负责开展营销活动——著名的"百事挑战"（Pepsi Challenge）活动就是该分部策划的。百事罐装集团（Pepsi Bottling Group，PBG）则在那些百事没有起用独立罐装商的地区市场中负责罐装和分销。PBG 还负责当地市场的营销活动。而饮料分部（Fountain Beverage Division，FBD）负责向快餐连锁店、餐厅、酒吧和体育场所销售产品。

这样的结构导致百事出现了问题，使得百事难以与地区及国内的零售商，例如皮格利威格利公司（Piggly Wiggly）和沃尔玛进行谈判。百事美国分部和 PBG 常常在促销方面进行竞争（有时是冲突）。员工背景、特征以及薪酬也因部门而异。PBG 和 FBD 工人对百事美国分部员工的高薪酬待遇非常嫉恨。为了解决这些问题，百事在 1988 年重组饮料业务的运作，取消了美国百事分部、PBG 和 FBD，而将销售与客户管理责任按四个地理区域进行划分，并实行分权。而有关全国营销活动、财务、人力资源和公司运作（包括运输和公司所有的罐装商）的决策均集中到总部，并在全国范围内进行处理。但是，这样的重组没有从根本上解决百事各个部门的协调问题。全国性的客户谈判在达成最终决策时常常需要通过几个管理层，导致了重要客户，特别是汉堡王快餐公司的流失。而全国性的和地方性的促销活动的冲突也继续出现。所以在 1992 年时，百事又一次进行重组。这次重组对营销和销售活动进一步分权，并且将对某一特定零售渠道的责任也委派给了具体的销售代表。

通过这两次重组，百事的产品受到大众的广泛喜爱，雇员的工作积极性高，股票强劲上涨，并开创了良性竞争环境。即便如此，企业高管相信这些有利因素还是不能保证企业持续获利，百事还需要进行重组。而且，同样有充分的证据表明百事的技术、产品组合和市场地位并不能完全符合企业业绩目标。理查德·凯夫斯（Richard Caves）和戴维·巴顿（David Barton）发现，处于同行业、拥有相似技术和劳动力的企业，生产效率水平经常存在很大的差异。[1]虽然这些差异部分是由于企业特有的风格导致（如比尔·盖茨在吸引天才人物到微软工作中所起的作用）的，不适用于一般规律，但是其他方面的原因则具有普遍性。例如，此前我们已经讨论过，将资源和生产能力恰当运用于竞争环境这一点至关重要。

本章我们将考虑组织结构（organizational structure）。组织结构包括正式和非正式的企业内部安排，决定了企业如何划分其关键任务，明确管理者与雇员如何决策，并建立流程和信息流来支撑持续运营。组织结构也决定了代理问题的实质：各项决策权归属于谁？各类活动信息掌握在谁手中？企业活动绩效与谁的目标挂钩（脱钩）？

企业如何建构起组织很重要吗？又是否有某些结构优于其他？我们认为，企业组织结构的确重要，并在其战略落地过程中起到决定成败的基础性作用。之所以如此，是因为企业组织使得管理者能够将企业资源和能力与其感知到的外部机会联系在一起。这意味着最优组织结构能够为企业在执行战略过程中创造最大价值。

尽管企业有很多办法来统领其资源以应对外部环境，但是依然有一些办法较之其他更为有效，有一些办法更省力气和资源，有一些办法能够持续更长的时间。企业如何组织以执行其战略带来了结果上的差异。合理的结构能够给员工提供信息、协调和激励，这些都是执行战略以最大化价值所必需的。因此，对企业来说，如何组织就成了追求战略目标过程中至关重要的能力。

艾尔弗雷德·钱德勒在其经典著作《战略与结构》（*Strategy and Structure*）的案例分析中论证了相同的观点：大型工业企业领导者总是能够最优化其公司结构，以最佳状态追逐其既定战略。简言之，即结构遵从战略（structure follows strategy）。[2]我们认为这一主题适用于所有规模的企业，而这正是本章讨论的起点。

随着互联网的发展、全球化的蔓延、劳动力人口结构的改变以及其他因素，一些观察家质疑组织结构是否还像往常一样重要。作为曾经大型企业集团的标志，传统的部门结构如今正逐渐减少，取而代之的是更为复杂的矩阵制，或者复杂度不高但更为灵活的结构。尽管这样的怀疑显然有其合理性，但是，在这样一个充满职业化"自由代理人"（free agent）、勇于开拓的初创公司，以及技术驱动的"虚拟"企业世界里，我们依然确信企业必须进行良好组织（与调整），以保证将内部不断积累的资源、能力连接到其所发挥作用的时变环境中去。

在进一步探讨战略和结构的联系之前，介绍任一复杂的组织内部的一些基本概念，再描述企业倾向于采取的一些主要组织形式是有帮助的。

结构介绍

在说明战略和结构之间的联系之前，我们首先介绍一些基本概念并描述组织形式的主要种类。

个人、团队与等级组织

执行简单任务的小型团体能采取以下几种组织方法：

● 个人方式。工作团队成员的工资基于他们的个人行为和成果。

● 自我管理的团队方式。一个由个人组成的团队，一起工作并追求共同的目标。个人的奖励部分是基于团队的业绩。

● 等级组织方式。团队中一个成员主要负责监督并协调其他成员的工作。

个人或包含许多问题的团队的组织已经在第 16 章讨论过了。大部分的企业综合了这些结构。一个员工可能单独完成某些任务，而另一些任务则在一个团队中与其他人完成。等级层次的力度在企业中是不同的。在一些专业性的服务型企业中，普遍的情况是它们更像是一些独立的员工的集合。一些组织采用比较极端的组织结构，如警察机关，它们可能与典型的军事模式的指挥等级制是极为接近的。一个工作团队的一些活动可能按个人方式进行组织，而另一些活动则按照团队的形式组织，同时还可能有一个监督人员对团队和个体的活动与产出进行监督。

在小团队内组织任务的方式因具体情况不同而异。当工作无须协作时，最好将员工视为自我管理的个体。比如，在社区服务机构中，员工与客户单独接触，此时协作将受限于隐私保护的考虑。当协作成为必要时，比如工作内容具有设计特征，或者包括关系型投资，那么依据团队或者等级制度进行组织就更为合适了。

当可以从频繁的团队互动和团队激励（比如信息共享或者是提高激励和团队支持）中获益，并且团队协调成本没有减少其他团队的成果时，采用团队自我管理比采用等级制度管理更为合适。然而，依靠团队自我管理的组织形式使得监督并控制个人成果，以及使个人动机与企业目标保持一致变得困难。当解释企业存在的原因时，阿门·阿尔钦（Armen Alchian）和哈罗德·德姆塞茨（Harold Demsetz）提出了这些有关团队与等级制度的问题。[3]如果超出一定规模，那么自我管理团队进行协调的成本将变得非常高。为了维持和评估团队，并减少个人为私利而试图影响企业决策时所产生的代理问题，采取某些等级制度是必要的。控制职权的大小取决于代理问题的程度以及控制它们所需要的时间和努力。这些构成了我们之前所讨论的影响（influence）成本。

尽管小企业或者团队层面的组织问题已经几乎家喻户晓，然而并不具有战略重要性。当论及企业为了获得更大规模或者服务于扩张性市场而作出投资时，情形更是如此。在给定时点上，这些较为简单的结构可以轻易改变，影响范围也只局限于少数人。而大型企业中发生的远为重要的组织变革能够影响的人数众多，并决定了重要组织资产的分配。此即复杂等级结构（complex hierarchies）。在广泛并且可能相互重叠的机制当中，复杂等级结构组织了大量团队，而这些组织性资产都具有战略意义。

复杂的等级层次

大企业要求具有复杂的等级层次，其意思就是企业的结构涉及多个团队以及多层次的团队。当不仅需要将个体组织成团队，还需要将团队组织成大集团时，才会出现复杂的等级层次。这一过程迅速复杂化，涉及两个相关问题。

1. 部门化（departmentalization）。
2. 为达到企业目标，子团队内部及团队间的活动协调（coordination of activities）。

在企业面临的特定环境下，部门化与协调这两个问题的解决都包含在绝大多数组织设计当中。[4]

部门化

部门化意味着将组织切割成不同的团队或者团队群。这一活动可以按照几种不同维度进行：任务（或职能）、投入、产出、地区分布，以及工作时间。

部门计划可以变得很复杂。比如，1900 年左右，巨人般的大型工业企业通过合并初创时，其结构中的基本分组来源于合并前公司的既有结构。这些混杂的结构不能为新企业带来效率，从而要求后来者沿上述某个维度进行后续的合理化。部门化代表着管理者对企业内适当劳动分工的选择。标准部门围绕一般任务或者职能构建，比如财务、营销以及生产等。其他部门计划可能以企业投入、产出为中心，比如我们讨论过的百事可乐饮料分部（FBD）即是一例。此外，部门或分支也可以通过地理分布进行组织，比如地区销售办公室或者服务中心。最后，甚至还会有围绕时间建构的组织，反映了不同时间组织活动或其他周期性活动的不同优先顺序。依据项目合同时间长短来组织员工的工程公司即是如此。

管理者关于组织企业内任务的决策反映了他们如何选择所要完成的任务及其重要性，因此部门化也与企业边界选择相关。比如，进入新业务实行多样化经营在企业分支、部门以及其他团队的扩张中体现；又比如，将某项重要职能外包会导致企业结构的收缩，而这将与该项职能相关的个体和行为从组织中移出去安置到企业边界之外。在先前章节中我们讨论了企业边界的决策，而这些决策将明显表现在企业结构轮廓上。

选择组织部门维度常常面临权衡取舍。比如，依据任务来组织可能带来企业采购、制造和销售之间的协同一致，但是可能降低企业应对不同地区客户需求的能力。因此，组织内部不同类型的决策权如何分布，应当给企业管理者如何排列这些决策优先度带来一些影响。

一般来说，当选择组织维度时，管理者需要考虑规模经济和范围经济、交易成本和代理成本。当员工或团队的活动涉及规模经济或范围经济时，企业应当将这些员工或者团队合并成一个部门。例如，如果一个生产多种产品的企业能够在研发方面实现规模经济，那么整个企业范围内的研究部门将比分散于独立产品集团中的研究人员带来更高的效率。当员工和团队工作产生重要专有性资产时，更普遍的组织计划就有必要，而此时员工和团队应当以部门形式组织。

环境约束也可能很重要，将决定企业组织结构中能够包含哪些行为、不能够包含哪些行为。比如，20世纪初美国反垄断政策限制企业从市场上获得研发能力，可能加速了与企业结构相适应的内部研发能力的增长。一些兼并案例中，进行兼并的公司被迫剥离一些业务，从而为合并后的企业带来竞争隐患。

最后，选择组织方法对于第16章中我们讨论过的企业代理成本具有重要意义。比如，评估诸如财务、采购等职能部门的经营业绩是很困难的。另外，由于和企业整体绩效联系不强，这些部门员工很可能会从职能绩效而非整体企业成功的角度来衡量自身工作。因此，衡量、奖励这些部门管理者很困难，也进一步增加了企业内部的代理成本。

协调与控制

一旦企业的部门被确立和组织起来，就出现了内部协调和控制的问题。协调（coordination）指组织内部有助于企业中的子部门制定决策，使其相互保持一致并与组织的目标相协调的信息流。控制（control）是指等级制度内的决策权和规则制定权的分配。协调和控制选择能影响效率和代理成本。由于决策制定者需要了解关于低成本的关键信息，以确保企业完全利用生产中的规模经济和范围经济，所以协调和控制会影响到效率。例如，当两个部门无法节约营销与销售成本时，百事罐装集团和饮料分部之间协调不佳会导致技术效率低下。这意味着，在决策者的目标与企业目标自然相符的情况下，决策权应当分配给具有最佳、最及时信息的人。

协调和控制还会影响代理效率。这是由于即便根据相似任务设计出来的组织结构，在激励管理者追逐与企业目标不符的个人或部门利益方面，还是会有所不同。通过将决策权在等级架构内分配，企业管理者就指定了一个职权基础，并认为其能够支撑企业最有效实现其目标。在下一章，我们将讨论正式职权及其与权力、影响力等其他基础的关系。

在企业内进行协调有两种可供选择的方法。[5]第一种方法强调各部门（work unit）的自治（autonomy）或者自控（self-containment），而第二种方法强调工作团队之间密切的横向联系（lateral relation）。当企业使用部门自治的办法时，部门管理者控制有关经营决策的信息，而且部门间的信息流是最小的。部门管理者向企业总部提供简明的财务与会计数据，包括可获得的利润数据。然而，经营运作的信息确保留在单位内部。

企业进行自我控制的一种普遍方法是将企业组织成相对独立的产品团队，每个团队均包括生产与销售的基本业务职能，并且有能力依靠自己在市场中生存。这些自治团队经常被称作利润中心（profit centers）。企业基于利润目标对其管理者进行控制，对完成或者超额完成目标的进行奖励，对没有完成的进行惩罚。这些管理者与组织中其他事业部相似职位的人之间的互相影响非常有限。像宝洁、强生这样多样化经营的企业频繁使用利润中心。除此之外，当团队侧重于利润之外的其他业绩评估标准，如成本、收益或者投资目标时，它们就称为责任中心（responsibility centers）。制药企业的研究项目经常使用责任中心，并且将对它们的业绩评估建立在诸如专利权和公开发表科研文章数量等研发效率标准之上。

自我控制分组的替代选择就是在团队中发展横向联系。当实现规模经济或者范围经济要求工作团队密切协调时，发展横向联系就是明智的。横向联系可以是非正式的、特别的或临时的团队或者联络组织，还可以是企业结构中的正式组织。矩阵式组织（matrix organization）是试图培育正式横向联系的例子。在这种组织中，员工同时受到两个或者更多管理者的约束。例如，工程师同时向研发部门和项目办公室报告，或者销售人员同时向某产品销售负责人和地区经理报告，这两种情况就是如此。在下一节，我们将对矩阵式组织展开更详细的讨论。

企业内部权力分配有集权（centralization）和分权（decentralization）两种形式。当决策需要由更高层——高管——来作出时，企业在这些决策上就是集权的。相反，如果决策由较低层次决定时，在这些决策上企业就是分权的。集权和分权常被视为彼此不兼容，但真实企业的情形更为复杂。大部分企业在一些方面是集权的，在另一些方面又是分权的。比如，企业将大量经营权力分配给各部门经理，因而可能是分权的。但是高管可能在检查部门经理业绩以及决定其事业前途时，权力又是集中的。

组织结构的类型

大型企业组织存在四种基本的结构[6]：

1. 单一的职能（functional）结构（常常称作 U 型）。

2. 事业部制 (multidivisional) 结构 (常常称作 M 型)。

3. 矩阵式 (matrix) 结构。

4. 网络 (network) 结构。

传统上对组织结构的讨论主要集中于前面三个结构，因为这三个结构在实践中使用得最广泛。网络结构代表了最新的发展，它着重于契约关系，而不是内部的组织。

职能结构 (U 型)

图 17—1 表示的是单一职能结构 (U 型结构)。术语单一职能 (unitary function) 是指在这样的结构中，企业中每一个单一部门都负责一项基本的业务职能 (财务、营销、生产和采购等)。劳动分工使基本业务任务得以专业化，这就是该结构的特点。随着企业发展，组织结构需要具备承担新任务的能力，也就是说，既有部门能够在不破坏组织建构逻辑的前提下进行细分。一个按照职能线条来组织的企业案例是 1980 年左右的克雷研究公司 (Cray Research)，该企业在全公司内设立财务、营销、销售、硬件研发，以及软件研发等部门。在职能结构中的团队或者单位称为"部门" (department)。企业内的劳动职能分工使得每个部门直接接受总部指挥。这样的部门可能无法在企业外存在，除非成为一个能够独立执行其他职能的公司的客户。在普通部门内分到一组的个人将具有相似的背景、行为规范、目标和经营业绩标准。这促进了部门经营业绩，但带来了与其他部门的协调问题。这也就是根据职能进行组织的企业一般将其战略决策权集中化的原因所在。

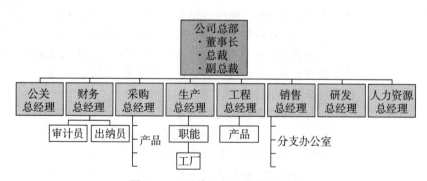

图 17—1　职能组织结构的实例图

19 世纪时，企业规模不断壮大，并且越来越专业化，这使职能结构得以发展。从其发展的初始，职能结构就适合于在企业重视经营效率的相对稳定的环境下建立。即便如此，大企业对职能结构的接纳十分缓慢。我们已经在第 4 章中讨论过，大型企业的早期发展具有同先前独立的企业联系不紧密的特点，同时这些企业常常是由它们的创建者经营。因而，它们没能对领导权进行协调，并且常常没能把执行相似任务的团队组成企业的部门。相反，它们与联盟或者企业协会相似。(当美国钢铁公司于 1901 年成为第一个拥有 10

亿美元资产的企业时，它就是这样一种情况。）

当管理者认识到根据职能来合理安排活动的企业能够比那些没这样做的竞争对手经营得更好时，大型企业就会发展职能组织。大型企业对职能结构的广泛采用出现在 19 世纪 90 年代发生的第一次兼并浪潮期间。此外，老企业，如标准石油和太平洋联合铁路公司在这一段时间里也将企业的组织安排进一步合理化。伴随着欧洲经济一体化的最新发展，出现了类似的合理化组织安排过程。最近，伴随着欧洲经济一体化的到来，大型欧洲企业也出现了类似的合理化进程。

事业部制结构（M 型）

图 17—2 描绘了事业部制结构。它由一系列自治的事业部组成，并由企业总部办公室领导，总部办公室有一个能提供内部以及外部商业环境信息的工作部门。事业部制结构是根据生产线、相关业务单位、地理分布（例如地区）或者顾客类型（例如，工业品 vs. 消费品 vs. 政府产品）而不是职能或者任务来进行组织的。事业部（division）再分组成相互关联的子单元，而组成事业部的这些子单元根据职能组织成各部门或者甚至反过来由各部门组成其他事业部。

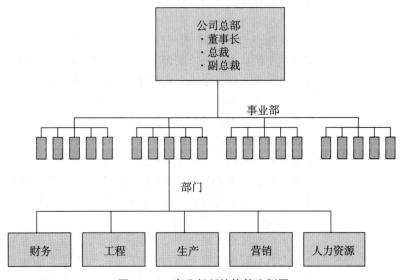

图 17—2　事业部制结构的实例图

奥利弗·威廉姆森描述了 M 型和 U 型组织结构的区别，他认为，M 型结构是针对根据职能进行组织的企业随着规模扩大以及经营更加复杂而出现的效率低下以及代理问题而出现的。相对于职能结构来说，M 型结构通过战略决策和经营决策之间的劳动分工而改进了效率。事业部管理者集中处理经营战略问题，而战略决策则留给了高层管理者和总部人员。M 型结构通过培育内部资本市场降低了代理问题，因为事业部管理者在市场中根据各自的绩效竞争以获得可自由支配的企业资金。总部员工进行战略控制以促进企业目标的实现，具体手段包括监督事业部的绩效，以及针对事业部经理给出如何将其行为与企业目标相关联的建议。对于 M 型组织来说，强有力的总部团队至关重要，一旦缺失就会导致企业沦为无力的"控股公司"（holding company）形式。组织这些不相关的业务单元只能产生较少的价值。

事业部制结构是针对多样化经营的大型企业的职能结构的问题而发展起来的。随着企业地理市场或者产品市场的多样化，它们不得不在每个市场内部协调不同的职能领域。例如，地理市场多样化的企业，如麦格劳移动通信公司（McGaw Cellular Communications）或者废品管理公司（Waste Management）在不同的地理市场中经营自主业务。根据地理因素组织的事业部制结构允许这些企业在不同市场上协调生产、运输以及销售职能，而企业在每一个市场中均可能面临独特的竞争环境。

事业部制结构也能够解决大型组织的另外一个问题：依靠将个人的工资与业绩紧密挂钩来减少代理成本的愿望。运营决策权通常是下放给事业部管理者，这些管理者对事业部的经营业绩承担责任。零售行业为我们提供了这种情况的一个简单例子。在连锁的零售商中，如皮格利威格利公司、沃尔玛或者梅西百货公司（Macy's Department Stores），事实上每一个商店都是自己的事业部，利润的计算以各个商店为基础。这就给高层管理者提供了评估商店经营业绩的简单方法，可用来评估各个商店管理者的工作业绩并奖励经营业绩出众者。

正如我们在第 16 章所讨论的，在工资与业绩相挂钩的激励机制下，业绩评估中的"白噪音"或者"测量误差"越小，管理者就越不容易在暗中进行操纵行为，并且采用工资与业绩相挂钩来提高管理动机以及减少代理成本的方法也更加有效。事业部制结构可以清楚地度量出每个部门的利润或亏损在整个企业中所占的比重。同样地，明确且不受操纵地对部门经营业绩对整个企业成功的贡献大小进行估算，常常是无法做到的。这就是职能结构趋向于侧重运营率而不是利润的原因。然而，这也会随着活动中会计系统（该系统使高层管理者能够在复杂的环境下评估中层管理者的业绩）的发展而变化。如果实际情况的确如此，以减少代理成本为目的的事业部制结构的优势将会减弱。

事业部常常又被再细分成职能领域。例如，废品管理公司的每个地区事业部都具有营销、服务和财务部门。一个职能组织也可以根据事业部的划分进行分析以及重组。例如，IBM 最近对其销售部门根据地理结构和行业焦点结构进行重组。先前我们已经对再细分的基本原则做了说明，也就是在企业更低的（虽然更合适的）层次上利用规模经济、监督和评估。

矩阵式结构

图 17—3 说明了矩阵式结构，即企业同时按多个维度（通常是两个）进行组织。企业可以采用任何一种特定的维度组合。例如，矩阵式结构可以包括产品团队和职能部门或者两个不同类型的部门（如地理和顾客部门）。工作在矩阵式结构的交界处的个人（通常是中层管理者）同时向两个上级报告有关工作情况，因而有两个老板。例如，20 世纪 80 年代末百事公司的矩阵

式结构就是根据地理和职能因素来进行组织的。地区制造经理同时向地区总经理（地理基础部门）和负责经营的国内高级副总裁（职能基础部门）汇报工作。虽然矩阵可能延伸到整个企业中，但是业内的一些层次常常根据矩阵来组织，而另外一些则不是。因而，百事的国内营销团队依然被隔离在矩阵之外。同时，地区制造经理要向两个老板汇报情况。然而，向这些地区经理汇报工作的个人仅仅只有一个老板，因而不是矩阵的一部分。

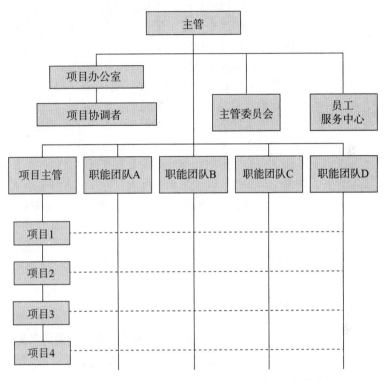

图 17—3　按项目与职能维度划分的矩阵式组织结构

资料来源：McGann and Galbraith, 1980.

当企业出于对规模经济或范围经济或代理问题的考虑而需要按多个而不是一个维度进行组织时，矩阵式结构就是很有价值的选择。例如，百事公司认为，全国范围内生产的协调有助于达到生产的规模经济，因而应当按职能来进行组织。同时，地方协调性会提高百事与大购买商谈判的效率，因而又应当按地理区域来进行组织。互相竞争的各个维度需要完全的平等，并且很难按顺序进行处理。如果一个维度明显比另外一个维度重要，那么事业部制组织结构就应当是首选，其中，企业中占主导的维度将高于其他维度。同样，如果可以对需求进行排序，那么组织就可以尽早在较高的等级处理一些比较大的问题，不太重要的或者是不太紧迫的问题可以暂时押后处理或者交给组织中更低的层次处理。

矩阵式结构也能够使企业节约稀缺的人力资源。例如，为持续流动的制造环境（石油精炼、化工处理、磨面粉）生产工业控制器的制造商可能会发现，利用以顾客类型为基础的（如，一个石油工业团队或者化工工业团队）产品团队结构可以将产品开发、营销和服务的效率最大化。然而，为了开发现有产品新的用途并设计新产品，企业的化学和电器工程师必须具备充足的有关企业、产品与顾客方面的专有知识。由于招募和训练一个好的工程师成本高昂，并且由于工程师能从与其他人之间的互相影响和合作中获益，所以在每个产品团队内设立一个独立的设计部门既不可能也没太大必要。若在一个企业中，工程师们一方面从属于公司的工程部门，同时又向产品团队汇报工作，则对于这个企业而言，采用矩阵式结构不仅使企业节约了稀缺的人力资源，而且鼓励工程师们学习更多有关产品与顾客方面的专业知识。由于类似的原因，矩阵式结构在咨询公司中也非常普遍。

矩阵式结构的一个缺点是，员工会发现他们被夹在两个权威之间。例如，在矩阵式结构中，如果地区经理和产品经理就有关销售人员对主要客户的要求发生冲突，则现存的等级制度并不能确定哪个经理的主张应该占优，因为他们在企业内处于相同的地位。而此种情况在职能或者事业部组织中是不会发生的。解决此类冲突需要根据每个具体的事件在双方之间进行讨论和协商。虽然这样的冲突成本巨大，但是隐含在矩阵式结构后的假设是，企业有效地处理了大量问题，以至能使冲突的结构的成本降低。当预计矩阵中可能发生冲突时，如果发生冲突过于频繁，或者冲突方没能解决它们之间的差异，反而将冲突进一步发展到等级制中的更高层次，那么矩阵就会迅速成为组织结构的功能障碍。

案例 17—1

矩阵组织结构：英国税务海关总署[7]

采用什么样的组织结构不仅仅是营利性公司面临的问题。非营利性组织（比如绿色和平组织和红十字会）、非政府组织（比如世界银行）和政府机构（比如美国联邦应急管理局）也面临着同样的问题。本章讨论的组织结构均衡原理可以为这一问题提供答案。

2005 年，英国政府在合并国内税务局（Inland Revenue）和海关与消费税务局（Customs & Excise）时也面临着采用何种组织结构的问题。英国税务分离的格局可以追溯到 1769 年拿破仑战争时期，英国国内税务局负责征收"直接税"，包括个人所得、企业所得、资本利得和遗产税等税种，并且还负责发放一些政府福利，比如儿童福利等。英国海关与消费税务局 1909 年从英国国内税务局分离出来，主要负责征收增值税、关税和消费税。2000 年，这两家政府机构的税务收入每年达到数千亿英镑。

鉴于这两家机构职能类似，把两家机构合并不可避免地将产生规模效应。2004 年，英国财务大臣戈登·布朗（Gordon Brown）宣布，计划把机构合并写入法律。布朗曾表示："企业过去得和这两家税务机构打交道，现在只需和一家打交道就可以了。企业可以大量节省行政开支。"在提交给下议院财政委员会的备忘录中，英国最大的税务审计公司普华永道写道："我们相信，税务机构的合并将会对各利益相关方（纳税人、纳税顾问和政府）有利。单一税务机构在大多数欧盟国家和经济合作与发展组织（OECD）成员国中都运转良好。"普华永道还预计，机构合并"照顾到了纳税人的需求"，并且"由于信息交流更加通畅，有利于打击违法避税行为"。

实现以上目标需要这两个机构整合其行政活动。成立的新机构——英国税务海关总署内部组织要么被分成"产品部"，要么被分成"客户部"，这两个部门的目标存在冲突。具体而言，机构合并的目的是"客户"（纳税个人或者企业）只需要同一个机构打交道。缴纳所得税、增值税、关税及截留员工个人所得税对于"客户"而言同一个机构打交道当然受益。根据这一点，新机构应该建立以客户为标准的组织结构：各个部门从一类客户那里征收各种税。但是，这样的组织方式有碍规模效应。如果"大企业"事业部和"小企业"事业部各自从其类别客户征收员工个人所得税，征税协调则很难。在顾问公司的帮助下，新机构最终采用了矩形组织结构，被分为四个部门：运营部、产品部、客户部和管理服务部。运营部主要负责债务管理、客户交流和税务调查。产品部负责个别税种的征收，比如企业预扣个人所得税和增值税。客户部的主要职能是负责个别类别的客户，比如大企业、小企业和个人。管理服务部主要负责人力、法律和财务等服务职能。各个部门连接在矩形之中，各个部门的员工相互协作共同降低成本，使客户满意。

2007 年 10 月，英国税务海关总署的一位低级别官员应英国国家审计署（United Kingdom's National Audit Office）的要求将两个电脑光盘邮寄给审计署，这两个光盘含有参与儿童福利项目的 2 500 多万英国公民的个人信息，包括社保号码、银行账号。然而，这两个光盘却在邮寄的过程中丢失了，由于没有复杂的加密，一旦信息泄露，英国近半公民将陷入危险境地。

随后，普华永道董事长基兰·波音特（Kieran Poynter）着手调查，对该机构的矩形结构提出质疑。波音特在其 2008 年 6 月的报告中指出，其支持机构合并，但是不赞成新机构的组织结构形式："在机构合并时，大家都把注意力放在了合并本身上面。合并之后，英国海关总署承担了一项繁重的任务。在我看来，实现这个任务还是应该采用传统的官僚的组织结构，而不是'建设性'的矩形组织形式，进而也可以阻止数据泄露这样的事情发生。"波音特的报告指出，该机构的数据泄露责任归属不清。

矩阵式或事业部制？一个最佳结构的模型

在平衡矩阵维度要求的过程中存在的潜在管理冲突引发了这样一个问题，即什么时候矩阵式结构优于事业部制组织结构？戴维·巴伦（David Baron）和戴维·贝赞可提出了一种共享激励权的经济模型来解决这个问题。他们着重研究那些同时面临产品和地理维度组织需求的企业。[8]可使用的最优结构来自各产品线内部和各地域内部的外溢效应的互动，以及当地团队进行的多种活动的相互关系。

巴伦和贝赞可认为，有两个因素影响企业对组织结构的选择。第一个是增加需求的活动（如，广告或者产品促销）和降低成本的活动（如，缩小规模和生产合理化）是利润的互补品还是替代品。当提高一类活动的水平会增加另一类活动的边际利润时，需求增加型活动和成本降低型活动是互补品。例如，当管理者重新设计它们的产品，并且在该过程中也降低了次品率，就属于互补品的情况。当提高一项活动的水平降低了另外一项活动的边际利润时，需求增加型活动和成本降低型活动是替代品。例如，当管理者以牺牲其他产品为代价将稀缺资源（如控制成本的管理）分配给某些产品时，两类活动就属于替代品。

结构选择的第二个影响因素是，不同活动产生的知识外溢效应是正相关还是负相关。外溢效应是指当企业进行某种活动时，企业内出现的知识转移。在特定的情形下，企业能否出现外溢效应取决于当时企业的生产能力。如果两个活动同时都能使单一方面受益，那么这两个活动的外溢效应就是正相关的。例如，当在一个市场中引入新产品有助于企业在其他市场上生产或者销售该产品时，外溢效应就是不相关的。如果一项活动的外溢只对一方面（如产品）有益，同时，另外一项活动只对另外一方面（如地理）有利时，它们之间就是负相关的。

在多产品、多地域的分权企业中，管理者的问题就是要给地区管理者提供动机，让他们能够在产品和地理方面经营得当。这么做就可以抵制当地区管理者无法将他们为企业其他活动带来的收益内部化时出现的"搭便车"问题。选择恰当的组织结构能激励地区经理采取收益最大化的行动。

巴伦和贝赞可指出，在某些环境下，矩阵式结构永远不是最优选择，而在另一些环境中，它则是最优的。当外溢效应是正相关的并且活动是利润互补品时，矩阵式结构将永远不是最优的选择。当活动是利润互补品，但外溢效应却是负相关时，如果外溢效应没有不相称地偏好其中一方面，那么矩阵式结构可能是最优的选择。当活动是利润替代品并且外溢效应是正相关的时，如果活动具有很强的替代性，那么矩阵式结构可能是最优的结构。否则，产品或者地理结构是最优的结构。最后，当溢出效应是负相关的并且活动是利润替代品时，如果外溢效应在一种活动中具有强烈的产品特色并且在另外一种活动中具有明显的地理特色，那么矩阵式结构可能是最优的结构。

为了观察全球企业的组织方式是否和他们提出的模型一致，巴伦和贝赞可对花旗银行进行了深入观察，以了解它如何建立兼顾产品和地区市场需求的全球性业务组织。[9]他们考察了 1994 年全球关系银行（Global Relationship Bank，GRB）的形成以及 1997 年全球市场部门（Global Markets unit）的创立是如何在 GRB 和花旗银行内部的新生市场部门之间建立联系的。为观察全球企业行为是否（以及如何）与其模型相一致，巴伦和贝赞可考察了花旗银行，以了解其如何建立兼顾产品和地区市场需求的全球性业务组织。

网络结构

图 17—4 表示的是网络结构。网络结构中的基本单元是工人，而不是具体的工作或者任务。不论是单个的还是结合在一起的工人，都能够产生多重组织任务，或者随着组织任务的变化而进行重新配置或重新组合。从一个更

加综合的分析层次来说，网络从组织子单元的关系格局发展而来。自主小企业组成的网络甚至可以模仿大企业的行为，因而赢得了"虚拟企业"的名称。

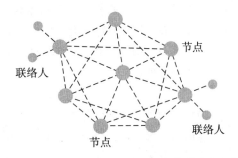

图17—4　网络组织的一个实例：蛛网企业组织

该图显示的是一个以通信方式为基础的网络组织结构。

资料来源：J. B. Quinn, *Intelligent Enterprise*, 1992, pp. 120-129.

网络结构中的团队可以根据任务、地理分布或者顾客群分成横向小组，但是工作团队之间的关系更多地是受或明或暗的时变任务要求主宰，而非其他结构所特有的正式权力支配，尽管组织结构同时包含了成员间正式与非正式的关联。当网络结构产生的高额协调成本低于所获得的技术效率收益时，该结构就优于其他结构。[10]之前讨论过的日本企业集团（*keiretsu*）就是网络结构的一种形式，其中非正式关联促进了成员间协作，并降低了代理成本。生物科技企业间的相互关系为我们提供了一个便利信息流动的网络结构案例。这里信息流动之所以必要，是因为技术常常在种子、制药、啤酒等多领域得到应用。观察家认为，网络结构是该行业新产品开发达到历史性高度的主要原因。[11]

随着组织成本的不断降低，网络结构变得越来越流行。互联网的普及为网络结构提供了基础设施，使之得以建立，并且与更传统的关系型基础设施，或者更精致但更不灵活的协调计划，如电子数据交换（EDI）相比，网络结构可以继续保持更低的成本。从这个意义上说，网络结构一直是组织的可能模型。但是，在大多数业务环境中，网络结构的成本还是太高。当然，也存在例外。例如，世界钻石行业长期以来就是一个广泛的非正式网络，该网络几乎全部依靠人与人之间的信任来经营日常的大量昂贵产品。

模块化组织结构也是网络结构的一种类型。模块化结构由相对自我控制的子团体组成，这些团体通过标准化联系的技术紧密联系在一起。一个模块化子单元的大部分关键活动在该单元内完成，缩小了与更广泛的组织之间的关系。在那些投入与产出方面具有不同生产过程特点的行业中，模块化结构最为普遍。模块化组织结构能给这些行业的企业提供灵活性。行业技术变化程度也影响到形成模块组织结构的可能性，因为该结构更容易适应这些变化。

虽然模块化组织结构可能在一定程度上限制了范围经济，但是它在不破坏其他关系的情况下，通过增加或减少子模块的方式培育或拆分网络的模块化结构，来帮助网络发展。这也增加了子模块内部的创新机会。最后，当应用者获得了经验时，网络结构（特别是模块化网络）会不断成长，在无须共同所有权的情况下，根据一套共同标准，使互补产品围绕紧密的单元之间的联系而结合在一起。这些变化的总效应是，在不明显增加互相影响的交易成本的情况之下，通过网络减少应用者的研究、监督和控制成本，提高了网络合作行为的可能性。

为何仅有这几种结构类型？

目前的讨论只涉及相对较少的几种组织架构供组织设计者选择。尽管在具体条目上专家意见可能相左，但是组织架构只有少数几种在学界、咨询界和商界中达成了共识。乍看起来，事情似乎很奇怪：想一想大公司的规模和复杂程度，人们就会猜想其中可能有大量设计变量和很多组织途径。这意味着公司会采取不同的组织设计方法来应对其特有的需求，从而产生种类繁多的组织结构。然而，看起来事情并非如此。

模仿可能是类型有限的原因之一。随着那些规模大、经营好、知名度高的企业按照各自应有的方式解决了组织问题，其他公司看在眼里，并进行模仿。事实上，正如上文提及的，经常能够听到"通用"（General Motors）模式或者跨事业部组织。这一观点也许有价值，但困难的是去解释少数几家公司如何能够成为跨行业广泛模仿的对象，以至于构成一般类型的小集合。另外，模仿论也不能解释开创这些模式的企业如何将其识别出来。

约翰·罗伯茨（John Roberts）认为有限组织结构类型的原因可能更为根本。[12] 尽管存在大量影响设计的变量，但是如何在变量中作出选择却并非独立的。结构性变量与相关的变化活动彼此依存，从而存在互补性（complementarities）。所以，管理者在一些变量上多下功夫将会增加在相关变量上用功的回报。比如，执行基于产品质量的差异化战略将伴随低产量、专业化员工、快速的产品更新，以及较高的价格。结构设计变量还可能替代性地相互依存，因而在一些行动上多下功夫会降低在其他变量上用功的价值。

组织设计变量相互依存的方式会决定最终出现的一般结构类型。与单独改变某一特定变量而获得的收益相比较，变量选择中的互补因素会带来一簇变量产生更高的整体价值。在这种情况下，事情甚可能是，任何单一变量的改变都不会对企业绩效作出贡献，甚至还会降低企业绩效。这暗示组织设计将簇集在一起，意味着"混合匹配"（mix and match）方法不可行。相比采取一种典型的结构类型，中间选择将不能够提升效率，甚至还会降低效率。罗伯茨将这些观点称为组织设计选择集合的非凸性（nonconvexity）和组织绩效的非凹性（nonconcavity）。

结构—环境匹配

认清组织结构是否符合环境是解决组织设计问题的第一步。对于管理者来说，决定特定结构是否符合他们自身也是必要的：符合环境的企业如果不能将企业资源和能力应用到抓住商业环境中的机会，那么将会毁灭而非创造价值。所以，企业最优组织架构依赖于其商业环境。比如，职能架构可能很适合于超级电脑制造商，如克雷公司，但不适用于像大通（Chase）这样的大型银行。

长期以来，有一种看法专注于环境变化（environmental contingencies），认为不存在对所有企业适用于所有情形的"最佳"结构。一些立足于权变的理论检验了在不考虑企业可能采取的产品市场决策下，环境特征如何与企业组织特征相关联。这一观点认为任何置身于该环境的企业都必须使其组织设计满足环境需求，并关注两类可能影响不同结构相对绩效的环境因素：（1）技术与任务的相互依赖性；（2）信息处理。

技术与任务的相互依赖性

一般来说，技术指的是企业赖以生存的科学知识基础，以及科学知识应用于具体产品、服务生产背后的一般能力水平。尽管很多企业的确在研发方面进行投资以增强其竞争优势，但是大部分企业必须将技术作为外生变量，至少短期内必须如此。有一点很清楚，企业知识基础特征将影响其采用的组织架构。比如，采取知名而成熟技术的企业架构几乎肯定与采用快速发展而较少名气技术的企业架构不同。前者采用的架构很可能更稳定、更标准化，能够支撑更高产能；而后者则需要应对更为动荡的环境，要求组织架构具有灵活性，能够对变化作出反应，拥有专业化人力资源以及其他有利特征。

随着企业技术特征发生变化，其结构也需要进行改变以适应新的环境需求。比如，如果企业技术发生变化，能够支撑更高产量和原材料流程化处理，那么企业协调需求也就发生了改变。企业架构需要改变来适应扩容活动，并增加为管理新产量所必须做出的决策数量。比如，一个新的采购事业部可能成为必要。

詹姆斯·汤普森（James Thompson）认为，技术决定任务的相互依赖（interdependence）程度。这一程度指的是两个或者多个职位开展各自工作时互相依赖的程度。[13]汤普森界定了任务相互依赖的三种模型：交互式、顺序式和集合式。当两个或更多员工、团队在工作中彼此依赖时，就存在交互式相互依赖（reciprocal interdependence）；如果两个或更多岗位，或者团队之间存在一方的结果取决于另一方，并且顺序不可逆反，那么就发生了顺序式相互依赖（sequential interdependence）。例如，如果一个上游单位生产的投入品对于下游销售或者组装单位极为重要，那么二者就存在顺序式相互依赖。当两个或者多个岗位之间不是直接相互依赖，而是通过它们对企业成功地作出贡献而产生联系时，就出现了集合式相互依赖（pooled interdependence）。例如，不同产品部门虽然属于相同企业的构成部分，但是相互之间可能仅有一点或者一点关系都没有。这一区分意味着组织设计出流程以持续性地将个人分组来协调其行为并利用其共有资源。交互式相互影响的岗位和任务应当首先被集合起来，因为其协调成本最高。其次，顺序式相互影响的岗位，比如价值链上不同节点处的岗位，可能需要集中。最后，集合式相互依赖岗位只需进行最普通的关系连接就可以了。

随着技术变化，行业竞争基础也随着行业核心资产的变化而改变。[14]这反过来改变了企业内部任务的相互依赖，并导致相关企业组织结构的适当升级。电脑与通信技术的发展已经削弱了许多职位之间的交互式和顺序式相互依赖，显著降低了个体与群体之间的活动成本；这一降低发生在企业内，也会发生在企业与其合作企业之间。利用传真、个人电脑和云计算软件，位于不同大洲的工程师和产品专家能够协调起来进行新产品开发，甚至团队极少数管理者都从未谋面。一家向客户提供分析的小型投资研究企业能在芝加哥进行研究，而向其纽约之外的全球客户提供研究成果。该企业的营销代理处可能在波多黎各，而出版商位于菲尼克斯。这些安排在 20 年前都是不可能的。协调成本的降低减少了团队成员全部加入企业正式组织下的同一部门，甚至加入同一企业的必要性。（我们还注意到，虚拟企业在变得太大时，似乎会遭遇规模不经济。这是因为企业成员关系变得非常复杂，而协调成本高于较小规模的员工队伍。）

有效的信息处理

杰伊·加尔布雷思（Jay Galbraith）提出组织设计是基于信息处理的观点。[15]他辩称，工作团队能够根据日益流程化的工作准则来维持正常独立运转以及自我管理。行政级别（如老板、主管等）的发展是为了处理"例外情况"：此时不能简单根据标准组织流程来决策。而更复杂的例外情况就需要更高层次的组织来处理。能达到组织最高层的决策可能是最困难的，并且是企业所面临的所有决策中最不符合常规的，也就是战略决策。这意味着结构变化是企业针对制定决策过程中必须处理的信息数量、信息复杂性和信息变化速度而作出的反应。随着工作团队不得不需要处理更多的信息，或者更快地采取行动，既有流程就更受限制，因此调整是必需的：要么给予流程更多监控，要么做出一些跨流程的安排。例如，在需求稳定、进入壁垒高的行业中，营销决策会变得流程化；而随着市场更加全球化，或者技术发展摧毁了进入壁垒，一些著名本土竞争者的营销决策流程化程度就会降低。此时，为了进行有效定价，并推出促销活动，本土公司就需要跟随国外竞争对手，而且紧盯成长性细分市场的需求环境。这些新需求可能会使得之前在平稳时期发展起来的流程过载。

路易斯·加里坎诺（Luis Garicano）将处理组织设计信息的影响进行了正式模块化，得出了与加尔布雷思观点相一致的结果。[16]他提出了一个生产函数，该函数以时间与知识作为有关生产问题的投入项，生产问题根据出现的难度和频率而有所不同。该背景下的工人能学习并交流有关解决问题的知识。他发现，一个最佳的组织设计需要将工人分成生产工人和专门处理棘手的并且/或者不经常出现情况的问题解决者。他的研究结果类似于金字塔形结构，在该金字塔形结构下，工人的人力资本随着一定层次上工人数量的下降而增加。他的研究结果也表明，获取并传播知识的成本的下降增加了平均控制时间，并且可能通过规模效应减少或者增加企业组织层次的数量。

百事在1988年的重组说明了当外部业务环境变化导致了更快处理信息的需求时，这种需求是如何摧毁企业的等级结构的。对于百事来说，主要的变化是地区大超市连锁店的出现。这些连锁店通常在跨越百事罐装集团若干不同的地区管理机构的领土上从事经营活动。但是，百事现在的结构使得制定定价决策缺乏统一的、地区范围内的权威。百事罐装集团的行政人员经常在遵循哪种战略上发生分歧，他们的争议也因此沿着等级汇集到百事美国分部的最高层罗杰·恩瑞科（Roger Enrico）那里，这样，他就卷入了地区定价和促销决策的制定中去了。无疑，这样就损害了百事的积极应对能力，从而在对飞速变化的环境作出各种敏捷的营销反应的市场中，百事处于竞争劣势地位。百事选择一个以地理为标准的矩阵结构的部分原因是，它重组的目的是要明确定价和促销决策权力。新结构设立了地区总经理的职位，由他负责对大抵等同于大超市连锁店范围的地域内的经营决策（包括定价与促销）作最后的决定。

阿瑟·斯廷奇科布（Arthur Stinchcombe）强调组织结构在促进更有效的信息收集中的作用。[17]他认为，企业的结构设计应能够便于企业在通常所面临的各种条件下进行高效的信息收集。例如，制药企业可能希望建立一个能够与医学院教员们保持紧密联系的研发部门，作为新产品开发的一个重要来源。不同层次的结构能解决不同的信息需求。例如，有关劳动成本或者需求的信息可能是一种高度本地化的信息。如果本地的工作团队能控制这些因素，那么他们将具有足够的动机来收集这些信息。但是，对付联邦的管理条例就成为包含范围更广的工作团队的责任了。斯廷奇科布还认为当企业内部信息对企业很重要时，企业就应该将活动内部化（而不是依靠市场的协调）。对于企业来说，要做到"消息中断之地，就是企业涉足之时"是很重要的，因为快速的信息处理便于进行高效的判断。

布鲁斯·科格特（Bruce Kogut）与乌多·赞德（Udo Zander）基于知识视角观察企业，在组织结构相对市场化解决方案能够更好地处理信息这一问题上得出了相似的结论。[18]他们将研究重点放在跨国集团上面。跨国集团是多事业部组织结构的变种，其下属业务单元跨越国界。他们辩称这种结构在跨国转移知识方面具有优势，而非仅仅是面临市场失败时内部化交易的方式。他们强调默会型知识（tacit knowledge）。这种知识较为复杂，难以编码化，也难以教授。他们假定企业项目默会型知识特征程度越明显，项目就越可能被内部化。他们研究了 20 家瑞典创新公司和总共 45 份创新，基本支持了这一假设。

这些论点也与第 6 章讨论过的内容相关：企业可能通过兼并上游供应商以获得投入品供应和价格方面的信息。由于计算机、通信以及金融市场的创新降低了收集这些信息的成本，这一因素就在组织结构设计中变得次要了，而是取决于创新是否削弱了企业现有的竞争力，或者通过纵向一体化能否获得更好的信息。

案例 17—2

AT&T 的组织结构

罗伯特·加尼特（Robert Garnet）考察了 1876—1909 年间贝尔系统的发展情况。在早期阶段，贝尔系统不但没有垄断地位，甚至连生存都还是个问题。[19] 加尼特的研究说明了企业结构和权变因素之间的关系，例如企业规模和市场波动程度。权变理论的一个结论是：随着企业活动数量的增加，企业将不得不重组以满足日益增加的信息需求。AT&T 在这些年里就面临这样的情况。1885—1920 年间，贝尔系统从 2 000 个中心办公室、雇用 25 000 名员工发展到接近 6 000 个办公室、雇用 240 000 名员工。在这样的增长影响之下，贝尔需要进行大量的重组。

加尼特也认为，当环境变得更加不稳定时，例如，因为竞争加剧，企业将需要重组以促进对信息进行快速处理。AT&T 在这段时期面临着日益加剧的竞争。其最初的专利权到 1894 年就期满终止了，在这之后，新竞争对手将加入本地电话市场中来。

AT&T 的组织结构的变化和权变理论的解释是一致的。当企业在 1880 年左右首次整顿时，它还仅仅是贝尔公司的股权和特许经营商之间的一种松散的联合。它不是靠正式结构而结合在一起的，而是依靠执照条款以及贝尔公司的部分平等执照所有权而结合的。到 1884 年，该结构就变得效率低下，并且企业开始努力固定契约，改善会计控制，以促进企业发展。尽管做了这些努力，该企业的收入还是不断下降。

到 1890 年，公司第一次重大的组织结构变革被提上议程。在 1891 年，企业会计程序也进行了修改。AT&T 另外一次重大的结构重组发生在 1909 年，这次的重点是那些按州来进行组织的以及那些受 AT&T 公司总部全面控制的营运公司。每一个营运公司都根据职能进行内部调整。这次重组恰好发生在 AT&T 与美国司法部 1913 年签订《金斯伯里条约》（Kingsbury Commitment）之前，此时是企业经营的最低潮，该条约使 AT&T 公司以其市场主导地位换得了一个能确保竞争对手与 AT&T 系统互相连接的承诺。到 1912 年时，企业的总部也根据职能标准进行了重组。这些重组与权变理论的观点是一致的。这种职能结构改善了运营公司处理该时期内日益增加的运作要求的能力。新总部结构促进了运营公司和总部之间的劳动分工，并允许企业随着贝尔系统的发展而不断扩张。

结构跟从战略

理解结构和环境因素之间的关系，例如技术和处理外部需求信息之间的关系，是解释企业采取特定组织方式的必要部分。然而，仅仅理解企业结构选择还是不够的，因为尽管给定情形下众多因素可能影响企业结构，但关键因素只有几个。我们必须了解企业管理者在决策过程中最为看重的因素，而这就需要考虑企业战略和组织结构之间的关系。

艾尔弗雷德·钱德勒在其经典著作《战略与结构》中第一次阐述了企业的战略选择如何影响企业的结构。[20] 基于对杜邦、通用汽车、新泽西标准石油公司（后来改名为埃克林公司）和西尔斯公司的案例研究，钱德勒得出结论：组织结构的变化是由战略变化导致的，反过来，战略变化也和企业所面临的外部条件变化相联系。简洁地说，钱德勒的主题观点是结构跟从战略（structure follow strategy）。

钱德勒的基本理由如下：在 19 世纪末期，技术和市场基础设施的发展（在第 4 章中我们已经论述过了）为各个行业实现史无前例的规模经济和范围经济创造了机会，例如香烟、化工、轻型和重型机器以及肉类加工业就是如此。诸如美国香烟公司、杜邦、麦克梅克收割机公司（McCormick Harvesting Machine Company）（该公司后来变成国际收割机公司）和斯威夫特公司通过对大规模生产设备和内部化活动——销售与推销等——进行投资等作为回应，这些应对措施是独立的企业先前所没有采取过的。同时，这些企业也在管理等级制的发展上进行投资。这些早期的等级制企业首先采用的典型组织结构为 U 型结构。因为这种结构使企业能够发展劳动分工，从而便利了在生产、营销和经销等方面实现规模经济。

在同行业中率先投资大规模生产设备并建立管理等级制的企业迅速地扩张并且常常主导它们所在的行业。但是，早期发展的这些企业大部分只是经营一项业务，或者是仅在单一市场中发展。然而，在 1900 年之后，这种情况很快发生了变化。一些企业，如欣格公司（Singer）和国际收割机公司在海外快速扩张。实际上，到 1914 年，欣格公司和国际收割机公司就成为俄国最大的商业企业。其他企业，如杜邦和宝洁公司也进行了产品的多样化生产。战略的转变暴露出了 U 型结构的严重缺点。根据钱德勒的观点，新近多样化经营企业的高层管理者试图监督导致行政负荷过重的 U 型结构的职能部门，这使管理者决定尝试采用其他可替代的组织结构。

事业部制结构或者 M 型结构就是针对在多样化经营企业中采用 U 型结构的局限性而于 1920 年后出现的。M 型结构使高层管理者摆脱了部门细节问题的处理，可以专注于战略决策和长期计划的制定。事业部管理者监督向他们汇报工作的职能部门的经营活动，并且根据事业部的经营业绩得到奖赏。正如先前我们所讨论的，事业部对整个企业成功所作出的贡献比职能部门的贡献更加容易评估。因而，将事业部作为利润中心，并且基于该事业部的利润表对事业部管理者进行奖赏，这是调动事业部管理者工作积极性的一种有效方法。

虽然从 M 型结构产生之日起，企业结构就发生了变化，但是结构跟从战略的原则仍然是适用的。服装制造商贝纳通的网络结构就为我们提供了一个很好的例子。贝纳通的一般战略是使自己服装产品的颜色组合独特，并且设计的风格大胆，以和竞争对手的产品区分开来。它采用的正式结构是职能型结构，虽然它外包了许多传统的职能。该组织的运作不仅通过内部协调，而且也通过供应商和经销商网络进行积极的外部协调。高层管理者和商店的店主保持直接的交流，以便交换有关顾客需求的信息。贝纳通也和一些供应商保持合作，这些供应商能够快速完成未染色羊毛和纯棉织物的订单。建立在职能领域上的贝纳通的网络结构使其能快速地调整产品线来满足消费者日益变化的需求。

SAP AG 是一家德国企业，它是世界上最大的软件生产商之一，并且是为客户机/服务器计算模式提供实时和综合应用软件的领导生产商，它也建立了类似的网络结构。该公司发展迅速（销售收入在 1991—1995 年间增长了将近 400%，达到了 27 亿德国马克），企业的创立者希望 SAP 是一个拥有扁平组织结构并能够保持产品开发能力的企业。为了达到这一目标，SAP 的管理者决定不对相关业务进行大的扩张，反而是对不同的业务链，如培训和应用咨询进行扩张，虽然满足顾客应用中的需要将对企业成功扩张非常关键。为了实现这些目标，SAP 已经建立了一个合伙的网络组织，由这些合伙人提供 SAP 生产的产品的 80%～90% 的应用咨询服务。合伙人的范围既包括主要的咨询公司，如埃森哲和 CSC 指数咨询公司，也包括硬件生产商，如 IBM、惠普和太阳微系统公司，还包括了软件和芯片生产商，如甲骨文（Oracle）、微软和英特尔。SAP 的公司结构对这些合伙企业的公关经理起到了重要作用。

案例 17—3

芝加哥大学医院和迈克尔·瑞斯医院之间的战略、结构与合并尝试

战略跟从结构的观点在那些采用不同战略的企业进行合并时具有重要的意义。在合并两个这样的组织时，常常会出现与资产和资源的控制相关的问题。正如我们之前所看到的，资产控制权利的分配是决定一个垂直链或者两个企业合作的有效程度的一个关键要素。在企业组织内，结构决定了控制企业资产的基本权利。因而，组织结构对企业合并的成功与否具有重大影响。

芝加哥大学医院和迈克尔·瑞斯医院（Michael Reese）之间试图进行的合并向我们说明了资产与资源控制在两个企业试图结合时是一个关键问题。

芝加哥大学医院位于一所一流的科研性大学的校园中，这使得医院所追求的战略是以声誉为基础，提供具有最大疗效的药物。确实，医院通过广告对其医药人员的研究成就进行庆祝。与该战略一致，大部分医生同时受雇于大学医学院，并且他们的业绩评估是基于他们的研究成果。医生的工资更多地是基于他们的学术地位，而不是他们给医院所带来的收入。

芝加哥大学医院最强劲的竞争对手是位于该市南部的迈克尔·瑞斯医院。这家医院同样也有着高质量服务的历史，并且特别注重社区服务，以及医务人员与病人之间的亲密关系。医务人员是根据传统安排进行组织的，即工作人员根据临床领域进行分类，但是他们对病人收取的服务费和病人支付给医院的费用是分离的。换句话说，医生的奖酬仅仅来自他为病人提供的医疗护理。

在1985年，这两个医院试图合并。合并将使它们能够巩固并重新分配一些服务项目，同时尽可能避免在同一市场上进行价格与非价格的竞争。由于预料到医务人员在资源控制与制定政策权力方面存在潜在的冲突，两家医院在合并前就试图协商将来的组织结构。结果证实，它们没能就将它们的外科部门作为一个整体进行管理达成一致协议。芝加哥大学医院的医生拒绝根据临床医疗对自己进行评估，而迈克尔·瑞斯医院的医生也拒绝作为研究人员。由于无法协调这个关键领域并且担心无法实现外科的经济效益，所以两家医院取消了合并。

案例 17—4

公司内部结构的最新变化

坊间传闻，许多大公司的组织结构最近几年发生了很大的变化。2008年6月，惠普公司宣布重整其印刷业务，把惠普图像印刷集团的五个部门压缩成三个部门。这三个部门依照客户类型设立：一个部门负责个人客户和小企业，另一个部门负责大企业业务，第三个部门负责广告板和其他大型印刷业务。原有的以产品为导向的"供应部"分拆，融进新成立的部门。

然而，在惠普压缩部门数量的同时，其他一些公司却在着手增加部门数量。世界最大的移动电话运营商沃达丰于2008年9月宣布，将把其新兴市场部一分为二，分成中欧/非洲部以及亚太部。

沃达丰"扁平化"（事业部越多，其管理的业务相应越少）的同时，惠普却在"细高化"：部门越来越少，直接向公司总裁汇报的高管越来越少。是不是其中的一种变化更加常见？这两种趋势是不是抵消了呢？

格赫拉姆·拉扬（Raghuram Rajan）和朱莉·沃尔夫（Julie Wulf）的研究为我们提供了答案。[21]在调研了1986—1999年300多家美国大公司之后，他们发现，公司的发展趋势是"扁平化"。换言之，直接向公司CEO报告的部门主管数量平均从1986年的4.4个增加到了1999年的7.2个，同时公司的行政级别层次减少了。他们发现，以从公司CEO到最低管理层的层次数量计算，行政级别层次从1986年到1999年大约减少了25％。

伴随这些组织结构变化的是公司管理人员薪酬的变化。扁平化组织强调长期薪酬奖励（比如股票或股票期权），而不是薪水或者奖金。此外，与"细高化"组织结构相比，"扁平化"组织的升职奖励更大。

为什么组织结构呈现"扁平化"呢？如本章所述，公司最优组织结构的选择很大程度上取决于竞争、技术和法制环境。拉扬和沃尔夫为这个观点提供了一些证据。他们认为，当竞争环境动荡不稳时，更多决策权授权有利于公司发展。与这个观点契合，他们发现，公司盈利波动性越大的部门主管越可能登上公司高管的"宝座"。这些人的薪酬福利机制着眼于长期激励。

战略、结构和跨国公司

结构跟从战略的原则也适用于那些参与国际竞争的企业。[22] 随着多部门企业变得越来越大，它们更喜欢将业务扩张到国外。这些企业最初设立了"国际部"来管理国外的活动。然而，随着国际业务的增长，这样的结构日益无法协调国外的经营活动，并且事实上会与国内企业在多国市场中的活动相重叠。这导致多家企业重组成为跨国公司，它以在不同国家（或地区，如果一个特定地区与国内市场很相似或者如果某一地区的业务量很小）设有相互独立的事业部为特点。不断发展的跨国公司面临着进行跨国协调和国内专业化经营的压力，特别是那些具备产生大量规模经济和范围经济的技术的企业。这导致了将全世界看成企业的市场的全球战略。这种战略就意味着企业改变了将国内市场作为战略重点的做法。追求全球战略的企业需要进行重组来实现全球生产和销售的规模经济。

这些跨国公司结构发展的最后一步出现在企业总部的管理者学会在对区域状况作出反应与集中实现全球经济之间进行权衡时。这种跨国战略需要灵活的组织，通过使组织设计样式多样的方式结合矩阵结构和网络结构的优点。最近的研究集中在那些存在内在差异的跨国公司内所出现的不同结构上。这类研究相同的兴趣点是管理企业活动所采用的程序。该观点认为，企业管理的重点是业务单位和团队间的相互影响，而不是某种产品的市场战略。

结构、战略、知识和能力

托马斯·哈蒙德（Thomas Hammond）认为，结构影响战略，因为大企业的关键知识和决策制定能力分散到了整个企业，而不是集中在高层管理者。[23] 这意味着企业的结构决定了低层决策制定者如何并按什么顺序联合向公司决策层献计献策。结构给制定战略决策的高层管理者设定了议程，因为它决定了一项决策需要考虑哪些选择，哪些选择需要进行比较并且按照什么顺序进行比较。结构的这种观点和"以知识为基础的企业观"是相联系的，该观点认为组织不仅可以减少成本，而且也提高了作为战略能力的创造与控制新知识的能力。[24]

组织结构也会通过等级制使流向管理者的信息发生偏差。低层决策者尽管一方面为战略决策提供关键信息，另一方面也由于他们在企业结构中所处的位置而产生系统性的偏见。例如，制造、销售和研发人员常常在时间框架上（比如短期标准 vs. 长期标准）与对组织的责任上存在差异。这意味着高管团队在综合意见和决策的过程中，将要承担低层偏见而带来的损失。

案例 17—5

史克必成公司的跨国战略与组织结构[25]

史克必成公司（SmithKline-Beecham）是一家跨国制药企业，由美国的史密斯克兰贝克曼公司（SmithKline-Beckman）和英国的比查姆公司（Beecham）在1989年合并而成。它的事例说明了在全球市场中战略与结构的相互影响。因为若干原因，与比查姆公司合并对于史密斯克兰贝克曼公司很有吸引力。史密斯克兰贝克曼公司的大部分销售收入主要依靠几项产品（主要是溃疡药泰格麦特），由于过度细化，它很快丧失了商标药（generic drug）的市场份额，并有可能面临被接管的威胁。此外，史密斯克兰贝可曼公司与比查姆公司有几种产品是互补产品。比查姆在消费者保健产品和自我医疗产品方面占有优势，而史密斯克兰贝克曼公司在处方药产品方面实力雄厚。两个企业在科技实力和新产品开发议程方面也存在潜在的合作可能。二者合并建立的新企业每年综合的研发预算将超过7.5亿美元。最后，二者在地理市场上也是互补的：比查姆在欧洲市场上占据优势，而史密斯克兰贝克曼公司在美国和日本市场上实力雄厚。

史密斯克兰贝克曼公司本来有能力生产新产品，扩张新的市场，以及通过内部发展或者混合的组织安排，如战略结盟和合资的方式来进一步发展其科技实力。但是，其管理者认为内部产品开发和市场扩张对于提高企业在竞争日益激烈的全球市场中的竞争实力没有多少实际价值。并且当史密斯克兰贝克曼公司尝试战略结盟和合资合作时，它发现这两种方法都不能令人满意。结盟太松散，以至于不能提供激励使结盟企业相互合作，而合资企业内合伙者的自主权将导致管制和激励问题。

鉴于进行合作的复杂性，推进企业进行合并就成为了大问题，因为合并能决定合并企业的结构。合并之后所建立企业的CEO亨利·文特（Henry Wendt）将问题总结为："两种形式的组织结构（产品和地理）都不能同时实现技术、规模和范围在全球与本地的合作，而这些方面的合作现在被认为是一个迅速发展的跨国公司所必须具备的。"史克必成公司最终采用了由一些"以矩阵为基础的多职能团队"所构成的"灵活矩阵"式组织结构。这是集中职能结构和地区自治结构的结合。而灵活的矩阵就更加强调建立有力的地区管理团队，它要对顾客关注的职能，包括销售、营销和产品设计负责。除了地区决策制定自主权外，该种结构还通过职能团队，如制造、信息技术和研发团队来促进在整个公司层次上实现全球范围内的高效率。

组织结构还提供了解决执行冲突的法则。然而，既定结构下这些冲突解决法则可能和企业战略本身不一致。例如，如果一项战略要求员工始终执行各自任务并且在顾客面前代表自己，那么员工内部争端就应当由企业上层主管来解决——这样就能够建立起一致性的问题解决原则。鼓励员工利用企业等级制来解决争端的结构将和战略一致。另一方面，如果战略要求员工及时利用本地知识，那么始终如一求助于等级制中的主管来解决争端的做法就和战略不一致，并且可能增加而非降低了企业执行战略的成本。

惯例和启发式的结构

理查德·纳尔逊和悉尼·温特以及"演进经济学"的支持者们将企业的行为看做一套复杂的行为模式或者是惯例（routines）的结果。[26] 随着企业因外部环境的变化而发展，这些惯例也不断演变。惯例降低了企业从环境中获得的信息的复杂性，并构成了它的"干中学"（learning by doing）。当企业遭遇问题时，就依靠不同的当前惯例进行试验，直到取得满意的结果为止。如果发生这种情况，企业组织就"记住"了该种解决方法，并在将来继续采用此方法。从这种意义上来说，一个企业组织的惯例就构成了它特有的能力基础。企业的惯例也关系到冲突的解决和管理。随着企业的发展，它也会遭遇冲突解决、鼓励与激励和控制问题。这些问题令人满意的解决方法就会成为惯例，而不令人满意的解决方法则不会成为惯例。因而，惯例代表了企业内的争执各方之间的"休战"。

纳尔逊和温特提出的战略与结构关系的两种观点同钱德勒的观点大相径庭。第一个是"自下而上"的观点，认为战略与结构是从企业和环境的局部互相影响中演变而来的，而不是来自高层管理者制定并执行综合性重组。这表明，企业与环境的关系以及通常被认为是企业结构的人际关系的当前模式都是一系列调整的累积结果。

纳尔逊和温特提出的战略与结构关系的第二个观点认为，此关系影响了管理者制定决策的方式。战略与决策是企业进行的高层次启发式（heuristics）——降低企业决策制定者在解决棘手和不寻常问题时所花费的平均时间的原则或者准则的例子。从这个意义上说，战略就是管理者所采用的有助于企业幸存并获利的一套原则或者决策方针。同样，结构是协调企业行为者在环境中能够一致采取行动的一套原则或者方针。在制定战略决策时，高层管理者将会受到惯例的束缚，而且将或者坚持先前的决策，或者逐渐修改它们。企业大规模的战略变动是很少发生的，而综合性重组的情况也是如此。战略与结构的当前决策将会受到过去决策的限制。在这个意义上，战略跟从结构和结构跟从战略是一样容易的。

本章小结

● 组织结构包括企业内部正式和非正式的安排。企业据此切分其关键人物，明确管理者和员工如何决策，以及建立流程和信息流来支持运营，以将企业资源和能力与环境中的机会连接起来。

● 如果企业的战略被贯彻执行，那么在企业内工作的个人必须知道战略的内容、完成任务的要求，以及任务间的协调。企业结构反映了其战略蕴涵的信息问题解决办法和进行一般协调的方式。

● 即便在所有人互相合作的情况下，协调人员与任务也是很困难的。激励与控制的问题进一步使协调合作的代理人执行企业战略的问题变得复杂化了。

● 组织设计通常包括两个步骤。第一步，组织由工作团队完成的简单任务。第二步，工作团队和他们的活动必须与复杂的等级制联系起来。

● 小工作团队履行的简单任务可以以三种方式进行组织：（1）个人——工作团队的成员被看成是独立的，并且是基于个人的行为和结果而得以奖惩。（2）自我管理的团队——个人的集合，其中的每个成员与其他人一起工作以制定并执行共同的目标，并且对个人的奖励部分是基于整个团队的业绩。（3）等级制权力——团队的一个成员监督并协调其他成员的工作。

● 大企业常常需要建立复杂的等级制，即建立一个包括了多个团队和多个层次分组的结构。当需要将简单的工作团队组织成一个较大的团队时，就会出现复杂等级制。

● 复杂等级制涉及两个问题：（1）部门化；（2）活动的协调与控制。

● 部门化是指在组织内进行正式分组。这些分组可以根据很多方面进行组织：共同任务或职能、投入、产出、地理位置和工作时间等。

● 一旦团队已经得到确认并组织了之后，协调与控制的问题就产生了。协调涉及组织内部的信息流，这些信息流有助于企业中的子部门制定决策，使其相互保持一致并与组织的目标相协调。控制涉及决策权的定位和等级制内的规则制定权。

● 企业内促进协调有两种可供选择的方法。第一种方法强调工作单位的自治或者自我控制，所以就减少了跨单位的协调需要。第二种方法强调工作团队之间密切的横向联系的重要性。

● 企业内的权力分配通常是根据分权或集权来考虑。如果决策是由企业等级制的高层作出的，那么就认为该企业在这些决策方面是集权的。相反地，如果某些决策是由低层制定的，那么企业在这些决策方面是分权的。

● 大型组织的 4 种基本类型可以归结为：（1）单一的职能结构（常常称作 U 型结构）；（2）事业部制结构（常常称作 M 型结构）；（3）矩阵式结构；（4）网络结构。

● 职能结构或者 U 型结构实现了劳动分工，使得在生产、营销和销售方面能取得规模经济。

● 事业部制结构或者 M 型结构在高层管理者和低层管理者之间进行了劳动分工，使高层管理者摆脱了职能部门或经营细节的干扰，从而能够专注于战略决策和长期规划。M 型结构的事业部经理监督向他们汇报工作的职能部门的经营活动，并且根据整个事业部的业绩而对事业部经理进行奖励。

● 矩阵式结构包括了等级层次的重叠，并且在存在决策需求冲突和严重的管理资源限制的情形下很有必要。

● 网络结构关注的是个人，而不是其所处的地位。它是最灵活的一种结构形式。最近，网络技术和模块产品设计的发展大大地拓展了网络组织的潜在应用。

● 由于结构特征具有互补性，所以仅有少数几种有效的组织结构。因此，结构类型的混合匹配很难进行，并可能带来绩效下降。

● 虽然管理者对于公司所处环境形势的表述有所不同，在应对方式上观点也可能相异，但是特定企业的最佳组织结构的确取决于企业所处的特定环境特征。

● 研究人员关注两类影响不同组织结构相对绩效的因素：（1）技术和任务的相互依赖性；（2）信息流。

● 任何时候都会有很多偶然因素影响组织结构，而恰当组织结构的选择最关键之处就在于企业战略如何应对这些因素。

● 结构跟从战略的观点也可以应用到那些参与全球竞争的企业中去。跨国公司已经认识到应该实现适应当地环境和集中实现世界经济之间的平衡。这就是跨国战略，并且这样的战略正变得和那些兼有矩阵式和网络结构的灵活性的组织之间有关联。

思考题

1. 一个由 6 个人组成的团队要对 250 封预邮寄的信件进行折叠、塞入、密封和贴邮票。为组织该团队提供一些建议。如果该团队负责处理 2 500 封信件，你的建议是否会有所不同？如果该团队负责装配 250 台个人电脑，那么你的建议又是怎样呢？你为什么改变建议？

2. 假设一个企业的竞争优势几乎完全建立在生产小型电动发动机（企业用在电吹风、风扇、吸尘器和食品料理机上）的规模经济上。该企业是否应该以产品为基础建立事业部制组织（电吹风事业部、食品料理机事业部等等）或者企业应该根据职能（营销、生产、财务等等）进行组织？

3. 如果企业正急剧扩张全球市场，那么它需要考虑什么类型的组织结构？该企业最可能遇到什么类型的组织问题？

4. 在 20 世纪 80 年代，西尔斯兼并了许多金融服务公司，包括好事达保险公司（Allstate Insurance）和迪威特经纪人服务公司（Dean Witter Brokerage）。西尔斯给予这些业务部门很大的自治权。到 1994 年，该战略失败了，因而，西尔斯放弃了它在所有金融服务业中的股权。记住结构跟从战略的格言，辨别当西尔斯兼并这些金融业务时，它所能考虑的战略有哪些？并请给西尔斯推荐一个能给它带来更好结果的结构。

5. 矩阵式组织首先出现在那些从事顾客面较小的科学与工程方面业务的企业中。这样的例子包括 Fluor（在沙特阿拉伯建立的石油精炼厂）和 TRW（给美国宇航局（NASA）生产航空器材的企业）。在这些企业中，你认为应该根据矩阵式结构的哪些方面来组织企业呢？为什么这些企业将建立这样一个复杂的结构？

6. 人们有时认为一个矩阵式结构可以作为一个实现战略恰当（跨越相关业务单位实现合作能比单位独自行动的结果更佳）的机制。请解释一个矩阵式结构如何带来战略恰当的实现。

7. 组织太少、组织太多哪一个能够满足环境的需要？这是一个战略不当（strategic misfit）的例子。你如何断定战略不当是否发生？组织设计不合理可以导致战略不当，试举一个例子。解释在什么情况下，公司结构会系统地增加成本，并形成战略劣势。

8. 互联网创业者致力于实现企业股票首次公开发行（initial public offering, IPO），但是 IPO 之后，很多人发现组织问题发生了变化，变得更为令人烦恼。创业者不断为适应快速的企业成长而忙碌。解释为何"上市"（going public）会给小企业的结构造成这种压力。

9. 杰克·韦尔奇推行的 GE 企业战略中最令人难忘的一条是"数一数二；整顿、卖掉或关停"法则，意思是事业部必须在市场份额方面达到第一或第二，否则就得整顿、卖掉或关停。然而，到了 20 世纪 90 年代，法则发生了变化，只做出较少（10%～15%）的市场份额要求，但是要求事业部经理必须展现出强大的增长前景。这一公司战略上的变化将对事业部结构产生什么影响？

10. 最吸引公众注意力的组织问题中，很多与政府机构相关，尤其是那些防止人为灾难或侵袭的机构，或应对飓风等自然灾害的机构。那么，应当如何比较美国联邦应急管理署（FEMA）、环境保护署（EPA）等公共快速响应机构面临的组织设计问题，以及大企业面临的组织设计问题？

11. 尽管大多数管理者同意企业需要根据环境恰当进行组织安排，然而至于环境究竟如何，企业又应当怎样应对，这些问题他们很容易意见相左。请解释管理者在设计与企业环境相适应的组织结构过程中所起的作用。

12. 林肯电气公司（Lincoln Electric Company）位于美国俄亥俄州的克利夫兰市，长期致力于焊接设备生产，并拥有传奇般的行业声誉。公司运营依赖于著名的计件工资激励制度（piece-rate incentive system）。这一制度带来了更高的设备利用率，从而获得了成本上的竞争优势。然而，在 20 世纪 90 年代中期，林肯电气在建立海外分支机构的过程中遇到一些困难，其亚洲分支机构最后不得不修改其原有的组织结构。在这一声名卓著的企业跨国转移管理和生产系统的过程中，什么因素可能导致了这些困难？

【注释】

［1］Caves, R. and D. Barton, *Efficiency in U. S. Manufacturing Industries*, Cambridge, MA, MIT Press, 1900, pp. 1 - 3.

［2］Chandler, A. D. , *Strategy and Structure*, Cambridge, MA, MIT Press, 1962.

［3］Alchian, A. and H. Demsetz, "Production, Information Costs, and Economic Organization," *American Economic Review*, 62, 1972, pp. 777 - 795.

［4］这两个例子的经典描述可参见 March, J. and H. Simon, *Organizations*, New York, Wiley, 1958, pp. 22 - 27。要了解关于这些问题的评论，请参见 McCann, J. and J. R. Galbraith, "Interdepartmental Relations," in Nystrom, P. C. , W. H. Starbuck, *Handbook of Organizational Design*, 2, New York, Oxford University Press, 1981, pp. 60 - 84。

［5］这种区分是从有关组织设计的信息处理方法中推出的。有关评论请参见 McCann and Galbraith (1981)。在有关组织结构的经济分析中，有时也对信息的分散和信息的集中作类似的区分。参见 Baron, D. and D. Besanko, "Information, Control, and Organizational Structure," *Journal of Economics & Management Strategy*, 1, Summer 1992, pp. 237 - 276。

［6］第 1 节中描述的网络结构是依赖于外部网络关系建立起来的组织结构的替代方式。

［7］这一案例基于 Roynter, K. , "Review of Information Security at HM Revenue and Customs: Final Report," June 2008。

［8］Baron, D. P. and D. Besanko, "Shared Incentive Authority and the Organization of the Firm," unpublished mimeo, Northwestern University, Department of Management and Strategy, July 1997.

［9］Baron, D. P. and D. Besanko, "Strategy, Organization, and Incentives: Global Banking at Citicorp," unpublished mimeo, Northwestern University, Department of Management and Strategy, April 1998.

［10］更多关于网络组织的讨论，请参见 Baker, W. E. , "The Network Organization in Theory and Practice," in Nohria, N. and R. G. Eccles, *Networks and Organizations*, Boston, Harvard Business School Press, 1992, pp. 397 - 429。

［11］有关着重研究日本和制药行业中内部网络结构的例子，请参见 Nohria, N. and R. G. Eccles (eds.), *Networks and Organizations*, Boston, Harvard Business School Press, 1992, pp. 309 - 394。有关孟山都公司（Monsanto）利用网络效应开发生物技术产品并使其商业化的详细研究，请参见 Charles, D. , *Lords of the Harvest*, Cambridge, MA, Perseus Publishing, 2001. 有关研究企业内部及企业之间网络关系的一般方法，请参见 Burt, R. S. , *Structural Holes*, Cambridge, MA, Harvard University Press，1992。

[12] Roberts，J. *The Modern Firm*：*Organizational Design for Performance and Growth*. Oxford，Oxford University Press，2004，pp. 32 – 67.

[13] Thompson，J. D. ，*Organizations in Action*，New York，McGraw-Hill，1967.

[14] McGahan，A. M. ，*How Industries Evolve*. Boston，Harvard Business School Press，2004.

[15] Galbraith，J. R. and R. K. Kazanjian，*Strategy Implementation*：*The Role of Structure and Process*，2d ed. ，St. Paul，MN，West Publishing，1986.

[16] Garicano，L. ，"Hierarchies and the Organization of Knowledge in Production," *Journal of Political Economy*，October 2000.

[17] Stinchcombe，A. L. ，*Information and Organizations*，Berkeley，University of California Press，1990.

[18] Kogut，B. and U. Zander（1993）. "Knowledge of the firm and the evolutionary theory of the modern corporation," *Journal of International Business Studies*，pp. 625 – 645.

[19] Garnet，R. W. ，*The Telephone Enterprise*：*The Evolution of the Bell System's Horizontal Structure*，*1876 – 1909*，Baltimore，MD，Johns Hopkins University Press，1985.

[20] Chandler，A. D. ，*Strategy and Structure*.

[21] Rajan，R. ，and J. Wulf，"The Flatfening Firm：Evidence on the Changing Nature of Firm Hierarchies from Panel Data," *The Review of Economics and Statistics* 88，2006，pp. 759 – 783.

[22] 这些应用的例子，请参见 Stopford，J. and L. Wells，*Managing the Multinational Enterprise*，London，Longmans，1972；Yoshihara，H. ，"Towards a Comprehensive Concept of Strategic Adaptive Behavior of Firms," in Ansoff H. I. ，R. P. Declerck，and R. L. Hayes（eds），*From Strategic Planning to Strategic Management*，New York：Wiley 1976，pp. 103 – 124；Galbraith，J. R. and R. K. Kazanjian，*Strategy Implementation*，2d ed. ，St. Paul，MN：West Publishing，1986，pp. 128 – 144。

[23] Hammond，T. H. ，"Structure, Strategy, and the Agenda of the Firm," in Richard P. Rumelt，Dan E. Schendel，and David J. Teece（eds. ），*Fundamental Issues in Strategy*：*A Research Agenda*. Boston，Harvard Business School Press，1994，pp. 97 – 154.

[24] 有关这种企业观点的讨论，参见 Kogut，B. and U. Zander，"Knowledge of the Firm, Combinative Capabilities, and the Replication of Technology," *Organization Science*，3，1992，pp. 383 – 397；Grant，R. "Towards a Knowledge-based Theory of the Firm," *Strategic Management Journal*，17，1996，pp. 109 – 122。

[25] 该例子摘自 Wendt，H. ，*Global Embrace*，New York，HarperBusiness，1993，chaps. 2 and 6。

[26] Nelson，R. R. and S. G. Winter，*An Evolutionary Theory of Economic Change*，Cambridge，MA，Belknap，1982.

第 18 章　环境、权力和文化

在整本书中，我们尽可能给那些试图积极应对经济环境变化的管理者介绍一些指导方法。因此，第6章详细论述了影响外包决策的经济因素，而第9章为企业考虑是否投资新技术提供了一个竞争性框架。在本章中，我们将考察传统上不包括在战略的经济分析中的管理决策的若干方面。尤其是，我们会考察企业行为的社会背景——那些对企业业务来说至关重要的非市场、非契约关系和活动。在这个分析中，我们发现，企业的社会背景给管理者提供了他们所从事的业务活动的秩序与可预见性，从而构成了经济交易的基础。

企业行为的社会背景

企业行为的社会背景最明显的例子就是正式或者非正式的管制。正式管制是指那些由政府官员制定并执行的规则，它们是履行契约和确保市场平稳运行所必需的。管制涉及战略的某些主要领域，如雇佣行为、定价、设置进入障碍的行为及垂直链条上的独家经营。服从管制不仅仅是一个关系到执行与强制力的问题，也给企业提供了一个公认的准则以及参与竞争的权利。

企业也需要服从那些来自文化或认知规则的非正式管制。处于相同市场状况中的企业可能会遵照一套共同的普遍默契与价值观，涉及顾客、竞争者、产品和一个企业的其他方面。但是，这些默契不一定是通过合谋实现的，可能只不过是参与该项业务竞争的企业方面对业务有共同的一般性认识。虽然管理者可能对特定行业的一般任务和目标达成共识，他们仍然可能在如何执行这些任务以最好地满足消费者的需求和产生利润上存在巨大差别。这些共识可能来自共同的历史，也可能来自共同的管制和技术的限制。

社会背景也涉及界定哪些活动是合法的以及哪些是不合法的一些共同准则。在某些行业中（如宇航、生物技术），普遍需要签订正式合同，而在其他行业中（如钻石业），大型交易仅仅是握手成交。大学之间不会在 5 月 1日之后互相争夺教员，因为这样才可以使每个学校安排下一年的课程。而不论何时，当城镇 A 的一个顾客需要城镇 B 的经销商陈列室中的某辆轿车时，经销商之间就会就这辆轿车进行一次交易。后面的这些协议虽没有通过合同进行约束，但是却很少遭到破坏。

在诸如定价、顾客服务、产品设计、研究或广告支出、争端解决、兼并和收购活动，以及重构等活动中都可以确立行为准则。这些规则反映了一个行业长时期形成的习惯与业务方式，在行业发生变化以前，它们都会被认为是理所当然的。虽然这些规则很少具有正式管制或法规的地位，但对于行业的参与者来说却常常非常重要，并且它们一旦建立，就很少发生变化。社会背景既包括了企业行为的背景，也包括了管理者制定决策的背景。这就使内部背景与外部背景之间可能存在差异。内部背景是指企业内能够影响管理者与职员行为的政治和文化环境。当然，管理者与职员的行为也会受到正式规则的管制。这一点在第 17 章中关于组织结构的部分已经讨论过了。我们首先考虑内部背景。在本章结尾，我们将介绍外部背景。

内部背景

正如企业在一个限制并指导企业行为的外部环境中运作一样，也存在一个限制并指导管理者制定并执行战略决策的内部社会背景。内部背景在正式规则与合同行不通或是成本高昂的情况下作用巨大。我们在这里着重强调内部环境的两个方面：权力与文化。

企业所追求的一系列目标是很复杂的。在追求目标的过程中，个人会将自己的活动与报酬与那些他们所属的团体和次单元（subunits）相联系，并最终和企业相联系。因而，个人的业绩最终决定了企业的经营状况，虽然这要求与其他个人或团队配合。环境的不确定性以及目标与报酬结构的复杂性就使得个人在追求什么目标以及如何、何时追求这些目标上发生冲突。如果有足够的动力，个人就可能会试图追求他自己的目标，即使这样会有损于企业。而当个人升职到高级经理的位置时，他们的目标就是企业的目标。

人们可能会认为可以设计一个控制系统，从而将个人行为整合到统一的组织行为中去。正如我们在前三章中所观察到的一样，这似乎是不可能的。由于受到正式的结构与控制的限制，许多组织内和组织间的活动与互动必须发生在它们的范围之外。来自不同部门的管理者可能需要互相合作，但是并没有正式被要求这么做。来自不同企业的管理者也可能需要在一些事件上进行协调，但是这些事件可能对某个企业比对其他企业更加重要。由于在周期性的目标冲突中，正式控制是不充分的，而且很难签订具有成本—效益的契约，所以这时候权力与文化就很重要。虽然权力与文化是互相关联的，但在本章中，我们将它们分开讨论。

权　力

由于权力及其相关术语被广泛应用于学术界和商业界，因此它们的相关意思就常常混淆在一起。我们认为权力是单个行为体使用通过非契约性的交易关系而获得的资源来实现他的目标的能力。根据这个定义，我们认为商品、服务之间的交换或者术语所说的承诺是在法庭上无法强制实施的行为。例如，需要紧急援助的某人可能得到其他个人的帮助，但是却无法立即回报那个人。提供帮助的个人可能从未需要任何种类的回报。然而，这对你来说仍然暗含着一个承诺，即在必要时对其帮助给予回报。因为如何最好地回报对方的帮助是未知的，所以这二者之间的契约并不是具体的。在对方需要时你没能帮助他，这并不违法，因为你们二者之间不存在合同。但是，人们可以将这样的安排看成是一种交换，很多人都会履行这种交换的责任。

权力不同于职权，因为职权来自企业授予个人的、明确的、契约性的决策权和解决争端的权力。管理者可能通过影响其他行为者的活动方向来运用他的权力，使这些行为者偏离他们的直接目标，而朝着能实现管理者自己目标的方向行动。其他方可能也这样做，不是因为他们在合同关系上有义务这么做（即来自职权），而是因为他们认为这样符合他们的最佳利益。在这个意义上，权力是在没有合同时能够使得某些行为得以实施的能力。有一个相关的术语叫影响力，它是指个人在特定情形之下运用或者施加权力。因而，一个人对他人所具有的影响力就是他的更加广泛的权力所具有的效应。

权力存在于一个企业的许多层次中。单个的管理者，如执行总裁相对于他们管理团队的同事来说，权力很大。从部门或者团队层次来讨论权力也是很普遍的。在大学里，学术部门间一直互相竞争预算资金并且将获得这样的资金看成是它们权力的证明。它们的权力来自它们在学生中的名望、教员的研究能力或者是成功地获得政府或者基金会的资助。企业还可以在它们的产品市场、其他要素市场（如，原材料或者劳动力市场）或者在与企业所在的大环境中经营的团队的关系中运用权力。例如，迪士尼一部新动画电影的发行量可能比竞争对手更大，那么它就具有和那些试图开发迪士尼人物产品的玩具公司谈判的权力。

权力的来源

权力常常在经济市场中发挥作用，比如，获得新药物专利的企业可以利用其市场权力设定一个高价格—成本差额。在这里，我们关注的是那些在市场中无法发挥作用的权力（即那些无法轻易定价的权力）。当企业获得的资源是其他企业希望获得却无法轻易地购得或销售的资源时，企业就具有了这样的权力。这些权力包括控制企业内资源分配的权力，这种交易的内部市场事实上是不存在的。

了解权力来源的一种方法是考察权力的基础，即能帮助行为者获得权力的那些行为或者资源的特性。权力可能来源于个人在等级制中所处的地位。这就是我们所知的合法权力（legitimate power）或者正式权力。拥有正式权力的个人有理由期望他人的服从，至少在那些对他人的重要性一般或者不太重要的事情上如此。切斯特·巴纳德（Chester Barnard）将个人具有强大影响力的一系列问题定义为"无差异区域"。[1]权力也来自能够给予嘉奖或者实施惩罚的能力，或者来自拥有其他行为人所珍视的专业知识。最后，权力还基于个体在社会等级中所处的有利地位，以及身份、形象或者声誉等。例如，在先前的竞争冲突中获胜的个人就赢得了众所周知的知名度，因此将具备声誉权力，使他能够引导潜在的对手跟从未来的市场需求，而不需要采取斗争的方式来做到这一点。当然，这样的权力可能会受到时间长短的限制而面临失败的危险。该种类型的权力不仅仅来源于个体及他们的品质属性，也来源于当个体参与任务、交换或者信息共享时的关系。

权力的相关观点常常建立在社会交换（social exchange）的基础之上。社会交换是发生在市场之外的两个或者多个资源参与方之间进行的转换，或者是控制资源权力的交换。[2]未来社会交换中出现的权力是由于行为者之间在过去的社会交换中一贯的不平等所致。

不妨通过假设 A、B 是交易双方来说明权力可能来自社会交换。如果二者之间存在彼此可以接受的条件，那么交易就能够达成。然而，如果二者不能够以共同接受的形式完成交易，并且结果出现 A 提供给 B 的价值高于 B 回报给 A 的价值，那么，B 就事实上欠 A 一些交易逆差。但是，这并非正式债务，所以 A 无法通过起诉 B 来弥补逆差。但是，随着 A 对 B 的逆差不断增大，我们就认为 B 日益依靠于 A。而对于 A 我们就认为它具有了对 B 的权力。这样的权力达到了可以使 B 依靠 A 的高度。另一方面，如果 A 在其他问题或者交换方面亏欠于 B，那么 B 对 A 的依赖程度就会减轻。

在职场上，当低级别员工就自身某项重要任务请教高级别同事，而此同事并不重视该请求时，上文所描述的模式就可能出现。低级别员工得怎样回报高级别同事提供的帮助呢？有时候顺从和尊敬就已足够。当类似的交换有利可图之时，公司就会提出员工标准，鼓励类似的合作行为，甚至对拒绝帮助他人的个人予以制裁。

这种社会交换观点和个人或企业的经济交换之间有什么差异呢？与我们在其他章节中所论述的交换又有什么区别呢？如果双方都同意进行交易，那么为什么权力关系不同于其他的交换呢？在自愿交换中，为什么一个行为者，如 B 选择依靠另一个行为者如 A，并且可能将未来的资源交由 A 来自由处理呢？为什么 A 愿意在当前提供资源以换取 B 将来的不确定的义务呢？毕竟，尽管 B 有"债务"，但是 A 无法通过正式的手段，如向法院起诉来强制 B 对 A 进行补偿。

人们可能认为选择依赖性关系的个体缺乏一个更好的替代选择。由其他方控制的资源可能对企业的未来至关重要，而且不存在明显的替代或者可供选择的资源，并且/或者达成一个正式合同的成本可能非常高昂。这就是由杰弗里·普费弗（Jeffrey Pfeffer）所提出的权力的资源依赖（resource dependence）观点。[3]个人和企业通过减少对其他行为者的依赖，同时增加其他行为者对他们的依赖程度来寻求获得权力。这一点与企业通过确保多方面的供应渠道来减少供应商的权力，以及向顾客销售那些可选择性少的商品增加市场权力是相一致的。

资源依赖观点可以帮助解释企业从不对称的社会交换中获利的原因，但是却无法解释为什么个人愿意放弃今天的资源来换取未来不确定的回报。一种解释是，从交换本身来说，提供资源的行为者相信其他行为者是能够获益的。一旦反复的互动使彼此之间建立了信任，相似的交换风险就显得更小了。相反，A 可能预计 B 将提供的回报价值会很高，所以 A 就可能容忍 B 将有可能不回报的机会的存在。行为者愿意提供资源以交换不确定的未来权力也可能是源于二者所处的文化中互惠的观念。

除了认为行为者将减少对其他行为者依赖的观点之外，资源依赖的观点也能够辨识出企业中的哪些个体可能获得权力。具体而言，那些控制关键资源的个人将更能够获得权力，而那些能帮助企业处理它们所面临的主要威胁的个人将能够在企业内行使最大权力。从以下这些例子中均能够看到这一点，如企业中关键的专业或者职业团队成员获得控制权（石油企业中的石油工程师），与关键的管理者或者股东相关联的个人获得控制权（管制行业中的律师），或者那些拥有独特和高价值技术的个人获得控制权（教学医院中的外科医生）。[4]虽然权力的这些来源在理论上可能很清楚，但是它们在实践中却很难辨认并管理。

案例 18—1

总统权力的来源

关于权力基础的最著名的研究之一就是《总统的权力》（*Presidential Power*），这是理查德·诺伊施塔特（Richard Neustadt）1960 年对富兰克林·罗斯福（Franklin Roosevelt）、哈里·杜鲁门（Harry Truman）和德怀特·艾森豪威尔（Dwight Eisenhower）在他们执政期间怎样处理权力与影响力问题的分析。该书在肯尼迪政府初期很受大众喜爱，并且现在对总统、政府成员和政策分析家来说仍然非常重要。[5]

诺伊施塔特书中论述的最重要的问题就是作为权力象征的总统和总统在制度上受到限制的现实之间的冲突。总统的权力并不是由总统对一些事件采取直接的行动所组成的，如杜鲁门解除道格拉斯·麦克阿瑟（Douglas MacArthur）将军的职务，或者是 1952 年占领钢铁工厂；或者 1957 年艾森豪威尔为支持取消种族隔离而派遣部队进入阿肯色州的小石城。这些决策不同于典型的权力行使方式，也没有解决总统的政策问题。相反，它们还消耗了总统有限的权力，最多使总统与所涉及的其他人有更多时间来研究一个最终的解决之道。诺伊施塔特认为，由命令或者规章所制定的决策更像是缺少权力而不是权力被有效行使的证据。但是，在一个特定的情形下，可能不存在除了命令之外的其他选择。例如，在对麦克阿瑟的撤职事件中，无论杜鲁门遇到了什么样的问题，不将麦克阿瑟撤职并因此使得平民的权力被蔑视的成本将可能更高。

总统的权力是影响制定和执行政府政策的人们的能力，它有三方面的来源。第一方面是在处理事务的过程中，总统说服他人按总统的意志行事时所具有的谈判优势，而这正是总统的正式权力与职权。总统权力的第二个来源是总统的职业声誉，它是由职业政治家、官僚和政治团体中的其他人对总统权力及其使用权力的意愿的期望所组成。这与总统在关键问题上控制议会投票的能力相关。一旦总统失去对议会的大部分控制能力，他就无法保证他的计划能得以执行，那么他也将失去权力。总统权力的第三个来源是他在公众中的威望，特别是政治团体如何评估总统在不同选民中的支持率，以及如果政治家不支持总统所可能导致的后果。

虽然美国总统所面临的政治形势与大企业 CEO 们所面临的不同，但是诺伊施塔特所说的总统权力的三个来源与我们先前所讨论的权力来源是一致的。一个职位的正式权力，不论是来自宪法、法律或者习俗，连同权力周围形成的制度常规一起，为在位者提供了权力的基础，这样的基础可能运用得当，也可能运用不当。企业内的职业声望是指旁观者基于过去与权力持有人交往积累的经验，对在特定情形下他们如何行动的预期。最后，政治家的声望与控制关键资源是相类似的。对于总统与职业的政治家来说，这些资源是指那些能影响选票的社会思潮。

回顾 1990 年，根据《总统的权力》一书首次出版后的 6 位总统的情况，诺伊施塔特认为没有什么理由改变他的基本结论。例如，尼克松（Nixon）和水门事件（Watergate）以及约翰逊（Johnson）和越南战争的事例都说明了对于公众的威信与职业声誉来说，可信度与合法性的重要性。类似地，虽然诺伊施塔特仍然强调总统的政治技巧的重要性，但是约翰逊和尼克松的经历也强调了个人性情与他们在政府部门中获得成功有很大的关联。总统需要足够的耐性来容忍复杂的政治系统，因为这些系统很难使他能立即成功地执行主要的政策。

诺伊施塔特也认为政治技巧和经验对于在政府部门工作的成功是至关重

要的。（总统的职位不是外行所能胜任的。）然而，政治技巧和经验虽然是胜任总统职业的必要条件，但并不是充分条件。尼克松与约翰逊在选举中都有丰富的经验，并且也具备丰富的政治技巧，但是他们对权力的认识导致了他俩支持最终削弱他们的权力并降低其工作效率的政策。

权力的结构观

行为人所处的企业结构，或者某种更广义的结构，也可能是资源的来源。在组织结构内占据关键位置的个人拥有更大的权力。企业内权力最大的个人往往占据了多个关键位置。比如，通用电气的杰夫·伊梅尔特这样的企业董事长兼CEO，权力很可能比之拥有其中一个顶级头衔要大。我们之前已经讨论了管理者来源于企业内地位的正式职权或者权力，但同时还存在一些其他基于结构基础之上的权力类型。这些权力很少是直接的，但有可能同等重要。

如同我们第17章所讨论的，组织结构包括企业内经营运作的信息网络、企业职员、顾客、供应商和其他股东之间产生的非正式社会关系网络。在企业的重要非正式网络中占据显著地位的个人，能获得比正式职权更大的影响力，来左右组织的产出。相反，如果个体在非正式网络中处于次要或者边缘地位，那么他们就会发现自己的权力受到中心人群的限制。

罗纳德·伯特（Ronald Burt）在其"结构洞理论"中提供了关于网络结构性地位如何带来结构权力的一般解释。[6]结构洞（structural hole）是指在社会网络中的一种关系。在这个社会网络中，某个行为人是他人或所有团队之间的关键连接纽带。这些个人或团队必须跨越结构洞，通过该行为人互相联系。结构洞的存在使得能够跨越不同团队（或者是"跨越结构洞"）的个人将信息或者资源流的控制权作为权力来源。当两个先前独立的团队代表开始有规律地相互联系这样的事情发生时，结构洞消失。这两个团队也不再依赖于能够连接结构洞的个体，从而消除了他们的权力。

在互不联系的双方（行为人或者行为人团队）之间提供重要的连接关系这一事实为个体提供了权力基础，并且使得权力不断增加。这就是伯特所说的"第三方获益"（tertius gaudens）战略。第三方是得到利益的第三者。该战略涉及跨越结构洞并与每一方在最优惠条款上进行议价。双方处于相同关系中，而行为人居于中间，那么这一战略就会发生作用，比如买卖关系中的中介；双方处于两种甚至更多关系中，并且彼此的需求发生矛盾时，居于中间的行为人也能行使这一战略，比如同一企业中的不同项目团队，彼此间必须与管理者竞争有限时间。

跨越结构洞者能够积累权力的潜质可能在网络其他成员中引起担忧。一条解决之道是重构网络以削减结构洞数量。而由于需弥补的连接成本过多，这对大量网络来说要么不可行，要么效率低下。所以，准确来说，必须要有专门的网络行为人，即便这会带来滥用职权的可能。另一条解决之道在于通过施加标准和强制来约束行为人不肆意妄为。罗伯托·费尔南德斯（Roberto Fernandez）和罗杰·古尔德（Roger Gould）在研究五种类型的经纪人地位对国家健康政策制定的影响时发现了这一点。[7]他们识别出"权力悖论"——此时中介为了获得更大影响力而在决策过程中表现中立。这暗示只要权力不为私利所用，那么占据关键网络地位就会增强个人权力。安达信由于牵涉到安然公司破产案而受到起诉并定罪。这显示出施加适当行为标准于诸如审计师这样的关键网络行为人身上是多么重要。尽管最后安达信的判决被撤销，但这根本无助于改善成千上万受其倒闭影响的员工和退休人员的境况。

成功的组织需要强有力的管理者吗？

除非雇员之间的关系受激励契约的完全管制，否则，管理者要成功就必须拥有权力。但是，一个强有力的管理者并不是成功的保证。管理者可能利用权力为其远远背离了企业利益的个人利益服务。从安然案例中，我们看到肯尼思·莱（Kenneth Lay）、杰弗里·斯基林（Jeffery Skilling）和安德鲁·法斯托（Andrew Fastow）由于其最初的成功获得巨大权力，然而安然虚高的股价最终使得股东、债权人和员工损失惨重。

公司治理的一个主要目的是控制 CEO 的权力。CEO 是通过董事会代表股东的代理人。由于秘密的行为、秘密的信息和相关问题导致的代理成本的存在，一个强有力的管理者可能利用信息与资源为实现个人利益服务。很明显，权力是一把双刃剑，它对企业的影响既可能是积极的，也可能是消极的。我们可以根据以下条件来预测权力的集中是有益还是有害的：

权力集中在以下情况下是有益的：

1. 协调管理者与底层工人的代理成本高昂。

2. 企业环境相对稳定。

权力集中在以下情况下是有害的：

1. 协调高层管理人员之间的代理成本高昂。

2. 企业环境相对不稳定。

案例 18—2

权力与业绩不佳：1957 年水星汽车的案例

权力在完成一些事情时可能是有用的，但是如果被用来帮助实施错误的计划，也就是说，如果它被用来规避评估任何一项努力的市场可行性与成本有效性时所必需的检查和平衡，那么权力就会失效。1957 年水星汽车（Mercury）的发展就是这样的一个例子。福特公司的管理者称为"公路巡洋舰"的车型却被评论家称为"钢铁卡通"，该车型被以极大的热情引进，但却因它的高额成本和软弱的销售计划而失败。整体上，福特估计，对 1957

年销售出去的每辆水星汽车，损失为 369 美元，并且该车成了存在更大问题且更为著名的埃德塞尔（Edsel）轿车的先例。在福特的"精明小子"小组的历史中，约翰·伯恩（John Byrne）提供了小组成员之一——负责水星汽车的"千斤顶"里思（Reith）在职业生涯中使用和误用权力的一个典型案例。[8]

里思在推动新车型——水星汽车的发展中获得了大量的权力。首先，他是一个精力充沛的并具有超凡魅力的领导者，他能够使得下属努力工作而同时还能赢得他们的敬佩。他智力过人，并且能有效地说服其他人服从他的指挥。自从 1946 年进入福特公司后，里思有大量成功的历史记录。之后不久，他由于成功地对福特在法国的分公司进行了整顿，使其汽车销售状况好转而获得了好评。由于这次成功，里思得到了上司刘易斯·克鲁索（Lewis Crusoe）和亨利·福特二世（Henry Ford II）的赏识。而且由于他与"精明小子"小组的联系而备受瞩目，这时的小组成员几乎都是福特中出类拔萃的人物，并且他们把团队视作一体。最后，里思获得了地位权力，因为从他的 1957 年计划被通过后，他就被提升为水星汽车部门的领导。

里思将 1957 年水星汽车看做一个庞大计划的一部分，根据该计划，福特可以通过现有产品（水星汽车）的扩大和引入一个全新的车型（埃德塞尔）来跟通用汽车竞争汽车市场中的霸主地位。里思的上司刘易斯·克鲁索向他允诺，如果计划能被董事会通过，他将支持里思晋升为水星汽车车型的最高领导者。为了准备那次董事会会议，里思有效地利用了他所有的权力基础。

可能是由于他的工作太有效了，在几个季度后，人们对他的动机产生了怀疑。因为该计划承诺的目标太高了（销售额提高 54%），这样的销售目标需要一个比福特曾设想的大得多的销售网络的扩张。而且该项目的预算费用令人难以置信，并且事实上也要求市场份额大量增加以证明该项目的合理性。正如一个主管回忆的："销售数量是完全不现实的。他们不得不这样，这是证明该计划合理的唯一方法。"[9] 该项目的预计费用与公司上一年的税前总利润（4.85 亿美元）相等。

然而，负责审查项目的里思的同事本应当对项目提出疑问，却由于对他们朋友的尊重而没有这样做。当问题被提出时，里思和克鲁索共同压制了这些反对者。说服的方法都是基于恐吓、吓唬和调整工作职位之类。在确保方案通过的过程中，"精明小子"引入到福特的理性分析被抛到了九霄云外。

开发该车的失败导致里思在福特公司事业的终结，部分原因是由于以上所描述的错误决策过程使得里思不顾批评而强行推行他的计划。但是，里思和他的上司也没有注意到对市场的分析，因为市场研究表明消费者日益对汽车的安全性感兴趣，而对车辆款式的兴趣却下降了。相反，1957 年水星汽车的生产是基于对顾客偏爱车型的管理直觉而作出的决策，而不是基于数据分析。而这些车也存在着大量质量和安全问题。但是，出现这些问题也不单单是里思一个人的责任。1957 年是大众汽车（Volkswagen）迅速发展的一年，它是一种小型、简单，并注重节省燃料的汽车。这一年也是顾客对汽车的安全性和质量要求提高的第一年。许多底特律的管理者都忽视了市场的这种变化，所以导致 20 世纪 60 年代和 70 年代及之后该行业出现了更多问题。

把正式权力分配给个人的决策

分析至此，我们的讨论回避了一个关键的问题：为什么企业应将正式职权赋予那些通过控制关键资源而已经拥有很大权力的个人呢？什么时候权力不应该授予这样的个人呢？作出内部化选择的部分原因是由于交易成本使得在市场上解决争端的成本太高了。当命令和行政裁断是解决争端的更有效的方法时，企业将决策内部化。然而，这并没有指出谁应该被允许使用那些职权和指令。

对以上问题的第一个答案是博学者（knowledgeable）应该被赋予权力。如果正式权力能被正确行使，那么掌权者应当对将要批准的政策以及必须解决的争端有充分的了解。知识作为职权和权力基础的地位在最早的论述科层组织的著作中就已有所阐述。[10]然而，获得适当授权者并不一定是企业最博学者。在某些情形下（比如实验室），任命最博学者为经理人将会导致效率低下。因为这些人对于企业来说用来产出知识最为有用，而不应当成为争端解决者。另外，对于外来管理者来说，决策者的知识基础常常是个问题。这些"空降兵"也许能带来他们所在行业和职能领域的丰富知识，但是对新企业以及这些企业所从事的具体业务细节缺乏了解。

管理者动机和利益构成分配职权的第二个基础。当难以合同化的意外情况出现，或者企业与利益与其相左的管理者进行关系型投资时，就会发生要挟。由于大量管理决策过程难以合同化，所以要挟是相当普遍的。此种威胁可以通过将企业利润与管理者薪酬联系起来的方法来减轻，比如实行巨额奖金。但是，正如第 16 章所论述的，这些方法也各自有其局限性。

如果企业掌权者同时控制了关键资源，那么这些人离职就会使企业损失惨重，尤其当他们加入竞争对手时。这意味着企业应当投资于更可能留在企业的人，并将权力授予他们。频繁更换关键决策制定者不仅使得企业关键知识流出企业，也使战略决策流程瘫痪，使得留下来的管理者面临有效运营难题。朱莉·罗坦姆伯格（Julio Rotemberg）认为，为了减少人员流失，企业事实上更偏好于授予决策制定者以权力而非高薪酬。这是由于权力可以看做专有性资产。员工可能会在别的地方得到更高工资，然而难以获得相应水平的权力和影响。[11]

案例 18—3

董事会"权力游戏"：为什么让 CEO 挑选董事？

根据《经济学人》杂志，美国公司 CEO 的薪酬自 20 世纪 70 年代以来增长了 10 倍多，与普通员工的增长速度差不多。许多观察人士质疑：CEO

劳动力市场的变化能否解释这一现象？这一现象是不是因为其他一些"不正当"的因素？

曾经担任过薪酬顾问的格拉芙·克里斯特（Graef Cristal）对公司 CEO 薪酬的变化持批评态度。他在其著述《膨胀的饥渴》（In Search of Excess）中写道，通过控制薪酬顾问，公司 CEO 控制着薪酬设定的整个程序。薪酬顾问表面上是董事会请来为董事们提供建议的，实际上则会以提升 CEO 薪酬来取悦于 CEO，换取自己更高的薪资。克里斯特表示，薪酬顾问之所以这样做，是因为：是公司 CEO 决定薪酬顾问下一年的去留，而不是董事们。那么，为什么董事们会让公司 CEO"得逞"吗？克里斯特认为，实际上公司 CEO 首先在选择谁可以做董事问题上有很大的话语权。[12]

凯文·哈洛克（Kevin Hallock）认为，公司之间"互锁"（交互持股）影响着 CEO 薪酬。[13] 如果 A 和 B 公司互派董事，我们就说两家公司"互锁"。互派董事在一定程度上抬升了 CEO 的薪酬。这一结果的原因在于各方力量的妥协。如果 A 公司 CEO 担任 B 公司董事，允许增加 B 公司 CEO 薪酬，那么 B 公司 CEO 也会做出相同的回应，在担任 A 公司董事时允许 A 公司 CEO 增加薪酬。既然可能存在这样串通的行为，为什么允许 CEO 对董事会构成产生这么大的影响呢？毕竟，董事的职能就是监督公司 CEO，为什么股东们不派出独立的董事呢？

本杰明·赫马林（Benjamin Hermalin）和迈克尔·维斯巴赫（Michael Weisbach）认为，答案可能在于管理权力。[14] 权力来源于稀缺性。假设公司 CEO 的经历是非常成功的，是公司 CEO 之职的不二人选，换言之，如果现任 CEO 离职，接任者则不能够很好地把控这个公司，比如苹果公司的乔布斯和伯克希尔的巴菲特，这样的 CEO 手握大权，接任者很难如他们那样成功地打理公司。他们能够以离任相要挟，换取自己想要的东西。他们有什么要求呢？当然除了提高工资之外，还有对董事会的控制权。

赫马林和维斯巴赫基于权力的分析与以下关于 CEO 和董事的内容不谋而合：第一，如果公司业绩较差，与 CEO 没有关联的"独立董事"更可能进入董事会；第二，公司 CEO 担任时间越长，董事会的独立性就越弱；第三，如果董事会中的独立董事越多，在公司业绩变差时，CEO 被炒的概率就越大。赫马林和维斯巴赫还发现，互派董事和 CEO 高薪酬之间（哈洛克的观点）并不一定存在因果关系。换言之，高薪酬和互派董事可能都是管理权力发挥作用的表象。

文　化

企业盈利能力尽管与其效率、资源禀赋、竞争战略和市场定位相联系，但也是企业文化的函数。企业文化是企业成员共享的一套价值观、信念和行为准则，能够影响企业员工的偏好与行为。此外，企业文化还包括心智模式、流程，以及型塑员工如何看待彼此和企业的编码方式。由此，企业文化设定了成员间关系发展的背景，也提供了隐形合同存在的基础。[15]企业文化代表着公司内不成文却实际约束、影响管理者与员工决策的行为规范和评价标准。正如戴维·克雷普斯（David Kreps）所言："文化给处于等级制底层者一个事前信号，告知他们企业将如何'应对'各种情况发生——在更强的意义上，文化赋予了组织认同感。"[16]

文化与经营业绩

对于文化，管理者显然要考虑组织的文化是否会影响经营业绩。直接将这二者联系起来是很困难的。文化可能与卓越的经营业绩相联系，但是却不一定能直接产生该业绩。例如，直到 20 世纪 80 年代末期 IBM 经历了一些问题之前，人们认为它具备优良的企业文化，这种文化是顾客服务、职员培训和专业标准的结合。但是，IBM 持续的高利润和市场领导者地位的历史，以及它强有力的竞争做法可能已经提供了优秀的企业文化得以发展的环境。企业文化是否能导致 IBM 优越的经营业绩或者恰恰相反，这一点并不清楚。

文化和绩效之间的关联可能并不直接。一旦围绕某项活动的一系列硬性标准得以建立，那么管理者指导该项活动的自由就会受到限制。比如，习惯于业务自治（unit automony）和个体负责（individual accountability）的经理，可能很难与其他经理共事，来完成要求合作和联合行动的任务。另外，经理人也很难适应集团领导者行使其中心权威。与此同时，考虑到规则也可能与战略要求相符，那么像个体或者团队负责性这样的强势标准也会帮助经理人展开工作。例如，林肯电气公司著名的计件工资制度的成功依赖于个体成就和责任取向的文化，并得到企业严格上级管理和适当组织政策的配合。由此，组织设计的多维度本质及其对绩效的影响，就通过这种文化、结构、实践，以及个体之间的密切互联（interlocking）体现出来。约翰·罗伯茨使用"PARC"这一术语更进一步阐发了这种互联关系，意指在组织架构（architecture）、流程（routine）和文化（culture）中互动的人（people）。[17]

杰伊·巴尼（Jay Barney）分析了文化作为持续竞争优势的一个来源所需要具备的条件。[18]企业文化首先必须对企业具有价值。企业文化的一些方面和企业价值观必须与企业为消费者创造的价值相联系。其次，文化对企业来说也必须是具有企业特色的。如果对于市场中的大部分企业来说，它们的文化都是相同的，反映的是国家或者地区文化的影响，就不大可能给企业带来相对的竞争优势，因为企业大部分的竞争对手也将共享相同的企业文化属性。当然，如果企业文化具有鲜明的国别或者地区特征，并支持绩效，那么该公司在进行全球多样化，并开始与不具备同样支持性文化的国外对手竞争时，情况就显然发生了变化。日本汽车制造商进入美国市场就是这样的案例。通常本田等公司的成功被归因为日本企业的文化特征。最后，文化必须是无法模仿的。如果企业文化的各个方面很容易模仿，那么其他企业就会开始模仿，因而很快就会使首先发展出该文化的企业的优势消失。

文化的可模仿性指的是什么呢？文化对一个企业的影响可能是通过那些不可描述的隐含因素而起作用的。而且与能够进行简单描述的因素相比，这些隐含因素更能代表企业的历史积累。一种企业文化的复杂性使得其他企业难以模仿的同时，也使得管理者难以为了能明显改进企业的经营业绩而改变企业文化。例如，林肯电气在开设新厂并复制自身模式的过程中就遇到了麻烦，因为一旦成功的话，竞争对手就将面临更为艰难的处境。巴尼甚至建议在文化的可操作性和企业从文化中获得的持续价值量之间进行权衡折中。可操作的文化不大可能与给企业带来持续竞争优势的基本资源投入相联系。而且，对许多企业而言，越普通、越容易模仿的文化也就越没有价值。

文化通过两种方式为企业创造价值。第一，文化运用正式的控制系统，减少了对个体监控的成本。第二，文化塑造了个人对一些共同目标的偏好，这就减少了谈判与讨价还价的成本，促进了那些通过更加明确的方法难以达到的合作。

文化补充了正式控制

作为集体价值观与行为准则的文化可以在企业内起到控制的作用。文化对公司职员活动的控制是建立在他们对企业的爱戴而不是激励和监督的基础上的。能够珍视个人所处文化的企业职员就能够将个人的目标和行为与企业的保持一致。如果文化能在企业内起到这种作用，那么与正式的控制系统相比，个人的活动将能够被更加有效地控制住，因为个人将能够控制自我，监督成本也将减少，而且机会主义被限定在最小值（因为工人的利益和企业利益是一致的）。

案例 18—4

ICI 的企业文化与惯性

安德鲁·佩蒂格鲁（Andrew Pettigrew）在皇家化学工业公司（Imperial Chemical Industries，ICI）的案例研究中提供了一个企业惯性如何妨碍企业适应环境变化的例子。[19] 1973 年，ICI 是英国最大的化工制造企业。在其将近 50 年的历史中，它拥有一个强大而相似的企业文化。1972 年，化工产品的销售增长速度强劲，达到英国国内制造行业生产增长率的两倍。同时，ICI 在新产品开发上也很成功，其 1972 年一半的销售额来自 1957 年后开发出来的新产品的销售。

在 20 世纪 70 年代，对于持续成功的 ICI 来说，巨大的威胁来自它所处的商业环境。这些威胁包括了它核心业务的过剩生产能力，英国国内经济的通货膨胀和萧条，以及来自欧洲与北美的进口威胁。这些压力极大地影响了 ICI 公司 1980 年的盈利能力，当年它的总利润和利润率均只达到原来的一半。在随后的几年内，ICI 业绩持续不佳。因此在 1977—1982 年的 5 年内，

ICI 裁减了将近 1/3 的国内员工。

至少从 1967 年，高层管理人员就已经建议改变 ICI 的结构和管理系统，以便能够适应变化了的经济和政治环境。当时，这些建议是由一个管理人员在董事会选举中提出的，但是被人们忽视了。1973 年，出于对企业进行重组的需要成立了一个董事会委员会，并发布了一个号召在 ICI 内进行广泛的组织变革的报告。但是该报告从一开始就遇到了强烈的政治反对，用一个执行董事的话来说，该报告"在第一次射击中就沉没了"。直到 1983 年，这些要求重组和战略调整的建议也没有被 ICI 采纳，而当时企业已经经历了多年的经营不佳了。

佩蒂格鲁对 ICI 这段历史的分析说明，该时期 ICI 中占主导地位的是保守主义和淡化问题的文化。ICI 企业文化的这些方面在繁荣与稳定时期能正常发挥作用，而在环境变化的情况下则功能失常。虽然外部的刺激能够使得管理者对经营业绩不佳采取行动，但是那些从企业早先成功中获利的个人能够阻止进行变革，所以导致最后变革直到 1980 年才出现。然而，随着 20 世纪 70 年代管理层和董事会成员的变动，企业文化也出现了变化，所以企业管理层比较容易接受新观点。尽管那些看到企业变革必要性的人已经尽了最大的努力，但是企业文化仍然制约并使得管理者只有条件完全具备时才决定对企业进行变革。在之前 50 年内使 ICI 受益的企业文化直到 20 世纪 70 年代末期才作出改变。

文化如何能够补充更加正式的流程？我们以全球主要的咨询公司——如麦肯锡公司——的信息共享需求为例。这些企业依靠的是需要在企业中不断循环和不断补充的智力资本。在获得一项新业务时，这些企业必须依靠企业内顾问的能力与经验对新产品的辨别和营销制定出自己的实际操作方法。但是，在任何特定的时间内，这些企业的大部分人力资本已经委派到同时期的一些复杂的项目中去了。此外，企业的复杂性使得组织可能投入特定项目中的任何严格的正式系统都变得高度复杂。因而，企业可以采取不同的方法来管理它们的智力资产，包括复杂的矩阵式结构和专家地位的提升。然而，麦肯锡公司有能力利用浓厚的企业文化，其中包括互惠的规则，来帮助着重解决此问题，而不需要过分地依赖正式的结构和程序。当有必要时，不论是处于世界任何地方的任何可能的问题，企业文化均有助于解决这些项目问题的重要部分。

文化促进了合作并减少了议价成本

加里·米勒通过创造"互相强化"准则论证了文化是如何减缓企业动态权力的有害影响的。互相强化准则使得互惠合作的活动得以出现，而这样的活动在企业外寻求利己行为的人之间不大可能出现。米勒的研究是建立在戴维·克雷普斯的研究之上的，戴维·克雷普斯研究了重复博弈中确保合作成果的问题。他们二者都对一个被称作无名氏定理的理论感兴趣。[20]

无名氏定理关注的是重复博弈中实现均衡的可能性，例如囚徒困境

（在本书第 1 章中已经讨论了）。该理论的一般结果是，在无限次重复博弈中可能有许多可能的均衡解。如果当其他的博弈方作出不适当的反应时，一些均衡解可能是冲突的，包含了投机行为和强烈的报复威胁。无名氏定理表明，在一个合作组织安排下，不可能达到确定的合作安排，而合作仅仅是许多可能的安排中的一种。此外，即便合作是可能的，但是要实现合作的成本，从选择一种安排而非另外一种之间的讨价还价成本来看，也很可能是高昂的。

米勒支持此种观点，并且他还认为任何通过契约、激励和正式控制来解决组织问题的努力都可能导致大量的影响成本。等级制组织的问题就在于它减少了与市场经济活动相协调的交易成本的同时，也导致了自身的困境。而这些困境却不能通过借助正式的管制机制或者是加强对职员的控制来解决。在克雷普斯、本特·霍姆斯特龙和其他一些人的研究基础之上，米勒认为任何等级制组织都在结构上存在严重的委托代理问题。这样的组织模型机制很可能会导致自我毁灭。

尽管存在问题，但实际上大部分企业看上去达成了一些可接受的组织结构安排。为了对此作出解释，克雷普斯认为，规则和社会传统可能为行为者提供了一个达成共识的聚焦。而这套规则和传统就是企业文化。克雷普斯说，企业文化就是"（团队制定决策的）原则传达到等级制的底层人员的方法"。这种观点表明了在企业内"事情是如何完成的以及这些事情是如何着意完成的"。

米勒认为，如果企业规则强调合作而不是冲突，那么企业文化就能解决这些问题。一种合作性的文化能改变个人的预期和偏好，而且允许行为者期望能获得其他人的合作。这些互相巩固的价值观和规则使得企业能找出解决代理问题的方法，而这种方法在市场中是不可能找到的。米勒对管理者有意识地影响企业文化的能力是非常有信心的。一方面，他认为管理者能运用领导地位来加强职员间的合作而不是加剧冲突。另一方面，他也认为一种合作性的文化也可能是脆弱的，所以试图改变企业文化来获得优势就会导致意外情况发生，甚至使企业职员变得不互相合作。即便合作型文化需求更为迫切，但是对于管理者来说，培育权力和影响力并加以使用这一方法更为可行。

文化、惯性和业绩

企业价值观必须与战略选择所要求的价值观保持一致。然而很多情况下冲突将会出现。简单增长带来例行公事和官僚作风的不断萌生，最终可能摧毁初创企业强调创新和突进的文化。相反，当企业价值观强调流程、效率和稳定性，而环境变化要求企业能够创新、冒险、作出灵活应对时，那么文化错配就会出现。另外，如果长期以来以成本为战略基础的企业突然转向多样化经营，并试图采取差异化战略，那么就会出现另外一种类型的价值观错位。最后，采取既定战略的企业如果兼并了另外一家战略显著同步的企业，冲突也会出现。这就是兼并整合中的"文化冲突"问题。[21]

当环境发生改变时，企业要生存就必须适应变化，而曾经带来辉煌的企业文化可能此时对绩效产生负面影响。在不理想的环境下，不可管理的文化会带来惯性，阻碍变化发生。任期较长的决策者在繁荣时期学会了如何经营，然而不懂得如何带来变化。管理者、董事会成员的任期、选拔标准，以及经营流程都设计得很保守，将会阻碍而非允许变革进行。

外部背景、制度与战略

社会背景如何影响企业正式边界外的管理决策？在什么情况下，管理职权无法解决争端呢？企业与竞争对手、相关组织之间的互相影响看起来通常并不具有竞争理论所设想的较强的流动性与自由。所有企业都必须受制于一些政府管制。随着企业变大，它们必须服从更多的管制，包括环境问题、雇佣行为、新产品开发和测试以及与竞争对手之间的互相影响。企业间的权力与相互依赖关系一旦建立，改变速度就会非常缓慢，也就避免了一些重大的突变。管理者常常认可行业规则和传统，并认为保持这些规则是很有价值的，抵制诸如采纳新技术和改变工作做法的情况是相当普遍的。一个行业的高层管理者的行为有时看上去更多地是为了获得同行对他们自己或者对他们的企业的认可与尊敬，而不是使股东们的财富最大化。

即便在缺乏正式规则与规章或者具体的政府行为时，企业团体也经常自行制定出合适可行的行为准则，并且能遵守这些准则，而且还给其他企业施加压力要它们也遵守。这样的情况在卡特尔行业中是很普遍的，例如钻石卡特尔。这种情况在高科技行业也日益普遍，它们的企业联合会制定了一套共同遵守的标准。[22]它们在主要竞争者或竞争者与供应链合作伙伴之间已经建立起来的行业部门内也很明显。[23]虽然企业的行为在行业中经常具有惰性，但是有时企业行为发生的变化也经常会很快地扩散到行业与部门中较大的范围。

社会学家通过对制度（institution）的关注来研究企业行为的这些方面，因为制度是企业组织安排中较为稳定的部分，它有助于将秩序带入一系列的经济交易中。这些制度包括政府机构或者其他组织的正式规章，也包括企业间正在发展的权力依赖关系。最后，正如我们之前对企业文化的讨论，制度安排体现了价值观、信念和行为准则的模式。[24]

企业并不仅仅对外部环境的需求作出反应。在一些情况下，企业也能影响它们的外部环境，从而给自己带来优势。成功的大企业，例如微软公司就有能力影响规则，驱使行业进行创新，给供应商和买方制定规则，甚至至少在一定程度上改变行业文化。即便是较小的企业也经常与竞争对手联手，共同游说规则制定人，并且与政府机构合作，制定出有利的规定或引发其他有利的环境变化或仅仅只是反对强劲竞争对手（例如沃尔玛）的行为。

制度与规则

　　企业的外部环境中存在着一些需要遵守的规则，那些不遵守规则的企业就会遭到惩罚。然而，规则的强制执行必须是次要的，因为主要依靠强制力获得服从的规则不可能在较大范围内被接受并受到重视，而且这类规则的监督与推行的成本也是很高昂的。规则也必须具有合法性才能得到有效执行。这些就构成了"游戏的规则"，给行业或者部门的所有参与者提供了一个共同基础。[25]

　　然而，在企业之外，强制执行是管理机构（大部分是，但也不全是政府机构）的工作，而不是企业自己管理层的事。在一些特定的情况下，管理职能可能是得到正式委派的，也可能是非正式的。正式规则在实践中常常伴随着多种非正式规则，而这些非正式规则的作用是帮助企业弥补官方管制的缺口漏洞。许多机构制定出法律和规则来管理企业行为并且惩罚违反交易行为者。政府机构——从国会到具体的管理机构、法律执行机构——就是执行这种职能的。同样，各种各样准公共和专业团体，如专业贸易协会、专业标准组织甚至一些私有组织，也能执行这样的职能。此外，企业自己也可能在一些共同行为的重要方面进行自我调节。但这样的情况是相当罕见的，虽然在技术企业的标准制定活动中此情况正变得日益普遍。

　　我们知道，管理活动对企业的战略行为有巨大的影响。法院的决议已经限定了企业发展与多样化经营中可以采用的结构的类型。司法部门的政策与标准和法院一起决定了企业的行为方式。企业从它们所处的环境中获知什么类型的兼并行为是允许的，以及可以对企业决策和影响活动进行哪些限制。税收管制能改变企业活动的整套过程，从慈善捐款到企业控制交易建议的采纳。

　　管制给企业增加了成本，其中包括直接遵守规章的成本和由于不遵守规章而增加的商业成本（例如，由于评估机构给企业评定了较低级别而导致的成本），由于管制而必须放弃的战略选择的成本，消费者对产品支付较高的价格，以及由于某些管理机制的不完善而导致的其他潜在的市场畸形。如果一个企业经常与其他企业一起执行戴维·巴伦（David Baron）所称的"非市场"战略，试图通过游说来制定法规，那么这些成本也必须考虑进去。[26]安然公司的例子表明，非市场战略能广泛地取得成功，但同时，它的成本高昂而且风险很大。管制能给被管制企业带来战略性优势。比如，管制能够限制行业准入，于是在位企业就能够享有更大的规模经济，并减少价格竞争。管制机构可能会受到在位企业的压力，强迫竞争者必须接受在位企业的起诉，并支付罚金，从而增加竞争对手的成本。管制机构也能够限制损害在位企业获利能力的创新，并将竞争集中于在位企业擅长的业务方面。在稳定的管制系统之下，这些方面能够增强在位企业的盈利性和可预测性。行业监管机构甚至可能保护在位企业并与其经济利益相关联。然而，如果出现技术创新，或者发生其他重大变化，保护性管制就可能阻碍在位企业适应变化的能力。

事实上，管理组织很少是中立的第三方机构，相反，它们常常使用手中的管理权力来追求自己的战略目标，因而使得企业管制的战略内涵非常复杂。戴维·德雷诺夫在讨论 20 世纪 90 年代政府医疗保险和联邦医疗保险时，就为我们提供了一个这样的例子。这两类保险最初是作为不进行干涉的联邦保险计划，利用它们的判断力与资源来实现成本限制和质量控制的目标——这些目标是当时私人护理组织所追求的。[27]

企业间的资源依赖关系

企业在其所处的环境中与其他企业和组织建立关系，包括竞争对手、买方、供应商、互补产品生产商以及非经济性组织。信息、资源、能力和其他因素的不对称常常是这些关系的鲜明特征，并且导致权力/依赖关系的发展。资源依赖关系的说法并不仅仅指的是个人之间，也可以很容易地运用到组织与行业中。例如，行业之间的运输可能意味着一个行业的企业与另外一个行业的企业相互依赖。如果一个行业要从另外一个行业中获得投入品，特别是当投入品是至关重要的且没有其他可利用的替代品时，就出现了依赖关系。

与购买方和供应商存在依赖关系的企业可以通过纵向一体化、签订长期合同或者合营和结盟的方式来降低依赖程度。许多研究已经对这些方式的效果作过说明。[28]杰弗里·普费弗论述了买方与卖方之间的不对称力量关系如何与纵向兼并相关。默纳谢姆·布伦纳（Menachem Brenner）和苏尔·夏皮纳（Zur Shapira）发现不对称交易与纵向兼并存在正相关关系，而与此相反，共同交易则与纵向兼并存在负相关关系。悉尼·芬克尔斯坦（Sydney Finkelstein）在 1997 年的一项研究中沿用了普费弗的最初研究，但结果仅仅显示，虽然资源依赖有助于我们理解纵向兼并，但是它并不是普费弗所提出的主要的解释理由。

资源依赖关系可能围绕着其他的基础而发展，并且能使一个行业或者部门更加井然有序。例如，在发展中经济体中，伴随着不利于外国投资的严重市场不完善而存在资本周期性短缺的问题。在此种情形之下，商业团队的发展常常是围绕那些具有大品牌的中心贸易团队或者大型金融机构，这一点并不令人吃惊。而在日本、韩国、印度和其他亚洲国家中，这些团队作为政府机构和市场的中间媒介的现象是很普遍的。

伯特结构洞的观点也可以运用到企业中。如果相对于行业中的其他企业，一家企业能够获得中心地位，那么它就能够获取市场渠道或者是帮助，或者从对其有利的位置中得到其他好处。安然公司又一次成为这样的典型例子。安然公司的部分商业战略是要在新近解除管制的能源市场中占据核心地位，以便培养对能源市场的信心。为达到此目的，安然公司进行了前期投入，建立了大规模生产能力，以保证市场运作。一旦安然公司能在该市场树立信心，那么它就能够处理那些比较萧条的行业的资产并获得巨额利润。安然的核心地位由于开通了安然网站等活动而进一步得到加强，安然网站使得企业能够获得交易的供求两方面信息。

有时候，一些重要资源是无形的，如身份与声誉就是两个这样的例子。如果企业在行业中获得了正面的强大声誉或者是很高的地位，那么它就能减少呈现给顾客的形象成本、与对手谈判的成本或者确保搭档合作的成本。拥有这些无形资产的企业将会希望能够保持它们，而较小的企业希望能与声誉高的企业建立联系，以便从它们的名望中获利。这样的互相影响就为企业间的联系提供了一个基础。例如，乔尔·波多尔尼（Joel Podolny）对投资银行在新安全保险方面的编组归类进行了研究。在"名声排行榜"中排名靠前的企业为银行联合会的形成提供了基础。在一个特定交易中，银行的作用和它的报酬都是由它们在身份榜上所处的位置所决定的。[29]

较差的声誉、地位可能从糟糕的绩效表现出来；也可能来自以往的灾难，比如由于安全原因发生的产品召回，像默克公司的罗非昔布（Vioxx）药物。还可能来自受到广泛关注的过度涨价，比如石油企业在政治危机，或者类似卡特里娜飓风这样的自然危机之后，就会经常如此。最后，如果高管卷入大型丑闻，公司名声也会受到玷污，比如泰科公司与丹尼斯·科兹洛夫斯基。

案例 18—5

设定 ESG 标准

在压力之下，全球的公司有必要评估和报告环境、社会和监管（environmental，social and governance，ESG）对其业务的影响。投资者在这些方面对披露业绩评估标准化、ESG 对战略的影响等提出了更高的要求，这事关投资者投资组合风险问题。对于发掘数据源和研发衡量工具的公司而言，这是一个很大的商业机会，同时也面临着激烈的竞争。

挪威政府养老金基金在其投资标准中增加了 ESG 信息一项[30]，并选取ECOFACT 公司为其顾问公司。ECOFACT 公司位于苏黎世，是一家全球性咨询顾问公司，主要为企业提供"非传统风险分析，并将其纳入企业战略制定之中的服务"[31]。ECOFACT 公司使用各种媒体资源，找寻面临环境、政府监管抑或劳动力市场等问题的公司，为它们的潜在风险提前预警。ECO-FACT 公司的夏洛特·曼森（Charlotte Mansson）称："我们发现，观察真实生活图景极为重要。你经常会发现企业责任报告和真实情况不一致。我们的客户想知道他们所投资的公司是否面临环境、社会和名誉风险。"[32]

另一家咨询公司 Asset4 公司（也位于瑞士）CEO 彼得·奥内莫斯（Peter Ohnemus）强调，其公司的强项在于其分析让投资者可以做出比较，做出更好的决策，特别是在 2008 年金融危机期间。奥内莫斯表示："金融危机之后，人们都在谈论他们需要标准化。"[33]

企业责任报告越来越常见，ESG 数据也变得越来越容易获取。公司发现，为了吸引投资者，它们有必要提高经营透明度。据毕马威发布的《2009年企业责任报告全球调查》，超半数全球财富250强企业发布了业绩报告。

这些公司只是签署《联合国投资责任原则》的数百家公司的一部分。用时任联合国秘书长安南2006年的话说，这些原则是"取得长期投资收益、实现市场可持续发展和考量SEG标准的框架"。他称："这些原则如果得以执行，将会使投资实务和联合国愿景契合，有利于建设更加稳定和包容的全球经济。"[34]

《联合国投资责任原则》的六个原则如下：

1. 我们将会把ESG问题纳入到投资决策和分析考量之中。

2. 我们将会做积极参与的所有者，将ESG问题纳入所有权决策和事务之中。

3. 我们将敦促所投资的实体发布ESG问题报告。

4. 我们将推动责任原则在投资行业的接纳和执行。

5. 我们将共同努力，提高执行责任原则的效率。

6. 我们将披露执行责任原则的活动和进展报告。

据估计，签署《联合国投资责任原则》的机构管理资产规模在12万亿~15万亿美元之间（约占整个资本市场的15%）。

个别国家也在推动披露ESG报告。英国政府通过了《企业行为和表述现代化指导意见》，规范企业ESG报告。美国证券交易委员会也要求其上市公司披露环境影响报告，但是对社会影响报告没有要求。亚洲的大多数公司也表现出这样的趋势。

寻求增长机遇的投资者越来越关注新兴市场，这在一定程度上促使当地公司披露ESG报告。据独立研究机构英国伦理投资研究组织（EIRIS）的一篇报告，ESG报告披露得越完整，公司收到的投资也越多。据社会基金网（SocialFund.com），英国伦理投资研究组织发现，调查中70%都认为缺乏ESG披露不利于增加他们对新兴市场的投资。[35]

该组织还发现，巴西在推动ESG披露方面走在了其他新兴市场国家的前面。投资者认为，这与政府致力于建设更加透明经济体的目标密不可分。当地的ESG投资研究活动为发达国家的投资者提供了重要材料。[36]

对于为投资者提供数据和分析的咨询公司而言，挑战在于如何继续创造性地建设可信赖的企业表现标准。

制度逻辑：信念、价值观和行为准则

适合企业的认知环境与文化环境是很宽泛的，只是适应的程度存在差异。虽然企业有自己强弱不同的文化，但这也仅仅是宏观文化的一部分。宏观文化能够影响较大范围内的企业，并与企业文化在内容上有显著的不同之处。企业也处于更宽泛的科学与技术环境中，这些环境能强烈影响企业所能够提供的产品和服务、这些产品必须满足的经营标准，以及行业或者部门经历的变化速度。与我们之前讨论的企业文化一样，企业的制度环境也包括对世界的共同信仰、对重要问题的共同价值观，以及有关恰当与不恰当的行为准则。

随着时间的流逝，企业在行业或者部门中互相影响，形成了一系列共同的理念，如行业的本质、如何满足顾客需求，以及最有效的经营途径等等。这些共同理念的发展会受到行业环境稳定性以及行业与其他行业之间关系的影响。相比之下，具有较长历史的部门（比如高等教育）更容易发展出更加趋同的理念。而不时受到管理和技术变化影响的部门，或者不断与其他部门结合的部门（比如娱乐业）则较难如此。随着共同理念的产生，共同的认识和行为也会出现，包括经理人应该如何做、变革如何发生、商业交易应该如何达成，以及哪种类型的创新是有价值的等。这些互相关联的信念、价值观、管理实践和行为规则就是制度逻辑（institutional logics）。

对特定企业来说，制度逻辑有何战略价值呢？矛盾的是，战略逻辑几乎没有战略重要性。这是由于其稳定的特性，代表了企业认为理所当然的那一部分。如果企业制度逻辑都相同，那么这就不能为其中任何一家带来相对优势。竞争优势必须来源于其他维度。在这个意义上，制度逻辑是有价值的，因为降低了企业适应环境的成本。

那么，如果行业或部门中的企业并非共享相同的制度逻辑呢？这种情况下制度逻辑中就可能蕴涵战略价值了，因为一些公司并不认为这是理所当然，于是就会思考如何以此来获得优势，来超越默认制度逻辑的企业。这可能伴随企业从一个行业进入另一个行业而产生，也可能在企业从海外市场转向本土时产生。另一个可能的来源是产业合并，并且对象包括之前迥异的企业群。这就要求参与合并的企业检验各自逻辑之间的区别。最后一个来源是产业变迁，这将迫使在位企业改变流程，并发展出新的逻辑。

当行业共识被破坏时，行业中大部分其他事务也会对变革敞开大门。比如，解除天然气管道行业管制就破坏了企业对当时经营方式的共识。事实上，如果企业仅仅遵从行业规则，很难继续获得更丰厚的利润。为了应对变化，安然公司的肯尼斯·莱从麦肯锡聘请外部顾问，利用其金融与银行业知识改变了安然公司对经营方式的认识。安然初始时候的巨大成功重新定义了能源行业，并带来新的行业战略、管理者职责、管理者激励方式，以及行动价值标准等方面的改革。

行业逻辑变革有时可以与某种外界刺激关联起来，比如一些事件可以看做产业变革的导火索。但是在其他情形中，制度逻辑的变化是多重外界刺激的结果，而找不到一个明显的推动因素。在这些环境中，制度逻辑的变革如同独立于外界刺激，之后进一步导致了行业实践的改变。帕特里夏·索顿（Patricia Thorton）和威廉·奥卡西奥（William Ocasio）对高等教育出版行业中制度逻辑的变革方式作了细致的研究。[37]这是出版行业中的一个利基部门，任务是为大学和学院的学生们供应教材。索顿和奥卡西奥证明了长期传统逻辑的存在，这就是他们在商业中所称的"编辑逻辑"（editorial logic）。该逻辑包括将出版看做职业的观点，这个职业具有建立在个人声誉和在组织等级中的位置上的合法性，它的职权是集中挖掘编辑人才，它关注的是销售额，它实施的是有机成长的战略。将这些总结起来就是一种"个人资本主义"（personal capitalism）系统。

早在20世纪70年代，很多原因就导致了商业逻辑的变化，包括企业所有权变化、技术变化、"专业"管理被引进到商业中以及其他一些因素的变化。新逻辑被称为"市场逻辑"。它包括将出版看成是一种业务的观点，该业务具有建立在市场地位与财务表现基础上的合法性，其职权集中在一个专业CEO处，侧重于能日益增加利润及通过兼并与扩张渠道的增长战略。这些都被归结为"市场资本主义"（market capitalism）系统。

行业逻辑变化是好还是坏呢？这就取决于你问的是谁，以及好与不好的含义。制度研究已经说明了行业变化影响共同理念和价值观的同时，所提到的这些参考要点是如何变化的。曾经不可谈判的价值观可能在其他时刻却不重要了。随着行业的演变发展，股东团队的重要性也可能上升或者下降。例如，关于医疗改革后果的争议需要特别说明其重点是在病人、医生、股东，还是在普通大众。还需要明了的一点是，利润变量是医疗的质量、成本、时间，还是各种结果的某种综合呢？

是行业逻辑驱动行业实践变化，还是实践变化塑造行业逻辑呢？一个行业的信念系统是行业经济的副产品，还是它们改变了这些经济特征？答案可能是二者兼有。一方面，行业参与者试验使用的新产品与新服务中的一些被证明是更好的，因而就被采用了。一旦新产品与服务被采用，对它们好处的共同认识就产生了。同时，在行业内或者社会大众中存在持久的信念，包括研发的重要性、对政府干预的反对、个人动机的价值、家庭价值观的培育、公共教育的需求等等。这些认识信念越强烈，它们就越可能被限制在行业的试验阶段中，并且影响了对产品与服务作出的判断。

希瑟·哈夫曼（Heather Haveman）和哈雅格里瓦·拉奥（Hayagreeva Rao）在研究了加利福尼亚州的储蓄行业的演变之后得出上述结论。[38]他们考察了在19世纪末至1920年之间出现的早期储蓄机构、储蓄与贷款（S&Ls）先行者的不同形式，以及储蓄的制度逻辑的同步发展情况后发现：这些机构发展的部分原因是试验与技术解决方案的结果，它们的发展还受到快速的人口增长的压力、官僚价值观的发展、与激进主义相关的自发努力的影响。虽然早期储蓄计划具有更不正式和更一致的价值观的特点，却没有影响到它们的发展。个人如果尝试发展储蓄机构，就得在计划中平衡技术效率需求和制度合法性需求。后者使其追随普遍的组织结构方案。

本章小结

● 企业在一个较为宽泛的社会背景下制定战略决策，而这些背景限制了决策制定和执行的方式。企业内文化与权力的关系是由它的内部社会背景构成的。而内部社会背景影响管理者制定与执行决策的方式。外部社会背景包括企业的管理环境、与其他组织的资源依赖关系，以及企业的制度领域。

● 权力是指单个行为者依靠与其他行为者的非契约性交换关系获得的资源来实现他的目标的能力。

● 根据权力的资源依赖观点，个人与企业试图通过减少对其他行为者的依赖来获得权力，同时通过控制关键资源使其他行为者依赖自己。

● 权力也体现在企业结构或者更为广泛的商业环境结构中。占据特殊地位将产生控制资源、信息和使用权的能力，从而为在位企业带来权力和影响力。

● 权力可能有助于或有害于企业的业绩。当管理者与底层工人之间的代理成本高昂而且企业环境稳定时，权力对企业业绩有利；当上层管理者间的代理成本高昂而且企业环境不稳定时，权力对企业业绩有害。

● 正式权力应当根据管理者为企业创造的价值、替换管理者的成本以及管理者的行为与企业目标将趋于一致的可能性进行分配。

● 文化是企业成员间共同持有的一套影响单个职员对工作的偏好与行为的价值观、信念和行为准则。文化可以使成员间免除重新谈判，降低了他们制定决策的成本，并允许进行更专业化的分工。

● 文化控制职员的活动是基于他们对企业的忠诚，而不是基于对个人的激励和监督。文化通过创造"相互加强"准则减少了权力变动，而这些规则带来了在市场上不大可能出现的互利活动。

● 当企业的战略适应环境的需要时，企业文化就支持企业的发展方向，并使得它的效率更高。然而，当环境发生了变化并且要求企业适应这种变化时，文化则可能保持惯性，并且导致不适应环境变化的企业行为。

● 企业在外部环境的行为受到公认的行为准则与更正式的规则和规章的约束。规章构成了为一个行业或部门的所有参与者提供了一个共同基础的"游戏规则"。

● 执行规章制度常常是管理机构的工作，而不是企业自身等级制度的事。政府机构都执行管理的职能，从国会到特别管理机构，再到法律执行机构。各种各样的准公共和专业团体，如专业贸易协会、专业标准组织甚至一些私人组织，也能够执行该职能。

● 规章制度给企业强加了成本，其中包括直接遵守规章的成本和不遵守规章的间接成本以及影响管理者的成本。规章也可能使受管理的企业获得战略性的优势。它们能限制行业进入，这就使现有企业能享有更大的规模经济并降低价格竞争。它们也能够限制那些损害现有企业生产能力的技术创新，而且可以将竞争限制于现有企业所擅长的业务方面。

● 企业在所处环境中同其他企业与组织发展权力依赖关系。信息、资源、生产能力和其他因素的不对称常常是这些关系的特点。

● 企业间通常通过长期合同、兼并和收购，或者战略联盟和合资企业的形式发展合作关系，以便管理与其他组织的依赖关系，并减少它们所面临环境的不确定性。

● 适合企业的认知环境与文化环境是很广泛的。虽然企业都有它们自己的文化，但是它们也是大的宏观文化的一部分。大的宏观文化影响较大范围的企业，并与企业文化明显相同。

● 企业也处于更宽泛的科学与技术环境中，这些环境极大地影响企业所提供的产品和服务、这些产品和服务必须满足的经营标准，以及行业或者部门经受的变化速度。

● 与企业文化一样，企业的制度环境也包括对世界的共同信仰、对重要问题的相同价值观以及关于恰当与不恰当的行为准则。

● 这些在一个行业中一直存在的相互关联的信念、价值观、实际操作方法和行为准则就是制度逻辑。

● 有时可以将行业逻辑的变化与具体的外部刺激联系在一起。然而，在其他行业中，行业逻辑变化是多种刺激的结果，但没有明显的外部原因。不过依然对企业有着显著影响。

思考题

1. 权力的资源依赖观点与交易成本经济的市场不完全观点有何不同？

2. 什么时候消除与关键供应商或关键客户之间的权力落差并非明智？

3. 一些人能仅仅通过在他们的岗位上非常有效率地工作获得权力吗？如果确实如此，那么权力与基本能力或效率有什么不同呢？

4. 专业研究生院高度竞争。绝大多数申请者不能通过录取流程。这使得录取工作成为学校的重要门槛。既然如此，为何招生办官员没有在研究生院的教职员工中获得更高的地位和权力呢？

5. 在企业的人际网络中处于有利地位如何帮助个人获得并保持额外的权力基础？

6. 你如何识别组织内的权势人物？你会看什么指标？这些指标之间又有什么问题？

7. 所有企业都在某种类型的制度环境内经营。制度环境具有的共同信念、价值观和行为准则的特点如何影响企业执行可持续战略的能力？制度的影响力是限制还是能够促进竞争与创新呢？

8. 讨论在竞争性战略背景下的结构洞观点。你如何将网络优势和企业所占据有利地位的价值创造以及竞争优势联系起来呢？

9. 企业都有文化，然而并非所有文化内容都和决策者或分析员相关。那么在什么环境下文化值得重视，什么环境下分析文化不那么重要？

10. 企业增长为何经常与稳定文化的维持相对？

11. 强有力的个人如何影响企业文化？"明星"CEO们是否真的可以对那些在流行商业出版物上声称需要CEO的企业发挥影响力？

12. 企业文化越容易管理，对企业的价值就越小。你是否同意这一命题？请解释。

13. 去过中国的人有时对强势政府与高度竞争经济体系的结合模式感到迷惑。在这种管制环境下，政府机构权力与市场活动类型之间的结合是怎样的？

【注释】

[1] Barnard, C., *The Functions of the Executive*, Cambridge, MA, Harvard University Press, 1938, pp. 167 – 171.

[2] 有关社会交换的原则，请参见 Coleman, J. S., *Foundations of Social Theory*, Cambridge, MA, Belknap, 1990, chap. 2。

[3] Pfeffer, J., *Managing with Power: Politics and Influence in Organizations*, Boston, Harvard Business School Press, 1992; Pfeffer, J., *Power in Organizations*, Marshfield, MA, Pitman, 1981.

[4] 这种资源依赖方法的变形是权力的"权变战略"观点。请参见 Hickson, D. J., C. R. Hinings, C. A. Lee, R. E. Schneck, and J. M. Pennings, "A Strategic Contingencies Theory of Intraorganizational Power," *Administrative Science Quarterly*, 16, 1971, pp. 216 – 229。

[5] 本案例材料取自 Neustadt, R. E., *Presidential Power and the Modern Presidents*, New York, Free Press, 1990。

[6] Burt, R. S., *Structural Holes: The Social Structure of Competition*, Cambridge, MA, Harvard University Press, 1992.

[7] Fernandez, R. M. and Gould, R. V., "A Dilemma of State Power: Brokerage and Influence in the National Health Policy Domain," *American Journal of Sociology*, 99, May 1994, pp. 1455 – 1491.

[8] Byrne, J. A. *The Whiz Kids*, New York: Currency Doubleday, 1993. "精明小子"是一个科学与运筹分析小组，包括里斯、查尔斯·索顿（Charlcs Thorton）、罗伯特·麦克纳马拉（Robert McNamara）和阿瑞·米勒（Arjay Miller），他们在二战时期空军的程序分析中脱颖而出，后来在 1946 年初加入福特管理层形成一个团体。在福特，他们大都升到了很高的职位，其中两位——麦克纳马拉和米勒还升至福特总裁。

[9] Byrne, *The Whiz Kids*, p. 225.

[10] Weber, M., *Economy and Society*, Vol. 1, Berkeley, University of California Press, 1978, pp. 212 – 216.

[11] Rotemberg, J. J., "Power in Profit-Maximizing Organizations," *Journal of Economics and Management Strategy*, 2, 1993, pp. 165 – 198.

[12] Crystal, G., *In Search of Excess*, New York, Norton, 1991.

[13] Hallock, K., "Reciptocally Interlocking Boards of Directors and Executive Compensation," *Journal of Financial and Quantitative Analysis*, 32, 1997, pp. 331 – 341.

[14] Hermalin, B., and M. Weisbach, "Endogenously Chosen Boards of Directors and Their Monitoring of the CEO," *American Economic Review*, 88, 1998, pp. 96 – 118.

[15] Roberts, J., *The Modern Firm*, Oxford University Press, 2004, p. 18.

[16] Kreps, D. M., "Corporate Culture and Economic Theory," in Alt, J. and

K. Shepsle (eds.), *Perspectives on Positive Political Economy*, Cambridge, UK, Cambridge University, 1990.

[17] Roberts, *The Modern Firm*, pp. 41 - 44; 260 - 262.

[18] Barney, J. B., "Organizational Culture: Can It Be a Source of Sustained Competitive Advantage?" *Academy of Management Review*, 11, 1986, pp. 656 - 665.

[19] Pettigrew, A. M., *The Awakening Giant: Continuity and Change at ICI*, Oxford, UK: Blackwell, 1985, Chapter 10, pp. 376 - 437; Pettigrew, A. M., "Examining Change in the Long-Term Context of Culture and Politics," Chapter 11 in Johannes M. Pennings and Associates, *Organizational Strategy and Change*, San Francisco: Jossey-Bass, 1985, pp. 269 - 318.

[20] Miller, G. J., *The Political Economy of Hierarchy*, Cambridge, UK, Cambridge University Press, 1992, chap. 10; Kreps, D. M., *A Course in Microeconomic Theory*, Princeton, NJ, Princeton University Press, 1990, chap. 14.

[21] 有关兼并中文化冲突的问题，参见 Haspeslagh, P. C. and D. B. Jemison, *Managing Acquisitions: Creating Value Through Corporate Renewal*, New York, Free Press, 1991。有关价值观冲突的讨论，参见 March, J. G., "Exploration and Exploitation in Organizational Learning," *Organizational Science*, 2, 1991, pp. 71 - 87。

[22] 有关私人管理结构的讨论，参见 Spar, D. L., *The Cooperative Edge*. Ithaca, NY, Cornell University Press, 1994。有关信息产业中标准制定的讨论，参见 Shapiro, C. and H. R. Varian, *Information Rules*, Boston, Harvard Business School Press, 1999。

[23] Shanley, M. and M. Peteraf, "Vertical Group Foundation: A Social Process Perspective," *Managerial and Decision Economics*, 2004, pp. 473 - 488.

[24] Scott, W. R., *Institutions and Organizations*, 2nd ed., Thousand Oaks, CA, Sage, 2001.

[25] North, D. C. *Institutions, Institutional Change, and Economic Performance*, Cambridge, UK, Cambridge University Press, 1990.

[26] Baron, D. P., *Business and Its Environment*, 3rd ed., New York, Prentice-Hall, 2000.

[27] Dranove, D., *The Economic Evolution of American Health Care*, Princeton, NJ, Princeton University Press, 2000, pp. 61 - 64.

[28] Pfeffer, J., "Merger as a Response to Organizational Interdependence," *Administrative Science Quarterly*, 17, 1972, pp. 382 - 394; Brenner, M. and Z. Shapira, "Environmental Uncertainty as Determining Merger Activity," chap. 3 in W. Goldberg (ed.), *Mergers*, New York, Nichols Publishing, 1983, pp. 51 - 65; Finkelstein, S., "Interindustry Merger Patterns and Resource Dependence: A Replication and Extension of Pfeffer (1972)," *Strategic Management Journal*, 18, 1997, pp. 787 - 810.

[29] Podolny, J., "A Status-based Model of Market Competition," *American Journal of Sociology*, 98, 1993, pp. 829 - 872.

[30] "Innovation key to staying ahead of ESG game," by Sophia Green, Financial Times, Monday, July 6, 2009. p. 9.

[31] 参见公司网址：http://www.ecofact.com/aboutus.htm。

[32] Green, op. cit.

［33］ Ibid.

［34］ 引自 http：//www. hsbc. com/1/2/sustainability/reports/the-un-principles-for-responsible-investment-unpri.

［35］ "Investors Call for Improved ESG Disclosure by Companies in Emerging Markets," by Robert Kropp，Social Investment News，July 8，2009. 也可从以下网址获取：http：//www. socialfunds. com/news/article. cgi/2732. html。

［36］ Ibid.

［37］ Thorton，P. H. and W. Ocasio，"Institutional Logics and the Historical Contingency of Power in Organizations：Executive Succession in the Higher Education Publishing Industry，1985 - 1990," *American Journal of Sociology*，105，1999，pp. 801 -843.

［38］ Haveman，H. A. and H. Rao，"Institutional and Organizational Coevolution in the Thrift Industry," *American Journal of Sociology*，102，1997，pp. 1606 - 1651.

译后记

　　翻译图书是个艰苦的过程，一本几十万甚至上百万字的英文书译成中文至少需要一两年或者更长的时间，并且需要经过许多环节，这期间需要许多人的不懈努力才能完成。不管是教材还是学术著作的翻译都是一个艰难的过程，也是对一个人意志的磨炼，不仅翻译周期长，且报酬也低。许多译者感叹道，之所以还愿意默默无闻地在翻译田野里耕耘，是因为喜欢这些图书，这应该是大多数译者的境界，这些年来，许多译者参加了《经济科学译库》、《当代世界学术名著》、《行为与实验经济学经典译丛》等多部图书的推荐工作，这里要感谢的有：周业安、贺京同、姚开建、贾根良、杨斌、赵英军、王忠玉、陈彦斌、李军林、张友仁、柳茂森、李辉文、马志英、覃福晓、李凤华、王志标等。许多译者不辞辛苦参加了多部图书的翻译或校译工作，这里要感谢的有：顾晓波、冯丽君、马幕远、胡安荣、曾景、王晓、孙晖、程诗、付欢、王小芽、马慕禹、张伟、李军、王建昌、王晓东、李一凡、刘燕平、刘蕊、范阳阳、秦升、程悦、徐秋慧、钟红英、赵文荣、杨威、崔学峰、王博、刘伟琳、周尧、刘奇、李君、彭超、张树林、李果、张小军、徐志浩、李朝气、马二排、罗宇、刘兴坤、蔡彤娟、邓娟、张宏宇、王宝来、陈月兰、刘立文、谢官香、江挺、赵旭东、张华、唐海波、于欣、杭鑫、唐仁、杨介棒、王新荣、李非、段顾、杨媛、徐晨、周尧、李冬蕾、曾小楚、李陶亚、冯凌秉、胡棋智、张略钊、许飞虎、姚东旻、米超、罗建平、侯锦慎、肖璇、王行寿、潘碧玥、胡善斌、王杰彪、秦旭、何富彩、李昊、周嘉舟、高梦沉、张略钊、林榕、施芳凝、宗旋、洪蓓芸、陆洪等。此外，赵燕伟、杨林林、黄立伟、韩裕平、郭媛媛、周斌、张小芳；胡京利、苗玮等参加了多部图书的校对工作（一校、二校），他们付出了艰辛的劳动，在此一并表示感谢。

译者

经济科学译丛

序号	书名	作者	Author	单价	出版年份	ISBN
1	经济学中的数学	卡尔·P. 西蒙等	Carl P. Simon	118.00	2018	978 - 7 - 300 - 26292 - 5
2	劳动经济学(第七版)	乔治·J. 鲍哈斯	George J. Borjas	75.00	2018	978 - 7 - 300 - 25226 - 1
3	组织经济学:经济学分析方法在组织管理上的应用(第五版)	塞特斯·杜玛等	Sytse Douma	62.00	2018	978 - 7 - 300 - 25545 - 3
4	经济理论的回顾(第五版)	马克·布劳格	Mark Blaug	88.00	2018	978 - 7 - 300 - 26252 - 9
5	实地实验:设计、分析与解释	艾伦·伯格等	Alan S. Gerber	69.80	2018	978 - 7 - 300 - 26319 - 9
6	金融学(第二版)	兹维·博迪等	Zvi Bodie	75.00	2018	978 - 7 - 300 - 26134 - 8
7	空间数据分析:模型、方法与技术	曼弗雷德·M. 费希尔等	Manfred M. Fischer	36.00	2018	978 - 7 - 300 - 25304 - 6
8	《宏观经济学》(第十二版)学习指导书	鲁迪格·多恩布什等	Rudiger Dornbusch	38.00	2018	978 - 7 - 300 - 26063 - 1
9	宏观经济学(第四版)	保罗·克鲁格曼等	Paul Krugman	68.00	2018	978 - 7 - 300 - 26068 - 6
10	计量经济学导论:现代观点(第六版)	杰弗里·M. 伍德里奇	Jeffrey M. Wooldridge	109.00	2018	978 - 7 - 300 - 25914 - 7
11	经济思想史:伦敦经济学院讲演录	莱昂内尔·罗宾斯	Lionel Robbins	59.80	2018	978 - 7 - 300 - 25258 - 2
12	空间计量经济学入门——在 R 中的应用	朱塞佩·阿尔比亚	Giuseppe Arbia	45.00	2018	978 - 7 - 300 - 25458 - 6
13	克鲁格曼经济学原理(第四版)	保罗·克鲁格曼等	Paul Krugman	88.00	2018	978 - 7 - 300 - 25639 - 9
14	发展经济学(第七版)	德怀特·H.波金斯等	Dwight H. Perkins	98.00	2018	978 - 7 - 300 - 25506 - 4
15	线性与非线性规划(第四版)	戴维·G.卢恩伯格等	David G. Luenberger	79.80	2018	978 - 7 - 300 - 25391 - 6
16	产业组织理论	让·梯若尔	Jean Tirole	110.00	2018	978 - 7 - 300 - 25170 - 7
17	经济学精要(第六版)	巴德、帕金	Bade, Parkin	89.00	2018	978 - 7 - 300 - 24749 - 6
18	空间计量经济学——空间数据的分位数回归	丹尼尔·P. 麦克米伦	Daniel P. McMillen	30.00	2018	978 - 7 - 300 - 23949 - 1
19	高级宏观经济学基础(第二版)	本·J. 海德拉	Ben J. Heijdra	88.00	2018	978 - 7 - 300 - 25147 - 9
20	税收经济学(第二版)	伯纳德·萨拉尼耶	Bernard Salanié	42.00	2018	978 - 7 - 300 - 23866 - 1
21	国际宏观经济学(第三版)	罗伯特·C. 芬斯特拉	Robert C. Feenstra	79.00	2017	978 - 7 - 300 - 25326 - 8
22	公司治理(第五版)	罗伯特·A.G. 蒙克斯	Robert A. G. Monks	69.80	2017	978 - 7 - 300 - 24972 - 8
23	国际经济学(第15版)	罗伯特·J. 凯伯	Robert J. Carbaugh	78.00	2017	978 - 7 - 300 - 24844 - 8
24	经济理论和方法史(第五版)	小罗伯特·B. 埃克伦德等	Robert B. Ekelund. Jr.	88.00	2017	978 - 7 - 300 - 22497 - 8
25	经济地理学	威廉·P. 安德森	William P. Anderson	59.80	2017	978 - 7 - 300 - 24544 - 7
26	博弈与信息:博弈论概论(第四版)	艾里克·拉斯穆森	Eric Rasmusen	79.80	2017	978 - 7 - 300 - 24546 - 1
27	MBA宏观经济学	莫里斯·A. 戴维斯	Morris A. Davis	38.00	2017	978 - 7 - 300 - 24268 - 2
28	经济学基础(第十六版)	弗兰克·V. 马斯切纳	Frank V. Mastrianna	42.00	2017	978 - 7 - 300 - 22607 - 1
29	高级微观经济学:选择与竞争性市场	戴维·M. 克雷普斯	David M. Kreps	79.80	2017	978 - 7 - 300 - 23674 - 2
30	博弈论与机制设计	Y. 内拉哈里	Y. Narahari	69.80	2017	978 - 7 - 300 - 24209 - 5
31	宏观经济学精要:理解新闻中的经济学(第三版)	彼得·肯尼迪	Peter Kennedy	45.00	2017	978 - 7 - 300 - 21617 - 1
32	宏观经济学(第十二版)	鲁迪格·多恩布什等	Rudiger Dornbusch	69.00	2017	978 - 7 - 300 - 23772 - 5
33	国际金融与开放宏观经济学:理论、历史与政策	亨德里克·范登伯格	Hendrik Van den Berg	68.00	2016	978 - 7 - 300 - 23380 - 2
34	经济学(微观部分)	达龙·阿西莫格鲁等	Daron Acemoglu	59.00	2016	978 - 7 - 300 - 21786 - 4
35	经济学(宏观部分)	达龙·阿西莫格鲁等	Daron Acemoglu	45.00	2016	978 - 7 - 300 - 21886 - 1
36	发展经济学	热若尔·罗兰	Gérard Roland	79.00	2016	978 - 7 - 300 - 23379 - 6
37	中级微观经济学——直觉思维与数理方法(上下册)	托马斯·J. 内夏巴	Thomas J. Nechyba	128.00	2016	978 - 7 - 300 - 22363 - 6
38	环境与自然资源经济学(第十版)	汤姆·蒂坦伯格等	Tom Tietenberg	72.00	2016	978 - 7 - 300 - 22900 - 3
39	劳动经济学基础(第二版)	托马斯·海克拉克等	Thomas Hyclak	65.00	2016	978 - 7 - 300 - 23146 - 4
40	货币金融学(第十一版)	弗雷德里克·S. 米什金	Frederic S. Mishkin	85.00	2016	978 - 7 - 300 - 23001 - 6
41	动态优化——经济学和管理学中的变分法和最优控制(第二版)	莫顿·I. 凯曼等	Morton I. Kamien	48.00	2016	978 - 7 - 300 - 23167 - 9
42	用Excel学习中级微观经济学	温贝托·巴雷托	Humberto Barreto	65.00	2016	978 - 7 - 300 - 21628 - 7
43	宏观经济学(第九版)	N. 格里高利·曼昆	N. Gregory Mankiw	79.00	2016	978 - 7 - 300 - 23038 - 2
44	国际经济学:理论与政策(第十版)	保罗·R. 克鲁格曼等	Paul R. Krugman	89.00	2016	978 - 7 - 300 - 22710 - 8
45	国际金融(第十版)	保罗·R. 克鲁格曼等	Paul R. Krugman	55.00	2016	978 - 7 - 300 - 22089 - 5
46	国际贸易(第十版)	保罗·R. 克鲁格曼等	Paul R. Krugman	49.00	2016	978 - 7 - 300 - 22088 - 8
47	经济学精要(第3版)	斯坦利·L. 布鲁伊等	Stanley L. Brue	58.00	2016	978 - 7 - 300 - 22301 - 8
48	经济分析史(第七版)	英格里德·H. 里玛	Ingrid H. Rima	72.00	2016	978 - 7 - 300 - 22294 - 3
49	投资学精要(第九版)	兹维·博迪等	Zvi Bodie	108.00	2016	978 - 7 - 300 - 22236 - 3
50	环境经济学(第二版)	查尔斯·D. 科尔斯塔德	Charles D. Kolstad	68.00	2016	978 - 7 - 300 - 22255 - 4
51	MWG《微观经济理论》习题解答	原千晶等	Chiaki Hara	75.00	2016	978 - 7 - 300 - 22306 - 3
52	现代战略分析(第七版)	罗伯特·M. 格兰特	Robert M. Grant	68.00	2016	978 - 7 - 300 - 17123 - 4
53	横截面与面板数据的计量经济分析(第二版)	杰弗里·M. 伍德里奇	Jeffrey M. Wooldridge	128.00	2016	978 - 7 - 300 - 21938 - 7
54	宏观经济学(第十二版)	罗伯特·J. 戈登	Robert J. Gordon	75.00	2016	978 - 7 - 300 - 21978 - 3

经济科学译丛

序号	书名	作者	Author	单价	出版年份	ISBN
55	动态最优化基础	蒋中一	Alpha C. Chiang	42.00	2015	978-7-300-22068-0
56	城市经济学	布伦丹·奥弗莱厄蒂	Brendan O'Flaherty	69.80	2015	978-7-300-22067-3
57	管理经济学:理论、应用与案例(第八版)	布鲁斯·艾伦等	Bruce Allen	79.80	2015	978-7-300-21991-2
58	经济政策:理论与实践	阿格尼丝·贝纳西-奎里等	Agnès Bénassy-Quéré	79.80	2015	978-7-300-21921-9
59	微观经济分析(第三版)	哈尔·R·范里安	Hal R. Varian	68.00	2015	978-7-300-21536-5
60	财政学(第十版)	哈维·S·罗森等	Harvey S. Rosen	68.00	2015	978-7-300-21754-3
61	经济数学(第三版)	迈克尔·霍伊等	Michael Hoy	108.00	2015	978-7-300-21674-4
62	发展经济学(第九版)	A.P.瑟尔沃	A. P. Thirlwall	69.80	2015	978-7-300-21193-0
63	宏观经济学(第五版)	斯蒂芬·D·威廉森	Stephen D. Williamson	69.00	2015	978-7-300-21169-5
64	资源经济学(第三版)	约翰·C·伯格斯特罗姆等	John C. Bergstrom	58.00	2015	978-7-300-20742-1
65	应用中级宏观经济学	凯文·D·胡佛	Kevin D. Hoover	78.00	2015	978-7-300-21000-1
66	计量经济学导论:现代观点(第五版)	杰弗里·M·伍德里奇	Jeffrey M. Wooldridge	99.00	2015	978-7-300-20815-2
67	现代时间序列分析导论(第二版)	约根·沃特斯等	Jürgen Wolters	39.80	2015	978-7-300-20625-7
68	空间计量经济学——从横截面数据到空间面板	J·保罗·埃尔霍斯特	J. Paul Elhorst	32.00	2015	978-7-300-21024-7
69	国际经济学原理	肯尼思·A·赖纳特	Kenneth A. Reinert	58.00	2015	978-7-300-20830-5
70	经济写作(第二版)	迪尔德丽·N·麦克洛斯基	Deirdre N. McCloskey	39.80	2015	978-7-300-20914-2
71	计量经济学方法与应用(第五版)	巴蒂·H·巴尔塔基	Badi H. Baltagi	58.00	2015	978-7-300-20584-7
72	战略经济学(第五版)	戴维·贝赞可等	David Besanko	78.00	2015	978-7-300-20679-0
73	博弈论导论	史蒂文·泰迪里斯	Steven Tadelis	58.00	2015	978-7-300-19993-1
74	社会问题经济学(第二十版)	安塞尔·M·夏普等	Ansel M.Sharp	49.00	2015	978-7-300-20279-2
75	博弈论:矛盾冲突分析	罗杰·B·迈尔森	Roger B. Myerson	58.00	2015	978-7-300-20212-9
76	时间序列分析	詹姆斯·D·汉密尔顿	James D. Hamilton	138.00	2015	978-7-300-20213-6
77	经济问题与政策(第五版)	杰奎琳·默里·布鲁克斯	Jacqueline Murray Brux	58.00	2014	978-7-300-17799-1
78	微观经济理论	安德鲁·马斯-克莱尔等	Andreu Mas-Collel	148.00	2014	978-7-300-19986-3
79	产业组织:理论与实践(第四版)	唐·E·瓦尔德曼	Don E. Waldman	75.00	2014	978-7-300-19722-7
80	公司金融理论	让·梯若尔	Jean Tirole	128.00	2014	978-7-300-20178-8
81	经济学精要(第三版)	R·格伦·哈伯德等	R. Glenn Hubbard	85.00	2014	978-7-300-19362-5
82	公共部门经济学	理查德·W·特里西	Richard W. Tresch	49.00	2014	978-7-300-18442-5
83	计量经济学原理(第六版)	彼得·肯尼迪	Peter Kennedy	69.80	2014	978-7-300-19342-7
84	统计学:在经济中的应用	玛格丽特·刘易斯	Margaret Lewis	45.00	2014	978-7-300-19082-2
85	产业组织:现代理论与实践(第四版)	林恩·佩波尔等	Lynne Pepall	88.00	2014	978-7-300-19166-9
86	计量经济学导论(第三版)	詹姆斯·H·斯托克等	James H. Stock	69.00	2014	978-7-300-18467-8
87	发展经济学导论(第四版)	秋山裕	秋山裕	39.80	2014	978-7-300-19127-0
88	中级微观经济学(第六版)	杰弗里·M·佩罗夫	Jeffrey M. Perloff	89.00	2014	978-7-300-18441-8
89	平狄克《微观经济学》(第八版)学习指导	乔纳森·汉密尔顿等	Jonathan Hamilton	32.00	2014	978-7-300-18970-3
90	微观经济学(第八版)	罗伯特·S·平狄克等	Robert S.Pindyck	79.00	2013	978-7-300-17133-3
91	微观银行经济学(第二版)	哈维尔·弗雷克斯等	Xavier Freixas	48.00	2014	978-7-300-18940-6
92	施米托夫论出口贸易——国际贸易法律与实务(第11版)	克利夫·M·施米托夫等	Clive M. Schmitthoff	168.00	2014	978-7-300-18425-8
93	微观经济学思维	玛莎·L·奥尔尼	Martha L. Olney	29.80	2013	978-7-300-17280-4
94	宏观经济学思维	玛莎·L·奥尔尼	Martha L. Olney	39.80	2013	978-7-300-17279-8
95	计量经济学原理与实践	达摩达尔·N·古扎拉蒂	Damodar N.Gujarati	49.80	2013	978-7-300-18169-1
96	现代战略分析案例集	罗伯特·M·格兰特	Robert M. Grant	48.00	2013	978-7-300-16038-2
97	高级国际贸易:理论与实证	罗伯特·C·芬斯特拉	Robert C. Feenstra	59.00	2013	978-7-300-17157-9
98	经济学简史　处理沉闷科学的巧妙方法(第二版)	E·雷·坎特伯里	E. Ray Canterbery	58.00	2013	978-7-300-17571-3
99	管理经济学(第四版)	方博亮等	Ivan Png	80.00	2013	978-7-300-17000-8
100	微观经济学原理(第五版)	巴德、帕金	Bade,Parkin	65.00	2013	978-7-300-16930-9
101	宏观经济学原理(第五版)	巴德、帕金	Bade,Parkin	63.00	2013	978-7-300-16929-3
102	环境经济学	彼得·伯克等	Peter Berck	55.00	2013	978-7-300-16538-7
103	高级微观经济理论	杰弗里·杰里	Geoffrey A. Jehle	69.00	2012	978-7-300-16613-1
104	高级宏观经济学导论:增长与经济周期(第二版)	彼得·伯奇·索伦森等	Peter Birch Sørensen	95.00	2012	978-7-300-15871-6
105	宏观经济学:政策与实践	弗雷德里克·S·米什金	Frederic S. Mishkin	69.00	2012	978-7-300-16443-4
106	宏观经济学(第二版)	保罗·克鲁格曼	Paul Krugman	45.00	2012	978-7-300-15029-1
107	微观经济学(第二版)	保罗·克鲁格曼	Paul Krugman	69.80	2012	978-7-300-14835-9

经济科学译丛

序号	书名	作者	Author	单价	出版年份	ISBN
108	克鲁格曼《微观经济学(第二版)》学习手册	伊丽莎白·索耶·凯利	Elizabeth Sawyer Kelly	58.00	2013	978-7-300-17002-2
109	克鲁格曼《宏观经济学(第二版)》学习手册	伊丽莎白·索耶·凯利	Elizabeth Sawyer Kelly	36.00	2013	978-7-300-17024-4
110	微观经济学(第十一版)	埃德温·曼斯费尔德	Edwin Mansfield	88.00	2012	978-7-300-15050-5
111	卫生经济学(第六版)	舍曼·富兰德等	Sherman Folland	79.00	2011	978-7-300-14645-4
112	宏观经济学(第七版)	安德鲁·B·亚伯等	Andrew B. Abel	78.00	2011	978-7-300-14223-4
113	现代劳动经济学:理论与公共政策(第十版)	罗纳德·G·伊兰伯格等	Ronald G. Ehrenberg	69.00	2011	978-7-300-14482-5
114	宏观经济学:理论与政策(第九版)	理查德·T·弗罗恩	Richard T. Froyen	55.00	2011	978-7-300-14108-4
115	经济学原理(第四版)	威廉·博伊斯等	William Boyes	59.00	2011	978-7-300-13518-2
116	计量经济学基础(第五版)(上下册)	达摩达尔·N·古扎拉蒂	Damodar N. Gujarati	99.00	2011	978-7-300-13693-6
117	《计量经济学基础》(第五版)学生习题解答手册	达摩达尔·N·古扎拉蒂等	Damodar N. Gujarati	23.00	2012	978-7-300-15080-8
118	计量经济分析(第六版)(上下册)	威廉·H·格林	William H.Greene	128.00	2011	978-7-300-12779-8
119	国际贸易	罗伯特·C·芬斯特拉等	Robert C.Feenstra	49.00	2011	978-7-300-13704-9
120	经济增长(第二版)	戴维·N·韦尔	David N.Weil	63.00	2011	978-7-300-12778-1
121	投资科学	戴维·G·卢恩伯格	David G. Luenberger	58.00	2011	978-7-300-14747-5
122	博弈论	朱·弗登博格等	Drew Fudenberg	68.00	2010	978-7-300-11785-0

金融学译丛

序号	书名	作者	Author	单价	出版年份	ISBN
1	金融学原理(第八版)	阿瑟·J·基翁等	Arthur J. Keown	79.00	2018	978-7-300-25638-2
2	财务管理基础(第七版)	劳伦斯·J·吉特曼等	Lawrence J. Gitman	89.00	2018	978-7-300-25339-8
3	利率互换及其他衍生品	霍华德·科伯	Howard Corb	69.00	2018	978-7-300-25294-0
4	固定收益证券手册(第八版)	弗兰克·J·法博齐	Frank J. Fabozzi	228.00	2017	978-7-300-24227-9
5	金融市场与金融机构(第8版)	弗雷德里克·S·米什金等	Frederic S. Mishkin	86.00	2017	978-7-300-24731-1
6	兼并、收购和公司重组(第六版)	帕特里克·A·高根	Patrick A. Gaughan	89.00	2017	978-7-300-24231-6
7	债券市场:分析与策略(第九版)	弗兰克·J·法博齐	Frank J. Fabozzi	98.00	2016	978-7-300-23495-3
8	财务报表分析(第四版)	马丁·弗里德森	Martin Fridson	46.00	2016	978-7-300-23037-5
9	国际金融学	约瑟夫·P·丹尼尔斯等	Joseph P. Daniels	65.00	2016	978-7-300-23037-1
10	国际金融	阿德里安·巴克利	Adrian Buckley	88.00	2016	978-7-300-22668-2
11	个人理财(第六版)	阿瑟·J·基翁	Arthur J. Keown	85.00	2016	978-7-300-22711-5
12	投资学基础(第三版)	戈登·J·亚历山大等	Gordon J. Alexander	79.00	2015	978-7-300-20274-7
13	金融风险管理(第二版)	彼德·F·克里斯托弗森	Peter F. Christoffersen	46.00	2015	978-7-300-21210-4
14	风险管理与保险管理(第十二版)	乔治·E·瑞达等	George E. Rejda	95.00	2015	978-7-300-21486-3
15	个人理财(第五版)	杰夫·马杜拉	Jeff Madura	69.00	2015	978-7-300-20583-0
16	企业价值评估	罗伯特·A·G·蒙克斯等	Robert A. G. Monks	58.00	2015	978-7-300-20582-3
17	基于Excel的金融学原理(第二版)	西蒙·本尼卡	Simon Benninga	79.00	2014	978-7-300-18899-7
18	金融工程学原理(第二版)	萨利赫·N·内夫特奇	Salih N. Neftci	88.00	2014	978-7-300-19348-9
19	投资学导论(第十版)	赫伯特·B·梅奥	Herbert B. Mayo	69.00	2014	978-7-300-18971-0
20	国际金融市场导论(第六版)	斯蒂芬·瓦尔德兹等	Stephen Valdez	59.80	2014	978-7-300-18896-6
21	金融数学:金融工程引论(第二版)	马雷克·凯宾斯基等	Marek Capinski	42.00	2014	978-7-300-17650-5
22	财务管理(第二版)	雷蒙德·布鲁克斯	Raymond Brooks	69.00	2014	978-7-300-19085-3
23	期货与期权市场导论(第七版)	约翰·C·赫尔	John C. Hull	69.00	2014	978-7-300-18994-2
24	国际金融:理论与实务	皮特·塞尔居	Piet Sercu	88.00	2014	978-7-300-18413-5
25	货币、银行和金融体系	R·格伦·哈伯德等	R.Glenn Hubbard	75.00	2014	978-7-300-17856-1
26	并购创造价值(第二版)	萨德·苏达萨纳	Sudi Sudarsanam	89.00	2014	978-7-300-17473-0
27	个人理财——理财技能培养方法(第三版)	杰克·R·卡普尔等	Jack R. Kapoor	66.00	2013	978-7-300-16687-2
28	国际财务管理	吉尔特·贝克特	Geert Bekaert	95.00	2012	978-7-300-16031-3
29	应用公司财务(第三版)	阿斯沃思·达摩达兰	Aswath Damodaran	88.00	2012	978-7-300-16034-4
30	资本市场:机构与工具(第四版)	弗兰克·J·法博齐	Frank J.Fabozzi	85.00	2012	978-7-300-13828-2
31	衍生品市场(第二版)	罗伯特·L·麦克唐纳	Robert L. McDonald	98.00	2011	978-7-300-13130-6
32	跨国金融原理(第三版)	迈克尔·H·莫菲特等	Michael H. Moffett	78.00	2011	978-7-300-12781-1
33	统计与金融	戴维·鲁珀特	David Ruppert	48.00	2010	978-7-300-11547-4
34	国际投资(第六版)	布鲁诺·索尔尼克等	Bruno Solnik	62.00	2010	978-7-300-11289-3

图书在版编目（CIP）数据

战略经济学：第 5 版/（美）贝赞可等著；侯锦慎等译. —北京：中国人民大学出版社，2015.2
（经济科学译丛）
ISBN 978-7-300-20679-0

Ⅰ.①战⋯　Ⅱ.①贝⋯　②侯⋯　Ⅲ.①企业管理-经济发展战略-研究　Ⅳ.①F272

中国版本图书馆 CIP 数据核字（2015）第 018185 号

经济科学译丛

战略经济学（第五版）

戴维·贝赞可
戴维·德雷诺夫
马克·尚利　　　著
斯科特·谢弗
侯锦慎　徐晨　周尧 等 译
Zhanlüe Jingjixue

出版发行	中国人民大学出版社		
社　　址	北京中关村大街 31 号	邮政编码	100080
电　　话	010－62511242（总编室）		010－62511770（质管部）
	010－82501766（邮购部）		010－62514148（门市部）
	010－62515195（发行公司）		010－62515275（盗版电话）
网　　址	http://www.crup.com.cn		
经　　销	新华书店		
印　　刷	涿州市星河印刷有限公司		
开　　本	787 mm×1092 mm　1/16	版　　次	2015 年 2 月第 1 版
印　　张	38.5　插页 2	印　　次	2024 年 7 月第 5 次印刷
字　　数	785 000	定　　价	78.00 元

John Wiley 教学支持信息反馈表

www. wiley. com

老师您好，若您需要与 John Wiley 教材配套的教辅（免费），烦请填写本表并传真给我们。也可联络 John Wiley 北京代表处索取本表的电子文件，填好后 e-mail 给我们。

原书信息

原版 ISBN：

英文书名（Title）：

版次（Edition）：

作者（Author）：

配套教辅可能包含下列一项或多项

教师用书 （或指导手册）	习题解答	习题库	PPT 讲义	学生指导手册 （非免费）	其他

教师信息

学校名称：

院/系名称：

课程名称（Course Name）：

年级/程度（Year/Level）：□大专　□本科 Grade：1 2 3 4　□硕士　□博士　□MBA
□EMBA

课程性质（多选项）：□必修课　□选修课　□国外合作办学项目　□指定的双语课程

学年（学期）：□春季　□秋季　□整学年使用　□其他（起止月份_____）

使用的教材版本：□中文版　□英文影印（改编）版　□进口英文原版（购买价格为_____元）

学生：_____个班共_____人

授课教师姓名：

电话：

传真：

E-mail：

地址：

:

LEY –约翰威立商务服务（北京）有限公司

hn Wiley & Sons Commercial Service（Beijing）Co Ltd

京市朝阳区太阳宫中路 12A 号，太阳宫大厦 8 层 805‐808 室，邮政编码 100028

Direct＋86 10 8418 7815　　Fax＋86 10 8418 7810

Email：iwang@wiley.com